Understanding
Specific Provisions of
Criminal Law

刑法
分则课

陈洪兵 —— 著

图书在版编目(CIP)数据

刑法分则课/陈洪兵著. —北京:北京大学出版社,2023.1
ISBN 978-7-301-33642-7

Ⅰ.①刑… Ⅱ.①陈… Ⅲ.①刑法—分则—中国—高等学校—教材
Ⅳ.①D924.3

中国版本图书馆 CIP 数据核字(2022)第 243793 号

书　　　名	刑法分则课 XINGFA FENZEKE
著作责任者	陈洪兵　著
责 任 编 辑	朱梅全
标 准 书 号	ISBN 978-7-301-33642-7
出 版 发 行	北京大学出版社
地　　　址	北京市海淀区成府路 205 号　100871
网　　　址	http://www.pup.cn　新浪微博:@北京大学出版社
电 子 信 箱	sdyy_2005@126.com
电　　　话	邮购部 010-62752015　发行部 010-62750672　编辑部 021-62071998
印 刷 者	天津中印联印务有限公司
经 销 者	新华书店 730 毫米×1020 毫米　16 开本　35 印张　686 千字 2023 年 1 月第 1 版　2023 年 5 月第 3 次印刷
定　　　价	108.00 元

未经许可,不得以任何方式复制或抄袭本书之部分或全部内容。
版权所有,侵权必究
举报电话: 010-62752024　电子信箱: fd@pup.pku.edu.cn
图书如有印装质量问题,请与出版部联系,电话: 010-62756370

目录
CONTENTS

第一章 危害公共安全罪

第一节　以危险方法危害公共安全类犯罪 / 001
第二节　"破坏……"类犯罪 / 015
第三节　恐怖活动类犯罪 / 021
第四节　"劫持……"类犯罪 / 028
第五节　涉危险物质类犯罪 / 031
第六节　交通肇事罪与危险驾驶罪 / 045
第七节　安全事故类犯罪 / 055

第二章 破坏社会主义市场经济秩序罪

第一节　生产、销售伪劣商品罪 / 060
第二节　走私罪 / 087
第三节　妨害对公司、企业的管理秩序罪 / 96
第四节　破坏金融管理秩序罪 / 113
第五节　金融诈骗罪 / 144
第六节　危害税收征管罪 / 161
第七节　侵犯知识产权罪 / 174
第八节　扰乱市场秩序罪 / 185

第三章
侵犯公民人身权利、民主权利罪

第一节　侵犯生命、健康的犯罪 / 198
第二节　侵犯性的决定权的犯罪 / 217
第三节　侵犯自由的犯罪 / 239
第四节　侵犯名誉、隐私的犯罪 / 274
第五节　侵犯民主权利的犯罪 / 281
第六节　妨害婚姻的犯罪 / 286

第四章
侵犯财产罪

第一节　侵犯财产罪概述 / 289
第二节　盗窃罪与侵占罪 / 303
第三节　抢劫罪与抢夺罪 / 316
第四节　诈骗罪与敲诈勒索罪 / 335
第五节　职务侵占罪与挪用罪 / 346
第六节　毁坏罪与拒付报酬罪 / 352

第五章
妨害社会管理秩序罪

第一节　扰乱公共秩序罪 / 358
第二节　妨害司法罪 / 409
第三节　妨害国(边)境管理罪 / 432
第四节　妨害文物管理罪 / 437
第五节　危害公共卫生罪 / 441
第六节　破坏环境资源保护罪 / 450
第七节　走私、贩卖、运输、制造毒品罪 / 463
第八节　组织、强迫、引诱、容留、介绍卖淫罪 / 479
第九节　制作、贩卖、传播淫秽物品罪 / 486

第六章 贪污贿赂罪

第一节 贪污犯罪 / 491
第二节 贿赂犯罪 / 511

第七章 渎职罪

第一节 滥用职权、玩忽职守罪 / 530
第二节 特殊渎职罪 / 535

后 记 / 553

CHAPTER 1
第一章
危害公共安全罪

CRIMINAL LAW

第一节 以危险方法危害公共安全类犯罪

■ 法规链接

《刑法》第114条放火罪、决水罪、爆炸罪、投放危险物质罪、以危险方法危害公共安全罪，第115条放火罪、决水罪、爆炸罪、投放危险物质罪、以危险方法危害公共安全罪、失火罪、过失决水罪、过失爆炸罪、过失投放危险物质罪、过失以危险方法危害公共安全罪

■ 疑难问题

1. 危害公共安全罪中的"公共"是什么含义？

所谓"公共"，一般针对的是不特定或者多数人。对于危害公共安全罪中的"公共安全"，理论上主要有四种观点：一是不特定并且多数人的安全；二是不特定或者多数人的安全；三是不特定人的安全；四是多数人的安全。

按照第一种"不特定并且多数人"的观点，交通肇事罪能被认定为危害公共安全吗？一般构成交通肇事罪，撞死、撞伤一两个人是常态，但如果强调针对"不特定并且多数人"才算危害公共安全的话，交通肇事罪成立的范围会很窄。对于第二种"不特定或者多数人"，意思是不特定的少数人、特定的多数人的安全也算公共安全。我们坐在教室里面算是特定的多数人，丢一个炸弹进来把大家给炸

飞了，构不构成爆炸罪？一个电影院几百人也算特定的多数人，放把火烧掉电影院，构不构成放火罪？可见，争议在于，不特定的少数人和特定的多数人能否算作"公共"，即不特定的少数人、特定的多数人能否成为危害公共安全犯罪的对象。

通说的观点是危害公共安全犯罪的对象是不特定并且多数人，国外一般则主张是不特定或者多数人。张明楷老师认为，刑法分则"危害公共安全罪"这一章所保护的公共安全是不特定或者多数人的安全，但是《刑法》第114、115条针对的是不特定并且多数人。其他危害公共安全犯罪的危害性应该比放火罪、决水罪、爆炸罪还要小一些，为什么反而是针对不特定或者多数人？

我估计张老师是想用"不特定并且多数人"的观点来限制对以危险方法危害公共安全罪的适用。比如，在高空扔下一个手机，能砸死几个人？最多可能就砸死一两个人吧。在《刑法修正案（十一）》增设高空抛物罪之前，司法解释认为高空抛物是构成以危险方法危害公共安全罪的。其实，高空抛物只是对象的不特定、范围的不特定，是择一的故意或者概括的故意，但是它的结果并不是不可控制的，它很难达到如放火、决水、爆炸一般的结果不可控制性、蔓延性以及危险的不特定扩大性。从通常只能砸死、砸伤一两个人而言，高空抛物只是对象不特定。对象的不确定性并不等于危害公共安全。张老师应该是为了限制以危险方法危害公共安全罪的适用，避免其成为"口袋罪"，所以特意强调它是针对不特定并且多数人。

2. 除了不特定或者多数人的生命、身体之外，"公共安全"还应包括什么内容？单纯的财产安全是否属于"公共安全"？

"公共安全"还包括公众生活的平稳和安宁。比如说破坏广播电视设施、破坏公用电信设施，导致很多人不能看电视、不能打电话，但这通常来说不会危害到生命和身体的安全。除了破坏广播电视设施、公用电信设施罪，包括放火罪在内的危害公共安全罪也会侵害公众生活的平稳和安宁，所以危害公共安全罪侵害的是不特定或者多数人的生命、身体的安全和公众生活的平稳和安宁。

通说认为，危害公共安全罪侵害的是不特定并且多数人的生命、身体和财产安全。有人说只要造成了公众重大财产的损害，就危害了公共安全。如果这种观点成立的话，那么盗窃银行、博物馆，还有非法集资，也导致了不特定多数人的重大公私财产损失或者大范围的公私财产的损失吧，但这恐怕不能被认为危害公共安全。

事实上，如果危害公共安全罪的保护法益包括财产安全会很奇怪，比如认为过失导致重大公私财产的损失成立危害公共安全罪，这非常不合理。所以，行为首先必须要侵害不特定或者多数人的生命、身体的安全，要有这种可能性，才有可能成立危害公共安全罪。比如放把火烧一幢房子，虽然没有烧死人，但是具有威胁他人生命安全的可能性，有可能构成危害公共安全罪。可以说，财产安全并不是危害公共安全罪需要关心和保护的内容。危害公共安全罪需要关心和保护的首先是人的生命、身体的安全，如果只是单纯地造成财产的损失或者只有造成财产损失的危险，不会威胁到生命、身体的安全，就不成立危害公共安全罪。

3. 放火、决水、爆炸、投放危险物质、以危险方法危害公共安全罪，属于哪种犯罪类型？对于具体危险犯而言，是否要求行为人认识到具体的公共危险？

行为犯、结果犯、危险犯、实害犯是犯罪类型还是犯罪形态？犯罪形态一般是指犯罪既遂、未遂、预备、中止，而行为犯、结果犯等则应称作犯罪类型。我们讨论一个罪名属于什么犯罪类型，是为了确定相关罪名的处罚范围，准确解读适用其构成要件。如果犯罪的分类对构成要件的理解适用或处罚范围的厘定没有任何帮助，只是为分类而分类，那就没有任何意义。像放火、决水、爆炸、投放危险物质这些犯罪，通说只是认为它们是危险犯，而张明楷老师、周光权老师、黎宏老师在国外留学时就接触到了危险犯应当进一步分为具体危险犯和抽象危险犯的理论，因此，他们就认为这类犯罪是典型的具体危险犯。

关于犯罪的分类，大家肯定很清楚了。那么，"行为犯"和"结果犯"这对概念的功能是什么？应该说，这种概念分类的目的和功能仅在于两点：第一，确定既遂的标准，也就是以结果的发生还是行为的进程作为既遂的标准；第二，确定行为和结果发生之间有没有时空的间隔、是否需要对因果关系进行特别的认定。现在有一种观点认为，行为和结果同时发生的就是行为犯，而行为和结果发生之间还有一定时空间隔的就是结果犯，所以对结果犯的因果关系需要进行特别的讨论。通常我们会看到讨论故意杀人罪、故意伤害罪的因果关系，但很少讨论强奸罪、强制猥亵罪的因果关系。强奸罪有没有结果？这就看你对结果是怎么界定的。如果你认为结果必须是有形的、物质性的、可以测量的，那么强奸罪就没有结果；但如果你认为结果包括无形的、精神性的、不可测量的，那么强奸罪也有结果。

张明楷老师还赞成危险结果的概念。不过，如果危险也是结果，还有什么罪没有结果？如果连侵害法益的危险性都没有，还会被作为犯罪处理吗？如果承认危险结果的概念，结果犯的概念就毫无意义。我还是倾向于把结果界定为通说所认为的有形的、物质性的、可以测量的结果。

"行为犯"这个概念有很多问题,以至于有学者提出要取消这一概念。如虚开增值税专用发票罪,通说认为该罪是行为犯,只要虚开了,就构成虚开增值税专用发票罪。按照通说的行为犯观点,虚开增值税专用发票但是没有骗取、抵扣国家税款的意图的,比如说为了虚增公司业绩而相互对开,没有发票抵扣联,没有导致国家税款损失的,也构成犯罪。这显然不当扩大了处罚范围。张老师在最新版的教科书中,已经把虚开增值税专用发票罪界定为实害犯了,即虚开增值税专用发票,骗取或者实际抵扣了增税税款的,才构成犯罪(当然理论上有未遂的可能)。

通说还有所谓"举动犯"的概念,一举动就既遂了。例如,组织、领导、参加黑社会性质组织罪,行为人喊一声"我来也"就既遂了?其实黑社会性质组织不是那么容易加入的,他们也有所谓的"章程",也有一定的"程序",并且要经过"组织"考察的。在国外,"举动犯"和"行为犯"是一个概念,没有单独的举动犯概念。

所以,"行为犯"和"结果犯"这对概念只解决既遂的标准以及因果关系是否需要特别认定的问题。除此之外,没有别的功能。而"危险犯"和"实害犯"这组概念要解决的是犯罪的成立条件和处罚根据的问题。像放火罪,只有造成了具体的公共危险,才成立放火罪。如果对独门独户独居的老人的房子放火,构成放火罪吗?那是故意杀人罪。所以说,具有具体的公共危险,危害到公共安全,是作为危害公共安全罪处理的一种根据,是成立危害公共安全罪的条件。危险的形成还是实害的形成,是判断犯罪成立的条件,或者说明处罚根据的因素。

对于"结果犯"和"实害犯"概念,很多人容易把两者搞混淆了。实害犯也叫侵害犯。我认为实害犯是以实际的法益侵害结果的发生作为犯罪成立的条件,如果没有导致实际的法益侵害结果,根本就不成立犯罪。过失犯都是实害犯,部分故意犯罪也是实害犯,滥用职权罪要造成重大损失,还有很多经济犯罪要造成重大损失才成立,也是实害犯。如果没有造成重大损失,根本就不成立犯罪。所以,实害造成与否是实害犯犯罪成立与否的条件,而不是犯罪既遂与否的条件。实害犯没有既未遂的问题,只有是否成立的问题。而结果犯当然是有未遂的,故意杀人罪就有未遂。所以,我倾向于区分"结果犯"与"实害犯"两个概念,不要混淆。

"危险犯"和"实害犯"这对概念,解决的就是犯罪成立条件的问题,就是以危险的形成作为犯罪成立的条件和处罚根据,还是以实害的形成作为犯罪成立的条件和处罚根据的问题。盗窃枪支罪为什么位于"危害公共安全罪"这一章?为什么要从普通的财产犯罪的对象里分出枪支、弹药等,作为危害公共安全罪的犯罪对象加以规定？因为枪支、弹药等对公共安全有抽象危险，它们不是简单的财产载体，还关系到公共安全。所以，对公共安全的抽象危险就是盗窃枪支罪作为危害公共安全罪的处罚根据。

危险犯又分为具体危险犯与抽象危险犯。具体危险犯的危险是什么？是需要在个案中进行具体认定的危险，所以叫司法认定的危险。譬如放火，平时点烟会被人认为在放火吗？在家里用燃气，有没有可能被人认为在放火？在野外烧烤，会不会被人认为在放火？要认定构成放火罪，需要在个案中考虑到放火的环境，周围有没有可燃物，火势是否可控。如果在三四月份的南方，在野外烧烤，通常来说不会认为危害公共安全。但是，如果在一月份、十二月份的北京，比如在清华大学昌平校区一个专门供博士生进行学术交流的地方（属于一级防火区），如果在那里烧烤，算不算放火？所以，具体问题要具体判断。地下车库只有一辆车，一把火把它烧掉了，是故意毁坏财物还是放火？如果是停了一排的车呢？我研究过一些有关放火罪的判决书，法官在个案中都要详细地分析判断周围的状况，有没有可能形成火势的蔓延。所以，具体危险犯中的危险都是需要在个案中由司法人员具体认定的。而抽象危险犯是指人们根据一般的生活经验，只要实施了一定的行为就会得出具有危险的结论。所以，抽象危险犯也叫立法推定的危险，或者叫拟制的危险。例如，盗窃枪支，要不要具体判断是否危害公共安全？不需要。只要盗窃的是枪支，并且不属于玩具枪，有一定的杀伤力，就构成了盗窃枪支罪。因为按照一般人的理解与生活经验，枪支是有相当的杀伤力的，这就是抽象危险。

在具体危险犯与抽象危险犯之间还有中间的概念，叫抽象的具体危险犯，我把它称作准抽象危险犯。它位于具体危险犯和抽象危险犯之间，需要进行具体的判断，但是又不需要像放火罪那样进行具体的判断。比如说破坏交通工具罪，通说为什么认为破坏公共交通工具上的门窗、座椅不构成破坏交通工具罪，只有剪断刹车油管等可能导致汽车倾覆危险的行为才可能构成破坏交通工具罪？或者说破坏交通工具罪中的"足以"这个要素起什么作用？这个要素就说明破坏需要对公共安全构成威胁。那是不是破坏公共交通工具上的设施，也需要对公共安全形成具体的、现实的、紧迫的危险，才构成犯罪呢？公交车刚入库行为人就把它的刹车油管剪断，但距离第二天早上出车还有好几个小时，届时是否会开到有下坡的地段还不一定，行为人会构成犯罪吗？如果是在重庆这种山城，公交车刚入库行为人就把它的刹车油管剪断，构成犯罪吗？按照张老师的具体危险犯说，这时还没有形成具体的危险。未遂犯也叫具体危险犯，具体危险是指侵害法益的现实的、紧迫的危险性，这时肯定还没有达到现实的、紧迫的程度。又比如，有的铁轨并不常用，几天才有一辆火车通过，如果搬一块石头放在铁轨上面，三天之后才有火车通过，是把石头放在铁轨上就构成犯罪，还是三天之后火车即将到来时才构成犯罪？按照具体危险犯的观点，恐怕得三天之后才构成犯罪，而我认为这是准抽象危险犯。只要放置石头的铁轨是处于启用而不是废弃的状态，只要石头的大小足以导致火车倾覆、脱轨，就已经构成犯罪。所以，"足以"就是用来判断破坏交通工具的具体部位对公共安全的威胁程度的。并非达到具体的、现实的、紧迫的危险才构成犯罪，石头放在铁轨上时就已经构成犯罪了，剪断刹车油管时就已经构成犯罪了，不需要等到车开到下坡的地方、等到出车时才认定犯罪。

刑法分则条文中有许多"足以""有……严重危险的""有……现实危险的"类似表述。危险的判断无疑是个难点，司法解释则通常把它简化了。比如生产、销售不符合安全标准的食品罪，只要生产病死的猪肉或者大肠杆菌超标的食品，就构成犯罪。不需要等到把所生产的不符合安全标准的食品拿到菜市场去卖才构成犯罪，更不需要等到被害人把食品买回家清洗干净烹饪后准备喂到嘴里时才构成犯罪。还有污染环境罪，什么是"严重污染环境"？只要在饮用水水源一级保护区排放、倾倒有害物质，或者污染达到一定指标，比如重金属超标几倍以上，又或者通过某些特定的方式如向溶洞、渗坑等进行排放，就可能被认定为"严重污染环境"了，因为要等达到具体的危险可能处罚太晚了。

总结一下我们刚才讲到的犯罪的分类。犯罪分为行为犯和结果犯，行为和结果同时发生的就叫行为犯，行为的进展程度是犯罪既遂的标准；结果犯是指行为和结果发生之间有时空的间隔，结果发生与否是犯罪既遂与否的标准。比如强奸罪的既遂标准是所谓的结合说、插入说，这是根据行为的进程判断犯罪既遂与否的。再比如非法侵入住宅罪，既遂标准是什么？一只手进入住宅是不是既遂，一只脚踏入住宅是不是既遂，声音从窗户穿透进住宅是不是既遂？理论上这属于典型的行为犯，需要根据行为的进程、发展的阶段具体判断既遂与否。

"危险犯"和"实害犯"这组概念解决的是犯罪的成立条件和处罚根据的问题。危险犯是以危险的形成作为犯罪成立的条件，有没有危险是区分危害公共安全罪和单纯的人身、财产犯罪的重要因素。放火行为如果没有形成公共危险，那就是单纯的故意杀人罪或故意毁坏财物罪。实害犯只有成立与否的问题，没有既未遂的问题。危险犯又分为具体危险犯和抽象危险犯，具体危险犯的危险需要在个案中进行具体判断，所以也叫司法认定的危险；而抽象危险犯是指人们根据一般的生活经验，就会得出它具有危险的结论，所以它是立法推定的危险，也叫拟制的危险。在具体危险犯和抽象危险犯之间还有中间的概念，叫抽象的具体危险犯或者叫准抽象危险犯。

那么构成犯罪，是否需要行为人认识到具体的公共危险呢？只要是客观要素，原则上都是行为人主观上必须认识的对象或者内容。除了张明楷老师所说的客观的超过要素和客观的处罚条件之外，原则上所有的客观要素都是行为人主观上必须要认识到的，这就是所谓的构成要件的故意规制机能，构成要件规制了故意认识的范围和内容。奸淫幼女需不需要行为人认识到其所奸淫的对象是幼女？当然，如果行为人采取暴力胁迫的手段实施奸淫，不管认不认识到都构成犯罪。但如果不是采取暴力胁迫的手段，而是幼女同意甚至主动引诱行为人的，需不需要行为人认识到对方是幼女？需要的。既然具体的公共危险是客观要素，就要求行为人主观上要认识到，如果行为人没有认识到存在具体的公共危险，没有认识到会危害公共安全，那就不能成立危害公共安全罪。

4. 《刑法》第114条中的"尚未造成严重后果"，是否为必须证明的客观构成要件要素？何谓表面的构成要件要素？

假设行为人实施了放火的行为，现场也发现有一个人死亡，但这个人有可能是行为人放火烧死的，也有可能在火烧起来之前已经因为心脏病发作而死亡。对行为人应当适用《刑法》第114条"危害公共安全，尚未造成严重后果"，还是适用第115条"致人死亡"？如果认为"尚未造成严重后果"是必须具备的要素，那么在不能证明造成了严重后果，即不能证明现场这个人是被火烧死的情况下，就不能适用第115条；但因为也不能证明没有造成严重的后果，即不能证明现场这个人不是被火烧死的，结果也不能适用第114条。这样看来，第114条和第115条都不能适用的原因，居然是可能烧死了人。如果行为人放了一把火，没有人被烧死但是形成了具体的公共危险，肯定就适用第114条了。但如果烧死了一个人，反而不能适用第114条，因为不能证明"尚未造成严重后果"。奇怪吧！

又如，未遂犯是已经着手实施犯罪，但因为意志以外的原因而未得逞，那么"未得逞"是不是必须具备的客观要素？对于"未得逞"，是否需要得到证明？假设行为人开一枪打死了一个人，但这个人是不是被打死的这一点不能得到证明。如果不能证明行为人得逞，即不能证明就是被行为人打死的，那么就不能认定为故意杀人既遂；如果不能证明行为人未得逞，即不能证明不是被行为人打死的，那么也不能认定为未遂。结果是行为人既不成立既遂也不成立未遂。而既未遂都不能成立的原因，居然是行为人可能打死了人。未得逞需要证明吗？开枪行为具有剥夺他人生命的危险性，只要行为人开了一枪，行为就具有剥夺他人生命的危险性，行为人就已经着手实施了杀人行为。如果证明得逞，那就是故意杀人的既遂，不能证明得逞或者不能证明死亡结果和开枪行为之间有因果关系的，那就是故意杀人未遂。故意杀人未遂满足的最低要素，就是行为人着手实行了犯罪，即着手实施了杀人行为,只要着手实施了具有剥夺他人生命危险性的行为就可以了,所以"未得逞"也不是必须具备的客观要素。

大家不要以为只要是写在刑法分则条文中的所有要素,就都必须——加以证明。这些要素就是张老师提出的所谓表面的构成要件要素,也是我国台湾地区学者黄荣坚所称的表象的构成要件,它们只是划分界限的要素,并不为违法性提供根据。它们划分了不同的犯罪类型,如轻罪和重罪。比如非法持有毒品罪中规定"非法持有鸦片二百克以上不满一千克",又如非法种植毒品原植物罪中规定"种植罂粟五百株以上不满三千株",这里的"不满"需要证明吗?如果有的证据证明满 1000 克,有的证据证明还没满 1000 克,但至少超过了 200 克,能不能适用 200 克以上不满 1000 克所对应的法定刑?当然可以。所以,"不满"是不需要证明的,"不满"的表述可以说有些多余。司法解释常规定几千以上、几万以内这些要素,其实只需要规定盗窃罪 3000 元为数额较大,3 万元为数额巨大,30 万元为数额特别巨大就行了,没必要规定多少以上不满多少。

逃税罪,以前叫偷税罪。以前规定的是偷税数额 1 万元以上不满 10 万元,占应纳税额比例 10% 以上不满 30% 的,处 3 年以下有期徒刑;偷税数额 10 万元以上,占应纳税额的比例超过 30% 的,处 3 年到 7 年有期徒刑。有人就觉得有漏洞,比如行为人偷税 11 万元,数额满了 10 万元,但占应纳数额的比例为 20%,不满 30%,比例在第一档,数额在第二档,好像不知道该怎么定了。其实,这有什么好为难的呢?第一档的数额达到 1 万元以上,比例达到 10% 以上就行了。

这种"不满"也是划定界限的要素。也就是说,只要实施了放火行为,对公共安全形成了具体的危险,不管有没有造成严重后果,都可以适用《刑法》第 114 条,如果能够证明造成了严重后果,那就适用第 115 条。在"危害公共安全罪"一章中,只有几个条文规定了"尚未造成严重后果的",其他条文规定的是"危害公共安全的"。所以,"尚未造成严重后果的"这种规定就是多余的,其他条文也会面临"尚未造成严重后果"和"造成严重后果"的情况。

5. 《刑法》第 114 条与第 115 条之间是什么关系?

张明楷老师认为有两种关系。第一种关系,如果行为人对结果有认识,并且对结果持希望或者放任的态度,第 115 条所规定的就是普通的结果犯,第 114 条规定的就是相应的未遂犯(未遂犯的既遂犯化)。第二种关系,行为人只对危险有故意,对结果没有故意,有认识的可能性,即他应当认识到但是没有认识到,更没有对结果持希望或者放任的态度。对结果是过失,对危险是故意,第 115 条规定的就是结果加重犯,第 114 条规定的就是相应的基本犯。不过,这种观点值得商榷。比如行为人放火，会只追求危险，即只追求火烧起来的危险，而不追求把人烧死的结果吗？除非只是在放焰火玩，只是觉得好看把火烧起来。只有危险的故意，对结果却没有故意，我对此始终持怀疑的态度。

6. 放火未得逞的，是适用《刑法》第114条，还是适用第115条同时适用未遂犯从轻、减轻处罚的规定？公共危险犯有无预备、未遂、中止、既遂？如何认定放火、爆炸、决水、投放危险物质罪的既遂、未遂与中止？

任何罪名都有既遂的状态，那么放火罪有没有既未遂之分？我们刚才说实害犯才没有既未遂的问题，只有成立不成立的问题。那么放火罪肯定是有既未遂的。张老师在前几版的刑法学教科书里面主张放火罪的既遂标准是独立燃烧说。日本学界对于放火罪的既遂标准有过讨论，如果强调财产犯罪的性质，那就会强调是否导致财物的毁损、重要效用的丧失；如果强调危害公共安全罪的性质，那就会强调是否形成了能够独立燃烧的状态。除此之外，放火罪的既遂标准与建筑物的结构也有关系。如果是以木质结构为主的建筑，不需要达到烧毁的程度，离开了引火物，离开了媒介物，能够独立燃烧即可。但是，我们现在的建筑物一般是水泥结构，要想把它烧毁是不容易的。不过，就算没有把房子烧毁、烧塌，被害人也有可能因为吸入燃烧所形成的气体而窒息。

张老师在后来几版教科书中，已经不再讨论放火罪的既未遂标准问题了。但是，他又提出了一种修正的独立燃烧说，认为当放火行为导致对象物在离开媒介物的情况下已经开始独立燃烧时，就是放火既遂。问题在于，讨论放火罪的既未遂有没有意义？我认为只要认定有没有形成具体的公共危险就可以了。形成了具体的公共危险，烧死人、烧伤人的就适用第115条；没有形成具体的公共危险，那根本就不成立放火罪或者顶多成立放火罪的预备。与其讨论既未遂的标准，还不如讨论有没有形成具体的公共危险。原来的独立燃烧说、重要部分燃烧说、毁损说等既遂标准的判断意义不是太大。独立燃烧说是很难判断的，可能还没有达到独立燃烧的标准，发出的难闻气味就足以导致人的死亡。所以，我认为讨论的重心应该放在有没有形成具体的危险、是否危害公共安全的判断上。这是第一个问题。

第二个问题，放火罪有没有未遂状态？我认为只要形成了具体的危险，就可以适用第114条，如果致人重伤、死亡，那就适用第115条。放火罪有没有预备状态？行为人在放火的路上就被人逮住了，应该是预备。放火罪有没有中止状态？什么时候中止？行为人在去放火途中的预备阶段终止了，幡然悔悟回去了，或者点火烧起来后幡然悔悟又立即灭火的，就是中止。至于未遂，诸葛亮要放火烧死司马懿父子，后来天降大雨，这就是未遂。所以理论上讲，放火罪是有预备、未遂、中止的。

第三个问题的核心是如何适用法律。行为人放火形成了具体的危险,但没有导致人重伤、死亡的,是适用第 115 条同时适用未遂犯从轻、减轻处罚的规定还是适用第 114 条?适用第 114 条是否还需要适用未遂犯从轻、减轻处罚的规定?如果是放火的预备,是适用第 115 条并且从轻、减轻、免除处罚还是适用第 114 条?如果是中止的话,造成损害的减轻处罚的基准是第 115 条还是第 114 条?免除处罚都一样,所以如何适用法律这个问题才是难点。

我的观点是,第 114 条相当于未遂犯的既遂化,只要行为人放火形成了具体的公共危险,就成立第 114 条规定的罪名,没有必要认定为第 115 条规定的未遂同时适用未遂犯从轻、减轻处罚的规定。着手放火了、火烧起来了就适用第 114 条,如果又致人重伤、死亡,那就适用第 115 条。放火罪的预备从轻、减轻处罚的基准法条是第 114 条,应该在第 114 条的基础上从轻、减轻、免除处罚。那么中止呢?要分预备阶段的中止和实行阶段的中止。行为人在放火途中自动放弃了,肯定就没有造成损害,不用讨论,免除处罚即可。那着手放火之后主动灭火呢?灭火如果没有造成损害的话,免除处罚也没有问题,但如果行为人积极地灭火却还是造成了损害,比如说造成了他人轻伤的结果,怎么办?造成损害的要减轻处罚,那是在第 115 条还是在第 114 条的基础上减轻处罚,还是适用第 114 条?如果在第 115 条的基础上减轻处罚的话,就和未遂的处罚一样了。为了和未遂相区别,应该在第 114 条的基础上减轻处罚,判 3 年以下有期徒刑。如果积极地灭火,但还是致人重伤、死亡,那么还是应当适用第 115 条,因为不符合中止的有效性要件。

7. 如何界分放火、爆炸罪等危害公共安全罪与故意伤害、杀人罪?

通说认为,区别就在于是否危害公共安全。如果危害公共安全,就只能适用放火罪而不能适用故意杀人罪。按照通说观点,杀一人是故意杀人罪,放火烧死一群人就只能是放火罪了。行为人对教学楼放火,火烧起来后学生们都纵身一跃,毫发无损,如果定放火罪该怎么处理?是适用第 114 条还是第 115 条?没有一个人死伤,应该是适用第 114 条吧,判处 3 年到 10 年有期徒刑。但是,如果认定为故意杀人未遂呢?这么多的学生背后是多少个家庭,定故意杀人未遂,减轻处罚的可能性不大,即便从轻处罚,是不是也要 10 年以上处刑?故意杀人一般处死刑、无期徒刑或者 10 年以上有期徒刑,就算是从轻也在 10 年以上,但如果定放火罪只有 3 年到 10 年有期徒刑。其实,危害公共安全罪和故意杀人罪、故意伤害罪之间是竞合的关系,不能认为放火烧死一个人是故意杀人罪,放火烧死一群人就是放火罪。行为人为了杀死他的仇人,不管不顾地放火烧了整栋楼,就是故意杀人。爆炸也一样,行为人向平地上的一个人扔手雷,是故意杀人。但如果向人民广场的一群人扔手雷,就是爆炸行为吗?不能认为炸死一个人是故意杀人,炸死一群人就不是故意杀人了。所以它们之间是一种竞合的关系,不能认为危害到公共安全,就只能评价为放火、爆炸罪。危害到公共安全,既构成了放火、爆炸罪,同时又构成了故意杀人罪。

既然是竞合的关系,那么是故意杀人罪的法定刑重还是放火、决水、爆炸、投放危险物质等罪的法定刑重?想象竞合从一重,应该是定故意杀人罪还是放火、爆炸等罪?故意杀人罪首选刑种是死刑,"故意杀人的,处死刑、无期徒刑或者十年以上有期徒刑",而放火"致人重伤、死亡……的,处十年以上有期徒刑、无期徒刑或者死刑",首选的是10年以上有期徒刑,然后才是无期徒刑、死刑。所以,从一重应该定故意杀人罪。

8. 15周岁的人以决水、危险方法杀人,能否追究刑事责任?《刑法》第17条第2款相对负刑事责任年龄的规定,是指八种行为还是八种具体罪名?

15周岁的人以决水、危险方法杀人,应该定什么罪?能不能定决水罪?不能,是故意杀人罪。不能因为《刑法》第17条第2款有关相对负刑事责任的年龄的人"犯故意杀人、故意伤害致人重伤或者死亡、强奸、抢劫、贩卖毒品、放火、爆炸、投放危险物质罪"的规定中没有决水罪,也没有以危险方法危害公共安全罪,就不定罪。15周岁的人以决水的方式杀人也是杀人,所以完全可以定故意杀人罪。

《刑法》第17条第2款规定的到底是八种行为还是八种罪名?通说认为是八种行为,正确吗?我怎么觉得第17条第2款规定的就是第232条的故意杀人罪,第234条的故意伤害致人重伤、死亡罪,第263条的抢劫罪,第236条的强奸罪,第347条的贩卖毒品罪,以及第114条和第115条的放火、爆炸、投放危险物质罪呢?最后一个投放危险物质罪肯定是指第114条和第115条。认为最后一个是指狭义的罪名,而前面的七种就是指行为的观点不正确。通说担心的是,如果把故意杀人认为是故意杀人罪,那么15周岁的少年在武装暴乱中杀人、以决水的方式杀人就难以追究责任了。这其实没什么可担心的,15周岁的少年在武装暴乱中杀人、以决水的方式杀人也都符合故意杀人罪的构成要件。

还有人说,不应该认为故意伤害致人重伤、死亡指的就是第234条,因为第234条中并没有故意伤害致人重伤罪、故意伤害致人死亡罪。照这样理解,第234条的条文里面也没有故意伤害罪呀,"故意伤害罪"这个名字又是谁给它取的呢?是最高人民法院和最高人民检察院。刑法罪名分为立法罪名和司法罪名,立法罪名大概只有四个：贪污罪、受贿罪、行贿罪和挪用公款罪。其他的都叫司法罪名，是《刑法》通过之后，最高人民法院、最高人民检察（以下简称"两高"）通过司法解释确定的，而且"两高"还时常因为罪名个数问题"打架"。所以，大家解读构成要件时，对任何刑法问题进行分析时，千万不要被罪名所误导。解释的根据、适用的根据是《刑法》文本本身、罪状表述本身，罪名不能说明任何问题。比如说第234条完全可以确定为四个罪名：故意伤害致人轻伤罪、故意伤害致人重伤罪、故意伤害致人死亡罪、残忍伤害罪。所以，不能认为《刑法》没有规定故意伤害致人重伤罪、故意伤害致人死亡罪，就进而认为故意伤害致人重伤或者死亡不是第234条所规定的罪名。

又如，《刑法》第17条第2款规定的抢劫就是抢劫罪。通说担心15周岁的少年抢劫枪支难以处理，可枪支也是财物，所以评价为抢劫罪没有问题。至于强奸，肯定是指第236条，即使其他条款里面包含强奸，也按照强奸罪处理。贩卖毒品，肯定是指第347条。

立法者为什么没有规定"已满十四周岁不满十六周岁的人，犯故意杀人罪、故意伤害致人重伤罪、故意伤害致人死亡罪、强奸罪、抢劫罪、贩卖毒品罪、放火罪、爆炸罪、投放危险物质罪……"呢？因为听起来就很累，现在就是把"罪"省略了。像《刑法》第269条犯盗窃、诈骗、抢夺罪转化成抢劫罪的规定，也是为了避免重复，其实规定的也是狭义的三个罪名。

9. 以危险方法危害公共安全罪是《刑法》第114、115条的兜底性罪名，还是"危害公共安全罪"一章的兜底性罪名，又或是整个刑法分则的兜底性罪名？从立法论角度讲，是否应废除以危险方法危害公共安全罪？

以危险方法危害公共安全罪何以成为"口袋罪"？它成为"口袋罪"肯定是有先天基因的。放火罪、决水罪、爆炸罪、投放危险物质罪为什么没有成为"口袋罪"？放火、决水、爆炸、投放危险物质，它们的内涵、外延都很清楚，而"以其他危险方法"则行为结构不明。

我之前看到一个新闻，行为人高空抛物险些把小孩砸死了，这构成什么罪？故意杀人罪未遂。行为人应当知道楼下会有人走动，险些把人砸死，就是故意杀人罪未遂。不要总想着危害公共安全，谁说不能以危害公共安全的方式杀人呢？行为人在楼上丢下一个东西，他有没有谋杀的故意暂且不论，但至少是放任。高空抛物差点砸死人的就应该定故意杀人罪未遂。

现在实践中的做法是，把以危险方法危害公共安全罪当成整个"危害公共安全罪"一章的兜底性罪名，但实际上，以危险方法危害公共安全罪只是《刑法》第114、115条的兜底性罪名，不是整个危害公共安全罪一章的兜底性罪名，更不是整个刑法分则中只要涉及不特定或者多数人的人身、财产安全的兜底性罪名。但是，在我们司法实践当中，只要涉及不特定的或者多数人的人身、财产安全，都被认定为以危险方法危害公共安全罪。比如三鹿奶粉案件，定了以危险方法危害公共安全罪；还有河南焦作刘襄案，行为人制作、销售瘦肉精，也被认定为以危险方法危害公共安全罪，判了无期徒刑。制造、销售瘦肉精和放火、决水、爆炸行为的危害性能相当吗？怎么能定以危险方法危害公共安全罪呢？所以，这个罪事实上成为整个刑法分则中涉及不特定或者多数人的人身、财产安全的兜底性罪名。其实以生产、销售伪劣产品，或者生产、销售有毒有害食品，或者故意杀人、故意伤害、过失致人死亡、过失致人重伤等罪来处理应该就可以了。

从立法论的角度讲，直接废除这个罪名都没什么问题。根本不用担心取消以危险方法危害公共安全罪会形成处罚漏洞，因为实践当中以危险方法危害公共安全罪来处理的行为通常都符合放火、决水、爆炸、破坏交通工具、破坏交通设施等罪的构成要件。即使不符合，形成了公共危险，通常就会威胁到他人的生命和身体的安全，可能构成故意杀人罪、故意伤害罪。如果我们承认故意伤害罪未遂也是可以成立的，那就没有任何问题，故意伤害罪当然应该有未遂，只是我们实践当中不处罚。

10. 如何处理"碰瓷""醉驾"案？

碰瓷案件怎么处理？有的法院定以危险方法危害公共安全罪。如果被害人明知道行为人在碰瓷，但因为行为人人多势众，被害人只能被迫答应行为人的要求，那就是敲诈勒索罪；如果被害人也稀里糊涂，认为自己交通违章了，譬如被害人正好喝了点酒，你说是他撞的，他稀里糊涂就把钱给了，这就是诈骗罪；如果把人撞死了，就是交通肇事罪；如果再极端一点，行为人知道很危险但就要去撞，那就是故意杀人罪。这怎么能和放火、决水、爆炸的危险性相当呢？无非就是敲诈勒索、诈骗、故意杀人、故意伤害、交通肇事。

醉驾案件，前些年出现的南京张明宝案、广东黎景全案等等，都是醉酒驾车，肇事之后逃跑撞人，继续肇事。撞人之后不停下来，慌不择路地逃跑，逃跑时又把人给撞了，都是这种类型，定了以危险方法危害公共安全罪。但是，法官很谨慎，认为他们毕竟只是间接故意，又处于醉酒状态，判断能力有所下降，所以不应该判死刑，判无期徒刑就可以了。一方面认为他们属于以危险方法危害公共安全，另一方面又认为不能判处死刑。以危险方法危害公共安全罪规定得很清楚，致人重伤、死亡的话，处10年以上有期徒刑、无期徒刑或者死刑，是不是很矛盾？其实在这些热点案件发生之前，醉驾案件较多定了交通肇事罪，行为人喝酒导致判断能力下降就是可宽恕的因素吗？醉驾犯罪不应当负刑事责任吗？

11. 《最高人民法院、最高人民检察院、公安部关于办理涉窨井盖相关刑事案件的指导意见》有关盗窃、破坏非机动车道、人行道等场所的窨井盖的，以以危险方法危害公共安全罪定罪处罚的规定，有无疑问？

盗窃公路上的窨井盖，就是破坏交通设施。而盗窃人行道上的窨井盖，张老师以前认为是过失致人死亡，现在认为可能是故意杀人。人行道上的窨井盖被行为人盗了之后，他人一不小心掉下去了，行为人是过失还是放任的故意？人行道上肯定会有人走，现在的人又都是"低头族"，不看窨井盖，很可能就掉下去了。这一行为无非涉及破坏交通设施罪、过失致人死亡罪、过失致人重伤罪、故意杀人罪、故意伤害罪，这些罪名完全可以处理。如果盗窃了窨井盖，没有危害公共安全也不可能致人死伤的话，那就是盗窃罪，窨井盖也是有价值的。窨井盖还是道路的一部分，盗窃窨井盖，还是故意毁坏财物（道路）。

盗窃、破坏非机动车道、人行道等场所的窨井盖，和放火、决水、爆炸的危险性相当吗？如果要以以危险方法危害公共安全罪定罪处罚，必须具有危险的不特定扩大性、结果的不可控制性、蔓延性特点，但它很难与放火、决水、爆炸的危险性相当。

12. 《最高人民法院关于依法妥善审理高空抛物、坠物案件的意见》（以下简称《高空抛物意见》）以"足以危害公共安全"替代了《刑法》第114条中的"危害公共安全"的表述，妥当吗？

《高空抛物意见》有意用"足以危害公共安全"来取代第114条的"危害公共安全"，两者有没有区别？"危害公共安全"是危险，"足以危害公共安全"是危险的危险。足以造成实害才叫危险，所以足以造成危险不就是危险的危险吗？可见，制定《高空抛物意见》的人知道高空抛物和放火、决水的危害不相当，就用了"足以危害公共安全"的表述。比具体危险更抽象的就是抽象危险了，《刑法修正案（十一）》就增设了高空抛物罪。用周光权老师的话讲，增设新罪就是为了避免错误地适用重罪，没规定高空抛物罪的话，就会以以危险方法危害公共安全罪处理了。

第二节 "破坏……"类犯罪

■ 法规链接

《刑法》第116条破坏交通罪，第117条破坏交通设施罪，第118条破坏电力设备罪、破坏易燃易爆设备罪，第119条破坏交通工具罪、破坏交通设施罪、破坏电力设备罪、破坏易燃易爆设备罪、过失损坏交通工具罪、过失损坏交通设施罪、过失损坏电力设备罪、过失损坏易燃易爆设备罪，第124条破坏广播电视设施、公用电信设施罪、过失损坏广播电视设施、公用电信设施罪

■ 疑难问题

1."足以""危害公共安全""危及公共安全"，是具体危险犯的标志吗？破坏交通工具罪、破坏交通设施罪、破坏电力设备罪、破坏易燃易爆设备罪是具体危险犯吗？

危害公共安全罪的表述中，像放火罪的描述是"危害公共安全"，而破坏交通工具罪的描述是"足以"，暴力危及飞行安全罪的描述是"危及飞行安全"，《刑法》第130条规定的非法携带枪支、弹药、管制刀具、危险物品危及公共安全罪的描述是"危及公共安全"，这些表述有没有区别？张明楷老师认为没有区别，都是具体危险犯。如果没有区别，为什么不用同一个表述？"危害公共安全"和"危及公共安全"有没有区别？是有区别的。按照我的观点，"危及公共安全"应该是准抽象危险犯。如果是具体危险犯的话，应该统一用"危害公共安全"的表述。"足以"这种表述与具体危险犯也有细微的差异，说明它们的危险程度是不一样的。"足以造成翻车"和"足以造成翻车的危险"是有区别的。"足以使火车等发生倾覆、毁坏"，应该是指足以造成火车等倾覆、毁坏的实害后果，而"足以造成危险"，是危险的危险了，因为"足以"本身就代表危险。

"危害公共安全"代表具体危险犯，"足以"则代表准抽象危险犯，强调对破坏的部位、破坏的程度的要求，行为人破坏的必须是足以导致汽车倾覆的部位，比如剪断刹车油管。举个例子，卡车一般都是双排轮子，放掉一个轮胎的气，是构成破坏交通工具罪还是构成故意毁坏财物罪？把气放掉肯定是故意毁坏财物罪（不考虑数额）。盗窃双排轮子的一个轮子构成破坏交通工具罪还是构成盗窃罪？认为构成盗窃罪的就是缺乏生活常识，双排轮子少了一个轮子车子就无法保持平

衡了，在转弯的时候就可能要翻车了。所以，盗窃一个轮子是破坏交通工具罪。但是，如果把所有的轮子都盗走了，车已经开不了了，就不构成破坏交通工具罪了。因为不可能导致车子倾覆的危险，不足以危害公共安全，这种行为就是单纯的财产犯罪。所以，"足以"就是强调破坏的部位及对交通安全的威胁程度，并非这种行为需要形成具体的、现实的、紧迫的危险。"足以"只是判断成立危害公共安全罪还是单纯的财产犯罪比如盗窃罪、故意毁坏财物罪的依据。

盗窃高速公路的护栏，是构成盗窃罪还是破坏交通设施罪？得看护栏的功能，如果护栏仅仅用于挡噪音、灰尘，构成盗窃罪；如果护栏用于保护交通安全，则构成破坏交通设施罪。所以，盗窃高速公路的护栏也要进行具体判断，看护栏的功能是什么，是关系到公共安全还只是遮挡噪音、灰尘的功能。

"危及公共安全"至少是一种准抽象危险犯。就"危及飞行安全"来说，行为人对飞行器上的人员使用暴力，要不要达到具体危险的程度才构成犯罪？比如行为人在飞机上跟人打架，要不要达到飞机左摇右晃的程度才构成犯罪？不需要。"危及飞行安全"是指暴力要达到一定程度，如果情侣在飞机上打情骂俏，那不可能危及飞行安全。还有第130条非法携带枪支、弹药、管制刀具、危险物品危及公共安全罪，在我看来，这里的"危及公共安全"也是提醒需要判断管制刀具对公共安全的威胁程度。譬如行为人所进入的公共场所是不是人员比较密集的地方，使用的是什么样的管制刀具，而不是指携带管制刀具这种行为本身会和放火一样形成具体的、现实的、紧迫的危险。

有些判决书不管有没有形成具体的危险，只要在公共场所，比如行为人想把管制刀具带到高铁上，在安检的时候或者在候车厅就被查获了，直接认定为犯罪。或者行为人在大街上摆摊卖管制刀具，直接认定构成犯罪了。在大街上卖管制刀具会对周围形成具体的危险吗？很难吧！因为行为人只是卖刀具，并不想杀人，所以简单地认为这些都是具体危险犯是需要打一个大大的问号的，因为危险程度肯定是有差异的。

2. 能否将大型拖拉机、电瓶车、空中缆车解释为"汽车"？

破坏交通工具罪的五种对象是明确的，没有一个兜底性的规定就会导致五种对象之外的对象不能被这五种对象所涵摄。比如大型拖拉机，行为人剪断大型拖拉机的刹车油管，是不是有可能导致大规模的人身伤亡？这就迫使我们要解释大型拖拉机到底属于火车、汽车、电车、船只还是航空器。大型拖拉机不大可能属于火车、船只、航空器，而且它也不用电。如果电车是指上面有两根电线的车，那高铁也是电车，高铁上面有电线，只是不一定接触，但要不断地供电才能行驶。所以，用电的就是电车吗？现在电车很难界定，并不能认为新能源车都叫电车。

大型拖拉机不用电,看来只能把它解释为汽车了。那么,什么是汽车?同样难界定。有四个轮子的就是汽车?卡车轮子多得很,它也是汽车。用汽油的就是汽车?有的卡车就用柴油,所以没法下定义。不过,把大型拖拉机解释为汽车,大家还能接受。还有公园里运送游客的电瓶车,也被解释为汽车。但是,要把空中缆车解释为汽车,你们能接受吗?或者解释成电车?

3. 如何理解《刑法》第116条中的"尚未造成严重后果"?对比第117条,破坏交通工具罪对对象的描述是封闭性的还是开放的?

再次强调,"尚未造成严重后果"是表面的构成要件要素。破坏了交通工具,没有造成严重后果的,就适用第116条;造成严重后果但不能证明因果关系的,还是适用第116条。这是第一个问题。

第二个问题,第116条"火车、汽车、电车、船只、航空器"后面没有"等",第117条破坏交通设施罪中有"或者其他破坏活动",破坏交通设施罪没有争议,为什么?"其他破坏活动"不只是行为方式的"其他",还包括了对象的"其他",交通设施显然不限于列举的轨道、桥梁、隧道、公路、机场、航道、灯塔、标志这几种。正因为破坏交通工具罪的对象规定是封闭性的,没有一个"等"字,才导致大型拖拉机、电瓶车、空中缆车难以被认定。

4. 在公路上洒汽油,将树木横在公路上,盗窃高速公路的防护栏,构成破坏交通设施罪吗?

在公路上洒汽油是很危险的,有的汽车漏油,后面的车会打滑。横一棵树在公路上、抬口棺材放在公路上是不是破坏?再设想一下,行为人突然蹿到封闭的高速公路上来,朝中间一站,构不构成破坏交通设施罪?朝高速公路丢几个石头或者挖几个坑就是破坏交通设施罪了,而人站在高速公路当中就不是破坏交通设施罪了?人朝那里一站,会不会影响交通设施的功能发挥?一个人突然蹿到高速公路上,许多车纷纷停车,发生了交通事故,定什么罪?以危险方法危害公共安全罪?我倾向于定破坏交通设施罪,只要行为人妨碍了交通设施功能的发挥,就是破坏交通设施罪。

5. 劫持火车、电车,无罪吗?

关于劫持火车、电车,张老师主张定破坏交通工具罪,我主张定破坏交通设施罪。刑法规定了劫持船只、汽车罪,但没有规定劫持火车罪,那么劫持火车到底是破坏交通工具罪还是破坏交通设施罪?比如行为人劫持火车让司机按照要求开到目的地或按照要求速度行驶定何罪?在铁轨上开火车能想开多快就开多快,想开到哪就开到哪吗？火车速度通常是规定好的，开慢了后面的车就撞上来了，开快了就撞到前面车上去了。所以，劫持火车就会导致轨道交通不能正常运行，我主张定破坏交通设施罪。

6. 如何认定处理上述破坏类犯罪的既遂、未遂、预备与中止？

按照我的观点，讨论既未遂没有意义。比起讨论既未遂，不如判断有没有形成危险。比如，与其讨论既未遂，不如判断什么叫"足以"，什么叫"危害公共安全"，什么叫"危及飞行安全"，什么叫"危及公共安全"。如果形成了这种危险，那么就直接适用相应的条文；造成了严重后果，再适用相应的结果犯、加重犯就可以了。所以，不要讨论既未遂，但是犯罪预备还是可以讨论的。行为人哼哧哼哧地搬一块大石头放在铁轨上，结果在搬的过程中被人逮住了，这肯定是预备。如果行为人已经把石头放在铁轨上了，在火车到来之前能不能算预备？只要铁轨是处于运营的状态，不是废弃的铁路，放在铁轨上就已经构成破坏交通设施罪了。如果石头还没有放在铁轨上，那就是预备，从轻、减轻或者免除处罚，参照的基准法条就是第117条破坏交通设施罪。剪断刹车油管构成第116条规定的破坏交通工具罪，如果导致了汽车的倾覆，就构成第119条的结果犯。

那有没有中止呢？危险犯有没有中止存在的余地？通说认为危险犯没有中止。比如行为人把一块石头放在铁轨上，在火车到来之前又移开石头，按照通说的观点，一形成危险状态就既遂了，就算把石头移开，也不能享受中止的待遇。行为人放了火，只要火烧起来了，即便及时地灭火，避免了损害的发生，也不能享受中止的待遇。这会不会促使行为人一条道走到黑，直接点了火之后就不管了呢？这有利于保护法益吗？

其实，危险犯也有中止，只要在实害造成之前，及时地消除了危险，避免了损害就应该享受中止的待遇。点火之后及时灭火，在把人烧死之前及时地灭火，就是中止。如果行为人及时灭火，但还是造成了他人轻伤，该怎么处理？适用第114条还是第115条？造成了损害，应该在第114条的基础上减轻处罚，处3年以下有期徒刑。如果及时灭火，没有造成轻伤和一定的财产损失的后果，那当然是免除处罚了。所以，中止犯"造成损害的，应当减轻处罚"中的"损害"是指造成轻罪既遂的结果。比如放火，造成轻伤、财物毁坏的结果，都是轻罪既遂的结果，它只是避免重罪既遂的结果。研究刑法分则绝对不只是对刑法分则条文的解读，总则与分则是打通的。所以，行为人在铁轨上放了石头后，在火车到来之前及时移开，成立破坏交通设施罪的中止，没有造成损害的免除处罚。如果他及时地移开石头，但还是造成了一定的交通事故，就减轻处罚。不能认为造成危险就既遂了，这阻断了行为人的悔过自新之路，不利于保护法益。

7. "两高"将第118条确定为"破坏电力设备罪""破坏易燃易爆设备罪"两个罪名，是否妥当？

第118条条文表述的是"破坏电力、燃气或者其他易燃易爆设备"。电力是不是也可以理解成是一种易燃易爆设备？行为人既破坏了电力又破坏了燃气设备是两个罪，行为人既破坏了燃气又破坏了其他易燃易爆设备就是一个罪——破坏易燃易爆设备罪。司法解释对这个条款罪名的确定导致了罪数认定的混乱。如果行为人既破坏火车又破坏电车，一般是定一个罪——破坏交通工具罪；既破坏公路又破坏桥梁，也是定一个罪——破坏交通设施罪。但是，行为人既破坏电力又破坏燃气设备却定两个罪，导致罪数认定的不协调。对于破坏交通工具为什么不规定为破坏火车罪、破坏汽车罪、破坏船只罪、破坏航空器罪呢？对于破坏交通设施为什么不规定为破坏公路罪、破坏轨道罪而只认定为一个破坏交通设施罪呢？为什么第118条却要规定为两个罪名呢？可见，这个条文的罪名的确定是有一定问题的，第118条的罪名应确定为"破坏易燃易爆设备罪"。

8. 司法解释对盗割电线、在输油管道上打孔盗油、盗窃广播电视设施、公用电信设施，从一重而不是数罪并罚的规定，有无疑问？

这个司法解释的规定也是通说和实践中的做法。通常，行为人构成牵连犯，才有可能从一重处罚。牵连犯、吸收犯、连续犯这些概念，明明符合几个犯罪构成，有几个行为，侵害了几个法益，为什么要牵连、吸收、连续？承认牵连犯的概念，因为牵连犯从一重处罚，通常来说比数罪并罚还是要轻一些。但是，从理论上讲，牵连犯这个概念是没有必要承认的。我后面还会再提到。

同时构成其他犯罪，应当限定为一个行为，只有一个行为才能从一重处罚。比如盗割电线再取走盗割的电线，是一个行为还是两个行为？什么时候既遂？就破坏电力设备罪而言，行为人把电线剪断就既遂了，之后把电线拿走又是什么行为？肯定是盗窃。盗割电线，危害的是公共安全，剪断就已经既遂了，但剪断的电线的所有权还是归电力公司，拿走就侵害了另外一个法益。又如在输油管道上打孔盗油，构成什么罪呢？打孔装上阀门很危险，油气很容易泄漏，构成破坏易燃易爆设备罪，然后行为人继续偷油，是不是又构成了盗窃罪？

倘若行为人花了一晚上的时间把所有的电线都剪断了，准备第二天白天拿卡车来拖，结果被别人"捷足先登"了，来拖的时候啥都没有，剪断这个行为构成破坏电力设备罪，别人把剪下的电线偷走了，构成盗窃罪。一个人实施就认定为一个行为，从一重，两个人实施却认定为两个行为、构成两个罪？打孔盗油也一样，行为人开了一个孔，准备改天找辆运油车来偷油，结果别人从打开的孔里面偷油了，那别人肯定构成盗窃罪。所以，对这种情况，我一直主张是两个行为，除非是所谓的包括的一罪。包括的一罪，比如共罚的事后行为，实际上只侵害了一个法益。除了包括的一罪，如果是两个行为，侵害了两个法益，符合两个犯罪构成，原则上都应该数罪并罚。这里的"同时"的规定显然没有仔细地分析行为人到底有几个行为，我认为是有两个行为的。就像盗窃共享单车，车锁比自行车其余部分都值钱，行为人毁掉了锁，然后偷走共享单车，构成几个罪？行为人对锁没有利用的意思，只有毁坏的意思，是故意毁坏财物。然后再把共享单车骑走，是不是盗窃？行为人把别人的豪车玻璃砸碎了，手伸进去偷走一部手机，这也是两个行为，肯定要数罪并罚。

9. 司法解释将破坏广播电视设施、公用电信设施罪解释成实害犯，合理吗？

司法解释把破坏广播电视设施、公用电信设施罪解释成造成了多少用户停电这样的实害，而实际上这个罪名是危险犯，把它解释为实害犯是不符合法律规定的犯罪构成的。本罪并不要求已经造成了严重后果，强调造成实害是违反罪刑法定原则的。

10. 过失破坏广播电视设施、公用电信设施尚未造成严重后果的，也成立犯罪吗？《刑法》第124条第2款的规定是否承认了所谓的过失危险犯？

破坏广播电视设施、公用电信设施罪和放火罪、破坏交通工具罪的表述存在区别。放火罪和破坏交通工具罪，把危险犯和结果犯分成两个条文进行规定，而这里分成前段和后段，这就已经有隐患了。第115条第2款规定了"过失犯前款罪的"，所以失火罪大家都知道是实害犯或者结果犯，但第124条第2款规定的"过失犯前款罪的"到底是过失犯前款危险犯还是过失犯前款结果犯？这里的"过失犯前款罪的"是否包括过失犯前款造成危险状态但未造成严重后果的情形？就是因为在一个条款内进行表述，所以才导致了这种分歧。放火罪在第114条规定的是危险犯，第115条规定的是结果犯，所以第115条第2款规定"过失犯前款罪的"就是失火罪，像过失爆炸罪之类的就是结果犯，都没有争议。但是，这里把危险犯和实害犯规定在一个条款里，所以过失犯前款罪是过失犯前款的危险犯还是过失犯前款的结果犯就有争议了。这里并没有肯定过失危险犯。所以要对它进行补正解释，因为连失火、过失爆炸都要求是实害，而破坏广播电视设施、公用电信设施显然比放火、爆炸危害性要轻，能说过失造成危险就构成犯罪了吗？这显然不协调，所以这里的"过失犯前款罪的"是指过失犯前款的后段，即过失造成严重后果的，而不是过失犯前款造成危险状态的。

第三节 恐怖活动类犯罪

■ 法规链接

《刑法》第120条组织、领导、参加恐怖组织罪，第120条之一帮助恐怖活动罪，第120条之二准备实施恐怖活动罪，第120条之三宣扬恐怖主义、极端主义、煽动实施恐怖活动罪，第120条之四利用极端主义破坏法律实施罪，第120条之五强制穿戴宣扬恐怖主义、极端主义服饰、标志罪，第120条之六非法持有宣扬恐怖主义、极端主义物品罪

■ 疑难问题

1. 何谓多众犯？多众犯的问题何在？

共同犯罪分为简单的共同犯罪和必要的共同犯罪。简单的共同犯罪，指可以由单个人实施也可以由多人实施的犯罪，像故意杀人罪、盗窃罪。必要的共同犯罪，指预计由多人来实施的犯罪，分为多众犯和对向犯。多众犯，指多人朝着一个目标、一个方向联动的犯罪，比如聚众斗殴、聚众扰乱公众场所的秩序，都是多人朝着一个方向努力、一个方向联动；而对向犯，是指相向而行的犯罪，像行贿和受贿、重婚、拐卖妇女儿童和收买被拐卖的妇女儿童、买卖枪支。

多众犯的问题是什么？第一，刑法分则已经根据多众犯参加者的作用大小区分了首要分子、积极参与者和一般参与者，有的条文只处罚首要分子，那么对积极参与者和一般参与者就不能适用刑法总则关于共犯的规定以共犯论处。如果只处罚首要分子和积极参与者，对一般参与者也不能适用刑法总则中关于共同犯罪的规定以共犯论处。第二，教唆他人实施多众犯罪的外围的教唆犯还是有可能构成的，像教唆他人聚众斗殴、教唆他人聚众扰乱公共场所秩序等。所以，内部的只能根据刑法分则的规定来定罪量刑，排除了刑法总则关于共同犯罪的规定的适用，这就是多众犯的特征。

2. 如何看待《刑法》第120条第2款关于数罪并罚的规定？参加者若除其所实施的具体犯罪活动外并无其他犯罪活动，对其应作为想象竞合从一重还是数罪并罚处理？

首先要明确的是，刑法分则中关于数罪并罚的规定是注意规定还是法律拟制？这样的规定是不是可以删除？实际上，刑法分则中关于数罪并罚的规定、关于共

犯的规定都是注意规定，可以删除，否则会导致误解。

一个恐怖组织没有实施任何的违法犯罪活动，还能叫恐怖组织吗？不能吧，正是因为它实施的是违法犯罪活动才体现出它是恐怖组织。如果一方面评价行为人实施了组织、领导、参加恐怖组织罪，另一方面又根据行为人实施的具体犯罪另外定罪，算不算重复评价？

一个恐怖组织或一个黑社会性质组织常常要求行为人加入前要先干件坏事，触犯刑律。例如，行为人实施故意杀人，然后对其加盟组织的行为另外评价为参加某种组织的犯罪，这就是重复评价。所以，组织、领导、参加恐怖组织罪和组织、领导、参加黑社会性质组织罪，这两个罪名涉嫌重复评价。在我看来，组织者、领导者对恐怖组织、黑社会性质组织的建立、维系和发展起着关键作用，而这种组织的存在本身对公共安全就是威胁。所以，对组织者、领导者而言，可以根据其所实施的具体犯罪，与组织、领导这种组织犯罪数罪并罚。但对于一般的参加者而言，有可能涉嫌重复评价。

举个例子，南京夫子庙一带早些年有一个叫陈三春黑社会性质的组织。陈三春手下有一个小喽啰，就干一件事——放高利贷，检察院既起诉他参加黑社会性质组织罪，又起诉他非法经营罪，有没有问题？他参加黑社会性质组织干的唯一的事情就是放高利贷，或者说他参加黑社会性质组织的违法性就只体现在放高利贷的行为上。要么评价他参加黑社会性质组织，要么评价他非法经营，不能重复评价。参加是一种犯罪行为，评价一般的参加者参加黑社会性质组织，犯罪行为必然要体现在其实施的具体犯罪活动上。如果把他所实施的具体犯罪活动排除掉之后，所"参加"的犯罪的违法性基础就没有了，处罚的根据就没有了。对这种情况，只要根据犯罪构成、行为个数、罪刑均衡这些因素进行考量就可以了。数罪并罚的规定是可以忽略不计的，就算没有规定数罪并罚，按照数罪并罚原理该并罚的还是得并罚。

德国通说也认为，如果排除了行为人所实施的具体的犯罪活动，仅"参加"这种行为的犯罪性将无从体现，那么这个时候就只能是想象竞合。即要么评价为参加某种组织的犯罪，要么根据行为人实施的具体的犯罪活动定罪处罚。

但是，对组织者、领导者进行数罪并罚还是有可能的，组织、领导组织本身对公共安全具有危险，所以对组织者、领导者可以以组织、领导某种组织和其实施的具体犯罪数罪并罚。而对一般参加者而言，应当认定为构成想象竞合犯。

3. "帮助"恐怖活动罪的罪名概括准确吗？该罪是帮助犯的正犯化还是帮助犯的量刑规则？该罪是否存在教唆、帮助犯？对于为恐怖活动组织、实施恐怖活动或者培训招募、运送成员，是否需要他人接受其所招募、运送的成员才成立犯罪？

第一个问题，应该叫"资助"，资助指物质性的帮助，帮助比资助的范围广。资助恐怖活动组织、资助实施恐怖活动的个人、资助恐怖活动培训，都是资助，所以这里的罪名应该叫资助恐怖活动罪，"两高"确定的罪名不够准确。

第二个问题，最近几个修正案类似的规定很多，像帮助信息网络犯罪活动罪，到底是帮助犯罪正犯化还是帮助犯罪量刑规则，理论界争论得很激烈。

张明楷老师认为帮助犯的正犯化有所谓的绝对的正犯化和相对的正犯化两种情形。绝对的正犯化，是不依赖于正犯实施犯罪，行为人自己实施帮助行为就已经构成犯罪了，像资助恐怖活动组织，只要资助了，组织接受了资助，即便接受资助的人没有实施具体的恐怖活动，行为人也构成犯罪。而相对的正犯化是否值得处罚要根据个案进行判断。像协助组织卖淫，这种协助行为要不要作犯罪处理，不能一概而论，要在个案中进行具体判断。

张老师认为该罪根本就不是正犯化的规定，而是一种量刑规则。它本身还是帮助犯，要成立帮助犯，还得坚持实行从属性原则。对于帮助信息网络犯罪活动罪，行为人所提供的技术支持和其他帮助必须被他人所利用。他人必须利用行为人接入的互联网实施犯罪。行为人给他人提供银行卡，他人必须利用所提供的银行卡实施了诈骗等犯罪。所以，它并不是一个独立的正犯，只是一个量刑规则，排除了刑法总则关于共同犯罪的规定。

我认为根本没有必要区分所谓帮助犯的正犯化和帮助犯的量刑规则，只要掌握一点，即是否需要正犯着手实施犯罪，是否依赖于正犯着手实施了犯罪。比如，行为人资助他人，是不是需要他人接受这种资助？行为人为他人招募、运送人员，是不是需要他人接受所招募、运送的人员？行为人协助组织卖淫，被协助者是否已组织了卖淫？是否值得科处刑罚？这些通常不难判断。

所以，帮助犯的正犯化和量刑规则争论的焦点，就在于成立这种犯罪要不要依赖于正犯着手实施了犯罪。至于这里是帮助犯的正犯化还是帮助犯的量刑规则，我倾向于认为它还是帮助犯的正犯化，但是也要具体地判断这种行为是否值得科处刑罚。比如前面讲的资助恐怖活动组织，如果他人根本没有接受资助，当然不构成犯罪，只要他人接受资助就构成犯罪了，并不需要他人接受资助并且利用资助实施了具体的恐怖活动。如果认为是帮助犯的正犯化，那么本身还有可能存在教唆和帮助行为，教唆他人资助的还能成立教唆犯，帮助他人资助的还可能成立帮助犯。但如果认为是量刑规则，那么教唆他人帮助信息网络犯罪活动，还是对帮助行为的教唆；帮助他人帮助信息网络犯罪活动，还是对帮助行为的帮助。但如果认为是正犯化的话，就是教唆犯、帮助犯。这回答了第三个问题。

第四个问题，刑法中有好几个类似的条文，比如为强迫他人劳动的人招募、运送人员，我认为是需要他人接受的，否则犯罪性很难体现。

评价犯罪是根据主观想法还是客观行为？行为人买胡椒粉、辣椒粉是应该评价为抢劫预备还是做菜的准备？这个真的很难判断，因为预备行为很多时候就是日常生活行为。比如行为人买了封箱胶带、尼龙绳、胡椒粉放在家里，准备改天去抢劫，能不能定抢劫预备？不能定。谁说不能买尼龙绳，国家禁止买吗？谁说不能买封箱胶带，搬家的时候是不是要用封箱胶带？买胡椒粉做菜也很正常。所以，买封箱胶带、尼龙绳、胡椒粉是为了搬家、做菜还是为了实施抢劫无法简单判定，客观行为完全一样，但行为人的主观想法不一样，结果定性有很大的差别。行为人磨菜刀想杀人，而厨师磨菜刀是为了磨锋利点好切肉，两个人的客观行为都是磨菜刀，行为人的主观想法是准备用来杀人的，那就是故意杀人的预备了吗？如果处罚，不就是处罚主观想法了吗？再比如说同样都是送30个人到教室，一个教室是进行恐怖活动培训，一个教室是我的课堂。同样都是送30个人，客观行为完全一样，但主观想法不一样，能根据人的主观想法定罪吗？所以，为实施恐怖活动或者培训等招募人员要成立犯罪，需要这些人员被他人接受，但不要求这些人员被培训或者实施恐怖活动。

4. "资助恐怖活动组织"，需不需要他人接受资助并且实施恐怖活动犯罪？帮助恐怖活动罪的既遂标准是什么？

这里需要先了解共犯的实行从属性原则。共犯从属性，包括要素的从属性、罪名的从属性和实行的从属性，关系到如何处罚教唆犯、帮助犯问题。教唆他人杀人，他人必须着手实施杀人行为才能处罚教唆犯；为他人杀人提供工具，他人必须着手杀人才能处罚帮助犯。也就是说，行为人所教唆的或者所帮助的人着手实行了犯罪，才能处罚行为人，这就叫实行的从属性。理论上认为，如果被教唆、被帮助的对象都还没有着手实行犯罪，那教唆、帮助行为就根本不值得处罚。教唆犯、帮助犯毕竟不是直接侵害法益的，而是借助正犯的行为间接地侵害法益，是要通过他人的行为侵害法益。

在国外，一般认为教唆犯、帮助犯承担的是所谓的二次责任，正犯才是一次责任。所以，成立狭义的共犯或处罚狭义的共犯，都是以正犯着手实行犯罪为前提的。对于刑法分则中这种"资助""帮助"的规定需不需要他人接受甚至已经着手实施了犯罪，我认为，只要资助被接受了就构成犯罪，不需要恐怖组织实际上实施了恐怖犯罪活动。行为人资助他人进行恐怖活动培训，只要这个培训的组织接受了资助，行为人就构成犯罪，而不需要组织实际开展培训或者把钱用到培训当中去。是不是实施了帮助行为就既遂了？资助恐怖活动组织应该要他人接受行为人的资助，不是行为人筹到钱就既遂了，钱还必须送到恐怖分子手上去。其他帮助行为也一样，正如前面所讲的，为恐怖活动培训招募人员至少要被接受，才算既遂。

其实，刑法分则中有很多罪名的既遂问题还未展开充分的讨论，我们通常只讨论杀人、盗窃之类的既遂标准，很多罪名的既遂标准在认定中可能都有问题。虽然原则上处罚所有故意犯罪的未遂，但实际上只处罚少量犯罪的未遂，所以是否既遂很多时候不仅关系到既未遂成立问题，更关系到罪与非罪、处罚与否的问题。像帮助信息网络犯罪活动罪、帮助恐怖活动罪的未遂基本上不会被处罚，它本身就是一种帮助犯的正犯化，本身就是轻罪，不必处罚它的未遂。

5.《刑法》第120条之二准备实施恐怖活动罪，是否属于预备行为的实行行为化、独立预备罪或者预备犯的既遂犯化？针对该罪进行预备，是否构成预备犯？

这是预备行为的实行行为化。预备罪分为独立预备罪和从属预备罪。独立预备罪是指这种预备行为已经成为独立的罪名了。国外就将为了伪造货币而准备器械的行为规定为一个独立的罪名。如果预备行为不是一个独立罪名，比如《刑法》里面没有杀人预备罪，那么为杀人而预备就叫从属预备罪。准备实施恐怖活动本来是预备行为，如为实施恐怖活动准备凶器、准备危险物品、准备其他工具、组织恐怖活动培训、积极参加恐怖活动培训、为实施恐怖活动与境外恐怖活动组织或者人员联络、为实施恐怖活动进行策划或者其他准备，这都是预备。为了严厉打击恐怖活动犯罪，将预备行为直接上升为实行行为，规定独立的罪名和法定刑，就是预备行为的实行行为化。就像非法利用信息网络罪很多时候就是预备，为违法犯罪活动发布信息，可能是预备；建立网站和通讯群组，也是预备。预备行为的实行行为化，强调处罚的早期化，"打早""打小"。

从理论上讲，如果预备行为已经被规定为独立的罪名，像准备实施恐怖活动，预备行为已经实行行为化，已经是一个正犯行为，那么它本身还是有预备的。针对该罪进行预备，即对预备进行预备的，为准备工具进行准备的，比如行为人为了准备工具去打工挣钱，理论上也构成预备罪，但是一般来说不值得处罚。

6.《刑法》第120条之二第1款第4项中的"其他准备"，是仅为第4项的兜底性规定，还是整个第1款的兜底性规定？如何理解第120条之二第2款的"同时构成其他犯罪"的规定？

第一个问题，如果把"其他准备"单独规定在第5项肯定没有争议，现在规定在第4项后面，就存在一定的争议了。但我还是认为"其他准备"应该是整个第1款的兜底性规定。

第二个问题,"同时构成其他犯罪的,依照处罚较重的规定定罪处罚",这种规定从《刑法修正案(九)》开始就多了,《刑法修正案(十一)》又多了很多。第一,在我看来,这里的"同时"必须限定为一个行为;第二,根本不需要区分是法条竞合还是想象竞合。只要是一个行为,同时构成了多种犯罪,从一重就可以了。立法者为什么这么规定?因为法条竞合和想象竞合实在难以区分,而且区分的意义也不大。据不完全统计,司法解释类似的规定已经达到100多处了,可以说已经形成了一种趋势。看来司法解释的制定者也觉得没有必要区分法条竞合和想象竞合。法条竞合分特别关系的法条竞合、交叉关系的法条竞合等等,人为地复杂化,其实就是要告诉我们竞合从一重,就是我提倡的"大竞合论"。

我甚至认为"同时构成其他犯罪的,依照处罚较重的规定定罪处罚"是注意规定,这种规定是完全可以忽略的。它绝对不是把本来应该数罪并罚的行为拟制为一罪,也不是只限于想象竞合。我当然知道想象竞合是从一重处断,但不能因为"同时构成其他犯罪的,依照处罚较重的规定定罪处罚"正好和想象竞合从一重处断的原则相吻合,就得出结论认为这里只限于想象竞合。其实,这里排除不了法条竞合的可能性。

7. 对于《刑法》第120条之五,强迫他人留着宣扬恐怖主义、极端主义的发型,将宣扬主义、极端主义的标志作为文身图案,是否构成强制"穿戴"宣扬恐怖主义、极端主义服饰、标志罪?

"穿着"是穿在身上可以脱下来的,"佩戴"是像金银首饰手表之类可以取下来的,所以"穿着、佩戴"强调的是可以取下、戴上的。头发怎么取下来?假发倒是有可能,真发很难认定。文身图案同样不能想取就取下来。将宣扬恐怖主义、极端主义的服饰、标志"穿"在宠物身上、挂在车上呢?也可以认为构成该罪。

8. 《刑法》第120条之五中的"公共场所"能否包括网络空间?强迫他人将穿戴宣扬恐怖主义、极端主义服饰、标志的视频发到网络公共空间,能否构成该罪?

第一个问题,刑法中的罪名,如果有可能发生在网络空间,就不能否认网络空间也属于公共场所。疫情期间,大家更多是在线下公共场所活动还是在网上活动?认为"公共场所是不特定的多数人的身体能够进入的场所"的观点,我觉得已经过时了。在网络空间焚烧国旗、国徽,篡改国歌的歌词,能不能做到?一点问题都没有。我倾向于认为只要可能发生在网络空间,就不能否认网络空间是公共场所。至于在网上造谣是否能评价为在公共场所起哄闹事,造成公共场所秩序严重混乱,那是另外一回事。但不能否认,公共场所可能包括网络空间。

第二个问题，网络公共空间有多少人能看到？如果行为人的微信头像就是穿着、佩戴恐怖主义、极端主义服饰、标志的照片，应该就是在公共场所穿戴。一个有500名成员的群肯定算公共场所，行为人在大街上穿着、佩戴恐怖主义、极端主义服饰、标志的影响可能还不如被一个群里的500人看到，或者被朋友圈中的几千人看到的影响大。

9. 持有型犯罪的正当化根据何在？其共犯、溯及力、追诉时效如何认定、处理？

持有型犯罪总体上越来越多，有扩大化的趋势。持有型犯罪的正当化根据在于，当行为人不能合理说明特定对象的来源和去向时，根据行为人明知对象性质而持有的现状，推定来源或者去向非法。如果能查明钱是贪污、受贿来的，还有可能定巨额财产来源不明罪吗？如果能查明毒品是行为人制造或者准备贩卖的，还会定非法持有毒品罪吗？如果能查明行为人持有的假币是自己伪造的或者准备出售的，还有持有假币罪成立的余地吗？所以，持有型犯罪都是在来源和去向难以查明时，出于保护重大的公共利益的考虑，为了弥补处罚漏洞而设立的。

这是举证责任倒置还是证明事项的改变？证明责任由控方转到被告人身上了吗？有观点认为是举证责任倒置，但刑事案件举证责任能倒置吗？举证责任肯定还是在控方。在行为人包里发现了一包毒品，要不要行为人自己证明不明知？肯定还是要由控方证明。所以，持有型犯罪并不是所谓的举证责任倒置，而是证明事项的改变。定贪污罪、受贿罪是因为可以证明行为人的钱是来源于贪污、受贿的，而巨额财产来源不明罪，只需要证明行为人非法拥有明显超过其合法收入的来源不明的巨额财产；行为人持有毒品，由证明毒品是行为人贩卖、制造的到转为证明行为人拥有、控制毒品的状态。这些只是改变了证明的事项，减轻了证明责任，并没有导致举证责任倒置。

一旦查明来源和去向，就没有持有型犯罪适用的余地。像非法持有宣扬恐怖主义、极端主义物品罪，如果是行为人自己制造的，那直接定别的罪就行了，就没有持有型犯罪存在的余地；像非法持有毒品罪，如果能证明毒品是行为人制造的，或是用于贩卖的，就没有非法持有毒品罪成立的余地。行为人盗窃毒品之后持有，还有必要再定非法持有毒品罪吗？定盗窃罪就可以了。行为人的枪支是盗窃来的，还能给他定非法持有枪支罪吗？如果行为人明知道是枪支而盗窃就没有非法持有枪支罪成立的余地了。能够查明来源的，就按来源来评价，能够查明去向的，就按去向来评价；既不能查明来源也不能查明去向的，只能根据控制某种物品的状态进行评价。

共犯、溯及力、追诉时效的问题有很多，后面会提到。

10. 行为人通过互联网下载宣扬恐怖主义、极端主义的音频视频资料后，存在自己电脑的，是否属于持有？

张明楷老师认为存入电脑的就叫持有。存入电脑的就是持有，那记到大脑里面就是在记忆里面持有吗？恐怕不能叫持有。把电子信息资料解释为物品是有问题的，如把淫秽信息解释为淫秽物品，就属于类推解释。信息能叫物品吗？持有宣扬恐怖主义的资料、物品，这种资料、物品要不要限定为有形的资料、物品，能不能包括电子信息，值得进一步思考。

11. 他人向行为人的电子邮箱发送有关宣扬恐怖主义、极端主义的音频视频资料的邮件，行为人单纯未删除的，构成非法持有宣扬恐怖主义、极端主义物品罪吗？

仅仅存在电脑里面，我觉得不构成。放在电子邮箱里和放在电脑里没有什么区别，所以也不构成。

12. 利用极端主义破坏法律实施罪的构成要件明确么？

《刑法》第 120 条之四强调"破坏国家法律确立的婚姻、司法、教育、社会管理等制度"，那什么不是制度？这个罪名的构成要件不明确，违背罪刑法定的明确性原则。罪刑法定的实质层面要求内容适正和明确，罪刑法定的实质层面是限制立法权还是司法权？限制立法权。实质层面要求不能制定恶法，不能制定不明确的法律。不明确的法律不利于保障人权，可能会被随意地解释和适用。

第四节 "劫持……"类犯罪

■ 法规链接

《刑法》第 121 条**劫持航空器罪**，第 122 条**劫持船只、汽车罪**，第 123 条**暴力危及飞行安全罪**

■ 疑难问题

1. 能认为暴力危及飞行安全罪是具体危险犯吗？

暴力危及飞行安全罪，注意用的是"危及"。"危及"飞行安全，不是"危害"公共安全,说明危险的程度要低一些,危险更加抽象一些。危及飞行安全是对行为人暴力程度的限制,轻微的暴力排除在外,但也不要求达到导致飞机左右摇晃,上下颠簸,就像进入了气流层的程度。这里要再强调一下,"尚未造成严重后果"是表面的构成要件要素。

2. 劫持航空器罪的既遂标准是什么?

曾经有行为人身上绑着炸药包,在沈阳上飞机之后要求飞行员把飞机开到台湾去,然后飞行员跟他周旋,说:"我们油快没有了,我们在南京降一下加点油。"他说:"好的。"结果下来就被抓了。这是犯罪既遂还是未遂?需要到达目的地才既遂吗?不需要,控制航空器就既遂了。

3. 劫持航空器罪中的"航空器",是否限于民用航空器,即是否包括国家航空器?

虽然《海牙公约》等相关国际公约规定劫持航空器犯罪中的航空器不适用于供军事、海关或警察用的航空器,但是这里不应该限于民用航空器,劫持军用的、警用的国家航空器也可能会危害公共安全。所以,简单地以劫持航空器违反的是民用航空公约的理由,就得出这里的航空器仅限于民用航空器这样的结论是不对的。劫持军用飞机也有可能导致机上人员和地面人员伤亡。

4. 劫持航空器中的"致人死亡",是否包括故意杀人?

行为人上了航空器就把飞行员杀掉了,然后自己开,是评价为劫持航空器致人死亡,还是评价为劫持航空器罪的基本犯和故意杀人罪数罪并罚或者想象竞合?这里的致人死亡,包括过失致人死亡。劫持航空器过失致人死亡,处什么刑?死刑。如果说这个罪不包括故意杀人,那么故意杀人怎么处理?只能评价为劫持航空器的基本犯 10 年以上有期徒刑或者无期徒刑,和故意杀人罪数罪并罚一定会判处死刑吗?不会。因为故意杀人罪是死刑、无期徒刑或者 10 年以上有期徒刑,死刑不是唯一的刑种。劫持航空器过失致人死亡尚且是绝对确定的死刑,而故意杀人的无论是想象竞合还是数罪并罚,反而不一定被判处死刑了?所以,这里的"致人死亡"必须包括故意杀人,千万不能想当然认为刑法中的致人死亡不能包括故意杀人。抢劫致人死亡,就包括故意杀人。

5. 通过控制地服人员控制航空器，是否构成劫持航空器罪？

当然构成。飞机不是想飞哪里就飞哪里，想飞多高多快就飞多高多快的。飞机在空中都是听从地面人员指挥的，所以行为人控制地面人员也可以达到改变航空器的飞行目的地、改变航空器的飞行速度等效果。通过控制地面人员发布错误的指令，也可能会使飞机发生飞行的危险。比如说给飞机错误的指令飞到危险的上空，就可能导致飞机坠毁。其实行为人都不需要到飞机上面去，在飞行人员准备上飞机的途中就可以劫持他。

能不能通过控制飞行系统来劫持航空器？当然是可以的。飞机现在都是通过电脑控制的，行为人要是电脑黑客，人不上飞机，就在家里操作都有可能控制飞机。通过控制无人机电脑系统，也能杀人，或者侵入医院的计算机系统，篡改处方也是可以杀人的。不要只想到传统的枪杀、刀杀，行为人在家里通过操作电脑系统也是可能达到目的的。

6. 控制飞行员后自己驾驶飞机、船只、汽车的，是成立劫持飞机、船只、汽车罪，还是抢劫罪？

劫持飞机是可以成立劫持航空器罪的，因为行为人自己驾驶的话，有可能改变了飞行的目的地，或者摆脱了地面的控制。但是，劫持船只、汽车的话就不一样了。行为人是卡车司机，上出租车后把出租车司机一脚踢下去了，自己开车走。对此有法院定为劫持汽车罪，不过我认为应该是抢劫罪。劫持汽车一般应该是行为人用刀、用枪等胁迫司机，让他胆战心惊，开车左摇右晃，如果行为人上去一脚把司机踹下去，比司机开得还要平稳，怎么能叫劫持汽车呢？

7. 劫持无人机，能构成劫持航空器罪吗？

无人机也是飞机，就是太小了不能坐人，但大的飞机也可以是无人机，有很多战斗机就是无人机。所以，劫持无人机也能构成劫持航空器罪，因为劫持航空器罪设立的目的不只是保护航空器上的人员安全，还保护空中其他人员和地面人员的安全。劫持无人机可能导致和其他航空器相撞，或者突然坠落，危及地面人员的安全。

第五节 涉危险物质类犯罪

■ 法规链接

《刑法》第125条非法制造、买卖、运输、邮寄、储存枪支、弹药、爆炸物罪，非法制造、买卖、运输、储存危险物质罪，第126条违规制造、销售枪支罪，第127条盗窃、抢夺枪支、弹药、爆炸物、危险物质罪，抢劫枪支、弹药、爆炸物、危险物质罪，第128条非法持有、私藏枪支、弹药罪，非法出租、出借枪支罪，第129条丢失枪支不报罪，第130条非法携带枪支、弹药、管制刀具、危险物品危及公共安全罪

■ 疑难问题

1. 枪支、弹药、爆炸物犯罪是否均为抽象危险犯？危险物质犯罪是否为具体危险犯？非法携带枪支、弹药、管制刀具、危险物品危及公共安全罪，是否为具体危险犯？

"盗窃、抢夺枪支、弹药、爆炸物的"中的"的"需要引起重视。这里的"的"和"盗窃、抢夺毒害性、放射性、传染病病原体等物质，危害公共安全的"中的"的"有没有区别？后面的"的"是仅适用于后面的危险物质，还是也适用于前面的枪支、弹药、爆炸物？只适用于后面。所以，"或者"前面有"的"的就表示前面的罪状表述已经完成，到此为止，已经达到值得科处刑罚的程度，后面应当配置的就是法定刑。只是为了表述多种行为类型才并列规定，如果"或者"前面没有"的"，就说明"或者"后面所表述的情节严重等要素同样适用于"或者"前面的行为类型。所以，一定要注意"的"，"的"是罪状表述完结的标志，不需要增添新的要素，就值得科处刑罚了。

对于枪支、弹药、爆炸物犯罪，张明楷老师认为是抽象危险犯，而危险物质犯罪是具体危险犯，但我认为后者是准抽象危险犯。"危害公共安全的"是为了限制处罚范围，并不要求盗窃、抢夺本身要形成具体的公共危险，抢劫也一样。

如果说危险物质犯罪是具体危险犯，枪支、弹药、爆炸物犯罪是抽象危险犯，那么非法制造、买卖、运输、储存危险物质要不要行为本身形成具体的危险？或者说为什么非法制造、买卖、运输、储存危险物质要强调危害公共安全？因为危险物质的范围很广，而且杀伤力不像枪支、弹药、爆炸物那么大，以至于不需要作具体判断，只要是枪支、弹药、爆炸物就足够了。所以，需要具体地判断制造、

买卖、运输的到底是什么样的危险物质。实践当中，只要制造、买卖、运输了，或者盗窃、抢夺比如氢化钠、毒鼠强之类剧毒的物质就已经构成犯罪了，并不需要这种制造、买卖、盗窃、抢夺的行为本身有具体的公共危险，所以这里的公共安全是对对象的毒害性的要求、对象的性质的要求，而不是对行为本身的危险性的要求。

行为人制造、盗窃危险物质，如果有具体危险的话，首先威胁到的是制造者、盗窃者本身，他会允许形成具体的危险吗？不可能。我曾看到一份判决书，是关于盗窃放射性仪器的，行为人是上海一个制作放射性仪器工厂的工程师，为了报复单位，他把单位的放射性仪器盗出来了，法院定了盗窃危险物质罪。行为人盗窃放射性仪器这种行为本身形成具体的公共危险了吗？不可能，他是工程师。危害公共安全需要具体判断物质的放射性程度、对公共安全的威胁程度，而不是盗窃行为本身要像放火那样形成具体的公共危险。

所以，并不是只要有"危害公共安全的"就是具体危险犯。对危险物质而言，"危害公共安全的"并不是表示要形成具体危险，而是为了限制处罚范围，是对对象的毒害性程度、危害性程度的要求。我认为危险物质犯罪应该归入准抽象危险犯，行为人实施了一个行为并不能马上得出行为具有公共危险的结论，还需要结合对象的属性进行具体的判断。

非法携带枪支、弹药、管制刀具、危险物品危及公共安全罪是介于抽象危险犯和具体危险犯之间的，是为了限制处罚范围，对行为对象的性质和场所状况的要求，也属于一种准抽象危险犯。

2. 盗窃、抢夺枪支、弹药、爆炸物罪与非法持有、私藏枪支、弹药罪是所谓选择性罪名吗？选择性罪名是否可能数罪并罚？如既非法制造枪支又非法买卖手榴弹的，能否数罪并罚？

罪名分四种：第一，单一罪名，比如故意杀人罪、盗窃罪。第二，并列罪名，比如放火、决水、爆炸、投放危险物质罪，只能拆开使用，不能合并使用。行为人今天放火，明天爆炸，构成数罪。第三，概括罪名，将多种行为类型以一个罪名进行概括，合并成一个罪名，比如信用卡诈骗罪，有使用伪造的信用卡、使用作废的信用卡、冒用他人信用卡、恶意透支等行为，又如伪造、变造金融票证罪，有伪造票据、伪造信用证、伪造信用卡、伪造银行存单等行为。概括罪名有没有可能数罪并罚？我认为，罪名性质和数罪并罚一点关系都没有，是否数罪并罚只取决于能不能做到罪刑相适应，是否违反了禁止重复评价原则。只要不违反禁止重复评价原则，为了实现罪刑相适应，都是可以数罪并罚的。第四，选择性罪名。何谓选择性罪名在理论上争议很大，有所谓的行为选择型，如制造、买卖、运输；

有所谓的对象选择型，如收买被拐卖的妇女、儿童；有所谓的行为对象同时选择型，如制造、买卖、运输、邮寄、储存枪支、弹药、爆炸物罪；有所谓的主体选择型，如现在规定的非国家工作人员受贿罪，以前规定的是公司、企业人员受贿罪，公司人员和企业人员就是可选择的主体；还有所谓的后果选择型，如煽动民族仇恨、民族歧视罪。

我们现在过于扩大了选择性罪名的范围，认为选择性罪名包括行为选择型、对象选择型、主体选择型等，范围太广。选择性罪名不是一个法定的概念，只有理论上的意义。如果要把选择性罪名和数罪并罚硬性捆绑，就一定要限制选择性罪名的范围。通说扩大了选择性罪名的范围，张明楷老师认为虚假出资、抽逃出资罪也是选择性罪名。对于抽逃出资而言，抽逃的不可能是虚假出资的部分，所以不是所谓的选择性罪名，应该是并列罪名。甚至有人把盗窃、抢夺枪支、弹药、爆炸物、危险物质罪看成选择性罪名，今天盗了一支枪，明天又抢夺了几十发子弹，要不要数罪并罚？当然要，这不是选择性罪名。还有盗窃、侮辱、故意毁坏尸体、尸骨、骨灰罪，也有人说是选择性罪名，今天盗了一具尸体，明天侮辱了一具尸骨，要不要数罪并罚？当然要。我认为选择性罪名应该只限于行为选择型。问大家一个问题，立法者为什么会采用选择性罪名这种表述方式？比如非法制造、买卖、运输、邮寄、储存枪支、弹药、爆炸物罪，如果不这样表述的话，要有多少个条文？不是15个，而是149个！"制造、买卖枪支""制造、买卖枪支、弹药""制造、买卖、运输枪支""制造、买卖、运输枪支、弹药""制造、买卖、运输枪支、弹药、爆炸物"等等，多得很，有149个罪名。所以，出于立法经济和避免重复评价的考虑，行为人制造了一支枪又卖了这支枪，有必要数罪并罚吗？行为人购买假币然后又卖了假币，有必要数罪并罚吗？要不要定出售假币罪和购买假币罪，数罪并罚？不需要。行为人制造毒品并且贩卖所制造的毒品，有必要数罪并罚吗？只侵害了一个法益，没必要数罪并罚，可见这是出于立法经济和避免重复评价的考虑。

从这个角度讲，选择性罪名应当限定为针对同一对象的可能相继发生的行为。如果是针对不同的对象，也有数罪并罚的可能。行为人制造了一支枪，买了一颗手榴弹，要不要数罪并罚？要数罪并罚。各种毒品可以折算，枪支和手榴弹怎么折算？只能数罪并罚。所以，针对不同的对象是可以数罪并罚的。

我之所以反对对象选择型选择性罪名，是因为通说总是把选择性罪名和是否数罪并罚进行捆绑。按照张明楷老师的观点，收买被拐卖的妇女、儿童罪是选择性罪名，那如果行为人今天买妇女做老婆，明天买小孩做儿子，要不要数罪并罚？收买被拐卖的妇女、儿童罪设立了3年有期徒刑的刑罚，考虑的常态情形是买一个人还是买两个人？当然是买一个人。在立法者看来，买一个妇女和买一个儿童，危害性相当，所以就用一个条文进行规定了。如果认为是选择性罪名，同时认为选择性罪名不能数罪并罚的话，买一个妇女并且买一个儿童只判 3 年，这肯定不合理。所以，我不支持有所谓的对象选择型选择性罪名的主张，我只认可所谓行为选择型选择性罪名。

3. 司法解释严格界分"持有""私藏""储存""运输"，是否具有合理性？大量非法持有、私藏危险物质，是否构成非法储存危险物质罪？大量持有、私藏枪支、弹药，是成立非法持有、私藏枪支、弹药罪，还是非法储存枪支、弹药罪？非法持有、私藏爆炸物，无罪吗？非法持有大炮，是否构成犯罪？在行驶中的车上查获枪支、弹药的，均构成非法运输枪支、弹药罪吗？非法邮寄危险物质，无罪吗？走私爆炸物、危险物质，构成何罪？

司法解释严格界分"持有""私藏""储存""运输"的做法不具有合理性。司法解释认为私藏指的是本来行为人有持枪的资格，不再具备资格后行为人不上缴枪支；储存指的是与走私、制造、买卖相关联的行为，但是面对大量持有危险物质的行为，又解释为不需要与走私、制造、买卖相关联。其实大量持有就是储存，私藏也是持有，携带也是持有，运输也是一种持有，只是一种动态的持有。

私藏和持有是什么关系？私藏也是持有的一种。非法持有、私藏枪支、弹药罪不规定私藏只规定持有其实也可以。私藏毒品构不构成犯罪？私藏假币构不构成犯罪？当然构成，就是非法持有毒品罪、持有假币罪，所以这里的私藏是多余的。因为 1979 年《刑法》规定了私藏枪支、弹药罪，1997 年修改法律时本来可以把"私藏"去掉，但是怕人们误以为私藏已经合法化了，所以没有去掉。其实，司法解释完全没有必要细致地区分持有和私藏。如果认为所谓持有是没有持枪的资格而持有，而私藏是本来有持有的资格，后来持有的资格消失了还继续持有，那么私藏毒品就无罪了。

行为人家里放着一屋子的手枪，不能查明与制造、买卖、走私相关联，该定什么罪？只能是储存，储存就是大量持有。《刑法》规定了非法持有、私藏枪支、弹药罪，但没有规定持有危险物质罪。行为人家里藏着一屋子的砒霜、毒鼠强，是什么行为？还是储存。《刑法》规定了制造、买卖、运输、储存危险物质罪，虽然没有规定持有，但是持有和储存之间不是一种对立的关系，大量持有就是储存。所以，司法解释没有必要严格界分"持有""私藏""储存""运输"。

对于非法持有、私藏爆炸物怎么处理？数量大就定储存。"存"有"大量的"意思。

非法持有大炮构成犯罪吗？《刑法》规定了非法持有枪支、弹药罪，没规定持有大炮罪。行为人从山上挖出来日本人当年逃跑时留下的几十门迫击炮，摆在院子里，但是迫击炮射不了多远，而且也没有炮弹，构不构成犯罪？依照我的观点，大炮和枪支原理是一样的，就是枪管粗一点。张明楷老师不同意，认为炮就是炮、枪就是枪，一般人不会把炮视为枪。如果不能把炮解释为枪，只能视为处罚漏洞了。大炮本身是爆炸不了的，不能评价为爆炸物。所以，非法持有大炮，目前没法评价。

在行驶中的车上查获枪支、弹药的，均构成非法运输枪支、弹药罪吗？运输是与什么行为并列规定的呢？《刑法》第125条并列规定了制造、买卖、运输、邮寄、储存，所以运输要与制造、买卖相关联，就像毒品犯罪的运输是与走私、贩卖、制造并列规定的，否则就导致危害性不相当。在行为人车上查获就叫运输枪支、弹药吗？运输必须与制造、买卖相关联，否则就只是一种动态的持有。在行为人的车上查获枪支、弹药，如果不能证明枪支是他制造的或者用于买卖的，就不能认定为运输。另外，运输枪支的法定刑包括死刑，而持枪最高刑只有7年。在行为人车子后备厢里查获几只手枪，若定非法运输枪支罪，最高就可能判处死刑，这显然不合理。所以，不能认为带着物品移动就是运输，也就是说，不能认为在运动状态下的持有就叫运输，只有与制造、买卖相关联的才能评价为运输，如不能证明与制造、买卖相关联，只能评价为非法持有枪支罪。

非法邮寄危险物质无罪吗？对危险物质而言，只规定了制造、买卖、运输、储存，没有规定邮寄，而对枪支、弹药、爆炸物而言，却规定了制造、买卖、运输、邮寄、储存。难道邮寄危险物质无罪吗？对此应该怎么评价？应评价为运输。刑法用语具有相对性，对枪支、弹药、爆炸物而言，运输不包括邮寄，没必要将邮寄评价为运输；但就危险物质而言，因为它没有规定邮寄，那邮寄就只能评价为运输。

走私爆炸物、危险物质如何处理？《刑法》规定了走私武器、弹药罪，走私核材料罪，走私假币罪，但没有规定走私爆炸物、危险物质罪，该怎么处理？也应评价为运输。走私也是一种运输，走私爆炸物之后进行贩卖的，又构成非法买卖爆炸物罪。

4. 非法持有、私藏枪支、弹药罪，是继续犯吗？追诉时效如何计算？

通说认为持有型犯罪是继续犯。如果认为持有型犯罪是继续犯的话，追诉时效应该从行为人结束持有状态之日起计算。行为人藏着一把手枪，只要一直藏着，那追诉时效就不会开始计算。我的观点是，只有非法持有、私藏枪支、弹药罪是继续犯，因为只要行为人持续地控制着枪支、弹药，就对公共安全持续性地具有抽象危险。其他的持有型犯罪，如持有假币，持有毒品，持有伪造的发票，持有宣扬恐怖主义、极端主义物品，以及持有国家绝密、机密文件、资料、物品的，我倾向于不把它们看成是继续犯，而是状态犯，否则就可能不协调。比如行为人贩卖了一吨毒品，20年之后不再追诉；行为人捡到一小包海洛因，一直持有，时效一直不开始计算，合理吗？制造、出售了100亿元假币，20年之后不再追诉了；捡到5000元假币，一直放在家里，时效不开始计算，合理吗？再比如，甲和乙都只捡到了5000元假币，甲不舍得用，一直放在家里，而乙用出去了，甲和乙谁的危害性更大？用出去的，几年之后时效是不是就过了，而一直藏在家里的，时效却还没开始计算。这不合理，所以我坚决反对将所有的持有型犯罪都看成继续犯。

继续犯是一个很重要的问题，它直接关系到追诉时效的起算时间，还关系到溯及力，在持续期间法律发生变更的要适用新法；还关系到正当防卫，只要继续犯没有结束就还可以进行正当防卫；还关系到管辖，既然犯罪在持续，那么它的经过地都是管辖地；还关系到共犯，既然是继续犯，犯罪没有结束，那就能参与进去成立共犯。我专门写了一篇文章探讨这个问题，大家有兴趣的话可以看看。如何界定继续犯的范围，不能想当然地拍拍脑袋作决定。

5. 如何评价"天津大妈赵春华持枪案"？

赵春华持有的枪支口径、比动能符合《枪支管理法》规定的标准，但是杀伤力有限。对刑法上的枪支需要进行实质的判断，要具有一定的杀伤力而可能危害公共安全。只是达到了《枪支管理法》规定的枪支标准，但是杀伤力有限，在刑法上就不能被评价为枪支。刑法中的任何犯罪，要么是威胁法益，要么是侵害法益，赵春华是摆气枪摊的，其行为没有侵害法益，对法益的威胁非常小，不能作为犯罪来处理，单纯地违反行政法规，不应该成为处罚的根据。

还有陆勇代购抗癌药物案也是如此。陆勇代购的这种所谓"假药"不会危害公众健康，相反是有疗效的，所以要进行实质的判断。刑法只能把严重侵害或威胁法益的行为作为犯罪来处理，不能简单地因为行为人违反了法律规定，实施了某种行为就科以刑罚。没有侵害法益，对法益的威胁也很小的，不能作为犯罪来处理。所以，我们坚持实质的解释论，只能把严重侵害法益的、值得科处刑罚的行为解释为犯罪，没有必要把盗窃一个苹果的行为解释为符合盗窃罪的构成要件。

6. 如何评价用枪支交换毒品的行为性质？如何评价用枪支作为质押物借债的行为？以枪支换枪支、以弹药换弹药、以枪支换弹药的，构成非法买卖枪支、弹药罪吗？

用枪支交换毒品是卖枪和买毒品，购买毒品不构成犯罪，但是对方构成什么罪？对方用毒品换枪支，就是贩卖毒品和买枪，构成两罪。用枪支还债的，当然是卖枪。只有单纯的赠与不构成犯罪，只要不是无偿的就叫卖。将那把枪支作为彩礼娶媳妇，叫不叫卖枪？媳妇是买回来的吗？媳妇不能买吧，虽然有高价彩礼之说，但不能认为媳妇是买的，而是基于美丽的爱情才结婚的。送枪当作彩礼，构成什么罪，可以再想一想。

用枪支作为质押物借款，现在人们思考的仅仅是接受质押的一方构成非法持有枪支罪，但是出让的人构成什么罪？比如一个警察要借钱，用枪支作为质押物，那么接受质押的人构成什么罪？非法持有枪支罪。把枪支给别人了，还能不能叫继续持有？我委托别人保管枪支，是别人持有还是我持有？是共同持有。那么警察把枪支质押出去了，能不能叫共同持有？和保管不一样吧。用枪支作为质押物借款，能不能叫卖枪？好像不可以。卖枪是转移所有权，现在还没有转移。那能不能叫租枪？能不能叫非法出借？说出借没问题。

以枪换枪，如何评价？你有这个型号的手枪，我有那个型号的手枪，咱们互通有无，我这种型号的手枪太多了，有两支，我用一支这个型号的枪支换你另外一种型号的枪支，我的品种就齐全了。换枪叫不叫卖枪？当然叫卖枪了。以枪支换弹药，是卖枪吗？这不仅是卖枪，还是买弹药。

关于毒品互易，张明楷老师认为如果吸毒者之间交换的话，那不叫贩毒，贩毒者之间互易毒品，才叫贩毒。可我觉得吸毒者之间交换毒品也应叫贩卖毒品，因为这不是无偿的，只要不是无偿的就是贩卖。

7. 应否在定罪量刑上区别对待为实施恐怖犯罪而非法制造、买卖、运输、储存爆炸物（自然犯），与为合法生产、经营而未经许可制造、买卖、运输、储存爆炸物（法定犯）？

张明楷老师曾经提出过一个很重要的问题，其他国家的刑法规定的只是自然犯，我们国家的刑法典是自然犯与法定犯一体化的，但是我们在确定定罪量刑的标准时却没有区别对待，像制造、买卖、运输、储存爆炸物，行为人是为了实施恐怖活动而制造、买卖、运输、储存的，还是为了开山采石，为了生产经营而制造、买卖、运输、储存的，法律没有作区别对待。我父亲在我小的时候开山采石，我见过雷管炸药，以前管理不太严格。规定要用多少当天只能领多少，用不完还要及时还回去，有的人嫌麻烦，就没有还回去。行为人为了生产经营，为了开山采石而制造、买卖、运输、储存少量的爆炸物，应当和为了实施恐怖活动而制造、买卖、运输、储存区别对待。

河北有个"五道古火会"非物质文化遗产，是制造、燃放烟花爆竹的。行为人制造爆炸物，是为了传播非物质文化遗产，这和为了实施恐怖犯罪而制造爆炸物当然要进行区别对待，一般来说不应该作为犯罪来处理。

8. "依法被指定、确定的枪支制造企业、销售企业",是否为必须具备的客观构成要件要素?误以为自己具备制造、销售枪支的资格而制造、销售枪支的,如何处理?

张明楷老师认为"依法被指定、确定的枪支制造企业、销售企业"是表面的构成要件要素,并不需要具备。行为人自以为有制造、销售枪支的资格,客观上是非法制造、销售枪支,但主观上并没有非法制造、销售枪支的故意,主观上只有违规制造、销售枪支的故意,还是只能成立违规制造、销售枪支罪。所以不要求客观上必须是"依法被指定、确定的枪支制造企业、销售企业"。

9. 何谓"短缩的二行为犯"?依法被指定、确定的枪支制造企业、销售企业,以非法销售为目的违规制造枪支后销售的,应否数罪并罚?枪支制造企业违规制造枪支后销售给一般人的,是成立违规制造、销售枪支罪还是非法买卖枪支罪?

以销售为目的制造,是不是要销售之后才既遂?还是以销售为目的的进行制造了就已经既遂了?本罪的实行行为是制造加销售还是只是制造就可以了?这就是所谓的短缩的二行为犯,它指的是本来是两个行为,即制造和销售,只要行为人以实施第二个行为即销售为目的,制造出了枪支就已经是既遂了。

"短缩的二行为犯"来自日语。我觉得张明楷老师翻译得不是很准确,应该叫"缩短的二行为犯"。我们有不少词都来自日语,但有的时候不能完全按照日语来理解。"短缩的二行为犯"其实就是两个行为缩短成了一个行为,比如以牟利为目的走私淫秽物品,本来是两个行为,走私淫秽物品再进行贩卖牟利,只是把两个行为缩短成一个行为,以实施第二个行为为目的实施了第一个行为就既遂了。如果进而又贩卖、传播了,应该数罪并罚。因为侵害了新的法益,走私淫秽物品侵害的法益,是所谓的对外贸易管制,传播了就又侵害了善良风俗。以勒索财物为目的绑架他人,绑架完成就既遂了。如果进而勒索到财物,从理论上讲应当另外构成敲诈勒索罪,但因为绑架罪法定刑很重,所以没必要另外评价敲诈勒索罪,这就是"短缩的二行为犯"。

"短缩的二行为犯"解决什么问题?解决的是实行行为的问题、着手的问题、既遂的问题、罪数的问题。在着手的问题上,行为人着手实施第一个行为就着手了,不需要着手实施第二个行为;在既遂标准的问题上,完成第一个行为就既遂了;在罪数的问题上,有的时候实施了第二个行为就要数罪并罚,有的又不需要数罪并罚。

所以，依法被指定、确定的枪支制造企业、销售企业，以非法销售为目的违规制造枪支就已经既遂了。如果制造进而销售的话，就本罪而言，也没必要数罪并罚，定违规制造、销售枪支罪一罪即可，因为最后一项是非法销售。因此这里就存在三种情形：第一种情形，以销售为目的制造了无号、重号、假号的枪支就已经既遂了；第二种情形，制造并销售的，还是只定本罪；第三种情形，没有制造但销售了没有资格销售的枪支，还是只定本罪。

枪支制造企业的销售是有特定对象的，销售应该是给特定的单位，像军队、公安部门，卖给个人就是非法销售枪支。

10. 成立盗窃、抢夺、抢劫枪支、弹药、爆炸物、危险物质罪，主观上必须出于非法占有目的吗？出于让警察丢掉工作的目的而藏匿警察的枪支，构成盗窃枪支罪吗？骗取枪支、弹药、爆炸物、危险物质的，如何处理？

通说认为，刑法中所有的盗窃都要有非法占有的目的。张明楷老师曾经也持这种观点，但他最新的观点认为，盗伐林木虽然也是盗，但不要求以非法占有为目的，出于报复或者其他的目的把漫山遍野的树木砍倒，或者为了种植其他树木、作物，或者为了修路，即便没有利用的意思，照样构成盗伐林木罪。盗窃罪为什么要强调非法占有的目的这个不成文的构成要素？就是为了区分此罪和彼罪，比如与故意毁坏财物罪相区分；为了区分罪与非罪，比如与不可罚的盗用行为相区分。有的时候可能还会用于区分轻罪和重罪。如果这三个方面都没有意义的话，就不要随意添加不成文的构成要件要素。那么，盗伐林木罪是不是要像盗窃罪与故意毁坏财物罪一样，需要添加一个要素使得此罪与彼罪相区分？并非如此。为什么不需要？《刑法》有规定故意毁坏林木罪吗？没有。有没有与盗窃枪支相对应的故意毁坏枪支罪？没有。那么还需要强调非法占有目的吗？盗窃枪支强调行为人没有控制枪支的资格而非法控制枪支，并且枪支也是由他人享有所有权的，盗窃了他人的枪支，哪怕是出于报复的目的，也应该定为盗窃枪支罪。再比如，故意毁坏财物是包括隐匿的，那么没有利用的意思，只是隐匿他人的枪支，能不能评价为盗窃枪支罪？能。我认为盗窃枪支不需要以非法占有为目的，盗窃尸体也不需要以非法占有为目的。出于让警察丢掉工作的目的而藏匿警察的枪支，构成盗窃枪支罪吗？我认为是构成的。这是第一个问题。

第二个问题。《刑法》只规定了盗窃枪支，那骗枪如何处理？诈骗枪支能不能评价为盗窃枪支罪，这是一个很有意思的问题。如果评价为诈骗罪的话，那仅仅是在评价枪支的财产属性那一面，但枪支还有公共安全这一面，所以骗枪怎么评价？如果认为骗枪之后应该定持有枪支，那么为什么盗窃枪支后持有枪支定盗窃枪支罪呢？盗窃枪支法定刑要重一些，持枪轻一些，为什么骗了枪之后评价为持有枪支最高处 7 年有期徒刑，而盗窃枪支最高要处死刑？所以我倾向于将骗枪评价为盗窃枪支。盗窃罪是夺取罪的兜底性罪名，财产犯罪根据有无非法占有的目的区分为取得罪和毁弃罪，而取得罪根据是否转移占有分为夺取罪和不转移占有的犯罪，像侵占罪。那么盗窃罪就是所有转移占有的夺取型犯罪的兜底性犯罪，诈骗罪并不缺乏盗窃罪的要件，盗窃罪是以非法占有为目的，违反被害人的意志将他人占有的财物转移给自己或者其他人占有。诈骗罪从表面上看没有违反被害人的意志，但实际上是违反了被害人的真实意志的。我认为盗窃罪与诈骗罪之间不是对立关系。德国也有学者认为它们之间是一种竞合的关系，甚至是法条竞合的关系，所以我倾向于把骗枪评价为盗窃枪支。如果聚众哄抢枪支该如何处理？哄抢就是公然盗窃，那就是盗枪。

11. 盗窃枪支罪与盗窃罪的构成要件之间是对立、互斥关系吗？

通说总是努力地区分此罪与彼罪，想把此罪与彼罪解释成一种对立的、互斥的关系。盗窃罪的对象是普通财物，盗窃枪支罪的对象是枪支，所以不少学者就认为盗窃罪的对象必须是枪支以外的普通财物。这种互斥论会带来什么问题？行为人不知道是枪支而盗窃，或者说误以为是普通财物而盗窃了枪支，该怎么处理？按照通说的观点，盗窃罪的对象只能是枪支以外的普通财物，行为人有盗窃普通财物的故意，但是客观上盗窃了枪支，没有盗窃普通财物，所以不能成立盗窃罪的既遂，也就是普通盗窃的未遂。

过失盗窃并非不可能存在，不能把违法性和有责性相混淆。譬如行为人没有强奸的故意，以为对方同意而实施了侵犯行为，可对方实际上不同意，是不是过失强奸？这客观上就是强奸。再比如你误拿了别人的雨伞，是不是过失盗窃？你把别人不小心关在教室里面了，是不是过失非法拘禁？行为完全符合非法拘禁的客观要件，只是不具有有责性。

按照互斥论的观点，行为人误以为是普通财物而实际上盗窃了枪支的，既不能成立盗窃罪，因为没有普通财物，也不能成立盗窃枪支罪，因为主观上没有盗窃枪支的故意。这里，连轻罪都不能成立的原因居然是客观上实现了更重的不法——盗窃了枪支。再比如，行为人打算盗窃枪支，结果盗窃了普通财物，按照通说的观点，能评价为盗窃枪支未遂吗？如果枪支都不存在，那就是不能犯，无罪。又因为过失盗窃了普通财物，也是无罪。这里，盗窃罪不能成立的原因居然是主观上有更重的责任——盗枪的故意。

在区分收买被拐卖的妇女、儿童罪和拐卖妇女、儿童罪的问题上，通说认为，拐卖妇女、儿童罪是以出卖为目的的，收买被拐卖的妇女、儿童罪不得以出卖为目的。如果行为人领回一个妇女当老婆，现在不能证明他打算卖，就不能定拐卖妇女罪；也不能证明他没有出卖的目的，就不能定收买被拐卖的妇女罪。所以，这种互斥论可能导致行为人主观上可能有更重的责任，客观上实现了更重的不法，但结果却是轻罪都不能成立。另外，互斥论在共犯过剩问题的处理上也可能形成处罚漏洞。按照通说的观点，如果行为人教唆他人盗窃，而他人盗窃枪支的，教唆者还能成立教唆犯吗？他人盗枪客观上实现了更重的不法，教唆犯反而不成立了，只有认为它们之间不是对立、排斥的关系，才能肯定盗窃罪的教唆犯的成立。我们的通说还认为此罪和彼罪是井水不犯河水的关系，是泾渭分明的关系，实际上犯罪构成要件之间更多的是一种竞合的关系，是包容或者交叉的关系。

12. 盗窃、抢夺、抢劫枪支、弹药、爆炸物罪是抽象危险犯吗？其既遂标准是什么？

没有强调"危害公共安全的"，的确是抽象危险犯。既遂的标准是抽象危险的形成还是对财物的控制？虽然盗窃、抢夺、抢劫枪支、弹药、爆炸物罪是抽象危险犯，但要对这种抽象危险作出判断很难，所以还是只能按照普通的盗窃、抢夺、抢劫的既遂标准来认定，以控制枪支作为既遂的标准。否则，以抽象危险作为既遂的标准将没法作出判断，不具有可操作性。像集资诈骗罪，侵害的主要法益是金融管理秩序，次要法益才是他人的财产，但是对金融管理秩序的法益侵害怎么判断？所以，还是只能根据财产的取得作为集资诈骗罪的既遂标准。

13. "两高"将《刑法》第 128 条第 2、3 款的罪名统一确定为"非法出租、出借枪支罪"，准确吗？无偿赠与枪支，构成非法出借枪支罪吗？

第一个问题。《刑法》第 128 条第 2 款与第 3 款规定的是行为犯还是结果犯？是具体危险犯、抽象危险犯还是实害犯？第 2 款中，"依法配备公务用枪的人员"只要出租、出借枪支就构成犯罪了，是抽象危险犯。行为犯这个概念给人的感觉好像只要一作出行为、一有举动就构成犯罪既遂了，都无须判断有没有侵害法益，容易导致处罚范围过大。像电影《我不是药神》中，行为人实施了销售"假药"的行为，但这种"假药"对人体健康根本没有危害性，所以行为犯容易引起误解。行为犯这个概念只是在理论上有点意义，实践中意义不大。所以，更有意义的是抽象危险犯、具体危险犯、实害犯的概念，我们要学会用抽象危险犯、具体危险犯和实害犯来解读犯罪构成要件。第 3 款中，造成严重后果的才构成犯罪，这是实害犯。第 2 款和第 3 款的犯罪类型完全不一样，一个是抽象危险犯，一个是实害犯，犯罪构成要件也明显不同，但是司法解释把抽象危险犯和实害犯解释成了一个罪名，这显然是有问题的。人们从这个罪名中怎么能读出它既包括抽象危险犯，也包括实害犯呢？准确的罪名应该是非法出租、出借公务用枪罪与非法出租、出借配置枪支罪。前者针对的是配备公务用枪的，比如警察、军人；后者针对的是配置枪支的，比如射击运动员、猎户，对于后者成立犯罪的要求高一些，要造成严重后果。

第二个问题。对于民法上的"借"，一般的认识是一段时间内转让使用权。那么赠与就一定无罪吗？舅舅是派出所所长，特别喜欢他的外甥，就直接给了外甥一支枪，并叫他不用还了，构成什么罪？非法出借枪支罪。我在 2011 年就提出这个观点了，赠与就是借。刑法上对出借的理解，没有必要和民法保持一致，刑法具有独立性。信用卡相关的法规规定的信用卡要能透支，但刑法上的信用卡包括了储蓄卡；刑事诉讼法规定的证人和被害人是不同的参与人，但是刑法上的证人就包括了被害人，暴力获取证人证言就包括了被害人，打击报复证人也包括了被害人，所以没有必要严格按照刑事诉讼法确定的证据种类来理解刑法上的证人。

14. 丢失枪支不报罪的责任形式是什么？应否承认所谓的"客观的超过要素"？丢失枪支不报与造成严重后果之间，是否必须存在因果关系？

丢失枪支不报，行为人是故意还是过失？是故意。丢了枪支之后不报告是故意的，还得造成严重后果才构成丢失枪支不报罪。对丢失枪支不报罪的责任形式争论的焦点就在于行为人对造成严重后果的态度。行为人对结果是故意的吗？行为人丢了枪支之后不安好心，天天在家里祈祷，希望枪支被人捡去杀人，是不是很可恶？有人一看法定刑才 3 年，就认为是过失了，那么过失的根据是什么？《刑法》第 15 条第 2 款规定，"过失犯罪，法律有规定的才负刑事责任"，可是法律规定何在？这么想有道理吗？没有。因为丢失枪支不报罪只评价行为人不报告的行为，不报告的行为就是 3 年。至于他人捡到枪支去杀人、去抢劫，自然由杀人犯或者抢劫犯对结果负责，丢失枪支只是给他人犯罪提供了条件、契机，行为人报告了之后也不一定就能阻止，也不能马上就能找到枪支。

那么怎么解释"造成严重后果"呢？张明楷老师提出了一个概念叫客观的超过要素。他认为，"造成严重后果的"是客观的超过要素，对造成的严重后果，只要求有认识的可能性，不需要现实地认识到，更不需要持希望或放任的态度。为什么张老师提出这个概念？因为客观的要素原则上都是主观上需要认识到的，如果是故意犯，就要认识到这种客观要素并且持希望或放任的态度，而我们又不能接受希望造成严重后果的才处3年刑罚，或者放任造成严重后果的才判3年，所以张老师提出了客观的超过要素概念。客观的超过要素是客观要素，但是又不需要行为人认识到并且持希望、放任的态度。其实只有个别学者赞成张老师所主张的客观的超过要素概念。张老师最近有几篇文章提出了客观的处罚条件，那么客观的处罚条件能不能代替客观的超过要素呢？我觉得没有必要，丢失枪支不报评价为3年是可以的，别人捡到枪杀人、抢劫，自然由杀人犯、抢劫犯对结果负责。3年只用来评价丢失枪支而不报告的行为，不报告显然是故意的，如果丢枪有过错，要评价为玩忽职守。

行为人枪支丢了有可能认识到造成严重后果吧？我认为它是客观要素，没必要提出客观的超过要素。行为人只是应当报告而不及时报告，导致枪支继续处于失控、流失的状态。如果及时报告就可能动用国家的力量及时找到枪支，但问题是就算及时报告，也不一定能够避免造成严重后果。这就会引起对本罪中的因果关系的思考。

丢失枪支不报与造成严重后果之间，是否必须存在因果关系？如果强调因果关系，假如行为人丢失了一支枪，第三天才发现且不报告，但丢枪的第二天就被人捡到拿去杀人了，要不要成立本罪？行为人不及时报告不是造成严重后果的原因，因为原因不可能发生在结果之后。就算行为人第三天报告了也不能挽回损失。所以，需要因果关系吗？需要。不过，丢枪报告是态度问题，报告了有时候也不一定能够避免严重后果，那么这种因果关系该怎么认定？要证明丢失枪支不报告和造成严重后果的因果关系是很困难的，如果不能证明因果关系的话，只能作无罪处理了。

15. 丢失枪支有过失的，除成立丢失枪支不报罪外，是否还成立玩忽职守罪？应否数罪并罚？

第一个问题。丢失枪支不报，行为到底是丢失还是不报告？是不报告，不管行为人对丢失有没有过错。如果对丢失没有过错，只是被他人盗窃或者被他人抢走的，评价的是知道枪支丢失但是不报告的行为，典型的不作为。如果对丢失有过错，可能构成玩忽职守罪。

第二个问题。玩忽职守罪的法定最高刑是7年，如果有徇私舞弊情节的话，最高刑是10年。对丢失枪支有过错，以玩忽职守罪判7年，而丢失枪支不报告才判3年，该怎么协调呢？有学者倾向于定一罪，但我认为完全可以数罪并罚。对丢失枪支如果有过错，是玩忽职守，又不报告的，导致枪支继续处于失控的状态，构成本罪，进行数罪并罚没有问题。只要对丢枪有过错，无论报不报告，都能成立玩忽职守罪。

16. 非法携带枪支、弹药、管制刀具、危险物品危及公共安全罪，是具体危险犯吗？其法定刑为何轻于非法持有、私藏枪支弹药罪？如何处理本罪与非法持有枪支、弹药罪及非法运输枪支、弹药罪的关系？若行为人在去高铁站路上捡到一支枪，带到高铁上，成立几个罪？在高铁上捡到一支枪并带回家，又构成几个罪？

对于第一个问题，张明楷老师认为是具体危险犯，但我认为是准抽象危险犯。本罪不用"危害公共安全"而用"危及公共安全"，立法者是不是有意而为之？难道这里也要形成具体危险？根本不需要。只要行为人携带的是枪支、弹药，进入的是公共交通工具、公共场所，就要进行一定的具体判断，所以是介于抽象危险犯与具体危险犯之间的。在街上卖管制刀具怎么就形成具体危险了，是不是来一个行人就要在他面前将刀晃一晃？携带并包裹好管制刀具乘坐高铁，怎么就形成具体危险了？这和放火罪的具体危险是一回事吗？其实，行为人只要带着枪支、弹药、管制刀具进入公共场所就已经构成犯罪了，根本不需要携带行为本身产生具体的、现实的、紧迫的公共危险。

本罪法定刑为何轻于非法持有、私藏枪支弹药罪？持枪最重要判7年有期徒刑，为什么非法携带枪支、弹药、管制刀具、危险物品进入公共场所的危险性更大，法定刑却只有3年有期徒刑？因为它评价的仅仅是行为人非法携带枪支、弹药、管制刀具、危险物品从非公共场所进入到公共场所，增加了公共危险性的部分。

行为人在上高铁前捡了一支枪，带到高铁上，然后下了高铁带回家，构成了几个罪？两个罪。行为人捡了一支枪揣着上高铁就已经构成了非法持有枪支罪了，上了高铁之后就构成了非法携带枪支危及公共安全罪。如果行为人在高铁座位下发现一支枪后赶紧藏在自己包里，然后带下火车，构成什么罪？一个罪，非法持有枪支罪。所以，不要以为本罪的法定刑和非法持有枪支罪不协调，本罪的3年有期徒刑只是评价使枪支等由非公共场所进入非公共场所而增加的公共危险。就算行为人有持枪的资格，擅自把枪带到公共场所也构成本罪。

可见，一定要仔细地思考为什么法定刑有差异，不要以为是立法的问题，有可能是解释能力有局限。

第六节 交通肇事罪与危险驾驶罪

■ 法规链接

《刑法》第133条**交通肇事罪**，第133条之一**危险驾驶罪**，第133条之二**妨害安全驾驶罪**

■ 疑难问题

1. 何谓"违反交通运输管理法规"？如何把握交通运输管理法规的规范保护目的？如何把握认定交通肇事罪的实行行为？

交通运输管理法规有所谓抽象的法规和具体的法规，这里所谓的"违反交通运输管理法规"只能是指违反具体的交通规则，而且这种交通规则一定是与交通运输安全有关的，不包括纯粹的交通管理的法规。比如禁止驾驶未上车牌的车辆、禁止驾驶未经年检的车辆。不能以没有谨慎驾驶、注意观察这种抽象规则来解释刑法上的"违反交通运输管理法规，因而发生重大交通事故"，不能以抽象的规则来认定交通事故。具体的违章行为，包括无证驾驶、醉酒驾驶、超速驾驶以及装载的东西超高、超宽等。

交通运输管理法规的规范保护目的是保护自己还是保护他人？未戴头盔、未系安全带是交通事故发生的原因吗？这些法规是为了保护自己。对于前面的卡车后灯不亮，后面的卡车前灯不亮，发生追尾时，实践中有法官判决后车是导致事故发生的主要原因，认为后车灯亮的话，就算前车灯不亮也不至于发生追尾。但要注意，后车没有照亮他人的义务，一定要具体地判断每一种交通规则的规范保护目的是什么。比如说禁止超速驾驶，是为了防止紧急情况下，行为人难以掌控车辆或者刹车不及。再比如禁止醉酒驾驶，是为了防止行为人在醉酒的状态下判断能力下降，导致在出现紧急情况时不能灵活处置。虽然是醉酒驾驶，但是老老实实地等红灯，被别人追尾了，有过错吗？过错就是醉酒了还上路。再比如禁止超高，因为有的人行天桥不是太高；禁止超宽，因为路就这么宽；禁止驾驶未经年检的车辆，但如果车况良好，驾驶未经年检的车辆就不是事故发生的原因等。所以，要具体把握每一项交通运输管理法规的规范保护目的，要明白为什么要制定这项规则，到底是要保护什么。

需要注意的是，过失犯也有实行行为，交通肇事罪的实行行为必须是具有类型性地发生交通事故危险性的行为。然而，有的案件中行为人并没有实行行为。

2. 何谓交通肇事罪中的"因而"？

"因而"是强调因果关系，交通违规行为和事故的发生之间要有因果关系。对"因而"一定要作具体判断，不是简单认定为交通违规行为的叠加。不能确认了是醉酒驾驶、无证驾驶、超速驾驶、没系安全带或戴头盔等，就认定行为人违反了交通运输管理法规，因而发生了交通事故。需要仔细审查每一项交通违规行为是否为本起事故发生的原因。

3. 行人、非机动车驾驶者能否构成交通肇事罪？其肇事后逃逸的，能否成立"交通运输肇事后逃逸"和"因逃逸致人死亡"？因信赖高度自动驾驶系统的无过错的"驾驶员"发生交通事故后逃逸的，能否成立"交通运输肇事后逃逸"与"因逃逸致人死亡"？

第一个问题，能够构成。

第二个问题，行为人横穿马路，司机为了躲避，撞到旁边的电线杆上，当场晕过去了，行为人撒腿就跑，构不构成因逃逸致人死亡？行为人牵着一头牛横穿铁道，火车司机为了避免相撞，紧急刹车，结果伤了一车人，行为人撒腿就跑，不救也不打报警电话，构不构成因逃逸致人死亡？理论上讲是构成的。

第三个问题，现在自动驾驶也有各种等级，一种是半自动驾驶，你还得坐在车上，你不能在车上睡大觉，你还是司机，只是自动驾驶系统辅助你驾驶。还有一种是全自动驾驶、高度自动驾驶的，车上没有司机，没有驾驶员，只有乘客。你虽然是车辆的所有者但你不是司机，只是乘客，发生交通事故能够追究你的责任吗？如果是全自动驾驶、高度自动驾驶，就不能追究你的责任，而只能追究自动驾驶系统的设计者和汽车制造者的产品质量责任。车上的汽车所有者（行驶证上的人）有没有救助义务呢？虽然你是全自动驾驶，在车上睡觉，但发生了交通事故后，你自己把车开走了。汽车算是危险源，你有危险源监督义务，就像你养的狼狗咬了人，你就有救助的义务；你的患有精神疾病的儿子把人捅伤了，你当然有救助的义务，所以我觉得救助的义务还是有的。

4. 交通肇事罪与危险驾驶罪之间是什么关系？醉酒驾驶一段路程后肇事，之后关闭车灯、逆向高速行驶，是想象竞合还是应数罪并罚？

是结果加重犯的关系。如果行为人危险驾驶导致了交通事故，就构成交通肇事罪。行为人危险驾驶导致事故，但没有达到交通肇事罪的定罪条件的，比如导致轻伤或者一人重伤（不负事故全部和主要责任），还是只能构成危险驾驶罪，但能不能构成过失致人重伤罪呢？我倾向于不构成，因为毕竟发生在交通领域，参与交通的各方都负有一定的责任,在马路上散步和在公园里散步,责任是不一样的。在城市里的马路上散步和在田间小路上散步,责任也是不一样的。所以,我不主张将没有达到交通肇事罪入罪标准的,定过失致人死亡、过失致人重伤罪。过失致人死亡处 3 年到 7 年有期徒刑,不逃逸的话,交通肇事导致一人死亡的一般处 3 年以下有期徒刑。

第二个问题,醉酒驾驶一段路程的,构成什么罪?危险驾驶罪。中途交通肇事的,构成什么罪?交通肇事罪。然后关闭车灯、逆向高速行驶的,又构成什么罪?以危险方法危害公共安全罪。对此,应当数罪并罚。需要注意的是,在醉酒的状态下追逐竞驶,有几个危险驾驶行为?只有一个醉酒状态下的驾驶行为,属于想象竞合。但醉酒驾驶一段路程后肇事,在国外毫无争议地认定构成两罪。

5. 交通肇事致人重伤、死亡,不符合交通肇事罪的成立条件,能否以过失致人重伤、死亡罪定罪处罚?

我倾向于不能。发生在公共交通领域,是被允许的危险,各方都存在一定的责任分配,所以它的入罪门槛比较高,即要致一人死亡或者三人重伤,导致一人重伤的话,要负事故全部或者主要责任并具有特定的情节才能定罪。

6. 司法解释关于无能力赔偿达到一定数额可认定构成交通肇事罪基本犯与加重犯的规定,是否合理?

不合理。张明楷老师曾举过一个例子,行为人撞伤了人,造成了 31 万元的损失,他家里只有几千块钱,还有 30 多万元赔不了,他就构成犯罪了。另外一个人把人撞了,造成了 310 万元的损失,他赔了 281 万元,只剩 20 多万元没赔,他不构成犯罪,只因为他赔的特别多。

7. 如何把握"入罪逃逸""肇事逃逸""逃逸致死""指使逃逸"与"移置逃逸"?加重处罚"逃逸"的根据或者说禁止逃逸的规范保护目的是什么?"不逃,也不救",能认定为逃逸吗?司法解释将逃逸理解为"逃避法律追究",有无疑问?对"肇事逃逸"与"逃逸致死"的规范保护目的,应否进行相对性把握?通说关于成立"逃逸致死"以行为构成交通肇事罪为前提的观点,合理吗?"因逃逸致人死亡"条款,何以虚置化?

交通肇事致一人以上重伤,具有以下情节之一的,比如说醉酒驾驶、吸毒驾驶、无证驾驶等,里面有一款"为逃避法律追究逃离事故现场的"就是"入罪逃逸";"肇事逃逸"是第二档法定刑,交通运输肇事后逃逸,处 3 年到 7 年;"逃逸致死",是指因逃逸致人死亡;"指使逃逸",是指发生交通事故之后指使行为人逃跑;"移置逃逸",是指将被害人带离事故现场抛弃。

第二个问题,我们主张的是逃避救助义务说,而不是所谓逃避法律追究说。虽然可以原则上认为,加重处罚逃逸的目的就在于要求行为人履行救助义务,但是就肇事逃逸而言,即便没有需要救助的被害人,出于一般预防的考虑,你撞死了一个人,被害人当场死亡,没有需要救助的被害人,也没有需要清除的路障,没有把电线杆撞倒在路上,我认为这种逃逸也有必要加重处罚。日常生活中的事故责任很容易分清,而交通事故发生在人来人往的公共交通领域,责任要及时地分清,保持道路迅速恢复畅通。行为人撞死了一个人不逃,就是3年以下,撞死了又逃逸,就是3年以上,和过失致人死亡罪处罚相协调,处3年到7年。因逃逸致人死亡加重处罚的原因,当然是因为没有履行救助义务。那么关于指使逃逸理论上的争议是什么?应该在于过失,过失怎么能成立共犯呢?我认为逃逸就是共犯。指使逃逸就是指使行为人不履行救助义务,比如行为人在楼上施工,一不小心掉下来一块石头砸伤了人,行为人本来准备救的,他朋友经过说:"你救他干嘛,这个家伙就该死。"然后指使行为人逃跑,这个朋友有没有责任?当然有。行为人有救助的义务,朋友指使他放弃救助,当然有过错,所以不救助其实也属于遗弃。指使他人遗弃、指使他人不救助、阻止他人救助都是要承担责任的。司法解释简单地认为移置逃逸一律构成故意杀人罪、故意伤害罪,这是有问题的。因为即便留在事故现场也不一定有人救,有时把他带离事故现场可能还活得久一点,留在现场可能紧接着就被下一辆车撞死。

不逃也不救,是不是逃逸?当然是了。理论上有争议,逃逸按一般理解人必须要跑,撞人之后不跑也不报警也不救,就搬个小板凳在旁边看,当然是逃逸。因为逃逸的规范保护目的就是不履行救助义务,逃避救助义务。

对"肇事逃逸"与"逃逸致死"的规范保护目的,应否进行相对性把握?刚才讲了,就逃逸致死而言,是不履行救助义务,就肇事逃逸而言,即便没有需要救助的被害人,单纯的肇事逃逸本身也需要加重处罚,因为考虑到一般预防的需要。

通说关于成立"逃逸致死"以行为构成交通肇事罪为前提的观点,合理吗?按照通说的观点,首先要构成交通肇事罪,即要撞死一个人,另外还得撞伤一个人,撞死了一个人构成交通肇事罪,撞伤了一个人不救又导致死亡,才成立逃逸致死。这符合一般人对逃逸致死的理解吗?其实,我觉得"逃逸致死"相当于一个量刑规则。一般的交通肇事处3年以下有期徒刑或者拘役,肇事逃逸的处3年到7年有期徒刑,逃逸致死的处7年以上有期徒刑。"逃逸致死"相当于一个量刑规则,不以构成交通肇事罪为前提。我一直反对加重犯以成立基本犯为前提的观点，不是所有的加重犯都是结果加重犯。这也是导致因逃逸致人死亡条款虚置化的原因，因为常态的案件就是撞伤了一个人不救，这就是不作为的故意杀人，就是遗弃致人死亡。我国刑法没有规定遗弃的结果加重犯，如果规定有遗弃致死的话，那就是遗弃致死，但是遗弃罪只规定了处 5 年以下有期徒刑、拘役或者管制，所以因逃逸致人死亡，其实评价了因遗弃致人死亡和不作为的故意杀人，应处 7 年到 15 年有期徒刑。不作为的故意杀人怎么只判 15 年呢？不作为犯相对于作为犯，本就要减轻处罚。《德国刑法典》第 13 条有规定，我国家没有规定，但从理论上讲，不作为犯和作为犯到底是违法性有差异还是有责性有差异？应该是都有差异。母亲不给小孩哺乳和母亲把自己的小孩掐死，前者的不作为与后者的作为不具有等价性，我倾向于对前者不能评价为不作为的故意杀人，而应评价为遗弃。对于不作为，应当减轻处罚。

"因逃逸致人死亡"条款，何以虚置化？第一，因果关系难以查明，很少有医院愿意证明如果及时送医就可以避免死亡；第二，通说认为逃逸是过失，但是逃逸应该是故意的；第三，通说认为因逃逸致人死亡，以构成交通肇事为前提，而常态案件就是撞上了一个人不救导致死亡。

8. 肇事后未设置警示标志、清除路障，导致后续事故发生，能否认定为"逃逸致死"？逃逸中再次肇事致人死亡，能否认定为"逃逸致死"？

行为人把电线杆撞倒横在马路中央逃跑了，后续的车辆陆续撞在电线杆上并造成人死亡的，能不能认定为逃逸致死？逃逸致死是不是仅限于前一起事故的被害人的死亡？能不能包括后续事故中的被害人的死亡？我觉得可以，因为发生交通事故之后，行为人有义务设置警示标志、报警、抢救伤者。设置警示标志的目的是什么？一是为了避免被害人再次被撞，二是为了避免后续事故的发生。所以，我认为"逃逸致死"应当包括后续事故被害人的死亡。

逃逸中再次肇事致人死亡，能否认定为"逃逸致死"？张明楷老师早些年编写的教科书里面曾经认为逃逸致死包括在逃跑过程当中又撞死了人，叫二次肇事。但是没有人对此表示赞同，在最近几版教科书中张老师已经不再明确主张这种观点了。如果行为人逃逸过程中再构成交通肇事罪就另外认定犯罪，不能认为是逃逸致死。

9. 司法解释规定"移置逃逸"一律构成故意伤害、杀人罪，有无疑问？

有，除非能够证明留在事故现场，被害人很有可能被人及时救助。如果现场的监控录像表明，从被害人被撞到被害人死亡这段时间没有其他的人和车辆经过，就不能得出行为人把被害人带离事故现场、抛弃在别处是加速了他的死亡，就不宜认定为故意伤害、杀人罪。所以，一定要能够证明如果留在事故现场很有可能被人救助这一点。

10. "指使逃逸"构成交通肇事罪共犯的司法解释规定，有无疑问？

指使逃逸构成交通肇事罪共犯，人们质疑的原因就是过失不能构成共犯。但逃逸本来是故意。另外，我们之所以陷入认识误区，是因为我们把《刑法》第133条的交通肇事罪确定为一个罪名，其实完全可以确定为几个罪名：交通肇事罪、肇事逃逸罪、逃逸致人死亡罪。逃逸就是故意的，所以我们在解释构成要件的时候千万不要被罪名所误导。

11. 如何看待"交通事故责任认定书"的性质？仅负次要责任有无成立交通肇事罪的可能？如何看待"逃逸的，负全责"的规定？

第一个问题，交通事故责任认定书不能代替交通肇事罪构成要件的认定和因果关系的确定。

第二个问题，张明楷老师认为，如果导致重大的交通事故，即便负次要责任，也有成立交通肇事罪的可能，譬如导致了多人的死亡。

第三个问题，"发生交通事故后当事人逃逸的，逃逸的当事人承担全部责任"是《道路交通安全法实施条例》规定的，有没有问题？逃逸是事后行为，不可能成为已经发生的事故的原因。张老师曾举过一个例子，行为人将卡车停在路边，站在路边小便。后面醉酒开车的小车司机，撞上卡车，当场死亡。他一看吓得一哆嗦，没小便完就跑了。有检察官在报纸上撰文指出，行为人不逃逸就没事，逃逸就要负全责。这个例子中在逃逸之前事故已经发生了，司机当场死亡。我觉得对逃逸应当追究责任，但是不能以《道路交通安全法实施条例》为根据，应该至少上升到法律的位阶，由《道路交通安全法》规定肇事逃逸的负全责，以警告那些逃逸的人。

12. 如何评价"醉驾连续撞人案"？

所谓醉驾连续撞人案，就是醉酒驾车发生交通事故之后逃跑，又连续撞人。最高人民法院曾出台司法解释，认为这种行为应该构成以危险方法危害公共安全罪，但同时又留有余地，认为醉酒的状态下行为人的判断能力下降，所以不判死刑。这本身就是矛盾的。既然认为构成以危险方法危害公共安全罪，为什么不能判死刑？醉酒导致判断能力下降，是行为人可以被宽恕的因素还是应该被严惩的理由？是应该被严惩的理由。醉酒后犯罪应当负刑事责任，但未必符合以危险方法危害公共安全罪的构成要件。

13. 危险驾驶罪中，一个人能不能构成追逐竞驶？对"醉酒"需要进行所谓实质的认定吗？"旅客运输"能不能包括小型的出租车？"危及公共安全的"又该作何理解？

追逐竞驶，一般是你追我赶，那么行为人一个人能不能形成追逐竞驶？一个人也是可以的。

醉酒驾驶机动车对"醉酒"的认定有标准，即每 100 毫升血液里酒精浓度超过 80 毫克。这是统一的标准，有人说要进行实质的判断，有人酒量大，喝三斤还没事，有人酒量小，一两就醉了。可是，若进行具体判断，执法的成本会不会很高？让行为人做一个金鸡独立的动作，看他是不是摇摇晃晃？麻烦吗？这是法定犯，我觉得统一标准好，就是 80 毫克。

超载、超速的关键在于要从事校车业务、旅客运输。按照司法解释规定，这里的"旅客运输"不包括小型出租车。

"危及公共安全的"，是用来判断行为的危险程度。其实追逐竞驶的"情节恶劣"也是为了判断行为的危险程度，还有醉酒本身就是有危险的，"超载"其实也是在判断行为危害公共安全的程度，所以"危及公共安全的"说明是准抽象危险犯。

14. 危险驾驶罪的责任形式是什么？

关于危险驾驶罪的责任形式，理论上是有争议的。张明楷老师认为是故意，冯军教授等少数人认为是过失。《刑法》第 133 条之一第 2 款规定"机动车所有人、管理人对前款第三项、第四项行为负有直接责任的"中的"直接责任"，到底是故意还是过失？是监督管理过失。什么叫"负有直接责任"？比如说行为人录用了没有驾驶资格的人开校车，录用了没有危化品运输资格的人运输危化品，这就是有责任，所以这里的责任应该是监督管理过失。虽然第 133 条之一第 1 款第 1、2 项规定的是故意责任，但很难说危险驾驶罪的责任形式均为故意。

15. 危险驾驶罪是具体危险犯还是抽象危险犯？对于有无危险，是否允许反证？

一般认为，危险驾驶罪是抽象危险犯。但就"危及公共安全"的表述而言，也可以认为是准抽象危险犯。抽象危险的有无，是允许反证的。

16. 何谓原因自由行为？饮酒时没有驾驶车辆的意思，饮酒后萌生驾驶的念头而驾车的，成立危险驾驶罪吗？

不要以为只要在醉酒的状态下驾驶就是危险驾驶。假如行为人今天晚上一定要喝酒，他本来是有车的，今天晚上有意不开车，打车去赴宴，但是喝醉酒之后朋友要用车带他回去。他嫌朋友车技太烂，把方向盘抢过来自己开车，构不构成危险驾驶？原因自由行为是在设定原因行为的时候就有犯罪故意。像武松就是典型的故意猎捕"珍稀"动物，他明知道山上有老虎，喝了酒壮了胆之后就上山打老虎，是不是故意设定的原因自由行为？刚才所讲的例子，行为人没有危险驾驶的故意，他一开始放弃自己开车，但是喝醉酒了失去了正常的判断能力，又抢了朋友的车来开。

所以，通说对危险驾驶原因自由行为的理解可能存在一定的偏差，大家可以把德国、日本的相关理论研究琢磨一下。我的理解是，在设定原因行为的时候要有犯罪的故意，如果没有，怎么能是原因自由行为呢？原因自由是有意设定的，杀人就要喝酒壮胆，打老虎就要喝酒壮胆。现在说醉酒后实施的行为应当负刑事责任，醉酒不能成为不追究刑事责任的理由，所以大家把它理解成了一种严格责任。我倒觉得这只是注意性规定，是对原因自由行为这种原理的重申。醉酒的人犯罪也要负刑事责任，但不能有意地制造这种醉酒的状态然后再实施犯罪。危险驾驶是故意的，只要故意设立原因就成立犯罪。

第二个问题，我倾向于不构成危险驾驶罪，因为没有危险驾驶的故意。

17. 醉酒开飞机，构成危险驾驶罪吗？断断续续追逐竞驶或者醉酒驾驶，能以同种数罪并罚吗？

什么叫道路？醉酒开轮船、飞机，能不能评价为"在道路上驾驶机动车"？比如行为人是负责在中山码头开轮渡的，结果他在开船之前喝了一斤烧酒，从中山码头开到浦口，你们坐他的船紧张吗？航道叫不叫道路？道路，主要是人和车走的，船走的、飞机走的就不叫道路了？在空中飞机想怎么飞就怎么飞吗？并不是。在飞机起飞前的跑道一样可以称为道路，在这段路上还是可以评价危险驾驶的。

第二个问题，行为人从上海开始，一直开到拉萨，喝上一瓶烧酒开车，一天后醒酒了，又喝上一瓶烧酒继续开，可以定多个危险驾驶罪？追逐竞驶，两个人从上海开到北京，你追我赶，到南京之后正常行驶，开到济南又开始追逐竞驶，断断续续地追逐行驶，能不能定几个危险驾驶罪？还有超速行驶也是，行为人一段路超速行驶，过一段正常行驶，然后一段路又开始超速行驶，要不要定几个危险驾驶罪？我觉得是没问题的。

18. 如何理解适用危险驾驶罪中"同时构成其他犯罪"？

"有前两款行为，同时构成其他犯罪"中的"同时"，要限于一个行为。那么，是法条竞合还是想象竞合呢？若是法条竞合，是特别关系的法条竞合还是交叉关系的法条竞合？我认为都不用管，同时构成的只要是一个行为，无论是法条竞合还是想象竞合都是从一重。在我看来，这种规定就是注意性规定，不管条文有没有同时构成其他犯罪的规定，同时构成其他犯罪都是从一重。这种立法具有一定的随意性，属于可有可无的注意性规定。司法解释也存在这种问题，有的明明是数个行为，应该数罪并罚，也有这种"同时"的规定。

"构成其他犯罪"是指危险驾驶有可能构成以危险方法危害公共安全罪。没有驾驶能力的人喝了几斤烧酒后无证驾驶，在人车没有分流的公路上以每小时200码的速度行驶，是构成危险驾驶罪，还是构成以危险方法危害公共安全罪？当然是以危险方法危害公共安全罪，但也有可能数罪并罚。前面醉酒驾驶一段路程之后发生交通事故，然后又关闭车灯逆向高速行驶，就不再是"同时"了，而是应该数罪并罚。

19. 妨害安全驾驶罪的立法目的是什么？之前以"以危险方法危害公共安全罪"定罪处罚的司法解释规定，是否属于类推解释？

妨害安全驾驶罪的立法目的是保证司机能够在不受干扰的情况下驾驶机动车，是为了保障交通运输的安全。

第二个问题，以前司法解释把抢夺方向盘的行为解释为以危险方法危害公共安全罪定性，但总觉得判得太重了。以前抢夺方向盘类案件真不少，有的抢夺方向盘的还是妇女同志。司法解释的这种规定属于类推解释，因为它和放火、决水、爆炸等罪不相当，所以我们设立轻罪的目的就是为了避免错误地适用重罪。

20. 何谓妨害安全驾驶罪中的"公共交通工具"？《刑法》只规定暴力危及飞行安全罪，如果行为人在飞机上抢控操控装置，该怎么处理？

对"公共交通工具"要限定，不能包括小型的出租车。不能认为飞机不是行驶中的公共交通工具。行为人跑到飞机上的驾驶室去抢控操控装置是属于劫持飞机吧！妨害安全驾驶罪要求"使用暴力或者抢控驾驶操纵装置"，如果行为人用一种迷药，让司机晕过去了，是不是使用暴力？不能叫暴力。但是不是抢控驾驶操纵装置？迷倒后行为人也不抢控驾驶操纵装置直接就下去了，该怎么处理？不能评价为使用暴力，也不能评价为抢控驾驶操纵装置，没法定罪。

21. 何谓妨害安全驾驶罪中的"危及公共安全"？该罪是具体危险犯、抽象危险犯还是准抽象危险犯？

"危及公共安全"指不需要达到具体危险的程度，达到抽象危险就行了。为什么它不和放火罪一样用"危害公共安全"的表述呢？说明危险程度是有差异的。"危及"怎么判断？根据行驶状态、行驶速度、车载人员数量、具体路段、暴力程度等进行判断。

22. 《刑法》第133条之二妨害安全驾驶罪第2款的规定是否有必要？如何区分"与他人互殴"与"出于正当防卫的反击"？

没有必要。行为人要抢夺方向盘，朝司机挥拳而去，司机当然会躲闪。难道行为人左拳挥来之后，司机要把右脸贴上去挨揍，不能躲闪、不能互殴、不能殴打？所以，该款规定可谓是对公交车司机的歧视性规定。就像《刑法》第306条，公检法人员也可能会毁灭、伪造证据，威胁、引诱证人违背事实改变证言，为什么只是针对辩护人、诉讼代理人作出规定？所以，这个"律师伪证罪"也可以说是一种歧视性规定。

第二个问题要注意的是，司机是有正当防卫的权利的。

23. 妨害安全驾驶罪与劫持汽车罪之间有何区别？

如果行为人抢夺方向盘是为了自己驾驶，那就是劫持汽车罪。

24. 如何理解《刑法》第133条之二妨害安全驾驶罪第3款"同时构成其他犯罪的，依照处罚较重的规定定罪处罚"？是法条竞合还是想象竞合，又或是牵连犯、吸收犯？

有可能同时构成劫持汽车罪、破坏交通工具罪。只要是一个行为，不管是法条竞合还是想象竞合，就要从一重。如果是牵连犯、吸收犯的话，也有可能数罪并罚，要看具体的情形。

25. 能否因为近年来醉酒驾驶案件数量已经超过了盗窃罪，加上因危险驾驶罪被定罪处罚后所带来的非刑罚后果极为严重，就提高醉酒驾驶型危险驾驶罪的入罪标准或者干脆废除该罪名？

周光权老师就主张废除该罪名。现在危险驾驶罪的定罪数量超过了盗窃罪，有很多公务员就因为危险驾驶被开除了公职。哪有国家的刑法没有规定饮酒驾驶或醉酒驾驶的？所有国家都有规定。你们知道在危险驾驶罪设立之前，我们国家每年因为交通事故死伤的人有多少吗？有了这个罪名之后，死伤的人下降了多少？肯定是大幅度下降的。饮酒不开车，开车不饮酒，这是常识。

张明楷老师也是反对"提高醉酒驾驶型危险驾驶罪的入罪标准或者废除该罪名"这种观点的。另外，危险驾驶罪所带来的非刑罚后果，也不只是危险驾驶罪有，所有犯罪都有。国外有前科消灭制度，但我们国家有犯罪记录之后连出国签证都可能办不了，考公务员也有问题。其实可以研究制定前科消灭制度，比如根据罪行的轻重，像故意杀人之类的暴力性犯罪，前科消灭时间长一点，轻罪就可以三五年之内消灭前科。如果说要惩治危险驾驶罪，可以不把危险驾驶罪这类轻罪列入犯罪前科。可以说，非刑罚后果这个问题不是危险驾驶罪带来的，所有的罪名都会有。

第七节　安全事故类犯罪

■ 法规链接

《刑法》第131条**重大飞行事故罪**，第132条**铁路运营安全事故罪**，第134条**重大责任事故罪**及**强令、组织他人违章冒险作业罪**，第134条之一**危险作业罪**，第135条**重大劳动安全事故罪**，第135条之一**大型群众性活动重大安全事故罪**，第136条**危险物品肇事罪**，第137条**工程重大安全事故罪**，第138条**教育设施重大安全事故罪**，第139条**消防责任事故罪**，第139条之一**不报、谎报安全事故罪**

■ 疑难问题

1. 非铁路职工、航空人员违反规章制度发生铁路运营安全事故、重大飞行事故的，如何处理？铁路职工、飞行人员能否构成交通肇事罪？重大责任事故罪与交通肇事罪之间是什么关系？

非铁路职工、航空人员违反规章制度发生铁路运营安全事故、重大飞行事故的，只能构成交通肇事罪。我们能不能简单地认为航空人员构成重大飞行事故罪，铁路人员构成铁路运营安全事故罪，公路上和水上的人员就构成交通肇事罪？也就是说，只要发生飞行事故的，就一定是重大飞行事故罪，只要发生铁路运营安全事故的，一定是铁路运营安全事故罪，能不能这么理解？不能。重大飞行事故罪、铁路运营安全事故罪的犯罪主体分别只限于航空人员和铁路职工。如果行为人不是航空人员，只是普通人，在机场周围放鸽子，导致发生飞行事故的，只能构成交通肇事罪。如果行为人是农村的放牛娃，图省事把牛直接从铁轨上牵过来，正好火车来了，然后牛被吓晕了，火车来了也不动，导致铁路运营安全事故的，是构成铁路运营安全事故罪还是交通肇事罪？交通肇事罪。其实，航空人员也不一定构成重大飞行事故罪，他如果违反其他交通法规，还是只构成交通肇事罪。所以，不能简单地认为只要是航空人员就构成重大飞行事故罪，铁路人员就构成铁路运营安全事故罪，而公路、水路人员就构成交通肇事罪。

第二个问题，如前所述，铁路职工、飞行人员如果违反交通运输管理法规，也可能构成交通肇事罪。

第三个问题，重大责任事故罪和交通肇事罪之间是一种竞合的关系。比如说大型的厂矿企业，其生产作业过程也属于在公共交通领域，有可能都构成重大责任事故罪和交通肇事罪。航空管理法规属于交通法规的一部分，铁路运营法规也属于交通法规的一部分。航空人员违反了规章制度，导致发生重大飞行事故之后逃跑的，能不能构成因逃逸致人死亡？既构成重大飞行事故罪，也构成交通肇事罪，能不能这么理解？是否符合《刑法》第133条规定的交通肇事罪，即"违反交通运输管理法规，因而发生重大事故，致人重伤、死亡"？符合，肯定属于违反交通运输管理法规。所以，它们是竞合的关系，如果逃跑，还构成因逃逸致人死亡。铁路运营安全事故罪也一样，铁路职工也不一定就只能构成这个罪名，也可能构成交通肇事罪，非铁路职工导致铁路运营事故的，也可能构成交通肇事罪，逃跑了还可能构成因逃逸致人死亡。

2. 强令、组织他人违章冒险作业罪的罪名有必要有"他人"二字吗？该罪的责任形式是什么？

以前本罪就叫强令违章冒险作业罪。其实罪名越简单越好，就叫强令违章冒险作业罪、组织违章冒险作业罪即可。"他人"实际是没必要存在的，难道还有强令自己的吗？

从强令、组织他人违章冒险作业罪的法定刑来看，该罪应该还是过失犯罪。

3. 行为人既对安全生产设施或安全生产条件负有管理责任，又强令他人违章冒险作业时，应如何处理？

评价为强令他人违章冒险作业罪即可。

4. 危险物品肇事罪与危险驾驶罪之间是什么关系？危险物品肇事罪的责任形式是什么？

有可能是结果加重犯的关系，就像危险驾驶罪和交通肇事罪一样。危险物品肇事罪的责任形式是过失。

5. 工程重大安全事故罪是单位犯罪吗？工程重大安全事故罪的追诉时效如何计算？

讨论第一个问题的意义不大，反正只追究自然人的责任。问大家一个问题，行为人建造豆腐渣工程的时候，被害人还没有出现，五年之后倒了，把两三岁的小孩压死了，能不能追究行为人的责任呢？张明楷老师提出实施行为时被害对象不需要存在，只要在产生结果时对象存在就可以了。

追诉时效一般是从犯罪之日起算，而过失犯罪是从结果发生之日起算。比如，房子塌了才开始计算追诉时效。

6. 教育设施重大安全事故罪的责任形式是什么？

是过失。"明知"包括没有认识的过失，即疏忽大意的过失。而有认识的过失，是过于自信的过失。能不能说本罪只能由有认识的过失、过于自信的过失构成，疏忽大意的过失不构成？刑法中的故意、过失是对行为而言，还是对结果而言呢？是对结果而言的。有所谓的行为标准说、结果标准说、行为加结果标准说，但应该说，罪过都是对结果的态度。行为人闯红灯是故意的，但对发生事故的结果是过失的，所以不能说"明知"就一定是故意犯罪，也不能说"严重不负责任"的就一定是过失犯罪，如故意延误投递邮件罪。这里虽然有"明知"的表述，但"明知"只是强调认识到了危险，而对所发生的事故并非持希望或者放任的态度。

7. 不报、谎报安全事故罪的责任形式是什么？其与故意伤害、杀人罪是什么关系？如果发生了没有必要抢救的安全事故（结果不可能加重或扩大），还成立本罪吗？

从表述来看应该是故意犯罪，但是故意犯罪的法定刑为什么只有7年？比如发生了煤矿垮塌事故，如果及时报告就可以组织更多的力量来救援，没有报告，自己想个土办法在那里救，导致本来可以避免的死亡没有避免，是故意还是过失？

本罪与故意伤害、杀人罪是竞合关系，至少有可能是放任。为什么有人要谎报？因为死亡10人以上就属于重大事故。如果报告的时候，本可以避免的伤亡而没有避免，就是故意杀人。这也是本罪没有规定比较高的法定刑的原因，用想象竞合的原理来处理，过失犯和故意犯是可以想象竞合的。

如果发生了没有必要抢救的安全事故，人已经伤亡，结果不可避免、不可能扩大，就不可能构成本罪。必须因为行为人不及时报告以及贻误抢救，使得本可以避免的伤亡没有避免，才能成立本罪。

8. 司法解释规定"转移、藏匿、毁灭遇难人员尸体"属于不报、谎报安全事故罪中的"情节严重"，有无疑问？

人已经死了，转移不转移也不能使人复生。这里的"情节严重"只能是因为不报、谎报而使本可以避免的伤亡没有避免，而不是转移尸体。如果转移尸体，只能叫毁灭证据。

9. 增设危险作业罪的立法目的是什么？

为了提前处罚，处罚早期化，防患于未然，不要等事故发生了才处理。

10. 危险作业罪是具体危险犯、抽象危险犯还是准抽象危险犯？如何判断"具有发生重大伤亡事故或者其他严重后果的现实危险"？

要发生现实危险，应该是具体危险犯。在《刑法》第134条之一第1项中，一定要判断是否具有现实危险，不能认为关闭了这些直接关系生产安全设备的就构成犯罪，还要判断是否具有发生伤亡事故的现实危险，这属于项前的规定。

第二个问题，要根据个案中的实际情况来进行具体认定。

11. 实施危险作业行为导致重大安全事故的，如何处理？是一罪还是数罪？

相当于结果加重犯，类似于危险驾驶罪和交通肇事罪的关系，是危险的现实化，定一罪就可以了。

12. 行为人对自己本人造成的损害，能够认定为重大责任事故罪的犯罪结果吗？

对本人造成损害，比如把自己压伤了，能不能算是重大损失？要求一人死亡、三人重伤，可加上行为人本人才三人重伤，行为人的重伤能不能算？不能算，他已经受到惩罚了，自己的伤怎么能算呢？这跟聚众斗殴不一样，聚众斗殴首要分子的重伤都算造成他人重伤，因为聚众斗殴是侵害社会法益的犯罪。

13. 如何理解重大责任事故罪等中的"情节特别恶劣"？

关于责任事故犯罪的规定有很多，一系列事故犯罪之间交叉、重合、竞合的情况非常普遍,它们之间的关系也很难区分。"情节特别恶劣"和"情节特别严重"有没有区别?能不能认为情节恶劣、情节特别恶劣就包括了主观恶性深,包括了动机卑鄙之类主观的、有责的要素?不能包括。情节恶劣、情节特别恶劣只是表述习惯的问题,它和情节严重、情节特别严重一样,都必须是客观方面反映法益侵害程度的客观违法性要素。不能包括主观恶性深、动机卑鄙这些有责性要素,更不能包括曾经受过刑事处罚、曾经受过行政处罚这些反映再犯罪可能性大小的、特殊预防必要性大小的预防要素,但是司法解释有时会把预防要素和责任要素混为一谈。

CHAPTER 2

第二章
破坏社会主义市场经济秩序罪

CRIMINAL LAW

第一节 生产、销售伪劣商品罪

■ 法规链接

《刑法》第140条 生产、销售伪劣产品罪

■ 疑难问题

1. 生产者是犯罪主体，本罪是身份犯吗？

不是。这是为了强调行为人所销售的伪劣产品既可能是自己生产的，也可能是他人生产的，任何人都可以生产，所以本罪不是身份犯。

2. 生产行为是实行行为，本罪是所谓选择性罪名吗？

对于这个问题，实务部门都经常搞错。仅实施生产行为就可以构成生产伪劣产品罪，就可以认定为犯罪既遂了吗？法条不是明明规定销售金额要达到5万元以上吗？应该说，销售金额5万元是犯罪成立的条件，不是既遂的条件。行为人只生产的话何来销售金额？所以生产只是预备行为。另外，本罪不是所谓的选择性罪名，其实将罪名确定为销售伪劣产品罪就可以了。就算加上"生产"二字，也只是为了提醒不得生产伪劣产品，单独的生产行为是不可能成立生产伪劣产品罪的。

在我看来，"生产、销售伪劣商品罪"这一节中的选择性罪名只有4个，包括

两个抽象危险犯：生产、销售、提供假药罪和生产、销售有毒、有害食品罪。这两个罪名是抽象危险犯，意味着生产假药和生产有毒、有害食品就构成犯罪了。还有两个是准抽象危险犯：生产、销售不符合安全标准的食品罪和生产、销售不符合标准的医用器材罪，在我看来也是选择性罪名，只要行为人生产了足以造成严重食物中毒事故的食品，或者生产了足以严重危害人体健康的医用器材，就构成犯罪了。行为人即便还在家里加工病死的猪肉，也已经构成生产不符合安全标准的食品罪了。其他的罪名都不是选择性罪名，像生产、销售、提供劣药罪，要求对人体健康造成严重危害，单纯的生产行为不可能构成犯罪；生产、销售不符合安全标准的产品罪，要求造成严重后果，单纯的生产行为不可能构成犯罪；生产、销售伪劣农药、兽药、化肥、种子罪，要求使农业生产遭受较大损失，单纯的生产行为不可能构成犯罪；生产、销售不符合卫生标准的化妆品罪，要求造成严重后果，单纯的生产行为也不可能构成犯罪。

3. 建造劣质房屋能否成立生产、销售伪劣产品罪？有关产品质量问题的民事责任、行政责任与刑事责任如何区分？

伪劣产品是否包括房屋？通说是否认的。房子的门窗、天花板、灯泡这些材料，都属于生产、销售伪劣产品罪所保护的对象。但你花费毕生的积蓄买了一套房子，你的房贷都还没还完，房子却塌了，或者你已经付钱了，期房在交付之前就已经塌掉了，房子却不受生产、销售伪劣产品罪的保护。当然，根据合同法，开发商等主体要就产品质量承担违约责任，但什么时候能够作为犯罪处理，还是很值得研究的。买卖产品一般都要签订合同，如果产品质量有问题，那就追究产品质量责任、民事违约责任，但是什么时候构成犯罪呢？需不需要把所有的合同履行中的产品质量问题都作为犯罪来处理？大家可以继续思考一下。我倾向于不能把房产排除在伪劣产品之外。

4. 给本罪下定义时，能否加上"违反国家产品质量管理法规"的内容？

不需要。一方面，法条没有这样的表述，本罪实际上属于自然犯，即使刑法没有规定本罪，也能作为诈骗罪处理；另一方面，是否要求行为人明知"违反……法规"是一个存在严重分歧的重大问题。所以，在法条没有明文规定的情况下，不宜随意添加"违反……法规"的表述。

5. 将二锅头冒充茅台出售，构成销售伪劣产品罪吗？

张明楷老师认为这种行为构成销售伪劣产品罪，但是该如何评价呢？是评价为以假充真、以次充好、以不合格产品冒充合格，还是掺杂、掺假？什么叫掺杂、掺假？用二锅头冒充茅台，叫不叫掺杂、掺假？既不能叫掺杂，也不能叫掺假，二锅头也不是假酒。那么能评价为以次充好吗？二锅头就很次吗？有人就爱喝二锅头，不能说二锅头就是不合格的酒吧！二锅头没达到酒的标准吗？还是喝了不能醉人？都说不清楚。我倾向于只认定为侵犯知识产权犯罪，如假冒注册商标罪。

6. 生产、销售伪劣产品罪的犯罪对象是伪劣产品本身，还是伪劣产品所对应的正品？销售金额是以实际标价计算，还是统一以正品的市场零售价计算？

犯罪所侵害的对象与犯罪组成之物不是一回事，生产、销售伪劣产品罪所侵害的对象是合格品、正品，生产、销售的伪劣产品只是犯罪组成之物。犯罪对象、犯罪组成之物、犯罪工具、犯罪所得，对它们的界分和认定可能会影响到对物品是追缴、没收还是返还的处理。对于犯罪工具、犯罪组成之物，是要没收、追缴的，而对于犯罪所得，可能要返还被害人。这是第一个问题。

第二个问题，销售金额怎么计算？是用实际的标价乘以销售的数量，还是以正品的市场零售价乘以销售的数量？现在司法实践中都是根据实际的标价计算的。能查明实际的销售单价的，按照销售单价计算，不能查明的，以正品的市场零售价计算。我很早就写文章指出，既然生产、销售伪劣产品罪所侵害的对象是正品，就应该统一以正品的市场零售价来计算销售金额。以正品的市场零售价计算出的销售金额，才能够准确地反映本罪的法益侵害程度，即对所谓的产品质量制度的侵害、对市场经济秩序的破坏和对消费者权益的侵害。

我经常举的一个例子是，甲制作、销售了400条假的中华牌香烟，他一点都不贪，他每条只卖100元，销售金额才4万元，不构成犯罪。他卖给了乙和丙两个人，每人200条。但乙和丙每条烟卖300元，销售金额达6万元，构成犯罪了。丙又分别卖给丁和戊，丁和戊虽然各只有100条，但是每条加价到600元卖出，也都构成了犯罪。那么是甲的行为的危害性大，还是乙、丙、丁、戊的行为的危害性大？当然是甲啊。所以，我一直都主张统一按照正品的市场零售价计算销售金额，否则行为人就可以玩弄法律，故意做一本账以应付检查，或者故意在家里摆几件伪劣产品标明其售价是100元一条，但其实卖的是900元一条。

7. 伪劣产品尚未销售或者销售金额没有达到5万元的，能否认定为本罪的未遂？本条中规定的"销售金额五万元以上"，是犯罪成立的条件还是犯罪既遂的条件？有关伪劣产品尚未销售，货值金额达到15万元以上的，以生产、销售伪劣产品罪（未遂）定罪处罚，以及伪劣烟草制品尚未销售，货值金额分别达到15万元以上、20万元以上、50万元以上、200万元以上的，分别依照生产、销售伪劣产品罪的各量刑档次定罪处罚的司法解释规定，有无疑问？

《刑法》中像本罪"销售金额五万元以上不满二十万元"这种规定中的"不满"两个字，完全可以删掉。只要规定"销售金额五万元以上""销售金额二十万元以上""销售金额五十万元以上""销售金额二百万元以上"就可以了。规定"不满"会让司法人员误以为"不满"是要得到证明的,而"不满"实际上就是划分界限的要素,是表面的构成要件要素。

前两个问题,日前有犯罪既遂条件说、犯罪成立条件说,还有折中说。犯罪既遂条件说认为,销售金额达到了5万元是犯罪既遂,没达到5万元是犯罪未遂;犯罪成立条件说认为,实际销售没达到5万元,根本就不成立犯罪;折中说认为,虽然5万元是犯罪既遂的条件,但因为一般不处罚轻罪的未遂,所以要求可能销售的金额、货值金额达到15万元,成立未遂,这是司法解释的立场。我主张犯罪成立条件说,销售金额达到5万元以上才成立本罪。因为食品、药品这种关系到消费者生命健康的伪劣产品已经单列出去,专门规定了成立犯罪的条件,剩下的只是关系到消费者财产权的普通的伪劣产品。在立法者看来,这些普通的伪劣产品如果销售金额未达到5万元以上,不法行为对法益的侵害就没有达到值得科处刑罚的程度,本罪相当于实害犯。

第三个问题是司法解释的立场,我是不赞同的。要适用第二、三、四档法定刑,必须实际达到相应的销售金额。司法解释这样规定还存在一个问题,比如说甲进了15万元的货,一点都没有卖出去,成立犯罪未遂。而乙进了14万元的货,卖了4万元,还剩10万元的货,是乙的行为危害性大还是甲的行为危害性大?显然是乙的行为危害性大。但按照司法解释的规定,行为危害性明显小一点的甲构成生产、销售伪劣产品罪的未遂,而行为危害性更大的乙则不构成犯罪。所以有观点认为,已售的金额要乘上3,再加上未销售的10万元,那就是22万元,就构成犯罪了。

8. 本罪与诈骗罪之间是什么关系?销售金额4万元的,不构成销售伪劣产品罪,能否以诈骗罪定罪处罚?销售伪劣产品时被识破,行为人使用暴力,能否转化成抢劫?

第一个问题。卖假是不是一种诈骗?在没有规定生产、销售伪劣产品罪的国家,他们会容忍这种售假的行为吗?消费者肯定会认为自己被骗了。谁说诈骗一定得空手套白狼?有人可能会有疑问:如果认为生产、销售伪劣产品都是诈骗,那这个罪名就没有适用的余地了,因为这个罪要求销售金额达到5万元,而诈骗达到3000元就立案了,5万元、20万元、50万元、200万元都比诈骗罪标准高,诈骗罪是3000元、3万元、30万元。其实这种担心是多余的,因为商品往往经过层层批发,中间批发商通常是知情的,不存在被骗,而最终的零售商把商品卖给消费者往往数量不会很多。卖假烟就是诈骗,比如卖假的中华牌香烟,1000元一条,你家里办喜事买了100条,100条乘以1000元,要10万元,你肯定会觉得自已被骗了。销售金额是 10 万元，才刚刚达到生产、销售伪劣产品罪基本犯 5 万元以上的标准，但是如果评价为诈骗 10 万元，那肯定是数额巨大，要判有期徒刑 3 年到 10 年。

第二个问题，是可以的。

第三个问题，能够转化成抢劫。

9. 购买者知情，是否影响销售伪劣产品罪的认定？

行为人明确地告诉消费者，这个产品质量是有问题的，便宜销售，购买者知情，一般不构成犯罪。比如一些年轻人喜欢买价格两三千元的仿制名包，吃饭的时候往桌子上一放，放在显眼的位置，虚荣心即可得到极大满足。知假买假，对方不存在欺骗，因为消费者要买的就是假的。如果说本罪保护的主要法益是所谓的市场经济秩序、产品质量管理制度等社会法益，那可能还是侵害了法益，但是没有侵害消费者的权益。

10. 销售时不明知，销售后得知产品存在缺陷而拒绝召回的，构成销售伪劣产品罪吗？本罪可否由不作为构成？

现实生活当中发生过类似的案件，行为人卖的时候不知道产品有缺陷，后来被告知有缺陷，也不召回，这种不作为能构成犯罪吗？我坚决反对认为凡是由故意的作为构成的犯罪都可以由不作为构成的观点。要严格限定不真正不作为犯的成立范围，行为人不召回等于卖东西吗？他卖的行为已经结束了。这就好比多年不见的一个朋友跑到你家里来，你天天好酒好菜地款待他，后来有一天他酒喝多了说："老兄，我告诉你，我是杀了人没地方去才跑你这儿来的。"你还是留下他，你构不构成窝藏罪？这样的情形在理论上也有争议，张明楷老师认为这种不作为可以构成犯罪。窝藏赃物也是如此，比如朋友委托你保管一包东西，你开始以为就是普通的东西，后来才发现是赃物，继续保管也是窝藏赃物。但这和销售是一回事吗？已经卖出去了应该是不能构成本罪的，但有的地方法院就判构成犯罪了。按照张老师的观点，如果产品确实有缺陷，比如你卖的是车辆，后来发生了事故，那可以构成过失致人死亡、过失致人重伤罪，或者承担产品质量相关民事责任就可以了。

11. 生产、销售伪劣产品罪可谓集合犯，其共犯、溯及力、追诉时效等如何处理？

集合犯就是长期的、反复的、多次实施的犯罪，包括营业犯和职业犯。以营利为目的反复实施一定犯罪的，称为营业犯，比如生产、销售伪劣产品罪；以反复实施一定犯罪为职业的，称为职业犯，比如赌博罪、非法行医罪。生产、销售伪劣产品罪是营业犯，它涉及罪数的问题，一般来说是数额累计计算。但杀人的职业犯还是要数罪并罚的。共犯，只能评价行为人所参与销售的犯罪数额。溯及力，行为人只对法律生效之后的销售行为负责。集合犯和继续犯还是不一样的，继续犯跨越新旧法律的可以适用新法。就追诉时效来说，行为人知假售假，卖了3年，最后一次销售金额没达到5万元，但把前几次加起来则超过了5万元，那么追诉时效过了没有？当然过了。他最后一次才在时效期间内，前面几次都过了，生产、销售伪劣产品罪基本犯的追诉时效是5年，行为人最后一次是在前面几次的5年后卖的，那么前面几次5年时效期限早就过了。按照张老师的观点好像也可以，张老师认为多次盗窃，最后一次在时效期限内的话，那么前面几次也要算。我不赞成这个看法。因为，前面几次的追诉时效是独立的。

12. 司法解释规定"知道或者应当知道他人实施生产、销售伪劣商品犯罪，而为其提供贷款、资金、账号、发票、证明、许可证件，或者提供生产、经营场所或者运输、仓储、保管、邮寄等便利条件，或者提供制假生产技术的，以生产、销售伪劣商品犯罪的共犯论处"，这是否意味着封堵了中立帮助行为的出罪通道？

只要翻翻司法解释，就会发现类似的司法解释有很多，像诈骗罪、开设赌场罪等都有类似的规定。很显然，我们的理论与实务还是坚持传统的帮助犯观念，认为主观上有帮助的故意，即明知道他人在实施犯罪，客观上有帮助的行为，并且帮助行为和正犯的结果之间有因果性，那么就成立帮助犯。实践当中也是根据传统的共犯观念来认定共犯的，但这显然扩大了处罚范围。比如说大家到邮局去邮寄东西，邮局人员要检查什么？要检查你邮寄的东西是不是假冒伪劣产品吗？不要。他们只要检查邮寄的东西是不是易燃、易爆、易腐蚀的就行了。禁止携带、运输、邮寄易燃、易爆、易腐蚀的物品是出于运输、邮寄安全的考虑，至于邮寄的东西是不是假冒伪劣产品则不会影响到运输、邮寄的安全。每个行业的规范要求都有它自己的规范保护目的，像邮寄方面的规定主要是为了保证邮寄、运输的安全，至于物品是不是假冒伪劣的，则显然不是相关邮政法规的规范保护目的。

如果你邮寄的是假冒伪劣物品，邮寄人员也是懂行的，你去寄皮鞋、包包，他一看就知道是假冒的皮鞋、包包，仍然给你邮寄，邮寄也属于运输，那么能不能将邮寄人员的行为评价为明知是伪劣产品而为其提供运输？这样的情况构成共犯吗？显然不构成。还有你打电话让快递小哥上门取件，快递小哥取件时要审查你的物品是不是假冒伪劣的吗？显然不需要，他只要检查邮寄的物品是不是易燃、易爆、易腐蚀的，是不是禁止邮寄的就行了，禁止邮寄的显然不包括假冒伪劣产品。

行为人出租街上的一个门面,出租之后被他人用于销售假烟。按照这个规定,明知道他人生产、销售伪劣产品而为其提供经营场所,那门面的出租者是不是就成立共犯了?你们觉得合理吗?显然不合理。现实中有提供仓储服务的仓储公司,仓储企业要审查委托仓储的物品是不是假冒伪劣产品吗?仓储企业负有审查的义务,但只审查仓储物品包装是否完整,是否可能是易燃、易爆、易腐蚀的物品,如果是危险品的话肯定有特殊的要求,没有声明的那就是普通物品,按照普通物品进行保管。至于物品是不是假冒伪劣品,显然不是仓储公司所要关心的。再比如,行为人向污染企业提供原材料,行为人能成立污染环境罪的共犯吗?不给污染企业提供原材料,它的工厂就没法开工了,没法开工就不会排污了,是吗?这个规定是这样理解的吗?银行明知道是制假、售假的企业还给他提供贷款、开设银行账号,只要银行主观上知道这个企业在实施犯罪,其提供的帮助客观上也促进了他人的犯罪,按照传统的观点,主观故意就有了,因果关系也有了,成立帮助犯了吗?

中立帮助行为的理论就是为了从这些按照传统的共犯观念构成帮助犯罪的行为中,剥离出一部分外观上无害的但客观上促进他人犯罪的行为。这些行为具有中立性、业务性、交易性、日常性、非追求犯罪目的性以及非针对特定对象性,要么是商品交易、服务行为,比如出租运输行为、银行存取款等金融业务行为,要么是日常生活行为,比如还债、洗衣服、做饭等。但是,按照传统的共犯观念,很多此类行为都按照共犯来处理了。有这样真实的案例,行为人明知道他人杀人了要跑路,还把钱还给他了。如果你是法官、检察官,能不能认为行为人构成犯罪?有法官就专门指出,行为人明知他人是杀人犯,把钱还给他之后他就会逃跑,这个时候刑事义务优先、阻止犯罪的义务优先,民事义务要让步,就是说可以不用还钱了。这意思是大家以后最好是向有犯罪倾向的人借钱,对方出事了就可以不还钱了?

关于商品交易,人们常举的例子就是卖菜刀,行为人明知道他人买刀是为了杀人,还把菜刀卖给他,行为人能不能构成杀人罪的共犯?虽然有争议,但大多数人认为卖菜刀只是商品交易行为。还有一个案例,大家也有争议,即"店前打架卖刀案":两个人在马路边上打架,行为人是五金店老板,目睹了他们打架的过程。其中一个人处于下风,就气势汹汹地冲到五金店,说要买一把锋利的菜刀。行为人知道对方买菜刀很可能去杀人,他还帮对方精心挑选了一把锋利的菜刀,对方果然就去把别人给砍了。行为人能不能构成杀人罪的共犯?对此,张明楷老师认为危险很紧迫,行为人不能卖刀给对方。在德国,无论是罗克辛还是雅各布斯,都认为构成共犯,雅各布斯甚至坚决主张客观归责论,主张客观说。罗克辛则主张折中说。如果行为人主观上明知他人可以利用自己提供的帮助实施犯罪，就构成犯罪。但如果主观上只是估计到、大致意识到，也就是间接故意，就可以不作为犯罪处理。比如你只是认为这个人贼眉鼠眼的，猜想这个人买把螺丝刀是不是要拿去溜门撬锁，你只是想到了但是你也不肯定，但如果买刀的就是你的邻居，你昨天晚上就碰巧听到了他在跟他老婆吵架，而且发誓要把他老婆杀掉，第二天早上就来找你买把刀，那你就是明知了。这种区分确定的故意和未必的故意，就叫故意二分说。故意二分说其实偏向于主观说，我把它归入主观说。而雅各布斯是主张客观说，只能从客观方面，从客观归责来进行衡量。不过，客观说和主观说在"店前打架卖刀案"这个问题上却达成了共识，之所以能达成共识，是因为德国有见危不救罪，你看到他人遇到重大的危险，如果实施救助对你没有危险，那么你就有救助的义务。但是，在我们国家见危不救只是道德问题。

在餐馆吃饭的两拨人打起来了，饭店的老板有没有阻止的义务？没有。饭店老板的义务是什么？他做的饭人吃了不会拉肚子，要保证食品的安全。至于说顾客在店里打不打架，他没有保护顾客人身安全的义务，他只有保护你肠胃安全的义务。

今天我在某群里讨论，有人发言说行为无价值论好，行为无价值论符合我们的司法实践。然而，行为无价值论天然地和社会本位、义务本位相亲近。只有结果无价值论才更有利于人权的保障，否则太可怕了。张明楷老师就坚决主张结果无价值论。如果按照行为无价值论，你买胡椒粉，是不是想抢劫？你在家磨刀，是不是想杀人？但如果按照结果无价值论，甲乙两个人都买胡椒粉，甲买胡椒粉是为了抢劫，乙买胡椒粉是为了回去炒菜，那么"买胡椒粉"这个客观行为有什么区别？区别只有主观上的。所以，要坚决站在结果无价值论立场。

继续回到这里的问题，司机知道行为人要到目的地去杀人，还是把行为人载到目的地，司机是不是共犯？假设我到银行去取款，银行职员问："老陈，你取100万元干什么呢？"我说："我听别人讲好像卖假币很来钱，卖毒品也很来钱。"结果银行职员还是让我取了100万元，他构不构成共犯呢？当然不构成。只要我符合取款的条件就应该给我取款，还需要去审查我取款的用途吗？当然，如果涉及禁止洗钱的法律规定，那按照银行的操作规程来操作就行了，在不违反银行关于禁止洗钱的操作规则的情况下，银行就没有责任。行为人取钱之后是买房子，还是去贩毒、买卖假币、赌博、走私，这不是银行所要关心的事情。银行发放贷款，要审查什么？审查对方有没有偿还贷款的能力、经营状况是否良好等等，而不是关心他是否要拿钱去生产、销售伪劣产品，这些分明不是银行要关心的问题，但是实践中却可能会按共犯来处理。

所以，我认为要对刑法分则中有关共犯的司法解释进行再解释。作为共犯处理的应当是指犯罪成员之间存在犯罪内部协作分工的情况，其中有人专门负责生产，有人专门负责运输，有人专门负责仓储保管等，他们是一个犯罪的团伙，是一个犯罪的有机体。而不是指中立的、业务性的、不针对特定对象的像仓储保管公司这种商业服务、商品销售之类的行为，而且这种服务、销售行为也不是国家禁止的。只要不违反国家的禁止性规定，不违反行业规范，就不能按照共犯处理。国家不禁止卖菜刀，至于你买菜刀去干什么，那不是卖菜刀的人应该关心的问题。如果卖的是枪支，那就违反了相关规定。所以，只要出售的不是国家限制或者禁止的物品，提供的服务不违反相关的行业性规定，就不能作为犯罪来处理。后面的容留卖淫、容留吸毒我们还会再提到的，作共犯处理的只能是深度参与了他人的犯罪行为，专门用于违法犯罪用途，是犯罪的有机体的一部分，这种行为不同于中立的帮助行为。

客观上有帮助的行为，主观上明知，就构成犯罪了，这就是主观说。我们讨论中立帮助行为的前提就是明知。有人主张要区分明知和通谋，说通谋就是共犯，单方面明知的就不是共犯，其实片面的共犯也是可以成立的。刑法中的故意犯罪不就是明知吗？明知自己的行为会产生危害社会的结果还持希望或者放任的态度，也没有规定通谋呀。《刑法》第14条有通谋的概念吗？所以，区分明知和通谋是没有道理的。中立的帮助行为讨论的前提就是明知，只能从否定"中立的帮助行为是刑法上的帮助行为"这一点上否认犯罪，从客观上排除犯罪行为，否定是刑法上的帮助行为。所以出罪的路径只能从客观不法要件去排除，而不是从主观上进行排除。因为主观上的明知是讨论的前提，虽然主观说很有影响，但事实上都是对中立的帮助行为的误解。

张明楷老师和周光权老师早些年的教科书里还偏向于主观说，但最新的教科书都已经倾向于客观说了。他们也认识到，中立的帮助行为的特殊性是在客观方面，而不是主观方面。我们讨论的就是，即便主观上明知，也要把它排除在帮助犯之外。

13. "国家机关工作人员参与生产、销售伪劣商品犯罪的，从重处罚"的司法解释规定，有无疑问？

我一直认为公务员只是一个职业而已。大家从法学院毕业之后，有的选择做律师，有的选择到企业做法务，有的选择考公务员，做警察、检察官、法官等，都只是职业的选择而已。国家机关工作人员如果实施犯罪，没有利用职务上的便利，即跟手中的职权没有关系，跟身份没有关系，那就没有从重处罚的理由。不能说国家机关工作人员是通过层层选拔上来的，人品比较高尚，所以要从重处罚，这是要打一个大大的问号的。

上述司法解释中关于国家机关工作人员或国家工作人员实施的违法行为，一定要证明与他的职务有关，他利用了职务上的便利，利用了手中的职权。如果没有，比如他是个民政局的工作人员，他生产、销售伪劣产品要怎么利用职务上的便利？如果跟他职务没有关系，为什么要从重处罚？

14. 关于非法生产、拼装、销售烟草专用机械行为，以生产、销售伪劣产品罪追究刑事责任的司法解释规定，有无疑问？

这一司法解释说的是这种机械本身假冒伪劣，还是为造假烟的公司提供机械？我认为，如果销售的这种烟草专用机械是属于通用的机械，不是专门用于制造假烟的，不像制造假币的模板是专门用于造假币的，就不能作为共犯来处理。

就像卖麻将机的，能认定为赌博罪和开设赌场罪的共犯吗？明知道买麻将机的是赌博场所，还向其销售麻将机，能成立赌博罪、开设赌场罪的共犯吗？当然不能。麻将机既可以用于赌博，也可以用于日常的娱乐活动，如春节的时候，亲戚朋友在一起搓两圈麻将。

15. 应否将本罪中的"销售"产品限制解释为向不特定人销售产品？合同双方当事人签订买卖合同或者承揽合同，合同约定了产品质量标准、违约责任，倘若出卖人、承揽人提供了不合格产品的，能构成生产、销售伪劣产品罪吗？

张明楷老师倾向于认为销售的对象必须是不特定的，如果向特定人出售的话，不能叫"销售"。他认为，如果是买卖双方的合同中约定了产品质量标准和违约责任，那只能追究对方的违约责任，根本不需要适用刑法。这个观点成立吗？你到零售商店去买东西，你和商店之间有没有合同？有，只不过是口头合同。这个观点的意思是不是，我们以后卖什么东西，哪怕是卖一块橡皮，只要签了合同，使对象特定，就只可能承担民事违约责任，而不会构成销售伪劣产品罪？

关于产品质量缺陷责任，什么时候只承担民事责任，什么时候要承担刑事责任，的确是一个值得研究的问题。但如果只是简单地依据有没有书面合同，有没有约定责任条款来区分民事责任和刑事责任，我是抱有疑问的。其实只要有交易，就有合同，只是有的是书面的，有的是口头的。你到超市买了一部相机，就算没有合同，有质量问题也可以找超市退换，超市会给小票，小票其实就是个简单的合同，明确了双方的权利义务，默示要达到其所宣示的产品质量的要求。

在这个问题上，律师其实是可以辩一辩的。如果是向特定对象代购商品，就像陆勇代购抗癌药物案，他是为特定的病友代购抗癌的药物——印度的仿制药，他没有向不特定的对象销售药物，所以湖南省沅江市检察院以行为不属于销售作出不起诉决定。当然，我们认为他卖的根本就不能叫假药，它不危害人体健康。为特定人代购商品的，因为对象是特定的，不能认为是销售，就可以作为律师的辩护思路。合同双方当事人签订买卖合同，倘若出卖人承担了提供不合格产品的民事责任，就不构成生产、销售伪劣产品罪了吗？张老师认为不构成，因为对象是特定的，双方签订合同了。但我不这么认为。

■ 法规链接

《刑法》第141条 生产、销售、提供假药罪

■ 疑难问题

1. 本罪属于什么犯罪类型？生产行为是否为实行行为，该罪是否为选择性罪名，有无生产假药罪单独成立的余地？所谓的抽象危险犯，有无反证的余地？

一说到犯罪类型，你们头脑中就会闪现出行为犯、结果犯、危险犯、实害犯概念，危险犯里面有抽象危险犯、具体危险犯、准抽象危险犯甚至抽象的抽象危险犯，本罪属于哪一种？生产、销售假药的，你们知道以前是怎么规定的吗？1997年《刑法》规定的是"足以严重危害人体健康的"，后来《刑法修正案（八）》把"足以严重危害人体健康的"表述删除了，规定生产、销售假药的就构成犯罪，因此是典型的抽象危险犯。就像盗窃枪支、非法持有枪支，只要实施一定的行为，按照人们一般的生活经验，就能得出它具有危险的结论。假药不能吃，所以本罪是抽象危险犯。如果加上"足以"，张老师认为是具体危险犯，我认为是准抽象危险犯，如果要求造成严重后果，如对人类健康造成严重危害，那就是实害犯了。所以，是哪一种犯罪类型关系到犯罪的成立条件、处罚的根据、处罚的范围。本罪是抽象危险犯，也就是只要生产、销售、提供了假药就构成犯罪了。

本罪是选择性罪名，可以拆解成五个罪名，如生产假药罪，销售假药罪，提供假药罪，生产、销售假药罪，以及生产、提供假药罪。事实上存在生产假药罪的判决书，但大家从来都没看过生产劣药罪的判决书。为什么不可能有生产劣药罪的判决书？构成生产、销售劣药罪要对人体健康造成严重危害。你也不可能看到生产伪劣农药、兽药、化肥、种子罪的判决书，因为它要求使农业生产遭受较大损失。还有生产、销售不符合安全标准的产品罪及生产、销售不符合卫生标准的化妆品罪，也都要求造成严重后果，只有生产行为怎么可能已经造成严重后果？因为生产、销售、提供假药的，没要求造成严重后果，那就是抽象危险犯。也有人说是行为犯，但行为犯这个概念容易扩大处罚范围，行为犯会让人忽视对行为进行实质的判断。因为即便是抽象危险，如果连抽象危险都没有也不能构成犯罪。像陆勇代购抗癌药物案，要是按行为犯的观点，他就是生产、销售了假药，但要是作实质性判断，其所代购的药品与已取得进口批准文号的药品"格列卫"具有同样的疗效。即便是抽象危险犯，也要求有侵害法益的抽象危险。也就是说，抽象危险是允许反证的，如果没有抽象危险是不构成犯罪的。

我们在前面讲非法持有枪支罪时也讲到了天津大妈赵春华非法持枪案，她的枪支也符合了枪支管理法的枪支要求，但是刑法上的枪支，要求有相当的杀伤力，如果没有一定的杀伤力的话，就不可能威胁到公共安全。前面还讲过危险驾驶，在没有人车通行的地方，比如说在凌晨 3 点的地下车库、在未启用的公路上、在罗布泊、在藏北无人区、在珠穆朗玛峰上醉酒驾驶都不构成犯罪，因为没有抽象危险。所以，对抽象危险也要进行实质的判断，抽象危险也是可以反证的。但是，行为犯就会让人觉得只要实施了行为就构成犯罪了，所以行为犯会导致处罚范围扩大。大家尽量不要用行为犯这个概念，要用危险犯、实害犯、抽象危险犯、具体危险犯等概念才能够更准确地说明犯罪的成立条件、处罚根据，才能更准确厘定处罚范围。

2. 如何理解和认定本罪中的"其他严重情节"与"其他特别严重情节"？将单纯生产、销售、提供假药的金额达到一定数额认定为"其他严重情节"与"其他特别严重情节"的司法解释规定，有无疑问？

"其他严重情节"与"其他特别严重情节"，必须是对人类健康造成严重危害或者造成与致人死亡相当的实际法益侵害结果。

司法解释是存在疑问的。司法解释规定，生产、销售、提供假药的金额 20 万元以上，就认定属于"其他严重情节"，这是不对的。销售假药的金额大，并不意味着造成的实际危害就严重。按照张明楷老师的观点，这里的加重犯是自然犯，要造成实害。如果认为基本犯是法定犯还说得过去，只要生产、销售、提供假药就构成犯罪了。但加重犯必须是造成了实际的侵害结果，相当于自然犯。所以这里的"其他严重情节，"一定是与对人体健康造成严重危害相当的实际的法益侵害结果，不能单纯地以销售金额大就认定属于"其他严重情节"。"致人死亡或者有其他特别严重情节"中的"其他特别严重情节"，也应当是与致人死亡相当的，因为它是并列规定，所以必须还有实际法益侵害结果的，不能像司法解释规定的那样，单纯以生产、销售、提供假药的金额 50 万元以上，就认定属于"其他特别严重情节"了。

3. 《刑法修正案（十一）》为何增设提供假药罪？

国外刑法一般不规定"销售""出售"，而只是规定"提供"，因为提供既可以包括有偿也可以包括无偿，但如果是销售或出售，一定就是有偿的。

增设提供假药罪就是因为药品使用单位可能是无偿地提供假药，而销售假药是有偿的，其实有了提供假药罪，那"销售"就可以去掉了，销售也是一种提供。当然，对销售假药和提供假药在定罪量刑的标准上应当区别对待。虽然《刑法》第141条第2款规定，"药品使用单位的人员明知是假药而提供给他人使用的，依照前款的规定处罚"，即目前两种行为的法定刑是一样的，但实际的量刑标准应该有所区别。销售假药，是以牟利为目的有偿转让假药，数量更大，危害性更大，一般预防的必要性也更大。无偿提供的，一般预防的必要性较小。

4. 骗取药品批准证明文件生产、进口药品销售的，是否成立生产、销售假药罪？药品生产、销售、进口证明文件，是控制性许可还是特殊许可？

"骗取药品批准证明文件生产、进口药品销售"，是不是要进行实质的判断？虽然行为人取得了批准文件，但他生产、销售的实际上是假药，还是会构成生产、销售假药罪。关于行政许可，张明楷老师提出要区分控制性许可和特殊许可，控制性许可是国家为了调节控制资源而设置的，比如说设立金融机构的经营金融业务许可证，是国家为了控制资源而设置的，本身并没有危险性。但是，特殊许可本身是有危险性的，比如像种植毒品、发行福利彩票，都属于特殊性许可。还有办证、刻章、上门开锁，都需要特殊许可。药品关系到公众健康，应该属于特殊许可。所以，即便取得批准文件，也能构成本罪。

但如果是控制性许可，那就不一定了。行为人骗取了医生执业资格行医，然后给人看病把人给看死了，是构成非法行医罪还是医疗事故罪？张老师认为构成医疗事故罪，因为他还是有证的。骗取了经营金融业务许可证开设银行，能不能构成擅自设立金融机构罪？有了金融业务许可证就不能再构成擅自设立金融机构罪了。骗取了护照、签证能构成偷越国边境罪吗？不能，他是有护照、签证的，这个问题可能要结合行政法来思考。药品具有一定的危险性，应该理解成特殊许可，骗取了批准文件，只要生产、销售的实际上是假药，还是构成本罪的。

■ 法规链接

《刑法》第142条 生产、销售、提供劣药罪

■ 疑难问题

1. 本罪属于何种犯罪类型？生产行为是否为实行行为，本罪是否为选择性罪名，有无未遂成立的余地？

与生产、销售、提供假药罪中的表述不同，"生产、销售劣药"后面没有"的"，再加上规定了"对人体健康造成严重危害的"，都表明本罪属于实害犯。所以，生产行为不是实行行为，本罪不是选择性罪名。

"后果特别严重的"显然是对人体健康造成特别严重危害。这里的立法表述也存在问题，既然基本犯规定的是"对人体健康造成严重危害的"，那加重犯就可以相应地规定为"对人体健康造成特别严重危害的"，而规定"后果特别严重"，就可能导致在适用该罪时把造成特别恶劣的社会影响等纳入评价范畴。这里应该限定为对人体健康造成特别严重危害，而不包括什么恶劣的社会影响之类。

通说有时对结果犯和实害犯的概念没有进行严格的区分。我主张要严格区分结果犯和受害犯，实害犯国外也叫侵害犯，我认为实害犯是以实际的法益侵害结果的发生作为犯罪成立的条件，实害犯只有成立与否的问题，没有既未遂的问题。过失犯都可谓实害犯，一部分的故意犯罪也可谓实害犯，比如滥用职权罪，要造成重大损失才成立犯罪。至于说以情节严重作为犯罪成立条件的，到底是实害犯、危险犯、行为犯还是结果犯，的确值得讨论。但不能简单地认为，因为它是情节犯，所以没有未遂成立的余地。

2. 生产、销售、提供劣药罪与生产、销售、提供假药罪的构成要件之间是否为对立、排斥关系？误以为是劣药实际上是假药而销售的，如何处理？

不是对立、排斥的关系。假药显然也属于劣药，凡是符合生产、销售、提供假药罪构成要件的，必然符合生产、销售、提供劣药罪的构成要件。当是假药还是劣药难以查明的时候，至少构成生产、销售、提供劣药罪，它们之间是高度和低度的关系。就像强奸和猥亵、杀人和伤害、盗伐林木和滥伐林木、伪造和变造，它们之间都是一种高度和低度的关系，不是对立、排斥的关系。如果是对立、排斥的关系，那么在事实难以查明的时候，在出现认识错误的时候，在共犯过剩的时候，就难以处理了。甲教唆乙生产、销售、提供劣药，而乙生产、销售、提供假药，他们成立共犯吗？如果认为是对立、排斥的关系，构成要件就没有重合的

部分，没有重合的部分就不能在轻罪的范围内成立共犯了。

我前面已经讲过，这种对立论也叫互斥论，把犯罪构成要件之间理解成一种互相排斥的关系，通说就是这种观点。在教科书里通说总是区分此罪和彼罪，在分则部分有很大的篇幅都在讨论此罪和彼罪之间的区别和界限。但当碰到疑难案件时，你很难从那些观点里得到什么启示。例如，在出现了事实难以查明的时候，或在出现了共犯过剩的时候，反而不能认定为轻罪，而不能构成轻罪的原因居然是行为人客观上可能实现了更重的不法，或者主观上有更重的责任。所以，这种互斥论很不合理。犯罪之间更多的是一种竞合的关系，而不是对立、排斥的关系。杀人和伤害也不是对立的，故意和过失之间也不是对立的，它们是位阶的关系、高低度的关系，故意可以评价为过失，杀人可以评价为伤害，强奸可以评价为猥亵，盗伐可以评价为滥伐，伪造可以评价为变造，假药可以评价为劣药，有毒有害的食品可以评价为不符合安全标准的食品。

第二个问题，成立销售劣药罪的既遂。行为人主观上有销售劣药的故意，客观上销售的是假药，而假药也可以评价为劣药，客观上也有销售劣药的事实，所以在规范意义上，在销售劣药上实现了主客观相统一。所以，在发生抽象的事实认识错误，即主客观不一致的时候，关键是看构成要件有没有重合的部分，能不能成立轻罪的既遂。如果构成要件没有重合的部分，就不能成立轻罪的既遂。行为人想杀人，但杀死了藏獒，能评价为轻罪故意毁坏财物罪的既遂吗？他想杀藏獒结果杀死了人，能成立故意毁坏财物罪的既遂吗？都不行。杀人的故意不能被评价为故意毁坏财物的故意，人也不能评价为财物，构成要件没有重合的部分。

■ **法规链接**

《刑法》第142条之一**妨害药品管理罪**

■ **疑难问题**

1. 本罪的立法目的是什么？

立法目的就是为单纯违反行政法规的法定犯设置较轻的法定刑，但是立法目的并没有达到，"足以严重危害人体健康"的规定存在疑问。其实，行为人只要未经批准生产、销售的，就应该作为犯罪来处理，因为药品关系到公众的健康。

2. 如何理解"足以严重危害人体健康"？本罪是具体危险犯、抽象危险犯还是准抽象危险犯？本罪的几种行为类型危险程度有差异吗？

这是针对陆勇代购抗癌药案增设的一个罪名，这就是典型的法定犯。这里的

"足以",张明楷老师依然把它看成具体危险犯的标志,而我认为,它是介于抽象危险犯和具体危险犯之间的准抽象危险犯,既要实施一定的行为又要进行一定的具体的判断,但是又不需要达到具体、紧迫的危险的程度,即不需要达到像放火罪那样具体的、现实的、紧迫的危险的程度。破坏交通工具罪,破坏交通设施罪,生产、销售不符合安全标准的食品罪,生产、销售不符合标准的医用器材罪,非法采集、供应血液、制作、供应血液制品罪,以及污染环境罪,我把它们都看成准抽象危险犯,"足以"并不是具体危险犯的标志。

在本条第 1 款中,第 1 项什么时候才能评价为张老师所认为的具体的危险呢?只是生产的话怎么可能有具体的危险?显然这里的"足以严重危害人体健康的"是限制所生产药品的范围的,生产的必须是足以危害人体健康的,能把人吃死、吃伤的药品,显然不要求生产行为本身就已经形成了具体、现实、紧迫的危险。

第 2 项也要求足以严重危害人体健康,但是陆勇代购抗癌药物就没有足以严重危害人体健康。既然想把像陆勇案这种只是违反了行政法的规定,未取得批准文件进口、销售的行为作为法定犯进行规定,就应该将它的法定刑设置得低一点,那为什么还要加上一个"足以严重危害人体健康"呢?立法意图模糊不清。另外,要是足以严重危害人体健康,就不是典型的法定犯了,如果是法定犯,只要违反了法律规定,未取得批准文件进口就构成犯罪了。当然,对于律师辩护而言,要抓住"足以严重危害人体健康"中的"足以"。其实,所谓具体危险犯,一定要形成具体的、现实的、紧迫的危险,只有药品被人买走,倒好了水,准备往嘴里送药的时候或者说药进到你肠子里面发生化学作用了,才形成具体的、现实的、紧迫的危险。难道要等到这个时候才能认定犯罪吗?

第 3 项,药品申请注册时就虚假了,还要求形成足以严重危害人体健康,又该怎么判断呢?张明楷老师认为这几种行为类型的危险程度明显不同,但立法者偏偏把这些类型杂糅在一起。第 1 项,生产、销售禁止使用的药品,当然危害性很大;第 2 项,未取得批准文件,它是违反了行政法的规定,是典型的法定犯;第 3 项,说的是在药品申请中造假;第 4 项,编造生产、检验记录。这些都表明这个罪名很难适用。司法解释会认为,只要生产、销售了具有某种属性的特定对象,就叫"足以"了,就如生产、销售不符合安全标准的食品,只要生产了大肠杆菌超标的食品、病死的猪肉等,就构成犯罪了。

3. 本罪的实行行为是什么?生产是实行行为吗?

生产就能够"足以严重危害人体健康"吗?按照具体危险犯说,生产就不是实行行为,而按照我的准抽象危险犯说,生产有可能是实行行为。像生产、销售不符合安全标准的食品，只要生产了不符合安全标准的食品，就构成犯罪。当然，按照具体危险犯说的立场，销售才能算实行行为。

4. 如何理解"同时又"的表述？

我认为，刑法分则中这种同时构成的规定完全可以忽略，它们都是注意性规定，无论有没有这种规定都应该从一重处罚。以前是"本法另有规定的，依照规定"，立法者可能觉得"本法另有规定，依照规定"的这种补充条款规定不妥，所以后来再也没这么规定。而从《刑法修正案（八）》开始，大量增加"同时构成其他犯罪的，依照处罚较重的规定定罪处罚"的规定，司法解释也经常出现这种规定。这印证了我的观点，即不必严格区分法条竞合和想象竞合，竞合时从一重，所以我的大竞合论将来完全可能成为通说。

"同时又"指的是两个行为吗？"同时"应是指一个行为，"同时又"就是两个行为吗？不能这样理解。抢夺、窃取国有档案罪中就规定的是"同时又"，"同时又"也只有一个行为，抢夺、窃取的如果是关系到国家秘密的档案，也有可能构成非法获取国家秘密罪，所以"同时又"也只是一个行为，不是指两个行为。

5. 药品申请注册中提供虚假的证明进而实施生产、销售药品的，是应数罪并罚还是成立包括的一罪？

用包括的一罪处理就可以了。所谓包括的一罪，其实特别简单，就看实际上是否只侵害了一个法益。理论上认为，包括的一罪是指犯意的单一性、侵害法益的一体性、行为的一体性。我主张是法益侵害的实质同一性，因为它实质上只侵害了一个法益。如行为人盗窃了彩电之后加以毁坏，实际上只侵害了一个法益，被害人就损失了一台彩电，这就叫法益侵害的实质同一性，因为实际上只造成了一个法益侵害结果。盗窃彩电之后隐瞒实情再销售彩电是不是包括的一罪？不是，因为又侵害了新的法益，卖赃物又构成了诈骗，如果对方知道是赃物是不会购买的，赃物对于买方来说是有瑕疵的，被害人可以随时追回。所以，是不是包括的一罪的关键，是看行为是否只侵害了一个法益，如果侵害了新的法益，那就不是包括的一罪了。所以，盗窃之后再销赃的应该数罪并罚。盗窃之后毁坏，因为只侵害一个法益，所以是包括的一罪。

行为人盗窃了车票之后到窗口去退票，是一罪还是数罪？我们现在不考虑数额，被盗人损失了车票，行为人到窗口去退票，骗取了铁路部门的票款，到底有几个被害人？铁路部门都没损失，不能说他骗了铁路部门吧！这跟盗取存折之后去取款不一样。盗窃存折，针对存折本身是盗窃，如果入户盗窃存折，就能构成犯罪了，然后又到柜台去取款，又欺骗了银行，对象是银行的现金。

药品申请注册时提供虚假的证明进而实施生产并销售了药品的，应该成立包括的一罪，行为实际上仅侵害了一个法益，叫法益侵害的实质的同一性。也就是说，在药品申请注册时提供虚假的证明，也只是抽象的危险，后来又生产、销售了假药，那么就侵害了法益，或者说对法益的侵害，由抽象到具体，都是危害了公众健康。别说它侵害了什么药品管理秩序，对药品管理秩序的维护，也是为了保护公众的健康。

6. "未取得药品相关批准证明文件生产、进口药品或者明知是上述药品而销售的"行为，并不足以严重危害人体健康而不成立本罪，是否成立非法经营罪？

张明楷老师认为不构成，连轻罪都不构成，更不可能构成重罪。不足以严重危害人类健康的连本罪都不能构成，本罪是轻罪，轻罪不能构成的情况下难道能构成非法经营罪重罪吗？非法经营罪这种"口袋罪"，应尽量少适用。

7. 应否认为本条第 2 款中的"有前款行为"，就是指"犯前款罪"，而不是仅指有前款规定的狭义行为？

"有前款行为"，其实就是犯前款罪，否则怎么叫同时？同时应该是两个罪之间。"同时又"构成的都是指犯前款罪，不是说有前款行为，否则它们之间何谈从一重呢？从一重的前提是两个都构成犯罪。

■ **法规链接**

《刑法》第 143 条 生产、销售不符合安全标准的食品罪

■ **疑难问题**

1. 本罪是具体危险犯吗？生产行为是否为实行行为，本罪是否为选择性罪名，有无单独成立生产不符合安全标准的食品罪的余地？如何理解"足以"？

张明楷老师认为本罪是具体危险犯，我认为不是，我认为是准抽象危险犯。按照张老师的具体危险犯说，单纯的生产行为就不是实行行为。行为人凌晨三点在自己家里加工食品，怎么可能对消费者的健康形成了具体的、现实的、紧迫的

危险呢？所以按照具体危险犯说，生产行为就不是实行行为，本罪就不是选择性罪名。而按照我的准抽象危险犯说，生产行为就是实行行为，只要生产了不符合安全标准的食品，就构成犯罪了。

关于"足以"，张老师把它看成具体危险犯的标志，我把它看成准抽象危险犯的标志。"足以"是为了限制处罚范围，是对行为人所生产、销售的不符合安全标准的食品本身的要求。食品多少都含有一点对人体有害的物质，比如细菌之类的，但不一定达到足以造成严重食物中毒事故的程度。

2. 本罪与生产、销售有毒、有害食品罪构成要件之间是什么关系？

是一种竞合的关系，也是一种高低度的关系。是有毒有害还是不符合安全标准的食品难以查明的时候，或者共犯过剩的时候，都可以成立生产、销售不符合安全标准的食品罪。

3. 单纯将生产、销售不符合安全标准的食品的金额大认定为本罪的"其他严重情节"的司法解释规定，有无疑问？

有疑问。这里的"其他严重情节"必须是与对人体健康造成严重危害相当的实害结果，"后果特别严重"也应当理解为与对人体健康造成特别严重危害相当的实害结果。这里都应该是指法益侵害程度的加重，而不能包括所谓的有责性加重，不能包括所谓的预防必要性大的预防要素，比如曾经受过行政处罚，曾经受过刑事处罚之类的。所有的加重犯都是因为不法的加重，都是因为法益侵害程度的加重，而不是有责性的加重，也不是预防必要性的加重。单纯的销售金额大只说明抽象危险性大。

4. 司法解释关于生产、销售含有严重超出标准限量的致病性微生物、农药残留、兽药残留、生物毒素、重金属等污染物质以及其他严重危害人体健康的物质，属于病死、死因不明或者检验检疫不合格的畜、禽、兽、水产动物肉类及其制品，属于国家为防控疾病等特殊需要明令禁止生产、销售等，应当认定为"足以造成严重食物中毒事故或者其他严重食源性疾病"，构成生产、销售不符合安全标准的食品罪的规定，是否合理？

司法解释把"足以"细化了，但也没有要求一定要形成具体的、现实的、紧迫的危险，而只是说生产的得是这些对象。这都是对于对象的性质要求，而不是对行为的要求。只要生产了这种对象，就构成犯罪了。司法解释对

"足以"的认定应该印证了我的准抽象危险犯说的观点,"足以"只是为了限制处罚范围。

■ 法规链接

《刑法》第144条 生产、销售有毒、有害食品罪

■ 疑难问题

1. 本罪属于何种犯罪类型?生产行为是否为实行行为?本罪是否属于所谓的选择性罪名?有无单独成立生产有毒、有害食品罪的余地?

生产、销售有毒、有害食品罪是典型的抽象危险犯,生产了、销售了就构成犯罪了,所以生产行为是实行行为。本罪是选择性罪名,可以分成三个罪名,有单独成立生产有毒、有害食品罪的余地。

2. 何谓"掺有"?销售本身有毒的食物,如有毒的河豚、鱼虾,是否成立销售有毒、有害食品罪?本身不是食品,但作为食品销售,如用工业酒精勾兑白酒、将工业用盐冒充食用盐、将工业用猪油冒充食用猪油出售,是否构成销售有毒、有害食品罪?

掺有,是掺入、含有,"掺入、掺有"就是要人为地加进去。行为人从河里捞上来有毒的鱼虾、河豚叫"掺有"吗?河豚的毒是谁掺进去的吗?这里的"掺入、掺有"应该是含有,既包括人为地添加,也包括物品本身自带的、含有的有毒、有害的非食品原料。

第三个问题,早些年曾发生过不少用工业酒精勾兑白酒的情况,一些人甚至因为喝了这种勾兑的白酒死了。现在虽然仍有制假、售假,但是行为人也不想让人丢掉性命,所以可能会用二锅头冒充茅台,把低档酒装在高档酒的瓶子里面。有人专门收购茅台、五粮液瓶子,在里面装低档酒再去卖。这种用工业酒精勾兑白酒行为当然构成销售有毒、有害食品罪。还有,将工业用猪油冒充食用猪油、将工业用盐冒充食用盐,也构成销售有毒、有害食品罪。但是,用不含碘的盐冒充含碘的盐,属于有毒、有害食品吗?它至少属于伪劣产品,其实里面也很复杂。因为每个地方的饮用水是不一样的,含碘量也不一样,有的地方本身就含碘很多,这个地方只能吃含碘很少的盐,但有的地方缺碘,那就要求含碘量高的盐,全国难有统一的标准。

3. 单纯将生产、销售有毒、有害食品金额大认定为本罪的"其他严重情节"与"其他特别严重情节"的司法解释规定，有无疑问？生产、销售不符合安全标准的食品罪的第三档法定刑幅度的适用条件是"后果特别严重"，而本罪第三档法定刑幅度的适用条件是"致人死亡或者有其他特别严重情节"。但司法解释对于前者就没有将单纯生产、销售的食品金额大作为第三档法定刑的适用条件，而对本罪却规定生产、销售有毒、有害食品金额50万元以上的应当认定为"其他特别严重情节"而适用第三档法定刑，合理吗？

第一个问题，有疑问，有其他严重情节、其他特别严重情节的属于加重犯，所以必须是已经严重危害人体健康的，或者与致人死亡相当的。

第二个问题，不合理。其实两种表述是一样的，"后果特别严重"和"致人死亡或者有其他特别严重情节"都是要求对人体健康造成严重危害，加重犯都是实害犯，都是自然犯。

4. 本罪与投放危险物质罪构成要件之间是什么关系？

生产、销售有毒、有害食品，一般来说不能达到投毒罪那种毒害性程度。有没有人专门生产砒霜进行销售？那肯定就是投毒了。相对来说，本罪的毒害性要小一些。但是，如果毒性达到了像砒霜、氰化钠这种剧毒的程度，不排除行为可能同时成立本罪和投放危险物质罪。两罪的对象性质不同，如果达到了剧毒的程度，那就是竞合的关系了。生产、销售有毒、有害食品虽然有害，但还是食品。像工业酒精勾兑的白酒，某种程度上说甚至可以成立投放危险物质罪，因为毒性的确很大，是能把人喝死的。

5. 对于制造、销售盐酸克伦特罗的行为，是应认定为以危险方法危害公共安全罪，还是生产、销售有毒、有害食品罪共犯或者非法经营罪正犯，或是通过设立新罪名进行规制？

其实盐酸克伦特罗是一种治哮喘的药，给猪吃不是给猪治哮喘，而是长瘦肉。河南焦作的刘襄案，行为人制作、销售瘦肉精就被定了以危险方法危害公共安全罪，判了无期徒刑。既然以危险方法危害公共安全罪有死刑，为什么要留有余地呢？就说明它本身不完全符合以危险方法危害公共安全罪的构成要件，与放火、决水、爆炸、投放危险物质危害性不相当。行为人制造、销售瘦肉精卖给养猪的人，养猪人再把它加到饲料里面喂猪，猪长了三个月就去了屠宰场，再到菜市场被切成一块一块卖，然后消费者再买回去煮熟了吃，这个和放火、决水、爆炸、投放危险物质危害性相当吗？要是定生产、销售有毒、有害食品罪的共犯，则很难认定共犯故意。非法经营罪这种"口袋罪"更是能不用就尽量不用。因此，以危险方法危害公共安全罪，还是生产、销售有毒、有害食品罪共犯或者非法经营罪正犯来规制都不理想。所以，我倾向于增设单独的罪名来规制这种为生产、销售有毒、有害食品提供原料的行为。

■ 法规链接

《刑法》第145条生产、销售不符合标准的医用器材罪

■ 疑难问题

1. 本罪是具体危险犯吗？生产行为是否为实行行为，本罪是否为选择性罪名，有无单独成立生产不符合标准的医用器材罪的余地？

张明楷老师认为本罪是具体危险犯。但按照具体危险犯说，生产行为不是实行行为。按照我的准抽象危险犯说，生产行为就是实行行为，可以单独成立生产不符合标准的医用器材罪。

2. "医疗机构或者个人，知道或者应当知道是不符合保障人体健康的国家标准、行业标准的医疗器械、医用卫生材料而购买、使用，对人体健康造成严重危害的，以销售不符合标准的医用器材罪定罪处罚"的司法解释规定，有无疑问？

医疗机构就是医院，医院购买、使用医疗器械能叫销售吗？将购买评价为销售有问题吧，应该属于类推解释。那么，医院使用医疗器械、医用卫生材料能不能评价为销售？

张明楷老师认为，如果使用的是一次性的材料，比如牙科医生往病人嘴里放一下然后就丢掉的东西，还有一次性药品，都属于销售，是卖给你的，都会算在你的医疗费里。这些一次性东西医院买进来之后加价卖出去就叫销售。但使用医疗CT设备之类，则不是销售，医院提供的是服务，医院收到的是检查服务的费用。可能有些人觉得本质上这也是一种销售，只是逐步地转移价值。药品是一次性转移，你花钱一次性使用，而医疗设备则是多次地、逐步地转移。比如医疗设备使用10年，医院会在10年时间内把医疗设备的成本收回来。很多学者也持这种观点。

3. 《刑法修正案（四）》将"对人体健康造成严重危害"修改为"足以严重危害人体健康"，是从结果犯修改为危险犯吗？

不是。本质上是从实害犯修改成了张明楷老师所认为的具体危险犯，我把它

叫作准抽象危险犯。1997年《刑法》规定的是"对人体健康造成严重危害的",后来把它修改成了"足以严重危害人体健康",这种修改意味着什么?两者区别在哪里?以前规定属于实害犯。如果认为以前是结果犯,就明显混淆了结果犯和实害犯,因为实害犯是没有未遂的,结果犯则是有未遂的,杀人罪就是典型的结果犯,它有未遂形态。故意伤害罪也是结果犯。张老师认为杀人罪既是结果犯又是侵害犯,在国外"侵害犯"和"实害犯"是一个概念。但我觉得没有必要,认为是结果犯就行了,没有必要说杀人罪也是侵害犯,侵害犯应该和实害犯一样理解,造成实际的法益侵害结果的才成立犯罪。实害犯是没有未遂的,只有成立不成立的问题,所以不能混淆结果犯和实害犯。

大家认为是以前对犯罪的打击力度大,还是现在对犯罪的打击力度大?是以前处罚的早还是现在处罚的早?现在。现在更有利于打击犯罪。所以说立法模式或者犯罪类型的选择,直接关系到犯罪成立的条件或者入罪门槛的高低、处罚范围的大小以及刑罚防线作用发挥的早晚,这是一个很重要的问题。以前认为是实害犯,现在我把它看作准抽象危险犯。这里的"足以"也是为了限制它的处罚范围,行为人生产的必须是足以严重危害人体健康的医疗器械,并不是说生产、销售行为要对人体健康造成具体的、现实的、紧迫的危险,而是生产的医疗器械必须足以严重危害人体健康。

不过,我的准抽象危险犯说也带来了一个问题,即按照我的观点,生产行为就是实行行为,那么怎么判罚金呢?本罪中的罚金是销售金额50%以上两倍以下。前面的生产、销售假药,以前也规定的是倍比罚金,因为后来把生产、销售假药由具体危险犯修改成了抽象危险犯,所以生产、销售假药就构成犯罪了,它的罚金也由倍比罚金修改成了无限额罚金,但本罪还是倍比罚金。倍比罚金是不是意味着生产行为不是实行行为?因为单纯的生产而没有销售金额的没法判罚金,这是我的准抽象危险犯面临的一个问题。我认为这是立法的缺陷。《刑法修正案(十一)》就把以前的很多倍比罚金修改成了无限额罚金。

■ 法 规 链 接

《刑法》第146条 生产、销售不符合安全标准的产品罪

■ 疑 难 问 题

1. 本罪是结果犯还是实害犯?

是实害犯。不要再认为是结果犯了,结果犯是有未遂形态的。

2. 生产行为是否为实行行为，本罪是否为选择性罪名，有无单独成立生产不符合安全标准的产品罪的余地？

生产行为不是实行行为，单纯的生产不可能造成严重后果。本罪不是选择性罪名，销售才是实行行为，没有单独成立生产不符合安全标准的产品罪的余地。

— ■ 法规链接 ——

《刑法》第147条 生产、销售伪劣农药、兽药、化肥、种子罪

— ■ 疑难问题 ——

1. 本罪属于何种犯罪类型？生产行为是否为实行行为？

是实害犯。本罪要求"使生产遭受较大损失"，显然是要求有实害。生产行为不是实行行为。

2. 本罪是否属于选择性罪名？有无单独成立生产伪劣农药、兽药、化肥、种子罪的余地？

不是选择性罪名，只有实际销售才可能使农业生产遭受较大损失，没有单独成立生产伪劣农药、兽药、化肥、种子罪的余地。

另外需要提醒一下，本罪中的"明知"是注意规定还是特别规定？要不要"明知"？是需要的，如果行为人不明知销售的是失去使用效能的农药、兽药、化肥、种子，他怎么可能有犯罪故意，怎么可能明知自己的行为会发生危害社会的结果而希望或者放任结果发生？只要是故意犯罪，行为人就要认识到自己的行为是有害的，所以故意是实质的故意概念。刑法分则中的"明知"都是注意规定，没有明确规定明知的实际也要明知。比如非法持有毒品罪，没有强调明知，但也要明知是毒品；奸淫幼女，没有规定是明知，当然也需要明知。

— ■ 法规链接 ——

《刑法》第148条 生产、销售不符合卫生标准的化妆品罪

— ■ 疑难问题 ——

1. 本罪是结果犯还是实害犯？生产行为是否为实行行为？

是实害犯。生产行为不是实行行为，因为单纯的生产不可能造成严重后果。

2. 本罪是否为选择性罪名？有无单独成立生产不符合卫生标准的化妆品罪的余地？

本罪不是选择性罪名，没有单独成立生产不符合卫生标准的化妆品罪的余地。另外需要提醒一下，构成该罪应处 3 年以下有期徒刑或者拘役是不是有问题？对人体健康造成危害，不管造成多严重的后果，最高只判 3 年，是不是太轻了？其实，即便没有本条的规定，行为人生产、销售的不符合卫生标准的化妆品也是伪劣产品，可以构成生产、销售伪劣产品罪，如果销售金额达到 200 万元以上，会判 15 年有期徒刑或者无期徒刑。

■ 法规链接

《刑法》第 149、150 条

■ 疑难问题

1. 第 140 条的生产、销售伪劣产品罪与第 141 至 148 条的生产、销售特殊伪劣产品犯罪之间，是法条竞合还是想象竞合关系？

通说认为是法条竞合，同时认为第 149 条是特殊规定。第 141 至 148 条对象具有特殊性，生产的是特殊的伪劣产品。特别关系的法条竞合有特别的要素，要么对象特殊，要么行为方式特殊，这里是对象特殊。通说为了捍卫特别法优于普通法的观点，把它看成例外的规定。张明楷老师为了证明他的重法优于轻法观点，说是想象竞合，应从一重处罚。你们想一想，生产、销售特殊的伪劣产品到底侵害了几个法益？法条竞合和想象竞合的区别在哪里？法条竞合，适用一个法条就能评价全部法益侵害事实；想象竞合，适用任何一个法条都会顾此失彼。比如你开一枪打死了一个人，打伤了一个人，定杀人罪就会遗漏伤害结果，定伤害罪则会遗漏死亡结果。你开一枪打死了两个人，定一个杀人罪，不能评价两个人的死亡结果，所以叫顾此失彼。按照张老师的观点，金融诈骗罪和诈骗罪之间也是想象竞合。基于此，还有特别关系的法条竞合吗？张老师认为，杀人和伤害、抢劫和盗窃、强奸和猥亵是法条竞合。

这里是特别关系，因为生产、销售的是特殊的伪劣产品，它侵害了两个法益。比如生产、销售假药，既侵害了消费者的健康，同时也侵害了所谓的市场经济秩序，所以，以生产、销售假药这一个罪名就能评价全部法益侵害事实。张老师主张的想象竞合，是把所有的犯罪都看成单法益犯。其实，只要承认复法益犯的存在，就会认为生产、销售假药一个罪名就能评价全部的法益侵害事实。

第 140 条、第 141 至 148 条之间是法条竞合，而且是特别关系的法条竞合，因为对象特殊。同时应把第 149 条看成注意规定，因为我国不存在所谓封闭的特权条款，没有减轻的根据。生产、销售不符合卫生标准的化妆品罪是封闭的特权条款吗？最高法定刑只有 3 年有期徒刑，有减轻的根据吗？生产、销售不符合卫生标准的化妆品罪，金额达到 1000 万元也只判 3 年？明显不合理。

2. 第 149 条第 1、2 款是注意规定还是法律拟制？

当然是注意规定。就算没有这条的规定，也应当这样处理。就第 149 条第 1 款而言，行为人生产、销售劣药，销售金额超过了 5 万元，虽然没有对人的身体健康造成严重危害，没有达到生产、销售劣药罪的构成要件，但是劣药也是伪劣产品，生产、销售伪劣的服装、皮鞋 5 万元以上都构成犯罪了，生产、销售劣药的危害性更大，却不构成犯罪？所以，这是不言自明的道理。

以此类推，金融诈骗没有达到金融诈骗罪的立案标准，比如说集资诈骗要达到 10 万元，贷款诈骗要达到 2 万元，信用卡诈骗要达到 5000 元，保险诈骗要达到 1 万元，金融诈骗相当于特殊的诈骗，诈骗金额超过了 3000 元，达到了诈骗罪的立案标准，能不能定诈骗罪？定诈骗罪没什么问题。集资诈骗没达到 10 万元，其实是指对集资诈骗罪所保护的主要法益——金融管理秩序来说不值得以金融诈骗罪进行归责，但对次要法益——对他人财产的侵害来说，还是值得以诈骗罪定罪处罚的。

还有盗伐林木要达到 2 立方米才构成犯罪，如果行为人盗伐林木没有达到 2 立方米，但盗伐的林木的价值达到了盗窃罪的立案标准，比如，行为人盗伐林木 1.8 立方米，价值是 8000 元，能不能以盗窃罪定罪处罚？能。盗窃罪条文后面没作明确规定，但即便如此也应该这么处理，这是不言自明的道理。

就第 149 条第 2 款而言，比如说生产、销售不符合卫生标准的化妆品，对人体健康造成严重危害的，但是最高刑只有 3 年，然而销售金额特别大，自当以生产、销售伪劣产品罪判处更重的刑罚。生产、销售特殊伪劣产品罪是根据它所保护的主要法益来设置犯罪成立条件和升格法定刑条件的，而生产、销售伪劣产品，就是根据销售的金额来设置定罪处罚的条件，特殊伪劣产品也是伪劣产品，所以它就是一个不言自明的道理，是注意规定。

坚持所谓特别法优于普通法、坚持严格区分法条竞合和想象竞合，并认为特别关系的法条竞合要适用所谓特别法优于普通法的这种通说观点的人，会把第 149 条看成注意规定还是特殊规定？他们会把它看成特殊规定，因为第 149 条明显是重法优先。然而，如果是主张重法优先、不严格区分法条竞合和想象竞合，就会把它看成注意规定。

3. 未达金融诈骗罪立案标准，但达到诈骗罪立案标准的，能否以诈骗罪定罪处罚？保险诈骗数额特别巨大、盗伐林木价值特别巨大的，能否以诈骗、盗窃罪定罪处罚？

当然可以。我刚才已经说了，我们姑且承认关于金融诈骗罪的立案标准具有合理性，我们也可以认为某一行为没有达到金融诈骗罪的立案标准，只是说它对金融诈骗罪所要保护的主要法益的侵害不值得以金融诈骗罪进行评价。

当然，完全可能根据它对次要法益的侵害所触犯的罪名来评价。像前述所说盗伐林木罪的成立条件是盗伐林木达2立方米，行为人只盗伐了1.8立方米，对森林资源的破坏不值得以盗伐林木罪进行评价，但是所盗伐的林木的价值是8000元，有什么理由不以盗窃罪进行评价呢？

4. 应否严格坚持适用"特别法优于普通法"？应否严格区分法条竞合与想象竞合？严格区分有无意义？法条竞合与想象竞合能否严格区分？

我认为不应严格坚持适用"特别法优于普通法"，因为我国并没有典型的具有减轻根据的所谓封闭的特权条款。国外之所以承认特别法适用优先，是因为存在公认的作为封闭特权条款的减轻构成要件的规定，如同意杀人罪、生母杀婴罪、义愤杀人罪等。

不应严格区分法条竞合与想象竞合。法条竞合与想象竞合的适用有区别，适用原则不同，特别关系的法条竞合是特别法优于普通法，想象竞合是重法优于轻法，是从一重。法条竞合只有一个法条最适合，可以说是法条单一。法条竞合其实可以称为"假性竞合"。比如说金融诈骗，不能说它既符合金融诈骗罪又符合诈骗罪，它其实就是符合金融诈骗罪的一个法条，并没有两个结果，所以它是假性竞合。想象竞合叫真正的竞合，它是两个结果相竞合。比如盗窃心脏病人的救心丸，这一行为就有两个结果，既侵害了他人的财产，又侵害了他人的生命，既构成盗窃罪又构成杀人罪。

对于法条竞合，在判决书中没有必要特别注明行为人同时构成金融诈骗罪和诈骗罪。判决书上也没有必要记载行为人既构成盗伐林木罪又构成盗窃罪，既构成了盗窃枪支罪又构成盗窃罪。但如果是想象竞合，在判决书上就得明确记载行为人开了一枪打死了一个人，打伤了一个人。想象竞合有所谓明白记载功能，也叫明示机能、明确宣示机能、厘清机能。在判决书中要给罪犯开列一个罪行清单，判明他干了几件坏事，造成了几个结果。法条竞合与想象竞合在明示机能上的确有区别，但我个人认为即便是法条竞合，也要记载全部的犯罪事实，这其实是对犯罪事实的查明和宣告。

还有，想象竞合有所谓轻罪的封锁作用，就是从一重，不能判处低于轻罪的最低刑。假如重罪是 3 年到 10 年，轻罪是 5 年到 7 年，从一重不能判 4 年。其实法条竞合也有这个特征，比如虐待致人死亡，能不能判 2 年？虽然虐待致人重伤、死亡是处 2 年以上 7 年以下，但不能判 2 年，因为过失致人死亡就是处 3 年到 7 年，虐待致人死亡不可能属于情节较轻的过失致人死亡，过失致人死亡情节较轻的是 3 年以下，所以即便法条竞合也有所谓的轻罪的封锁作用。

此外，无论是法条竞合还是想象竞合，被排除的法条的附加刑能不能适用？抢劫杀人的定了杀人罪，因为杀人罪的法定刑更重一些，杀人罪首选刑种就是死刑，抢劫致人死亡是 10 年以上有期徒刑、无期徒刑或者死刑，是从低往高的，杀人则是从高往低的。定杀人罪能不能判处罚金？能不能适用抢劫罪的罚金？当然是可以的。无论是法条竞合还是想象竞合，被排除的法条的附加刑都能得到适用，所以打出去的是一套"组合拳"。军人叛逃，能不能判剥夺政治权利？军人叛逃也符合叛逃罪的构成要件，所以军人叛逃定军人叛逃罪，同时可以适用叛逃罪的附加刑即剥夺政治权利，附加刑也能得到适用。

所以，法条竞合和想象竞合区分的意义是不大的。我们刑法条文和司法解释中有那么多"同时构成其他犯罪的，依照处罚较重的规定定罪处罚"的规定，就说明没有必要严格区分法条竞合和想象竞合，竞合时从一重处罚就行了。

第二节 走 私 罪

■ 法规链接

《刑法》第 151 条**走私武器、弹药罪，走私核材料罪，走私假币罪，走私文物罪，走私贵重金属罪，走私珍贵动物、珍贵动物制品罪，走私国家禁止进出口的货物、物品罪**

■ 疑难问题
---

1. 上述罪名是并列罪名、概括性罪名还是选择性罪名？既走私武器又走私弹药，既走私武器又走私核材料，既走私黄金又走私白银，既走私珍稀植物又走私仿真枪，能否数罪并罚？

所谓并列罪名，只能拆开适用，而不能合并适用，比如放火、决水、爆炸、投放危险物质罪，它也叫排列罪名。而选择性罪名，既可拆开适用，也可以合并适用，比如非法制造、买卖、运输、邮寄、储存枪支、弹药、爆炸物罪。而概括性罪名，比如信用卡诈骗罪、妨害信用卡管理罪、伪造金融票证罪，有各种行为类型，只是用一个罪名来概括。我认为罪名的确定与是否数罪并罚、罪数都是没有关系的。

　　罪名的确定跟罪数没有关系。如果既走私武器又走私弹药，就叫走私武器、弹药罪，但既走私武器又走私核材料的，就定两罪，这样是不是很滑稽？再比如走私文物、黄金、白银或者其他贵重金属等，完全可以用一个上位概念来确定这个罪名，甚至我们也可以确定为走私文物罪、走私黄金罪、走私白银罪、走私其他贵重金属罪、走私国家禁止进出口的珍贵动物及其制品罪，这时行为人对这几种对象的认识错误会不会影响走私罪的认定？如把文物当象牙制品，把象牙制品当文物，会影响认定吗？不影响。那不就是并列罪名了吗？我觉得并列罪名的这种认识错误就不影响故意既遂的认定。

　　罪名的确定跟是否数罪并罚也没有关系。即使是选择性罪名，也不能排除数罪并罚的可能性。行为人家里既有枪又有弹药，没有达到储存的程度（如果数量特别大就属于储存），那是定非法持有、私藏枪支、弹药罪一罪还是定数罪？假定非法持有、私藏两支手枪要判7年，非法持有、私藏100发子弹也要判7年，从行为人家里搜出来两支手枪和100发子弹，是要定非法持有、私藏枪支、弹药罪一罪判7年，还是以非法持有、私藏枪支罪和非法持有、私藏弹药罪数罪并罚呢？能不能并罚？其实，这里完全可以规定为两个条文，只是因为非法持有、私藏枪支和非法持有、私藏弹药的危害性相当，所以用一个条文表述而已。行为人储存枪支、弹药、爆炸物，定一个罪，叫非法储存枪支、弹药、爆炸物罪，但是如果行为人家里既储存大量枪支，又储存大量危险物质，是不是要定两个罪？

　　这里我要提醒大家注意，有观点指出，以为是武器而实际上是弹药，或者以为是弹药而实际上是武器的，属于同一构成要件内的错误，不影响故意既遂的认定。但武器、弹药、核材料、伪造的货币是并列规定的，为什么误以为走私的是武器而实际上是弹药不影响故意既遂的认定，而误以为走私的是武器而实际上是核材料就影响故意既遂的认定？认识错误的处理，是同一构成要件内的错误即具体的事实认识错误，还是跨越了不同构成要件间的错误即抽象的事实认识错误？这跟罪名的确定有关系吗？我们能不能将这一条用一个共同的上位概念来概括？如果可以，它就是概括性罪名了吗？这种对象错误就属于同一构成要件内的错误了吗？因为走私武器、弹药是一个罪名，所以对武器、弹药的认识错误不影响，而走私核材料是另外的罪名，所以对武器和核材料的认识错误就属于抽象的认识错误？不是。既然是一个条文并列规定的，我觉得认识错误都不影响，所以认识错误的处理跟罪名确定是没有关系的。

　　可以说，认识错误的实质是责任主义的贯彻问题。只要不违反责任主义，都不影响故意既遂的认定。

2. 走私罪有哪几种行为方式？上述立法有无缺陷？

其一，从理论上讲，包括禁止进出口和限制进出口，像武器、弹药、假币是禁止进出口的，像汽车、电子产品是限制进出口的。

其二，禁止进出口要分三种，第一种是既禁止进口也禁止出口，像武器、弹药、核材料、假币。当然，进口和出口也应区分，把毒品走私出去和把毒品走私进来的危害性是不一样的。我们现在就没有区分，日本刑法是区分的，对毒品输出和输入进行区别对待。第二种是只禁止出口，不禁止进口，如文物、贵重金属，文物不能出去，但可以进来，那么把文物走私进来，是不是就不构成犯罪了？这其中会存在偷逃关税的问题，可能构成走私普通货物、物品罪。第三种是只禁止进口，不禁止出口，比如走私废物。

走私犯罪没明确进出口，只有走私的表述的，就表示既禁止进也禁止出。当然，走私普通货物、物品罪是进出都限制。

第二个问题，立法存在一定的缺陷。在行为方式上，禁止和限制没有严格区分，到底应该禁止进还是禁止出，还是既禁止进又禁止出。有些进来和出去在法律上也没做到区别对待，这是有很大问题的。

3. 走私弹头、弹壳能构成走私弹药罪，那么，持有弹头、弹壳的，能构成非法持有弹药罪吗？

不能。走私弹药罪所保护的法益是对外贸易管制，但持有弹头、弹壳不可能危害公共安全，所以不构成犯罪。

4. 关于"走私犯罪嫌疑人主观上具有走私犯罪故意，但对其走私的具体对象不明确的，不影响走私犯罪构成，应当根据实际的走私对象定罪处罚。但是，确有证据证明行为人因受蒙骗而对走私对象发生认识错误的，可以从轻处罚"的司法解释规定，是否有违责任主义？对于走私对象发生认识错误，如误把核材料当假币走私，误把文物当象牙制品走私，该如何处理？

对走私的对象不明确的，不影响走私犯罪构成吗？行为人误以为朋友托他带回国内的是象牙制品，结果海关查获发现是核材料，按照这个观点，那不是客观归罪吗？行为人只有走私禁止进出口物品的故意，并没有走私核材料的故意，以前走私核材料的可能会判死刑，现在虽然没有死刑了，但两个罪的法定刑还是存在差异的，实际量刑肯定也是有区别的。行为人只有轻罪的故意却实现了重罪的结果，按照实际的走私对象定罪处罚，就是客观归罪、结果责任。可以说，司法解释有违责任主义。

"确有证据证明行为人因受蒙骗而对走私对象发生认识错误的，可以从轻处罚"，不是"可以"，而是应该。比如走私普通物品，行为人以为别人让他带的是电子手表，只有走私普通货物、物品罪的故意，而实际上带的是核材料，你说应当按照客观来定还是主观来定？在主客观相统一、重合的范围内成立轻罪的既遂，但走私罪有点特殊，你很难说它重合，走私普通物品和核材料怎么就重合了？在国外，像这种主观认识和客观实现的对象不一致的情况，一般都认定成立轻罪的既遂，主观轻的按照主观来定罪，客观轻的按照客观来定罪，法定刑一样的按照客观来定罪。

只有走私普通货物、物品的故意，实际走私核材料的，为什么只能成立走私普通货物、物品罪？因为不能超出行为人的责任来定罪量刑，责任确定了刑罚的上限。但从事实的角度看，如果行为人出于走私核材料的故意，事实上走私的却是普通货物、物品，也只能按照走私普通货物、物品罪来定罪，因为核材料不存在，不存在还怎么说走私核材料？所以还是可以认为行为人构成走私普通货物、物品罪。不过，如果行为人误以为走私的是普通货物、物品，实际上走私的却是核材料，根本不存在普通货物、物品，说成立走私普通货物、物品罪是不是有问题？但是，理论和实践都这么办了。在日本，走私大麻和走私兴奋剂的法定刑不一样，以为走私大麻实际上走私了兴奋剂，或者以为走私兴奋剂实际上走私了大麻都是按照轻罪来定罪。对于主客观不一致的走私，我们也可以按照这样来处理。

第二个问题，如果法定刑一样按照客观定罪，如果法定刑不一样就按照轻罪来定罪，主观轻的按照主观来定罪，客观轻的就按照客观来定罪。走私罪有点特殊，根据对象的不同设立了不同的罪名。如果不是走私罪，就是抽象事实认识错误，需要判断它的构成要件是否重合。行为人想出售的是普通发票，而实际上出售的是增值税发票，就按照出售普通发票的既遂认定，因为增值税发票完全符合普通发票的特征。行为人主观上有出售普通发票的故意，客观上也不缺少出售普通发票的事实，所以成立出售普通发票犯罪的既遂。如果行为人想出售增值税发票，但出售了普通发票，还是成立出售普通发票犯罪。因为出售增值税发票的故意，在规范性意义上是可以评价为出售普通发票的故意的，就像杀人的故意评价为伤害的故意，强奸的故意评价为猥亵的故意。所以，在轻罪的范围内主客观统一了，如果主客观不能统一，那只能成立未遂、过失或者不能犯。比如行为人朝前面一个看似人的东西开枪，结果打死的不是人，是藏獒，那就只能是过失毁坏财物；如果有人存在，则叫故意杀人未遂，不构成过失毁坏财物罪。如果他以为打死的是藏獒，而实际上打死的是人，有毁财的故意，要成立过失致人死亡罪和故意毁坏财物未遂，如果没有财物的存在就是故意毁坏财物的不能犯。所以主客观不统一的话，就只能成立未遂、过失或者不能犯。处理抽象的事实认识错误，关键是看构成要件有无重合的部分，在重合的范围内成立轻罪的既遂。

5. 走私枪支、弹药入境后运输、邮寄、储存、出售的，是一罪还是数罪？

走私枪支、弹药入境后出售，应该是数罪。为什么认定数罪？因为它侵害了新的法益。走私枪支、弹药罪保护的主要法益是国家对外贸易管理秩序，而卖枪又危害了公共安全。为什么走私毒品之后进行贩卖不用数罪并罚？一般都认为这是选择罪名，叫走私、制造、贩卖、运输毒品罪，走私毒品之后贩卖只定一罪。但其实从理论上讲，这也应该是要数罪并罚。走私毒品侵害的是对外贸易管制，而贩卖毒品危害了公共健康。另外，走私淫秽物品之后进行贩卖传播的，实际上也是数罪。

6. 对于文物、贵重金属、珍贵动物及其制品而言，只禁止出口，不禁止进口，那么是否意味着将这些物品从境外走私至境内无罪？

不是。偷逃关税的，可以构成走私普通货物、物品罪。

7. 司法解释规定，未经许可进出口国家限制进出口的货物、物品，应当按照走私国家禁止进出口的货物、物品罪等罪名定罪处罚，即将限制进出口的货物、物品等同于禁止进出口的货物、物品，这是扩大解释还是类推解释？

这个司法解释混淆了限制进出口和禁止进出口的货物、物品，有可能是类推解释，禁止进出口和限制进出口的对象完全不一样。

8. 走私国家禁止进出口的货物、物品罪与走私废物罪的最高法定刑低于走私普通货物、物品罪，是否意味着前罪属于所谓封闭的特权条款？两罪之间是法条竞合关系还是想象竞合关系？走私国家禁止进出口的货物、物品与走私废物，偷逃应缴税额特别巨大的，能否以走私普通货物、物品罪定罪处罚？

一个最高法定刑是 15 年有期徒刑，一个是无期徒刑，很难把它们看成是封闭的特权条款，因为没有减轻的根据，或者说 15 年的有期徒刑或无期徒刑只是根据行为对主要法益的侵害进行配置的。比如保险诈骗罪最高可处 15 年有期徒刑，也是基于它对保险市场管理秩序的侵害来进行处罚的，但它对保险公司财产的侵害，有可能超出根据行为对主要法益的侵害所配置的 15 年有期徒刑所能评价的范畴。

如果不善于运用竞合的原理，不善于根据行为对次要法益的侵害来选择罪名和量刑的话，那么任何一个罪名法定刑的幅度都可能非常大，像盗伐林木罪也应规定无期徒刑。

第二个问题，可以。走私禁止进出口的物品，也存在偷逃关税的问题，如果偷逃关税数额特别巨大，能不能以走私普通货物、物品罪判无期？能不能认为这个罪名是走私普通货物、物品罪的封闭的特权条款，也就是特别法条？能不能即便行为人偷逃数额特别巨大，也只能以本罪判15年最高刑？这是有争议的。我们只能说这个罪名有点像封闭的特权条款，伪造、变造、买卖身份证件罪也是如此，最高刑是7年有期徒刑，比伪造、变造、买卖国家机关证件罪最高10年有期徒刑要轻一些，属于封闭的特权条款，有减轻的根据，只能按照封闭的特权条款来定罪。在日本，同意杀人就只能按照同意杀人罪判7年，不能定杀人罪；对于生母杀婴罪，也不能定杀人罪。这里，很难把它看成是封闭的特权条款，如果偷逃关税数额特别巨大，还是要以走私普通货物、物品罪来定罪。不要说是想象竞合，因为这里明明是对象特殊。

9. 司法解释规定，走私的仿真枪经鉴定为枪支，构成犯罪的，依照走私武器罪定罪处罚。问题是，如果行为人认为自己走私的仿真枪不具有枪支的功能，而经鉴定为枪支的，是成立走私武器罪，还是走私国家禁止进出口的货物、物品罪？

如果行为人以为就是仿真枪，他没有走私真枪的故意，能给他定走私武器罪吗？这不是客观归罪吗？如果行为人没有走私枪支的故意，他以为走私的是普通物品，主客观相一致，只能按照轻罪来评价，主观轻就按照主观来定罪，客观轻就按照客观来定罪，他只有走私普通货物、物品罪的故意，所以不能按照走私武器罪来定罪。司法解释在这点上显然有违责任主义原理。

■ 法规链接

《刑法》第152条 **走私淫秽物品罪、走私废物罪**

■ 疑难问题

1. 何谓"短缩的二行为犯"？走私淫秽物品牟利罪的实行行为和既遂标准是什么？以牟利或者传播为目的，走私淫秽物品进境后贩卖、传播的，是一罪还是数罪？

本罪为什么要求以牟利或者传播为目的？是为了限制处罚范围。不能以为以牟利或者传播为目的是所谓的主观的不法要素，我们不承认主观的不法要素。不法都是客观的，我们不承认故意是所谓的主观的不法要素，那是行为无价值论的观点。

故意杀人和过失致人死亡的违法性有没有区别？没有区别，都是导致人的死亡。同样是朝前面的一个东西开枪，一个人明知前面站着的是人，仍朝他开枪，就是有杀人的故意；另一个人以为前面站的是稻草人或者是藏獒，那他只有毁坏财物的故意。但是，二者客观行为上有没有区别？违法性上有没有区别？没有区别，所以不能说故意的违法性就重。故意实施的，只是责任重、有责性重。所以，故意杀人和过失致人死亡在违法性上是一样的，只是有责性不一样，非难可能性程度不一样。

短缩的二行为犯解决实行行为、着手、既遂标准问题，还涉及罪数问题。对于短缩的二行为犯，以实施第二个行为为目的实施了第一个行为，完成了就既遂了，第一个行为才是实行行为。短缩的二行为犯有直接目的和间接目的、最终目的，主观上要以实施第二个行为为目的，像绑架罪，要以勒索财物为目的绑架他人，但不要求绑架之后实际上勒索财物，只要以勒索财物为目的实施了绑架行为，绑架罪就既遂了。同样的，以牟利或者传播为目的，走私之后再贩卖，本来是两个行为，即走私行为和传播行为，只要以实施第二个行为为目的，实施了第一个行为犯罪就已经既遂了。

就走私淫秽物品而言，它的实行行为只有走私，走私完成就既遂了。关于走私既遂的标准，如果是陆地的话，就是入境了，进入到我国的领土；如果是飞机的话，要着陆；如果是轮船的话，要到港。我们采取的是到达说。但是，武器、弹药在进入我们的领空、领海就既遂了。既遂的标准是不一样的，因为法益不一样。

第三个问题，以牟利为目的走私淫秽物品，既遂之后再贩卖、传播的，应该数罪并罚。

2. 走私废物罪与《刑法》第 339 条第 2 款的擅自进口固体废物罪的界限何在？

走私废物罪涉及的是废物，擅自进口固体废物罪涉及的则是可以利用的物品。如果以原料利用为名走私了废物，只能构成走私废物罪。

3. 行为人将废物运输进境的行为得到了海关的许可，但进境后并没有完全按照海关的监管要求处理废物的，是否构成走私废物罪？

不能构成，因为得到了海关的许可。走私罪必须是违反海关法规，没有得到海关的许可。

■ 法规链接 ■

《刑法》第 153、154、155、156、157 条 **走私普通货物、物品罪**

■ 疑难问题 ■
---

1. "走私本法第一百五十一条、第一百五十二条、第三百四十七条规定以外"的货物、物品，是必须具备的要素，还是表面的构成要件要素（分界的要素）？误把贵重金属当作普通金属走私出境的，能构成走私普通货物、物品罪吗？

第一个问题，言外之意就是走私普通货物、物品罪不能包括这些特殊对象吗？比如说走私文物进来，能不能构成走私普通货物、物品罪？可以。所以，这里的"以外"是表面的构成要件要素，并不是必须具备的，因为走私普通货物、物品，是可以包括特殊的物品的，比如说文物、贵重金属，走私进来还是可能构成走私普通货物、物品罪的。

第二个问题，走私的普通货物、物品，完全可能包括特殊的物品，所以当然能够构成走私普通货物、物品罪。

2. "对多次走私未经处理的，按照累计走私货物、物品的偷逃应缴税额处罚"的规定，是注意规定还是特殊规定？盗窃、诈骗等罪未有类似规定，能否累计计算数额？

是注意规定，但严格意义上讲也存在一定的问题。

为什么数额犯可以累计计算从而加重处罚？为什么伤害行为不行？能不能把三个轻伤累计成重伤，能不能将三个重伤累计成故意伤害致死？不可以。行为人每次盗窃的数额只是较大，但累计之后数额巨大，再累计成数额特别巨大，可以吗？千万别以为累计是理所当然的。说轻伤不能累计成重伤，重伤不能累计成死亡，大家基本都能理解，但为什么数额就可以这么累计？行为人三次盗窃，通过累计计算达到了数额巨大或者数额特别巨大，那如果行为人是两次盗窃、一次诈骗，只能两次盗窃累计一下，盗窃和诈骗没法累计。因为累计一般来说针对的是一个罪名或者能够评价为一个罪名的。也有人说，一个人三次盗窃累计达到数额特别巨大就要判无期，但另外一个人是两次盗窃、一次诈骗，没法通过累计评价达到数额特别巨大，等待他的就是 3—10 年有期徒刑，或者数罪并罚 20 年。所以，累计计算是有问题的。

3. 租一艘万吨巨轮后，一次报关走私武器、假币、核材料、文物、贵重金属、象牙制品、珍稀植物、淫秽物品、仿真枪、汽车等，是想象竞合还是应数罪并罚？

行为人一次走私多种对象，应该数罪并罚。这是没有问题的，不能从自然意义上认定行为个数。

4.《刑法》第156条对于走私共犯的规定，是注意规定还是特殊规定？应否区分"通谋"与"明知"？能否认为"通谋"的成立共犯，"明知"的有作为中立帮助行为出罪的余地？

刑法分则中所有关于共犯的规定都是注意规定。如果行为人不是"通谋"而是"明知"，当然可以构成共犯，只要符合共同犯罪的成立条件。其实这是提醒你注意，要对走私犯罪团伙进行打击。

第二个问题，不应该区分"通谋"与"明知"。理论界有一种很有影响的观点，认为只有"通谋"才是共犯，"明知"不叫共犯。其实"明知"也是有共同的故意，比如明知他人犯罪还为他人提供帮助的片面帮助犯。行为人明知道他人在追杀被害人，有意地使绊子让被害人栽倒，后面人顺利把被害人杀死了，当然成立共犯。

同样，不能认为"通谋"的就成立共犯，"明知"的就应该作为中立的帮助行为出罪。

5. 关于明知他人从事走私活动而为其提供贷款、资金、账号、发票、证明、海关单证，提供运输、仓储等其他便利条件，应当按照走私犯罪的共犯追究刑事责任的司法解释规定，是否意味着封堵了中立帮助行为的出罪通道？

不是。这里所说的为他人提供贷款、资金、账号、发票、证明、海关单证，或者提供运输、仓储等其他便利条件，应当是指深度参与了他人的走私犯罪行为，是犯罪团伙的一个有机组成部分，不包括提供中立性的、业务行为的帮助。

6. 根据《刑法》第155条的规定，"或者"前有"的"，是否意味着"或者"前的罪状已表述完结，即是否意味着直接向走私人非法收购国家禁止进口物品的，成立犯罪不需要"数额较大"，在内海、领海、界河、界湖运输、收购、贩卖国家禁止进出口物品的，成立犯罪不需要"数额较大，没有合法证明"的条件？

《刑法》第155条第1项规定"直接向走私人非法收购国家禁止进口物品的，

或者直接向走私人非法收购走私进口的其他货物、物品,数额较大的",第 2 项规定"在内海、领海、界河、界湖运输、收购、贩卖国家禁止进出口物品的,或者运输、收购、贩卖国家限制进出口货物、物品,数额较大,没有合法证明的"。这里,第 1 项中的"数额较大的"仅限于"或者"后面的"直接向走私人非法收购走私进口的其他货物、物品",第 2 项中的"没有合法证明"也仅限于"或者"后面的"运输、收购、贩卖国家限制进出口货物、物品"。因为前面有"的",说明已经值得科处刑罚了,不需要增添新的要素。所以,行为人如果收购的是禁止进口的物品,不需要满足数额较大的条件。大家读条文的时候,一定要注意有无"的"。

7. 走私普通货物、物品罪的既遂标准,是否应与走私武器、弹药罪的既遂标准相同?

张明楷老师认为不一样,走私普通货物、物品罪主要涉及的是偷逃关税,所以要船到港、飞机着陆,而对于走私武器、弹药罪,进入我国领空、领海可能就已经构成犯罪既遂了。

第三节 妨害对公司、企业的管理秩序罪

■ 法规链接

《刑法》第 158 条**虚报注册资本罪**

■ 疑难问题

1. 成立虚报注册资本罪,是必须同时具备"数额巨大""后果严重"与"其他严重情节",还是只需具备三者之一?

三者具备其中之一就可以了,并且要取得公司登记才成立犯罪。

2. 在申请成立认缴登记制公司中虚报注册资本,构成虚报注册资本罪吗?

公司分为认缴登记制和实缴登记制,只有实缴登记才存在虚报注册资本的问题,所以在申请成立认缴登记制公司中虚报注册资本的行为不构成虚报注册资本罪。

■ 法规链接

《刑法》第 159 条 **虚假出资、抽逃出资罪**

■ 疑难问题

1. 既虚假出资又抽逃出资的，能否数罪并罚？本罪是选择性罪名还是并列罪名？

可以数罪并罚。

这里我认为是并列罪名，因为行为人抽逃的出资不可能是他虚假出资的部分，选择性罪名只能是针对同一对象相继实施几个行为，比如行为人制造了枪支之后又储存、运输、贩卖，购买假币之后又出售，走私毒品之后又贩卖，制造毒品之后又运输、贩卖，这都是针对同一对象实施几个行为。但是，抽逃的出资不可能是虚假出资的部分，所以应该是并列罪名。

这里的"数额巨大、后果严重或者有其他严重情节的"是虚假出资还是抽逃出资的成立条件？都是。因为"或者"前面没有"的"，没有"的"，就说明也适用"或者"前面的行为类型。

2. 为何抽逃出资罪的法定刑并不重？抽逃出资的，是否还可能构成贪污罪、职务侵占罪？

抽逃出资是不是侵害了单位的财产权？因为资金一旦出资就归单位所有，行为人只享有股权，除非是一人公司。如果行为人是一人公司的股东，抽逃出资不可能构成职务侵占罪，因为职务侵占罪与贪污罪所保护的是本单位的财产。但如果不是一人公司，而是有多个股东，行为人把资产交出去了就成了公司的财产，公司的财产要和个人财产分开，由此才可能构成职务侵占罪、贪污罪。对案件事实的归纳不能片面，行为上是抽逃出资，同时要看资金是不是归单位所有，抽逃出资是不是侵害了单位的财产。如果侵害了单位财产，可能另外构成职务侵占罪、贪污罪。

■ 法规链接

《刑法》第 160 条 **欺诈发行证券罪**

■ 疑难问题

1. 《刑法修正案（十一）》对《刑法》第 160 条作了哪些修改？

以前的罪名叫欺诈发行股票、债券罪，现在叫欺诈发行证券罪。以前规定的是"招股说明书、认股书、公司、企业债券募集办法",因而对象只有股票和债券,现在规定的是"招股说明书、认股书、公司、企业债券募集办法等发行文件",对象是"股票或者公司、企业债券、存托凭证或者国务院依法认定的其他证券",增加了存托凭证和国务院依法认定的其他证券。以前规定的是倍比罚金,现在修改成了无限额罚金。以前的法定刑是5年以下有期徒刑或者拘役,现在提升了法定刑。同时,还增加了关于控股股东、实际控制人刑事责任的规定。

应该说,无限额罚金制是违反罪刑法定原则的明确性要求的。我们能不能规定"故意杀人的,判处刑罚"?或者刑法就设一个条文——"犯罪的,判处刑罚"?内容不确定的条文显然违反了明确性要求。我想以后还是会通过司法解释规定按照一个具体的标准来确定罚金数额的,还是会回到倍比罚金制上来。

2. 既欺诈发行数额特别巨大的股票,又欺诈发行数额特别巨大的债券,能否数罪并罚?

有观点认为本罪以前是选择性罪名,现在是概括性罪名。也就是说,既欺诈发行大量的股票,又欺诈发行大量的债券,还欺诈发行存托凭证、国务院依法认定的其他证券,可以数罪并罚。实际上,只要法定最高刑没有达到无期徒刑和死刑的,就不排除数罪并罚的可能性。

3. 选择性罪名是否意味着不能数罪并罚?确定为选择性、概括性还是并列罪名,跟是否并罚有无关系?

不是。

数罪并罚和罪名的确定根本没有关系。比如以前叫欺诈发行股票、债券罪,现在叫欺诈发行证券罪,有人就认为以前是选择性罪名,现在则是概括性罪名。罪名其实就是个符号而已,与它的构成要件、罪数、共犯、实行行为认定等都没有关系。

4. 针对控股股东、实际投资人的《刑法》第160条第2款规定,是否多余?

完全多余。对于"控股股东、实际控制人组织、指使实施前款行为的",就算没有规定,行为人也属于共谋共同正犯,也可以按共犯处理,不能说没有这种规定,控股股东、实际控制人组织、指使的就不构成犯罪。实际上,这种条文就是注意性规定,刑法中类似关于共犯的规定、同时构成其他犯罪的规定、数罪并罚的规定,都是注意性规定。

5. 本罪行为方式是作为还是不作为?

隐瞒一般被认为是不作为,但编造和隐瞒很难区分开。隐瞒有时也可以说是编造,像虚假诉讼罪,别人明明把钱还给你了,只是欠条没收回去,你拿着欠条起诉,你隐瞒了已经偿还的事实,然后又捏造他人欠你钱的事实,是隐瞒还是编造?现在有一些罪名作为和不作为是区分不开的,对此需要进行研究。处罚不作为只能是例外,不作为与作为要具有等价性才能处罚。作为和不作为如何区分,直接关系到罪与非罪,所以具体个罪的实行行为是什么很重要。

6. 关于伪造、变造国家机关公文、有效证明文件或者相关凭证、单据,利用募集的资金进行违法活动,以及转移或者隐瞒所募集资金等,应予立案追诉的立案标准规定,有无疑问?

伪造、变造国家机关公文、有效证明文件怎么能够评价为本罪呢?它能影响到本罪的不法程度吗?我们总是喜欢把达不到本罪构罪标准的通过别的方式来弥补以达到构罪标准,比如说通过行贿的方式,通过伪造证件的方式,这实际上超出了本罪构成要件所能评价的范畴。其实,伪造证件的,就定伪造国家机关证件罪,通过行贿方式,可以定行贿罪,不应把其他构成要件所规制的行为纳入本罪一并进行评价。

■ 法规链接

《刑法》第 161 条违规披露、不披露重要信息罪

■ 疑难问题

1. 《刑法修正案(十一)》特意强调控股股东、实际控制人主体,是否有违共犯原理而"多此一举"?这种规定是注意规定还是特殊规定,未强调控股股东、实际控制人刑事责任的罪名,是否意味着这类人"实施或者组织、指使实施"的行为无罪?

多此一举。可以把它看成是注意性规定。没有强调控股股东、实际控制人刑事责任的罪名,符合共同犯罪成立条件的,也应当以犯罪处理。

2. 本罪是单位犯罪吗?

既然只处罚主管人员和其他责任人员,而不处罚单位,就应将其确定为自然人犯罪。

▪ 法规链接

《刑法》第162条 **妨害清算罪**

▪ 疑难问题

1. 本罪是单位犯罪吗？

既然本罪只处罚主管人员和其他直接责任人员，就没有必要认定为单位犯罪。

2. 本罪有几种行为类型？"隐匿财产""对资产负债表或者财产清单作虚伪记载""在未清偿债务前分配公司、企业财产"之间，是递进关系还是并列关系？

隐匿财产是一个行为，作虚伪的记载也是一个行为，分配公司、企业的财产也是一个行为，所以，本罪有三种行为类型。

第二问，三者是并列关系，因为隐匿财产不存在分配的问题。

3. 在未清偿债务前分配国有公司、企业财产，是否还可能同时触犯私分国有资产罪？

是的，还有可能构成共同贪污，如果是在公司少数几个领导人之间进行分配，就有可能构成职务侵占、贪污罪。

▪ 法规链接

《刑法》第162条之一 **隐匿、故意销毁会计凭证、会计账簿、财务会计报告罪**

▪ 疑难问题

1. 本罪的责任形式是什么？

是故意。一般来说，故意毁坏财物是包括隐匿的，但这里把隐匿单列出来了，所以这里的销毁就不能包括隐匿。为什么销毁强调故意而隐匿不强调故意？哪有过失藏东西的？隐匿肯定是故意的，所以不需要提醒。但销毁有可能过失，一不小心就烧掉了。例如，行为人以为不是重要的财务凭证就把它烧掉了。所以，强调故意是提醒过失毁坏会计凭证、会计账簿、财务会计报告的不构成犯罪。

如果会计凭证、会计账簿、财务会计报告价值特别巨大的话，还可能构成什么犯罪？构成故意毁坏财物罪。我们要善于运用竞合的原理，会计凭证也是财产。

2. 本罪是否可由不作为构成？关于依法应当向司法机关、行政机关、有关主管部门等提供而拒不交出会计凭证、会计账簿、财务会计报告的成立本罪的司法解释规定，有无疑问？

隐匿可以是不作为形式吗？故意销毁应该只能是作为。刑法分则中到底哪些罪名可以由不作为构成，设计构成要件时针对的是作为的形式，那什么时候可以由不作为构成？这是很值得研究的问题。

依法应当向司法机关、行政机关、有关主管部门等提供而拒不交出会计凭证、会计账簿、财务会计报告的属于不作为，能构成本罪？拒不提交不能说是销毁，那能认为是隐匿吗？我觉得司法解释这样的规定有问题，不提供只是不作为，本罪不宜扩大到不作为。

3. 为掩盖他人罪行而实施本罪行为的，如何处理？

构成帮助毁灭、伪造证据罪，因为与本罪只有一个行为，是想象竞合，从一重罪处罚。

■ 法规链接

《刑法》第162条之二 虚假破产罪

■ 疑难问题

1. 接受虚假破产企业所隐匿、转移、处分的财产、虚构的债权的，能否成立虚假破产罪的共犯？片面对向犯一方，有无成立受处罚一方共犯的可能？

本罪有相对方吗？隐匿财产、承担虚构的债务或者以其他方法转移、处分财产的，一定有接受的一方。只规定了一方构成犯罪，那么另一方能否成立本罪的共犯？这就是片面对向犯的问题。按照张明楷老师的观点很可能不成立共犯，虽然他声称他主张的是立法者意思说和实质说的并用说，但看他的立场基本上是倾向于立法者意思说，倾向于不处罚。

在我看来，为了吸毒而购买毒品的，因自己是所谓的被害人而不受处罚；让他人窝藏自己，因缺乏期待可能性而不受处罚。如果不是被害人，也不缺乏期待可能性，比如购买淫秽物品，不能说他是被害人，也不能说缺乏期待可能性，为什么也不构成犯罪？因为他买来是用于自我欣赏，不会扩散，所以缺乏实质的违法性。

关于片面对向犯，德国理论上有所谓的离心犯一说，即中心是危险源，是向周围扩散的离心犯。贩卖淫秽物品的人是危险源，处罚危险源的行为就可以了，购买者属于边缘性行为，为了自己欣赏而不扩散，不具有实质的违法性。实质的违法性就是指达到值得科处刑罚程度的违法性，就是严重的社会危害性。接收破产企业转移、处分的财产，能说行为人是被害人吗？能说他缺乏期待可能性吗？能说他缺乏实质的违法性吗？很难说。因为往往是对向犯一方积极地怂恿破产企业将财产无偿地赠与或低价转让给自己。所以，我觉得还是要将其作为共犯来处理。

第二个问题，我认为是可能的。如果第三者教唆破产企业转移、隐匿财产，第三者要不要成立教唆犯？那么对向犯一方和第三者危害性有什么不同？没什么不同。既然第三者教唆、帮助都成立共犯，那么积极地唆使、要求破产企业将财产低价处分给自己，或者无偿赠与给自己，有什么理由不作为犯罪论处？有值得宽恕的因素吗？没有。我觉得是有可能成立本罪共犯的。

2. 本罪是单位犯罪吗？

它只对直接负责的主管人员和其他直接责任人员判处刑罚，这种只处罚个人的属于个人犯罪。

单位犯罪有两种处罚方式：第一种是双罚制，单位、个人双重处罚。第二种是单罚制，单罚制中有没有可能只处罚单位？没有。有时从表述上看好像是单位犯罪，但是只处罚个人。我们前面讨论过工程重大安全事故罪，建设单位、工程监理单位等等，从表述上看都是单位犯罪，但处罚的却是个人。讨论是单位犯罪还是个人犯罪这个问题是有实际意义的。如果是单位犯罪，尤其是经济犯罪，单位不愿意背上污点，因为一旦有犯罪记录，可能不让公司上市或者要处以罚款。为什么本罪只处罚个人，不处罚单位？虚假破产企业已经有损失了，已经破产了，处罚单位还有意义吗？这时候处罚单位相当于把损失转嫁给股东。

— ■ 法 规 链 接 —

《刑法》第163条非国家工作人员受贿罪

— ■ 疑 难 问 题 —

1. 《刑法修正案（十一）》对本条有哪些修改？

法定刑调整了，以前是5年以下、5年以上，现在是3年以下、3年以上10年以下、10年以上有期徒刑或者无期徒刑。以前没有罚金，有没收财产。以前只规定数额巨大的情形，现在增加了"有其他严重情节的"。需要注意的是，受贿犯罪中的其他严重情节和盗窃、诈骗、贪污罪中的其他严重情节含义有区别。盗窃、诈骗、贪污是财产犯罪，而受贿犯罪本质上是一种渎职性犯罪，不是财产犯罪。财产犯罪的其他严重情节一定是反映财产法益侵害程度的，而受贿犯罪中的其他严重情节一定是反映渎职程度的，所以不能等同对待。

2. 刑法规定的一般没收制度，是否过于严厉？是否断绝了罪犯的"重生"之路？

以前判5年以上有期徒刑就可以没收财产了，实践当中有没收全部财产的，国外只有特别没收，如没收个人违法所得、没收犯罪工具。财产上全部没收是不是相当于在财产上判处了一个人的死刑？只判5年以上有期徒刑，就没收了全部财产，合理吗？财务自由是很重要的自由，没有财产，那就失去了相当大的自由，不能只认识到人身自由而对财产自由漠不关心。现在废除了没收财产，这是对的。我们只应该允许特别没收，特别追征、追缴，不应该全部没收。

3. 本罪与受贿罪的罪状表述有何差异？非国家工作人员索取贿赂的，是否要求为他人谋取利益？

受贿罪规定的是"索取他人财物的，或者非法收受他人财物，为他人谋取利益的"，而这里是"索取他人财物或者非法收受他人财物，为他人谋取利益"，表述有区别吗？在受贿罪中，索取就构成犯罪了，不要求为他人谋取利益，但对非国家工作人员受贿罪而言，索取他人财物或者非法收受他人财物，都要求为他人谋取利益，"或者"前面有"的"和没有"的"，是完全不一样的。不过，这些区别只是表面上的，就算是受贿罪中的索取他人财物，也需要说明行为人所收受的财物和他的职务行为之间具有对价关系，而就算是非法收受他人财物，事实上也可以不予考虑为他人谋取利益，所以这种区别只是表面上的。为他人谋取利益，也不需要实际上为他人谋取利益，包括已经为他人谋取利益、正在为他人谋取利益、将要为他人谋取利益以及许诺为他人谋取利益。明知道对方有请托事项而收受财物，什么话都不说，心照不宣的，通说认为这叫默示、暗示，也算是为他人谋取利益。但是，啥都没做，就叫为他人谋取利益？明明就只有接东西这一个行为，怎么说这个动作既是收受他人财物，又是为他人谋取利益呢？其实，可以删掉"为他人谋取利益"，然后增加一个加重受贿罪就行了。

4. "利用职务上的便利"与"为他人谋取利益"要素的功能是什么？

"利用职务上的便利"与"为他人谋取利益"都旨在说明行为人所收受的财物和他的职务行为之间具有对价关系，是为了区别贿赂和一般礼节性的馈赠。人是一个多面体，国家工作人员也有多重身份，除了国家工作人员角色外，他可能还是老师、兄弟、朋友，不能说成为国家工作人员后就没有人情世故了，不能说收任何东西都是收受贿赂。

5. 本罪加重犯有无未遂犯成立的余地？

比如说行为人收到赝品，误以为是名画，送礼的人也说这幅画值300万元，结果事实上就值几万块钱，是成立基本犯，还是成立加重犯的未遂？处3年到10年或者是10年以上有期徒刑，然后再同时适用未遂犯从轻减轻处罚的规定，可不可以？受贿犯罪和财产犯罪加重犯有没有区别？在盗窃罪中，行为人接近了数额特别巨大的财物，如果评价为对数额特别巨大的财物形成了具体的、现实的、紧迫的危险还说得过去。但主观上想收受名画，客观上却收受了赝品，能说对受贿罪加重犯所要保护的法益形成了具体的、现实的、紧迫的威胁吗？很难说。我倾向于认为收受贿赂犯罪的加重犯没有未遂的情形，但对财产犯罪而言，还是可能成立未遂。

6. 本罪的"财物"包括财产性利益吗？接受嫖娼服务，构成该罪吗？

本罪中的财物包括财产性利益。性贿赂不是财物，但是接受嫖娼服务，因为有人买单，这就是行贿。如果卖淫女直接把自己奉送上去不收钱，也属于收受贿赂。

7. 本条第2款规定的在经济往来中收受回扣、手续费成立本罪的，是否要求为他人谋取利益？

需要。是在经济往来中收受回扣、手续费（商业贿赂、商业回扣）的危害性大，还是在普通的经济活动当中，如在公司、企业日常业务经营当中收受他人贿赂的危害性更大？当然是后者。商业回扣是一种惯例、一种"轻行为"。"重行为"都要求为他人谋取利益，"轻行为"当然也应当要求为他人谋取利益。既然依照本条第1款的规定处罚，该款都要求为他人谋取利益，这里没有理由不要求为他人谋取利益。

8. 本条第3款的规定是注意规定还是法律拟制？

属于注意规定，应按照基本规定来解释它的犯罪成立条件，按照基本规定来理解、适用。

9. 医生收受病人红包、教师接受家长送礼，构成受贿罪或者非国家工作人员受贿罪吗？

根据相关规定，医生只有在药品采购中收红包的，比如收受医药代表的财物才构成受贿罪，但是医生如果收病人的红包不构成犯罪。教师只有在校服、教材的采购中收受好处的才构成受贿罪，没有规定教师收受学生家长红包的构成受贿罪。作这样的区别对待，主要是看是否利用了职权。

另外，教师如果作为评审专家，就可能成为国家工作人员。教师代表学院、学校去宣传招生，也就有了职务，如果收钱就构成受贿罪了。

10. 专业技术人员受委托、受聘在招标、政府采购等事项中从事专业技术评审工作，索取或者非法收受他人财物的，是否构成本罪？或者构成受贿罪？

构成犯罪。如果接受的是国有公司、企业、国家机关的委托，像专家接受教育部的委托作为国家社科基金项目的评审专家，就成立受贿罪；如果接受的是非国有公司、企业的委托，比如是招投标小组、巡标小组、采购小组里的专家，收受贿赂就构成非国家工作人员受贿罪。

11. 本罪的"数额较大"，是指为他人谋取利益的数额较大，还是指索取、收受财物的数额较大？

是指索取、收受财物的数额较大。

12. 商业贿赂是独立的犯罪构成吗？有专门讨论的必要吗？

2008年国家打击所谓的商业贿赂，有人就在讨论商业贿赂的犯罪构成，但我国有商业贿赂罪吗？没有，这种行为要么构成普通受贿罪，要么构成非国家工作人员受贿罪，没有所谓的商业贿赂罪。

13. 本罪中的"公司"，是否包括一人公司？"其他单位"，是否包括个体工商户和不具有法人资格的私营企业、合伙企业？

当然包括一人公司，不过一人公司的股东很难成为犯罪主体，因为公司财产也是他的，不存在背信的问题。但是，一人公司的职员是可以构成本罪的。

其他单位当然也包括个体工商户和不具有法人资格的私营企业、合伙企业，不能以是否具有法人资格来区分，本罪处罚的就是一种背信行为、不忠诚履行职务的行为。

这里的"其他单位"和单位犯罪中的单位是一个概念吗？职务侵占罪中也有

单位，和单位犯罪的单位是一个概念吗？单位犯罪中的单位是指公司、企业、事业单位、机关、团体，"单位的工作人员"中的单位比单位犯罪的单位范围是宽还是窄？一个是犯罪主体，是承担刑事责任的，一个只是确定范围，应该是有区别的。这里的单位应该比单位犯罪中的单位范围要广，所以哪怕是合伙企业，哪怕是一人公司，甚至是没有法人资格的个体工商户，它的工作人员也能构成非国家工作人员受贿罪。其实这里处罚的是一种背信行为。你既然是单位的工作人员，就应当忠诚地履行职责，不能违背信任，违背忠诚义务，为谋取个人利益而损害单位的利益。

14. 如何区分贿赂与馈赠的界限？

"利用职务上的便利"是什么含义？收钱要利用职务上的便利吗？国家工作人员收钱和其配偶收钱，不都是手伸出去接一下吗？都是利用职务上的便利吗？不是。"利用职务上的便利"是和后面的"为他人谋取利益"一起说明所收受的财物和职务行为之间具有对价关系，对价关系就反映出所收受的财物具有职务的关联性，就说明所收受的是贿赂，而不是人际交往中礼节性的馈赠。

15. 关于"非国家工作人员与国家工作人员通谋，共同收受他人财物，构成共同犯罪，根据双方利用职务便利的具体情形分别定罪追究刑事责任"的司法解释规定，有无疑问？

这就是所谓的共犯与身份问题，要判断主要是利用谁的职权，都利用了各自职权的，以主犯的性质确定，主要职权难以确定的就按照受贿罪的共犯来处理。也就是说，作为非国家工作人员，起到主犯的作用，双方就成立非国家工作人员受贿罪，处罚轻一点；如果双方在犯罪过程中的作用差不多，就要成立受贿罪的共犯，处罚重一点。上述司法解释主张的是"分别定罪说"，显然违反了共犯的基本原理。

■ **法规链接**

《刑法》第164条对非国家工作人员行贿罪，对外国公职人员、国际公共组织官员行贿罪

■ **疑难问题**

1. "为谋取不正当利益"，是主观要素还是客观要素？是否需要在客观上实现不正当的利益？

不正当利益有两种：第一种是违法的利益，即违反法律规定的利益，第二种

是违反法律规定提供帮助，也就是违法的利益和违法的帮助。

为谋取不正当利益应该是一种主观要素。如果行为人谋取到了不正当利益，要不要数罪并罚？例如，行为人虽然不符合缓刑、假释的条件，但送钱之后，监狱管理人员就把行为人提前释放了，这叫不叫脱逃？再如为了滥伐林木行为人送钱，林业主管部门发了林木采伐许可证，行为人构成滥伐林木罪吗？也就是说，谋取不正当利益本身有可能构成犯罪，应当数罪并罚，不需要客观上实现了不正当利益。

2.《刑法》第389条第3款"因被勒索给予国家工作人员以财物，没有获得不正当利益的，不是行贿"的规定，能否适用于对非国家工作人员行贿罪？

可以类推适用，第389条这种有利于被告人的规定可以类推适用于对非国家工作人员行贿罪。

3. 具有中国国籍的国际公共组织官员在中国境内收受贿赂的，应当如何处理？

能够构成非国家工作人员受贿罪。

4. 能否认为非国家工作人员受贿罪中的公司、企业与其他单位，仅限于国内的公司、企业与其他单位，而不包括外国公司、企业与其他单位以及国际组织？对外国公职人员、国际公共组织官员行贿罪的增设，是否多余？

按照张明楷老师的观点，对外国公职人员、国际公共组织官员行贿罪这个罪名的增设是多余的，把非国家工作人员受贿罪中的"其他单位"解释成包括外国的公司、企业、机构、组织就可以了。

■ 法规链接

《刑法》第165条非法经营同类营业罪

■ 疑难问题

1. 本罪中的"他人"能否成立非法经营同类营业罪的共犯？

他人是受益者，受益通常是行为人主动还是他人主动要求的？如果是他人主动要求的，他人能否成立共犯？这也是片面的对向犯的问题，我认为是可以的。

2. 本罪是否可能与贪污罪发生竞合？

自己经营或者为他人经营同类的营业，还有可能是一种变相的贪污。例如，将单位的财产转移给自己或者第三者占有，就是变相的贪污。大家要注意，公司犯罪很多罪名都有可能和贪污罪、职务侵占罪发生竞合。如果不善于运用竞合原理的话，就会认为公司犯罪的法定刑偏轻。立法者之所以将公司犯罪的法定刑规定得不是很重，像抽逃出资罪，还有为亲友非法牟利罪、非法经营同类营业罪等等，就是考虑到其和职务侵占、贪污罪之间可能发生竞合，按竞合原理应从一重处罚。

另外，本罪的犯罪主体限于国有公司、企业的董事、经理，但其实企业的中层管理者也有可能触犯本罪。本罪中所谓利用职务上的便利，是指利用经营、主管某种业务的便利。

■ 法规链接

《刑法》第166条 为亲友非法牟利罪

■ 疑难问题

1. 何谓"利用职务便利"？

利用职务便利，是指利用行为人主管、经营具体业务的便利。

2. 亲友可否构成本罪的共犯？

我认为是可以的，不过张明楷老师认为不可以。

3. 我国刑法应否增设背信罪？

为他人处理事务的人违背信任，损害委托人利益或者为自己谋取利益，比如别人委托你卖的房子应该值100万元，你50万元就卖掉了，就是典型的背信。其实刑法分则中很多罪名都属于背信，像挪用资金罪、挪用公款罪、违法发放贷款罪、为亲友非法牟利罪。这些条文其实可以用一个背信罪规制。我们的条文多，但是不具有类型性。抽象性程度很高的罪名我们都没有增设，比如说背信罪、强制罪，还有妨碍业务罪。

4. 本罪能否与贪污罪发生竞合？

可以。"以明显高于市场的价格向自己的亲友经营管理的单位采购商品或者以明显低于市场的价格向自己的亲友经营管理的单位销售商品的"，这是不是一种变相的贪污？当然是。

5. 案发后司法机关从被告人亲友处追回的违法所得，是应当上缴国库，还是应当返还给被害单位？

如果是单位的损失，当然应该返还给被害单位，比如说行为人向自己的亲友高价采购的商品、低价销售的商品。张明楷老师认为将本单位的盈利业务交由亲友进行经营的，还要将盈利上缴国库。至于什么时候要返还被害单位，什么时候要上缴国库，在我看来，只要有实际的被害人，包括单位，原则上都应该返还被害人或者被害单位。因为刑法说到底是为个人服务的，是为私人服务的，我们不是要通过打击犯罪来为国家谋取利益充盈国库的。所以，在贪污和受贿竞合的时候，我都倾向于尽量定贪污罪，定贪污罪的话财产要返还被害单位，如果定受贿罪则都要上缴国库了。

6. 国有公司、企业本身的利益都是国家利益吗？

国家利益和国有公司、企业本身的利益永远是重合一致的吗？很多时候不重合。国有公司、企业当然也有自己的利益，它们有自己的职工。

■ 法规链接

《刑法》第 167 条签订、履行合同失职被骗罪

■ 疑难问题

1. 本罪与国有公司、企业、事业单位人员失职罪之间是什么关系？

其实本罪也是国有公司、企业的一种失职行为，或者说它是一种特殊的国有公司、企业的失职罪，本罪与国有公司、企业、事业单位人员失职罪之间是特别与一般关系。

2. 成立本罪，是否以对方被法院认定构成诈骗罪为前提？

只要诈骗的事实成立或者得到证明就可以了，不需要诈骗犯实际上被绳之以法并被宣判。

3. 本罪中的"重大损失"的判断，是应坚持经济的财产说还是法律的财产说的观点？

按照法律的财产说，只要存在债权就不存在损失。贷款诈骗罪中银行的债权存不存在？债权是存在的，但银行也有损失，从经济的观点来讲就是有损失的，但从法律的观点来讲，只要它还有民法上的权利就没有损失。当然，我们应该坚持经济的财产说、经济的损害说，只要这种债权难以实现或者明显难以实现，就认为有损失。别人欠你一个亿，你拿了一个亿的欠条到早点铺能买包子吗？如果你是卖包子的，别人拿了一亿元的欠条，你会卖给他包子吗？不会卖吧！

■ 法规链接

《刑法》第168条 国有公司、企业、事业单位人员失职罪，国有公司、企业、事业单位人员滥用职权罪

■ 疑难问题

1. 上述罪名的责任形式是什么？应否区分故意与过失？对于法定犯，严格区分故意与过失有无必要，应否承认模糊罪过？

滥用职权罪、玩忽职守罪的主体是国家机关工作人员，而这里是国有公司、企业、事业单位的工作人员，仅此差别而已。理论上讲，严重不负责任是过失，滥用职权是故意，但从滥用职权和玩忽职守罪的立案标准完全统一来看，区分故意和过失的意义不大，我认为没有必要区分，至少有过失就可以了。对于法定犯，我认为严格区分故意与过失的意义不是很大。

2. 本条二罪属于什么犯罪类型？有无未遂犯成立的余地？

"使国家利益遭受重大损失"表明二罪属于实害犯，所以不可能有未遂。

3. 行为人的罪过形式难以查明时，能否评价为失职犯罪？

不能查明到底是故意还是过失，只要至少有过失，只要排除是由于业务水平不高、业务能力不强造成的损失，就可以评价为失职犯罪。

4. 本条二罪之间是否为对立关系？能否将失职与滥用职权造成的损失一并计算？

不是对立关系，滥用职权的事实也可以评价为玩忽职守的事实，比如行为人滥用职权造成了20万元的损失，玩忽职守造成了30万元的损失，完全可以把滥用职权造成的20万元损失评价为玩忽职守加上本来的30万元，就可以认定为玩忽职守造成50万元损失，并据此立案。

5. 如何评价"致使国家利益遭受重大损失"？本条二罪中的损失是否仅限于财产、经济方面的损失？国有企业负责人因失职未及时缴纳税款，企业被税务局责令缴纳巨额滞纳金，算不算"致使国家利益遭受重大损失"？

财产、经济方面的损失是可以衡量的。滥用职权罪、玩忽职守罪规定了"致使公共财产、国家和人民利益遭受重大损失"，公共财产可以认为是财产损失，那国家和人民利益的重大损失怎么评价？要不要把它界定为财产方面的损失？其他方面的损失怎么衡量？没有标准。至于造成恶劣的社会影响，在配置法定刑的时候就已经考虑到所谓恶劣的社会影响，它是偶然的，难以量化的。

国有企业负责人没有及时缴纳税款，导致企业被税务机关追缴巨额的滞纳金，企业本身遭受了损失，但由于滞纳金都收缴到国库，难以认为国家利益遭受重大损失。

6. 关于"国家出资企业中的国家工作人员在公司、企业改制或者国有资产处置过程中严重不负责任或者滥用职权，致使国家利益遭受重大损失的"，依照本条二罪定罪处罚的司法解释规定，有无疑问？

有疑问，疑问在于国家出资企业不等于国有公司、企业，国家出资可能只是资金来源的一部分，不等于国有独资。所以，国家出资企业的国家工作人员不等于国有公司、企业的工作人员，这里偷换了概念。就像现在银行都是股份制的，不能说国有银行里面全都是国家工作人员。

■ 法规链接

《刑法》第 169 条**徇私舞弊低价折股、出售国有资产罪**

■ 疑难问题

1. 本罪与贪污罪之间是什么关系？接受贿赂实施本罪的，应否数罪并罚？

如果是单位的少数人私分了、折股了或者出售给亲友，那么可能构成贪污，属于变相贪污。接受贿赂实施本罪的，应当数罪并罚。

2. 接受低价折股、出售的国有资产的一方，可否成立本罪的共犯？

可以，它不可能是被害人，也不缺乏期待可能性。

3. 本罪是否为单位犯罪？

本罪处罚的是主管人员，因而不是单位犯罪。

4. 无偿赠与国有资产的，构成本罪吗？

赠与能不能叫出售？不能的话，是不是没办法处理了？可以以前面讲过的国有公司、企业人员滥用职权罪处理。另外，无偿赠与也可能是一种变相的贪污，所以惩治这种行为的方法有很多。

── ■ 法 规 链 接 ──

《刑法》第 169 条之一 背信损害上市公司利益罪

── ■ 疑 难 问 题 ──

1. 行为相对方能否成立本罪的共犯？

成立共犯。通常而言都是相对方主动提出要求，否则行为人不会把自己单位的财产送给别人。

2. 何谓"利用职务便利"？

这里是强调对单位业务的管理、主管、经营的便利。

3. 本罪与贪污罪、职务侵占罪、受贿罪、非国家工作人员受贿罪之间是什么关系？

有可能是竞合的关系。收受贿赂的，还可能数罪并罚。

4. 本条第 2 款的规定是否多余？

《刑法修正案（十一）》增设了很多有关单位控股股东、实际投资人的规定，这种规定在张明楷老师看来都是多余的，按照共同犯罪的原理完全可以处理。难道控股股东、实际投资人指使的就不构成犯罪了？只要有共同犯罪故意和共同犯罪行为，都应该作为共犯来处理，所以这种规定完全是多余的。但法官很多时候都把它理解成特殊规定。这种注意规定应尽量少些或者尽量不要，否则容易被曲解。

第四节　破坏金融管理秩序罪

■ 法规链接

《刑法》第170条**伪造货币罪**

■ 疑难问题

1. 本罪所保护的法益是什么？行为人伪造了国家不得不承认有效的、可以流通的货币的，是否成立本罪？

关于伪造货币罪保护的法益有两种观点：货币的发行权和货币的公共信用。如果认为法益是货币的发行权，行为人把硬币融化之后，再制作成同样分量的硬币，他就侵犯了国家的货币发行权。关于货币的公共信用，伪造面额200元、500元、1000元人民币纸币的，有没有侵犯货币的公共信用？如果拿着1000元、2000元纸币到深山老林、偏僻农村去用，那里的人不看书、不读报、不上网，对他们说国家现在通货膨胀很厉害，印了上万元、上亿元的钞票，买袋大米要用一麻袋钱去换，可能还真有人会相信。另外，对于外国货币，像美元、日元等，少有人能准确说出它们的面值，伪造没有相应面额的货币，有人识别不出来。所以，这种行为还侵害了货币的公共信用。应该说侵害了货币的发行权或者货币的公共信用都构成犯罪，两者都是值得保护的法益。当然，保护货币的发行权最终也是为了保护货币的公共信用。从这个意义上讲，仅将货币的公共信用确定为货币犯罪的保护法益，也是可以的。

第二个问题，也成立犯罪，它也侵害了货币的发行权和货币的公共信用。

2. 有关制造货币版样的成立本罪的司法解释规定，有无疑问？

制造货币版样的顶多就是犯罪预备，给他人提供伪造货币的模板，也顶多是犯罪预备。

3. 伪造货币罪中的"伪造"，是否包括无形伪造？造币厂超额制造货币，能否构成伪造货币罪？

伪造的含义具有相对性，最广义的伪造包括了变造。伪造和变造的区别在于，是从无到有，还是在真实的基础上加以变更，或者说是否具有实质性的变更？具有实质性的变更的叫伪造，非实质性的变更叫变造。伪造和变造都包括有形和无形,有形是指没有制作权限的人制作了形式和内容都虚假的货币。弄个印钞的模板就在家里印,这当然是有形的。无形是指具有制作权限的人制作了形式真实、内容虚假的货币。从理论上讲,伪造货币也可能由无形构成,比如说造币厂,国家下达的任务是印 1 亿元,结果工厂多印了 5000 万元,同样的模板、同样的纸张、同样的人员操作,从理论上讲就是无形伪造。还有伪造增值税专用发票也存在这个问题,下达的任务是造 1 万本,结果多造了 5000 本,多造的部分其实就是无形伪造。

现在人们忽视了对无形的伪造和变造犯罪的打击,然而无形的危害性比有形的危害性更大,因为无形伪造形式上是真实的。

4. 成立本罪,是否需要以使用为目的?

条文没要求。即便不是以使用为目的,伪造的货币也有可能扩散,流到他人之手。所以成立本罪,不需要以使用为目的。

5. "首要分子",是加重犯罪构成还是量刑规则?行为人是否需要认识到自己是"首要分子"?

按照张明楷老师的观点,首要分子是量刑规则,只有客观上能够评价为首要分子,才能认定为首要分子。即便行为人很"励志",希望自己成为首要分子,但没有成为首要分子时就案发了,不可能评价为首要分子的未遂。所以,只有成不成立、符不符合、达不达到的问题。

关于行为人是否需要认识到自己是首要分子的问题,如果需要行为人认识到自己是首要分子,他通常会辩称自己不是首要分子。所以,这是法官的事后评价,不是行为人的主观认识。

6. 行为人是否需要认识到"伪造货币数额特别巨大"?

盗窃的财物是盗窃罪的对象,其数额需要行为人有认识。但伪造的货币不是伪造货币罪的对象,它是犯罪组成之物,就像用于赌博的赌资、用于行贿的财物、生产的伪劣产品。还有一个有意思的问题,财产犯罪要求行为人认识到数额巨大,但是受贿犯罪要不要认识到?如果这样要求,行为人就可以辩解自己以为不值钱,但实际上很值钱。能不能把受贿罪中的数额特别巨大看成客观处罚条件?它和财产犯罪还是不一样的,财产犯罪数额就是财产犯罪对象,当然是客观要素,行为人要认识到。我倾向于认为,不需要行为人认识到自己伪造货币数额特别巨大。

■ 法规链接

《刑法》第171条**出售、购买、运输假币罪，金融工作人员购买假币、以假币换取货币罪**

■ 疑难问题

1. 上述两罪是选择性罪名吗？有无数罪并罚的可能？行为人出售此种类假币，购买彼种类假币的，应否数罪并罚？

银行工作人员购买假币之后，再以假币换取货币是一罪还是数罪？有没有可能数罪并罚？按照张明楷老师的观点，一般人购买假币，只有为了出售而购买才能评价为购买假币。如果行为人购买假币就是为了兑换，利用职务之便兑换，到底侵害了几个法益？考虑一罪还是数罪的时候，首先考虑的是行为，即是一个行为还是数个行为，然后再考虑到底侵害了几个法益。如果是两个行为、两个法益，除少数牵连犯之外，原则上都应该数罪并罚。如果只侵害了一个法益，就是包括的一罪。购买了假币然后用假币换取货币，到底侵害了几个法益？购买假币侵害了什么法益？货币的公共信用。银行工作人员以假币换取货币，那就侵占了本单位的财产。有没有可能以金融工作人员购买假币和职务侵占罪或者贪污罪数罪并罚？还是包括的一罪？我认为数罪并罚是可能的。

第三个问题，应当数罪并罚。一般认为，出售、购买、运输假币是选择性罪名，但选择性罪名也有数罪并罚的可能性。行为人出售的是假人民币，购买的是假日元，运输的是假美元，要不要数罪并罚？所谓的选择性罪名只是针对同一对象而相继实施几个行为，它侵害了一个法益或者对法益的侵害，是由抽象到具体再到实害。

行为人制造了枪支，又储存、运输、出售，或者行为人购买了假币，又运输、出售，如果是针对同一个对象，当然没必要数罪并罚，但如果针对不同的对象，就有数罪并罚的可能性。甚至就算针对一个对象也有数罪并罚的可能性，比如走私了淫秽物品，然后进行传播，要不要数罪并罚？走私了枪支之后出售，要不要数罪并罚？都要。所以，只针对一个对象，也有可能数罪并罚。不能认为是选择性罪名，就一定不能并罚。

2. 这里"伪造的货币"，是否包括变造的货币？

有学者认为不包括变造的货币，但我认为包括。

3. 成立运输假币罪需要"明知",难道成立出售、购买假币罪就不需要"明知"吗?

大家出门在外兜里总会揣点钱,如果从你包里搜出假币就可以定罪,你服不服?所以,"明知"是提醒你注意,运输必须认识到是假币。刑法分则中规定的"明知"都是注意性规定,出售、购买假币罪也需要明知,如果不知道是假币而出售、购买,就不可能有犯罪的故意。刑法中的故意是实质的故意概念,如果你到黑市上换美元,你不知道是假美元,你不可能构成购买假币罪。

4. 为了自己使用而购买假币,是成立购买假币罪还是使用假币罪?有关"行为人购买假币使用,以购买假币罪定罪处罚"的司法解释规定,有无疑问?

张明楷老师主张为了自己使用而购买假币的不能评价为购买假币罪,因为为了自己使用而购买假币,它的法益侵害性和出售假币罪不相当,只相当于持有、使用假币罪,只有为了出售而购买才能评价为购买假币罪。因为出售、购买假币罪是并列规定的,法定刑很重。为了自己使用而购买和捡到假币之后使用性质是差不多的,所以为了自己使用而购买,不成立购买假币罪而成立使用假币罪。

第二个问题,这种司法解释的规定是有疑问的。凡是并列规定的行为,法益侵害性一定要相当,就像走私、制造、贩卖、运输毒品,运输必须是与走私、制造相关联的。还有运输枪支罪也是的,要与制造、买卖枪支相关联,不能说带着枪支移动就叫运输,必须相关联,法益侵害性才能相当。

5. 乘车将假币携带到外地使用,构成运输假币罪吗?

还是使用假币,不能叫运输假币。运输假币必须是与出售、购买相关联的。

6. 将报纸冒充假币出卖给他人,构成出售假币罪吗?本想购买假币,结果买到一叠报纸,构成购买假币罪未遂吗?

第一问,构成诈骗罪。

第二问,属于不能犯。这有真实的案件,行为人花了几万元买 45 万元假币,结果只有 1 万元是假币,还有 44 万元都是冥币,这 1 万元肯定构成购买假币罪,还有 44 万元是不能犯,假的人民币才叫假币。

7. 行为人不仅伪造货币，还出售、运输他人伪造的货币，是一罪还是数罪并罚？

伪造货币并出售、运输的定一罪，也就是伪造货币罪。但是，同时出售、运输他人伪造的货币要数罪并罚。

8. 有关"现场之外在行为人住所或者其他藏匿地查获的假币，亦应认定为出售假币的犯罪数额"的司法解释规定，有无疑问？

这跟贩卖毒品罪一样，在住所或者车上查获的毒品一并计入贩卖毒品的既遂的数额也存在问题。出售必须是实际出售的，在现场之外查获的只能评价为出售假币罪的预备，或者持有假币罪。

9. "金融工作人员"是什么性质的身份？教唆金融工作人员购买假币的，教唆者是成立金融工作人员购买假币罪，还是购买假币罪？教唆金融工作人员利用职务上的便利以假币换取货币的，成立金融工作人员以假币换取货币罪共犯，对其应否减轻处罚？

普通人伙同金融工作人员购买假币，普通人定什么罪？是定购买假币罪，还是定金融工作人员购买假币罪的共犯？比如普通人和银行工作人员相约到外地去购买假币，然后回来卖，怎么定罪？普通人教唆金融工作人员购买假币，普通人是定购买假币罪的教唆犯，还是定金融工作人员购买假币罪的教唆犯？要看金融工作人员身份的性质是什么，如果是责任身份，就是个别地起作用；如果是违法身份，则是连带地起作用。像国家工作人员是受贿罪的主体，是一种违法身份，以前没有规定利用影响力受贿罪，不具有国家工作人员的身份就不能单独构成犯罪，因为这是违法身份。不具有责任身份的也能构成犯罪，具有这种身份一般是加重处罚。

对于金融工作人员，我倾向于把它理解成一种责任身份，所以普通人伙同金融工作人员购买假币，普通人只定购买假币罪，金融工作人员定金融工作人员购买假币罪。普通人教唆金融工作人员以假币换取货币的，成立金融工作人员以假币换取货币罪的教唆犯，它没有单独的罪名，但是也应减轻处罚。

10. 何谓"利用职务上的便利"？金融工作人员购买假币，是否需要利用职务上的便利？利用所谓工作之便，用假币偷换同事操作台上的货币，成立金融工作人员以假币换取货币罪吗？

利用职务上的便利是指利用自己经手货币的便利，比如说银行柜台的工作人员和金库的工作人员。

第二问，金融工作人员购买假币不需要利用职务上的便利。

第三问，所谓区分职务之便和工作之便并无实际意义，什么叫工作之便？利用熟悉的作案环境吗？这个问题是成立盗窃罪还是金融工作人员以假币换取货币罪？应该是盗窃罪，这跟行为人的职务没有关系，他可以实施，其他人也可以实施。

11. 金融工作人员以假币换取货币，除成立本罪外，是否可能同时成立贪污罪、职务侵占罪？

金融工作人员以假币换取货币的，可能同时构成贪污罪或者职务侵占罪。

12. 应否将金融工作人员限定为金融机构中可能接触、支配现金的人员？

为什么银行或者其他金融机构的工作人员购买假币要单独定罪，法定刑是3年到10年，而一般人购买假币是3年以下基本刑？为什么银行的工作人员购买假币危害性大？是因为银行的工作人员应该比一般人有更强烈的保护货币的公共信用的意识吗？是不是应该把主体限定为能够实际上接触到货币的银行工作人员？只要不是一线柜台或掌管金库的，一般来说是不会直接接触货币的。我倾向于对银行或者其他金融机构的工作人员进行限制解释，限定为金融机构中可能接触、支配现金的工作人员，而不是所有工作人员。其实保险公司也属于金融机构，但是保险公司的工作人员基本不会经手货币。所以，要从立法目的上考虑为什么对银行或者其他金融机构的工作人员购买假币比一般人购买假币处罚要重。

那能不能说购买假币罪中的金融工作人员和以假币换取货币罪中的金融工作人员范围不一样？要不要作出相对性的解释？金融工作人员以假币换取货币，当然要利用职务上的便利，他必须实际上经手货币。但对于金融工作人员购买假币来说，本来就跟其职务没有关系。所以，对两罪中的金融工作人员的范围，要不要一个限制，一个不限制？这是值得讨论的问题。

13. 从立法论的角度来说，在《刑法修正案（十一）》将职务侵占罪的最高刑修改为无期徒刑之后，金融工作人员以假币换取货币罪还有存在的必要吗？

没有存在的必要了。金融工作人员以假币换取货币实际上就是一种侵占，属于职务侵占。同时，把假币混到真币里面还是一种使假币置于流通的使用行为。

■ 法规链接

《刑法》第172条 持有、使用假币罪

■ 疑难问题

1. 持有型犯罪的正当性根据是什么？盗窃假币后持有，需另定持有假币罪吗？故意盗窃假币后又使用的，如何处理？

持有型犯罪的正当性根据，是国家出于保护重大公共利益的考虑，在来源和去向难以查明的时候，只能根据行为人控制某种物品的现状进行评价，或者说由证明来源和去向改变为证明控制某种物品的状态，改变了证明事项。正如能查明是贪污、受贿的，不可能定巨额财产来源不明罪。如果能查明是制造、贩卖、走私毒品的，不可能定非法持有毒品罪。如果能证明是伪造、出售、购买假币的，也不会定持有假币罪。如果能证明发票是伪造的、虚开的，也不可能定持有伪造的发票罪。所以，持有型犯罪都是在来源和去向难以查明的时候，根据其控制物品的现状进行评价，通常关系到重大的公共利益，比如货币关系到公共信用，毒品关系到公众健康，发票关系到国家税款，国家绝密、机密的文件、资料、物品关系到国家安全，巨额财产来源不明关系到国家工作人员职务的公正性、不可收买性、国民对国家工作人员的职务行为的信赖。虽然持有型犯罪有不断扩张的趋势，但再怎么扩张，也不可能规定持有菜刀、持有淫秽物品构成犯罪。

盗窃假币之后持有，如果明知道是假币而盗窃，是定盗窃罪还是盗窃罪与持有假币罪数罪并罚？我倾向于只定盗窃罪。如果行为人不知是假币，他盗窃的时候除了假币还有其他财物，可以给他定盗窃罪，他知道是假币后仍然持有的，另定非法持有假币罪吗？只是有可能，但也不是没问题，因为来源是清楚的，其实根据来源评价为盗窃罪就可以了。这跟不知道是枪支而盗窃后持有不一样，因为非法持有枪支对公共安全具有持续性的抽象危险。行为人盗窃时以为是普通财物，发现是毒品后仍然持有的，也无须另行评价为非法持有毒品罪。

明知道是假币而盗窃的，假币也可以成为盗窃的对象，然后又使用假币，又侵害了新的法益。盗窃假币强调的是对他人占有假币的侵害，而使用假币又侵害了货币的公共信用，所以应当数罪并罚。盗窃毒品之后出售要不要数罪并罚？当然要。这不是所谓的不可罚的事后行为，事后行为不是当然地不可罚，不可罚是因为它没有侵害新的法益。

2. 如何区分出售假币罪与使用假币罪？使用假币是否以对方不知情为前提？将假币作为证明自己信用能力的资本而给他人查看的，是否属于使用？

出售，对方是知情的。使用，对方是不知情的。

签合同的时候提了一箱假币给对方看，以证明自己很有钱，这叫不叫使用假币？不叫。所谓使用，必须按照货币的通常用途进行使用。

3. 如何评价用假币还债及用假币买枪、买毒品的行为？

欠别人 3000 元总不还，被对方催烦了，说真币没有，只有假币。用 3 万元假币抵 3000 元债务，如何评价？由于使用以对方不知情为前提，这里对方是知情的，所以行为人构成出售假币罪，对方构成购买假币罪。另外，用假币买枪，如果对方知情的话，行为人构成出售假币罪；如果对方不知情的话，行为人构成使用假币罪。在这一过程中，对方如果知情的话，构成购买假币罪，同时还构成非法买卖枪支罪。用假币买毒品，如果对方知情也是出售假币罪，不知情就是使用假币罪，同时购买毒品的不构成犯罪，对方则构成贩卖毒品罪，同时还可能构成购买假币罪。

4. 如何评价"存假币取真币"的行为？通过 ATM 机存入假币后并没有取出现金的，应当如何评价？对于用假币在自动售货机上购买饮料的行为如何评价？

行为人将假币存入 ATM 机里，他的卡上增加了 3 万元存款，然后再换一个机子取出了 3 万元现金。对此，陈兴良老师认为是想象竞合，即使用假币和盗窃罪的想象竞合，仅成立一罪。张明楷老师认为应当数罪并罚。其实，存假币，只要存进去就已经构成两罪了，即使用假币罪和盗窃罪，因为获得了存款债权。再换一个机子取出来，或者说当场就在该机子上转账就是盗窃。如果只是存进去没有进行任何处分，那就是想象竞合。这是张老师的观点，我也是赞同的。如果行为人到银行柜台去取钱构成什么？构成诈骗。

用假币在自动售货机上买饮料，构成使用假币罪，不计数额的话还构成盗窃。把假币塞进去，再用手伸进去抓饮料，这抓的动作不就是盗窃吗？用假币怎么可能把饮料转让给你？还需要一个偷的动作，这里不是想象竞合，而是两个行为。如果找人买饮料，则可能构成使用假币罪与诈骗罪的想象竞合。

5. 有关购买假币后使用以购买假币罪定罪并从重处罚的司法解释规定，有无疑问？行为人为自己使用而购买了 5 万元假币，实际使用了 3 万元，如何处理？

购买假币后使用就是为了使用而购买假币，按照张老师的观点应该评价为使用假币罪。

第二个问题，把它评价为持有、使用假币 5 万元。如果给他定使用假币 3 万元、持有假币 2 万元，都属于基本犯，而 5 万元属于数额巨大，所以应定持有、使用假币数额是 5 万元，否则就不协调了。如果行为人 5 万元,都没用，那就是持有假币 5 万元，数额巨大，而使用了 3 万元，反而两个都属于基本犯了。所以，应评价为持有、使用的假币数额巨大。

6. 以单纯收藏为目的而持有假币的行为，是否成立持有假币罪？

也能构成，单纯收藏也不排除会扩散，会落入他人之手。

7. 行为人趁人不注意秘密用假币"换取"他人真币的，如何处理？

这相当于把他人作为工具加以利用，他人在不明真相的情况下可能会去使用，所以也属于将假币置于流通的使用行为。另外，先抓一叠真币，再把假币放进去，这是两个行为，构成使用假币罪与盗窃罪，不是想象竞合，而是应当数罪并罚。

8. 使用假币罪与诈骗罪之间是什么关系？使用假币时被人识破，能转化成抢劫吗？使用假币 3000 元，未达到使用假币罪 4000 元的立案标准，能定诈骗罪吗？

是竞合的关系，使用假币被人识破能转化成抢劫。

第二问，可以。

9. 本罪中"伪造的货币"包括变造的货币吗？

张明楷老师认为不包括，因为这个罪名规定在伪造货币罪之后、变造货币罪之前。包括出售、购买、运输伪造的货币，张老师也认为应限定为伪造的货币，不包括变造的货币。规定在这两罪之间就只包括伪造，那如果规定在变造货币罪之后呢？就包括了伪造和变造吗？规定在中间和之后有没有什么区别？

张老师认为持有、使用伪造的货币不包括变造的货币，那使用变造的货币只能作为诈骗来处理。我认为持有、使用伪造的货币和出售、购买、运输伪造的货币都包括变造的货币，解释的思路不一样。

10. 行为人使用假币兑换另一种货币，如行为人使用假人民币兑换真美元，究竟是使用还是出售假币？

如果对方是知情的，那就是出售，不知情，那就是使用，所以关键是看对方是否知情。

11. 行为人使用欺骗手段使他人交付真币，然后以种种借口将自己持有的假币冒充真币退还给他人的，如何处理？

这里是一个行为还是数个行为？要不要数罪并罚？以欺骗手段使他人交付真币，诈骗应该已经既遂了，然后为了掩盖诈骗的事实，又将自己持有的假币冒充真币退还给他人，这是不是叫使用假币？利用了不知情的对方，应该是的。

12. 行为人既使用了此假币又持有彼假币，如行为人已经使用了3万元假币，同时还另外持有3万元假币，如何处理？

评价为持有、使用假币6万元。

■ 法规链接

《刑法》第173条变造货币罪

■ 疑难问题

1. 如何区分伪造与变造？拼凑造币厂丢弃的报废的货币，是伪造还是变造？

变造货币，通常是在真货币的基础上加以变更，比如揭层或者进行面额的更改。区分伪造与变造，关键在于是否进行了实质性的变更，是不是在真货币上加以变更。

第二问，是伪造。

2. 伪造能否评价为变造？伪造1000元、变造1000元，能否以变造货币2000元立案？

伪造是高度行为，伪造可以评价为变造。伪造货币罪和变造货币罪的立案标准都是2000元，如果行为人伪造了1000元、变造了1000元，可以变造货币2000元立案。

3. 持有、使用、出售、购买、运输变造的货币，如何处理？

如果认为伪造的货币不包括变造的货币，那么对于使用变造的货币，可以评价为诈骗，但出售、购买、运输变造的货币，就没法评价了。

■ 法规链接

《刑法》第 174 条擅自设立金融机构罪，伪造、变造、转让金融机构经营许可证、批准文件罪

■ 疑难问题

1. 骗取金融机构经营许可证、批准文件后开设"金融机构"，构成擅自设立金融机构罪吗？误以为已经批下金融机构经营许可证而开设金融机构的，构成擅自设立金融机构罪吗？

第一问，不构成。他是有证开设的，不能叫擅自设立金融机构。

第二问，过失不构成本罪。

2. "擅自"要素，有实际意义吗？

"擅自"是多余的表述，未经批准就是擅自。

3. 擅自设立金融机构后非法吸收存款的，是牵连犯从一重还是数罪并罚？

如果擅自设立金融机构就是为了吸收存款，是可以作为牵连犯评价的。张明楷老师在新版教科书中大量承认了牵连犯，主要原因是数罪并罚处罚过重，但是牵连犯也很难有一个统一的标准。

4. 合法的金融机构在许可证失效后仍经营金融业务的，成立本罪吗？

不成立。它没有擅自设立金融机构，失效后仍经营有可能成立非法吸收公众存款罪。

5. 本罪的既遂标准是什么？

要求已经设立。什么叫设立？是挂个牌就设立了，还是租个门面就设立了，还是要实际上已经开张，已经开始吸收存款了？应该要开始运营。

6. 这里的"伪造""变造"，包括无形伪造、变造吗？

从理论上讲，包括无形伪造、变造。

7. 伪造、变造、转让金融机构经营许可证、批准文件罪与伪造、变造、买卖国家机关公文、证件罪之间是什么关系？

可能成立特别关系的法条竞合。

──────■ **法规链接** ──────

《刑法》第175条高利转贷罪

──────■ **疑难问题** ──────

1. 本罪是目的犯吗？取得贷款时没有转贷牟利的目的，事后转贷牟利的，构成高利转贷罪吗？

本罪是目的犯，要以转贷牟利为目的，套取金融机构的贷款，再高利转贷他人，而且需要一开始就有转贷牟利的目的。

2. 本罪是复行为犯吗？本罪的实行行为是什么？出于转贷牟利的目的套取金融机构信贷资金后，未转贷他人的，是成立本罪的未遂还是预备？

本罪不属于复行为犯。本罪是行为人以转贷牟利为目的，套取了金融机构的贷款，然后再高利转贷他人。本罪的实行行为到底是高利转贷还是套取金融机构的贷款？对此，只有个别学者写过文章讨论过。我倾向于认为，本罪的实行行为是高利转贷，套取金融机构的贷款只是本罪的预备。

第三个问题，我认为是预备。预备和未遂的区别在于对法益的侵害是否紧迫。

3. 套取贷款后平息转贷的，构成本罪吗？

不构成犯罪。平息转贷就是贷款利率是多少就按这个利率贷给别人，平息转贷没有违法所得，无法评价为违法所得数额较大。

4. 如何处理变相高利转贷的案件，如表面上将该部分资金用于生产经营，但将自有资金高利转贷他人？

应进行实质判断，评价为高利转贷罪。

──────■ **法规链接** ──────

《刑法》第175条之一骗取贷款、票据承兑、金融票证罪

■ 疑难问题

1. 《刑法修正案（十一）》对本条有哪些修改？为什么修改？有关骗取贷款金额100万元以上的应以骗取贷款罪立案的立案标准规定，还能适用吗？

《刑法修正案（十一）》把以前的其他严重情节去掉了，是为了限制处罚范围。

以前司法解释规定骗取贷款100万元以上就要立案了，不管有没有给银行造成损失，即便提供了足够的担保也构成犯罪。《刑法修正案（十一）》修改之后，司法解释应该自动作废。因为它本来是抽象危险犯，现在修改成了实害犯。抽象危险犯和实害犯完全不同，抽象危险犯有未遂，像杀人罪，但实害犯没有未遂，如滥用职权罪。

2. 是否还能仅根据骗贷金额定罪？虽然使用了欺诈手段申请贷款，但提供了足额担保，银行资金没有风险的，还能构罪吗？

不能仅根据骗贷金额定罪。

张明楷老师认为还构成，我认为不构成。

3. 原来的骗取贷款罪是什么犯罪类型？修改后又成为何种犯罪类型？

以前构成本罪需要造成重大损失或者有其他严重情节，所以有学者认为它是情节犯、结果犯，但现在《刑法修正案（十一）》把"其他严重情节"去掉了，使本罪彻底成了实害犯，即要造成重大损失。为什么要这么修改？因为民营企业融资难、融资门槛高，有时它们在申请贷款的时候会使用虚假的材料，编造贷款的用途，只要其提供了足额的担保，银行的资金没有风险，就不应作为犯罪处理。

4. 与银行具有贷款审批权的人进行串通，还能构成"骗"取贷款罪吗？

不能。骗取贷款罪必须有人被骗，如果跟银行具有贷款审批权限的人串通就没有人被骗。但如果行为人伙同的是贷款审核人员，他不具有最终的贷款审批权限，他没有被骗，但他们共同骗取了银行行长等具有贷款审批权限的人，还是能构成骗取贷款罪共犯的。只要是骗，一定要使具有财产处分权限的人产生错误认识。

5. 如何区分骗取贷款罪与贷款诈骗罪？二罪系对立关系吗？能否将骗取贷款罪的责任要素表述为"不具有非法占有目的"？

区分二者就看有没有非法占有的目的，骗取贷款罪相当于骗用。骗用，是打算归还的。

二罪不是对立关系，当是否具有非法占有的目的难以查明时，至少可以成立骗取贷款罪。

将骗取贷款罪的责任要素表述为"不具有非法占有目的"的话会使二罪之间形成对立、互斥的关系。当是否具有非法占有目的难以查明的时候，连轻罪也不能成立，而轻罪不能成立的原因，是有可能具有非法占有的目的，有可能有更重的责任，这是不合理的。所以，把犯罪构成要件之间理解成一种对立、排斥的关系，有可能形成处罚漏洞，有可能连轻罪都不能成立。

6. 评价"重大损失"是应坚持经济的财产说的观点，还是法律的财产说观点？

"重大损失"的评价应坚持经济的财产说的观点，前面已经反复讲过了。即便银行还存在债权，但如果已经成了银行的不良资产，就应该认为造成了重大损失。

7. 能否认为被银行认定为"不良贷款"的数额，就是"重大损失"的数额？

因为重大损失比不良贷款的范围更广，即便没有被银行认定为不良贷款，也有可能认为已经造成了重大损失。

8. 既骗取贷款又骗取票据承兑，是一罪还是应数罪并罚？

如果行为人既骗取贷款又骗取票据承兑，又骗取金融票证，当然是数罪。

9. 本罪的保护法益是什么？

是银行资金的安全。

10. 骗取小额贷款公司的贷款，能否成立骗取贷款罪或者贷款诈骗罪？

也能构成骗取贷款罪或者贷款诈骗罪。小额贷款公司是可以成为骗取贷款罪和贷款诈骗罪的被害人的，只是小额贷款公司不能成为犯罪主体，不能成为违法发放贷款罪的犯罪主体。

11. 本罪的既遂标准是什么？"给银行或者其他金融机构造成重大损失"，是构成要件结果还是客观处罚条件？

取得贷款就既遂了。

第二问，张明楷老师认为是客观处罚条件，争论的意义何在？其实就是犯罪成立的条件，没有造成重大损失的，根本不成立犯罪。张老师认为，骗取贷款这个结果已经发生了，这个是结果要件，然后造成了重大损失，才能发动刑罚，所以是客观处罚条件。按照张老师的观点，骗取了贷款就既遂了，但这里既遂了还不能科处刑罚，必须实际上造成了重大损失，那么既遂的标准到底是骗取了贷款还是造成重大损失？犯罪成立的条件和犯罪既遂的条件不重合？能不能认为取得贷款是既遂，但只有造成重大损失时才算成立犯罪？既遂和犯罪成立的时点不一样？大家可以思考一下。

■ 法规链接

《刑法》第176条 非法吸收公众存款罪

■ 疑难问题

1. 《刑法修正案（十一）》对本条作了哪些修改？

主要是把罚金由倍比罚金修改成了无限额罚金，增加了一个法定刑幅度，还增加了第3款。具体来说，以前规定的是倍比罚金，现在把它修改成了无限额罚金。以前规定的刑罚是3年以下有期徒刑或者拘役、3年到10年有期徒刑，现在增加了一个法定刑幅度，即10年以上有期徒刑。只不过把倍比罚金改成无限额罚金，会否使得实践中某些法官判处高额罚金？

对于新增加的第3款，其中"在提起公诉前积极退赃退赔"的规定存在问题，退给谁呢？出资人是被害人吗？有的出资人是主动找去的，说利息高，钱就放在行为人这里。我认为非法吸收公众存款罪没有被害人，它是扰乱金融秩序的犯罪，是侵害社会法益的犯罪。所以，退赃退赔有些奇怪。

2. 本条第3款的规定，能否类推适用于相关条文？

只要是有利于被告人的，都可以类推适用，积极退赃退赔的，可以从宽处罚。

3. 本罪的立法目的是什么？为何表述为"存款"，而不是"资金"？非法吸收公众存款罪是侵害社会法益还是个人法益的犯罪？"存款人"是否为被害人？追缴的违法所得，应否返还给存款人？

非法吸收公众存款的行为其实是一种非法融资，它扰乱的是国家的金融秩序。为什么融资由银行垄断呢？因为银行有完备的体系，有抵御风险的能力，如果任由个人非法吸收，可能会导致出资人的损失，所以还是为了保护融资管理秩序。

第二个问题，银行的业务就是吸存放贷，到银行去存钱叫存款，银行吸收存款的目的是什么？是放贷，是为了进行资本性经营。所以，如果吸收资金之后不是用于资本性经营，而是用于生产经营，就不能叫非法吸收公众"存款"了。"存款"强调从事的是资本性经营，是吸存放贷，而不是用于生产经营活动，如果是用于生产经营活动就不能构成犯罪。

对于非法吸收公众存款罪，我倾向于认为是侵害社会法益的犯罪。我认为存款人不是被害人。对于追缴的违法所得，我认为应当上缴国库，让投机的出资人知道投资须谨慎，明明有银行却不去存钱，而是存到行为人处，显然是奔着高额利息去的，所以应该自担风险，可能赚钱也可能亏损。

4. 如何区分本罪与集资诈骗罪？二者是对立关系吗？两罪的罪质有无区别？

区分两罪，主要看是否具有非法占有目的。

二者不是对立关系。只要是非法集资就构成非法吸收公众存款罪，如果有非法占有的目的，那就还构成集资诈骗罪。不过，它们的罪质还是有区别的。集资诈骗罪，说到底还是侵害个人法益的犯罪，但非法吸收公众存款罪完全是扰乱金融秩序的犯罪。

5. 如何理解"公开性"？

公开性一般是指结果的公开性。也就是说，即便向单位内部职工集资，但明知单位内部的职工会向外界集资，那么也认为具有公开性。

6. 金融机构能否成为本罪主体？

从理论上讲是有可能的。

■ 法规链接

《刑法》第 177 条伪造、变造金融票证罪

■ 疑难问题

1. 本罪是所谓概括性罪名吗？是否不能数罪并罚？行为人既伪造汇票，又伪造信用卡，能否同种数罪并罚？

一般认为是概括性罪名，概括性罪名包括多种行为类型。

第二问，从理论上讲是可以数罪并罚的，法定最高刑是无期徒刑。因为我国法定刑较重，不并罚也能做到罪刑相适应，使人们误以为概括性罪名就不能并罚了。能不能根据行为类型将伪造、变造金融票证罪确定为 4 个罪名，即伪造、变造票据罪，伪造、变造银行结算凭证罪，伪造、变造信用证或附随单据、文件罪以及伪造信用卡罪？当然可以，就是个命名而已。

第三问，可以数罪并罚。

2. 本罪中的伪造、变造能否包括无形伪造、变造？

当然包括。

3. 变造信用卡无罪吗？

伪造信用卡能不能包括变造信用卡？从理论上讲可以，但事实上比较难，因为变造通常都是要求进行实质性的变更。

4. 成立本罪，是否需要使用的目的？

条文上没要求，张明楷老师倾向于加上使用的目的。

5. 有关明知是伪造、变造的金融票证而贩卖，以伪造、变造金融票证罪的共犯论处的准司法解释规定，有无疑问？

别人已经伪造完成了你再贩卖，怎么可能成立伪造、变造的共犯呢？就像明知是伪造的学历而贩卖怎么可能构成伪造事业单位印章罪的共犯呢？共犯必须是在既遂之前参与的，换言之，除继续犯外，既遂之后参与的，都不可能成立共犯，只可能成立赃物犯罪。

6. 伪造金融票证后使用的，如何处理？

一般作为牵连犯处理。比如说伪造票据之后使用，可能构成票据诈骗罪，一般作为牵连犯处理。

7. 复制他人的储蓄卡，除构成本罪外，还可能构成盗窃罪吗？

复制相当于伪造，复制他人的储蓄卡就相当于盗窃了别人的存款债权，属于想象竞合。

■ 法规链接

《刑法》第177条之一 **妨害信用卡管理罪，窃取、收买、非法提供信用卡信息罪**

■ 疑难问题

1. 妨害信用卡管理罪是所谓概括性罪名吗？实施多种行为类型，有无同种数罪并罚的可能？

一般认为是概括性罪名。

第二问，理论上讲是可能的，不能认为概括性罪名就没有数罪并罚的可能性。

2. 持有、运输伪造的信用卡是否不需要满足"数量较大"？

不需要。伪造的信用卡和伪造的空白的信用卡是不一样的，伪造的信用卡能直接使用，但伪造的空白的信用卡要加入一些信息资料才能使用。所以，持有、运输伪造的空白信用卡要求"数量较大"，而持有、运输伪造的信用卡不要求"数量较大"。这里"或者"前面有"的"，就说明"或者"后面的要素跟前面没有关系，如果没有"的"，那么"数量较大"也适用于前面。

3. "非法持有他人的信用卡"，是否限于他人真实有效的信用卡？误以为持有的是真实、有效的信用卡，实际上是伪造的信用卡，能否以持有伪造的信用卡认定而不需要"数量较大"？

非法持有他人的信用卡一般针对的是真实的信用卡，但不能因此限定于他人真实有效的信用卡。如果行为人误以为是真实的而实际上是伪造的信用卡，属于同一构成要件的认识错误，不影响故意既遂的认定。

第二问，应该是需要数量较大。非法持有他人信用卡要求数量较大，持有伪造的信用卡不要求数量较大，但如果误以为是真实的信用卡，而实际上是伪造的信用卡，根据责任主义要求，还是应该达到数量较大。

4. 得到他人同意的购买、持有他人信用卡，用他人身份证领取信用卡，构成妨害信用卡管理罪吗？

也有可能构成本罪。本罪是侵害社会法益的犯罪，个人不能承诺放弃。银行卡是不能转让的，只能自己使用，但有人专门把卡借给别人或卖给别人用于犯罪，所以得到他人同意的也可能构成非法持有信用卡罪，但是亲人之间、恋人之间可能另当别论。但如果男女朋友分手了，还拿着前任的银行卡用，构不构成？当然构成。征得他人同意而申领信用卡，比如用于违法犯罪的用途，即使得到同意也有可能构成犯罪。

5. 出售、购买、提供真实的信用卡，如何处理？

法条没有规定。这是立法疏漏，似乎只能构成帮助信息网络犯罪活动罪。出售、购买、提供伪造的信用卡都能构成犯罪，出售真卡等反而不构成犯罪？卖卡能不能评价为提供信用卡信息资料？法条规定，窃取、收买、非法提供他人信用卡信息资料的构成犯罪，但如果行为人卖的是自己的卡，还真难办。至于说购买真实的信用卡，可以评价为收买信用卡信息资料。

6. 伪造信用卡后持有、运输、出售、提供的，如何处理？

一般认为是牵连犯。

7. 购买真实信用卡后持有、使用的，如何处理？

可能构成妨害信用卡管理罪和信用卡诈骗罪。

8. 何谓第3款中的"利用职务上的便利"？教唆金融机构工作人员利用职务上的便利提供信用卡信息资料，对于教唆者应否从重处罚？

利用职务上的便利，就是办理银行卡的便利，比如信用卡公司的工作人员利用职务上的便利，获取或者提供信用卡信息资料。

第二问，这种身份应该是一种责任身份，金融工作人员利用职务上的便利，窃取、收买、非法提供他人信用卡信息资料要从重，那么教唆金融机构工作人员实施犯罪的教唆者要不要从重？刑法分则中很多地方都有这种问题，教唆国家机关工作人员实施犯罪的，教唆犯要不要从重？不需要从重。如果这种身份跟他人的职务有关系，教唆他人利用职务上的便利实施，的确增加了违法性，但因为不具有这种身份的人理论上一般主张应减轻处罚，所以不必从重。

9. 购买伪造的信用卡或者以虚假的身份证明骗领信用卡后予以使用的，如何处理？

一般作为牵连犯处理。

10. 盗窃信用卡后非法持有的，如何处理？

盗窃信用卡，如果是特殊盗窃的话是可以构成犯罪的，比如入户盗窃信用卡可以构成盗窃罪，然后又持有，要不要构成妨碍信用卡管理罪？有没有侵害新的法益？盗窃信用卡作为盗窃罪进行评价，是侵害了银行卡这种财产本身的价值，然后持有银行卡的，又侵害了信用卡的管理秩序，侵害了新的法益，还是有可能数罪并罚的。

11. 出卖真实信用卡的，如何处理？无偿交付信用卡给他人使用的行为，构成犯罪吗？

如果出卖自己真实的信用卡，目前没法处理，但卖的是他人的真实信用卡，则是提供信用卡信息资料。

第二问，刑法没有规定，如果你交给违法犯罪分子使用，可能构成帮助信息网络犯罪活动罪。

12. 窃取、收买或者非法提供他人信用卡的行为，可能成立窃取、收买、非法提供信用卡信息罪吗？

是有可能的，因为信用卡肯定包括了信用卡信息资料。

另外，窃取、收买属于非法获取，与提供之间存在危害性的差异。窃取、收买是获得，获得之后只要不使用，顶多就是抽象危险。但提供不一样，虽然窃取、收买和非法提供适用同样的法定刑，但是处刑上应当区别对待，一个是获取，一个是提供给别人，就像购买毒品和贩卖毒品不是一回事一样，购买伪劣产品和销售伪劣产品显然也不是一回事。

13. 窃取、收买、非法提供信用卡信息的，还可能同时触犯侵犯公民个人信息罪吗？

可能，信用卡信息显然是重要的公民个人信息，属于想象竞合。

14. 伪造空白的信用卡后又持有、运输、出售或者提供给他人的，如何处理？

一般作为牵连犯处理。

■ **法规链接**

《刑法》第178条**伪造、变造国家有价证券罪，伪造、变造股票、公司、企业债券罪**

■ **疑难问题**

1. 本条中的"伪造""变造"，是否包括无形伪造、变造？

不排除无形伪造、变造。

2. 伪造、变造国家有价证券罪是选择性罪名还是并列罪名？既伪造国库券又变造国库券的，能否数罪并罚？

不是选择性罪名。

行为人伪造此种国家有价证券，又变造了彼种国家有价证券的，当然有可能数罪并罚。

3. 伪造、变造股票、公司、企业债券罪是否为选择性罪名？既伪造股票又伪造债券的，能否数罪并罚？

不是所谓选择性罪名。

既伪造股票又伪造债券的，当然应该数罪并罚。

4. 伪造后使用的，如何处理？

一般作为牵连犯处理。

■ **法规链接**

《刑法》第179条**擅自发行股票、公司、企业债券罪**

---------- ■ 疑难问题 ----------

1. 本罪是否为选择性罪名？既擅自发行大量的股票又擅自发行大量的债券的，能否数罪并罚？

不是选择性罪名。

应当数罪并罚。

2. "擅自"的表述有无意义？

"擅自"的表述没有意义。

3. 本罪与欺诈发行证券罪之间是什么关系？

欺诈发行股票、债券罪因为增加了一个存托凭证，罪名就改为了欺诈发行证券罪，但本罪还是这么表述的，其实本罪名应该确定为擅自发行证券罪。

欺诈是不是一种擅自？但擅自不一定是欺诈。二罪可能存在竞合关系。

---------- ■ 法规链接 ----------

《刑法》第180条内幕交易、泄露内幕信息罪，利用未公开信息交易罪

---------- ■ 疑难问题 ----------

1. 内幕交易、泄露内幕信息罪是并列罪名还是选择性罪名？既进行内幕交易又泄露内幕信息的，应否数罪并罚？

是并列罪名。

当然要数罪并罚。

2. "明示、暗示他人"中的"他人"，能否成立共犯？

"他人"属于片面的对向犯，有可能成立共犯。

---------- ■ 法规链接 ----------

《刑法》第181条编造并传播证券、期货交易虚假信息罪，诱骗投资者买卖证券、期货合约罪

■ 疑难问题

---

1. "编造"是实行行为吗？编造并传播证券、期货交易虚假信息罪，是单行为犯还是复行为犯？单纯编造不传播的构成犯罪吗？

行为人自己不编造，明知是他人编造的而传播，能不能构成犯罪？这里的编造并传播强调的是故意，即明知道是编造的，明知是虚假的还传播，而不是说要亲自编造并且传播。因此，编造不是实行行为，连预备都不是。本罪的实行行为只有传播。

本罪是单行犯，实行行为只有传播。

单纯编造不传播的，不构成犯罪，连预备都不构成。

2. 实施伪造、变造销售交易记录，是否意味着诱骗投资者买卖证券、期货合约罪的着手？

不能认定为着手，着手指在开始实施诱骗的时候，要出示虚假信息或者伪造、变造的交易记录。

■ 法规链接

《刑法》第182条 操纵证券、期货市场罪

■ 疑难问题

---

1. 《刑法修正案（十一）》为什么要修改本条？

修改的原因是因为证券法修改了，所以刑法也要作相应修改。若把刑法回归到自然犯，把法定犯规定到其他的部门法里面，刑法就没有必要频繁修改了。《日本刑法典》还是1907年制定的，就因为它把法定犯规定在部门法里面，知识产权罪都规定在知识产权法里面，公司犯罪都规定在公司法里面，刑法学者不用作研究。但是，我们实行的是自然犯和法定犯一体化的立法体例，这导致证券法、著作权法等一修改，刑法也要跟着修改。

2. 本罪是选择性罪名吗？既操纵证券市场又操纵期货市场的，能够数罪并罚吗？

我认为不是选择性罪名。

可以数罪并罚。

3. "合谋""串通"的相对方，构成本罪的共犯吗？

有成立共犯的可能。

4. 有关因操纵证券、期货市场行为受过刑事追究，或者二年内因操纵证券、期货市场行为受过行政处罚的，属于情节严重的司法解释规定，有无疑问？

这个司法解释混淆了责任要素和预防要素。

■ 法规链接

《刑法》第 183 条**职务侵占罪、贪污罪**，第 184 条**公司、企业人员受贿罪**，第 185 条**挪用资金罪、挪用公款罪**

■ 疑难问题

1. 第 183 条第 1 款是注意规定还是法律拟制？职务侵占罪的行为方式是否包括骗取？

如果认为职务侵占罪的行为方式本来就包括了窃取、骗取，那么这一款的规定是注意规定还是特殊规定？是注意规定。如果认为职务侵占罪的行为方式只包括侵吞、侵占，不包括窃取、骗取，那么这一款的规定就是法律拟制。这里我倾向于把它看成是法律拟制，因为职务侵占罪的行为方式并不包括窃取、骗取，和贪污罪是不一样的，不能想当然。

2. 第 185 条第 1 款挪用客户资金也能构成挪用资金罪的规定，是注意规定还是法律拟制？

如果认为客户资金不是单位的资金，挪用客户资金也能构成挪用资金罪的话，那就是法律拟制。

3. 其他条款是注意规定还是法律拟制？是否为多余的规定？

这些都是注意规定，都不用去管。刑法条文完全可以精简、精简再精简，如把这些注意性规定删掉，然后再类型化，增设背信罪、妨害业务罪、强制罪、胁迫罪之类抽象程度很高的罪名，我们的刑法条文只要保留一两百个就够了。

■ 法规链接

《刑法》第185条之一 背信运用受托财产罪、违法运用资金罪

■ 疑难问题

1. 若我国刑法中规定有背信罪，还需要上述罪名吗？

不需要。

2. 上述犯罪是单位犯罪吗？

只要不处罚单位只处罚责任人员，就没必要把它看成是单位犯罪。

3. 上述犯罪与贪污罪，职务侵占罪，玩忽职守罪，滥用职权罪，国有公司、企业、事业单位人员失职罪，以及滥用职权罪之间是什么关系？

是竞合的关系。

■ 法规链接

《刑法》第186条 违法发放贷款罪

■ 疑难问题

1. 借款人要求、唆使金融机构工作人员违法向自己发放贷款的，成立违法发放贷款罪的共犯吗？借款人以外的第三者单纯为违法发放贷款的行为提供帮助或者实施教唆行为的，成立本罪的共犯吗？

张明楷老师认为不成立共犯，因为从罪刑相适应的角度讲，违法发放贷款罪比骗取贷款罪法定刑还要重，如果行为人符合骗取贷款罪的条件，成立骗取贷款罪，也就没有必要成立违法发放贷款罪的共犯。但我不赞成，行为人不是被害人，也不缺乏期待可能性，可能成立共犯。

第二问，第三者肯定成立共犯。

2. 本罪是行为犯、抽象危险犯还是实害犯？

条文表述的是"数额巨大或者造成重大损失"，从造成重大损失来看好像是实害犯，但数额巨大好像又是抽象危险犯。所以，有的罪名的犯罪类型还很难确定。

3. "重大损失"的判断，是应采取法律的损害说观点，还是经济的损害说观点？是否只有当发放的贷款被列为呆滞贷款或者呆账贷款时，才能认定为造成了重大损失？

应该采取经济的损害说观点。

第二个问题，不需要。不列为呆账贷款，也可能认定造成了重大损失。

4. 本罪的责任形式是故意还是过失？应否承认所谓客观的超过要素？

关于违法发放贷款罪的责任形式，理论上有争议，有故意说、过失说和复合罪过说，我个人倾向于模糊罪过说，即至少有过失。但张明楷老师把造成重大损失称为客观的超过要素。张老师一方面认为这些犯罪是故意犯罪，另一方面又把造成重大损失看成是客观的超过要素，不需要行为人现实地认识到，更不需要持希望或者放任的态度，只需要有认识的可能性。

5. 小额贷款公司及其工作人员能成为本罪主体吗？

不可以。对小额贷款公司而言，没有以本罪定罪处罚的必要性。违法发放贷款罪是为了保护银行的利益，所以小额贷款公司虽然可以成为骗取贷款罪甚至贷款诈骗罪的被害人，但不能成为违法发放贷款罪的犯罪主体。

■ 法规链接

《刑法》第187条 **吸收客户资金不入账罪**

■ 疑难问题

1. 本罪的立法目的是什么？

是保护金融管理秩序和国家的金融调控政策。体外循环就摆脱了国家对银行的金融监管，因为如果吸收客户资金之后不入账，就会逃避人民银行的监管。

2. 本罪是行为犯、抽象危险犯还是实害犯？

说不清楚。规定的也是"数额巨大或者造成重大损失"，从造成重大损失来看好像是实害犯，但数额巨大好像又是抽象危险犯。

3. 客户可否构成本罪共犯？

理论上讲也能成立共犯。

■ 法规链接

《刑法》第188条 违规出具金融票证罪

■ 疑难问题

1. "他人"可否成立本罪的共犯？

"他人"属于片面的对向犯，有可能成立共犯。

2. 本罪的责任形式是什么？

按照张明楷老师的观点，只要没有过失犯的文理根据，就不得不承认它是故意犯。成立过失犯要么有"过失犯前款罪"之类的明文规定，要么有"严重不负责任""玩忽职守""造成重大事故"之类的文理根据，否则就只能放弃可以由过失构成的观点。

3. 有关接受贿赂违规出具信用证等应当追诉的立案标准规定，有无疑问？

接受贿赂的定受贿罪不就行了吗？接受贿赂能够增加本罪的违法性吗？把其他构成要件所评价的事实评价为本罪违法事实，合理吗？我们有一些司法解释都这么规定，认为接受贿赂之后就达到立案标准了，但事实上接受贿赂并不会增加本罪的违法性。

4. 对于无形伪造金融票证的，是成立本罪还是伪造金融票证罪？

无形伪造能够成立本罪，还可能同时成立伪造金融票证罪。

■ 法规链接

《刑法》第189条 对违法票据承兑、付款、保证罪

■ 疑难问题

1. 本罪是结果犯还是实害犯？

是典型的实害犯。

2. 申请票据承兑的一方，是否成立本罪的共犯？

我认为不能排除共犯成立的可能性。

3. 在成立本罪的同时，是否可能同时成立贪污罪、职务侵占罪？

伙同他人对违法票据予以承兑、付款，使本单位遭受财产损失，当然可能构成职务侵占罪和贪污罪。公司犯罪、金融犯罪都有可能同时构成职务侵占罪和贪污罪。

4. 本罪的责任形式是什么？应否承认所谓客观的超过要素？

张明楷老师认为是故意，并认为造成重大损失是所谓客观的超过要素。我认为本罪的责任形式是模糊罪过，即至少是过失，不应承认所谓客观的超过要素。

5. 判断"重大损失"，应否坚持经济的损害说观点还是法律的损害说观点？

判断重大损失要坚持经济的损害说观点。

■ 法 规 链 接

《刑法》第190条**逃汇罪**

■ 疑 难 问 题

1. 本罪的立法目的是什么？要保护的法益是什么？

是保护我们国家的外汇安全，这关系到我们国家的金融安全。

2. 所逃的外汇是否为违法所得，应否追缴没收？

不属于违法所得，所逃的外汇是别人的合法财产，不应追缴没收。

3. 本罪是否为单位犯罪？

本罪不处罚单位，就没必要认为是单位犯罪。

■ 法 规 链 接

《刑法》第191条**洗钱罪**

■ 疑 难 问 题

1. 《刑法修正案（十一）》对本条有哪些修改？为什么修改？

重大的修改就是"自洗钱"入罪，把以前的协助取消了，把"自洗钱"，即将自己实施犯罪的所得用转账等形式加以隐瞒的行为纳入处罚范围。

2. 为什么去掉"明知"的规定？这是否意味着取消了主观明知的构成要件，从而降低了入罪条件？成立"他洗钱"犯罪，是否需要"明知"？

以前规定的是"他洗钱"，强调明知，现在因为"自洗钱"，比如自己实施贪污犯罪，然后通过转账"漂白"犯罪所得的，也构成犯罪，行为人自己当然知道是犯罪所得。所以，不是说成立洗钱罪不要求明知，而是"自洗钱"的当然是明知，但如果是"他洗钱"，即帮助他人洗钱，还得要明知。只要是故意犯罪，当然要明知，不能认为删除之后就不需要明知了。

刑法分则中的"明知"其实是可以删掉的，因为只要是故意犯罪，行为人就应该认识到客观要素，如果没有认识到客观要素的性质，就没有犯罪故意，就没有认识到自己行为的社会危害性。所以，删掉"明知"并不意味着取消了主观明知的构成要件，降低了入罪条件。

成立"他洗钱"犯罪，当然还是需要明知，如果不明知是他人的犯罪所得，行为人怎么可能有犯罪故意？我国刑法中的故意，是明知自己的行为会发生危害社会的结果而希望或者放任这种结果发生，是所谓实质的故意概念。

3. 何谓"自洗钱"？

"自洗钱"犯罪，就是将自己的犯罪所得通过转账等方式进行转移、掩饰，也构成犯罪。

4. 洗钱罪所保护的法益是什么？

洗钱罪所保护的主要法益是金融管理秩序，妨害司法应该说是次要法益，当然洗钱也可能同时构成了妨害司法罪，可以认为它们是想象竞合的关系。正是因为它侵害的主要法益是金融管理秩序，所以它和掩饰、隐瞒犯罪所得罪之间才能形成想象竞合。想象竞合是因为侵害了数个法条所保护的法益，适用其中任何一个罪名都不能做到全面评价，才叫想象竞合。而法条竞合，是用一个法条就能评价全部的法益侵害事实。

5. 上述规定是注意规定还是特殊规定？盗窃犯等本犯，自己窝藏、转移、销售赃物的，构成掩饰、隐瞒犯罪所得、犯罪所得收益罪吗？

把"自洗钱"纳入处罚的范畴，能不能举一反三，认为盗窃犯窝藏自己的赃物、转移赃物、销售赃物构成犯罪？如果把洗钱罪看成是注意规定的话，那么盗窃犯窝藏赃物也要构成犯罪，因为是不言自明的道理，注意规定就是没有这种规定，也应当这么处理，这显然不合理。应该把它看成是法律拟制，也就是说只限于洗钱，只有自洗钱构成犯罪，不能举一反三，不能推而广之认为盗窃犯自己窝藏、转移、销售赃物也构成犯罪。因为掩饰、隐瞒犯罪所得及收益罪规定的还是明知是犯罪所得及其产生的收益而窝藏、转移、销售，或者以其他方法掩饰、隐瞒，说明掩饰、隐瞒犯罪所得、犯罪所得收益罪还是限于为他人窝藏、转移、销售赃物，并不包括自己窝藏、转移、销售赃物。

6. 本犯洗钱的，是定一罪还是应数罪并罚？

从理论上讲，应该数罪并罚。但数罪并罚会导致实施一个犯罪可能构成数罪，这可能不合理。

7. 洗钱罪与掩饰、隐瞒犯罪所得、犯罪所得收益罪及窝藏毒赃罪之间是什么关系？

张明楷老师认为是想象竞合的关系，洗钱罪侵害的法益是金融管理秩序，而掩饰、隐瞒犯罪所得等侵害的是国家的司法作用。法益不一样，所以是想象竞合。

8. 非国家工作人员受贿罪所得及其产生的收益，能否成为洗钱罪的对象？

在洗钱罪的上游犯罪中，毒品犯罪应该是指刑法分则第六章第七节"走私、贩卖、运输、制造毒品罪"中的全部罪名。黑社会性质组织犯罪、恐怖活动犯罪，以黑社会性质组织、恐怖活动组织及其成员为主体实施的所有犯罪都可能是洗钱罪的上游犯罪。走私犯罪是属于"走私罪"一节的罪名，走私毒品在毒品犯罪里面。贪污贿赂犯罪并不限于第八章的罪名，它用的是"贪污贿赂犯罪"的表述，不是"贪污贿赂罪"。破坏金融管理秩序犯罪，就是属于第二章"破坏金融管理秩序罪"这一节的罪名。另外，金融诈骗就是第二章第五节"金融诈骗罪"这一节的罪名。

所以，这里用的是贪污贿赂犯罪，没有用贪污贿赂罪，应该能包括非国家工作人员受贿罪，因为它也属于贿赂犯罪。

9. 因行贿所得的财产能否成为洗钱罪的对象？

行贿的财物本身不是洗钱罪的对象，但是因为行贿所获得的财产、所获得的收益还是能成为洗钱罪的对象。行贿能得到什么财产呢？通过行贿低价采购商品、高价销售商品，是可以获得利益的。行贿除了职务晋升之外，一般来说都是为了获得财产。

10. 职务侵占罪、挪用公款罪能否成为洗钱罪的上游犯罪？

职务侵占罪恐怕不行，规定的是贪污贿赂犯罪，应该不包括职务侵占罪。挪用公款罪当然属于贪污贿赂犯罪，但挪用的公款本身不能叫犯罪所得，而是犯罪组成之物。不像贪污所得，那是犯罪所得，挪用公款中行为人只是一时使用、挪用，挪用的公款是要归还的。但挪用公款之后所产生的收益就属于犯罪所得收益了，比如挪用公款去赌博、去走私、去贩卖毒品，就会有收益。

11. 成立洗钱罪，是否应以上游犯罪事实成立为前提？

上游犯罪事实是要成立的，但不需要上游犯罪被法院宣判有罪，不需要判决成立。犯罪事实要成立是指符合构成要件并且违法的行为，不需要有责性，因为照样侵犯了法益。

12. 本罪中的"没收"包含了哪些内容？该罪的"没收"与《刑法》第64条的"追缴"是否为同一含义？所没收的财物，是应上缴国库还是返还给被害人？

其实这里使用"没收"并不是很准确，如果有被害人，像贪污所得，是应该上缴国库还是应该返还被害人？所以，这里的"没收"应该包括两种：第一种需要上缴国库，就像受贿所得，是要没收之后上缴国库；另外一种要返还被害人，相当于追缴、退赔。所以，不能把"没收"理解成都要上缴国库，有被害人的，没收之后就应该返还被害人。

13. "为掩饰、隐瞒其来源和性质"，是属于构成要件的内容，还是洗钱罪的目的？

掩饰、隐瞒其来源和性质是洗钱行为的基本特征，当然也是故意的认识内容，属于构成要件的内容。洗钱行为的性质就是掩饰、隐瞒来源、性质，通过转账把犯罪所得"漂白"。

14. 上游犯罪超过追诉时效，而洗钱罪没有超过追诉时效的，能否以洗钱罪追究刑事责任？

因为洗钱罪破坏的是金融管理秩序，上游犯罪超过了追诉时效，还是有可能以洗钱罪追究责任的。但是，如果认为洗钱罪是妨害司法的话，上游犯罪超过了追诉时效，恐怕就不能追究了。

15. 实施上游犯罪的人不具有有责性的，能否追究洗钱罪的刑事责任？

上游犯罪因为行为人没有达到刑事责任年龄，不具有有责性，但只要具有构成要件符合性和违法性，还是有可能成立上游犯罪的，就可以追究洗钱罪的刑事责任。

第五节　金融诈骗罪

■ 法规链接

《刑法》第192条**集资诈骗罪**

■ 疑难问题

1.《刑法修正案（十一）》对本条有哪些修改？

修改之前，本罪的法定刑有三个幅度：5年以下有期徒刑或者拘役、5年到10年有期徒刑、10年以上有期徒刑或者无期徒刑，罚金也有幅度。现在修改为两个法定刑幅度：3年到7年有期徒刑、7年以上有期徒刑或者无期徒刑。从起点刑来看，现在的刑罚重了，以前可能判处拘役，现在则至少是3年有期徒刑；以前规定的是浮动罚金，而现在变成了无限额罚金。

2. 修改是否意味着第三档法定刑已被取消？集资诈骗数额特别巨大或者有其他特别严重情节，如何处理？

本罪法定刑的变更，并不意味着第三档法定刑取消了，而是把第二档和第三档合并了。

集资诈骗数额特别巨大或者有其他特别严重情节的，也只能适用7年以上有期徒刑或者无期徒刑，法定刑幅度更大了。

3. 行为人在《刑法修正案（十一）》生效之前犯集资诈骗罪，属于第三档"数额特别巨大或者有其他严重情节的"，且行为人具备相关的法定减轻情节，故修正案生效前的一审判决对行为人判处8年有期徒刑。行为人上诉时修正案生效。根据生效后的规定，现在集资诈骗罪只有两档法定刑，对行为人只能适用第二档法定刑，二审判决能否改判？

行为人以前应该判处10年以上有期徒刑，因为有减轻情节判了8年，现在第二档法定刑是7年以上有期徒刑，减刑的话就要7年以下了，要不要改判？适用新法重还是旧法重？这是个问题。适用新法对行为人有利，从这个角度讲应该改判。

4. 本罪与欺诈发行证券罪，擅自发行股票、公司、企业债券罪，以及非法吸收公众存款罪的关键区别何在？它们之间是对立关系吗？对于非法占有目的难以查明的非法集资案件，如何处理？

关键区别在于有无非法占有的目的，但它们相互之间不是对立的关系。也就是说，欺诈发行证券等也可能有非法占有的目的。在非法占有目的不能查明的时候，就只能定欺诈发行证券罪、非法吸收公众存款罪，如果进一步证明有非法占有的目的，就定集资诈骗罪。如果把它们理解成对立关系，在是否具有非法占有目的不能查明时，就可能形成处罚漏洞。

5. 在金融诈骗罪中，未达相应金融诈骗罪的立案标准，但达到诈骗罪立案标准的，能否以诈骗罪定罪处罚？

集资诈骗要 10 万元才立案，如果集资诈骗 99000 元，没有达到集资诈骗罪立案标准，但诈骗罪的立案标准是 3000 元，能以诈骗罪定罪处罚吗？张明楷老师认为是可以的。有人可能会说，行为人非法集资达到 10 万元，刚刚达到立案标准，有可能判处缓刑，但集资诈骗 99000 元，依照诈骗罪应该属于数额巨大，是不是有些不合理？这的确是一个问题。我们姑且认为关于集资诈骗 10 万元的立案标准是合理的，如果集资诈骗没有达到 10 万元，那么对集资诈骗罪所要保护的主要法益即所谓的金融管理秩序的侵害，可以说是还没有达到值得以集资诈骗罪科处刑罚的程度。但是，该罪侵害的次要法益是他人的财产权，当行为对次要法益的侵害达到了相关罪名的处罚条件，就没有理由不以相关罪名定罪处罚。

当然，还有一种可能，即如果行为人以数额较大的财物为集资的目标，但未达到非法集资罪的立案标准，有可能成为集资诈骗罪的未遂。

6.《最高人民检察院关于办理涉互联网金融犯罪案件有关问题座谈会纪要》指出，犯罪嫌疑人非法吸收公众存款初始阶段不具有非法占有目的，后来产生非法占有目的继续吸收公众存款的，应分别认定为集资诈骗罪与非法吸收公众存款罪，问题是，对这种情形是实行数罪并罚，还是按一罪处罚？

行为人开始实施非法吸收公众存款的时候没有非法占有的目的，后来产生了非法占有的目的，应该构成两个罪，理论上讲应该数罪并罚，有学者倾向于只定一罪，我还是认为应该定两罪。这和挪用公款之后产生非法占有目的的不一样，行为人挪用了公款后一开始是打算还的，但后来不想还了，还是同一笔钱，通说认为只要主观上不想还了就变成了贪污。的确没有必要定两罪，因为针对的就是这一笔公款。但非法吸收公众存款不一样，它是一个长期的过程，一段时间非法吸收公众存款，还了之后又吸收。如果就同一笔钱，行为人吸收的时候是打算还的，后来不想还了，的确只需要给他定一个罪，即所谓包括的一罪，但如果他借了之后还了又再借，然后就不想还了，则应该数罪并罚。在非法占有目的产生之前的，构成非法吸收公众存款，非法占有目的产生之后继续吸收存款的，就构成了集资诈骗，理当数罪并罚。

■ 法规链接

《刑法》第193条 **贷款诈骗罪**

■ 疑难问题

1. 单位实施贷款诈骗的，如何处理？司法解释规定不能追究单位主管人员和直接责任人员的刑事责任，是否合理？

以前有争议，通说是这样来归纳案件事实的：本案属于单位贷款诈骗，但单位不是贷款诈骗罪的主体，因此不仅单位不能成立贷款诈骗罪，单位的主管人员和直接责任人员也不能成立贷款诈骗罪。不过，由于这种贷款诈骗都签订了合同，而合同诈骗罪是可以由单位构成的，所以单位贷款诈骗都定了合同诈骗罪。这是错误的逻辑。就算承认法人犯罪的国家，也不会规定单位或者法人可以成立任何犯罪，没有哪一个国家规定法人可以构成杀人罪、强奸罪，但是照样可以处罚相应的自然人。

通说的错误在于，它以案件事实作为大前提，首先把案件事实归纳为单位贷款诈骗，然后再以刑法规范作为小前提，结论就错了，大小前提颠倒了。应该以贷款诈骗罪构成要件作为大前提，然后看案件事实是否符合贷款诈骗罪构成要件，结论就完全符合。如果大小前提颠倒的话，就可以任意地出入人罪。比如说，本案属于同意杀人罪，我们国家没有规定同意杀人，所以就无罪；本案属于谋杀，我们国家没有规定谋杀罪，所以就无罪；本案属于生母杀婴，我们国家没有规定生母杀婴罪，所以就无罪。所以，以案件事实作为大前提，以法律规范作为小前提，就可以任意地出入人罪。应该以刑法规定的构成要件作为大前提，案件事实作为小前提，这样才能得出正确的结论。以贷款诈骗罪作为大前提，一定会认为所谓单位实施的贷款诈骗也完全符合贷款诈骗罪的构成要件，只是不能处罚单位，但可以处罚单位的主管人员和其他直接责任人员。正因为张明楷老师的努力，后来全国人大常委会出台了一个立法解释，规定凡是由单位实施的，如果没有规定单位是犯罪主体的，可以追究其中的自然人和主管人员的刑事责任。

单位有没有可能杀人？可能杀人，比如董事会决定把竞争对手的董事长杀掉，行还是不行？是不是体现了单位的意志？单位盗窃行不行？当然可以，单位派一个人到隔壁的工厂接一根电线过来偷电。单位放火行不行？单位给财产投保之后，集体决定一把火烧掉投保的财产，虽然不能追究单位放火罪的刑事责任，但完全可以追究组织、指挥、策划、实施的主管人员和其他直接责任人员的刑事责任。有些罪名没有规定单位可以作为犯罪主体，只是不能追究单位的刑事责任，但完全可以追究单位所谓主管人员和其他直接责任人员的刑事责任。

2. 何谓"以其他方法诈骗贷款"？行为人合法取得贷款后产生犯罪意图，并实施转移、隐匿贷款等行为的，如何处理？

"以其他方法诈骗贷款"也必须符合诈骗罪的构造，也就是行为人出于非法占有的目的，实施了欺骗的手段，使银行将贷款发放给行为人。如果在取得贷款的时候没有非法占有的目的，但之后因为市场行情的变化，行为人无力偿还贷款，携款潜逃的，不能评价为"以其他方法诈骗贷款"。即便行为人又实施了新的欺骗行为，让银行作出了免除债务的承诺，这个时候行为人骗取的也不是贷款，而是免除债务的财产性利益。

第二问，能构成侵占罪吗？不能构成。贷款是资金，金钱是占有即所有，所以行为人是占有人也是所有人，并不符合将自己占有之下的他人所有的财物变为自己所有，不符合变占有为所有的侵占罪的本质。如果行为人收受了对方的货物，特别是所有权保留的财物，行为人变占有为所有是可能构成侵占罪的，但就金钱而言，单纯的不还款不可能构成侵占罪。如果之后又实施了欺骗行为，使行为人免除了其还本付息的义务，则构成普通诈骗罪；如果没有，则既不构成贷款诈骗罪，也不构成侵占罪、诈骗罪，作为民事案件处理就可以了。

3. 如何区分贷款诈骗罪与骗取贷款罪？非法占有目的难以查明时，如何处理？对于合法取得贷款后，没有按照规定的用途使用贷款，到期未归还的，能以骗取贷款罪追究刑事责任吗？

金融诈骗罪里面应该只有集资诈骗罪与贷款诈骗罪强调了非法占有的目的，所以，有观点认为，没有强调非法占有目的的金融诈骗犯罪不需要以非法占有为目的。但张明楷老师认为，既然是诈骗，不管条文中有没有强调非法占有的目的，都要符合诈骗罪的构造，都要具有非法占有的目的。

其实，无论是贷款诈骗罪还是骗取贷款罪，主要有四种情形：第一种是身份的冒用，冒用他人的名义进行贷款；第二种是用途的虚构，编造虚假的用途进行贷款；第三种是对偿还能力的欺骗，没有偿还能力还是申请了贷款；第四种是贷款保证的欺骗，如虚假担保。不过，有时候也很难区分，比如《刑法》第193条

第1项，编造引进资金、项目等虚假理由，就涉及第二种和第四种情形。使用虚假的经济合同、使用虚假的证明文件是身份的欺骗、用途的欺骗还是偿还能力的欺骗？不好说，交织在一起很难区分。使用虚假的证明文件是保证的欺骗，使用虚假的产权证明作担保或超出抵押物价值作担保的是虚假保证。至于以其他方法诈骗贷款，需要提醒的是，一定要符合诈骗罪的构造，单纯地携款潜逃不能成立贷款诈骗罪。

贷款诈骗罪和骗取贷款罪的区别就在于是否具有非法占有的目的。至于非法占有目的怎么证明，要看行为人有没有偿还的能力，有没有编造虚假的材料，取得贷款之后用于什么地方等。

非法占有目的难以查明时，只能定骗取贷款罪，只要使用了欺骗的手段，就具备了骗取贷款罪的构成要件。如果进一步证明有非法占有的目的，那就是贷款诈骗罪。

第三问，是不行的，骗取贷款罪也是要取得贷款的时候就实施了欺骗的手段，而不能是合法取得贷款，只不过是没有非法占有的目的，是一时性地使用。

4. 行为人采取欺骗手段使他人为其提供贷款担保，从而骗取金融机构贷款的，如何处理？假借他人名义贷款并占有贷款，使他人成为贷款人的，如何处理？

骗他人担保也是一种诈骗，构成财产性利益的诈骗，然后又骗取了银行贷款，又构成贷款诈骗罪，一罪还是数罪？从理论上讲应该是数罪并罚，因为有两个被害人，即提供担保的人和银行，不符合成立包括的一罪的法益侵害的实质同一性条件。那么，有担保的话银行为什么是被害人呢？因为担保有时可能实现不了，实现担保也是有成本支出的。比如说行为人骗取他人担保，拍卖财产的时候财产大跌价，拍卖了还不一定能够偿还全部贷款。

第二问，假借他人名义贷款，这属于身份的冒用，对银行肯定构成贷款诈骗罪。比如，冒用他人的身份，用别人的手机向小额贷款公司贷款，对小额贷款公司成立贷款诈骗，因为如果对方知道你是冒用身份的话，是不会同意贷款的。但冒用他人身份贷款，这个钱并不会直接转到你的卡上，可能还得转到他人的账户上，如果你把他人账户上的贷款再转到自己的账上，就是盗窃。

5. 非金融机构工作人员与金融机构的信贷员、部门审核人员或者分管领导等人员勾结，以非法占有为目的，采取冒名贷款或者其他欺骗手段，从金融机构非法取得"贷款"的，应当如何处理？

如果勾结的是有贷款审批权限的人，就不存在被骗的自然人，双方应该构成职务侵占罪或者贪污罪的共犯；如果伙同的是没有最终审批权限的人，然后共同欺骗具有贷款审批权限的人，双方就构成贷款诈骗罪的共犯。所以得看有没有被骗者，被骗的是不是具有贷款审批权限的人，因为构成诈骗犯罪必须有被骗者。因此，是构成贷款诈骗罪还是职务侵占罪或者贪污罪的共犯，关键是看具有贷款审批权限的人有没有被骗。

6. 行为人合法取得贷款后，由于某种原因不能还本付息，采取欺骗手段将用于贷款的抵押物隐匿、转移，使贷款人不能对抵押物行使权利的，成立贷款诈骗罪吗？

不能。贷款诈骗罪的构造决定了必须是以欺骗的手段取得贷款，行为人合法取得贷款之后，因为已经取得贷款了，所以不可能根据事后的隐匿、转移财产来倒推当初具有非法占有的目的。

7. 未达到贷款诈骗罪追诉标准，但达到诈骗罪追诉标准的，能否以诈骗罪或者本罪的未遂论处？

和集资诈骗罪一样，能够成立诈骗罪。如果行为人以数额较大的财物为目标，还有可能成立贷款诈骗罪的未遂。

8. 行为人盗取他人房产证等证件，冒用他人名义与银行签订贷款合同，骗取银行贷款的，如何处理？

当然构成贷款诈骗罪，它属于保证的欺骗。盗窃他人的房产证，如果是采取入户盗窃等方式，对房产证本身还可能构成盗窃罪，但对他人的房子而言能成立诈骗吗？行为人并没有直接欺骗房主，所以很难评价。

9. 如何处理冒用他人支付宝等在第三方平台骗取贷款的案件？

属于冒用身份，对小额贷款公司这样的第三方平台而言成立贷款诈骗罪。

10. 行为人能否就同一贷款资金既构成贷款诈骗罪，又构成高利转贷罪？行为人起先以转贷牟利为目的套取金融机构贷款后高利转贷他人，违法所得数额较大，此时产生非法占有目的，拒不向金融机构还本付息，应当如何处理？

如果行为人出于非法占有的目的取得贷款，应该构成贷款诈骗罪；如果没有非法占有的目的，只是为了套取银行的贷款高利转给他人，就不能评价为贷款诈骗罪。贷款诈骗罪和高利转贷罪的区别在于有没有非法占有的目的。

第二问，不能成立贷款诈骗罪，只能成立高利转贷罪，所以一定要注意行为的构造与因果的流程。

■ **法规链接**

《刑法》第194条**票据诈骗罪、金融凭证诈骗罪**

■ **疑难问题**

1. 行为类型之间的认识错误，如误以为使用的是伪造的汇票，实际上使用的是作废的汇票，影响票据诈骗罪既遂的认定吗？

这属于同一构成要件内的错误，不影响故意犯既遂的认定。

2. 先骗取他人财物，之后将空白支票交付给对方的，构成票据诈骗罪吗？

不构成。先骗取了他人财物，就已经取得了财物，诈骗已经既遂。成立票据诈骗罪，必须是通过使用伪造的、作废的票据，让对方相信行为人有履行合同的能力，把财物处分给他，伪造的票据是欺骗的手段。

3. 对于签发与其预留签名、密码不同的支票，属于签发与其预留印鉴不符的支票而构成诈骗罪吗？

就印鉴不符而言，"印"是同一性的意思，"鉴"是审查的意思，"印鉴"的意思就是同一性审查。不会写字的人可以刻一个印章，就表示是本人的意思表示，是同一性的审查。预留的签名、密码起的作用也是表示同一性审查，它符合印鉴的本质。因此，签发与其预留签名、密码不同的支票，骗取财物的，也要认定为票据诈骗罪。

4. 盗窃支票并使用的，如何处理？

盗窃支票的情形很复杂，分记名与不记名各种情形，可能成立盗窃罪、票据诈骗罪。

5. 如何评价内外勾结使用伪造、变造的票据的行为？

内外勾结，若没有被骗的人，只能构成职务侵占或者贪污的共犯。只要是骗就必须要有人受骗，如果没有人受骗就不符合诈骗的构造。

6. 冒用他人真实存折的，如何处理？误以为冒用的是他人的真实存折，实际上系伪造的存折的，或者相反，如何处理？

冒用他人真实存折的，是诈骗。捡到别人存折到银行使用的也是诈骗。

使用伪造的存折叫金融凭证诈骗罪，但误以为是真实的，而实际上是伪造的，那么是定诈骗罪还是定金融凭证诈骗罪？误以为冒用的是真实的存折，说明有诈骗的故意，而客观上实现的是金融凭证诈骗的事实。也就是说，金融凭证诈骗罪中使用伪造的存折，需不需要认识到是伪造的存折？要认识到，应该把它评价为诈骗。

其实关于认识错误，国内学者还停留在方法的错误上进行争论，对中国式的问题并没有深入的探讨。因为我们的刑法罪名错综复杂，这种对象的错误什么时候会影响到既遂认定的问题也很重要。我们在前面讲走私罪的时候也提到了，这是很中国化的认识错误问题。

7. 能否认为成立金融诈骗罪，行为人主观上必须具有非法占有的目的？

只要是诈骗，就要求具有非法占有的目的。

8. 未达到本罪追诉标准，但达到诈骗罪追诉标准的，能否以诈骗罪或者本罪的未遂论处？

跟前面的集资诈骗、贷款诈骗一样，可以。

9. 行为人在明知的情形下，非法补记的数额超过付款人处实有的存款金额，欺骗付款人或者其他人，使之处分财产的，如何处理？

属于诈骗。

10. 以伪造的银行存折作抵押（质押），通过签订借款合同骗取银行贷款的，如何处理？

通过签订借款合同骗取银行贷款的，那是贷款诈骗。以伪造的银行存折作抵押是不是又是金融凭证诈骗？行为人的手段是以伪造的银行存折作质押，但目的是骗取银行的贷款，可以把它作为一罪来处理。

■ 法规链接

《刑法》第 195 条信用证诈骗罪

■ 疑难问题

1. 如何理解"骗取信用证"？

张明楷老师把骗取信用证分为骗开信用证和骗得信用证：第一种是你不符合开信用证的条件，让别人开给你；第二种是别人手上已经有信用证，你把它骗到手。骗取信用证只是预备行为，并不意味着对方遭受了相应的损失。张老师认为骗开信用证只是预备，同时成立无形伪造金融票证的间接正犯。骗开信用证叫无形伪造，这个信用证本身形式上是真实的，但你并不具有开具信用证的权限或者资格。

2. 骗取信用证是信用证诈骗罪的预备还是着手实行？

骗取信用证是信用证诈骗罪的预备，骗取信用证并不意味着对方已经丧失了相应的财产。

3. 以非法占有为目的骗取信用证的行为，除成立骗取金融票证罪之外，是否另成立其他犯罪？

还成立无形伪造金融票证罪的间接正犯。

■ 法规链接

《刑法》第 196 条信用卡诈骗罪

■ 疑难问题

1. 如何理解本条第 2 款所规定的"经发卡银行催收后仍不归还"的体系地位？出于非法占有目的透支，但未经发卡银行催收的，能否定诈骗罪？

恶意透支是以非法占有为目的的，所以透支的时候就要有非法占有目的，但实践当中往往根据事后不还款就推定透支的时候有非法占有目的，因此扩大了恶意透支型信用卡诈骗罪的成立范围。张老师认为，经发卡银行催收后仍不归还是客观处罚条件，也就是说即便你出于非法占有的目的透支了，但发卡银行催收你就还了，也不能处罚你。

国外有一个典型的罪名叫事前受贿罪。即将要成为公务员的人收受贿赂的，得等他真正成为公务员之后才能处罚。也就是说，事后成为公务员就是发动刑罚的条件，就是客观处罚条件。一般认为客观处罚条件是构成要件符合性、违法性、第二问，不能定信用卡诈骗罪，但是能定诈骗罪，这是张老师的观点。因为只有信用卡诈骗罪才要求经发卡银行催收，诈骗罪并没有这个条件。但这可能有疑问。之所以立法者对恶意透支型信用卡诈骗罪设置经发卡银行催收这个客观处罚条件，其实就是为了平衡发卡银行和持卡人之间的利益。银行发行信用卡，就应该承担一定的风险。即便行为人透支时就具有非法占有目的，但只有经发卡银行催收不还才值得科处刑罚。所以，不宜认为不经发卡银行催收的，不成立信用卡诈骗罪但可以成立诈骗罪。

2. 透支时没有非法占有的目的，透支后萌生不归还的意思，或透支后由于客观原因不能归还的，能构成信用卡诈骗罪吗？应否承认所谓事后故意与事后非法占有目的？

不构成，但是实践当中往往就根据事后不归还而定罪。其实有一些做小买卖的或者是经营小企业的业主资金紧张，他手上有很多银行卡，他透支之后以为是能够还的，但没想到因为意外情况发生，后来还不上了。不能根据他事后不能归还贷款，就反推他当初就是出于非法占有的目的进行恶意透支的。

第二问，我们不承认所谓事后故意与事后非法占有目的。

3. 在 ATM 机上"恶意透支"或在 ATM 机上使用伪造的信用卡，构成信用卡诈骗罪吗？

不构成信用卡诈骗罪。按照有些学者的观点，在 ATM 机上透支也能构成信用卡诈骗罪，但张明楷老师一直主张机器不能被骗，被骗的只能是自然人，在 ATM 机上透支和使用伪造的信用卡，没有被骗的自然人，不构成信用卡诈骗罪，只能是盗窃。

4. 以虚假的身份证明骗领信用卡的行为人，以及以窃取、骗取等非法手段获得他人信用卡的人，是否属于"恶意透支型"信用卡诈骗罪中的"持卡人"？

恶意透支型信用卡诈骗罪中的持卡人只能是合法的持卡人，不能包括骗领信用卡的人和窃取、骗取他人信用卡的人。使用伪造的信用卡和以虚假的身份证明骗领信用卡的直接构成信用卡诈骗罪。另外，窃取信用卡并使用的成立盗窃罪，骗取信用卡并使用的属于冒用他人的信用卡，二者都不属于恶意透支型信用卡诈骗，恶意透支型信用卡诈骗只限于合法的持卡人。

5. 非法利用他人微信、支付宝转走与之绑定的银行卡中的存款或者透支，构成信用卡诈骗罪吗？

现在有一个认识误区，认为只要这个钱最终来源于信用卡，就属于冒用他人信用卡。其实，只要没有实际地使用他人的卡号和密码，即使钱来源于信用卡，也不能认定为信用卡诈骗罪。

6. 签订合同时为了证明自己有履行合同的实力而出示伪造的信用卡，属于"使用伪造的信用卡"而构成信用卡诈骗罪吗？

不构成。信用卡应该怎么使用？刷卡消费，或者是从 ATM 机取款。只是亮相，证明自己有能力，拿出一沓信用卡来，不是信用卡的通常使用方法。

7. 利用伪造的信用卡担保，骗取他人财物的，成立信用卡诈骗罪吗？

信用卡有担保用途吗？那也不是信用卡的通常使用方法，不能成立信用卡诈骗罪，只能成立诈骗罪或者贷款诈骗罪。

8. "冒用他人信用卡"，限于真实有效的信用卡吗？误以为冒用的是他人真实有效的信用卡，实际上系伪造的信用卡，构成信用卡诈骗罪吗？

第一问，不能这么限定。

第二问，构成信用卡诈骗罪。

9. 关于捡拾他人信用卡后在 ATM 机上使用以信用卡诈骗罪追究刑事责任的规定，有无疑问？

有疑问，捡到他人的信用卡在 ATM 机上使用只能构成盗窃，不能构成信用卡诈骗。"骗"，必须要有自然人受骗。

10. 盗窃他人信用卡取完存款并透支的，如何处理？

"盗窃他人信用卡取完存款"的定盗窃，"透支"能构成恶意透支型信用卡诈骗罪吗？不能，因为他不是合法的持卡人。那定什么？得看在什么地方透支，在 ATM 机上透支无论如何都不可能构成信用卡诈骗，那还是盗窃。如果在银行柜台或者商场刷卡消费的话，成立冒用他人信用卡。其实这类案件不是盗就是骗，如果是骗的话，再看是信用卡诈骗、贷款诈骗、合同诈骗，还是普通诈骗。

11. 如何理解本条第 3 款"盗窃信用卡并使用"定盗窃罪的规定？该款规定是注意规定还是法律拟制？明知是他人盗窃的信用卡而在银行柜台使用，适用该款规定定盗窃罪吗？"盗窃信用卡并使用"中的"信用卡"，应否仅限于借记卡？

第一问，理论上争议很大，这里的信用卡并不限于真实的信用卡。盗窃了信用卡，误以为是真实的，而实际上是伪造的，也不影响盗窃信用卡并使用的评价。盗窃并不是实行行为，只是预备。盗窃之后不使用，他人是没有财产损失的。

第二问，在 ATM 机上使用盗窃的信用卡，本来就应该定盗窃罪，所以是注意规定，但盗窃信用卡在银行柜台使用，本来应该定信用卡诈骗罪，现在定盗窃罪，是法律拟制。所以可以把该款理解为既是注意规定，又是法律拟制。

第三问，张明楷老师认为不参与盗窃，只参与使用，还是应该评价为盗窃信用卡并使用。但是，我认为应该评价为信用卡诈骗罪。盗窃信用卡并使用，必须先盗再使用，不参与盗窃只是参与使用，怎么能评价为盗窃信用卡并使用？张老师是肯定承继的共犯的，但我是主张承继共犯否定说的。这里举一个抢劫的案例：甲实施暴力压制被害人的反抗，他的朋友过来，甲邀请他的朋友一起取走被害人身上的财物，他的朋友就利用了被害人不能反抗的状态。对此，张老师认为甲和他的朋友构成抢劫的共犯，而我认为只能构成盗窃的共犯。因为如果抢劫是从 a 到 b 到 c，那他的朋友是在 b 这个点加入进来的，只是参与了盗窃行为，所以他朋友是盗窃的共犯，而不是抢劫的共犯。他的朋友对被害人被压制反抗的这种状态的形成是没有贡献的。一个人的行为不可能对他发生之前的行为或者结果有贡献，结果都是在行为发生之后。所以，没有参与盗窃只是使用的，我认为不能评价为盗窃信用卡并使用从而定盗窃罪，而只能根据行为人是在机器上使用还是在银行柜台使用，分别评价为盗窃罪、信用卡诈骗罪。

最后一问，张老师认为，"盗窃信用卡并使用"中的信用卡应仅限于借记卡。因为无论是在机器上还是对自然人使用，受害人都只有持卡人，将冒用他人信用卡拟制为盗窃罪具有合理性。但使用他人贷记卡恶意透支，被害人就不只是持卡人，还有发卡银行，在这种情况下将冒用他人信用卡的行为拟制为盗窃罪，就缺乏合理性。

12. 如何评价保管、捡拾、窃取、骗取、敲诈勒索、抢劫信用卡并使用的行为？抢劫信用卡并逼迫他人说出密码后释放被害人，之后去取款的，抢劫金额为取款金额吗？有关"抢劫信用卡后使用、消费的，其实际使用、消费的数额为抢劫数额"的司法解释规定，有无疑问？

第一问，这个在理论和实践当中争议很大，其中容易犯一个错误，即本末倒置。其实对金融凭证的犯罪评价的关键，不是如何取得这种金融凭证，而是如何使用金融凭证，因为只有通过使用，被害人才会遭受实际财产损失。你捡到他人的存折、银行卡不使用，他人一般是没有损失的，他人可以通过挂失来避免损失。所以关键不在于是怎么取得的，而是在于怎么使用，应当评价的是事后的使用行为。

如果你保管他人的信用卡然后擅自取款，是构成侵占还是构成盗窃？张老师认为是侵占。比如，成年邻居带着未成年人到外面去打工，然后未成年人单位要给他发工资，要求他提供银行卡，他就用成年邻居的身份证办了银行卡，密码是未成年人设定的，然后把银行卡交给成年邻居保管，结果成年邻居通过身份证挂失该卡，取走了里面的钱。这是侵占、盗窃还是诈骗？是不转移占有的侵占罪还是夺取罪？盗窃、诈骗都叫夺取罪，夺取他人占有，我认为应该构成夺取罪。别人就算让你保管银行卡，并没有把卡中的钱转移给你占有，所以应该是盗窃。

张老师认为名义人就是存款的权利人，但我认为名义人只是你存款权利归属的一种推定资料，如果有证据证明你不是实际的存款权利人，即便你是名义人也不占有存款。所以，不能简单地认为名义人就是存款的权利归属人，它只是金融法上为了交易的便利，推定名义人是存款的权利归属人，但是有充分的证据证明名义人并不是实际的存款权利人的，名义人也能构成盗窃、诈骗罪，而不是构成侵占罪。

至于骗取银行卡，我想到了一个例子：行为人找朋友借 1 万元，朋友说："我银行卡里面有 10 万元，你去取 1 万元。"结果行为人把 10 万元都取出来了，构成什么罪？诈骗，诈骗金额是 1 万元还是 10 万元？行为人借 1 万元，却取了 10 万元，1 万元是诈骗，还有 9 万元如果是在柜台取款的，是冒用他人的银行卡，构成信用卡诈骗罪；如果是在 ATM 机上取的，就构成盗窃。朋友对另外的 9 万元并没有处分，处分的只是 1 万元，所以不能简单地认为骗了他人的银行卡，然后所取得的金额就全是诈骗金额。

至于抢劫，争议就更大了。你抢劫别人的银行卡，逼迫被害人说出密码，把被害人放掉之后你自己再取款，司法解释就认为你取款的金额就是抢劫的金额，对还是不对？是不对的。你抢的只是银行卡本身，可以评价为抢劫罪的基本犯，因为抢劫罪基本犯不要求数额较大。你释放了被害人，那就不符合抢劫罪的构造，抢劫罪是压制被害人反抗，然后行为人把财物交付给你，或者容忍你拿走他的财物。你释放了被害人，之后单独取款的行为只能评价为盗窃或者是冒用信用卡。只有你在控制被害人的情况下取款的，取款金额才是抢劫的金额。所以，这个司法解释存在一定的问题，没有搞懂抢劫罪的构造。

13. 特约商户职员在顾客使用信用卡购物、消费结算时，私下重复刷卡，非法占有账户内资金的，如何处理？特约商户职员在捡拾顾客信用卡后，装成本人消费的，如何处理？

私自重复刷卡，这叫冒用信用卡，但诈骗必须要有人被骗，所以这里只能构成盗窃。

第二问，冒用他人信用卡，如果在特约商户职员自己那里消费不构成信用卡诈骗，因为他自己不可能被骗。如果银行已经通知止付了，还在刷卡，受损失的是特约商户，要构成职务侵占；如果没有通知止付，只能评价为盗窃。另外，如果特约商户职员跑到同事那里去使用，则有可能构成信用卡诈骗。

14. 如何处理非法获取他人社保卡后盗刷卡内社保金的案件？

社保卡不能评价为信用卡，只能评价为诈骗。

15. 使用伪造的空白的信用卡的，成立信用卡诈骗罪吗？

不能成立。信用卡诈骗罪规定的是使用伪造的信用卡，使用不是伪造的空白的信用卡的，只能成立诈骗罪。

16. 如何评价使用所谓"变造"的信用卡的案件？

如果你认为伪造的信用卡不包括变造的信用卡，那么只能成立诈骗罪；如果认为伪造包括了变造，那就是使用伪造的信用卡。

17. 未达到本罪追诉标准，但达到诈骗罪追诉标准的，能否以诈骗罪或者本罪的未遂论处？

能以诈骗罪或者本罪的未遂论处，跟前面几个金融诈骗罪一样。

18.《最高人民法院 最高人民检察院关于办理妨害信用卡管理刑事案件具体应用法律若干问题的解释》规定，恶意透支人在提起公诉前全部归还的"可以"不起诉，在一审判决前全部归还的"可以"免予刑事处罚，应否将这里的"可以"理解为"应当"？

可以不起诉是一种酌定的不起诉，其实应该不起诉。

19. 由持卡人以外的人（保证人）归还银行本息的，能否认为已经归还？

可以认为已经归还，银行也没有损失。

20. 行为人将自己名义的借记卡出卖给他人，后从手机短信得知借记卡汇入了存款，便重新以自己的身份证件补办借记卡并取款，成立信用卡诈骗罪吗？

即便你是名义持卡人，这个钱也是不属于你的。你在银行柜台挂失取款的时候，如果银行职员知道真相是不可能给你挂失取款的，所以你欺骗了银行，这虽然不是冒用信用卡，但构成诈骗。其实认定是不是诈骗特别简单，就看对方知道真相之后还会不会交付财物。

21. 电信诈骗犯骗取他人的汇款后，将自己或他人名义的信用卡交给行为人取款，行为人明知是诈骗所得而取款的，如何处理？

张明楷老师在《电信诈骗取款人的刑事责任》一文中指出，帮助他人取款的构成掩饰、隐瞒犯罪所得罪。但如果双方已经形成了一种默契，那么还能成立诈骗的共犯。此外，如果在ATM机上取款还可能构成盗窃，如果在银行柜台取款则还可能构成信用卡诈骗。在银行柜台取款，被骗人是银行职员；在ATM机上取款，是犯罪所得，被害人还是诈骗的被害人。也就是说，这种电信诈骗取款行为人可能构成三个罪：第一，掩饰、隐瞒犯罪所得；第二，如果长期为他人取款，即便没有明确的通谋，也能构成诈骗的共犯；第三，由于属于犯罪所得，因此在银行柜台取款就欺骗了银行职员构成信用卡诈骗，在ATM机上取款则构成盗窃。不过，这是理论上的探讨，实践中可能未必会认定构成这么多罪。

▪ 法规链接

《刑法》第197条有价证券诈骗罪

▪ 疑难问题

1. 向知情的对方倒卖伪造的国库券的，如何处理？

肯定不构成有价证券诈骗罪，因为对方知情而不可能被骗。这里构成倒卖伪造的有价票证罪，因为国库券也可以评价为有价票证。

2. 误以为使用的是伪造的国库券，实则是伪造的票据的，或者相反，如何处理？

这是抽象的事实认识错误，跨越了不同构成要件的认识错误。关于抽象的事实认识错误，主要是看是否成立轻罪的既遂，即是否在主客观相统一的范围内成立轻罪的既遂。具体的判断方法是看主观上成立轻罪还是客观上成立轻罪,如果主观上成立轻罪,就从主观认识出发,看有无与之相对应的客观事实,如果有就成立轻罪的既遂;如果是客观上成立轻罪,就从客观出发,看有无与之相对应的主观故意,如果有也成立轻罪的既遂。

误以为使用的是伪造的国库券,实则是伪造的票据的,它们的法定刑是一样的,这样就没法分是主观上成立轻罪还是客观上成立轻罪。

票据是一种资本证券,可以把它评价为证券,国库券就是一种有价证券。误以为使用的是伪造的国库券,而实际上是伪造的票据,是定有价证券诈骗还是定票据诈骗?误以为使用的是伪造的国库券,说明有进行有价证券诈骗的故意,客观上实现的是票据诈骗的事实,是按照主观定还是客观定?能不能按照客观来定票据诈骗罪?客观上使用的是伪造的票据,实现的是票据诈骗的事实,主观上是有价证券诈骗的故意,有价证券诈骗的故意能评价为票据诈骗的故意吗?票据可以评价为证券,但证券能评价为票据吗?票据可以评价为证券,但票据不是国库券。我倾向于按照客观来定罪,但怎么说理是一个问题。

3. 未达本罪追诉标准,但达到诈骗罪追诉标准的,能否以诈骗罪或者本罪的未遂论处?

能以诈骗罪或者本罪的未遂论处。

■ 法规链接

《刑法》第198条保险诈骗罪

■ 疑难问题

1. 保险诈骗罪主体以外的人骗取保险金的,如何处理?

只能成立普通诈骗。比如说汽车修理厂有可能骗取保险金,汽车修理厂不是投保人、被保险人、受益人,它不符合保险诈骗罪的主体条件,只能成立普通的诈骗罪。

2. 保险诈骗罪的实行行为是什么?虚构保险标的、编造未曾发生的保险事故、故意造成财产损失的保险事故、故意造成被保险人死亡的行为,是保险诈骗罪的预备还是着手实行?仅实施了制造保险事故的犯罪行为,而没有向保险人索赔时,应否认定为数罪?

保险诈骗罪的实行行为或者着手应该是开始索赔的时候。所谓虚构保险标的、编造未曾发生的保险事故、杀害被保险人、烧毁投保的财产都只是预备行为，但这种预备行为有可能是故意杀人罪的实行行为、放火罪的实行行为，从而有可能和故意杀人罪、放火罪的实行行为发生竞合。

第三问，是保险诈骗罪的预备和杀人、放火等罪的想象竞合。

3. 虚构保险标的签订保险合同，如谎报被保险人年龄，超过除斥期间的，还能构成保险诈骗罪吗？

在民法上超过除斥期间合同可能还是有效的，这是否影响刑法中对保险诈骗罪的评价呢？张明楷老师认为不影响，就算超过除斥期间，保险合同是有效的，仍可能构成保险诈骗罪。刑法上是否构成诈骗罪，跟合同本身是否有效没有关系。

4. 保险诈骗罪与合同诈骗罪、诈骗罪之间，是法条竞合还是想象竞合？保险诈骗罪的法定刑为何轻于诈骗罪？骗取保险金数额特别巨大，能否以诈骗罪判处无期徒刑？

第一问，讨论这个其实没有意义，说想象竞合也行，因为法益有区别。

第二问，因为我国的保险市场已经比较完善了，对保险市场秩序的侵害配置15年有期徒刑就能做到罪刑相适应。

第三问，是可以的，如果认为保险诈骗罪和诈骗罪之间是特别关系的法条竞合，又严格地坚守特别法优于普通法，即便保险诈骗数额特别巨大，也不能以诈骗罪定罪量刑，通说就是这种观点。张明楷老师认为，如果保险诈骗数额较大或者数额巨大，保险诈骗罪和诈骗罪之间是特别关系的法条竞合，按照特别法优于普通法定保险诈骗罪，但是如果保险诈骗数额特别巨大，就超出了所谓的不法的包容性，它们之间的关系就变成了想象竞合。这种不法的包容性的观念，很少有学者支持，我也是持反对意见。因为诈骗的对象是保险公司的财产，手段是保险诈骗，手段特殊，对象特殊，有特别的要素，所以它们之间就是特别关系。我认为没有必要坚持特别法优于普通法，因为中国并不存在典型的封闭的特权条款。立法配置的15年有期徒刑是根据行为对主要法益的侵害配置的，主要法益是保险市场秩序，当行为对次要法益的侵害超出了根据主要法益侵害所配置的法定刑的时候，就根据行为对次要法益的侵害所触犯的罪名来评价。

5. 本条第4款关于保险诈骗罪共犯的规定，是注意规定还是法律拟制？

保险诈骗罪的共犯仅限于保险事故的鉴定人、证明人、财产评估人这三类人吗？不是。这里是注意规定，只是提醒你，这三种人是经常性地提供虚假的证明文件，要作为共犯来处理，而只要符合了共同犯罪的成立条件，即便不是这三类人也能以共犯论处。

6.《刑法》第183条关于保险公司工作人员利用职务上的便利编造保险事故进行虚假理赔，骗取保险金归自己所有的，以职务侵占罪、贪污罪论处的规定，是注意规定还是法律拟制？保险诈骗的行为人与保险公司的工作人员相勾结骗取保险金的，如何处理？

如果认为职务侵占罪的行为方式本来就不包括骗取，而这里的骗取偏偏定职务侵占罪，那就是法律拟制；如果认为职务侵占的行为方式本来就包括了骗取，它就是注意规定。

第二问，关键看对方有没有保险理赔的权限。如果勾结的人是没有最终理赔权限的人，还是成立保险诈骗罪的共犯；如果勾结的是有最终理赔权限的人，那么就只能构成职务侵占罪或者贪污罪的共犯。

7. 单位制造保险事故的，如单位决定放火烧毁投保的财产并索赔的，对单位能否进行数罪并罚？仅制造保险事故，尚未索赔时，应否认定为数罪？

对单位而言只能成立保险诈骗，但对单位的主管人员和其他直接责任人员这些自然人而言，要成立两个罪，即放火罪和保险诈骗罪。因为放火罪的主体不包括单位，放火的责任由单位的自然人来承担。

第二问，不能认定为数罪，只能是想象竞合。放火烧毁投保财产还没有索赔的，只能成立保险诈骗的预备和放火罪，两者想象竞合。

第六节　危害税收征管罪

■ 法规链接

《刑法》第201条逃税罪

■ 疑难问题

1. 何谓作为逃税罪构成要件内容的"两类行为主体""三种手段行为""一种目的行为"与"两个情节要求"？

两类行为主体，一类是纳税人，二类是扣缴义务人。

三种手段行为包括虚假申报、不申报、扣缴义务人不缴税款。
一种目的行为，就是逃税。
两个情节要求，一个是数额，一个是应纳税额的比例。

2. 应否将"不申报"限制解释为"经税务机关通知申报而不申报"？
应当作此限制解释，没有通知申报的不能评价为不申报。

3. 缴纳税款后骗取所缴纳的税款成立逃税罪的，除了要求数额较大外，是否还要求骗取的税款占应纳税额10%以上？
缴纳之后再骗回来，按照逃税罪来处理，如果超出了所缴纳的部分，才成立骗取出口退税罪。这里也要求占应纳税额10%以上，因为它构成的是逃税罪，逃税罪既有数额的要求，也有应纳税额比例的要求。

4. 扣缴义务人成立逃税罪，除了要求数额较大外，是否也要求占应缴税额的10%以上？
不要求。扣缴义务人和纳税人不一样，扣缴义务人没有纳税的义务，扣缴了之后就应该如实上缴。

5. 漏税、避税行为是否成立逃税罪？
不成立。漏税是过失；避税是合法避税，利用冲突条款、法律漏洞、政策所允许的方式。

6. 1997年《刑法》偷税罪中关于"偷税数额占应纳税额的百分之十以上不满百分之三十并且偷税数额在一万元以上不满十万元""偷税数额占应纳税额的百分之三十并且偷税数额在十万元以上"的规定，是否会形成处罚漏洞？《刑法修正案（七）》的修订有无必要？
其实《刑法》中的这种"不满"的规定完全可以去掉，只要规定10%以上就可以了。以前那样规定，有人说形成了漏洞，比如行为人偷税9万元，占应纳税额的40%，构不构成偷税罪？是适用第一档还是第二档？当然是第一档。只要数额达到1万元以上，比例达到10%就可以了，达到40%难道反而不构成犯罪了？行为人偷税11万元，比例是20%，适用第几档？还是第一档，11万元达到第二档，但比例在第一档，要数额和比例都到第二档，才能适用升格法定刑。所以是没有漏洞的。

7. 本条第 3 款累计数额计算的规定，是注意规定还是法律拟制？

《刑法》中关于累计规定的条文很少，主要涉及逃税、走私、贪污、贩毒。不过，一些没有规定累计的罪名，实践中也被累计了，比如多次盗窃、多次诈骗。这显示人们把累计计算的规定理解成注意规定了。

8. 本条第 4 款规定的是违法阻却事由还是处罚阻却事由？第 4 款阻却事由的规定，是否适用于扣缴义务人的逃税行为？

是处罚阻却事由，这是学者努力的结果。你偷税了要通知你补缴税款、缴纳滞纳金，你老老实实交了没事，这叫处罚前置条件，就是处罚阻却事由，这样就可以大大缩小逃税罪的处罚范围。

第二问，当然不适用了，扣缴义务人没有可宽恕的因素，因为他所逃的税款本来就不是他的钱。

■ 法规链接

《刑法》第 202 条 抗税罪

■ 疑难问题
---

1. 本罪是所谓作为与不作为的复行为犯吗？

一般认为，不纳税是不作为，然后又使用暴力是作为。如果认为是复行为犯的话，什么时候算开始着手？在该纳税而不纳税的时候是不是就已经着手了？这就是复行为犯的问题。我的观点是，不应该认为本罪是复行为犯，应该纳税的身份只是一种伴随的情状或者是一种前提条件。但复行为犯实施第一个行为就已经着手了，像抢劫，实施暴力就已经着手了，这才叫复行为犯。

2. 暴力抗税致人伤害、死亡的，如何处理？法条竞合和想象竞合中被排除的法条所规定的附加刑（如罚金），能否适用？

只能与故意杀人罪、故意伤害罪成立想象竞合，但如果是轻伤的话评价为抗税罪就可以了。

第二问，抗税罪最高刑只有 7 年有期徒刑，行为人以故意伤害的方式暴力抗税致人重伤的，按照想象竞合是不是应该定故意伤害罪？抗税罪有罚金刑，定了故意伤害罪之后能不能同时判处罚金？可以的。无论是想象竞合还是法条竞合，被排除的法条要起两个作用：第一，所谓轻罪的封锁作用，适用重罪的结果不能判处低于轻罪的最低刑；第二，被排除的法条的附加刑仍然可以得到适用。抗税致人重伤，定故意伤害罪的话是没有罚金的，但是被排除的法条的附加刑，也就是抗税罪的罚金刑还是能够适用，所以打出去的是一套"组合拳"，不能说它被排除了以后法定刑就一概不能得到适用。

■ 法规链接

《刑法》第 203 条逃避追缴欠税罪

■ 疑难问题

1. 本罪的实行行为是作为还是不作为？

是作为，不是单纯的欠缴，而是要采取转移、隐匿财产的手段。

2. 本罪的立案标准为 1 万元，与司法解释所确定的逃税罪的 5 万元立案标准是否协调？

关于逃税罪，《刑法》里规定的是数额较大，是司法解释把立案标准确定为 5 万元，这个 5 万元和本罪中的 1 万元协不协调？比如行为人本来只逃了 1 万元的税，本身不构成逃税罪，但是如果采取了转移和隐匿财产的手段，致使税务机关无法追缴的税款为 1 万元，达到了本罪的立案标准，是不是不合理？

3. 何谓"无法追缴"？

只要足以使税款难以追缴即可。

4. 逃税又转移、隐匿财产逃避追缴的，如何处理？

如果构成了逃税罪，又转移、隐匿财产，只定逃税罪一罪就可以了，因为只侵害了一个法益。

■ 法规链接

《刑法》第 204 条骗取出口退税罪

■ 疑难问题

1. 本罪与诈骗罪是什么关系？骗取出口退税未达立案标准，但达到诈骗罪立案标准的，能否以诈骗罪定罪处罚？

可以认为是特别关系，骗取的是国家税款。

第二问，我认为可以以诈骗罪定罪处罚。骗取国家税款，就是诈骗。

2. 本条第 2 款中分别评价是否有违所谓"禁止分割评价原则"？该款是否为想象竞合从一重的例外规定？是应从自然意义上还是应从规范意义上认定行为个数？

这里把一个行为分割成了两个行为，即本身只有一个骗税的行为，把它分割成一个逃税、一个骗取出口退税。有学者认为把已经缴纳的部分骗回来认定为逃税，然后超过的部分又定骗取出口退税，有违所谓"禁止分割评价原则"。这是不是也说明想象竞合原则上应该数罪并罚？骗取出口退税在自然意义上就只有一个行为，但在规范性意义上，骗的是已经缴纳的部分，那叫逃税，然后超过的部分就叫骗取出口退税。所以，对行为个数应当从规范性意义上把握，而不是从自然意义上。你一次走私多种物品，自然意义上就是一次报关，但是规范性意义上就要评价为多个行为。

由上可知，不把它看成是想象竞合，而是要把它理解成数个行为。

3. 本条第 2 款前段规定的情形，能否适用第 201 条第 4 款处罚阻却事由的规定？

可以，如果行为人补缴了税款、缴纳了滞纳金就不处罚。既然按照逃税罪来处理，那么关于逃税罪的处罚阻却事由也适用于它。

▪ 法规链接

《刑法》第 205 条虚开增值税专用发票、用于骗取出口退税、抵扣税款发票罪

▪ 疑难问题

1. 能否认为只要虚开增值税发票、抵税发票，就构成本罪？成立本罪，是否要求行为人主观上具有非法骗取税款的目的，客观上具有造成国家税款损失的危险？相互对开，或者为虚增公司业绩所虚开的增值税专用发票没有抵扣联，以及代开的发票有实际经营活动相对应，没有而且不可能骗取国家税款的，能认定构成本罪吗？

曾经有观点认为，虚开增值税发票是所谓的行为犯，只要你虚开了就构成犯罪，哪怕是为了虚增公司的业绩，如上市公司为了虚增业绩相互对开，没有抵扣税款的意思，事实上也没有进行税款抵扣。按照行为犯的观点，只要一实施行为就构成犯罪，无疑扩大了处罚范围。所以后来学者认为，至少要有骗取税款的危险，要有偷逃税款的意图，要有使国家税款遭受损失的危险性、可能性。张明楷老师认为，虚开增值税发票就是一种诈骗，就是一种实害犯，要有骗取国家税款的目的、非法占有的目的。张老师混淆了实害犯和结果犯的概念，因为实害犯是没有未遂的，如果认为有未遂的话，它其实是结果犯。如果没有抵扣税款的意图，没有骗取国家税款的目的，单纯的虚开是不构成犯罪的。

第二问，是需要的。

第三问，不能认定为构成本罪。

2. 在伪造的增值税发票、抵税发票上虚开的，能否成立本罪？

刑法中的对象如果没有特别的说明，应该原则上限于真实的，不包括伪造的。只有两个条文是例外，一是虚开发票，既包括在真实的发票上虚开，也包括在伪造的发票上虚开；二是买卖国家机关公文、证件、印章，既包括买卖真实的，也包括买卖伪造的。

3. 本罪的实行行为是单纯的虚开，还是包括为他人虚开、为自己虚开、让他人为自己虚开、介绍他人虚开？本条第3款的规定是注意规定还是法律拟制？

我把发票分为三种对象，即增值税发票、抵税发票和普通发票。其中抵税发票是指增值税发票以外的用于骗取出口退税、抵扣税款的其他发票。有关发票的行为方式有五种，包括虚开、出售、购买、伪造、持有。这样就有虚开增值税发票、虚开抵税发票、虚开普通发票、出售增值税发票、出售抵税发票、出售普通发票、购买增值税发票、购买抵税发票（没有规定）、购买普通发票（没有规定）、伪造增值税发票、伪造抵税发票、伪造普通发票、持有增值税发票、持有抵税发票、持有普通发票这些情形。另外，三种对象又分别包括真实的和伪造的。不过，这其中购买抵税发票和普通发票没有被刑法规定为犯罪，那么能不能成立出售行为的共犯？

对于本条第3款，几乎所有人都认为虚开增值税专用发票、用于骗取出口退税、抵扣税款发票罪的实行行为包括了四种：为他人虚开、为自己虚开、让他人为自己虚开、介绍他人虚开。为他人虚开和为自己虚开自不必说，但是让他人为自己虚开，是虚开吗？那是教唆，介绍他人虚开则是帮助。那么，让他人为自己虚开普通发票的构不构成虚开发票罪？介绍他人为自己虚开普通发票的构不构成虚开发票罪？这个规定是注意规定还是法律拟制？

通说显然把这个规定理解成了关于实行行为的规定，就像拐卖妇女、儿童罪，通说就认为以出卖为目的的拐骗、绑架、收买、贩卖、接送、中转都是实行行为。而我认为拐卖妇女、儿童罪的实行行为只有卖，卖出才既遂，为卖而买只是预备。这里只是提醒你，要注意对拐卖妇女、儿童犯罪团伙的打击。虚开发票犯罪也只是提醒你，有为他人虚开、为自己虚开、让他人为自己虚开、介绍他人虚开这些形式，他们是个犯罪团伙，是共同犯罪，不要忽略对虚开发票犯罪共犯的打击。本条第3款并不是对于虚开发票犯罪实行行为的规定，不是说为他人虚开、为自己虚开、让他人为自己虚开、介绍他人虚开都是实行行为。让他人为自己虚开只是教唆，介绍他人虚开只是帮助。争论这个问题可能实际意义不大。

4. 虚开增值税专用发票罪是行为犯、结果犯、抽象危险犯还是实害犯？为限制本罪的处罚范围，能否认为本罪实际上是诈骗犯罪，而且是实害犯，要求行为人主观上必须具有骗取增值税款等税收财产的故意与非法占有目的？

张老师认为是实害犯，但又认为有未遂的成立可能性，这混淆了实害犯和结果犯。

第二问，这是张老师的观点。

5. 本罪的既遂标准是完成了虚开，还是需要进而骗取了国家税款或者抵扣了增值税款？

既遂标准为骗取了国家税款或者抵扣了税款。把它看成诈骗，要取得财物才既遂。

6. 对于通过变更发票品名虚开增值税专用发票逃税的，是认定虚开增值税专用发票罪，还是只能按虚开发票罪与逃税罪处理？

张老师主张按虚开发票罪与逃税罪处理，变更发票品名虚开增值税专用发票逃税并没有抵扣增值税，它只是逃税，所以它只构成虚开发票罪和逃税罪。

7. 逃税罪与虚开增值税专用发票罪的区别何在？

虚开增值税专用发票罪是要抵扣增值税，增值税发票就相当于钱，所以增值税发票是由国家造币厂统一印制的，管得非常严；逃税罪则是单纯的逃税。或者说虚开增值税专用发票也有非法占有的目的，是诈骗；而逃税只是应当缴纳的税款不缴纳，只有逃缴税款的目的。

8. 行为人（受票方）与对方有实际交易，但由于对方不能出具增值税专用发票，行为人因为无法取得进项发票，请其他一般纳税人如实代开增值税专用发票的，构成虚开增值税专用发票罪吗？

行为人有骗取国家税款的目的吗？他没有骗取国家税款的这种目的，因为有实际的交易，所以不构成虚开增值税专用发票罪。

9. 发票品名不符合原交易内容，但如果数量、金额属实的，成立虚开增值税专用发票罪吗？

不成立。成立虚开增值税专用发票罪，必须是实际抵扣税款造成了国家税款损失，既然有实际的交易，那么国家税款就没有损失。

■ 法规链接

《刑法》第205条之一 虚开发票罪

■ 疑难问题

1. 第205条之一中规定的"以外"是否为必须具备的要素？误以为虚开的是增值税发票，实际上是普通发票，或者相反，如何处理？

"以外"就是张明楷老师所称的表面的构成要件要素。这种"以外"是划分界限的要素，不是必须具备的。

误以为虚开的是增值税发票而实际上是普通发票，只能成立虚开发票罪；实际上是增值税发票，但误以为只是普通发票，还是只能定虚开发票罪，而不能定虚开增值税专用发票罪。

2. 让他人为自己虚开、介绍他人虚开普通发票的，是否构成虚开发票罪？

可以构成虚开发票罪，但不能构成虚开发票罪的实行犯或者正犯，只能评价为共犯。我认为本罪的实行行为只有虚开。

3. 不具有骗取国家税款目的，虚开增值税专用发票、抵税发票的，不成立虚开增值税专用发票、用于骗取出口退税、抵扣税款发票罪，能否以虚开发票罪定罪处罚？

张老师认为可以定虚开发票罪，因为行为人不具有骗取国家税款的目的，只具有逃税的目的，不能成立虚开增值税专用发票犯罪，但可以成立逃税罪和虚开发票罪。

4. 行为人所开具的发票品名不真实但无本质差异（如将手提电脑写成台式电脑），且金额属实的，成立虚开发票罪吗？如果品名有本质差异，尤其是将不能报销的商品或服务名称写为可以报销的商品或服务的（如将餐饮服务写成办公用品），构成虚开发票罪吗？

第一问，不成立虚开发票罪。

第二问，构成虚开发票罪。

5. 能否认为税法上的虚开增值税专用发票，在刑法上完全可能只是虚开普通发票？

在税法上是虚开增值税发票的，如果行为人没有抵扣税款的意图，没有骗取国家税款的目的，只有单纯的逃税的意图，那么只能成立虚开发票罪。

■ 法规链接

《刑法》第 206 条伪造、出售伪造的增值税专用发票罪

■ 疑难问题

1. 能否因为本罪中未规定"擅自制造"，就认为擅自制造增值税专用发票的行为无罪？本罪的伪造是否包括变造和无形伪造？

擅自制造就是，要求你制造多少本发票，结果你多印制了一部分，多印的那部分就是无形伪造，因为是同样的人用同样的机器印制出来的。伪造增值税专用发票里面没有规定擅自制造，增值税专用发票以外的抵税发票条文里面则规定了擅自制造，其实擅自制造就是无形伪造。

这里的伪造，从理论上讲应该包括无形伪造。伪造包括变造，刑法中伪造的含义具有相对性，伪造、变造并列规定时，伪造不包括变造，只规定了伪造没规定变造的，伪造就包括了变造。伪造通常而言既包括有形伪造，也包括无形伪造，其中有形伪造针对的是没有制作权限的人，有制作权限的人实施的是无形伪造、变造。但也有的条文里面规定的只是无形伪造，如商检机构的商检人员伪造商检结果就是无形伪造，非商检机构的工作人员伪造商检结果，就该构成《刑法》第 280 条的伪造国家机关公文罪。所以，看到伪造，你要想它到底是指哪一种含义，是广义的还是狭义的，是否包括变造，是包括有形的还是包括无形的。

2. 伪造并出售的，如何处理？

伪造并出售，只定出售就可以了。因为伪造毕竟是抽象危险，出售已经是实害了。不过，伪造货币并出售是定伪造货币罪还是定出售假币罪？定伪造货币罪。这是不是很奇怪？以前是因为伪造货币罪的最高刑有死刑，所以伪造并出售定伪造货币罪，但现在伪造货币罪和出售假币罪最高刑都是无期，那么伪造并出售的定出售假币罪较为合适，因为伪造只是抽象危险。就像一个人制作了毒品再贩卖，应给他定贩卖而不是定制造。当然，制造、贩卖毒品是有选择性的，按照我的观点，制造毒品只是抽象危险，贩卖毒品可以判死刑，但单纯制造毒品不应该判处死刑。

■ 法规链接

《刑法》第 207 条非法出售增值税专用发票罪

■ 疑难问题

1. 误以为出售的是真实的增值税专用发票，实际上出售的是伪造的增值税专用发票，如何处理？

是按照出售伪造的增值税发票定罪，还是按照非法出售增值税发票定罪？是按照主观定还是按客观定？两罪的法定刑是一样的，从理论上讲应该按照客观来定罪。

2. 误以为出售的是增值税专用发票，实际上出售的是抵税发票、普通发票，或者相反，如何处理？

这是抽象的事实认识错误问题，看能不能评价为轻罪的既遂，看在轻罪的范围内主客观是否统一，如果可以，评价为出售抵税发票、普通发票罪。抽象的事实认识错误的实质，就是能否成立轻罪的既遂。

■ 法规链接

《刑法》第 208 条非法购买增值税专用发票、购买伪造的增值税专用发票罪

■ 疑难问题

1. 如何认定本罪的着手？寻找卖主的行为是不是着手？

要已经开始跟对方商量才构成着手，只是在打听哪里有发票卖还不能叫着手。

寻找卖主的行为还不叫着手，找到了卖主且在商量具体事宜才叫着手。

2. 同时购买真、伪两种发票的，如何处理？

同时购买真、伪两种发票的定一罪还是数罪？在一个条文里面，是真实的还是伪造的误认不影响犯罪的认定。在一个条文里面规定还是分不同的条文规定，没有本质的区别。要不要数罪并罚跟是否规定在一个条款里面是没有关系的。同时购买真、伪两种发票，从理论上讲应该数罪并罚。有时数罪并罚可能处罚还轻一点，如果定一罪的话，数额累计计算就可能适用升格的法定刑。

■ 法规链接

《刑法》第209条非法制造、出售非法制造的用于骗取出口退税、抵扣税款发票罪，非法制造、出售非法制造的发票罪，非法出售用于骗取出口退税、抵扣税款发票罪，非法出售发票罪

■ 疑难问题

1. "非法制造"用于骗取出口退税、抵扣税款发票罪与"非法制造"发票罪的罪名确定，是否妥当？

其实评价为伪造就可以了，它就是伪造。罪名确定为伪造出口退税、抵扣税款发票罪与伪造发票罪更为妥当。

2. 购买抵税发票、普通发票的，能否成立共犯？片面对向犯不处罚的根据是什么？

我前面提到了唯一的处罚漏洞就是没有规定购买抵税发票和普通发票，它属于所谓的片面的对向犯。它能不能成立出售的共犯？张明楷老师认为不成立，他觉得立法者的意思就是不想处罚购买一方，但我觉得这和购买毒品不同。之所以不处罚购买毒品的行为，是因为购买毒品的通常是吸毒者，他是被害人，而购买发票的既不是被害人，也不缺乏期待可能性。如果大量地购买，特别是积极地唆使、要求对方向自己出售发票的，还是有可能成立出售犯罪的共犯的。

片面对向犯不处罚的根据是所谓立法者意思说、实质说，张老师主张并和说。但是，想出罪的时候，张老师有时候也会主张立法者意思说，有时候主张没有实质的处罚根据。在片面对向犯的问题上，张老师的观点已经接近一种不罚论了，就是不处罚，这种观点对律师辩护是非常有利的。我前面也提到过为亲友非法牟利罪，亲友都不能成立共犯，还有违法发放贷款罪，唆使银行职员违反规定为其

发放贷款的也不成立共犯。

3. 同时出售三类发票的，是想象竞合还是应数罪并罚？

行为人一次卖了三种发票，包括增值税发票、抵税发票和普通发票，实践当中是作为想象竞合处理的。我认为既然行为人认识到出售的是三种不同的发票，虽然自然意义上可能只有一个动作，在规范性意义上也应该评价为数个行为。

4. 误以为出售的是真实的抵税发票、普通发票，实际上是伪造的，或者相反，如何处理？

如果法定刑相同的话，就按照客观来定罪；如果法定刑不同，看能不能评价为轻罪的既遂，主客观能不能统一。

5. 如何认定出售的着手？寻找买主的行为是不是着手？

和购买类似，寻找买主还不是着手，具体商量买卖事宜时才算着手。

■ 法规链接

《刑法》第210条

■ 疑难问题

1. 第210条规定是注意规定还是法律拟制？侵占、敲诈勒索增值税发票、抵税发票的，是否构成侵占、敲诈勒索罪？盗窃、诈骗普通发票，是否构成盗窃、诈骗罪？

敲诈勒索增值税发票能不能成立敲诈勒索罪？也就是说发票是不是财产犯罪的对象？如果认为发票本来就是财产犯罪的对象，本条就是注意规定；如果发票本来不是财产犯罪的对象，因为有本条的规定才作为财产犯罪处理，它就是法律拟制。我倾向于把它看成是注意规定，发票本身就是财产性利益的凭证，是财产犯罪的对象。

盗窃、诈骗普通发票，我认为也是可以构成盗窃、诈骗罪的。另外，侵占、敲诈勒索增值税发票也能评价为侵占、敲诈勒索罪。但是，毁坏有点特殊，故意毁坏增值税发票要不要定故意毁坏财物罪？毁坏增值税发票和毁坏别人的钱不同，毁坏钱之后别人不能再去银行兑换出来，但是如果增值税发票被人烧掉，可以再重新领，因为都是有登记的、有编号的。此外，故意毁坏财物罪还有数额较大的要求。所以，毁坏增值税发票虽然从理论上讲能够成立故意毁坏财物罪，但是很难达到故意毁坏财物罪的定量要求。

2. 盗窃、诈骗后又虚开、出售的从一重处罚的司法解释规定，有无疑问？

盗窃、诈骗后又虚开，到底是侵犯了一个法益还是数个法益？存在两个行为是没有疑义的，盗窃、诈骗侵害的是他人的财产权，又虚开的，侵害的是国家的税款财产。因为侵害了两个法益，还是应该定数罪。

3. 本罪中的增值税发票、抵税发票，是否包括伪造的发票？

伪造的发票有财产价值吗？盗窃伪造的增值税发票能评价为盗窃罪吗？盗窃、毁灭国家机关公文、证件、印章罪包括伪造的吗？不包括。伪造的发票没有价值，所以这里的盗窃增值税发票不能包括伪造的增值税发票。

■ 法规链接

《刑法》第 210 条之一 持有伪造的发票罪

■ 疑难问题

1. 本罪中的"伪造的发票"，是仅指普通发票，还是包括三种发票？

一般都认为这里伪造的发票包括了三种发票。张明楷老师认为出售、购买、运输伪造的货币不包括变造的货币，理由是这个罪名位于伪造货币罪和变造货币罪之间，所以对象不包括变造的货币。那这里持有伪造的发票是在所有关于发票的条文之后，所以包括所有发票，好像逻辑是一致的。

但是，既然发票分为三种，为什么不这样规定：明知是伪造的增值税发票，以及增值税发票以外的可以抵扣税款、骗取税款的其他发票？是啰唆吗？我认为这里伪造的发票可能仅指普通发票，并没有指明包括增值税发票、抵税发票。

2. 本罪是否为继续犯？追诉时效如何计算？《刑法修正案（八）》公布之前持有伪造的发票，一直持续到该修正案生效之后，能否以本罪追究刑事责任？

张老师认为所有的持有型犯罪都是继续犯，我不这样认为。行为人出售、伪造、虚开发票，无论数量多么巨大，20 年之后就不追诉了，但他捡到一叠伪造的发票一直持有，时效就一直不开始计算，合理吗？

我反对把所有的持有型犯罪都看成是继续犯，因为是继续犯还是状态犯关系到追诉时效的起算，关系到是否适用新法的溯及力问题，还关系到管辖地、正当防卫、共犯等很多问题。是否为继续犯，要考虑与相关状态犯的处理是否相协调。我认为只有持有枪支是继续犯，其他的持有型犯罪都不宜作为继续犯对待。

第二问，追诉期限应该从持有之日起计算，而不是从结束持有之日起计算。

第三问，这是《刑法修正案（八）》增加的罪名，如果把它看成继续犯是可以适用新法的；但如果不把它看成继续犯，就不能适用新法了。所以说继续犯关系到溯及力、跨法犯适用的问题。

3. 伪造发票后持有，伪造犯罪超过追诉时效的，能否以持有伪造的发票罪追诉？

制造一吨鸦片，一直藏在家里，制造毒品时效过了，但一直持有，按照继续犯的观点，持有的时效还没有开始计算，合理吗？我的观点很明确，只有制造枪支之后持有的，没有超过追诉时效，因为制造枪支之后一直持有，对公共安全有持续性的抽象危险。所以，对于此处问题，我认为不能以持有伪造的发票罪追诉。

第七节　侵犯知识产权罪

■ 法 规 链 接

《刑法》第213条假冒注册商标罪

■ 疑 难 问 题
---

1. 《刑法修正案（十一）》对本条有哪些修改？

第一个是增设了"服务"，其实即使不增设"服务"，服务商标也可以包括在商品商标里面。第二个是提高了法定刑，以彰显国家对知识产权犯罪严厉打击的决心。另外，《刑法修正案（十一）》有一个趋势，就是取消拘役、管制这种刑种。

2. 本条中的"使用"是指什么？尚未销售假冒注册商标的商品或者展示所假冒的商标，能认为已经使用而成立本罪的既遂吗？

我认为"使用"必须是这种假冒的商标已经显示于外，通过做广告、商品展销或者通过商品销售而实际显示出来。如果假冒的注册商标标识还放在车间里面，都还没有贴到商品上，不能评价为使用假冒注册商标。只有对他人的注册商标专用权造成了实际的侵害才叫使用。

尚未销售假冒注册商标的商品或者展示所假冒的商标，不应认为已经使用而成立本罪的既遂。明知道是假冒注册商标的商品，买进来之后还没有卖出去，是犯罪既遂还是预备？是预备。假冒注册商标罪和销售假冒注册商标的商品罪的最高法定刑都是10年有期徒刑，法定刑并不重，属于轻罪，轻罪一般不会处罚抽象危险犯，抽象危险犯一般限于保护重大法益。

3. 反向假冒行为是否成立本罪？

反向假冒行为就是把贴有别人商标的商品买过来，再贴上自己的商标，比如你生产的酒没有茅台酒好，你就买真的茅台酒过来贴上自己的商标。这种买好产品贴上自己的商标，给自己做宣传，借此把自己的商品声誉提上去的行为属于不正当竞争，但没有假冒商标。

4. 司法解释关于制造、储存、运输、销售侵权产品价值即为"非法经营数额"，以及"违法所得数额"为定罪和法定刑升格的依据，是否有违法益保护原则？

是的。应该以实际的销售，或者至少要实际地使用他人的商标，让别人能够感知到你使用了他人的商标为依据。如果只是单纯地制造、储存，不能叫使用。

5. 本罪与生产、销售伪劣商品罪以及非法经营罪、诈骗罪等之间是什么关系？

一般认为是竞合的关系。其实从理论上讲，也存在数罪并罚的可能性。

6. 如何把握本罪中的"情节严重"与"情节特别严重"？

应该从对他人注册商标专用权造成的侵害程度上进行把握。

7. 有关明知他人实施侵犯知识产权犯罪，而为其提供生产、制造侵权产品的主要原材料、辅助材料、半成品、包装材料、机械设备、标签标识、生产技术、配方、贷款、资金、账号、发票、证明、许可证件、生产、经营场所、运输、储存、代理进出口等帮助，或者提供互联网接入、服务器托管、网络存储空间、通讯传输通道、代收费、费用结算等服务的，以侵犯知识产权犯罪的共犯论处的司法解释规定，有无疑问？

给假冒老人头皮鞋的工厂提供皮子，已经构成共犯了？这种皮子又不是专门制造假冒的老人头皮鞋的，是通用的。给假冒老人头皮鞋的工厂提供造鞋子的设备，但这种机械设备并不是专门用于造假冒皮鞋的设备，它是通用的设备，也成立共犯？按照这种观点，向污染企业提供原材料也构成污染环境罪的共犯了？这里其实是为了提醒我们，犯罪内部存在分工、协作，是一个犯罪的有机体，要注意对犯罪团伙的打击，而不是说对那些提供中立的、业务性的、非追求犯罪目的性的、非针对特定对象性的行为也作为犯罪处理。所以，对上述司法解释规定要进行再解释，而不能机械地理解。

8. 有关"在计算制造、储存、运输和未销售的假冒注册商标侵权产品价值时，对于已经制作完成但尚未附着（含加贴）或者尚未全部附着（含加贴）假冒注册商标标识的产品，如果有确实、充分证据证明该产品将假冒他人注册商标，其价值计入非法经营数额"的司法解释规定，有无疑问？

未销售的数额也能计入假冒注册商标的数额？我认为只有实际销售、展示的数额才能计入假冒注册商标的数额。

9. 行为人收购他人使用过的标有注册商标的商品后，通过清洗和修补商品外表，使用原注册商标将商品出卖给他人并说明真相的，构成假冒注册商标罪吗？

行为人没有侵犯他人的注册商标，不构成假冒注册商标罪。

10. 行为人在自己的产品上假冒他人注册商标，然后将商品全部销往境外没有加入 TRIPS 协定的国家和地区，构成假冒注册商标罪吗？

张明楷老师认为还是构成的，因为这些商品有可能扩散到保护商标的国家和地区。

■ **法规链接**

《刑法》第 214 条销售假冒注册商标的商品罪

■ **疑难问题**

1.《刑法修正案（十一）》对本条有哪些修改？

本条修改之处在于，把"销售金额"修改成"违法所得"；以前只强调数额，现在是数额加情节；以前法定刑中有拘役，现在取消了拘役，并且将最高法定刑提高到 10 年有期徒刑。

2. 将"销售金额"修改为"违法所得",是否有违法益保护原则?
这样的修改一定程度上是有违法益保护原则的,因为违法所得的大小和法益侵害程度并不呈正相关关系,有的赚的钱很少,但法益侵害却很严重。

3. "违法所得数额较大"与"有其他严重情节"是犯罪既遂还是犯罪成立的条件?本罪有无未遂成立的余地?有关"假冒注册商标的商品尚未销售,货值金额在十五万元以上""假冒注册商标的商品部分销售,已销售金额不满五万元,但与尚未销售的假冒注册商标的商品的货值金额合计在十五万元以上的",以销售假冒注册商标的商品罪(未遂)定罪处罚的司法解释规定有无疑问?

"违法所得数额较大"与"有其他严重情节"应该作为犯罪成立的条件。本罪没有未遂成立的余地。

第三问,这和生产、销售伪劣产品罪是一样的,这个规定存在不合理之处。违法所得没有达到数额较大或者没有其他严重情节的,根本就不成立犯罪,而不是成立犯罪未遂。

4. 本罪与销售伪劣商品犯罪、非法经营罪、诈骗罪是什么关系?
一般认为是想象竞合关系。

5. 本罪的行为主体是否不包括本犯(假冒注册商标的犯罪人)?
假冒注册商标之后再销售就定假冒注册商标罪,销售假冒注册商标商品罪是指注册商标不是自己假冒的,而是明知道是他人假冒的而销售。所以,应该将本罪的行为主体限定为本犯以外的自然人或单位。

■ **法规链接**

《刑法》第 215 条非法制造、销售非法制造的注册商标标识罪

■ **疑难问题**

1.《刑法修正案(十一)》对本条有哪些修改?
以前法定刑里有拘役、管制,现在删除了。以前最高法定刑是 7 年有期徒刑,

现在提高到 10 年有期徒刑。

2. 变造他人注册商标标识构成犯罪吗？

变造他人注册商标标识的也属于伪造，伪造包括了变造。

■ 法规链接

《刑法》第 216 条假冒专利罪

■ 疑难问题
---

1. 这里的"假冒"是指什么？

这里的假冒，既包括假冒有实际权利人的专利，又包括假冒没有专利权人的专利产品。

2. 将非专利产品冒充专利产品出售，没有侵害他人专利权的，是否成立本罪？

成立本罪，因为侵犯知识产权罪并不仅是侵害个人法益的犯罪，还侵害了公平竞争的市场秩序。

3. 有关"伪造或者变造他人的专利证书、专利文件或者专利申请文件"的属于"假冒他人专利"的行为的司法解释规定，有无疑问？

这里的假冒必须是显露于外、能够被他人感受到的。单纯的伪造、变造他人专利证书，并没有使用的，还不能叫假冒他人专利，没有实际上侵害到他人的专利权。因此，这里的假冒可以理解成使用。

4. 对于《刑法》第 215 条和第 216 条，将所谓"非法经营数额大""违法所得数额大"认定为"情节严重"的司法解释规定，有无疑问？

非法经营数额其实是一个非法定的概念。实际上没有使用，没有侵害到他人的专利权，怎么可能就认为既遂了？

违法所得数额大，和假冒注册商标罪一样存在同样的问题，违法所得数额较大和法益侵害程度并不是正相关的关系。

情节严重必须是反映法益侵害程度客观方面的要素，必须是反映不法程度的要素。

■ 法规链接

《刑法》第 217 条侵犯著作权罪

■ 疑难问题

1. 《刑法修正案（十一）》对本条有哪些修改？

把法定刑里的拘役删掉了，最高法定刑提高到 10 年有期徒刑，然后将侵犯著作权作品类型中的"电影、电视、录像作品"删除，但增加了"美术、视听作品"等作品类型，并增加了一些行为方式和行为类型。

2. 如何理解本条中的"复制发行"？为了和销售侵权复制品罪相区分，应否将本罪中的"发行""出售"限定为总发行、批量销售或者大规模销售？行为人在一段时间内既总发行、批量销售、大规模销售又零售的，如何处理？

张明楷老师把侵犯著作权罪中的复制发行理解成大规模地发行、具批发性质的行为，不包括零售；销售侵权复制品罪则是指零售。

第二问，我认为没这个必要，侵犯著作权罪和销售侵权复制品罪的区别仅在于，侵犯著作权罪是自己侵权之后再销售，而销售侵权复制品罪是行为人明知是他人制作的侵权复制品而予以销售，它们的法定刑一样。

第三问，只需要按侵犯著作权罪一罪处理就可以了。

3. 如何评价深度链接行为的性质？

一般认为，深度链接也是一种侵犯著作权的行为。

4. 本罪与生产、销售伪劣商品罪及诈骗罪等之间是什么关系？

一般认为是想象竞合的关系。

5. 有关"对于行为人尚未印制完成侵权复制品的，应当以侵权复制品的定价数额乘以承印数量所得的数额计算其经营数额"认定为犯罪未遂的"批复"规定，有无疑问？本罪有无未遂成立的余地？

尚未印制完成，顶多就是预备，并非着手。侵犯著作权罪的着手，应该是侵犯著作权的作品已经能够被他人现实地感受到，即外在已经显示了或者展示了。所以，将尚未印制完成的评价为未遂是有疑问的。另外，本罪是以违法所得数额较大、情节严重作为犯罪成立条件的，这肯定是实害犯，实害犯没有未遂。对于其他严重情节，我也不主张按照行为犯进行理解，还是应该有与违法所得数额较大相当的实际的法益侵害结果。况且轻罪的未遂一般是不会处理的，盗窃、诈骗都是以数额巨大的财物为目标，才可能成立未遂。本罪最高刑只有10年有期徒刑，应该属于性质比较轻微的，未遂一般不会受到处罚。

6. 本罪的实行行为是什么？

要看具体的行为方式，复制发行的，发行才是实行行为，复制只是预备，向公众传播也是实行行为。制作、出售的，制作不是实行行为，只有出售才是实行行为。未经著作权人或者与著作权有关的权利人许可，故意避开或者破坏权利人为其作品、录音录像制品等采取的保护著作权或者与著作权有关的权利的技术措施的，避开、破坏才是实行行为。也就是说，这里面关于行为的表述并不都是实行行为，实行行为必须是对法益造成现实的、紧迫的、具体的危险的行为。

7. 本罪的既遂标准是什么？

具体要看各个行为类型，比如出售的既遂是要卖出去，发行是要发行出去。既遂的标准和实行行为是息息相关的，对实行行为的理解会直接关系到既遂的标准、既遂的时间点的确定。

8. 行为人在自己制作的美术作品上假冒他人（如著名画家）署名的，成立本罪吗？出售的，构成诈骗罪吗？

有争议。张明楷老师认为只是侵犯了他人的署名权，没有侵犯他人的著作权。

出售的，当然构成诈骗。

9. 能否认为以赠与方式发行的一概不构成本罪？

所谓的赠与，其实一般是通过收取广告费来间接地获取利益，所以它也有营利的目的，不可能把它作为一种公益。

10. 以避开或者破坏技术措施为目的，进口有关装置或者部件的，如何处理？向公众提供这类装置或者部件，以及故意为他人避开或者破坏技术措施提供技术服务的，如何处理？

进口顶多是预备。

第二问，成立共犯。

11. 为何本条第 6 项特别规定"故意",是否意味着其他行为类型可以由过失构成?

这里的"故意"只是提示性的,不是说其他的行为类型可以由过失构成。

12. 能否认为在实施本罪行为的过程中以刊登收费广告等方式直接或者间接收取费用的,也属于"以营利为目的"?

是可以的,以刊登收费广告等方式直接或者间接收取费用的,也属于"以营利为目的"。

13. 从立法论上讲,应否取消"以营利为目的"要素?在刑法保留了"以营利为目的"的前提下,对于在网络环境的侵犯著作权的认定,应否尽可能包括间接营利的范围?

"以营利为目的"能够限制处罚范围吗?不以营利为目的也有可能侵犯他人的著作权。

第二问,在网络环境下是否营利,往往很难得到证明,往往是间接地获取利益,间接营利也应当评价为以营利为目的。

14. 对于非法出版、复制、发行他人作品,是认定为侵犯著作权罪,还是非法经营罪?有无必要认为,侵犯著作权的行为同时触犯非法经营罪?

张明楷老师认为应该构成侵犯著作权罪,不要认定为非法经营罪,特别要慎重对待对于行为处罚范围不明确的《刑法》第 225 条第 4 项"其他严重扰乱市场秩序"。能够构成其他犯罪的,要尽量排除适用非法经营罪这个"口袋罪"。没有必要认为侵犯著作权的行为又同时触犯非法经营罪。

■ **法规链接**

《刑法》第 218 条销售侵权复制品罪

■ **疑难问题**

1.《刑法修正案(十一)》对本条有哪些修改?

删掉了法定刑中的拘役,将最高法定刑从 3 年有期徒刑提高到 5 年有期徒刑,并加上了"有其他严重情节"。

2. 有关违法所得数额虽未达到规定的数额标准，但尚未销售的侵权复制品货值金额达到 30 万元以上，应予立案追诉的立案标准规定，有无疑问？本罪有未遂成立的余地吗？

有疑问，应该把本罪理解成实害犯，不应认为本罪存在未遂情形。

3. 为了与侵犯著作权罪相区分，应否将本罪中的"销售"限定为"零售"？

这是张明楷老师的观点，将本罪中的"销售"限定为"零售"，否则和侵犯著作权罪中的发行就难以区分了。

■ **法规链接**

《刑法》第 219 条侵犯商业秘密罪

■ **疑难问题**

1.《刑法修正案（十一）》对本条有哪些修改？本罪的修改是否意味着从结果犯变为情节犯？

把成立犯罪的条件由"造成重大损失"修改成了"情节严重"，这是最重要的修改。以前的规定是要求给商业秘密的权利人造成重大损失，所以以前规定的是实害犯，现在把它修改成了情节犯。

另外，删除了法定刑中的拘役，提高了最高法定刑；把行为类型中的"利诱"删除了，同时增加了"贿赂""欺诈""电子侵入"；以前是"违反约定"，现在是"违反保密义务"，包括默示的保密义务；还有把"应知"删掉了，并对"获取、使用或者披露他人的商业秘密的"作了修改。

2.《刑法修正案（十一）》出台前普遍认为本罪真正的实行行为是行为人使用、允许他人使用或者披露商业秘密，修改后将犯罪成立条件由原来的"造成重大损失"修改为"情节严重"，对于本罪的实行行为还应坚持以前的观点吗？

以前之所以普遍认为本罪的实行行为是行为人使用、允许他人使用或者披露商业秘密，是因为要给商业秘密权利人造成重大损失，不使用、不披露、不允许他人使用就不可能实现。现在修改成情节严重，那非法获取就是实行行为了，非法获取就有可能被认定为情节严重。另外，盗窃、贿赂、欺诈或者电子侵入也可能成为实行行为。

情节犯到底是行为犯、结果犯，还是危险犯、实害犯，不能一概而论。本罪表面上看是由结果犯变成情节犯，但其实应是由实害犯变成情节犯，情节犯也不是一个独立的类型，因为司法解释有可能把它解释成行为犯、结果犯、实害犯，所以刑法分则中情节犯到底属于什么犯罪类型是很难下结论的。

3. 商业秘密是不是财产？盗窃他人商业秘密后出售的，是否构成盗窃罪？

在1997年《刑法》增设侵犯商业秘密之前，有司法解释规定盗窃技术成果的定盗窃罪；增设侵犯商业秘密罪之后，包括张老师在内的学者都认为，商业秘密不再是财产，盗窃商业秘密不构成盗窃罪。盗窃商业秘密和普通的盗窃罪区别何在？对方并没有丧失商业秘密，只是对方不再独占。那么盗窃罪是不是要形成一种零和关系？就是你获得了某种财物，对方就丧失了某种财物。这种你获得之后对方并没有因此丧失，只是不再独立占有的，能不能叫夺取他人的占有？这是值得讨论的。我还是倾向于认为商业秘密也是财产，因为商业秘密比有形的财产更有价值。比如，盗窃可口可乐公司的秘密配方，转手一个亿卖掉，和盗窃可口可乐公司几卡车的可口可乐饮料相比，哪一种损失更大？当然是盗窃配方损失更大。盗窃几卡车饮料有可能以盗窃罪判个无期，但盗窃可口可乐公司的秘密配方却只构成法定最高刑仅10年的侵犯商业秘密罪，这不合理。

4. 非法使用他人商业秘密制造产品并假冒他人注册商标的，是想象竞合还是应数罪并罚？

非法使用他人商业秘密制造产品并假冒他人注册商标的，虽然侵害了几个法益，但其实应该只有一个使用或者销售行为，可以把它评价为想象竞合。

5. 如何理解认定"情节严重"？还能认为本罪是实害犯吗？

情节严重是行为本身严重还是指造成了实际的法益侵害结果？《刑法修正案（十一）》修改成情节严重，就不能再认为本罪是实害犯了，否则修改就没有意义了。修改成情节犯就是为了降低入罪的门槛，加大打击面。

6. 科技人员参与单位科研项目，在未取得研制单位同意的情况下，擅自以个人设计的名义与其他单位签订技术转让协议，将商业秘密转让给对方获取转让费归自己所有的，如何处理？科技人员违反约定，披露、使用或者允许他人使用其所掌握的单位所有的商业秘密的，成立本罪吗？

第一问，有可能构成职务侵占。

第二问，能够成立本罪。

■ **法规链接** ---

《刑法》第 219 条之一 为境外窃取、刺探、收买、非法提供商业秘密罪

■ **疑难问题** ---

1. 本罪的立法目的是什么？

打击商业间谍行为。

2. 为何没有采用"商业间谍罪"罪名？

间谍罪是危害国家安全罪中一个独有的罪名。

3. 本罪的实行行为是什么？各种行为类型侵害或威胁法益的程度有无差异，量刑时应否区别对待？

实行行为是为境外的机构、组织、人员窃取、刺探、收买、非法提供商业秘密。

第二问，从理论上讲，各种行为类型在侵害和威胁法益的程度上是有差异的，量刑时应当区别对待。

4. 非专门为境外而窃取，而是在境内互联网上扩散被境外机构、组织、人员知悉的，能否认定为本罪？

这种强调"为境外"其实是传统思维，现在是互联网时代，就算是在境内扩散，境外也可能获知。所以，这种"为境外"的专门立法可以说不适应互联网时代的要求。由于条文强调必须为境外，如果不是为了境外，只是在境内扩散，客观上被境外所知悉的，不能评价为本罪。

5. 本罪的法定刑配置与侵犯商业秘密罪是否不协调？

侵犯商业秘密罪最高刑是 10 年有期徒刑，本罪却是 5 年以上有期徒刑，比侵犯商业秘密罪法定刑还重。另外，如果只是为境外窃取、刺探、收买，没有非法提供的，就得判 5 年以上有期徒刑。可见，法定刑的设置存在一定随意性。

第八节 扰乱市场秩序罪

──── ■ 法规链接 ────

《刑法》第221条 **损害商业信誉、商品声誉罪**

──── ■ 疑难问题 ────

1. "捏造"是实行行为吗？本罪是单行为犯还是复行为犯？准确厘定单行为犯与复行为犯的意义何在？

实行行为只是散布，捏造是强调所散布的是虚伪的事实。

本罪是单行为犯，就是散布。

厘清单行为犯与复行为犯，关系到着手时间的认定，也关系到罪数、处罚范围。另外，捏造事实诬告陷害他人、捏造事实诽谤他人、聚众斗殴以及编造、传播虚假恐怖信息都存在这样的问题。

2. 本罪法定最高刑只有二年有期徒刑，其与故意毁坏财物罪能否形成竞合而从一重处罚？

关键看能不能把商业信誉、商品声誉评价为财物。如果对商业信誉、商品声誉加以损毁的话，我倾向于能够评价为故意毁坏财物罪。对企业来说，商业信誉、商品声誉比有形的财产更有价值。毁坏他人有形的财产不可能导致企业的破产，但损毁他人的商业信誉、商品声誉可谓釜底抽薪，可能导致企业破产。

──── ■ 法规链接 ────

《刑法》第222条 **虚假广告罪**

──── ■ 疑难问题 ────

1. 何谓本条中的"虚假宣传"？

虚假宣传就是能够使一般人产生误解的夸大的宣传。广告多少有些夸张的成分，但夸张不一定是虚假的。越抽象越不可能评价为虚假，比如性能良好、质优价廉，但越具体越可能是虚假的，比如宣称有抗癌疗效。

2. 本罪与损害商业信誉、商品声誉罪，生产、销售伪劣商品犯罪，以及诈骗罪等之间是什么关系？

虚假广告也可能是一种欺骗行为，通过虚假宣传的方式生产、销售伪劣产品，一般认为是牵连犯，也有认为是想象竞合。不管怎么说，一般是作为一罪来处理，司法解释规定一般也是从一重。

3. 将违法所得数额大以及受过行政处罚二次以上认定为"情节严重"的立案标准规定，有无疑问？

违法所得并不能反映法益侵害程度。受过行政处罚属于预防性要素，不应和不法要素相混淆。

■ 法规链接

《刑法》第 223 条串通投标罪

■ 疑难问题

1. 本罪侵犯的法益是什么？

是公平竞争的招投标管理秩序。

2. 如何理解本罪的"情节严重"？"损害招标人或者其他投标人利益"与"情节严重"之间，是并列递进关系还是选择关系？

情节严重应该是反映法益侵害程度的要素。

第二问，从条文表述看，是并列递进关系，是损害他人利益并且情节严重。

3. 司法解释关于违法所得数额大、采取贿赂手段以及受过行政处罚二次以上又串通投标应予立案追诉的立案标准规定，有无疑问？

违法所得数额大并不意味着法益侵害严重，采取贿赂手段并不会因此增加本罪的法益侵害程度。其实这是把其他构成要件所评价的行为评价进了本罪的构成要件范围内，通过贿赂手段侵害的是其他的法益。受过行政处罚是预防性的要素，不是不法要素。

4. 串通拍卖，构成串通投标罪吗？

不构成，拍卖不同于招投标。

5. 能否认为第 223 条第 2 款规定的投标人与招标人串通投标成立本罪不以"情节严重"为要件？

按法条字面规定看，投标人相互串通需要情节严重，投标人与招标人串通不需要情节严重。但是，损害国家和公民的合法利益本来就很抽象，事实上要实质判断法益侵害程度，所以我认为本条两款有无情节严重的规定只是表面上的区别。

6.《招标投标法》规定的招标人与投标人是指法人或者其他组织，能否据此认为本罪的主体不能是自然人？

应该包括自然人，因为《刑法》第 231 条规定："单位犯本节第二百二十一条至第二百三十条规定之罪的，对单位判处罚金，并对其直接负责的主管人员和其他直接责任人员，依照本节各该条的规定处罚。"这说明本罪规定的犯罪主体包括自然人，因此，没有必要完全按照《招标投标法》把这里的招标人、投标人理解成仅仅指法人和其他组织。

■ 法规链接

《刑法》第 224 条 合同诈骗罪

■ 疑难问题

1. 本罪的法益是什么？本罪的设立有无必要？

本罪的法益是市场经济交易中的合同管理秩序。

张明楷老师认为，从立法论上讲，合同诈骗罪这个罪名没有存在的必要，因为商品交易就算没有书面合同也会有口头合同，所以找不到没有合同的交易。规定了合同诈骗罪，人们就会为如何区分诈骗罪与合同诈骗罪而苦恼。

2. 合同诈骗罪的构造是什么？如何把握本条第 5 项"以其他方法骗取对方当事人财物"？应否承认所谓"事后故意"与"事后非法占有目的"？

与诈骗罪的构造一样，行为人在签订、履行合同过程当中，以非法占有为目的，使用欺骗的手段，让对方将款物处分或者交付给自己，行为人获得财产，对方遭受财产损失。

第二问，其他方法也必须符合诈骗罪的构造。

第三问，不承认所谓的事后故意、事后非法占有目的，必须在取得款物之前或者之时就具有非法占有的目的。

3. 对于采用其他虚假担保方式，如超出抵押物价值重复担保，从事合同诈骗行为的，应当适用哪一项规定？

如果不能对应本条第1—4项的规定，那就适用第5项"以其他方法骗取对方当事人财物"。

4. 行为人提供真实有效的产权证明，但该产权被法律规定不得作为担保物的，能否认定为以虚假的产权证明作担保？

因为它是真实有效的产权证明，只是因为担保法有规定，不能作为担保的财产而已，所以不能认为是以虚假的产权证明作担保。

5. 行为人提供了真实的足额担保，但没有履行合同的真实想法，骗取对方财物后转移担保物，导致担保权不能行使的，构成合同诈骗罪吗？

构成，即便提供了足额的担保，但只要内心有不履行合同的想法，照样是诈骗。

6. 行为人虽然客观上具有实际履行合同的能力，但并没有履行合同的想法，实施本条第3项行为的，应当如何处理？能否将"没有实际履行能力"解释为包括客观上没有实际履行合同能力与主观上没有实际履行合同的想法两种情形？

构成本罪。

没有实际的履行能力，既包括客观上没有履行合同的能力，也包括主观上没有履行合同的想法。如果不符合其中的某一项，可以适用本条第5项规定。

7. 如何处理合同诈骗罪与民事欺诈的关系？能否以案件事实属于民事欺诈为由，否认其构成刑法上的合同诈骗罪？

合同诈骗罪与民事欺诈之间是一种包容的关系，合同诈骗也是一种民事欺诈，只有构成合同诈骗罪和不构成合同诈骗罪的民事欺诈之分。

不能以案件事实属于民事欺诈为由，否认其构成刑法上的合同诈骗罪。这就像不能以杀人、伤害属于民事侵权为由，而否认故意杀人、伤害罪的成立，不能以盗窃、侵占属于民法上的不当得利为由，而否认成立刑法上的财产犯罪。

8. 行为是否成立合同诈骗罪，与该合同在民法上是否有效有关系吗？
没有关系。

9. 如何处理本罪与普通诈骗罪的关系？对"合同"应否有所限制？
属于特别关系。
张老师认为这里的合同不包括普通公民之间的借款合同。不过，我认为私人之间的借款和向企业、银行借款都是借款，都是合同关系。我认为不应对合同有所限制。

10. 如何处理本罪与金融诈骗罪及生产、销售伪劣商品犯罪的关系？骗取货款后提供伪劣产品的，是想象竞合还是应数罪并罚？
它们之间是想象竞合的关系。
骗取货款，对方损失的是货款，合同诈骗已经既遂了，然后再提供伪劣产品，侵害了所谓的市场经济秩序，理论上讲应该数罪并罚。

11. 未达合同诈骗罪立案标准，但达到诈骗罪立案标准的，能否以诈骗罪定罪处罚？
能够成立诈骗罪或者本罪的未遂。

12. 骗租汽车后伪造相关证件，再利用骗取的汽车与伪造的相关证件，将汽车"质押"给他人，骗取他人现金的，如何处理？
这样的案件很多，叫"两头骗"。行为人首先骗租他人的汽车，用伪造的证件到汽车租赁公司租了一辆车，然后再伪造汽车产权属于自己的文件去质押借款。骗租汽车中受害人是谁？是汽车租赁公司，骗的对象是汽车。然后用骗租的汽车质押借款，他获得的是什么？是借款，被害人是给他提供借款的人。所以有两个被害人、两种不同的对象，理论上讲应该数罪并罚。但张老师认为，因为考虑到法定刑本来就很重，作为牵连犯从一重就可以了。不过从理论上讲，不能否认存在两个行为、两个对象、两个被害人，其实就是两个犯罪。

13. 能否认为，只要行为人具有履行合同的能力，就不具有诈骗故意与非法占有目的？

前面已经说过了，即便有履行合同能力，但如果没有履行合同的想法，还是不影响诈骗故意和非法占有目的的认定。

14. 本条第 4 项的既遂标准和实行行为是什么？

收受他人款物之后逃匿，是逃匿之后才既遂吗？其实收了款物就既遂了。事后逃匿是判断他当初有无非法占有目的的一种资料。实行行为是欺骗行为，是使用欺骗手段让对方将款物处分给自己，实行行为不是逃匿，不是携带款物逃匿。

15. 行为人在签订、履行合同过程中没有实施任何欺骗行为，确实打算履行合同，也具有履行合同的能力，在收受对方当事人给付的货物、货款、预付款或者担保财产后，产生非法将对方当事人给付的财产据为己有、自己不再履行合同的想法，也没有实施任何欺骗行为，只是单纯逃匿的，成立合同诈骗罪吗？

不能成立。合同诈骗罪要求必须在取得款物的时候就有非法占有的目的，在取得款物的时候没有非法占有的目的，只是后来产生了不履行合同的想法的，不符合诈骗罪的构造。有没有可能构成侵占罪呢？如果交付的财物系所有权保留的，他占有了，可能构成侵占；如果是资金的话，占有即所有，就不能构成侵占。携带货物逃匿，能不能成立侵占罪？他收受了货物之后是不是所有权也归他了呢？他是占有了，但所有权归谁？这与受委托保管的财物和脱离占有物不同，所以评价为侵占罪会有问题。

■ 法规链接

《刑法》第 224 条之一 组织、领导传销活动罪

■ 疑难问题

1. 传销活动有哪些种类？本罪规制的是哪种性质的传销活动？

传销有两种类型，一是传统的商品销售型传销，它以商品销售的数量作为计酬和返利的根据，它不是诈骗；二是诈骗型传销，商品销售只是幌子，实际上是

以发展人员的数量，以所谓"人头费"作为计酬和返利的根据。

本罪规制的是诈骗型传销活动。

2. 如何评价所谓"团队计酬"式传销活动？

看它本质上是商品销售，还是以发展人员的数量作为计酬和返利的根据。有的商品销售只是幌子，没有实际的商品交易，或者商品实际上都不发生转移。

3. 如何判断是否属于传销活动或组织？

就看计酬和返利的根据是什么，是发展人员的数量，还是商品销售的业绩。

4. 本罪的实行行为是什么？参与传销的行为是否成立本罪？

组织、领导是实行行为，要不要实际地骗取财物？按照张明楷老师的观点，不需要，只要组织、领导的是传销活动，且属于诈骗型传销活动即可。如果实际上骗取了对方的财物，还另外构成诈骗罪，成立想象竞合。

第二问，不能成立本罪，本罪的实行行为是组织、领导。但是，参与传销有可能成立诈骗罪。

5. 本罪的立法宗旨是什么？如何理解和认定本罪的"骗取财物"？成立本罪是否需要客观上骗取了他人财物？

实际中，被骗入传销组织的人不仅可能会遭受非法拘禁等，还要骗亲人、同学、熟人，严重影响社会稳定。设立组织、领导传销活动罪，就是要打击这些不法行为。

骗取财物是对传销活动的特征的描述，成立本罪不需要客观上骗取他人财物。

6. 本罪与集资诈骗罪、诈骗罪之间是什么关系？

可能是竞合的关系，如果组织、领导传销活动骗取财物，还可能同时构成诈骗罪或者集资诈骗罪，从一重就可以了。

7. 本罪与故意伤害罪、非法拘禁罪、敲诈勒索罪、妨害公务罪、聚众扰乱社会秩序罪、聚众冲击国家机关罪以及聚众扰乱公共场所秩序、交通秩序罪等之间是什么关系？

可能数罪并罚。

8. 将受过刑事处罚、行政处罚、造成参与传销活动人员精神失常、自杀结果的认定为"情节严重"的司法解释规定，有无疑问？

有疑问，因为情节严重只能是客观方面的反映法益侵害程度的要素，不能包括受过刑事处罚、行政处罚这些反映再犯罪可能性大小的、预防犯罪必要性大小的预防要素。那么精神失常、自杀的结果能不能评价为情节严重？考虑到传销活动的特殊性，我认为评价为情节严重还是有可能的。

■ 法规链接

《刑法》第225条非法经营罪

■ 疑难问题

1. 本罪所保护的法益是什么？本条第4项中的"其他严重扰乱市场秩序的非法经营行为"是指哪些？如何进行所谓的"同类解释"？

本罪所保护的法益是市场经济秩序。以前有投机倒把罪，1997年修法的时候为了追求明确性，把投机倒把罪分解成了很多罪名，比如生产、销售伪劣产品罪，强迫交易罪，以及合同诈骗罪，但立法者担心会有遗漏，所以保留了非法经营罪这个兜底性罪名。

第二问，从理论上讲，第4项所指行为是与前三项相当的，但事实上很难判断。这种不明确规定使得非法经营罪成为继投机倒把罪之后新型"口袋罪"。

第三问，即便进行同类解释，也很难明确第4项的适用范围。最高法规定如果不符合前三项，要适用第4项的必须要报最高法。但即便这样，本罪的处罚范围也在不断地扩大。

2. 何谓"违反国家规定"？将使用POS机套现认定为本罪的司法解释规定，有无疑问？能否简单地以"经国务院批准"为由，将部门规章认定为国家规定？

所谓违反国家规定，是指违反国家法律和行政法规的规定，不包括部门规章。

使用POS机套现违反了部门规章，不能把它评价为非法经营，因为它没有"违反国家规定"。

"经国务院批准"的部门规章不属于法律法规，不能被认定为国家规定。

3. 将受过刑事追究、行政处罚，拒不交代涉案资金去向或者拒不配合追缴工作致使赃款无法追缴，以及造成近亲属自杀、死亡或者精神失常等认定为本罪的"情节严重"的司法解释规定，有无疑问？

有疑问。受过刑事追究、行政处罚是预防要素。至于要让行为人交代涉案资金去向或者配合追缴工作，本身不具有期待可能性，行为人拒不交代或拒不配合不应评价为情节严重。情节严重只能是行为本身的侵害法益的程度严重。

4. 应否将"以营利为目的"添加为本罪不成文的主观要素？

既然是扰乱市场秩序的经营行为，一般都要以营利为目的，所以把以营利为目的解释进去确实可以限制处罚范围。这里的经营一定是反复性的、持续性的，偶尔一两次的不能叫经营。

5. 应否对本罪构成要件行为进行实质的解释，将没有扰乱市场秩序的行为排除在本罪构成要件之外？

应该如此。

6. 应否将本罪理解为职业犯（当然不排除营业犯），经营行为必须是反复继续实施的行为，行为人主观上必须具有反复继续实施的意思？

职业犯要求反复实施、持续实施。所以，本罪中的经营行为必须是反复继续实施的行为，行为人主观上必须具有反复继续实施的意思，要从这方面限定本罪的适用范围。

7. 司法机关是否不仅要防止本条第4项成为"口袋罪"，还要防止本条第1项成为"口袋罪"？

本条第1项中的"专卖"还是比较明确的，但"限制买卖"有可能成为"口袋化"的条款。

8. 应否将本条第2项中的"买卖"限定为买进并卖出，而且必须将买卖行为作为经营行为，即以反复实施买卖行为的意思买卖进出口许可证、进出口原产地证明以及其他批准文件等的，才能认定为本罪？对于仅购买或者仅出卖，或者虽然既买又卖但没有将买卖作为经营活动的，是成立本罪，还是《刑法》第280条的买卖国家机关公文证件罪？

买卖应该是买进并卖出，否则不叫经营。

第二问，如果没有作为经营活动，只能成立第 280 条的买卖国家机关公文证件罪。

---■ 法规链接 ---

《刑法》第 226 条强迫交易罪

---■ 疑难问题 ---

1. 如何把握本罪与抢劫罪、敲诈勒索罪构成要件之间的关系？是对立还是包容关系？司法实践中试图通过价格、费用是否悬殊来区分本罪与抢劫罪、敲诈勒索罪的做法，合理吗？

本罪与抢劫罪、敲诈勒索罪的区别不在于有没有明显超过对价，而在于所采用的手段有没有压制对方的反抗。压制了对方的反抗，即便没有明显超出对价，比如我强迫你把手机卖给我，你的手机就值 5000 元，我给你 1 万元，也算强迫交易。

第二问，不合理，应该根据手段有没有压制对方的反抗来区分。

2. 如何评价强迫借贷的行为？

强迫别人借钱给你，如果你不还利息的话，对利息而言是抢劫，对本金而言则是一种强迫交易，如果压制对方的反抗，也不排除成立抢劫罪的可能。如果不符合贷款的条件，强迫银行向自己发放贷款，能不能构成抢劫罪？理论上讲是没什么问题的，借贷肯定是一种财产性利益。

3. 能否认为，成立本罪仅限于强迫被害人与行为人从事交易活动，而强迫他人与第三人从事交易活动的，不构成本罪？

强迫他人与第三人从事交易活动也能构成本罪。

---■ 法规链接 ---

《刑法》第 227 条伪造、倒卖伪造的有价票证罪，倒卖车票、船票罪

---■ 疑难问题 ---

1. 本罪中的伪造是否包括"变造"？
伪造包括了变造。

2. 将伪造的国库券出售给知情的对方，能否评价为倒卖伪造的有价票证罪？

可以评价为倒卖伪造的有价票证罪。

3. 倒卖飞机票，构成本罪吗？

你不能根据当然解释认为，倒卖车票、船票都构成犯罪，倒卖飞机票更应构成犯罪。何谓当然解释？举重以明轻，举轻以明重。高度行为之所以能够评价为低度行为，是因为高度行为能为低度行为的用语所包含，符合低度行为成立犯罪的条件。所以，不能简单地认为轻行为都构成犯罪，重行为就一定构成犯罪。假定禁止携带狗上地铁，你牵一只老虎进地铁可不可以？狗都不能进去，老虎能进去吗？由当然解释不能得出这个结论。但如果改成禁止携带宠物上地铁，那这个解释空间就很大了。我可以说这老虎不是我的宠物，是我代步的工具，我每天骑老虎上班。

4. 误以为是真实的车票、船票而倒卖，实际上是伪造的，或者相反，如何处理？

倒卖车票、船票不应限于真实的车票、船票，如果误以为是真实的，也只能评价为倒卖车票、船票罪。

5. 能否认为倒卖伪造的有价票证罪中的"倒卖"，不要求先购入后出售，而倒卖车票、船票罪中的"倒卖"，应是先购入（或以其他方式获得）后出售的行为？

倒卖伪造的有价票证不需要倒进来卖出去，你只要知道是伪造的，出卖就要构成倒卖，但倒卖车票、船票要求买进卖出。

6. 为特定他人代购车票、船票而收取代购费用的，成立倒卖车票、船票罪吗？

不能评价为倒卖车票、船票，因为是为特定人所实施。

———————— ■ 法规链接 ————————

《刑法》第228条非法转让、倒卖土地使用权罪

———————— ■ 疑难问题 ————————

1. 本罪的立法目的是什么？

它保护的主要是市场秩序，是土地使用权的有序流转。

2. 在公司享有土地使用权的情况下，股东转让部分或者全部股份的，是否成立本罪？

这里的股份其实体现的就是土地使用权。有观点认为，这是以转让股份的方式变相地转让土地使用权，而构成本罪。我认为有问题，很难将股份等同于土地使用权。

3. 何谓"转让"？非法出租土地是否构成犯罪？

这里的"转让"应该限于永久性地转让土地使用权。由于出租只是一时性地转让使用权，因此非法出租土地不构成本罪。

4. 直接变卖农村集体土地，将农村土地作为宅基地出售给他人，将承包经营的耕地转让给他人用于开发房地产的，构成本罪吗？

这些是非法转让土地使用权的典型表现。

■ **法规链接**

《刑法》第 229 条 **提供虚假证明文件罪、出具证明文件重大失实罪**

■ **疑难问题**

1.《刑法修正案（十一）》对本条有哪些修改？

以前把非法收受他人财物作为加重情节规定，现在是从一重。现在在犯罪主体里增加了几种中介组织，然后明确了行为类型。

2. 本条第 2 款的规定是否多余？是注意规定还是法律拟制？这里的"同时"，是指一个行为还是数个行为？

什么叫同时？两个行为怎么叫同时？提供虚假证明文件是一个行为，然后收受他人财物，这怎么同时？索取贿赂之后再提供虚假证明文件，当然要数罪并罚，两个行为侵害的法益都不一样。收受贿赂之后渎职的是数罪并罚还是从一重？当然是数罪并罚了。比如行为人收了钱之后释放在押人员，当然要数罪并罚，收钱之后再滥用职权，这不可能同时发生。收受他人财物又提供虚假的证明文件，明明是两个行为。没有第 2 款这种规定，自然会进行数罪并罚，但规定了同时从一重，好像又成牵连犯了。所以，这种还是不要作规定。

第二问，可以理解成法律拟制，本来应该数罪并罚的，结果把数罪拟制为一罪。

第三问，同时是指数个行为。

3. 非中介组织人员伪造提供虚假证明文件的，如何处理？

只能成立共犯。

4. 要求中介组织人员提供虚假证明文件的，是否成立本罪的共犯？

这是片面对向犯问题，从理论上讲是有可能成立共犯的。

5. 如何处理本罪与保险诈骗等相关犯罪的罪数问题？

提供虚假证明文件，既构成本罪，又构成保险诈骗的共犯，是竞合关系。

6. 司法解释规定，公证员严重不负责任，出具的公证书有重大失实的，成立出具证明文件重大失实罪，能否认为故意实施的成立提供虚假证明文件罪？

司法解释只规定了过失，那故意的当然成立提供虚假证明文件罪。

■ 法 规 链 接

《刑法》第230条**逃避商检罪**

■ 疑 难 问 题

1. 本罪的立法目的是什么？

保护进出口商品检验秩序。

2. 本罪的实行行为是作为还是不作为？

逃避感觉是不作为，但其实逃避、不进行商检不是本罪的实行行为。如果逃避商品检验后不销售、不使用的也不可能构成犯罪，所以实行行为应该是销售、使用，或者擅自出口。

第三章
侵犯公民人身权利、民主权利罪

第一节 侵犯生命、健康的犯罪

■ **法规链接**

《刑法》第232条 **故意杀人罪**

■ **疑难问题**

1. "故意杀人"中的"人",应否限于"他人"?自杀构成犯罪吗?

故意伤害罪中有"故意伤害他人"的规定,明确了伤害的对象只能是"他人",但是故意杀人罪没有明确对象系"他人",那么杀自己即自杀构不构成故意杀人罪呢?人有没有自杀的权利?有。可是自杀是对自己的不负责任,是对父母的不负责任,是对社会的不负责任。所以,故意杀人不能包括自杀,自杀不构成犯罪,人应该有选择结束自己生命的权利。

2. 人的始期和终期如何确定?

所谓人的始期如何确定的问题,就是什么时候是胎儿,什么时候成为人的问题。在我们国家,堕胎是不构成犯罪的,所以是胎儿还是人关系到罪与非罪的问题。关于人类开始的时期,有所谓的阵痛说,就是孕妇肚子开始疼的时候,也有部分露出说,就是小手小脚伸出来、小脑袋探出来的时候,还有全部露出说,就是全身露出来的时候。讨论的意义是什么？如果主张部分露出说，在他身体的一部分露出来时导致其受伤或死亡就能构成故意伤害、故意杀人了。如果主张全部露出说，那在部分露出的时候还不是人，还是胎儿，还不是故意伤害、故意杀人的对象。如果主张独立呼吸说，则成为人的时间就更晚了。

我们民法上认定人开始的时期是什么时候？是独立呼吸的时候。民法上作此界定，是为了解决人格权的问题，只有独立呼吸了才能享有独立的人格。而刑法上确定人的始期是为了解决他能不能独立于母体受到侵害的问题。我一直都主张部分露出说，但由独立呼吸说一下子过渡到部分露出说恐怕很难被人完全接受。

什么时候算人的生命结束呢？传统上是主张三征候说，即心脏停止跳动、瞳孔反射消失、独立呼吸停止，也叫心脏死亡说。后来出现了器官移植，人们提出了脑死亡说，就是脑干出现不可逆转的死亡。脑死亡不等于植物人，植物人有可能苏醒，但脑死亡是不可恢复的、不可逆转的。只是人出现脑死亡后到完全死亡还有一段时间，此时人的心脏还在跳动，还有呼吸，从脑死亡者的身上移植器官的存活率非常高，所以脑死亡说的提出有助于解决器官移植问题。在我国，目前采取脑死亡标准的条件还不成熟，因为还没有一个客观公正的第三方机构来认定一个人是否处于脑死亡的状态。

3. 误认尸体为活人而进行"杀害"的，成立故意杀人未遂吗？

通说认为把尸体当活人杀害、误把白糖当砒霜用来毒死人、用空枪杀人都成立故意杀人的未遂。通说显然没有不能犯的概念。把尸体当活人杀害有侵害他人生命的危险性吗？故意杀人未遂必须有侵害他人生命法益的危险性，不存在活人，就不存在剥夺他人生命的危险，所以只能是故意杀人的不能犯，不构成犯罪。

4. 如何认定故意杀人罪的实行行为？

故意杀人罪的实行行为必须是具有类型性的剥夺他人生命危险性的行为。劝他人乘坐飞机、高铁，即便果真发生了飞行事故或者铁路运营事故，也不能认为实施了故意杀人的实行行为，因为劝人乘坐飞机、高铁并不具有类型性的剥夺他人生命的危险性。还有以迷信方法杀人也不能叫杀人，整天用针刺戳布娃娃进行诅咒，不能叫杀人行为，不是主观上想杀人就是杀人行为。

5. 误以为自己在进行正当防卫而杀人，成立故意杀人罪吗？

属于违法阻却事由的认识错误，没有杀人的故意，顶多成立过失致人死亡罪。

6. 基于报复、奸情杀人，应当从重处罚吗？

一般杀人都是有原因的、有动机的，基于报复、奸情杀人，是杀人的常态，所以不应当成为从重处罚的理由。

7. 将杀人后的碎尸行为作为判处死刑根据的做法，合理吗？

杀人后碎尸的，能够增加杀人行为的不法性吗？碎尸可以评价为侮辱尸体，不能因为事后碎尸而评价为杀人行为本身的情节严重。

8.《刑法》第238、247、248、289、292条中的"致人死亡"以故意杀人罪定罪处罚的规定，是注意规定还是法律拟制？已满12周岁不满14周岁的人实施上述拟制的杀人行为，能否以故意杀人罪追究刑事责任？

通说认为是注意规定，只有行为人具有杀人的故意，才能定故意杀人罪。张明楷老师认为是法律拟制，因为完全没有进行注意规定的必要。刑讯逼供者怎么会有杀人的故意？刑讯逼供本身就属于危害性很大的行为，又致人伤残、死亡的，就和故意杀人罪的法益侵害性相当，有进行拟制的实质基础。所以，即便行为人没有杀人的故意，但他对死亡的结果具有预见可能性，就可以评价为故意杀人，不要求他现实地认识到，更不需要他对死亡结果持希望或放任态度，因而包括过失杀人。因此，刑讯逼供使用暴力过失致人死亡的，也要定故意杀人罪。与此相同，非法拘禁使用暴力过失致人死亡的，也要定故意杀人罪，还有暴力取证、虐待被监管人、聚众"打砸抢"、聚众斗殴过失致人死亡的，即便没有杀人、伤害的故意也要定故意杀人罪、故意伤害罪。

《刑法修正案（十一）》对《刑法》第17条第3款作了修改，规定："已满十二周岁不满十四周岁的人，犯故意杀人、故意伤害罪，致人死亡或者以特别残忍手段致人重伤造成严重残疾，情节恶劣，经最高人民检察院核准追诉的，应当负刑事责任。"这里的故意杀人罪能不能包括拟制的故意杀人罪？13周岁的人在非法拘禁中使用暴力致人死亡、过失致人死亡的，能不能追究其故意杀人罪的刑事责任？对这种拟制的杀人罪，张老师认为虽然成立杀人罪，但是与通常的故意杀人罪相比在处刑上要轻一些，需要区别对待。我个人倾向于认为已满12周岁不满14周岁的人，只能对典型的故意杀人罪、故意伤害罪承担刑事责任，而不对拟制的故意杀人罪、故意伤害罪承担刑事责任。

9. 故意杀人罪与放火罪等危害公共安全罪之间是什么关系？通说认为只要危害了公共安全就不应认定为故意杀人罪，有无疑问？

通说认为要看是否危害了公共安全，如果危害了公共安全，就只能定放火罪。

其实它们之间是一种竞合的关系，不能说杀一个人是杀人，放火烧死一屋子的人就不是杀人了。如果同时危害了公共安全，既构成了放火罪，又构成了故意杀人罪，从一罪处罚也应定故意杀人罪。

10. 如何处理"相约自杀"案件？

一起约好了去自杀，什么时候成立杀人罪？如果是各自自杀，不构成犯罪。如果是其中一方先杀死对方，继而自杀却未得逞的，则成立杀人罪。如果是甲和乙相约一起向深海走去，乙走得快一点，甲故意在后面磨磨蹭蹭的，等乙走远了甲就上岸了，甲的行为是杀人吗？不是。所以，相约自杀有没有可能构成故意杀人，还是得看他有没有实施杀人行为。

11. 如何处理致特异体质者死伤的案件？

早些年上海发生了一个案件，邻里之间发生纠纷，行为人一拳打到对方的胸口，对方因先天性心脏肥大，当即死亡。还有所谓的"薄头盖骨案件"，就是有人头盖骨天生很薄，一拳捶过去，头盖骨就破裂了，凹下去了。其实生活中还有一些类似的案件，这些被害人就是所谓的"特异体质者"。那么致特异体质者死伤案件中的问题，到底是罪过的问题还是实行行为的问题？又或是因果关系的问题？首先，不能否认因果关系，别人就算是先天性的心脏肥大、头盖骨薄，没人去惹他，他不会出什么事。那罪过方面，有没有故意？有也只是日常生活中殴打的故意，不能说有伤害的故意。另外，行为人的行为也不能说是杀人行为、伤害行为，如朝人胸口打一拳，一般来说不能叫杀人行为。

所以，律师要进行辩护的话，第一从罪过、责任上，第二从行为上看能不能评价为伤害行为。如果能评价为伤害行为，至少是故意伤害致死；如果不能评价为伤害行为，那么就只能是过失致人死亡。过失犯的实行行为相对于故意犯的实行行为的认定要缓和得多，过失犯是违反了注意义务。如果不可能预见到对方特异的体质，还有可能评价为意外事件。实践中的情况千差万别，要结合具体个案进行判断。

12. 如何评价"引起他人自杀"的行为？医生对可能治愈的患者说"你得了癌症，只能活两周了"，患者因此自杀的，成立故意杀人罪吗？

引起他人自杀在何种情形下自杀的结果可以归属于行为人？这是自杀结果的客观归属问题。张老师认为，要把他人的自杀结果归属于行为人需满足以下几个条件：

第一，行为人必须实施了符合构成要件的实行行为，也就是要有犯罪行为，如果没有犯罪行为，那么就算被害人自杀了，也不能把自杀结果归属于行为人。比如我说了几句公道话，批评了别人，结果他回去就自杀了，能不能评价我为侮辱他人情节严重？我实施了侮辱行为吗？没有，我没有实施符合构成要件的实行行为。

第二，行为和被害人的自杀结果之间要存在能够为一般人所理解的因果关系。如果这种行为和结果之间的联系让大家都觉得不可思议，就不能认为是该行为导致对方自杀了。

第三，法定刑不能过重。像强奸致人死亡就不能包括被害人自杀，因为法定刑是10年以上，但虐待致人死亡、暴力干涉婚姻自由致人死亡就包括了被害人自杀。不过，有的罪名可能会有争议。例如，组织、领导传销活动致人死亡能不能包括被害人自杀？非法拘禁致人死亡能不能包括被害人自杀？这些有可能会有争议。一般法定刑重的犯罪不能把自杀的结果评价为致人死亡，但是目前自杀的结果归属的范围有点广。如司法解释把盗窃、诈骗、抢夺等引起被害人自杀的都评价为情节严重甚至情节特别严重，对此我是持怀疑态度的。

第二问，张老师认为是成立的。因为是法益关系的错误。

13. 处罚教唆、帮助自杀行为的根据是什么？如何区分帮助自杀与故意杀人？有关组织、利用邪教组织，制造、散布迷信邪说，教唆、帮助其成员或者他人实施自杀的，以故意杀人罪定罪处罚的司法解释规定，有无疑问？

教唆、帮助自杀构不构成犯罪？按照共犯的从属性理论，被教唆、被帮助的行为必须实施符合构成要件的违法行为。但自杀不是违法行为，自杀不可能符合构成要件并且违法。所以从严格意义上讲，教唆、帮助自杀是不构成犯罪的。日本刑法专门规定了教唆、帮助自杀，叫参与自杀罪，处7年以下有期徒刑，比故意杀人罪轻。德国刑法没有这样的规定，所以德国刑法理论与实务一致认为教唆、帮助自杀的不构成犯罪。在中国只要有人自杀了，人们普遍会问谁逼他自杀了，实践当中一般会处罚教唆、帮助自杀的行为。但我还是认为，教唆自杀应该限定为被害人不能理解自杀行为的性质和意义的场合，比如教唆幼儿、高度精神病患者自杀。另外，逼人自杀也可能评价为故意杀人罪，但帮助自杀评价为杀人罪就存在一定的问题。行为人帮助他人买毒药，他人自己喝下去的，能成立故意杀人罪吗？帮助自杀什么时候能够评价为杀人的实行行为或者与杀人的实行行为具有等价性？这些问题还需要进一步讨论。

第三问，欺骗不理解自杀行为的性质和意义的人，使其自杀的，有可能评价为杀人行为。对于司法解释的规定，我是持怀疑态度的。

14. 阻止他人救助落水的人，构成故意杀人罪吗？

他人正在救助，行为人阻止他人救助的，有可能构成故意杀人罪。落水的人马上就要抓住救生圈了，行为人把救生圈移开，这也是杀人行为。

15. 何谓"情节较轻"的杀人？"情节较轻"不仅包括不法程度的减轻，而且包括责任的减轻，能否认为"情节严重""情节特别严重"，包括责任的加重与预防犯罪必要性的加重？

"情节较轻"的杀人，一般指受到长期迫害而杀死对方，还有所谓的大义灭亲、所谓的同意杀人。

第二问，情节严重、情节特别严重只能是法益侵害程度的严重，不能包括所谓的非难可能性的严重，不能包括责任的加重，更不包括所谓的反映再犯罪可能性大小的预防犯罪必要性的加重。刑法分则条文没有哪一个加重犯是因为责任的加重而加重处罚的。司法解释把预防要素混同于责任要素，把曾经受过刑事处罚、行政处罚等预防情节和责任情节相混淆，这是司法解释的问题。

16. 将防卫过当认定为情节较轻的故意杀人罪之后，是否还应当适用刑法总则关于防卫过当应当减轻、免除处罚的规定？对杀人预备选择了故意杀人罪"情节较轻"的法定刑之后，是否不再适用"对于预备犯，可以比照既遂犯从轻、减轻处罚或者免除处罚"的规定？

应当适用，因为认定为情节较轻的故意杀人罪不是免除处罚，而防卫过当是有可能免除处罚的。所以，即便把它认定为情节较轻，也不能排除防卫过当的适用。

第二问，也不能排除。即便把杀人预备评价为情节较轻，也不能排除适用预备犯的处罚规定，因为情节较轻还是有可能处罚的，而适用预备犯的处罚规定则可能免除处罚。

17. 能否认为抢劫杀人的，成立抢劫致死与故意杀人罪的想象竞合？能够认为放火烧死一个人，成立放火致人死亡与故意杀人罪的想象竞合吗？

第一问，我认为不能。抢劫致人死亡与故意杀人罪的想象竞合必须发生两个结果，如果只导致一个人死亡，既评价为抢劫致人死亡又评价为故意杀人，就是对一个人的死亡结果进行了两次评价，所以不是想象竞合。

第二问，放火只烧死一个人不能评价为放火致人死亡和故意杀人罪的想象竞合。因为只造成了一个人的死亡，而想象竞合是两个结果，只造成了一个结果的就不能进行两次评价。

18. 能阻止他人自杀吗？在他人上吊自杀时，将绳子剪断，他人掉下来摔伤的，构成故意伤害罪吗？他人跳海自杀，行为人奋力相救，他人能否实施"正当防卫"，将行为人拽下海淹死呢？

自杀是权利吗？是合法行为吗？如果认为自杀合法，就不能阻止别人自杀，但阻止别人自杀一般是能够被理解的，这就是悖论。

第二问，如果认为自杀是合法行为，就不能干预。是合法行为还是非法行为，它的试金石就是能不能对它进行阻止，能不能实施防卫，能防卫的，就是违法行为，不能防卫的，就是合法行为。有人说吃饭、走路、睡觉这些行为既不合法也不违法，是放任的，这种观念不正确。吃饭、走路是不是合法行为？他人能不能干预吃饭、走路、睡觉？不能。所以，这种所谓法外空间、第三种行为的观念不合理。

第三问，如果认为自杀是合法行为的就不能救，你救了，他人可以所谓"正当防卫"的名义把你拽下去。

19. 有关雇凶者作为犯罪的"造意者"，其对案件的发生负有直接和更主要的责任，因此对雇凶者应认定为罪行最严重的主犯的司法解释规定，有无疑问？

这体现了在共犯的处罚根据问题上坚持的是所谓责任共犯论，认为杀人者是因为杀人而受到处罚，教唆犯则是因为制造了杀人犯，使他人堕落而受到处罚。这种观点目前在国外已不被适用。但我国通说还是坚持责任共犯论的观点，认为教唆犯使他人堕落，制造了杀人犯的教唆者才是犯罪的根源，教唆犯就是主犯。这就会导致一些人犯罪非要说是别人指使他干的，这样他的责任可以减轻一些。这显然是不合理的。

■ 法规链接

《刑法》第233条过失致人死亡罪

■ 疑难问题

1. 如何认定过失致人死亡罪的实行行为？

过失犯也有实行行为，但是过失犯的实行行为怎么认定？故意杀人罪的实行行为和过失致人死亡罪的实行行为有没有区别？甲看到乙从楼底下经过，就故意踢下一块石头砸死乙，这和甲不小心碰到一块石头掉下来砸死乙相比，是不是故意踢的力度就大一点，一不小心碰到的力度就小一点呢？前面有一个人，你朝他射击就是故意杀人，和你以为前面是一头野兽便朝他射击，结果发现是个人，两者的实行行为有没有区别？故意行为的危害性就大一些吗？不能这么认为。如果这样认为的话就是行为无价值论的观点，认为故意、过失是主观的违法要素。故意犯罪的违法性就比过失犯罪的违法性重吗？不是的。故意犯罪和过失犯罪只是责任不同、非难可能性不同，行为并无区别。

人们在面对过失致人死亡的案件时，很少去分析它的实行行为是什么，这种行为有没有类型性的导致他人死亡的危险性。从理论上讲，要分析行为人实施了什么行为，这种行为有没有导致他人死亡的危险性。

2. 如何理解本条中"本法另有规定的，依照规定"的内容？交通肇事致一人死亡，未达交通肇事罪立案标准的，能否以过失致人死亡罪定罪处罚？虐待致人死亡的，能否判处低于3年有期徒刑？

第一问，主张特别法优于普通法的，会认为这是对特别法优于普通法的适用原则的重申，而我认为这一规定实际上是适用处罚更重的条款的提示性规定。过失致人死亡罪之外存在大量包括过失致人死亡情节的罪名，比如说责任事故犯罪，还有强奸致死、抢劫致死都包括了过失致人死亡，它们的法定刑都比过失致人死亡罪要重。所以，这一规定旨在提醒，如果有处罚更重的条款就应当适用。不能说没有"本法另有规定的，依照规定"就没有另有规定。盗窃罪条文里面没有"本法另有规定的，依照规定"，但有没有特殊盗窃？盗伐林木罪、盗窃枪支罪都是特殊盗窃。那为什么有的条文里要强调"本法另有规定的，依照规定"？因为包含过失致人死亡的罪名很多，像故意伤害罪、过失致人重伤罪、诈骗罪中也有这种规定。还有，为什么滥用职权罪、玩忽职守罪要强调"本法另有规定的，依照规定"？因为还存在特殊主体的渎职犯罪，像私放在押人员罪就比滥用职权罪处罚要重，所以有提醒的必要。

1997年《刑法》中本来有5个条文存在"本法另有规定的，依照规定"的内容，但随着刑法修正案的修订，增加到了11个。《刑法修正案（八）》公布后，再没有增加这种条款，而是逐渐增多了"同时构成其他犯罪的，依照处罚较重的规定定罪处罚"的内容。这充分说明只要是竞合，从一重就可以了。

第二问，不可以，因为交通肇事中通常双方都负有一定的责任，它分主要责任、次要责任，它和发生在日常生活领域的普通的过失是有区别的。

第三问，不可以，因为过失致人死亡基本犯法定刑是3年到7年有期徒刑，而虐待致人重伤、死亡是2年到7年有期徒刑。3年有期徒刑以下适用的是虐待致人重伤的情形，因为虐待致人死亡不可能是情节较轻的过失致人死亡，所以即便认为它们是法条竞合的关系，按照被排除条款的轻罪的封锁作用，也不能判处低于轻罪的最低刑。

3. 如何区分过于自信的过失致人死亡与间接故意杀人？

过于自信是虽然认识到了，但相信自己能够避免结果的发生，行为人对结果是排斥、反对、不接受的。间接故意则是放任、接受结果的发生。

4. 如何区分疏忽大意的过失致人死亡与意外事件致人死亡？

要看有没有预见的可能性。疏忽大意是本来可以预见的，意外事件则是没有预见的可能性，但在个案中其实是很难区分的。

5. 故意与过失、故意杀人与过失致人死亡，是对立关系吗？在行为人对死亡结果具有预见可能性的情况下，不能证明行为人是否希望、放任死亡结果发生的，能否认定为过失致人死亡罪？

传统观念认为故意和过失是一种对立的关系，但现在一般认为它们是一种位阶的关系。预见可能性是故意与过失共通的要求，故意是已经预见到了，过失是有预见的可能性。只要符合了最低的要求，也就是有预见可能性就符合了过失的要件。所以，在故意和过失难以查明的时候，只要有预见的可能性，就可以认定为过失。故意杀人与过失致人死亡就是这样，不能认定是否具有杀人的故意的，可以认定为过失致人死亡罪。

6. 如何处理过失重伤进而引起被害人死亡的案件？

既然有故意伤害致人死亡，那能不能给这种行为定一个过失重伤致人死亡罪？不能，就是过失致人死亡，不承认过失重伤致人死亡。

7. 行为人对重伤具有预见可能性，但对死亡没有预见可能性的，如何处理？

只能评价为过失致人重伤罪，不能评价为过失致人死亡罪，过失致人死亡要求对死亡结果具有预见可能性。

■ 法规链接

《刑法》第234条 故意伤害罪

■ 疑难问题

1. 能否认为故意杀人与故意伤害的区别是故意内容决定的？

故意杀人和故意伤害的区别主要还是在于行为本身，一个是有可能剥夺他人生命的行为，一个是侵害他人身体机能的行为。不要总想从主观上去区分，首先要从客观上通过伤害的部位、伤害的力度等判断是杀人行为还是伤害行为，然后看行为人对结果持故意还是过失。

2. 如何区分故意杀人既遂与故意伤害致死？如何区分故意杀人未遂与故意伤害既遂？

故意杀人既遂与故意伤害致死在行为上没有区别，都是导致他人死亡。区别在于，一个是杀人的故意，对死亡的结果持希望或者放任的态度；一个是伤害的故意，对伤害的结果持希望或者放任的态度，而对死亡的结果是过失。

第二问，如果是持杀人的故意导致了伤害的结果，就是故意杀人未遂；如果只有伤害的故意导致伤害的结果，就是故意伤害既遂。

3. 行为人持杀人故意，以特别残忍的手段杀人，但只造成了被害人重伤与严重残疾，是成立故意杀人未遂还是故意伤害罪？

成立故意伤害罪。因为认定故意杀人未遂的，从轻、减轻处罚，有可能判处10年以下有期徒刑，而认定为故意伤害罪，至少要判处10年以上有期徒刑。

4. 故意杀人中止但造成了重伤，是成立故意杀人中止，还是故意伤害既遂？

故意杀人中止但造成了重伤属于造成了损害的，减轻处罚要处10年以下有期徒刑，而故意伤害致人重伤既遂是3年到10年有期徒刑。德国一般认为是成立故意伤害的既遂。在我们国家，杀人中止造成重伤的属于减轻处罚，和故意伤害致人重伤的刑罚也差不多。但是，以特别残忍的手段杀人致人重伤造成严重残疾，最终又放弃了杀人的，要评价为故意伤害致人重伤。

5. 故意伤害致死与过失致人死亡之间是什么关系？如何区分？

一个有伤害的故意，一个没有伤害的故意。

6. 何谓伤害行为？行为造成他人精神障碍的，如何处理？

何谓伤害他人身体？强调他人，说明自伤是不构成犯罪的。他人身体指的是身体机能还是外形的完整性？剪掉别人的指甲、胡须、头发，侵害了外形的完整性，这能不能叫伤害？不能。一般认为伤害是损害了他人正常的生理机能的行为。

第二问，造成他人精神障碍的应该叫伤害。

7. 如何处理致胎儿死伤的案件？

致胎儿死伤案问题的关键点在于何时实施伤害。如果认为对尚处于母体内的胎儿实施伤害，伤害结果出现在他出生成为人之后的成立故意伤害罪，就违背了故意伤害对象是人的要求，这就是问题所在。

张明楷老师以前主张的是一种规范的伤害着手的概念，胎儿还在母体内的时候对他实施伤害的不能算着手，只有他出生为人的那一瞬间才叫着手。着手本来就是一个规范的概念，行为人从北京寄毒药到广州，什么时候算着手？是行为对象收到毒药准备饮用的时候而不是邮寄的时候。所以，实行行为完成的时间和着手的时间不能画等号，行为人在北京邮寄时实行行为已经完成了，但是着手必须是造成法益侵害的紧迫危险性的行为，它是一个规范的概念。所以，着手的成立时间和未遂犯的成立时间可以画等号，但和实行行为不能画等号。

张老师最新的观点认为，只要伤害的结果产生时或者行为发生作用的时候，对象存在就可以了。胎儿出生之后伤害结果才显现，行为的作用才产生，这个时候存在行为对象就可以了。前面也提到过，行为人建造的房屋有质量问题，5年前建造的，5年之后倒塌了，把3岁的儿童压死了。建房子的时候儿童还没出生，但房子倒塌的时候对象出现了，所以只要在产生结果的时候或行为发生作用的时候对象出现就可以了，在实施行为的时候不需要对象的存在。

我一直主张对胎儿的伤害是对母体的伤害，我主张母体伤害说。因为健康生育的权利是孕妇最基本的权利，对胎儿的伤害就是对母体的健康生育权的伤害。不过，在日本母体伤害说不会成为主流学说，因为在日本堕胎是构成犯罪的。如果认为伤害胎儿就是对母体的伤害，那么堕胎就是自我伤害，就不应该构成犯罪。

8. 致人轻微伤，能否以故意伤害罪处理？我国司法实践对伤害罪入罪的门槛是过高还是过低？

我以前主张把国外的暴行罪所规制的内容评价为我国的故意伤害，因为我们故意伤害导致轻伤的最低刑是管制，国外规定了暴行、伤害、伤害致死，我们国家规定的是伤害、重伤、伤害致死。法律并没有对伤害下定义，至于轻伤、重伤的标准是通过司法解释来确定的。我们没有规定伤害的标准，但我们实践当中都把轻微伤排除在伤害之外，这是有问题的。

我们确定的轻伤、重伤标准过高。如果告诉人们只要动手了就是伤害，轻微伤也是伤害，大家就可能不会动手打人。所以，我们对刑法的理解和适用会影响到对公民行为规范的培养。盗窃也是如此，我们规定的盗窃立案标准是盗窃2000元以上，其实盗窃一个苹果也是盗窃，盗窃一辆共享单车也是盗窃。

"故意伤害他人身体的"中的伤害并没有限定为轻伤以上，轻微伤也是伤害。司法实践对故意伤害入罪的门槛过高。

9.（被害人）伤害的承诺有效吗？互殴造成轻伤，构成故意伤害罪吗？

一般认为轻伤的承诺是有效的。关于重伤的承诺，彻底的结果无价值论的观点认为重伤的承诺也是有效的，前田雅英老师就是持这种观点。行为无价值论的观点认为，像黑社会成员为了向老大谢罪，同意老大切掉他的大拇指，还有为了骗取保险金，让别人把自己的手指头切掉，这种在伦理上有值得谴责的动机。结果无价值论的另外一种观点认为，重伤都是危及生命的，而有关生命的承诺是无效的，所以危及生命的重伤的承诺也是无效的，张老师就是持这种观点。但我认为重伤未必危及生命。把人带到医院的急诊室，把他的手指头切掉，又马上给他包扎好，能危及生命吗？不能说重伤就一定是危及生命的。

第二问，实践当中把大量互殴造成轻伤的作为故意伤害罪处理了，导致我们国家的故意伤害案件数量居高不下。明明是行为人主动挑事的，结果被对方打成了轻伤，他反而不依不饶地要追究对方的刑事责任。既然是互殴，就应该想到受轻伤的可能，就应该承受这种轻伤的后果，所以互殴无伤害。

10. 能否认为故意伤害（重伤）罪是故意伤害（轻伤）罪的一重的结果加重犯，而故意伤害致死是故意伤害（轻伤）罪的二重的结果加重犯？

有轻伤的故意最后导致重伤的，能不能评价为故意伤害致人重伤？有轻伤的故意最后导致死亡的，能不能评价为故意伤害致人死亡？大家都知道故意伤害致死是故意伤害致人重伤的结果加重犯，但是故意伤害致人重伤能不能理解成故意伤害致人轻伤的结果加重犯？当然可以。故意伤害致人重伤包括两种情况，一是重伤的故意导致重伤的结果，二是轻伤的故意导致重伤的结果。因此，由轻伤到重伤是一重的结果加重犯，由重伤到伤害致死又是一重的结果加重犯，于是由轻伤到故意伤害致死，就是二重的结果加重犯。

在日本，有所谓的暴行、伤害、伤害致死不同情形，日本理论和实务一致认为，由暴行到伤害是一重的结果加重犯，由伤害到伤害致死又是一重的结果加重犯，因此故意伤害致死是暴行的二重的结果加重犯，出于暴行的故意导致死亡结果的，成立故意伤害致死。结果加重犯就是为了解决对基本犯有故意、对加重结果有过失的情形，所以我从日本的由暴行到伤害再到伤害致死是二重的结果加重犯中得到启发，认为我们国家的轻伤、重伤、故意伤害致死也是这种关系。轻伤的故意和重伤的故意其实很难分得清，但至少要有伤害的故意，应该排除殴打的故意。

11. 应否区分一般殴打意图与伤害的故意、一般殴打行为与伤害行为？如何区分？在殴打行为偶然导致他人死亡的情况下，能否成立故意伤害致死？

殴打的意图只是使他人受到一时性的肉体上的疼痛，而伤害一般是侵害他人的生理机能。区分一般殴打行为和伤害行为要考虑打击的部位、打击的力度、力量对比的悬殊程度。拳击运动员朝我打一拳是伤害，我打他一拳只能叫殴打。

殴打行为偶然导致他人死亡的，不能评价为故意伤害致死，只能评价为过失致人死亡。

12. 如何处理"同时伤害"的案件？前行为人已经着手对被害人实施伤害行为，后行为人中途参与伤害行为，被害人身受重伤，但不能查明该重伤结果是由谁的行为引起时，如何处理？如何处理承继共犯？

日本刑法规定，当两个人没有共谋而同时伤害他人，造成了伤害结果，但不能查明是谁的行为导致伤害结果时，按照共同犯罪来处理。有人说这是共犯关系的拟制，有人说这是因果关系的拟制。但不管怎么样，本来是同时犯，要作为共犯来处理。我国没有规定同时伤害，对这种情况只能评价为故意伤害的未遂。同时杀人也存在这种情况，10个人从四面八方、不约而同地朝甲开枪，甲中一弹死亡，不能查明是谁打中的，怎么评价这10个人的行为？都是故意杀人未遂。这就是同时犯和共同犯罪的区别，如果是共同犯罪，采用部分实行全部责任原则，都要成立故意杀人既遂，而同时犯必须查明各自的因果关系。

第二问，后行为人是成立故意伤害未遂还是故意伤害致人重伤？中途参与者、承继的共犯只能对参与之后的行为和结果负责。只要不能证明是在后行为人参与之后发生的，按照存疑时有利被告人的原则，只能推定它发生在后行为人参与之前。但无论是之前还是之后，前行为人都要对结果负责。

第三问，行为人只对其参与之后的行为和结果负责，对行为人参与之前已经形成的状态、已经产生的结果不能追究行为人的责任。

13.《刑法》第 238、247、248、289、292、333 条致人伤残以故意伤害罪定罪处罚的规定，是注意规定还是法律拟制？已满 12 周岁不满 14 周岁的人实施上述行为，应否承担刑事责任？

通说认为是注意规定，要有伤害的故意。不过，张老师认为是法律拟制，不要求有伤害的故意，只要对伤害结果有认识的可能性就可以了。

第二问，我倾向于不能追究刑事责任，不能包括拟制的伤害罪。

14. 实践中对故意伤害的未遂不以犯罪论处，有无疑问？如果处罚伤害未遂，法定刑如何选择？故意伤害致人重伤、故意伤害致死，有未遂形态吗？

实践中不处罚故意伤害未遂，要么就定故意伤害罪，处很重的刑，要么就是无罪，这是有问题的。一把飞刀朝别人大腿飞过去，别人及时躲开，这是不是故意伤害未遂？如果再稍微抬高一点的话，有可能是杀人未遂。打中的就是故意伤害甚至故意杀人，没打中就是无罪，这是有问题的。同时，不处理故意伤害未遂，结果就导致了寻衅滋事罪的滥用。

第二问，张老师认为出于重伤的故意伤害他人，导致了轻伤结果的，不宜认定为故意重伤的未遂，应认定为故意轻伤的既遂，直接适用《刑法》第 234 条第 1 款的法定刑，不再适用未遂犯从轻、减轻处罚的规定。如果重伤的故意没有导致伤害的结果，应认定为故意伤害罪的未遂，适用第 234 条第 1 款的法定刑，同时适用未遂犯从轻、减轻处罚的规定。这和张老师讲的量刑规则差不多，以数额巨大的财物为盗窃的目标，实际上只盗窃了数额较大的财物就成立基本犯既遂，如果没有盗得数额较大的财物，就成立基本犯的未遂，从轻、减轻处罚。以重伤的故意导致了轻伤的结果，只成立轻伤的既遂，处 3 年以下有期徒刑、拘役或者管制，合理吗？出于杀人的故意，结果连轻伤都未造成，无疑适用"死刑、无期徒刑或者十年以上有期徒刑"的法定刑幅度，同时适用未遂犯从轻、减轻处罚的规定，而可能判处 10 年以上有期徒刑甚至无期徒刑。所以我认为，以重伤的故意导致轻伤的结果的，应该成立故意伤害重伤的未遂。

第三问，按照张老师的观点，故意伤害致人重伤，需要客观上致人重伤，没有所谓的故意重伤的未遂。故意伤害致死当然是没有未遂的，故意伤害致死必须客观上导致了死亡的结果。

15. 如何认定故意伤害"致"死？应否坚持"直接性因果关系"与"致命伤说"？如何判断介入行为是否异常？应否将故意伤害致死的死亡者限定为伤害的对象？德日故意伤害致死的法定刑是 3 年以上有期徒刑，而我国刑法规定的是 10 年以上有期徒刑、无期徒刑或者死刑，我们能否照搬德日区分故意伤害致死与过失致人死亡的理论学说和判例结论？

结果加重犯必须是基本犯本身所蕴含的发生结果的高度危险的现实化，因此，故意伤害致死必须是伤害行为本身所蕴含的致人死亡的危险的现实化，也就是说伤害行为本身就有可能导致他人死亡。同时，这种死亡的对象必须是伤害的对象，如果不是伤害行为本身所蕴含的危险的现实化，而是偶然地导致了死亡结果的发生，就不能评价为故意伤害致死。

认定故意伤害致死要坚持直接性因果关系，必须是故意伤害本身所蕴含的致人死亡的危险的现实化。同时，这种伤害要是致命性的，可能导致他人生命丧失，这就是"致命伤说"。如果不是致命性的伤害，就可能是过失致人死亡。

第三问，对于如何判断介入行为是否异常，这里可以举一些例子加以说明。例如，被害人受到伤害之后坚持不就医，而是把香灰往伤口上涂抹，后来死亡的，又或者受到伤害之后感到疼痛难忍，上吊自杀的，这都是异常的介入行为。

第四问，张老师认为，应该将故意伤害致死的死亡者限定为伤害的对象。

第五问，这可能是一个问题，德日故意伤害致死的法定刑不重，而我国故意伤害致死至少要判 10 年有期徒刑，所以在我国认定应该更加严格。

16. 连续伤害多人的，是认定为连续犯以一罪从重论处，还是应以故意伤害罪同种数罪并罚？司法机关习惯于将之认定为以危险方法危害公共安全罪，是否妥当？对同种数罪，是原则上并罚还是不并罚？

应该数罪并罚。连续犯这个概念在实际应用中存在一定的问题。如果是财产犯罪，数额累计计算问题不大，但如果是人身犯罪，没法累计计算，还是应当数罪并罚。

第二问，有个案例，某上海游客在昆明旅游，忽然拿出水果刀到处刺人，结果定了以危险方法危害公共安全罪，这是不妥当的，它和放火、决水、爆炸的危险性肯定是不相当的，行为人一次不可能伤害多人，结果也是可以控制的。

第三问，对同种数罪原则上是并罚，不并罚是例外，有两种情况不并罚。第一种，如果是经济犯罪、财产犯罪，规定了数额巨大、数额特别巨大的，通过累计计算适用加重的法定刑。第二种，已经把多次、多人规定为加重情节，像拐卖、强奸妇女多人已经被规定为加重情节。如果不是这两种情况，而且法定刑不重，那么还必须并罚，轻伤多人、重伤多人的必须并罚，不能把多个轻伤升格为重伤、把多个重伤升格为故意伤害致死。所以，同种数罪原则上是并罚，而不是通说所说的原则上不并罚。

17. 如何处理故意伤害罪与包含故意伤害内容的其他犯罪的关系？妨害公务致人重伤的，能否以故意伤害罪定罪处罚？

第一问，比如说抢劫致伤、强奸致伤的，评价为加重犯就可以了。

第二问，妨害公务致人重伤的，能以故意伤害罪定罪处罚。

18. 如何区分身体与财物？

看和身体的其他部分分离之后是否影响生理机能，如果不影响生理机能，那就是财物，如假牙、假发、假肢。但是，和身体已经连为一体，如果分离会影响生理机能的，比如心脏起搏器，那就是身体的一部分，不是财物了。

■ 法规链接

《刑法》第234条之一 组织出卖人体器官罪

■ 疑难问题

1. 本罪的立法目的是什么？何谓"组织"？出卖者的承诺是否有效？出卖者（供体）和购买接受人体器官的人（受体），能否成立本罪的本犯？

设立本罪是为了保护国家有关器官移植的医疗管理秩序。我们器官移植的缺口很大，每年只有约3%的人能够等到器官移植。既然这样为什么不允许人体器官买卖？如果允许人体器官买卖，在商业利益的驱使下，极可能会发生伤害甚至杀人案件。所以，禁止器官买卖是全世界的通例。

第二问，使用"组织"这一表述，就是要把提供器官的人和接收器官的人排除在外，只处罚这个组织者。

第三问，组织他人出卖人体器官，他人显然是承诺的，但承诺也无效，禁止器官买卖。

第四问，出卖者（供体）和购买接受人体器官的人（受体）不成立本罪的本犯。

2. 本罪中"器官"的范围，是否应与《人体器官移植条例》保持一致？组织出卖人体细胞、角膜、骨髓、皮肤、肢体、骨头、血液、脂肪，是否构成本罪？

《人体器官移植条例》界定的器官范围很窄，比如说条例中规定的器官不包括人体细胞、角膜、骨髓等人体组织。张老师持一种折中的观点，认为这里的器官不仅包括《人体器官移植条例》所称的器官，而且包括角膜、皮肤、肢体、骨头等，但细胞、骨髓、脂肪不是，血液也不是，因为有强迫卖血罪、组织卖血罪进行规制。

3. 本罪中的"器官"，是否限于活体器官，而不包括尸体器官？
一般认为是活体器官。

4. 本罪既遂的标准是卖出还是摘取？
如果认为侵害的法益是他人的生理机能，从人身权保护的角度讲摘取就已经既遂了。

■ **法规链接**

《刑法》第235条 过失致人重伤罪

■ **疑难问题**

1. 出于轻伤故意造成重伤结果的，是成立过失致人重伤罪还是故意伤害罪？

按照之前讲的结果加重犯的理论，应该评价为故意伤害致人重伤。

2. 如何认定过失致人重伤罪的实行行为？

和过失致人死亡罪是同样的问题，过失致人重伤罪的实行行为必须是具有类型性的导致他人重伤结果的行为。如果这种行为不具有类型性的导致他人重伤结果的危险性，那就不是伤害行为。

■ 法 规 链 接

《刑法》第261条 **遗弃罪**

■ 疑 难 问 题

1. 本罪的法益是什么？是否还应将本罪的法益理解为"家庭成员之间互相扶养的权利义务关系"，并要求行为主体与被害人属于同一家庭成员？

本罪的法益是家庭成员之间平等的受扶养权还是生命、身体的安全？是生命、身体的安全。在1979年《刑法》当中，遗弃罪属于妨害婚姻家庭罪的罪名。1997年《刑法》把遗弃罪、重婚罪等罪名全部纳入"侵犯公民人身权利、民主权利罪"这一章。因此，对于遗弃罪不能按照以前的妨害婚姻家庭罪来理解。本罪对象不限于家庭成员，法益也不应该理解成家庭成员之间平等的受扶养权，而应该以此为契机，借鉴国外的理论，认为遗弃罪是对他人生命和身体的危险犯。

第二问，遗弃罪的保护法益应该是被害人的生命、身体的安全。本罪不要求行为主体与被害人属于同一家庭成员。现在存在扶养、扶助、救助关系的，并不限于家庭成员，比如养老院、儿童福利院、精神病院与其收留（治）的人之间也会形成这种扶养关系。

2. 我国遗弃罪与德日刑法相关规定有何不同？我国遗弃罪能否规制非保护责任者的作为形式的单纯遗弃行为？

德日刑法规定的遗弃分作为的遗弃和保护责任者的遗弃，作为的遗弃也就是通过作为的方式使他人处于险境的行为，如别人要行为人带路，行为人把他带到危险的地方；保护责任者的遗弃如把老母亲带到外地丢掉，一个人回家。我们国家规定的是有扶养的义务而拒绝扶养，一般认为是不作为，那能不能包括作为？应该包括。

第二问，对于非保护责任者的作为形式的单纯遗弃行为，张老师认为可以通过解释弥补立法缺陷。例如，将被害人转移到危险场所的，行为人先前的作为使法益处于危险状态，所以他产生了对被害人的救助义务，也就是"扶养义务"。如果行为人不把被害人从危险境地中解救出来，就是拒不履行扶养义务，会构成遗弃罪。

3. 遗弃罪是只限于对生命造成危险的犯罪，还是包括对身体健康造成危险的犯罪？在我国，遗弃致死伤的如何处理？

如果包括对身体健康造成危险的犯罪，那处罚范围就太广了，母亲把小孩独自丢在家里而外出买菜，短时间离开，小孩有可能会受伤。所以，一般认为遗弃罪是对生命造成抽象危险。

第二问，国外遗弃致死伤的法定刑很重，我国关于遗弃罪的法定最高刑则是5年有期徒刑，没规定结果加重犯，所以在我国，一些遗弃致死伤的恐怕只能按照想象竞合评价为故意杀人、故意伤害等。

4. 何谓"扶养""拒绝扶养"？父母将婴儿置于医院而独自离去，构成本罪吗？

扶养即扶助、养育。拒绝扶养，就是对需要救助的人拒绝救助，当然基于人身保护关系或者基于先前行为，使他人处于危险状态的也具有义务。早些年北京发生过一个出租车案件，一个人在交通肇事之后叫了一辆出租车把伤者抱上了出租车，并在中途找借口溜走了。后来司机把伤者扔下自己开车走了，伤者因流血过多死亡，最后给司机定了故意杀人罪。对于该案中的司机应该定故意杀人罪吗？应该定遗弃罪，定故意杀人罪，处罚太重了。

第二问，类似的情形还有把母亲送到民政局门口的，把小孩抱到民政局门口或者抱到警察局门口的。像这种留在医院或者民政局、警察局门口的，抽象危险都不存在，在我国要不要作为犯罪处理？单纯地不履行扶养义务，没有对被害人、对他人的生命造成危险的，也应该作为犯罪来处理，实践当中也是这么做的。

5. 何谓"情节恶劣"？为什么有的条文用"情节严重"，有的条文用"情节恶劣"？能否认为"情节严重"限于客观方面反映法益侵害程度的要素，而"情节恶劣"还包括主观恶性深、动机卑鄙、曾经受到刑事处罚或行政处罚然后又实施的所谓反映非难可能性程度以及预防犯罪必要性大小的预防要素？

我们刑法分则中大多数条文用的是情节严重、情节特别严重，但有少量条文用的是情节恶劣、情节特别恶劣，难道情节恶劣就能包括主观恶性深吗？包括非难可能性严重这种责任要素吗？我认为只是表述不同，情节恶劣、情节特别恶劣和情节严重、情节特别严重实质上是一样的，只能是客观方面的反映法益侵害程度的要素，不能包括主观恶性深这些责任程度重的要素。

第二问，立法者是选择情节恶劣还是情节严重，其实是存在一定的随意性，我不认为情节恶劣和情节严重有区别。

第三问，我不这么认为，情节恶劣应该和情节严重作同样的理解。

6. 经被害人有效承诺的遗弃行为，是否阻却违法性？

行为人把母亲带到外地去，母亲让他自己回去说不用管她了，这种被害人进行有效承诺的，应该不构成。

7. 如何区分遗弃罪与故意杀人罪？在遗弃致人死亡的时候，如何判断行为是仅成立遗弃罪还是成立故意杀人罪？

从理论上讲，遗弃是对生命的抽象危险，而故意杀人是对生命的具体危险，但是实践当中存在应当评价为杀人罪的错误地认定为虐待罪和遗弃罪的问题。

第二问，得看对他人生命的威胁程度。在零下三四十度的黑龙江，把穿着单衣的小孩赶到门外，是遗弃还是杀人？当然是杀人！有一个真实的案件，行为人的母亲因为双手骨折，饭碗都端不起来，行为人把她关在堆积柴火的房子里，然后丢进去一碗饭，三天之后尸体都已经僵硬了，这是杀人还是虐待、遗弃？是杀人！最后法院给他定了虐待罪，但这明明就是杀人。

第二节　侵犯性的决定权的犯罪

■ 法 规 链 接

《刑法》第 236 条强奸罪

■ 疑 难 问 题

1. 《刑法修正案（十一）》对本条有哪些修改？为什么修改？

修改了加重情节，以前本条第 3 款第 3 项规定的是"在公共场所当众强奸妇女"，现在增加了"奸淫幼女"。其实，幼女是可以解释为妇女的，妇女就是女性的意思。妇女、幼女如果并列规定，妇女就不包括幼女。实际上，把在公共场所当众奸淫幼女解释为奸淫幼女情节恶劣，也没什么问题。

另外，《刑法修正案（十一）》在本条第 3 款增加了第 5 项规定，即"奸淫不满十周岁的幼女或者造成幼女伤害的"。以前规定的是奸淫幼女的从重处罚，但还是只会判处 3 年到 10 年有期徒刑，现在奸淫不满 10 周岁的幼女或者造成幼女伤害的，就要加重处罚了。这里有一个问题，就是这里的伤害是故意伤害罪中的伤害吗？能包括轻微伤吗？一般的奸淫幼女以强奸论，从重处罚，从重也才 10 年有期徒刑。行为人奸淫幼女之后又实施了伤害行为造成轻伤的，如把幼女小指头切掉了，两个行为加起来可能判处 13 年有期徒刑。现在奸淫的手段行为或者奸淫行为本身造成幼女轻伤只有一个行为，就要处 10 年以上有期徒刑、无期徒刑、死刑了。一个行为比数罪并罚还要重，所以要不要对这里的伤害进行限定？不过，由于致使被害人重伤本来就是加重处罚的情节,所以这里的伤害还是可能包括轻伤。

第二问,修改本条第 3 款第 3 项的原因就是立法者以为如果不增加在公共场所奸淫幼女的话,就会形成处罚漏洞,但这显然是"认识错误"。增设第 3 款第 5 项是为了对幼女进行特殊保护,特意强调奸淫不满 10 周岁的幼女要加重处罚。

2. 强奸罪所保护的法益是什么?我国司法实践常常将妇女的性的羞耻心或者名誉作为强奸罪的保护法益,是否妥当?对于成年妇女与幼女对象,法益是否相同?强奸罪的既遂标准是什么?

强奸罪所保护的法益是性行为的自己决定权,或者叫性自主权,而不是所谓的性的羞耻心。性自主权,即自己有权决定是否发生性交、跟谁发生性交、以什么方式发生性交,但这只是对成年妇女而言的。

第二问,如果说卖淫女没有性的羞耻心,强奸卖淫女就没有侵害法益了吗?名誉是强奸罪主要保护的法益吗?侮辱罪也损害名誉,但对女性而言,她的性自主权比她的名誉更重要。强奸往往同时侵害了妇女的性自主权和名誉,但名誉只是可能侵害的次要法益。

第三问,成年妇女往往能够理解性行为的性质和意义,所以对成年妇女而言,性自主权是所保护的主要法益。但是,对幼女而言,她不懂性行为的性质和意义,所以对幼女而言保护的应该是她的身心健康成长过程中不受性行为妨碍的权利。

第四问,通说认为对成年妇女而言,强奸罪的既遂标准是结合说、插入说,而对幼女而言是接触说,这其实不合理。如果认为接触就既遂了,那就是把猥亵儿童当成强奸的既遂了。不能想当然地认为,因为幼女和成年妇女的生理结构不一样,所以接触就既遂了。所以,无论是对于成年妇女还是幼女,犯罪既遂都应该坚持结合说或者插入说。

3. 强奸罪跟抢劫罪一样,是所谓复行为犯吗?

抢劫罪是典型的复行为犯,是暴力加取财。强奸罪也是暴力加奸淫吗?如果没有实施暴力就不成立强奸罪了吗?对方处于昏迷、昏睡的状态,实施奸淫就不构成强奸了吗?还有所谓的偷奸、骗奸,也没有实施暴力。其实,所谓的暴力、胁迫或者其他手段,它只是说明或者判断违背妇女意志的一种资料,不一定需要实施。对方处于昏迷、昏睡的状态,单纯实施奸淫就构成了强奸罪,但是单纯利用对方昏迷、昏睡的状态取走其身上的财物,能成立抢劫吗?不能,只能成立盗窃,它们是不一样的。所以,抢劫罪才是复行为犯,而强奸罪只是疑似复行为犯。

4. 强奸罪是亲手犯、身份犯吗？

现在理论上一般是否认亲手犯的，亲手犯是要亲自实施的，强奸可以利用他人，比如利用精神病人实施强奸。

5. 致使幼女怀孕，是否属于"造成幼女伤害"？

应该属于。但将幼女怀孕认定为轻伤会有争议。不过，造成成年妇女怀孕、流产不可能认定为造成其他严重后果。

6. "造成幼女伤害"中的幼女，是不满 10 周岁还是不满 14 周岁？

有争议，因为现在规定的是"奸淫不满十周岁的幼女或者造成幼女伤害的"，如果造成幼女伤害的是单独一项，肯定是 14 周岁，但现在这么规定就会有分歧。

7. 认定奸淫不满 10 周岁的幼女，是否要求行为人明知对方是不满 10 周岁的幼女？

当然要明知。除了所谓客观的超过要素之外，所有的客观要素原则上都应该是主观上要认识的对象或者内容。这就是所谓构成要件的故意规制机能，规制故意的内容或者范围。

8. 何谓"强奸"？能否将男子强行将阴茎插入妇女肛门或者口腔中的行为认定为强奸？"强奸"的含义是否具有相对性？以非自然方式，如用橡胶棒、手指插入幼女生殖器，能否认定为强奸罪？

"强奸"的解释空间非常大，但我们一直都把强奸限定为自然意义上的性交。我国台湾地区对强奸的定义是一种广义的强奸，叫强制性交，除了自然意义上的生殖器接触之外，还包括了口交、肛交；除了生殖器插入之外，还包括了身体的其他部位，比如手指、脚趾，或者是树枝等物体进入对方的口腔、肛门、生殖器。德国把强奸和猥亵合并成一个罪名。所以，现在强奸和猥亵的范围是一种此消彼长的关系。强奸文字表述没有修改，但它的含义是有很大的解释空间的。

第二问，从理论上讲，把口交、肛交认定为强奸没有任何问题，因为条文并没有对强奸下定义。

第三、四问，我在 10 年前就提出，对成年妇女而言，由于她有性自主的意识，可以把强奸理解为自然意义上的性交。但对于幼女而言，她没有性自主的意识，以非自然意义上的性交，比如口交、肛交或者是物体进入幼女的生殖器等，比自然意义上的性交对她的身心健康的伤害还要大。所以，考虑到成年妇女和幼女的身体成熟程度的差异和所保护的法益的不同，应该对"强奸"作出相对性的解释。即对成年妇女而言，可以将强奸限定为自然意义上的性交，而把其他的方式评价为猥亵，但对幼女而言，强奸应包括非自然意义上的性交。

9.《刑法》第 300 条第 3 款组织、利用会道门、邪教组织或者利用迷信破坏国家法律、行政法规实施，又奸淫妇女的依照数罪并罚的规定处罚，以及第 259 条第 2 款利用职权、从属关系以胁迫手段奸淫现役军人的妻子的依照强奸罪定罪处罚的规定，是注意规定还是法律拟制？

如果是注意规定的话，就要符合强奸罪的犯罪构成。它并没有修改基本规定，要符合强奸罪的构成要件，必须违背妇女意志。如果把它理解成法律拟制的话，它就修改了基本规定的内容，不需要符合强奸罪的构成要件，不需要违背妇女意志。我们把它理解成注意规定，即要按照强奸罪的构成要件来把握，要违背妇女意志。

10. 应否处罚所谓"婚内强奸"？在立法上有无障碍？

在立法上是没有障碍的，因为我们国家刑法规定的是以暴力、胁迫或者其他手段强奸妇女，这里的妇女显然没有排除"妻子"。承认"婚内强奸"应该是全世界的通例，我们应该承认婚内强奸，但是应该和婚外的强奸区别对待。

11. 强奸"双性人""变性人"，是否构成强奸罪？

在拐卖"双性人"情况下，如果有女性特征，就叫拐卖妇女。"双性人"既是男的又是女的，是强奸的对象。至于"变性人"，如男的变成女的，到底算不算女的？在自然属性上还不能算女的，因为不能排卵，也不能生育，但社会属性上可能是女的。

12. 本条第 1 款与第 2 款之间是否为排他的择一关系，即能否认为第 1 款所规制的强奸对象是已满 14 周岁的妇女，第 2 款的强奸对象是不满 14 周岁的幼女？

如果把第 1 款和第 2 款看作一种对立排斥的关系，认为第 1 款的对象是已满 14 周岁的妇女，第 2 款是幼女，那么当出现认识错误的时候就难以适用法律。

行为人误以为对方是幼女而使用了暴力手段，但事实上对方是成年妇女，那么可能既不能适用第 1 款规定，也不能适用第 2 款规定。因为他误以为是幼女，是第 2 款的故意，使用了暴力手段，但对方事实上是成年妇女，实现的是第 1 款的事实，那是适用第 1 款还是第 2 款？怎么评价？叫过失强奸成年妇女，或者是奸淫幼女未遂，甚至叫不能犯？客观上有强奸成年妇女的事实，但行为人并没有强奸成年妇女的故意，所以叫过失强奸妇女，从而结论是无罪？或者行为人误以为是成年妇女，使用了暴力手段，而事实上是幼女，他有强奸成年妇女的故意，实现的是奸淫幼女的事实，第1款、第2款都不能适用，所以成立过失奸淫幼女和强奸妇女的未遂或者不能犯？这种互斥论就会导致这种悖论。就像盗窃罪和盗窃枪支罪，如果把盗窃罪的对象限定为枪支以外的普通财物，当出现认识错误的时候，既不能定盗窃罪，也不能定盗窃枪支罪。这种互斥论会在认识错误、事实难以查明、共犯过剩的情况下出现处罚漏洞。

所以，不能认为第1款所规制的强奸对象是已满14周岁的妇女，第2款所规制的强奸对象是不满14周岁的幼女，不能把两款理解成排斥的关系。其实不管是已满14周岁的妇女还是幼女，只要认识到对方是个女的，只要违背了对方意志而使用了暴力胁迫手段的，都构成强奸。而对幼女而言，如果没有使用暴力、胁迫的手段，是幼女主动引诱的，或者得到幼女承诺的，就要证明行为人明知对方是幼女。

13. 作为强奸罪手段的"暴力""胁迫""其他手段"与抢劫罪的"暴力""胁迫""其他方法"，含义是否相同？能否认为强奸罪中的"其他手段"包括欺骗手段？被害人受欺骗的承诺有效与否？

含义不同。抢劫罪中的其他方法不包括所谓偷、骗、恐吓，因为刑法中的财产犯罪除了抢劫罪之外，还有盗窃罪、诈骗罪、敲诈勒索罪。强奸罪中的其他手段，能不能包括所谓的偷奸、骗奸、恐吓性交？强奸只有强奸罪这一个罪名，所以偷奸、骗奸、恐吓性交都只能评价为强奸。另外，利用他人昏迷、昏睡的状态拿走财物不可能构成抢劫，但是利用他人昏迷、昏睡状态实施奸淫的只能评价为强奸。

此外，抢劫罪与强奸罪中暴力、胁迫的程度也不同。抢劫罪需要压制对方的反抗，而强奸罪是让对方不知反抗、不能反抗、难以反抗，不一定要达到抢劫罪那样压制对方反抗的程度。

第二问，强奸罪的其他手段包括欺骗手段。

第三问，受欺骗的承诺有效与否，得看是动机的错误还是法益关系的错误，虽然这种分类在理论上有争议。如果对方对处分的法益的内容或者对行为的性质存在误解，就是法益关系的错误，如行为人利用迷信与妇女性交。如果对方对处分的法益的内容或者对行为的性质有清醒的认识，就是动机的错误，如以结婚相欺骗。行为人跟对方说好了，发生性关系之后给她1万元，但发生关系之后就走了，这只能叫动机的错误，不能叫法益关系的错误。一般来说，基于动机的错误的承诺是有效的，是阻却犯罪成立的；而基于法益关系的错误的承诺则是无效的，不影响犯罪的成立。

14. 应否承认不作为的强奸？妇女开始同意与男子性交，中间突然叫停，男子拒不退出的，能构成强奸罪吗？

如果什么时候发生、以什么方式发生、进行多长时间，刑法都要管的话，那发生性关系的风险也太大了。不过从理论上讲，强奸是有可能包括不作为的，妇女一开始同意性交但后来又不同意的情况是有可能发生的，男子拒不退出可能构成强奸罪，就像开始允许进入住宅，后经要求退出而拒不退出的，也能构成非法侵入住宅一样。

15. 强奸罪的"暴力"能否包括致人死亡的暴力？如何处理以强奸的故意实施致人死亡的暴力致人死亡的案件？

从客观上讲，强奸罪的"暴力"包括致人死亡的暴力。

第二问，如果在死亡之前奸淫，除了杀人之外还构成强奸罪；如果死亡之后奸淫那就不能叫强奸了，只能叫侮辱尸体。所以，要看行为人实施奸淫行为的时候，妇女有没有死亡。然后再评价故意杀人罪，是想象竞合或者数罪并罚。

16. 男子为强奸而追赶女子，女子为了摆脱强奸而逃跑时，失足掉到河里淹死了，是否属于强奸致人死亡？

强奸致人死亡，要么是因为暴力、胁迫的手段，要么是奸淫行为本身致人死亡。追赶能不能叫暴力、胁迫手段？抢劫犯追赶被害人，被害人掉到河里淹死了，能不能叫抢劫致人死亡？能。追赶能不能叫压制反抗的手段？应该可以。所以应该限定为暴力、胁迫或者其他手段这些手段本身致人死亡或者奸淫行为本身致人死亡。追赶是有危险性的，如果在行为人追的过程当中被害人猝死了，能不能叫强奸致死？应该可以。至于说被害人追赶抢劫犯时猝死了，或者被车撞死了、掉到河里淹死了，肯定不能把这个结果归属到抢劫犯。这些问题很少有人去认真研究。

17. 如何区分强奸罪的预备与着手？写恐吓信，以及企图到宾馆强奸而在咖啡馆下迷药的，是成立强奸罪的预备还是未遂？

有一个真实的案件。在咖啡馆里面，行为人趁女孩不在的时候给她的杯子里放迷药，结果被咖啡馆的工作人员发现而拦下了，是强奸预备还是强奸未遂？只能是预备，但检察院以强奸未遂起诉。行为人并没打算在咖啡馆里强奸，他准备迷倒女孩之后把她带到宾馆的房间里强奸，所以只能算预备。写恐吓信的，也只是强奸的预备。

18. 成立"奸淫幼女型强奸"，行为人主观上是否必须认识到对方是幼女？甲合理地认为13周岁的乙已满18周岁，并使用暴力、胁迫手段强行与之性交的，构成犯罪吗？如何评价有关"行为人确实不知对方是不满十四周岁的幼女，双方自愿发生性关系，未造成严重后果，情节显著轻微，不认为是犯罪"的"批复"规定？

第一问，要认识到对方是幼女，但认识到包括确切地知道，也包括知道对方可能是幼女。"知道可能"和"可能知道"不是一回事，"知道可能"是故意，"可能知道"则有可能是过失。

第二问，当然构成。只要是女性，行为人使用暴力就构成强奸罪了。如果没有使用暴力，对方同意的，才要判断行为人是否知道对方是幼女。

第三问，未造成严重后果是指未造成伤害等后果，批复的意思是如果行为人确实不知对方不满14周岁，根本不构成强奸，没造成伤害等后果的就只能作无罪处理。但是有人可能就误解了，误以为造成严重后果的也可能构成强奸。其实，如果确实不知道对方是不满14周岁的幼女，也没有使用暴力胁迫的手段，双方自愿的，就算造成了严重后果，比如使幼女怀孕，也不可能构成强奸。因为幼女是客观要素，在对方同意的情况下，如果没有认识到对方是幼女，就没有认识到自己的行为是有害的，就没有犯罪故意。

19. 应否要求强奸犯罪的行为人主观上具有奸淫的目的？

奸淫的目的是伦理上的描述。只要行为人违背妇女意志和她发生性关系就可以了，条文里面并没有要求要有奸淫的目的。加上这一个要素，有时可能会扩大处罚范围，有时则可能会缩小处罚范围，所以不要添加奸淫的目的这种要素。出于报复的目的是不是就是没有奸淫的目的？构不构成强奸？当然构成了。

20. 应否将强奸罪主观方面限定为直接故意？出于间接故意，能否构成强奸？

不能想当然地认为有的罪名只能是直接故意，不能由间接故意构成。即使所谓的目的犯，也可能由间接故意构成，因为直接故意和间接故意只是理论上的一种分类。故意的统一性原理表明，只要没有明确排除间接故意的，就不能想当然地认为只能由直接故意构成。强奸有没有可能由间接故意构成？当然有可能。盗窃有没有可能由间接故意构成？当然有可能。只有个别罪名或情况下可以把间接故意排除在外，比如诬告陷害罪，又如诽谤官员行为。

21. 如何处理奸淫女精神病患者的案件？能否认为奸淫女精神病患者一律构成强奸罪？

如果把女精神病患者娶回家，双方是夫妻关系就不构成犯罪。但如果明知对方是女精神病患者，没有性决定能力、性处分的意识，而发生性关系的，就构成强奸。因此，不能认为奸淫女精神病患者一律构成强奸罪。

22. 如何区分强奸与通奸？如何认定强奸与通奸的转化？如何把握求奸未成与强奸未遂的界限？如何把握利用职权的强奸与基于相互利用的通奸的界限？

通奸是双方自愿的。

第二问，刚开始通奸，后来对方不愿意而使用强迫的手段的，就由通奸转化成强奸了。第一次是强奸，后来女方又"多次自愿"跟行为人发生性关系，最后告发行为人第一次强奸事实的，还是不是强奸？只要第一次的强奸证据确凿就构成强奸罪，不能因为后面的通奸行为否定第一次的强奸成立犯罪。

第三问，求奸指的是要求通奸，主观上不具有强奸故意，客观上往往是通过平和的方式如口头提要求、举动挑逗实施的，而非使用暴力、胁迫等手段，被拒绝后一般就停止行为了。所以，区分求奸未成与强奸未遂的界限时要看行为人是否使用了暴力等手段，是否适时停止了自己的行为。

第四问，关键要看男方是否利用了职权胁迫妇女。

23. 如何处理与染有淫乱习性的幼女发生性关系等特殊的奸淫幼女案件？

只要明知对方是幼女，就算是卖淫女，她的承诺也是无效的。

24. 如何处理"半推半就"的案件？

半推半就的要看主要是"推"还是主要是"就"，具体要考察行为人是否实施了强制手段等情况。

25. 如何认定"二人以上轮奸"？"二人以上轮奸"加重处罚的根据是什么？应否将"二人以上轮奸"限定为所谓强奸的共同正犯？未满14周岁的人与成年人，以及精神正常的人与精神病患者共同强奸妇女，能否成立"二人以上轮奸"？"二人以上轮奸"有无预备、未遂、中止成立的余地？如何认定"二人以上轮奸"的既遂？

前面一个人奸淫了妇女，走了，行为人也碰巧从这里经过，也奸淫了这名妇女，叫不叫轮奸？不能叫。轮奸不是简单的轮流强奸，轮奸必须是行为人实施的行为和妇女两次以上被强奸的这种结果之间有因果性。

第二问，"二人以上轮奸"加重处罚的根据在于，共同轮奸的行为人既要对自己的奸淫行为、结果承担责任，也要对他人的奸淫行为、结果承担责任。

第三问，张明楷老师把"二人以上轮奸"限定为强奸的共同正犯，如甲强奸的时候，乙帮他按住妇女手脚，然后乙强奸的时候，甲再帮乙按住妇女手脚。张老师认为如果甲只是教唆犯、帮助犯，不能构成二人以上轮奸。如果是甲教唆乙去强奸，乙强奸完离开之后甲自己再强奸的，按照张老师的观点就不能构成二人以上轮奸了。你们觉得构不构成？当然构成，妇女是被强奸了两次。按张老师的观点，甲不仅要教唆，还要亲自去帮乙按住手脚才构成轮奸。但问题是如果乙足够强壮，也不一定希望甲在旁边帮忙，甚至可能觉得他碍手碍脚的。

我编的案例是，甲为朋友乙强奸望风，让他安心强奸，这时甲没有强奸的想法。等乙强奸完了离开了，甲看见妇女处于昏迷的状态，于是也奸淫了这名妇女。按照张老师的看法，因为甲只是望风，所以不是共同正犯，就不构成"二人以上轮奸"。我认为当然构成"二人以上轮奸"。甲为乙望风，与妇女第一次被强奸的行为与结果之间具有因果性，然后甲亲自强奸，就更有因果性了。所以，"二人以上轮奸"不应限于强奸的共同正犯。

我不太喜欢"共同正犯"这个概念。其实，只要区分实行犯和非实行犯、主犯和从犯就可以了，正犯和共犯、主犯和从犯都是为了刑罚的个别化。

第四问，未满14周岁的人与成年人，以及精神正常的人与精神病患者共同强奸妇女的，当然可以成立"二人以上轮奸"。要求共同犯罪的主体必须是两个人以上，都要达到刑事责任年龄，具有刑事责任能力，具有共同的故意是通说的观点。按照通说的观点，未成年人和成年人不能构成"二人以上轮奸"，成年人单独不可能构成轮奸，那就不能适用轮奸的法定刑了。对于妇女来说，是被两个成年人强奸，还是被一个未成年人和一个成年人强奸，是被两个精神正常的人强奸，还是被一个精神不正常的人和一个精神正常的人强奸，没有任何区别。共同犯罪是违法性意义上的，就是两人一起干坏事。是否成立共同犯罪不要考虑行为人有没有达到刑事责任年龄、有没有刑事责任能力、有没有故意或过失、有没有期待可能性、有没有违法性认识的可能性，这些是在确定为共犯之后，在责任层面解决的问题。13周岁的人和15周岁的人共同强奸妇女，首先他们肯定成立轮奸，然后只追究15周岁的人轮奸的刑事责任；精神病人和精神正常的人强奸妇女，首先他们成立轮奸，然后只有精神正常的人才承担轮奸的刑事责任。

第五问，对于"二人以上轮奸"，有学者认为可以成立预备、中止、未遂，但我不赞同。三个人打算轮奸，在去找这名妇女的路上，就被巡警拦下了，就叫轮奸的预备了？三个有轮奸想法的人和三个没有轮奸想法的人，在客观危害性或者在危险程度上有没有差异？他们只是主观想法不同而已。加重犯有未遂、中止，但前提是必须对加重犯所保护的法益形成了具体、现实、紧迫的危险，不能因为三个人头脑里有轮奸的想法，就认为对二人以上轮奸这种加重犯所要保护的法益形成了具体的、现实的、紧迫的危险。成立"二人以上轮奸"必须客观上至少两人完成强奸，第三个人主动放弃，或者是被迫放弃，也能认定为"二人以上轮奸"。如果三个人打算轮奸，只有一个人完成强奸，或者没有一个人完成强奸，就不能适用"二人以上轮奸"的法定刑。所以，"二人以上轮奸"只有成立不成立的问题。

第六问，"二人以上轮奸"的既遂也是"二人以上轮奸"的成立，我们否认它有预备、未遂、中止，那就没必要讨论既未遂了，只要至少两个人完成了强奸，就要适用"二人以上轮奸"的法定刑。至于说实际上没有轮奸的，在量刑上可以酌情从轻处罚。

26. 强奸妇女、奸淫幼女"情节恶劣"，能否包括动机卑鄙、主观恶性深等主观要素，以及曾经受过刑事处罚、行政处罚等反映再犯罪可能性大小的预防要素？

我认为情节恶劣和情节严重是一样的，都应该限于客观方面的反映法益侵害程度的要素，只能是客观违法要素。但实践当中往往把情节恶劣和主观上的动机卑鄙等联系在一块儿，我认为这是不对的。曾经受过刑事处罚、行政处罚等反映再犯罪可能性大小的预防要素，是在责任刑确定了刑罚的上限之后才考虑的，如果笼统地考虑就可能超出了责任刑来确定刑罚的上限。

27. 如何认定"在公共场所当众强奸妇女"？在网络上直播在私密空间的强奸过程，能否成立"在公共场所当众强奸妇女"？"在公共场所当众强奸妇女"，有无预备、未遂与中止？

"在公共场所当众"，是指在他人可能看到、可能听到的场所实施强奸。

第二问，张老师是否定在网络上直播私密空间的强奸过程成立"在公共场所当众强奸妇女"的。张老师始终认为公共场所不能包括网络空间，但是在网络上直播私密空间的强奸过程，比在公园里、在公共厕所强奸的危害性还要大。因此，对于侵害妇女性的自主权和性的羞耻心的强奸罪而言，只要能让不特定或者多数人看到、听到，即便是在网络空间，也应属于"在公共场所当众"犯强奸罪。

第三问，"在公共场所当众强奸妇女"有预备、未遂与中止。我遇到过一个真实的案件，在某地一个高速公路服务区，行为人准备把一个妇女推到厕所里面强奸，妇女拼命反抗，然后跑到超市，于是他就罢休了。检察院以在公共场所当众强奸妇女未遂起诉。他着手了吗？他并没有打算在厕所外面强奸，在厕所外面把妇女推到里面只是预备，他是打算在厕所里面强奸的。也就是说，必须要认定行为人的行为对在公共场所当众强奸妇女所要保护的法益形成了具体的、现实的、紧迫的危险。加重犯也有着手，强奸犯基本犯的着手和加重犯的着手还是有区别的，所以不能认为此案属于在公共场所当众强奸妇女的未遂，只是预备。

28. 何谓作为加重情节的"致使被害人重伤、死亡或者造成其他严重后果"？这里的"被害人"，是否仅限于强奸的对象？能否包括被害人自杀，妇女、幼女怀孕、流产等后果？

这里致使被害人重伤，应该是手段或者奸淫行为本身造成的，比如说捆绑被害人没给她松绑，导致她血液流通不畅，造成伤害或者死亡。

第二问，这里的被害人应该限于被害妇女。致使阻止他强奸的人重伤、死亡的，可以评价为造成其他严重后果。

第三问，后果不能包括被害人自杀，因为强奸致人死亡一般要处10年以上有期徒刑。自杀结果有可能归属于行为人，但要满足几个条件：第一，行为人必须实施了符合构成要件的实行行为，即必须实施了犯罪行为；第二，被害人自杀和行为人的行为之间要存在能够被人理解的因果关系；第三，法定刑不能较重。这是张老师在《论缓和的结果归属》一文里的观点，所以只有像虐待致人死亡、暴力干涉婚姻自由致人死亡这些轻罪中的自杀可以归属于致人死亡，强奸致人死亡、抢劫致人死亡就不能包括被害人自杀。侮辱罪中的情节严重，也包括了被害人自杀，侮辱罪本来法定刑就不重。非法拘禁致人死亡能不能包括被害人自杀？会有争议。至于财产犯罪，我是坚决反对包括被害人自杀。不过，司法解释规定，财产被偷了、被骗了、被夺了、被抢了，被害人想不开在家里上吊了，这种自杀的结果可以评价为财产犯罪的其他严重情节或者其他特别严重情节。致使幼女怀孕、流产肯定能评价为造成严重后果，但致使成年妇女怀孕、流产的，能不能评价为造成严重后果？恐怕不行，要处10年以上，会导致处罚不协调。法定刑对构成要件的解释肯定是有制约作用的。

29. 多次强奸同一名妇女，是否属于"强奸妇女多人"？

不属于。多次强奸同一名妇女不属于"强奸妇女多人"，但多次拐卖同一名妇女属于"拐卖妇女多人"，为什么会有这种差异？大家可以琢磨一下。

30. 行为人采用暴力、胁迫与其他手段，违背了妇女的什么意志才构成强奸罪？性行为自主权究竟包括哪些内容？妇女说发生性关系前必须吻够5分钟，被告人只吻了3分钟就迫不及待开始性交，构成强奸罪吗？妇女要求使用安全套，被告人不戴安全套而强行与妇女发生性关系的，是否构成强奸罪？

第一问，性自主的意志。

第二问，性行为自主权包括是否发生性关系、跟谁发生性关系、在什么时间发生性关系、在什么地点发生性关系、以什么方式发生性关系等内容。

第三问，不构成。

第四问，构成。要求带A品牌的安全套，结果带了B品牌的安全套呢？妇女喜欢传统的方式性交结果行为人喜欢肛交、口交等的，构不构成强奸？构成强制猥亵吧。

31. 行为人误以为妇女同意而实施性交的，构成强奸罪吗？

有过失强奸吗？当然有了，只要把握违法性和有责性是分开的，就不会觉得过失强奸、过失盗窃这种概念很突兀了。误以为妇女同意但事实上对方不同意的，客观上符合强奸罪的构成要件，但因为不具有有责性，不构成强奸罪。

32. 强奸罪中的被害人同意是阻却构成要件符合性还是阻却违法性？

被害人承诺到底是阻却构成要件还是阻却违法性？这种争论到底有没有意义？无论是阻却构成要件还是阻却违法性都不构成犯罪。所以，张老师提出两阶层观点，把构成要件和违法性合并，就是不法构成要件，没必要分成构成要件符合性、违法性、有责性这种三阶层。

33. 利用被害妇女处于被麻醉状态、醉酒状态发生性行为的，构成强奸罪吗？妇女酒醒后表示同意的，还构成强奸罪吗？

利用被害妇女处于麻醉的状态、醉酒的状态都有可能构成强奸。如果一男一女两个人一起喝酒，还是女的主动约男的出来喝酒，女的把自己灌醉了，然后男的就扶她到宾馆去，女的已经睡着了，男的赖在那里不走，然后跟她发生了性关系，是否认定构成强奸，没那么简单，还要考察二人的关系等。

第二问，酒醒后表示同意的，不构成。

34. 夫妻做试管婴儿手术时，医生将自己或第三者的精液代替丈夫的精液的，构成强奸罪或者强制猥亵、侮辱罪吗？

猥亵至少要生殖器接触，这种不能叫猥亵，更不能叫强奸。

35. 以为卖淫者为幼女而与之性交，但事实上不是幼女的，成立强奸未遂吗？

当然不构成强奸，也不构成强奸未遂。

36.《最高人民法院、最高人民检察院、公安部、司法部关于依法惩治性侵害未成年人犯罪的意见》指出，对不满12周岁的被害人实施奸淫等性侵害行为的，应当认定行为人"明知"对方是幼女，有无疑问？

这种规定似乎有点武断。和不满12周岁的被害人发生性关系，行为人一定知道对方是幼女吗？也有虽然没到12周岁，但是看起来很成熟的。所以，不能简单地说和不满12周岁的人发生性关系就知道对方是幼女。

37. 三人在现场帮助行为人强奸妇女，现场没有其他人的，能认定为行为人当众强奸妇女吗？

只要可能被他人看到、听到，即便事实上没有一个人看到、听到也要评价为"在公共场所当众"。但是，这个"众"应该是不包括同伙的。

■ **法规链接**

《刑法》第236条之一 负有照护职责人员性侵罪

■ **疑难问题**

1. 本罪的立法目的是什么？

保护未成年女性的健康成长。

2. 成立本罪是否要求违背未成年女性的意志？

不要求。如果违背意志的话，构成强奸罪。

3. 何谓"情节恶劣"？多次与未成年女性发生性关系，是认定为"情节恶劣"，还是同种数罪并罚？致使未成年女性怀孕的，是否属于"情节恶劣"？

情节恶劣指的是采用暴力手段吗？不需要，采用暴力手段就违背意志了。多次发生性关系或者发生性关系本身比较恶劣，比如采取很变态的方式，就叫情节恶劣。

第二问，认定为情节恶劣就可以了。这就像强制猥亵妇女，情节恶劣就可以包括多次。

第三问，属于。

4. 如何理解"发生性关系"？是否包括猥亵行为？口交、肛交以及以物体或者身体的其他部位进入未成年女性的生殖器，算不算"发生性关系"？

这里的发生性关系肯定是没有违背该未成年女性的意志的，如果违背了会作为强奸罪处理。这里的发生性关系能不能包括猥亵行为？如果不能评价为本罪，该未成年女性又不能评价为儿童，行为也不能评价为强制猥亵妇女，因为强制猥亵妇女要求采取强制行为，这里没有强制。所以，我认为这里的发生性关系是可以包括猥亵行为的。另外，口交、肛交以及以物体或者身体的其他部位进入未成年女性的生殖器，可以认定为发生性关系，就算是猥亵，也会损害未成年女性的身心健康。

5. 成立本罪是否要求行为人认识到对方系"已满十四周岁不满十六周岁的未成年女性"？行为人确实以为对方已满16周岁的，成立本罪吗？

需要认识到，它是客观要素。

第二问，行为人确实以为对方是已满16周岁的，当然不成立本罪，因为没有违背对方的意志，也不能成立强奸罪。

6. 未成年女性主动与成年男性发生性关系，成年男性"忍受"的，是否构成本罪？

未成年女性主动与成年男性发生性关系，但成年男性负有监护、照顾职责，心智上更加成熟，所以应当避免这种情况的发生，有可能构成犯罪。

7. 本条第2款的规定是注意规定还是法律拟制？实施本罪，同时构成强制猥亵罪的，应否从一重处罚？

我一直认为刑法分则中的所谓同时构成其他犯罪这种条款都是注意性规定，

是多余的。

第二问，同时构成强制猥亵罪的，当然从一重处罚，同时构成强奸罪的也是如此。

8. 负有照护职责的人员与14周岁的少女发生性关系的构成本罪，而直接将14周岁的少女"娶"回家与之发生性关系的，反而无罪，这合理吗？

在我国一些偏远地区，20周岁的妇女已经是两三个小孩母亲的情况并不鲜见。一些地方不重视婚姻登记，只要把亲戚朋友叫到一起办个婚礼就是结婚了。相反他们认为领了结婚证，但没有办喜酒的，还不能同房。这种情况下，夫妻之间不可能是监护关系，除非是有精神病人等因素，所以不能说存在负有照护职责的人员。

9. 甲出差三天委托朋友乙照看15周岁的女儿丙，其间丙与乙自愿发生性关系的，乙构成本罪吗？

临时委托的，还没有形成看护的特殊关系，不构成本罪。

10. 少女在课外的补习班学习期间，自愿与补习班教师发生性关系的，对方构成本罪吗？

补习班是偶尔补习用的，所以师生之间没有形成照顾、监护的特殊关系，不构成本罪。

11. 少女在一两次就医后自愿与医务人员发生性关系的，医务人员构成本罪吗？如果少女的某种疾病较长时间依赖于特定医务人员的治疗呢？

一两次就医没有形成照顾、监护的特殊关系，不构成本罪。

第二问，如果少女的某种疾病较长时间依赖于特定医务人员的治疗，那就形成了特殊的照顾、监护关系了，可能构成本罪。

12. 已满14周岁是必须具备的真正的构成要件要素吗？具有特殊职责的人员与不满14周岁的幼女进行性交，确实以为对方已满14周岁的，成立本罪吗？

如果行为人误以为对方是已满14周岁不满16周岁，但实际上对方只有13周岁，构不构成本罪？当然构成了。所以，不能说已满14周岁是必须具备的要素。

第二问，只能成立本罪，无罪的结论是不合理的。

13. 本罪的既遂标准是什么？

对于发生性关系，如果限于自然意义上的性交的话，既遂标准可以说是结合说。如果包括了猥亵，既遂标准应该就是猥亵的标准了。对于强奸而言，前期抚摸的动作只能算着手，还没有既遂，但至少是猥亵的既遂了。所以，如果包括了猥亵的话，就不是强奸罪的既遂标准了，有可能接触就已经是既遂了，即通说针对幼女的既遂标准——接触说。

14. 能否将构成强奸罪的情形认定为本罪的情节恶劣？

不能，构成强奸罪的要另外评价。本罪是不符合强奸罪构成要件的，是对方同意的。

■ **法规链接**

《刑法》第237条 **强制猥亵、侮辱罪**

■ **疑难问题**

1. 《刑法修正案（九）》对本条的修改是否达到了应有效果？全国人大常委会法制工作委员会刑法室在《〈中华人民共和国刑法〉释义及实用指南》中提出的"本款的'侮辱妇女'，主要是指对妇女实施猥亵行为以外的、损害妇女人格尊严的淫秽下流、伤风败俗的行为。例如，以多次偷剪妇女的发辫、衣服，向妇女身上泼洒腐蚀物、涂抹污物，故意向妇女显露生殖器，追逐、堵截妇女等手段侮辱妇女的行为"的观点，合理吗？

这个罪名的修改存在一定问题，首先，"侮辱"可以去掉，"侮辱"是"猥亵"的同位语。没有必要专门规定侮辱，对所谓的侮辱，完全可以评价为猥亵。其次，强制猥亵他人的对象包括了男人，那为什么还要强调侮辱妇女？

第二问，多次偷剪妇女的发辫、衣服能叫侮辱妇女吗？会侵害妇女的性自主权吗？向妇女身上泼洒腐蚀物，如果泼洒腐蚀物导致妇女身体裸露，那确实是属于强制猥亵了，但如果在零下几十度穿了很厚的衣物，向妇女身上泼洒腐蚀物，只把最外面的一层衣服腐蚀掉，能叫侮辱吗？还有涂抹污物，难道涂抹污物就损害了妇女的性自主权了？这可能构成侮辱罪。另外，故意向妇女显露生殖器的，只要不强迫妇女看，就属于公然猥亵，不成立强制猥亵、侮辱罪，因为强制猥亵、侮辱的强制是要违背妇女意志的。至于追逐、堵截妇女，如果追逐、堵截妇女叫侵害妇女性自主权，那被追逐的男性就没有性自主权了，就只能是寻衅滋事了？上述观点显然不合适。

2. 如何处理强奸罪与强制猥亵罪的关系？行为人使用暴力、胁迫手段强奸妇女时，实施了猥亵行为，但奸淫行为没有得逞的，如何处理？行为人聚众或在公共场所当众强奸妇女未遂的，如何处理？

强奸罪与强制猥亵罪之间是一种此消彼长的关系。如果把强奸限定于自然意义上的性交，那强制猥亵范围就广一点；如果强奸包括口交、肛交，那强奸的范围广一点，猥亵的范围则小一点。

第二问，完全可以评价为强制猥亵的既遂。

第三问，奸淫行为虽然未遂，但强制猥亵已经既遂，在公共场所当众强奸未遂，有可能成立作为加重犯的在公共场所当众猥亵的既遂。

3. "猥亵"是否包括性交行为？丈夫在公共场所强行与妻子发生性交，能否构成强制猥亵罪？强迫他人观看其夫妻性交，是否构成强制猥亵罪？

不能简单地认为猥亵不包括性交，对猥亵男童而言就可以包括性交，成年妇女和男童发生性关系就叫猥亵。

第二、三问，当然构成。

4. 如何理解"猥亵"含义的相对性？妇女构成强制猥亵罪的范围，是宽于还是窄于男子构成的强制猥亵罪？男子强行与妇女接吻、搂抱的，一般构成强制猥亵罪，妇女强行与另一名妇女接吻、搂抱的，也构成强制猥亵罪吗？

对成年妇女而言，猥亵不包括性交，但对于男童而言，猥亵包括了性交。在公共场所，男人强吻妇女构成强制猥亵，那在公共场所，妇女强吻男人、同性强吻同性，构不构成强制猥亵？在公共场所，男人摸女人的胸部或者臀部叫强制猥亵，那么在公共场所女人摸男人的胸部或者臀部叫不叫强制猥亵？可以说，"猥亵"含义具有相对性。

第二问，应该要窄一点。女人突然强吻男人，定强制猥亵好像有点问题，女人摸男人的胸部或者臀部也未必是强制猥亵。这就体现出了男女不同，因为女性处于相对弱势地位，要对女性进行特殊保护。

第三问，不构成强制猥亵罪。

5. 应否将侵害妇女的性的羞耻心作为本罪的成立条件？

跟强奸罪一样，没必要将"侵害妇女的性的羞耻心"作为犯罪成立条件。

6. 如何理解猥亵行为的变易性？

随着时代的变化，人们对猥亵的理解越来越宽容。过去搂着一个衣服短一些的女人在马路上行走，可能就觉得是猥亵。现在青年男女学生在校园里面抱着亲吻，大家也都习惯了。但是，在过去肯定觉得不能容忍。

7. 捉奸者将丈夫情人的衣服当场扒光的，构成犯罪吗？

当然构成犯罪。

8. 隔着衣服触摸被害人的性器官，构成强制猥亵罪吗？接触其他部位的，是不是猥亵？

隔着衣服一般认为违反了《治安管理处罚法》。刑法中很多行为，特别是一些自然犯，《治安管理处罚法》里面都有规定，它们之间怎么区分？要看侵害程度上的差异。

第二问，要看接触的部位、方式、持续的时间等等。

9. 强迫他人观看淫秽物品，是否构成强制猥亵罪？

不构成强制猥亵罪。

10. 强制他人听自己讲淫秽语言，或者强迫他人为自己讲淫秽语言，构成强制猥亵罪吗？

不构成强制猥亵罪。

11. 应否对本罪中的"暴力、胁迫或者其他方法"与强奸罪中的"暴力、胁迫或者其他手段"作出相同的解释？

我认为应该作相对性的解释，一个是强奸，一个是强制猥亵，应不应当作出差别化的相对性的解释，值得讨论。

12. 本罪的责任要素除故意外，是否还需要行为人出于刺激或者满足性欲的内心倾向？出于报复目的强行猥亵他人的，是构成本罪还是侮辱罪？

强制猥亵罪是所谓的倾向犯吗？我们承认所谓的倾向犯吗？一般承认有所谓的目的犯。表现犯则是陈述和内心记忆不符合，如伪证罪，我们不认为有所谓的表现犯。倾向犯以强制猥亵为典型，如果认为强制猥亵是倾向犯的话，行为人出于报复的目的，而非出于满足自己和他人的性欲的目的，当众猥亵，如扒光妇女的衣裤的，就不构成强制猥亵罪了。如果认为强制猥亵罪不是所谓的倾向犯，那么只要侵害了妇女的性自主权就构成犯罪了。现在一般不承认强制猥亵罪是所谓的倾向犯，也不用担心如果认定强制猥亵不要求具有满足自己或者他人性欲的倾向会导致处罚范围扩大的问题。

第二问，构成本罪。

13. 强制猥亵他人致人重伤、死亡的，如何处理？具有伤害、杀人的故意实施猥亵行为的，如何处理？能否将强制猥亵故意致人轻伤或者过失致人重伤、死亡的，认定为"其他恶劣情节"？

强奸规定了强奸致人重伤、死亡的加重情形，但强制猥亵没有规定，只规定了聚众或者在公共场所当众猥亵的，或者情节恶劣的，那么猥亵致人重伤、死亡要么评价为情节恶劣，要么作为想象竞合犯处理。

第二问，跟强奸一样，如果对方没有死亡，对其进行猥亵叫强制猥亵，死亡之后猥亵的，叫侮辱尸体，然后同时和杀人、伤害形成竞合或者数罪并罚。

第三问，这是有可能的，因为没有规定加重犯，规定了情节恶劣，那么有可能把故意致人轻伤或者过失致人重伤、死亡评价为其他恶劣情节。

14. 如何认定"聚众或者在公共场所当众"？网络直播私密空间的猥亵过程，构成"在公共场所当众"吗？在公共场所当众实施仅属于违反《治安管理处罚法》的一般违法行为的猥亵行为，构成加重犯吗？

理论上讲，聚众并不要求参加者均亲手实施猥亵、侮辱行为，一人亲手实施猥亵、侮辱行为，其他参加者围观起哄的，也属于聚众。即便是在私密的场所一个人猥亵其他人观看的，也有可能评价为聚众，所以聚众和在公共场所当众应该是不同的。能不能按照"二人以上轮奸"来理解聚众？轮奸一般是轮流的，但猥亵是可以同时进行的。"众"是指观众还是猥亵的人？在公共场所当众中的"众"显然是观众，与聚众中的"众"还是有区别的。如何区分"聚众"和"在公共场所当众"，还需要进行专门的研究。

第二问，跟强奸罪一样，我个人认为也可以评价为在公共场所当众。

第三问，比如行为人在公交车上摸妇女的臀部，是评价为在公共场所当众的加重犯还是评价为强制猥亵罪的基本犯？隔着衣服触摸妇女的臀部，只是违反《治安管理处罚法》的行为，在公共场所当众实施的这种猥亵行为本身只是一般违法行为，要不要评价为加重犯？张明楷老师在《加重情节的作用变更》一文中认为成立加重犯以符合基本犯的构成事实为前提，要构成在公共场所当众猥亵的加重犯，就必须符合强制猥亵罪的基本犯。隔着衣服摸妇女的臀部是不构成强制猥亵罪的，只是一般违法行为，按照张老师的观点就不能评价为加重犯了，只能把加重犯变更评价为基本犯，即只能评价为强制猥亵罪的基本犯。基本犯+加重犯的事实反映出基本犯所保护的法益侵害程度的加重，如果加重犯事实没有反映基本犯的不法程度，那么还不能变更。按照张老师的观点，持枪抢劫的情形，如果不持枪根本不可能压制被害人反抗的，不能评价为持枪抢劫，只能评价为基本犯，除非在持枪之外，另外又使用抢劫罪的普通手段压制被害人的反抗。这样的话几乎就没有加重犯适用的余地了。如果基本犯只是一般违法行为，能不能直接认定为加重犯？张老师认为不可以。

15. 强制猥亵多人，是同种数罪并罚，还是评价为"有其他恶劣情节"？

强制猥亵多人的，我倾向于评价为其他恶劣情节。

16. 行为人误以为被害人已经死亡而实施猥亵行为，但被害人事实上并没有死亡的，如何处理？

这是真实的案件，行为人把被害人掐晕之后以为被害人已经死亡，然后自认为实施了侮辱尸体的行为，但事实上被害人处于一种假死的状态，行为人主观上有侮辱尸体的故意，但客观上实现的或者满足的是强奸的客观犯罪构成。过失强奸不构成犯罪，侮辱尸体的未遂或者不能犯也不构成犯罪，那本案怎么处理？张老师认为构成侮辱尸体罪的既遂，主观上有侮辱尸体的故意，客观上虽然没有尸体存在，但是活人并不缺少尸体的全部要素。大家注意，对要素的评价不需要刚刚好，而是只要满足最低的要求就可以了。评价为侮辱尸体罪的既遂，比评价为过失强奸无罪和侮辱尸体的未遂或者不能犯要合理一点。

17. 行为人在他人熟睡时将精液射在他人身体上的，构成犯罪吗？

不构成。

18. 行为人以胁迫手段迫使他人向自己发送他人的裸照、手淫等淫秽图片的，构成本罪吗？

迫使他人将自己拍下的裸照发送，不能叫强制猥亵，但强迫他人拍裸照是强制猥亵。

19. 能否将隔着衣服摸女性胸部、臀部的行为一概排除在强制猥亵罪、猥亵儿童罪之外？在公共场合当众强行隔着衣服摸女性胸部、臀部，构成强制猥亵罪吗？是成立基本犯还是加重犯？

不能这么认为，比如在公共场所实施的可以把加重情节变更评价为基本犯。

20. 在公共场所露阴、自慰以及实施不具有强制性的其他公然猥亵行为（如公然性交等），但不强迫他人观看的，以及单纯偷拍他人隐私部位、偷看他人裸体的，构成犯罪吗？

不能构成强制猥亵罪。

21. 能否将本罪分解为强制猥亵罪与侮辱（妇女）罪？

没有必要，这里的侮辱也是猥亵，也是指侵害妇女的性自主权的，而不是单纯的侵害妇女的名誉。

■ 法规链接

《刑法》第 237 条第 3 款 猥亵儿童罪

■ 疑难问题

1. 《刑法修正案（十一）》为什么要修改本罪？

《刑法修正案（十一）》作出修改，是为了加强对儿童的保护。以前是按照强制猥亵罪的条款处罚的，现在单独设立了法定刑，并且明确了加重的情形，包括猥亵儿童多人、多次。强奸妇女加重的情形有强奸妇女多人，没有多次，但猥亵儿童强调了多次，所以多次强奸一名妇女，不能评价为强奸妇女多人。

2. "猥亵"儿童与本条第 1、2 款强制"猥亵"他人，含义和范围是否一样？成年女性引诱男童与其发生性关系，是否构成猥亵儿童罪？

有区别，猥亵儿童和猥亵成年人相比，猥亵的范围不一样，法益也有区别。猥亵成年人跟强奸罪一样，对成年人而言保护的是所谓的性自主权，对儿童而言保护的是儿童的身心健康成长不受性行为妨害的权利。

第二问，构成猥亵儿童罪。

3. 以口交、肛交或者以树枝等物体、手指等身体其他部位插入幼女生殖器，是成立猥亵儿童罪还是强奸罪？15 周岁少年以树枝插入 13 周岁幼女的生殖器，能否立案？以什么罪名立案？

第一问，我主张成立强奸罪。

第二、三问，我认为应当以强奸罪立案。

4. "在公共场所当众猥亵儿童，情节恶劣"的规定，是否与"在公共场所当众犯前款罪的，或者有其他恶劣情节的，处五年以上有期徒刑"的规定相协调？

张明楷老师认为合理，在公共场所当众猥亵儿童，如果排除在公共场所这个要素，猥亵儿童本身可能只是一般违法行为，所以在公共场所猥亵儿童要情节恶劣才能评价为加重犯。我认为在公共场所当众猥亵妇女就加重处罚，不要求情节恶劣，而在公共场所猥亵儿童，反而要求情节恶劣，这不协调。

5. 本罪能否由不作为构成？邻居幼女抚摸成年男子的生殖器，成年男子不将幼女的手移开的，构成猥亵儿童罪吗？

本罪可以由不作为构成。

第二问，张老师认为构成不作为的猥亵儿童罪。

6. 有指导案例指出，行为人以满足性刺激为目的，以诱骗、强迫或者其他方法要求儿童拍摄裸体、敏感部位照片、视频等供其观看，构成猥亵儿童罪，有无疑问？

如果行为人不在拍摄的现场，要求儿童拍摄之后发给他观看的，不能构成强制猥亵。如果在拍摄的过程当中观看肯定就是强制猥亵了。还有所谓"裸贷"，让女性拿着身份证自己拍好了再发给对方，也不构成强制猥亵。

7. 作为加重情节的"猥亵儿童多人或者多次"，应否限于每次都构成猥亵儿童罪的情形？如果猥亵行为本身仅属于《治安管理处罚法》的"猥亵"，能否因为猥亵多人或者多次而适用该加重规定？多次在室内隔着衣服触摸幼女胸部或者臀部的，是成立猥亵儿童罪的基本犯，还是加重犯？

猥亵儿童多人、多次是加重处罚，要不要每次都构成猥亵儿童罪？应该是要的。成立"强奸妇女多人"，要不要每次都构成强奸罪？当然要构成。它是加重犯，如果单独看不构成，怎么多次就构成加重犯了？

第二问，不可以。必须单独能构成猥亵儿童罪。

第三问，室内隔着衣服触摸只是违反《治安管理处罚法》的行为，虽然是多次实施，但仍是一般违法行为，所以不能评价为加重犯。

8. 能否对作为加重情节的本款第2项的"情节恶劣"与第4项的"恶劣情节"在程度上作等同解释？行为人在公共场所当众隔着衣服触摸幼女胸部或者臀部的，能否直接评价为第2项的"情节恶劣"与第4项的"恶劣情节"？行为人多次在公共场所当众实施隔着衣服触摸幼女胸部或者臀部的，是适用第2项还是第4项的规定？

第4项的"其他恶劣情节"可以看成是整个猥亵儿童罪的兜底性规定，相当于单独的一项，而第2项的"情节恶劣"是限于在公共场所猥亵儿童的情节恶劣，所以它们还是有区别的。

第二问，隔着衣服触摸幼女胸部或者臀部是一般违法行为，但又在公共场所当众，可以评价为第2项的"情节恶劣"吗？在公共场所当众猥亵儿童，这里的猥亵儿童是不是要本身已经构成了猥亵儿童罪？如果要构成的话，多次在公共场所当众猥亵儿童就已经构成犯罪了，还要求情节恶劣？情节恶劣是不是说明猥亵本身不构成犯罪？所以，在公共场所当众实施的是一般违法行为，要情节恶劣的才能适用加重犯，否则只能评价为基本犯，变更评价为基本情节。

第三问，适用第2项。

第三节　侵犯自由的犯罪

■ **法规链接** ■

《刑法》第238条**非法拘禁罪**

■ **疑难问题** ■

1. "两高"确定的"非法拘禁罪"罪名准确吗？

非法拘禁罪条文规定的是"非法拘禁他人或者以其他方法非法剥夺他人人身自由的"，就罪名来说，相对于定非法拘禁罪，定非法剥夺人身自由罪可能更合适。定非法拘禁罪给人的感觉是，把人关在一个封闭的空间。但本罪除了非法拘禁外，还有以其他方法非法剥夺他人人身自由的方式，并不限于把人关在一个封闭的空间，所以这个罪名是不准确的。

2. 采用恐吓、欺骗方法，使具有场所移动意思的被害人误以为客观上不能移动场所的，属于非法拘禁吗？可以构成绑架罪吗？

电梯管理者谎称突然停电，导致电梯里的人只好待在那里不能动，这是不是非法拘禁？也是的。

第二问，是否构成绑架罪，要看行为人有没有勒索财物或者满足其他不法要求的目的。

3. 我国刑法中没有国外刑法普遍规定的胁迫罪、强制罪等罪名，能否将我国刑法中的非法拘禁罪适用范围解释得比国外宽？强迫他人原地不动，强迫他人前往或离开某处，追逐拦截、跟踪他人，构成非法拘禁罪吗？

国外有非法监禁罪，还有逮捕罪。在我们国家没有规定逮捕罪、强制罪、胁迫罪的情况下，我们国家非法拘禁罪的范围就可能比国外的非法拘禁罪的范围要广一些。

第二问，强迫他人原地不动、强迫他人前往或离开某处、阻止他人进入某个场所、妨碍他人按照自己的方式移动、追逐拦截他人都可能构成非法拘禁罪。跟踪他人构不构成非法拘禁罪？国外有跟踪罪，我们国家没有跟踪罪，只是催收非法债务罪里规定了跟踪。走路时总有一个人在后面紧紧跟着，肯定令人不舒服，但跟踪还不能叫剥夺自由。

4. 我国非法拘禁罪所保护的法益是什么？是保护现实的自由还是可能的自由？所谓现实的自由、可能的自由，究竟是指被害人意志的自由还是物理行动的自由？趁他人熟睡将门反锁而在其醒来前打开的，构成非法拘禁罪吗？

我国非法拘禁罪的法益是身体的场所移动自由，简称"身体移动自由"。具体包括从甲地移动到乙地的自由，从场所外移动到场所内的自由，从场所内移动到场所外的自由，保留在原地、停留在原场所内的自由，以及以多快的速度、以什么方式进行场所移动的自由。

第二问，这一问题存在争议，我赞成现实的自由说。因为没有意识到场所移动自由受到了侵害就意味着被害人还没有产生场所移动的意思，没有场所移动的意思，就难说行为已经侵害了被害人的场所移动自由，对法益的侵害就还没有达到值得科处刑罚的程度。因此，无论行为人是利用他人处于昏睡状态，还是采用欺骗的手段让人上车，只要他人还没有产生场所移动的意思，就还没有侵害其场所移动自由，就还不值得评价为非法拘禁。

第三问，如果认为是被害人意志的自由，就会采取可能的自由说；如果认为是物理行动的自由，就会采取现实的自由说。张老师认为，在我国没有规定单纯保护意志自由的犯罪的情况下，把非法拘禁罪的保护法益解释为意志的自由，并不协调。

第四问，如果主张是现实的自由，在他人熟睡时把门锁上，醒来之前又打开的，就不构成犯罪，但按照可能的自由说则构成犯罪，因为他人随时可能醒来。

5. 为何普遍认为非法拘禁罪是继续犯的典型？继续犯的本质是什么？如何界分继续犯与即成犯、状态犯？

之所以人们公认非法拘禁罪是继续犯，是因为被害人的法益每时每刻都受到同等程度的侵害，每时每刻都持续性地符合非法拘禁罪的构成要件。

继续犯的本质，就是法益每时每刻都受到同等程度的侵害，或者可以认为它持续性地符合某个犯罪的构成要件。我把我国的继续犯限定为非法拘禁罪、绑架罪、非法持有枪支罪、危险驾驶罪、非法侵入住宅罪这几个罪名，而不像通说那样认为范围很广，甚至认为拐卖妇女、儿童罪，收买被拐卖的妇女、儿童罪，拒不执行判决、裁定罪，以及遗弃罪、窝藏罪、重婚罪、脱逃罪都是继续犯。因为是不是继续犯，直接关系到追诉时效的起算、溯及力、跨法犯的适用、正当防卫、结果加重犯、管辖地的确定等问题。

6. 现实的自由说认为成立本罪要求被害人认识到自己被剥夺自由的事实，是否还需要被害人认识到有人对自己实施非法拘禁行为？飞机到达目的地上空后，机长谎称不能降落又折返的，构成非法拘禁罪吗？

不需要。例如，行为人谎称电梯停电，被害人只好待在电梯里面，只要他认识到自己不能移动就可以了，不需要认识到有人对自己实施了非法拘禁。

第二问，应该构成非法拘禁罪。

7. 超期羁押构成非法拘禁罪吗？如何区分本罪与合法拘捕的界限？

第一问，构成非法拘禁罪。

第二问，合法拘捕需要有羁押的手续。

8. 本罪中"非法"要素的意义是什么？

"非法"是提示性的，为了强调还有合法的拘留、逮捕。

9. 本条第 1 款后段"具有殴打、侮辱情节的，从重处罚"的规定，能否适用于第 2 款与第 3 款？如何理解该规定？非法拘禁中故意对被拘禁人实施伤害（轻伤及以上）、强奸等行为，是想象竞合从一重还是应数罪并罚？

对于具有殴打、侮辱情节的从重处罚的规定，张明楷老师认为也能适用于非法拘禁致人重伤、死亡，以及为索取债务而非法扣押、拘禁他人。

虽然第 1 款的规定适用于第 2 款与第 3 款，但也要注意避免重复评价。对于在拘禁中使用暴力致人伤残、死亡的，就不能再适用对于殴打情节从重处罚的规定；如果是暴力侮辱，也不能再适用对于侮辱情节从重处罚的规定。另外，如果侮辱情节符合强制猥亵、侮辱罪的要求，则应当数罪并罚，也不再适用本罪对于具有侮辱情节的从重处罚的规定。

然而，实践中，行为人进行非法拘禁之后又实施殴打，将被害人打成了轻伤，结果却只定了非法拘禁罪。其实这应当数罪并罚。

10. 如何认定"非法拘禁致人重伤、死亡"？立案标准规定非法拘禁导致被拘禁人自杀、自残造成重伤、死亡的应予立案，那么，被害人自杀、自残、自身过失等造成死亡、伤残结果的，能否评价为非法拘禁罪的结果加重犯？

张老师认为成立非法拘禁致人重伤、死亡的，要求重伤、死亡结果与非法拘禁行为本身之间必须有直接性的因果关系。但对于非法拘禁致人重伤、死亡的规定，理论界显然没有很好地展开讨论。被害人以危险的方式逃跑，比如沿着下水管往下逃摔死了的，被害人自杀、自残的，被害人突发心脏病死亡的，这些情形到底能不能叫非法拘禁致人重伤、死亡？

第二问，我倾向于是可以的。因为"不自由，毋宁死"，这也是能够理解的。

11. 本条第 2 款后段是注意规定还是法律拟制？是否只有行为人具有伤害、杀人的故意，才能依照故意伤害罪、故意杀人罪定罪处罚？何谓这里的"使用暴力"？作为非法拘禁行为内容的暴力导致伤残、死亡的，是否属于"使用暴力致人伤残、死亡"？

第一、二问，张老师把它理解成法律拟制，只要对死伤的结果具有预见的可能性，即便没有杀人、伤害的故意，也能定故意杀人罪、故意伤害罪。通说则把它理解成注意规定，行为人只有具有杀人、伤害的故意，才能认定为故意杀人罪、故意伤害罪。

第三、四问，这里的"使用暴力"必须是非法拘禁以外的暴力。即不是非法拘禁行为本身的暴力导致重伤、死亡，而是非法拘禁以外，把人关起来之后另外使用暴力导致他重伤、死亡。所以，作为非法拘禁行为内容的暴力导致伤残、死亡的，不属于使用暴力致人伤残、死亡，只能评价为非法拘禁致人重伤、非法拘禁致人死亡，不能转化成故意杀人罪、故意伤害罪。

12. 应否对本条第3款为索取债务非法扣押、拘禁他人依照非法拘禁罪处罚的规定进行限缩解释？在《刑法修正案（七）》增设了绑架罪的减轻法定刑幅度后，有关为索取高利贷、赌债等法律不予保护的债务而非法扣押、拘禁他人的依照非法拘禁罪定罪处罚的司法解释规定，是否还具有合理性？

应该对所谓索债型非法拘禁罪的适用范围进行限制。为什么要规定为索取债务非法扣押、拘禁他人的定非法拘禁罪呢？为什么只定非法拘禁而不定绑架？是因为存在合法的债务，没有侵害他人的财产权，只是侵害他人的人身自由。所以，这一规定旨在提醒，即便存在合法的债务，也不能采取剥夺自由的方式来讨债。它并没有把本来符合绑架罪构成要件的、具有所谓的三面关系，降低认定为非法拘禁罪。如果符合了绑架罪的构造，没有理由仅以非法拘禁罪从宽认定，因此它是提示性规定，旨在提示不能以非法的方式讨债。

第二问，不再具有合理性。索取高利贷、赌债、青春损失费等法律不予保护的债务，以及存在其他所谓的私人纠纷（但不存在正常的债权债务关系），而非法扣押、拘禁所谓债务人，旨在向本人索要财物的，应该构成抢劫罪；意在向第三人勒索财物的，应该构成绑架罪。

13. 本条第4款规定中的"国家机关工作人员"是违法身份还是责任身份？普通人教唆、帮助国家机关工作人利用职权实施非法拘禁犯罪的，应否从重处罚？

一般认为是责任身份，普通人教唆、帮助国家机关工作人员利用职权实施非法拘禁犯罪的，对教唆、帮助者不需要从重处罚。不过，也有观点认为行为人要求国家机关工作人员利用职权实施非法拘禁，还是对这种违法性的加重具有贡献，要从重处罚。但是，行为人毕竟不具有这种身份，不从重也是可能的。这个问题肯定会有争议。

14. 堵住被害人的嘴巴或者耳朵，使其不能讲话、不能听见的，成立本罪吗？

让别人不能听见、不能讲话，能不能构成非法拘禁？不能。对此，国外有强制罪可以进行规制。在我国，要成立非法拘禁就要判断是否侵害了他人身体的场所移动自由，不能看见、不能听见，但人还是可以移动的。

15. 采取现实的自由说时，对于非法拘禁持续时间的认定，是否需要扣除被害人吃饭、睡觉等时间？

不需要。

16. 适用非法拘禁致人重伤、死亡的规定，是否以拘禁行为构成既遂为前提？

适用非法拘禁致人重伤、死亡的规定，不以拘禁行为构成既遂为前提，继续犯成立既遂，也需要持续一定的时间。

■ 法规链接

《刑法》第 239 条绑架罪

■ 疑难问题

1. 本罪所保护的法益是什么？婴儿有没有可能成为绑架罪的对象？父母有无可能成为绑架亲生子女的犯罪主体？没有使被害人离开原本的生活场所的行为，能否成立绑架罪？没有勒索到财物的，是成立绑架罪既遂还是未遂？

张老师认为本罪的法益是在本来的生活状态下的行动自由和身体安全。但这和拐卖妇女、儿童罪的法益的界定没有差别了。我们关于自由的犯罪有非法拘禁罪，绑架罪，拐卖妇女、儿童罪，收买被拐卖的妇女、儿童罪，以及拐骗儿童罪。它们之间的法益是有差异的，否则难以发挥法益对构成要件解释的指导机能。

第二问，婴儿可以成为绑架的对象。

第三问，父母可以成为绑架亲生子女的犯罪主体。

第四问，没有使被害人离开原本的生活场所的行为，也能成立绑架罪。

第五问，只要控制了人质就既遂了，不以财物的取得为既遂。

2. 绑架罪的构造是什么？其实质是什么？何谓关心人质安危的第三人？

绑架罪的构造是所谓的三面关系，即行为人、人质和关心人质安危的第三人。而抢劫罪是两面关系。

第二问，绑架罪的实质是通过控制人质的方式来勒索第三人。抢劫罪一般来说不会杀人，但是绑架中如果不满足行为人的要求，人质可能会被"撕票"。

第三问，关心人质安危的第三人不应仅限于人质的父母子女，叔叔、姑舅、堂哥、堂姐、表哥、表弟或者男女朋友等都应算在内。实践中对于第三人的认定范围是很广的，不仅包括事实上存在人身保护关系的亲属，而且包括社会一般观念上通常不会坐视不理的规范意义上的紧密共同体，如男女朋友、单位（与职工）、商家（与顾客）、学校（与学生）、政府（与百姓）等。

3. 如何处理绑架罪与抢劫罪的关系？二者是对立关系吗？绑架人质后超出勒索程度而另构成抢劫罪的，能否以绑架罪与抢劫罪数罪并罚？绑架他人时直接向被绑架人索取财物的，构成绑架罪吗？有关绑架过程中又以暴力、胁迫等手段当场劫取被害人财物的从一重处罚的司法解释规定，有无疑问？

行为人抱走一个小孩，当着小孩母亲的面说："不给钱，就把小孩摔死。"这是绑架还是抢劫？是把人质带离关心他安危的第三人，带离他本来的生活场所危害性大，还是当着第三人的面进行恐吓危害性大？显然前者危害性更大。从法定刑来看，之所以绑架罪的法定刑比抢劫罪的重，是因为人质和第三人隔离了，人质生死未卜，第三人对人质的生命安危会更加担心。但如果是当面、当场的话情况还是可控的，一般给钱就可以了。所以，如果是当面、当场的话，还是评价为抢劫罪中的胁迫更合适一点。

第二问，二者不是对立的关系。

第三问，有可能数罪并罚。

第四问，不能构成绑架罪。

第五问，绑架中伤害、绑架中强奸是一罪还是数罪？数罪，所以司法解释从一重处罚规定存在一定的问题。

4. 征得被绑架人同意但违反监护人意志，使被绑架人脱离监护人监护的，构成绑架罪吗？

绑架罪侵害的法益不是所谓的监护权，如果征得了被绑架人真诚的同意，就没有侵害他在本来的生活状态下的场所移动自由和生命、身体的安全。所以，如果同意有效，就不构成绑架罪；只有同意无效时，才构成绑架罪。

5. 在《刑法修正案（九）》删除了犯绑架罪致使被害人死亡适用死刑的规定后，对于绑架过失致人死亡的案件，如何处理？能否将其中的使用暴力致人死亡的适用《刑法》第238条第2款后段的规定，以故意杀人罪定罪处罚？

以前规定杀害被绑架人或者致使被绑架人死亡的处死刑，现在删除后，绑架过失致人死亡的案件，只能评价为绑架罪的基本犯，处10年以上有期徒刑或者无期徒刑。

第二问，是有可能的，因为绑架可以评价为非法拘禁，而非法拘禁使用暴力致人死亡的能评价为故意杀人，所以是可以评价为故意杀人罪的。

6. 绑架罪是复行为犯吗？向第三者提出不法要求，是否为绑架罪的实行行为？"绑架他人作为人质"，意味着什么？绑架并勒索到财物的，需要数罪并罚吗？何谓短缩的二行为犯？其实质是什么？

绑架罪表面上是复行为犯，实际只要以勒索财物为目的绑架了他人就既遂了，进而勒索财物的，也没有必要数罪并罚，只需要评价为绑架罪即可。绑架罪只是疑似复行为犯，实行行为其实只有绑架。

第二问，不是。

第三问，绑架他人作为人质就是以控制人质的手段，以人质的生命、身体安全相威胁来满足行为人的不法要求。

第四问，不需要数罪并罚。

第五、六问，我们前面提到了，本来有两个行为，但是只要行为人以实施第二个行为为目的实施了第一个行为就认为已经着手并且已经既遂了，所以以勒索财物为目的绑架他人就已经既遂了。至于进而实施第二个行为的，是否数罪并罚要具体情况具体分析，比如说绑架之后进而勒索财物，虽然另外构成了敲诈勒索罪，但没有必要另外定敲诈勒索罪。不过，在走私淫秽物品罪中，以牟利或者传播的目的走私了淫秽物品就已经既遂了。如果进而传播并且牟利了，可以另外评价为传播淫秽物品牟利罪。

7. 在他人绑架后参与勒索财物的，成立绑架罪的共犯吗？何谓承继的共犯？承继共犯问题的本质是什么？

参与勒索财物的，如果是单纯打个勒索财物的电话，不能评价为绑架的共犯，只能评价为敲诈勒索。但如果这种参与行为对被害人继续被关押、继续被剥夺自由有贡献，那么还是有可能评价为绑架的共犯的。

第二问，绑架其实是非法拘禁加敲诈勒索，只参与了敲诈勒索，对前面的非法拘禁剥夺自由没有贡献是不能成立绑架罪的共犯的。没有参与绑架，只是参与杀人，能评价为绑架杀人吗？不能，只能评价为杀人。我主张承继共犯否定说，一个人不可能对他参与之前的行为和结果有贡献，只能对他参与之后的行为和结果承担责任。

第三问，承继共犯问题的本质，就是中途参与者要不要对他参与之前的行为和结果负责。主张要负责的，是承继共犯肯定说或者中间说，主张不负责的，就是承继共犯否定说。

8. 何谓主观的超过要素？"以勒索财物为目的"，是否需要客观实现？

本来所谓的主观要素都要有与之相对应的客观事实，但主观的超过要素不要求存在与之相对应的客观事实。以勒索财物为目的绑架他人并不要求勒索财物目的的实现，甚至都不要求实施了勒索财物的行为，只要勒索财物的目的存在于行为人的内心即可，所以叫主观的超过要素。我们前面还提到过客观的超过要素，就是不要求主观上认识到并且持希望或者放任的态度。

第二问，不要求客观实现。

9. 在以实力控制被害人后，让被害人隐瞒被控制的事实向亲属打电话索要财物的，构成绑架罪吗？

构成抢劫罪。

10. 行为人出于其他目的、动机以实力支配他人后才产生勒索财物的意图进而勒索财物的，比如收买妇女、儿童或拐骗儿童后，以暴力、胁迫手段对其进行实力控制，进而向其近亲属或有关人员勒索财物的，构成绑架罪吗？

可以构成绑架罪。

11. 15周岁的人绑架杀人或者故意伤害被绑架人致人重伤、死亡的，如何处理？15周岁的人绑架他人后使用暴力致人伤残、死亡，既没有杀人故意，也没有伤害故意的，如何处理？

第一问，只能定故意杀人罪或者故意伤害罪。

第二问，可以定故意杀人罪、故意伤害罪。因为15周岁的人绑架他人可以评价为15周岁的人非法拘禁他人，而非法拘禁他人使用暴力致人伤残、死亡的，定故意杀人罪、故意伤害罪。

12. 行为人直接杀害被害人后，谎称人质在其手上向被害人家属勒索财物的，如何处理？行为人实施绑架行为，因未勒索到财物或者出于其他原因杀害被绑架人，再次掩盖事实勒索赎金的，如何处理？

直接杀害被害人成立故意杀人罪，人已经死了，却说人还在其手上，所以后面的行为既是敲诈勒索，也是诈骗。因此，应分别认定为故意杀人罪、敲诈勒索罪与诈骗罪（后二者想象竞合），数罪并罚。

第二问，前面的行为成立绑架罪，后面的行为成立敲诈勒索罪与诈骗罪。因此，分别成立绑架（杀人）罪、敲诈勒索罪与诈骗罪（后二者想象竞合），数罪并罚。

13. 绑架罪与非法拘禁罪之间是什么关系？二者是对立关系吗？怎么区分非法拘禁罪与绑架罪？能否认为《刑法》第238条第3款是将原本符合绑架罪构成要件的行为降格以非法拘禁罪论处的规定？

绑架罪与非法拘禁罪之间不是对立的关系，绑架可以评价为非法拘禁。

第三问，绑架罪是在非法拘禁罪之外主观上有一个勒索财物的目的或者满足其他不法要求的目的。如何区分，就看行为人主观上出于什么目的。

第四问，不是的，凡是符合绑架罪的构成要件的，都应该以绑架罪论处。

14. 司法实践中只要行为人与被害人之间存在债务纠纷，不管是否为合法债务，不管是双方承认的债务还是行为人单方面主张的债务，也不管行为人对被害人人身自由的剥夺和生命、身体安全威胁的程度，均认定为非法拘禁罪的现象，是否值得反思？

实践当中只要双方有纠纷，哪怕是以杀伤相威胁，也可能是定非法拘禁罪，这是值得反思的。所以，刑法中的注意性规定越少越好，为索取债务非法扣押、拘禁他人定非法拘禁罪就是注意性规定，要是没有这个规定，司法人员应该就很难产生误解，该定绑架的自然就会定绑架了。

15. 对于为了索取法律不予保护的债务或者单方面主张的债务，以实力支配、控制被害人后，以杀害、伤害被害人威胁第三人的，是应认定为非法拘禁罪还是绑架罪？

应当认定为绑架罪。

16. 故意制造骗局使他人欠债，然后以索债为由扣押被害人作为人质，要求被害人近亲属偿还债务的，是成立非法拘禁罪还是绑架罪？

设置骗局使他人欠债，就说明是非法债务，然后扣押了被害人作为人质，应该定绑架罪。

17. 行为人为了索取债务而将他人作为人质，所索取的数额明显超出债务数额的，如何处理？

有可能另外构成绑架罪。

18. "杀害被绑架人"，是结果加重犯、情节加重犯、包容犯，还是结合犯？

是结合犯，即绑架加杀害。

19. 绑架后杀人未遂，如何处理？绑架后杀人未遂，仅造成轻伤或者重伤结果的，如何处理？绑架杀人预备或中止的，如何处理？

张老师以前认为杀害被绑架人包括杀人未遂，绑架后杀人未遂只能适用杀害被绑架人的法定刑。《刑法修正案（九）》修改之后，张老师认为绑架后杀人未遂的不再评价为绑架杀人，而应当评价为绑架罪的基本犯和故意杀人未遂，数罪并罚。因为只有这样才能和绑架之后故意伤害导致轻伤、绑架之后强奸数罪并罚相协调，而且按照一般人的理解，"杀害"是实际杀死了被害人。不过，我认为绑架杀害被绑架人包括了绑架杀人未遂。

第二、三问，按照张老师的观点，绑架杀人未遂，仅造成轻伤的，要定绑架罪的基本犯和故意杀人未遂，数罪并罚。而对于绑架杀人未遂，造成重伤的，应该直接适用"故意伤害被绑架人，致人重伤……的，处无期徒刑或者死刑"的规定。绑架杀人预备或中止的，应当将绑架罪与故意杀人的预备犯、中止犯数罪并罚。

20. "故意伤害被绑架人，致人重伤、死亡"，是否包括未遂的情形？故意伤害被绑架人造成轻伤的，如何处理？

不包括未遂的情况，必须客观上致他人重伤、死亡。如果故意伤害被绑架人造成轻伤的，不能适用故意伤害被绑架人的规定，只能评价绑架罪和故意伤害罪，或者评价为绑架罪的基本犯。也就是说，这里的致人重伤必须是事实上的致人重伤，不能包括伤害的未遂，也不包括故意伤害导致轻伤的情形。

21. 利用合法行为对被绑架人造成的"危险",如甲绑架了脱逃的死刑犯乙,向乙亲属声称"如不交付巨额赎金,就将乙移送司法机关",甲构成绑架罪吗?

移送司法机关是合法行为,以合法行为相威胁的也能构成绑架罪。类似的情况还有,行为人碰到一个小偷,对他说:"见者有份,否则给你送到公安局去",也构成敲诈勒索。

22. 没有参与绑架的人在他人绑架既遂后参与杀害被绑架人的,成立绑架杀人吗?

只能成立故意杀人罪的共犯,不成立绑架杀人。

23. 绑架犯以杀人故意对被绑架人实施杀人行为但仅造成重伤的,如何处理?绑架犯以轻伤的故意造成被绑架人重伤结果的,又该如何处理?

只能评价为故意伤害被绑架人致人重伤。杀人的故意并不缺少伤害的故意。

第二问,条文规定的是"或者故意伤害被绑架人,致人重伤、死亡",这里的伤害能不能包括轻伤的故意导致重伤的结果?故意伤害要有重伤的故意吗,还是只要有伤害的故意导致重伤的结果就行了?应该只要有伤害的故意就行了。因此,绑架犯以轻伤的故意造成被绑架人重伤结果的可以评价为故意伤害被绑架人。

■ 法规链接

《刑法》第240条**拐卖妇女、儿童罪**

■ 疑难问题

1. 本罪的法益是什么?

有学者认为本罪的法益是本来的生活状态下的行动自由和生命身体的安全。但我认为,本罪的法益应该是人不能被作为商品买卖的权利,它侵害的是一种人格权,不是人身自由权。

2. 本罪的实行行为是什么?本罪的既遂标准是什么?能否认为本条第2款规定的六种行为均为实行行为?能否认为只要实施其中之一行为,就构成拐卖妇女、儿童罪的既遂?

通说和张明楷老师均认为本条第2款是关于实行行为的规定,拐骗、绑架、收买、贩卖、接送、中转这六种行为都是实行行为。但是，我认为拐卖妇女、儿童罪的实行行为只有拐卖。第 2 款规定源于当时单行刑法的规定，是为了强调拐卖妇女、儿童犯罪往往是以犯罪团伙的形式出现，其内部存在严密的分工，有人买、有人卖、有人接送、有人中转，并不是说每一种行为都是实行行为，如果每一种行为都是实行行为，就会出现多个既遂的时间点，买进来就既遂了，卖的时候又既遂了，接送时又既遂了，中转时又既遂了。一个罪名会有多个既遂的时间点吗？一个罪名会有多个既遂的标准吗？按照通说的观点，为了卖妇女而买进来就既遂了。我认为卖人和卖商品在本质上没有什么区别，要卖出去才构成既遂。那么，一个人只是为了卖而收买，一个人买了并且卖了，要不要区别对待？所以，通说是存在一定问题的。

第二问，本罪的既遂标准应该是卖出。

第三问，不能认为本条第 2 款规定的六种行为均为实行行为。

第四问，不能认为只要实施其中之一行为，就构成拐卖妇女、儿童罪的既遂。不能认为为了卖而收买就已经是既遂了，也不能认为为了卖而绑架就已经是既遂了。

3. 得到妇女具体承诺的，是否还构成拐卖妇女罪？

不构成。除了生命的承诺和重伤的承诺是无效的之外，其他关于个人法益的承诺都是有效的。

4. 本罪是所谓选择性罪名吗？拐卖妇女、儿童两人的，是以一罪论处还是数罪并罚？

是不是选择性罪名不重要，但不能认为是选择性罪名，同时又认为选择性罪名不能数罪并罚，这就有问题了。既拐卖妇女又拐卖儿童，从理论上讲应当数罪并罚，但因为拐卖妇女、儿童多人的已经规定为加重情节了，所以既拐卖妇女又拐卖儿童，可以不数罪并罚也能做到罪刑相适应。拐卖妇女、儿童多人的是加重情节，那拐卖妇女、儿童两人，怎么办？应当同种数罪并罚。既拐卖妇女又拐卖儿童的，应当以拐卖妇女罪与拐卖儿童罪数罪并罚。

5. 本罪是继续犯吗？追诉时效如何计算？

我认为不是继续犯，追诉时效应当自卖出时开始计算。那本罪是状态犯还是即成犯？盗窃罪是典型的状态犯，因为赃物还在行为人手上。故意毁坏财物罪不是状态犯，而是即成犯。人卖出去了，还在行为人的控制之下吗？所以本罪应该是即成犯。

6. 拐卖双性人、变性人，构成本罪吗？拐卖14周岁以上的男性公民，如何处理？

如果双性人、变性人有女性的特征的话，还是可以评价为拐卖妇女罪。

第二问，不能成立拐卖妇女、儿童罪，只能评价为非法拘禁罪、故意伤害罪等。

7. 误以为拐卖的是男童，实际上是已满14周岁的女性，或者相反的，如何处理？误以为拐卖的是男童，实际上是已满14周岁的男性，如何处理？

一般认为这是同一构成要件内的认识错误，是具体的事实认识错误，不影响故意既遂的认定。按照客观来定罪，客观上拐卖的是妇女，就定拐卖妇女罪；如果客观上拐卖的是男童，就定拐卖儿童罪。

第二问，是未遂还是不能犯？是本罪的不能犯。行为人要拐卖男童，而实际上男童并不存在，并没有开始着手，对象不存在不能认定为着手，所以不能成立未遂。

8. 出卖亲生子女或者所收养的子女的行为，是否成立本罪？如何区分民间送养行为与出卖亲生子女行为？认为区分的关键在于行为人是否具有非法获利目的的司法解释规定，有无疑问？

成立拐卖妇女、儿童罪。这说明拐卖并不需要拐进来，本罪的核心是卖，实行行为就是卖。

第二、三问，民间送养与出卖亲生子女，不能简单地从有没有获利来判断、区分，关键是看对方有没有真实的收养意愿。如果出卖亲生子女的话，就不会管对方有没有收养的能力，有没有收养的意愿，行为人只在意能不能高价卖出去，否则他会给孩子找一个好人家，所以还是可以区分的。

9. 强抢婴幼儿的，如何处理？偷盗婴幼儿的如何处理？

如果行为人是以出卖为目的，就是拐卖儿童罪；如果是以勒索财物为目的，就是绑架罪；如果是自己收养，就是拐骗儿童罪；如果强抢婴幼儿时连他身上的衣服等一起抢了，还构成抢劫罪（针对衣服等）。

第二问，偷盗婴幼儿与强抢婴幼儿类似，婴幼儿不可能评价为财物，也要根据目的来确定。

10. 行为人与妇女通谋，将该妇女介绍给某人并成婚，获得钱财后，行为人与该妇女双双逃走的，如何处理？

这属于诈骗。

11. 如何区分婚姻介绍与拐卖妇女的行为？单纯以非法获利多少界分婚姻介绍与拐卖妇女的司法解释规定，有无疑问？

不能简单地以获利多少来区分。婚姻介绍就算获利，也不是把人作为商品卖给对方。拐卖妇女的话，只问对方出价多少，而婚姻介绍还要考虑双方是否合适等这些因素。

第二问，是有疑问的。

12. 拐骗儿童后又出卖的以拐卖儿童罪一罪论处的司法解释规定，有无疑问？

收买被拐卖的儿童之后又出卖的，以拐卖儿童罪一罪论处，这个规定是注意规定还是法律拟制？是罪数的拟制，先收买后来产生出卖的意图卖掉了，本来应该定两罪，但现在只定拐卖儿童罪，是将数罪拟制成一罪。而拐骗儿童罪条文里面没有这种规定，所以应该先评价为拐骗儿童罪，然后再评价为拐卖儿童罪，数罪并罚。

13. 认定"奸淫被拐卖的妇女"，是否要求违背妇女意志？是否包括强制猥亵行为？

奸淫被拐卖的妇女，如果没有违背妇女的意志的话，本身就不构成犯罪，更加没有必要评价为加重情节，但是否违背妇女的意志要考虑被拐卖妇女的特殊处境。

第二问，通说认为这里的奸淫是指强奸，我认为这里的奸淫有可能包括猥亵。

14. "拐卖妇女、儿童三人以上"，是否包括多次拐卖同一人的情形？

我们前面提到过，拐卖一个人多次是可以评价为拐卖妇女、儿童多人的，但强奸一名妇女多次不能评价为强奸妇女多人。

15. "造成被拐卖的妇女、儿童或者其亲属重伤、死亡"，是否包括自杀、自残的情形？

本罪法定刑很重，不能把自杀的结果归属于拐卖。

■ 法规链接

《刑法》第241条收买被拐卖的妇女、儿童罪，第242条聚众阻碍解救被收买的妇女、儿童罪

■ 疑难问题

1. 收买被拐卖的妇女、儿童罪中"收买"的含义是否与《刑法》第104条第2款中"策动、胁迫、勾引、收买国家机关工作人员、武装部队人员、人民警察、民兵进行武装叛乱或者武装暴乱"中的"收买"含义相同？

本罪的收买显然是物质性的，而第104条第2款中的收买就不限于用物质去收买，比如用女色勾引或者许以高官显爵。

2. 收买被拐卖的妇女、儿童罪的法益是什么？

和拐卖妇女、儿童罪一样，本罪的法益不能简单地认为是侵害人身自由，而应认为是把人作为商品买卖所侵害的人格权。

3. 收买被拐卖的妇女、儿童罪是所谓选择性罪名吗？既收买妇女，又收买儿童，是认定一罪还是数罪并罚？

即便认为是选择性罪名，也不能否认数罪并罚。既买妇女又买儿童的应当数罪并罚，因为本罪只有一个法定刑幅度，即3年以下有期徒刑、拘役或者管制。不像拐卖妇女、儿童罪规定了拐卖妇女、儿童多人的，处10年以上有期徒刑或者无期徒刑，不并罚也可以做到罪刑相适应。就法定刑来看，收买被拐卖的妇女、儿童罪考虑的常态情形是只买一名妇女或者只买一名儿童，而不是既买妇女又买儿童。

4. 收买被拐卖的妇女、儿童罪是继续犯吗？追诉时效如何计算？参与抚养收买的儿童的，构成共犯吗？

我认为本罪是状态犯，追诉时效应该从收买之日而不是被拐卖的妇女、儿童被解救之日起计算。如果还有非法拘禁的话，非法拘禁要按照继续犯计算追诉期限。

第三问，这是降低风险的行为，而且因为本罪是状态犯，实施了收买就已经是既遂了，既遂之后的参与不可能成立共犯。

5. 承诺提供儿童的一方"放鸽子"的，成立收买的未遂吗？

这是诈骗，连对象都不存在不能评价为收买的未遂。

6. 能否明确要求成立收买被拐卖的妇女、儿童罪，主观上必须"不以出卖为目的"？收买被拐卖的妇女、儿童罪与拐卖妇女、儿童罪之间是什么关系？犯罪构成要件之间更多是对立互斥，还是竞合关系？

第一问，如果这样来界定的话，就使拐卖妇女、儿童罪和收买被拐卖的妇女、儿童罪形成一种对立的关系。当行为人是否具有出卖的目的难以查明的时候，因为不能证明有出卖的目的，不能认定为拐卖妇女、儿童罪，又因为不能排除有出卖的目的，也不能定收买被拐卖的妇女、儿童罪，这就形成了处罚漏洞。应该说收买被拐卖的妇女、儿童就成立犯罪了，如果行为人具有出卖的目的，进而再成立拐卖妇女、儿童罪。不能说一个要有出卖的目的，一个不得有出卖的目的，不能让二罪构成要件之间形成一种对立的、互斥的关系。

第二问，二罪之间不是一种对立的关系，而是一种包容的关系。出于出卖的目的，收买了被拐卖的妇女、儿童，至少已经构成了收买被拐卖的妇女、儿童罪。收买被拐卖的妇女、儿童罪的最低要求就是收买，只要收买了就够了，如果进而具有出卖的目的，还成立拐卖妇女、儿童罪。

第三问，犯罪构成要件之间更多的不是对立的、互斥的关系，而是一种竞合的关系。

7. 如何区分收买被拐卖的妇女、儿童罪的共犯与拐卖妇女、儿童罪的共犯？

比如弟弟年纪很大，没有娶媳妇，然后哥哥就托人贩子，给他的弟弟物色一名妇女，后来将人贩子拐卖的妇女买下给弟弟做妻子，哥哥是成立拐卖妇女、儿童罪的共犯还是收买被拐卖的妇女、儿童罪的共犯？成立收买被拐卖的妇女、儿童罪的共犯，因为行为人的行为并未超出收买的范围。如果行为人是教唆没有拐卖故意的人拐卖妇女、儿童，则成立拐卖妇女、儿童罪的共犯。

8. 第241条第5款收买被拐卖的妇女、儿童又出卖的，依照拐卖妇女、儿童罪定罪处罚的规定，是注意规定还是法律拟制？

是法律拟制，本来应当评价为数罪，现在将数罪评价为一罪，所以是罪数的拟制。

9. 行为人收买被拐卖的妇女、儿童后，对其实施了强奸、非法拘禁、伤害等行为，后来又将其出卖的，应当认定为拐卖妇女、儿童罪一罪，还是应数罪并罚？

张老师认为只要能够评价为拐卖妇女、儿童罪的基本犯及其加重情节所能包含的行为，就没必要数罪并罚，而如果收买后实施了拐卖妇女、儿童罪不能包含的其他犯罪行为，如故意伤害，那就要数罪并罚。我认为应当数罪并罚，收买被拐卖的妇女、儿童后，对其实施了强奸、非法拘禁、伤害等行为，然后又出卖的，可以认为拐卖妇女、儿童罪与收买被拐卖的妇女、儿童罪因为法律的规定只评价为一罪，但是已经成立了的强奸、非法拘禁、伤害不能抹杀，应该数罪并罚。

10. "明知他人收买被拐卖的妇女、儿童，仍然向其提供被收买妇女、儿童的户籍证明、出生证明或者其他帮助的，以收买被拐卖的妇女、儿童罪的共犯论处，但是，收买人未被追究刑事责任的除外"的司法解释规定，有无疑问？

这是极端从属性说的观点。按照限制从属性说，即便对方没有被追究刑事责任，只要行为人参与实施了符合构成要件的违法行为就够了，不要求被教唆者、被帮助者被追究刑事责任。比如说行为人教唆的、帮助的是未达到刑事责任年龄的人，即便正犯未被追究刑事责任，也不能否认行为人共犯的成立。

共犯的从属性包括所谓的实行的从属性、要素的从属性和罪名的从属性。关于要素的从属性程度，存在四种学说：最小从属性说要求对方符合构成要件；限制从属性说要求符合构成要件并违法；极端从属性说要求符合构成要件并违法且有责；夸张从属性说还要求对方具有客观处罚条件。现在一般主张限制从属性说，只要行为人所教唆、所帮助的对象实施了符合构成要求的违法行为即可，不要求对方实际被追究刑事责任。

11. 为何第241条第3款特意使用"限制其人身自由"的表述？拐骗儿童后限制人身自由的，能定非法拘禁罪吗？

立法者当然知道非法拘禁罪是剥夺人身自由，这里的"限制人身自由"是一种特别规定，限制人身自由也按照要求剥夺人身自由的非法拘禁罪来处理。作出这样的规定是基于对被拐卖的妇女、儿童的特殊处境的考虑。曾经有一部电影，讲述的是一个女大学生被拐卖到深山里去，她根本逃不出去，因为周围邻居都认识，还没跑到镇上，就有人报信了。所以，即便是限制自由，被拐卖者往往也很难逃脱。

第二问,不能。只有收买被拐卖的妇女、儿童又限制自由的定非法拘禁,是特殊规定,而拐骗儿童罪条款里面没有这种规定,所以拐骗儿童后限制人身自由的不能评价为非法拘禁罪。

12. 阻碍国家机关工作人员解救已被拐骗、绑架但尚未被出卖(未被收买)的妇女、儿童的,是成立聚众阻碍解救被收买的妇女、儿童罪,还是拐卖妇女、儿童罪的共犯?

可能成立拐卖妇女、儿童罪的共犯。在既遂之前参与的,有成立共犯的可能性。就像赃物犯罪,如果在既遂之前参与,成立的是财产犯罪的共犯,既遂之后参与的才成立掩饰、隐瞒犯罪所得罪,才成立赃物犯罪。

13. 行为人为了收买妇女、儿童,教唆或者帮助他人拐卖妇女、儿童,随后又收买了该被拐卖的妇女、儿童的,应当如何处理?

只要是为了收买而教唆、帮助,评价为收买被拐卖的妇女、儿童罪就可以了。

■ 法规链接

《刑法》第243条 诬告陷害罪

■ 疑难问题

1. 本罪的法益是公民的人身权利还是国家的司法(审判)作用?自我诬告、承诺诬告、诬告虚无人、向外国司法机关告发中国公民的,是否构成诬告陷害罪?

本罪设置于"侵犯公民人身权利、民主权利罪"一章,而未设置于分则第六章第二节"妨害司法罪"当中,这足以说明本罪的法益是公民的人身权利。

由于天气太冷,行为人跑到派出所说自己偷了别人价值几千块钱的东西,这叫自我诬告。按照人身权利说,自我诬告没有侵犯他人人身权利,从而不构成本罪。承诺诬告,即同意别人诬告自己的,也没有侵害他人人身权,不构成本罪。诬告虚无人的,不可能侵犯他人人身权利,也不构成本罪。向外国司法机关告发中国公民的,会侵犯中国公民的人身权利,因此成立本罪。

2. 本罪是单行为犯还是复行为犯?

捏造事实是不是实行行为?不是的,捏造事实强调的是诬告所利用的是捏造的、虚假的事实,一种是自己捏造的加以诬告,一种是明知道他人捏造的加以散布。捏造不是实行行为,连预备都不能算,所以本罪不是所谓的复行为犯。

3. 写一封诬告信诬告多人,是一罪还是同种数罪?行为个数如何确定?

坚持个人人身权利说的话,应该是可以认定成立多个诬告陷害罪的。如果坚持司法作用说的话,若是同案犯,就可能认为成立一罪。

4. 诬告没有达到法定年龄或者没有责任能力的人犯罪的,是否构成诬告陷害罪?

构成诬告陷害罪。因为诬告之后有可能使他人人身自由被剥夺,有可能启动拘留、逮捕等刑事司法程序。

5. 所告发的事实偶然符合客观事实的,成立本罪吗?

"歪打正着"的,不构成犯罪。

6. 诬告他人实施了一般违法行为的,构成本罪吗?

不构成犯罪。捏造犯罪事实诬告陷害他人的,才可能成立本罪。

7. 乙犯轻罪,甲告发后司法机关不立案、不受理,甲诬告乙犯重罪,旨在使司法机关追究乙的轻罪的刑事责任的,构成犯罪吗?

不构成犯罪。

8. 本罪能由间接故意构成吗?本条第3款规定的意图何在?

因为诬告陷害罪关系到公民的控告、检举的宪法性权利,所以应当把间接故意排除在外。不能指望举报人掌握了充分的事实证据之后再去举报,举报人没有这种收集证据的能力,只要不是明知道是虚假而积极追求这种结果的,就不宜作为犯罪处理。

第二问,第3款规定就是提醒本罪只能由故意构成。

9. "意图使他人受刑事追究",是否等同于意图使他人受刑罚处罚?

不是的,刑事追究不等于受刑罚处罚,免予刑事处罚也属于意图使他人受刑事追究。

10. 诬告陷害行为导致他人被错判死刑的，能否成立故意杀人罪的间接正犯？如何评价"诬告反坐"？

有可能成立故意杀人罪的间接正犯，借国家机关之手，剥夺他人生命。

第二问，根据1979年《刑法》的规定，对诬告陷害罪按照行为人所诬告的罪行判处刑罚，如诬告强奸的，就按照强奸罪的刑罚来判处，这叫诬告反坐。由于它的法定刑不明确，所以1997年《刑法》修改的时候确定了具体的刑罚。诬告反坐有它一定的合理性，诬告杀人就按照杀人的刑罚来判处。现在相对确定了法定刑，也有一定的合理性，比较明确，在这种情况下诬告他人杀人，导致他人被判死刑，还只判10年有期徒刑吗？当然可以评价为杀人的间接正犯。

11. 行为人的诬告行为足以引起司法机关的追诉活动后，又将真相告诉司法机关的，成立本罪的中止吗？

足以引起，是指还没有引起司法机关的追诉活动，所以如果将真相告诉司法机关是有效的，还没有启动刑事司法程序，我认为是可以评价为中止的。

12. 本条第2款关于国家机关工作人犯前款罪从重处罚规定中的"国家机关工作人员"是什么性质的身份？是否需要利用职权？他人教唆国家机关工作人员实施的，是否从重处罚？

应该是一种责任身份。

第二问，刑法分则中关于国家机关工作人员实施的从重有几种表述：第一种是明确规定国家机关工作人员滥用职权；第二种是国家机关工作人员利用职权；第三种是国家机关工作人员实施的从重。没有强调利用职权的，要不要利用职权？应该是需要的。难道民政局的工作人员去告发别人强奸，相较于一般人，警察会更容易相信？得不出这个结论。所以，我认为还是需要利用职权的。

第三问，本罪的"国家机关工作人员"是一种责任身份，非国家机关工作人员教唆国家机关工作人员实施本罪的，对国家机关工作人员应从重处罚，对非国家机关工作人员则不能适用该规定从重处罚。但教唆国家机关工作人员利用职权实施应否从重，会有争议。

13. 诬告单位犯罪，构成诬告陷害罪吗？

本罪的行为对象是"他人"，单位是犯罪主体，那单位能不能叫"他人"？实践当中关于单位犯罪只有两种处罚，第一种是同时追究单位和自然人的责任，第二种是只追究自然人的责任，没有只追究单位而不追究自然人的。所以，只要所捏造的事实可能导致追究单位的主管人员和其他直接责任人员刑事责任的，就能成立诬告陷害罪。

如果没有特别的理由，刑法中的"人"应该包括单位。比如自首，单位能不能自首？当然可以，单位不是有法人机关吗？但是累犯，单位不能构成，因为累犯要判处有期徒刑以上刑罚，而对单位的处罚只有罚金。

■ 法规链接

《刑法》第244条强迫劳动罪

■ 疑难问题

1. 以剥夺人身自由的方法强迫他人劳动的，如何处理？

强迫劳动罪规定的是限制人身自由，如果剥夺人身自由的，那更能构成强迫劳动罪，同时还构成了非法拘禁罪。

2. 本罪的既遂标准是什么？

要强迫他人劳动。

3. 本条第2款的规定是帮助犯的正犯化，还是帮助犯的量刑规则？适用第2款，是否需要所招募、运送的人员实际被接收并被强迫劳动？

是帮助犯的量刑规则。是帮助犯的正犯化还是帮助犯的量刑规则，这两种观点争论的实质是成立犯罪要不要正犯着手实行犯罪，如果不要，则坚持共犯的实行从属性。比如这里，为他人招募、运送人员或者有其他协助行为的，要不要他人接受所招募、运送的人员并且强迫劳动？还是说只把人送过去，对方不接受也构成犯罪？应该说，如果对方没有接受，或者接受了但没有强迫这些人参加劳动的，那么招募、运送人员或者有其他协助行为是不值得作为犯罪处理的。如果行为人还采取了非法拘禁等手段运送被害人，则应认定为非法拘禁罪等。

■ 法规链接

《刑法》第244条之一 雇用童工从事危重劳动罪

■ 疑难问题

1. "情节严重"这一要素，是仅就第三种行为类型而言，还是同时就本条规定的三种行为类型而言的？

法条中的"的"是罪状表述完结的标志，到此为止已经达到值得科处刑罚的程度。如果"或者"前面有"的"，后面紧跟着的是其他的行为类型，后面的其他行为类型的描述跟前者没有关系；若没有"的"，就说明到此为止还没有达到值得科处刑罚的程度，还需要增添新的要素，所以后面的"情节严重"之类的要素同样适用于"或者"前面的行为类型。当然，如果不合理的话就要对它进行补正解释。这就是有没有"的"的区别。

从本罪条文表述上看，"或者"前面有"的"，"情节严重"应仅适用于第三种行为类型，但我认为这是不合理的，要进行补正解释。是从事超强度体力劳动的危害性大，还是在爆炸性、易燃性、放射性、毒害性等危险环境下从事劳动的危害性大？当然是后者。所以，在爆炸性、易燃性、放射性、毒害性等危险环境下从事劳动的尚且要求情节严重，从事超强度体力劳动的却不要求情节严重，这显然是不合理的。因此，即便是雇用童工从事超强度体力劳动的，成立犯罪也应要求情节严重。

关于刑法分则中的"的"，我认为有两个条文的表述有一定的问题，一个是雇用童工从事危重劳动罪中的"的"，还有一个就是非法采矿罪中的"的"，要对它们进行补正解释。

2. 行为人采用欺骗方法让童工从事危重劳动，但不支付报酬的，是否属于"雇用"？

可以把雇用分解成两种，"雇"就是"雇用"的意思，"用"就是无偿的意思，一个是付钱的，一个是不付钱的。所以不能说付钱的构成犯罪，不付钱的就不构成犯罪。

3. 雇用童工从事危重劳动，同时以暴力、威胁或者限制人身自由的方法强迫其劳动的，如何处理？

是想象竞合还是数罪并罚？就是一个劳动，应该是想象竞合。

4. 非法雇用童工，造成事故的，又构成其他犯罪的，如何处理？

有可能数罪并罚，但也不排除想象竞合的可能，关键是看到底是几个行为。

■ 法规链接

《刑法》第245条**非法搜查罪、非法侵入住宅罪**

■ 疑难问题

1. "非法"要素的功能是什么？

"非法"是提示性的规定，因为有合法搜查、合法进入公民住宅的情况。

2. 非法侵入住宅罪是继续犯吗？本罪的既遂标准是什么？

赖在别人家不走，一待就是6年，法定刑不满5年的追诉时效是5年，时效过了没有？如果认为是继续犯就没有过，我认为是继续犯。前面也说过了，我认为只有非法拘禁罪、绑架罪、非法持有枪支罪、危险驾驶罪、非法侵入住宅罪是继续犯。

第二问，本罪的既遂标准是侵入。那么，伸进一只手、迈进一条腿叫不叫既遂？应该要身体全部进入住宅才是既遂。

3. 何谓他人"身体"？学生宿舍、宾馆房间、渔民的船只，是否为"住宅"？"住宅"与"户"有何区别？

搜查别人的包叫不叫非法搜查他人身体？搜查他人的口袋呢？搜查他人的行李箱呢？身体能不能扩大到他人的背包、行李箱？应该可以，针对随身携带的物品都叫搜查。

第二问，学生宿舍是住宅吗？不是。因为学生宿舍都是一字排开的，有宿管阿姨等之类的管理人员，和独门独户的与外界相对隔绝的住宅不一样。宾馆房间也不是住宅。至于渔民的船只，如果渔民常年生活在船只上，倒是和住宅没什么区别。

第三问，为什么叫非法侵入住宅，而不叫非法侵入户呢？入户抢劫、入户盗窃用的是户，区别在哪里？宪法规定的是"中华人民共和国公民的住宅不受侵犯"，说明住宅强调的是一种权利，是一种承诺权，未经允许不得进入。而户强调的是一种平稳和安宁，二者是不一样的。

4. 安检时用 X 光照射，是否为"搜查"？

通过现代科技手段的检查，当然也叫搜查。

5. 是否需要进行实质解释要求成立本罪也必须情节严重？

当然需要。如果不强调情节严重那就和《治安管理处罚法》规定的非法搜查、非法侵入住宅没什么区别了，表述完全一样。实践当中作为犯罪处理的都是侵入公民住宅时间长，甚至把一口棺材抬到别人家的客厅里放着这些情形。如果闯入别人家里，立即被吼出去的，是不可能评价为非法侵入住宅罪的。

6. 本条第 2 款的"司法工作人员"是什么性质的身份？是否要求利用职权？他人教唆实施的，是否要从重处罚？

应该是责任身份。

第二问，司法工作人员负责的是侦查、起诉、审判、监管，但不是所有的司法工作人员都有搜查的权力。狱警也是司法工作人员，他们能跑到别人家搜查吗？为什么司法工作人员实施的要从重？司法工作人员滥用职权实施的行为要跟其职权有关才可以。如果司法工作人员本身就没有搜查的权力，没有利用职权，没有理由从重处罚。

第三问，没有搜查权力的人教唆实施的，不适用从重处罚的规定，但这有争议，也有人反对这种观点。

7. 允许进入后经要求退出而拒不退出的，构成本罪吗？

通说认为非法侵入公民住宅包括两种，第一种是未经允许进入而进入，第二种是经允许进入之后要求退出而不退出。民国时期的法律明确规定了非法侵入或者经要求退出而不退出，现在国外的法律也规定包括了非法侵入和经要求退出而不退出。我国现行刑法条文里仅仅规定了"非法侵入"，并没有规定经要求退出而不退出的情形，那怎么能把"侵入"解释为包括拒不退出呢？怎么能肯定它和作为的等价性呢？所以，我倾向于严格限制不作为犯罪处罚范围，特别是这种轻罪。

8. 非法侵入住宅罪的法益是什么？住宅成员中部分人同意、部分人不同意的怎么办？

关于非法侵入住宅罪的法益主要有两种观点，第一种观点是住宅权说。住宅权说有所谓的旧住宅权说和新住宅权说，旧住宅权说认为，只有丈夫才是住宅的主人，所以趁丈夫不在家，妻子把情夫带到家里的也叫非法侵入住宅；而新住宅权说认为，只要住在里面的人都有承诺权，但问题是其中一人带陌生人进去要征得其他人的同意才不构成犯罪吗？第二种观点是住宅安宁说，张明楷老师主张的就是此观点。张老师认为，在我国，不打招呼就串门的情况还很普遍。但这是传统的观念，现在尤其是城市里，哪里还有不打招呼就串门的？所以我主张住宅权说，要经过对方的承诺、同意才能进入。我们宪法规定的住宅权就是承诺权。至于住宅的安宁，有的人买了几十套房子，没有人住，你晚上进去叫不叫非法侵入公民住宅？那些房子的住宅权要保护吗？有人说装修了能住人就要保护，没有装修是毛坯房的就不用保护。

第二问，住宅成员中部分人同意、部分人不同意的，难办。客厅是公共的，可以走公共客厅，但不能闯入没有同意的人的独自的空间。

9. 是否必须认识到所侵入的是他人的住宅？误以为渔民的渔船不是住宅而侵入的，构成犯罪吗？

当然要认识到。

第二问，这是事实认识错误还是法律认识错误？是评价的错误、涵摄的错误，不阻却犯罪故意，依然构成犯罪。还有个例子，某年的法考题，所谓"游戏机房案"，行为人早上8点钟就去玩游戏，别人正在打扫卫生还没开门，他就把游戏机房老板放在台子上的手机拿走了，他以为是昨天的玩家落下的，拿着就走了，司法部公布的答案是盗窃。行为人误以为是遗忘物，而实际上是老板的财物，但就算是昨天的玩家留下的，店已经关门了，按照社会的一般观念已经转为店主占有了，所以它是评价的错误、涵摄的错误，而不是事实认识错误，司法部公布的答案是没有问题的。

10. 侵入住宅强奸的，是牵连犯从一重，还是应数罪并罚？

有人说是牵连犯，难道强奸一定要跑到人家家里强奸吗？并没有类型性的牵连关系，应该数罪并罚。

11. 行为人隐瞒犯罪意图进入，构成本罪吗？

虽然他人同意了，但行为人隐瞒了犯罪意图，如果知道行为人的犯罪意图，肯定是不能让他进去的，所以构成本罪。

12. 房东为了将未交付房租的房客赶走而侵入房客居住的房间的，属于非法侵入住宅吗？

构成。

13. 非法侵入住宅后非法搜查住宅的，是一罪还是应数罪并罚？

非法搜查罪和非法侵入住宅罪，如果认为侵害了不同的法益的话，成立两罪也是有可能的。非法搜查罪和非法侵入住宅罪的法益还是不同的。

■ **法规链接**

《刑法》第 247 条刑讯逼供罪、暴力取证罪

■ **疑难问题**

1. 何谓"犯罪嫌疑人"？是否应该完全按照刑事诉讼法的规定确定犯罪嫌疑人？警察为了决定是否立案，对被举报人、被控告人刑讯逼供的，是否构成刑讯逼供罪？

犯罪嫌疑人是有犯罪事实而有可能成为犯罪立案侦查对象的人。

第二问，不需要按照刑事诉讼法的规定来确定犯罪嫌疑人。

第三问，警察为了决定是否立案，对被举报人、被控告人刑讯逼供的，也能构成刑讯逼供罪。因为他对被举报人、被控告人刑讯逼供也是为了逼取供述，所以不一定要立案之后，在立案之前也可能构成刑讯逼供罪。

2. 犯罪嫌疑人、被告人的行为实际上是否构成犯罪，是否影响刑讯逼供罪的成立？

不影响，只要是有犯罪嫌疑而可能成为立案侦查对象的人就可以。

3. 何谓"变相肉刑"？

变相肉刑，指的是类似于暴力的摧残和折磨，如强光照射不让人睡觉，让人挨饿、受冻等。

4. 司法实践中常常因为行为人的动机出于"公"（如为了迅速结案）就不作为犯罪处理，是否妥当？

即使行为人的动机是好的，只要侵害了法益，也不能否定犯罪的成立。

5. 成立本罪是否需要情节严重？

条文里面并没有要求，因为刑讯逼供本身就值得作为犯罪来处理。

6. 本罪后段致人伤残、死亡的以故意伤害、杀人罪定罪处罚的规定，是注意规定还是法律拟制？

通说认为是注意规定，要有杀人、伤害的故意。张老师认为是法律拟制，只要对死伤结果具有认识的可能性就可以了。

7. 暴力取证罪中的"证人"，是否包括被害人、鉴定人？不具有作证资格的人，不知道案件真相的人，是本罪中的"证人"吗？民事诉讼、行政诉讼中的证人，能成为本罪中的证人吗？

刑法中的证人没必要按照刑事诉讼法关于证据的分类来确定，在刑事诉讼法上证人证言和被害人陈述是不同的证据种类，但是刑法中的证人有可能包括被害人，甚至包括鉴定人，被害人当然是了解案件情况的人。

第二问，不具有作证资格的人，不知道案件真相的人也可能被刑讯逼供，也可能成为本罪中的证人。

第三问，民事诉讼、行政诉讼中的证人，不能成为本罪中的证人。刑讯逼供应该针对的是刑事案件的证人。

8. 监察人员和辅警能成为本罪主体吗？

现在职务犯罪案件都由监察委来办理，他们事实上履行侦查的职责，应该可以评价为司法工作人员。

辅警在履行职责的时候就是司法工作人员。有人说如果辅警和民警一起行使侦查职责，那么他也是犯罪主体；如果辅警单独行动的话，就不是犯罪主体。但我认为这两种情况下辅警都可以是本罪的主体。

9. 如何正确处理刑讯逼供罪与营救行为（正当防卫）的关系，如逼迫绑匪说出人质的藏匿地点，逼迫恐怖分子说出飞机上的炸弹藏匿位置？

一般认为逼迫绑匪说出人质的藏匿地点，逼迫恐怖分子说出飞机上的炸弹藏匿位置是可以的，属于正当防卫。这是一种利益权衡的结果。

10. 刑讯逼供导致被害人自杀的，能认定为刑讯逼供致人死亡吗？

是可能的，要结合具体案情进行分析。

11. 如何处理刑讯逼供导致犯罪嫌疑人、被告人被错判死刑的案件？

可能成立故意杀人罪的间接正犯。

■ 法规链接

《刑法》第 248 条 虐待被监管人罪

■ 疑难问题

1. 检察院、法院的司法警察在押解被监管人的途中或者提讯时、法院休庭时殴打或体罚虐待被监管人的，是否构成本罪？

也能构成本罪，因为他们事实上履行了监管人员的职责。

2. 对被监管人实施性虐待的，如何处理？

如果构成强奸的话，按强奸罪处理。

3. 本条第 2 款的规定是注意规定还是法律拟制？适用第 2 款，是否需要情节严重？

应该是注意规定。

第二问，需要情节严重。

4. 对于被监管人指使实施殴打、体罚虐待的被指使者，应当如何处理？

一般来说不作为犯罪处理，因为被指使者很难不服从。但也不排除成立共犯的可能性，因为有时也不能说他的意志被完全压制了，失去了意志自由。

5. 本条第 1 款后段致人伤残、死亡的依照故意伤害、杀人罪定罪从重处罚的规定，是注意规定还是法律拟制？

张老师认为是法律拟制。

6. 监察机关留置场所的工作人员是本罪主体吗？

也能构成本罪，因为事实上也履行了监管的职责。

■ 法规链接

《刑法》第257条暴力干涉婚姻自由罪

■ 疑难问题

1. 本罪中的暴力要达到什么程度？是否包括"冷暴力"？

应该是一种最轻微的暴力。但打几耳光、踹两脚还不至于构成犯罪。

第二问，不包括"冷暴力"。

2. 暴力干涉恋爱的，是否构罪？暴力干涉他人事实上的同性婚姻的，是否构罪？

恋爱也是为婚姻做准备的，但不能叫干涉婚姻自由，因为婚姻自由是结婚的自由、离婚的自由。

第二问，我们现在还不承认同性婚姻，但是在承认同性婚姻的国家和地区，还是可以构成的。

3. 以伤害、杀人的方式干涉婚姻自由的，如何处理？

想象竞合。

4. 丈夫因不同意妻子与自己离婚而对妻子实施暴力的，是否构成本罪？

有可能构成本罪，妻子有离婚的自由。

5. 如何处理"抢婚案"？

有的地方有抢婚的习俗，作为暴力干涉婚姻自由来处理的话要慎重。

6. "致使被害人死亡"，是否包括被害人及其对象的自杀？

致使被害人死亡包括被害人自杀，那能不能包括其对象的自杀？不包括。

7. "告诉的才处理"，是否等于自诉？

告诉才处理不等于自诉案件。告诉才处理，强调的是对告诉权的尊重。启动刑事司法程序要尊重被害人的意愿，所以所谓告诉才处理的案件，行为人向公安机关、检察院、法院报案的，后者都不能拒绝。

8. 女方与男方已办理结婚登记手续，尔后由于种种原因女方不愿与男方同居，男方使用暴力将女方抢到自己家中甚至强行同居的，构成本罪吗？

不构成，因为已经登记了。

■ **法规链接**

《刑法》第 260 条 **虐待罪**

■ **疑难问题**
---

1. 本罪的立法目的是什么？

我国刑法已经规定了杀人罪、伤害罪等一系列的人身犯罪，为什么还要规定虐待罪？因为在家庭成员之间，即便没有达到伤害的程度，对弱势群体也需要加以保护。换句话说，设立本罪是为了对家庭弱势成员的保护，将那些没有达到杀人、伤害程度的行为也作为犯罪来处理。

2. 雇主虐待保姆，构成本罪吗？

如果保姆事实上已经形成了家庭成员这种关系的，也是有可能构成虐待罪的，比如常年的住家保姆。

3. 本罪与故意伤害、杀人罪之间是对立关系吗？是否可以认为，凡是具有经常性、持续性、反复性的虐待行为，就只能成立虐待罪？何种行为构成故意伤害致死，何种行为属于虐待致人死亡？

本罪与故意伤害、杀人罪之间不是对立的关系。

第二问，通说认为虐待罪和故意杀人罪、伤害罪的区别是虐待具有长期性、持续性、反复性。给人的茶杯里投毒，一天放一点，被害人喝了半年后死亡的，是虐待还是杀人？当然是杀人了。

2009 年北京发生的董珊珊案就是一个典型的案件。董珊珊的丈夫王光宇有虐待倾向，经常性地殴打董珊珊。董珊珊和她的父母 8 次报警，警察说得最多的是："你们是夫妻关系，我们不好管。"最后一次王光宇把董珊珊绑到河北廊坊，关在一个公寓里面，关了半个月，天天打她。董珊珊被人解救后送到北京一家医院，过了两个月就死了。因为通说认为对家庭成员经常性、持续性、反复性地虐待不能构成伤害,最后法院以虐待罪判处王关宇有期徒刑 6 年半。假如王光宇打死的不是他的妻子,而是邻家小女孩,就算有持续性、反复性也只能定故意伤害。董珊珊案评价为故意伤害显然没有问题,而且实际已经构成故意杀人了,因为王光宇将董珊珊关在公寓半个月,这构成非法拘禁。非法拘禁使用暴力致人死亡的应该定故意杀人罪。

4. 如何区分本罪与遗弃罪?

虐待一般来说是作为,遗弃是不作为,但实际上虐待和遗弃相互交织,实践中也没有严格地区分。虐待中也有不给饭吃、不给看病的情形,这可能也是一种遗弃,所以可能也包括了不作为。

5. 虐待与过失致人重伤罪、过失致人死亡罪之间是什么关系?虐待致人死亡,是否包括被害人自杀?对于虐待致人死亡的,能否判处低于 3 年有期徒刑?

是竞合的关系,有时还可能要数罪并罚。

第二问,虐待致人死亡当然包括被害人自杀,因为本罪最高刑只有 7 年有期徒刑。

第三问,虐待致人重伤、死亡的,处 2 年到 7 年有期徒刑,而虐待致人死亡不可能属于情节较轻的过失致人死亡,过失致人死亡罪基本犯的法定刑是 3 年到 7 年有期徒刑,所以虐待致人死亡的,不能判处低于 3 年有期徒刑。可以认为虐待罪是特别法条,但是即便被排除的过失致人死亡这样的普通法条,它的最低刑也会对法定刑的选择发挥作用。这就是前面说过的轻罪的封锁作用。

6. "虐待",是否包括精神虐待?

应该不包括。

7. 本罪是否为继续犯?追诉时效如何计算?

不是继续犯。行为人会不吃饭、不睡觉而不停地虐待吗?当然要吃饭、睡觉,所以和非法拘禁罪不一样,非法拘禁才是持续的。只有法益持续地每时每刻都受到同等程度的侵害的才是继续犯。

第二问,追诉时效应该从虐待罪成立之日起算。虐待了几十年的时效没过吧?但是,时效没过和继续犯没有关系,可能是适用《刑法》第 89 条第 2

款的结果。

8. 未登记结婚但在同一住宅共同生活，没有达到事实婚姻的程度，能认定为家庭成员吗？

当然是可以的，男女朋友没登记，在外面住在一起就可以认为是家庭成员关系。

■ 法规链接

《刑法》第 260 条之一 **虐待被监护、看护人罪**

■ 疑难问题

1. 本罪的立法目的是什么？

是基于被虐待的对象不一定是家庭成员的考虑。例如，精神病院、儿童福利院、养老院里的相关工作人员，对于患者、儿童、老年人有监护、看护职责，但他们之间不是家庭成员的关系。

2. 本罪与虐待罪之间是什么关系？

有可能重合，如果虐待家庭成员的，既构成虐待罪又构成本罪。

3. 虐待被监护人、看护人致其重伤、死亡的，如何处理？虐待被监护人、看护人，导致被害人自杀的，如何处理？

本罪只规定了基本犯，没有规定加重犯，那么就是虐待被监护、看护人罪和过失致人重伤、过失致人死亡罪想象竞合。

第二问，只能评价为情节恶劣，因为本罪没有规定致人死亡的加重犯。

4. 本条第 1 款中的"等"，是等内等还是等外等？

等内等是列举已尽，如"张三、李四、王五等"，实际上就只有这三个人；等外等是列举未尽，除张三、李四、王五之外还有别人。如果认为这里的"等"是等内等的话，那么只限于这四种对象；如果认为是等外等，还可以包括其他人。

5. 如何理解适用本条第 3 款的规定？

是注意规定。

■ 法规链接

《刑法》第 262 条 拐骗儿童罪

■ 疑难问题

1. 本罪的法益和立法目的是什么？客观上拐骗了儿童，且主观上具有故意，但不能证明行为人的目的的，能否认定为本罪？

拐骗儿童罪就是侵害了儿童在本来的生活状态下的场所移动自由和生命、身体的安全，和绑架罪及拐卖妇女、儿童罪一样。至于本罪的立法目的，它其实是一种补充性规范。如果能够证明行为人是花钱买来的，对象是被拐卖的儿童，就构成收买被拐卖的儿童罪；如果能够证明行为人是以出卖为目的，就定拐卖儿童罪。例如，行为人在外面打工，年底的时候带回来一个小孩养着，不能证明是被拐卖的儿童，也不能证明要出卖，也不能证明要控制人质勒索财物，那只能定拐骗儿童罪，所以本罪是一种补充性的规范。只要非法控制了儿童，就构成了拐骗儿童罪。

第二问，只能认定为本罪。

2. 本罪是否为继续犯？

不是继续犯，只是状态犯，追诉时效应该从拐骗之日起算。行为人拐骗一个小孩一直养到了成年，结果时效已经过了，这并非不合理，他只要没有剥夺小孩的自由，对他很好，时效过了也就过了。

3. 行为人征得监护人的同意但违反未成年人的意志使未成年人离开家庭的行为，是否构成本罪？

还是构成犯罪。本罪保护的不是监护权，而是未成年人在本来的生活状态下的场所移动自由和生命、身体安全，所以违背了未成年人意志的也可能构成犯罪。

4. 偷抢儿童收养的，构成本罪吗？

构成本罪，如果有出卖目的，定拐卖儿童罪。

5. 拐骗儿童后产生出卖或者勒索目的的，是定一罪还是数罪并罚？

数罪。拐骗儿童之后控制人质、勒索财物的另外构成绑架罪。

6. 一次拐骗多名儿童，是定一罪还是同种数罪并罚？

当然是数罪，不能认为是自然意义上的一个行为，一次拐骗三个小孩就是三个行为，应该同种数罪并罚。

7. 监护人可以成为本罪主体吗？

本罪保护的不是监护权，监护人可以成为本罪主体。

8. 拒不将他人寄养的儿童交给他人，解救被拐卖的儿童后自己抚养，怀孕妇女自愿接受堕胎手术后误以为胎儿不能存活而离开医院，医务人员发现胎儿能够存活进而自己或者交付给第三者抚养的，构成本罪吗？

拒不将他人寄养的儿童交给他人，以及解救被拐卖的儿童后自己抚养的，都不是拐来的，所以都不成立本罪。医务人员发现胎儿并非死胎进而自己或者交付给第三者抚养的，当然不构成犯罪。

■ **法规链接**

《刑法》第262条之一 组织残疾人、儿童乞讨罪

■ **疑难问题**

1. 本罪的法益是什么？

是残疾人的尊严、儿童的身心健康。

2. 何谓"组织"？

组织就是要把被组织的对象排除在犯罪之外，如组织出卖人体器官。

■ **法规链接**

《刑法》第262条之二 组织未成年人进行违反治安管理活动罪

■ **疑难问题**

1. 本罪的法益是什么？

是未成年人的身心健康。

2. 本罪与财产犯之间是什么关系？

是竞合的关系，它的法定刑比财产犯罪要轻得多，不可能组织未成年人盗窃诈骗只判 7 年有期徒刑，未成年人可能单个人盗窃、诈骗的数额不大，但组织很多的未成年人盗窃、诈骗，通过数额累计计算，有可能达到盗窃、诈骗的数额特别巨大，所以还同时构成了盗窃罪、诈骗罪。可能构成想象竞合，还有可能数罪并罚。所以，不能认为组织未成年人进行盗窃的只能以本罪判处 7 年有期徒刑，而忽略了本罪保护的法益只是未成年人的身心健康，并不保护他人的财产权。如果不善于运用竞合的原理的话，那每一个罪名的法定刑幅度都很大，从管制到无期，我们只能根据行为对主要法益的侵害程度来配置法定刑。

3. 本罪中的"未成年人"，是指多少岁以下？

本罪的未成年人如果没有特别说明的话，是 18 周岁以下。一般的刑事责任年龄是 16 周岁，所以行为人如果组织了 17 周岁的人盗窃，构成本罪，还有可能成立盗窃罪的教唆犯。

第四节　侵犯名誉、隐私的犯罪

■ 法规链接

《刑法》第 246 条侮辱罪、诽谤罪

■ 疑难问题

1. 侮辱、诽谤罪的法益是什么？是保护名誉还是人格？一般人的虚名是否值得保护？

侮辱、诽谤罪的法益是他人的名誉，一般限于外部名誉，也就是社会对人的评价，而不是自我感觉的所谓主观名誉。

第二问，保护的是名誉。

第三问，一般人的虚名还是值得保护的，但如果是公众人物，其虚名不值得保护。

2. 为何说侮辱、诽谤罪是抽象危险犯？诽谤罪是复行为犯吗？

就是因为很难感知名誉是否受到了侵害，对名誉的侵害程度很难量化，所以只能抽象地判断有没有损害他人的名誉。

第二问，"捏造事实诽谤他人"中的捏造是实行行为吗？不是。诽谤罪不是复行为犯。

3. 侮辱罪中的"公然"是指行为的公然还是结果的公然？"传播性理论"可行吗？行为人一个人秘密利用网络对他人发表侮辱、诽谤言论的，构成侮辱、诽谤罪吗？通常认为成立侮辱罪需要"公然"，而诽谤罪不需要，对吗？从条文能得出成立诽谤罪不需要"公然"吗？

一般是行为的公然，如果是结果的公然，那两个人在私密空间的谈话被其中一人到处乱说，结果公然了，也就构成侮辱罪了，那我们就不敢私下交流了。

第二问，"传播性理论"是指行为人虽然是跟特定的少数人交流，但特定的少数人到处传播，使侮辱结果具有公然性的，行为人也能构成侮辱罪。"传播性理论"缺乏合理性，是不可行的，否则人们私下的议论也可能构成犯罪。

第三问，只要不特定或多数人可能知悉，即使现实上没有知悉，也不影响成立本罪。其实，行为人都利用网络了还说"秘密"吗？

第四问，如果诽谤不需要公然的话怎么可能损害他人的名誉？所以，这是不需要强调的。

第五问，并不能从"以暴力或者其他方法公然侮辱他人或者捏造事实诽谤他人"的条文表述中得出"公然"不修饰诽谤的结论。如果诽谤不需要公然的话，不可能被作为犯罪处理。

4. 一句话辱骂特定多人，是想象竞合从一重，还是应同种数罪并罚？如何确定行为个数？

一句话辱骂特定多人，应该根据被害者的人数确定行为个数。

5. 死者、法人能否成为侮辱、诽谤的对象？

死者肯定不能成为本罪的对象。一般认为这里的人也不包括法人，法人的名誉是损毁商业信誉、商品声誉罪所保护的对象。但如果损害法人的名誉进而损害到法人机关，比如法定代表人的名誉的，倒有可能构成侮辱罪、诽谤罪。

6. 导致被害人自杀的，能否归属于侮辱、诽谤行为？

能够归属于侮辱、诽谤行为，因为本罪法定刑比较轻。

7. 散布有损官员等公众人物名誉的真实事实的，是否构成侮辱罪？发表对公众人物的看法与评论，能构成诽谤罪吗？

肯定不能构成诽谤，能不能构成侮辱？也不能构成。对官员而言，他的名誉并不处于优先保护的地位，公民的知情权会优越于官员的个人名誉的保护。

第二问，发表对公众人物的看法与评论也不能构成诽谤罪。在国外，如美国，诽谤公众人物不再作为犯罪来处理，就是为了保护公民的言论自由权，有一句话叫公众人物无隐私。

8. 侮辱罪与诽谤罪之间是对立关系吗？散布有损非公众人物名誉的事实，需要查明是真实还是虚假才能定罪吗？真与假难以查明的，能否定侮辱罪？误将虚假事实当作真实事实而散布的，一定不构成犯罪吗？

不是对立关系，侮辱和诽谤之间是一种补充性规范的关系，也就是说如果针对的对象不是公众人物，不管真实还是虚假，只要损害了他人的名誉，就构成了侮辱罪，成立侮辱罪的最低要求是侵害了他人名誉。如果对方不是公众人物，不是官员，那么是真实还是虚假不重要，侵害了他人名誉就构成犯罪了。如果是公众人物的话，因为他的名誉权保护要让步，所以当散布的是真实的事实时，不构成犯罪。

第二问，不需要，只要损害了他人的名誉就行了。

第三问，真与假难以查明的，可以定侮辱罪。这里针对的是非公众人物，非公众人物的名誉权保护始终是第一位的。

第四问，误将虚假事实当作真实事实而散布的，并非一定不构成犯罪。对非公众人物而言，真实还是虚假不重要，只要认识到散布这种事实会损害他人的名誉，就构成犯罪了。

9. 侮辱罪与强制猥亵、侮辱罪之间是什么关系？出于报复等心理对他人实施猥亵行为，侵犯其性的自己决定权的行为，应如何定罪？偷剪妇女发辫、向妇女身上涂抹污物、公然露阴、追逐拦截妇女的，构成什么罪？

侮辱罪与强制猥亵、侮辱罪之间不是对立关系，公然强制猥亵、侮辱他人的行为，也会同时侵犯他人的名誉。

第二问，对妇女而言她的性自主权比名誉权更重要，所以出于报复的目的当众猥亵妇女，首先要成立强制猥亵、侮辱罪，而不是侮辱罪，侮辱罪法定刑相对要轻得多。

第三问，有的可能构成侮辱罪，有的可能构成寻衅滋事罪，有的是公然猥亵，不构成犯罪。

10. **根据诽谤信息实际被点击、浏览次数定罪的司法解释规定，有无疑问？是否不当扩大了诽谤罪的处罚范围？**

有很多学者批评这个司法解释，但张老师认为没什么问题，你在网上发布当然有可能被人点击，这是网络传播手段决定的，这个司法解释并没有扩大处罚范围。

11. **网络诽谤是继续犯吗？追诉时效如何计算？**

张老师认为利用网络进行诽谤是继续犯。我认为利用网络进行诽谤只是犯罪一直在持续，不能认为这种诽谤本身是继续犯。就像盗窃罪，它是状态犯，比如行为人从隔壁的工厂牵一根电线出来，一直持续地偷电，就是一直在盗窃。类似的，网络诽谤就是一直持续在诽谤，而不是说网络诽谤有什么特殊性，所以不能把它看作继续犯。

12. **何谓"告诉的才处理"？亲告罪等于自诉案件吗？被害人到公安局、检察院报案，公安局、检察院能够拒绝吗？**

前面已经提到了，告诉的才处理，是强调对被害人的告诉权的尊重。

第二问，亲告罪不等于自诉案件。

第三问，是不能拒绝的。

13. **不作为能否构成侮辱、诽谤罪？应当对他人表示敬意的时候不表示敬意的，构成不作为的侮辱吗？**

行为人一开始不知道是虚假的事实散布到网上，然后他能够删除却不删除，是有可能构成不作为的侮辱、诽谤罪的。

第二问，应该不构成侮辱。

14. 将曾经受过行政处罚又诽谤他人认定为情节严重的司法解释规定，有无疑问？

有一定问题，这是预防情节。

15. 认为明知他人利用信息网络实施诽谤而为其提供资金、场所、技术支持等帮助的以共同犯罪论处的司法解释规定，有无疑问？

这可能是中立的帮助行为。

16. 散布有损他人名誉的真实事实，客观上保护了公共利益的，如当众揭露候选人的真实的不道德行为的，构成侮辱罪吗？

不构成侮辱，公众人物个人的名誉权应让位于公民的知情权。

17. 断章取义改变事实真相，将事实剪裁后任意拼凑改变事实真相，使一般人产生重大误解的，属于"捏造"吗？完整的视频包含了甲与乙同时相互对骂的内容，但行为人仅将甲骂乙的内容拼凑成一个视频对外散布的，属于"捏造"吗？

都属于捏造。

■ 法规链接

《刑法》第249条 煽动民族仇恨、民族歧视罪

■ 疑难问题

1. 何谓"煽动"？煽动与教唆的区别何在？

教唆是针对特定的对象，煽动是针对不特定的对象。

2. 本罪是所谓选择性罪名吗？

有人认为是选择性罪名，其实不是，把它概括为煽动民族不睦罪也是可以的，但意义不大，这些罪名实际适用得不多。

■ 法规链接

《刑法》第250条 出版歧视、侮辱少数民族作品罪

■ 疑难问题

1. 在网上发布，是否为"在出版物中刊载"？

不是。

2. 本罪是继续犯吗？追诉时效如何计算？

刊载之后一直存在，追诉时效要从什么时候开始计算？是出版之日起还是销售之日起？出版了没收回来，能说是继续犯吗？就像前面讲的利用网络诽谤和持续偷电一样，我还是倾向于不把它看成继续犯，追诉时效应该从犯罪成立之日起算。我主张严格限制继续犯的范围，因为关系到追诉时效等重要问题的处理。

■ 法规链接

《刑法》第253条之一 侵犯公民个人信息罪

■ 疑难问题

1. 本罪的法益是什么？个人信息权的内容包括哪些？公民个人信息不被滥用的权利是从哪里体现出来的？

本罪的法益是公民的个人信息权。

第二问，个人信息权的内容包括个人信息不被滥用、不被公开等方面。

第三问，可以收集公民的个人信息，但不能非法地提供。

2. 本罪的实行行为是什么？既遂如何判断？

本罪的实行行为是向他人出售、提供、非法获取个人信息。

第二问，出售是卖出，提供是转移、转让，获取是获得、获知、获悉就已经既遂了。

3. 本条第 3 款应否作为独立的罪名对待？成立犯罪是否需要"情节严重"？是否应比第 1、2 款成立犯罪的门槛更高？非法获取可谓抽象危险犯，出售与提供可谓实害犯，应否区别对待仅非法获取而不出售、提供与出售、提供的情形？

按理说获取和出售、提供的法益侵害程度是不一样的，获取只是获得，而出售、提供已经扩散了。

第二问，依照第 1 款的规定处罚，而第 1 款要求情节严重，那么这一款当然也要求情节严重。

第三问，应该比第 1、2 款成立犯罪的门槛更高。

第四问，在定罪量刑上应当区别对待。

4. 为什么《刑法修正案（九）》要将《刑法修正案（七）》规定的"违反国家规定"，修改为"违反国家有关规定"？二者有何区别？

这是要扩大处罚范围，"国家有关规定"还包括部门规章。张老师倾向于限缩解释为违反国家规定，即违反国家法律、行政法规规定的，不包括部门规章。

5. "公民"是否包括单位和死者？

不包括。

6. 非法获取公民个人信息后又出售或者提供给他人的，是一罪还是应数罪并罚？非法获取公民个人信息后利用其实施诈骗，是一罪还是应数罪并罚？

只作为一罪来处理，是包括的一罪。

第二问，一般会作为牵连犯处理。

7. 何谓"公民个人信息"？公民几天中详细的行踪轨迹，算一条信息还是多条信息？

司法解释有规定，公民个人信息包括个人的行踪、姓名、身份证号码、手机号码、银行存款信息等。

第二问，一个人早上起床到食堂吃早饭，到操场跑步，然后又到图书馆，然后中午吃饭，下午又来听课，算几条信息？算多条。

8. 公民自愿提供的、同意他人使用的信息，属于本罪的行为对象吗？

不属于。

9. 如何认定"在履行职责或者提供服务过程中获得的公民个人信息"？

要看行为人在什么地方获得个人信息，比如在电信公司办理业务、在银行办理业务就属于"在履行职责或者提供服务过程中获得的公民个人信息"。另外，学生来学校报到，学校的行政部门也是在履行职责过程当中获取了个人信息。

10. 将违法所得数额认定为"情节严重""情节特别严重"的司法解释规定，有无疑问？

存在一定问题。情节严重、情节特别严重只能是客观方面的反映法益侵害程度轻重的要素，而违法所得和法益侵害程度并不是正相关的关系。

11. 将曾经受过刑事处罚与行政处罚认定为"情节严重""情节特别严重"的司法解释规定，有无疑问？

有疑问，这些是预防情节。

12. 房产中介、物业管理公司、保险公司、担保公司的业务员与同行通过QQ、微信群互相交换各自掌握的客户信息，这种交换行为属于"非法获取公民个人信息"吗？

当然属于非法获取公民个人信息。

第五节　侵犯民主权利的犯罪

■ 法规链接

《刑法》第251条非法剥夺公民宗教信仰自由罪、侵犯少数民族风俗习惯罪

■ 疑难问题
---

1. "国家机关工作人员"是违法身份还是责任身份？他人教唆国家机关工作人员实施上述犯罪的，如何处理？

应该是违法身份，不具有这种身份的根本不构成犯罪。

第二问，是违法身份的话，教唆者虽成立共犯，但从理论上讲应减轻处罚。

2. "非法"的表述有意义吗？

有合法剥夺公民宗教信仰自由的吗？没有，所以"非法"的规定有点多余。

■ 法规链接

《刑法》第 252 条 侵犯通信自由罪

■ 疑难问题

1. 隐匿、毁弃与非法开拆的信件范围一致吗？对于形式上未予开拆但采取科技手段得知他人信件内容的行为，可以认定为"非法开拆"吗？

隐匿、毁弃的对象可以包括明信片，明信片需要开拆吗？不需要，所以对于"非法开拆"而言，对象不包括明信片。

第二问，也应该认定为非法开拆。

2. 微信、短信、电子邮件是"信件"吗？单位公函是这里的"信件"吗？

电子邮件是信件，微信、短信也应该算信件。人们现在基本上不写信了，甚至连邮件也很少发了，就发微信、短信。所以，微信应该算信件，别人把你的微信删掉了，是不是毁弃信件？应该是。

第二问，要求侵犯的是公民的通信自由，当然不能包括单位的公函。

3. 隐匿、毁弃、非法开拆他人信件而窃取财物的，如何处理？

按照盗窃罪来处理。

4. 快递物品属于本罪的对象吗？

人们现在寄东西是到邮局去寄，还是到快递公司去寄？1997 年《刑法》实施时还没有快递公司，现在大量的寄件不是到邮局，而是到快递公司去寄。所以，快递件能不能理解为这里的邮件？邮政工作人员能不能扩大到快递公司的工作人员？这些都是值得讨论的问题。

5. 私自打开他人电子邮件的，属于非法开拆信件吗？

只要非法知悉他人邮件的就叫非法开拆。

6. 非法开拆他人信件，从中窃取汇票或汇款支票，冒名骗取汇兑款数额较大的，如何处理？

同时构成本罪和诈骗罪，应数罪并罚。

■ **法规链接** ---

《刑法》第253条私自开拆、隐匿、毁弃邮件、电报罪

■ **疑难问题** ---

1. 这里的"邮政工作人员"包括快递公司的工作人员吗？

立法本意肯定不包括，快递公司工作人员超出了邮政工作人员语义可能涵盖的范围。

2. "邮政工作人员"是违法身份还是责任身份？普通人教唆、帮助或者伙同邮政工作人员隐匿、毁弃、开拆信件的，如何定罪处罚？

行为人要不要利用职务上的便利？条文上看不出来，所以把它理解成一种责任身份更合理一点，责任身份不需要利用职务上的便利。

第二问，普通人教唆、帮助或者伙同邮政工作人员隐匿、毁弃、开拆信件的，普通人是定第252条的侵犯通信自由罪，还是定第253条的私自开拆、隐匿、毁弃邮件、电报罪？如果两人共同隐匿、毁弃、开拆信件的，是分别定罪吗？我倾向于认为"邮政工作人员"是一种责任身份，责任身份不连带起作用。就像杀害尊亲属罪，他人教唆儿子杀死父亲，他人不可能成立杀害尊亲属罪的教唆犯，只能成立杀人的教唆犯。儿子伙同外人共同杀死自己的父亲，外人只能成立普通杀人罪，不可能成立杀害尊亲属罪，所以这里的尊亲属就是一种责任身份。责任身份是个别地起作用，违法身份是连带地起作用。受贿罪中的国家工作人员就是一种违法身份，所以国家工作人员的家属伙同国家工作人员收受贿赂，也能成立受贿罪的共犯。

3. 本条第2款是注意规定还是法律拟制？中国邮政的工作人员窃取邮件中财物的，是构成盗窃罪还是贪污罪？封缄物应由谁占有？

如果主张的是区别说，认为外包装归受托人即邮政人员占有，里面装的东

西归邮寄的人占有，那么第 2 款的规定就是注意规定。现在大多数人赞成区别说。

第二问，如果行为人具有国家工作人员的身份，有可能构成贪污罪。

第三问，封缄物，按照区别说，外包装归受托人占有，里面的内容物归委托人占有。

4. 本罪是否属于滥用职权的犯罪，实施本罪是否要求利用职务上的便利？是否只有在履行职务过程中实施本罪规定的行为才构成本罪？A 邮局工作人员半夜潜入 B 邮局隐匿、毁弃、开拆邮件、电报的，构成本罪吗？

以前属于渎职罪的罪名，现在不是了，所以不属于滥用职权的犯罪，不需要利用职务上的便利。

第二问，不需要。

第三问，也能构成本罪。

■ 法规链接

《刑法》第 254 条 报复陷害罪

■ 疑难问题

1. "国家机关工作人员"是违法身份还是责任身份？

国家机关工作人员报复陷害的才构成本罪，属于违法身份。

2. 本条规定的控告人、申诉人、批评人、举报人，是否限于对实施本罪的国家机关工作人员进行控告、申诉、批评与举报的人？

不限于对实施本罪的国家机关工作人员进行控告、申诉、批评与举报的人，举报他人也是可以的，比如他举报的是 B，结果 A 国家工作人员进行打击报复也是成立的。

3. "滥用职权"与"假公济私"，是需要同时具备的要素，还是仅具备其中之一即可？

"滥用职权"与"假公济私"表达的是一个意思。

4. 本罪中的"滥用职权"与《刑法》第 397 条所规定的"滥用职权"的含义是否等同？

第 397 条是故意不履行职责或者违规履行职责，这里的滥用职权范围更广一些。

5. 如果所采取的报复陷害行为与职权没有关系，如伤害、杀人，还构成本罪吗？

跟职权没有关系，就不构成本罪了。

■ 法规链接

《刑法》第 255 条 打击报复会计、统计人员罪

■ 疑难问题

1. 本罪是否为身份犯？

是身份犯。

2. 构成本罪，是否必须是基于行为主体的职权所实施的行为？如果所采取的打击报复行为与职权无关，如伤害、杀人，还成立本罪吗？

既然是领导人，就要跟他的职权、职务有关。

第二问，没有必要评价为本罪。

■ 法规链接

《刑法》第 256 条 破坏选举罪

■ 疑难问题

1. 本罪的法益和立法目的是什么？

本罪的法益是选举制度，立法目的是保护公民的选举权。

2. 破坏村委会、居委会的选举，是否构成本罪？

应该不构成，它不属于一级政府组织。但实践中，村委会、居委会工作人员

现在有没有公职人员的属性还很难说。

3. 本罪与受贿罪及伪造国家机关公文、证件罪等之间是什么关系？

可能是竞合的关系。

第六节 妨害婚姻的犯罪

■ 法规链接

《刑法》第258条**重婚罪**

■ 疑难问题

1. 本罪是继续犯吗？追诉时效如何计算？

理论上有继续犯和非继续犯两种观点。我反对将本罪认定为继续犯。也有观点认为，事实重婚的是继续犯，法律重婚的是状态犯，但区分事实重婚和法律重婚是没道理的。我认为这种法定刑不重的犯罪很难评价为法益每时每刻都在受到同等程度的侵害，很难认为它持续性地符合构成要件，所以没有必要把它看成是继续犯。

第二问，如果不把重婚罪看成是继续犯，追诉期限就要从重婚之日起算。

2. 得到配偶承诺的，还构成重婚罪吗？

妻子不能生育，主动给丈夫再找一名女性，大家相安无事，这种得到配偶承诺的构成重婚吗？重婚罪是侵害个人法益还是社会法益？从其在刑法分则中的体系位置来看，是侵害个人法益的，但其实是侵害社会法益的，要对它进行补正解释。以前妨害婚姻家庭罪有七八个罪名，1997年修改《刑法》的时候考虑到这七八个罪名单独放一章太单薄，就把它们全部搬入"侵犯公民人身权利、民主权利罪"这一章。但是，即便如此，我们也应该认识到它们所侵害的法益是社会法益，是一夫一妻制。所以，我们可以对它的法益进行补正解释，重婚罪应该是侵害社会法益，个人承诺无效。

3. 一名男子同时与两名女子举行婚礼，构成重婚罪吗？

有配偶而重婚或者明知他人有配偶而与之结婚，看起来好像婚姻有先后关系。陈兴良老师就主张形式的解释论，认为必须有先后关系，不能同一天。那么，一名男子同一天把两个女的都娶进家门，是不是重婚？按照形式的解释论，是不构成重婚的。我们是反对形式解释论的，这种行为在实质上破坏了一夫一妻制，应当构成重婚罪。

4. 事实婚姻在婚姻法上无效，刑法上还应肯定事实重婚吗？

1994年《婚姻登记管理条例》明确否认事实婚姻，但后来紧接着出台的司法解释对该条例公布实施以前男女双方已经符合结婚实质要件的，还是承认事实重婚。事实上，法定重婚现在是很难办到的，因为现在婚姻登记都联网了。

5. 行为人有一异性婚姻，同时有事实上的同性婚姻的，构成重婚罪吗？若行为人在承认同性婚姻的国外登记了同性婚姻，又在国内同时存在异性婚姻的，构成重婚罪吗？

在承认同性婚姻的国家就是重婚。

第二问，还是可能构成重婚罪的。

6. 一方变性后导致形式上存在两个婚姻关系的，成立重婚罪吗？

不宜以重婚罪论处。

■ 法规链接

《刑法》第259条破坏军婚罪

■ 疑难问题

1. 何谓"同居"？同居与通奸、事实婚姻区别何在？

同居是介于结婚和通奸之间的。以前按照类推来定罪的案件，基本上都是对同居作类推解释，把通奸解释为同居。其实同居是不同于通奸的，通奸是偶尔为之。也不能将同居理解成事实婚姻，否则会使同居失去独立的意义。

2. 军人的配偶构成本罪吗？应如何处理？

军人的配偶不能构成破坏军婚罪，军人的配偶可以构成重婚罪。

3. 同居双方都是军人的，构成本罪吗？

行为人本身也是军人，他和军人的配偶同居，也构成破坏军婚罪。同居的双方都是军人的,属于彼此破坏。

4. 本条第 2 款的规定是注意规定还是法律拟制?

是注意规定,利用职权、从属关系,也要违背妇女意志,要符合强奸罪的犯罪构成。

5. 本罪是继续犯吗?追诉时效如何计算?

我倾向于不把它作为继续犯对待,追诉期限从犯罪成立之日起算。

CHAPTER 4
第四章
侵犯财产罪

CRIMINAL LAW

第一节 侵犯财产罪概述

一、财产犯罪的法益

1. 讨论财产犯罪法益的意义是什么？

关于财产犯罪的法益，在日本是围绕盗窃罪展开的，一般有所谓的本权说、占有说和中间说。德国是围绕诈骗罪的财产损失展开讨论的，有所谓法律的财产说、经济的财产说和法律·经济的财产说，那么讨论这些要解决什么问题？其实是围绕几个典型设例展开的：第一，自己盗回赃物的，构不构成盗窃罪？第二，他人盗窃赃物的，构不构成盗窃罪？第三，盗窃违禁品，如盗窃他人持有的毒品构不构成盗窃罪？第四，基于不法原因给付的，如骗取杀人酬金的，构不构成诈骗罪？受委托转交贿赂款加以截留的，受委托保管赃物加以侵吞的，还有委托销售赃物侵吞销赃款的，能不能构成侵占罪？

2. 何谓我国的通说"所有权说"？此说存在什么问题？

所有权说是一种有很多漏洞的观点。所有权是占有、使用、收益、处分的权益，所有权说不符合所有权是可以分离的现实。我们的所有权说其实只保护自物权，但除了自物权，其实还有他物权，比如质押权。所有权说也不保护债权，而现在物权债权化、债权物权化，债权也同样需要保护，因此所有权说导致他物权不能得到保护，导致债权不能得到保护，所以它不能满足现在财产保护的要求。

3. 何谓法律的财产说、经济的财产说与法律·经济的财产说？

德国是围绕诈骗罪的财产损失展开财产犯罪的法益的讨论的，法律的财产说认为只有在民法上存在受保护的权利，刑法才予以保护。盗窃犯对赃物的占有在民法上不存在值得保护的权利，所以按照法律的财产说，盗窃犯对赃物的占有就不值得保护。按照经济的财产说，只要给他人造成了经济上的损失，那就有财产损失。他人盗窃了盗窃犯占有的赃物，对盗窃犯而言，有没有财产损失？当然有。盗窃犯对赃物的占有也是一种利益。还有骗免嫖娼费的，对卖淫女而言也有经济上的损失，盗窃他人违禁品的，对违禁品的占有者而言也有损失。法律·经济的财产说是一种中间说，有靠近法律的财产说的中间说，还有靠近经济的财产说的中间说。张明楷老师持偏向于经济的财产说的中间说。

4. 何谓本权说、占有说、中间说？它们与法律的财产说、经济的财产说、法律·经济的财产说之间是什么关系？

日本围绕盗窃罪展开了本权说、占有说、中间说的讨论。本权说认为，财产犯罪所保护的法益是所有权及其他本权，本权就是指合法的占有权，如质押权就是合法占有的权利，虽不是所有权，但也值得刑法保护。占有说认为占有本身就是一种利益，就值得保护，对赃物、违禁品的占有都值得保护。中间说中有偏向于本权说的中间说，也有偏向于占有说的中间说。张老师持偏向于占有说的中间说。

第二问，其实它们之间是能够打通的，本权说和法律的财产说的结论基本相同，占有说和经济的财产说的结论基本一致，中间说和法律·经济的财产说的结论相似。有人可能会觉得这么多学说很复杂，其实特别简单，我们就围绕刚才的设例进行说明。对于被害人窃回自己的财物的，按照法律的财产说不可能构成犯罪，因为盗窃犯对赃物的占有本来就不值得法律保护。按照本权说，行为人对自己所有的财物不可能成立盗窃罪。对于第三人偷走赃物的，第三人也不构成犯罪，因为盗窃分子对赃物的占有不是合法的，同样不值得保护。对于偷毒品等违禁品的，也不构成犯罪，因为毒品的占有者对毒品的占有是非法的，不值得法律保护。对于不法原因给付，如谎称能替他人除掉仇人，骗取了10万元杀人的酬金，雇凶者能不能到法院起诉，要求行为人返还10万元？不能吧！按照法律的财产说或者按照本权说，可能都不构成犯罪。所以，对于以上典型设例，无论按照法律的财产说还是本权说，都会得出无罪的结论。还有骗免嫖娼费的，卖淫嫖娼形成的嫖娼债务在民法上也是不受保护的，所以按照法律的财产说和本权说都不构成犯罪，但按照经济的财产说和占有说,就认为有损失,构成犯罪。

张老师主张的中间说是一种偏向于占有说的中间说,是一种偏向于经济的财产说的中间说。张老师认为财产犯罪的法益是保护所有权及其他本权,其他本权就是指合法占有权,这是第一点。第二点,盗窃犯对赃物的占有不能对抗被害人,但能够对抗第三人。第三点,需要通过法定的程序恢复应有状态的占有,如违禁品的占有,也是受到法律保护的。

按照这种观点,盗窃犯对赃物的占有不能对抗被害人,所以被害人窃回自己的财物不构成犯罪。但其他人盗窃赃物的,肯定构成盗窃罪,第三人骗取赃物的也构成诈骗罪。对违禁品的占有是需要通过正当的法律程序恢复到应有状态的占有,所以盗窃违禁品还是构成盗窃罪的。而对于骗免嫖娼费的,由于卖淫女不存在通过法定程序恢复应有状态的占有,也就是这种债务本来就不受法律保护,所以骗免嫖娼费不成立诈骗,但如果是已经付了嫖娼费再把它骗回来,就构成诈骗。关于不法原因给付,张老师肯定诈骗,否定侵占。肯定诈骗是指,如行为人谎称能替他人除掉仇人,骗取了雇凶者10万元的杀人酬金,构成诈骗。因为正是行为人实施了欺骗手段,让他人将手上合法的10万元财产处分给了他,所以构成诈骗。否定侵占是指,如受委托转交贿赂款,结果行为人加以侵吞的,不构成侵占,因为他们之间不存在受法律保护的委托信任关系。同样,受委托保管赃物加以侵吞的、受委托销售赃物而侵吞销赃款的,张老师也认为不构成侵占。

我不完全赞成张老师的观点,我倾向于占有说和经济的财产说,我认为骗免嫖娼费也构成诈骗,截留贿赂款也构成侵占,侵吞受委托保管的赃物也构成侵占,当然同时还构成了赃物犯罪,侵吞销赃款也构成侵占,同时也构成了赃物犯罪。我是持比较彻底的占有说和经济的财产说立场的。只要从这些典型设例看各种学说,对其中的关键分歧就很容易掌握了。

5.《刑法》第91条第2款规定:"在国家机关、国有公司、企业、集体企业和人民团体管理、使用或者运输中的私人财产,以公共财产论。"该款规定是注意规定还是特殊、例外规定?

例如,行为人因为交通违章卡车被交警扣押,要罚款5000元,他不想交罚款,于是半夜三更把卡车偷偷开出来了。通说认为,这不构成犯罪,如果继而让交警大队赔了钱的才构成犯罪(诈骗)。所扣押的卡车就属于国家机关管理、使用、运输中的私人财产,就算是卡车的所有权人,要行使所有权也是要附加条件的,必须交了罚款之后才能行使,难道交警大队对违章车辆的扣押占有不值得保护吗?又如,把物品交给邮局邮寄,物品就不在自己的占有之下了,尽管还是所有权人,但邮局对邮件的占有也是值得保护的。因此,如果主张的是占有说,这一款就是注意规定；如果主张的是所有权说，那就是法律拟制。

6. 被害人从盗窃犯那里窃回赃物，构成盗窃罪吗？第三人窃取呢？被害人从盗窃犯处窃走等值的其他财物呢？

不构成盗窃罪，各种观点的结论是一致的。

第二问，如果持法律的财产说或者本权说，就可能认为不构成，因为盗窃犯对赃物的占有是不值得保护的，但这种结论很多人不能接受。一般认为第三人窃取赃物还是构成盗窃罪的，骗取赃物则构成诈骗罪。

第三问，别人偷了你电脑，你从别人家里偷了一台价值相当的手机，构不构成盗窃？当然是构成的。

7. 所有权人从合法质押权人那里窃回质押物，构成盗窃罪吗？质押权人发现后再偷回去呢？第三人从质押权人那里窃取质押物，构成盗窃罪吗？此时质押权人再偷回去呢？

质押权人对质押物的占有值不值得保护？当然值得保护。所谓其他本权，就是指对财产的合法占有权。让别人给你修彩电，你为了不交修理费，等别人修好了把彩电偷抱回去，构不构成盗窃？维修者对彩电的占有当然值得保护，因此这种行为当然构成犯罪，在民法上是有所谓留置权的。

第二问，不构成犯罪，他本身对质押物的占有就是值得保护的，就相当于被害人窃回自己的财物。

第三问，当然构成盗窃罪。

第四问，还是不构成犯罪，这种质押的占有是值得保护的。

8. 所有权人从交警大队偷开走因违章被扣押的卡车，构成盗窃罪吗？若构成，盗窃数额就是卡车的价值吗？

构成盗窃罪，但按照所有权说则会认为不构成犯罪。

第二问，卡车价值太大，张老师倾向于按他应当交的罚款的数额认定盗窃数额。

9. 抢劫赌资，构成抢劫罪吗？"行为人仅以其所输赌资或所赢赌债为抢劫对象，一般不以抢劫罪定罪处罚"的司法解释规定，有无疑问？以暴力、胁迫手段讨要赌债的，成立抢劫罪或者敲诈勒索罪吗？

赌资属于违禁品。抢劫赌资，当然构成抢劫罪。

第二问,"行为人仅以其所输赌资或所赢赌债为抢劫对象,一般不以抢劫罪定罪处罚"的司法解释,就是典型的所有权说的观点。无论是赢的还是输的赌资,赌徒对赌资的占有都是需要通过正当的法律程序恢复到应有状态的占有,是要没收、追缴的。你输掉的钱已经不是你的钱了,赌徒对其所赢的钱的占有是值得法律保护的,是需要通过正当的法律程序恢复到应有状态的占有,所以无论是输钱的人自己抢回去,还是第三人抢走都构成抢劫罪。至于以所赢的赌债为抢劫对象,输的一方不给钱,赢的一方从他身上抢的,按照司法解释一般不以抢劫罪定罪处罚,是不是不合理?这种赌债不值得法律保护,从对方身上抢当然构成抢劫。

第三问,以暴力、胁迫手段讨要赌债的,成立抢劫罪或者敲诈勒索罪,因为赌债不受法律保护。所以,催收非法债务罪这个罪名完全没有增设的必要。

二、财产犯罪的对象

1. 作为财产犯罪的对象,必须具备哪些特征?

要具备三个特征:第一是要具有价值,即有价值性;第二是能够转移,有转移的可能性;第三是能够管理,有管理的可能性。

2. 我国财产犯罪,是针对个别财产的犯罪,还是整体财产的犯罪?

有人可能觉得这种概念很抽象难懂,其实很简单。例如,你的手机值2000元,我把它抢过来,丢给你2000元。从理论上讲,如果认为财产犯罪是针对整体财产的犯罪,你的整体财产没有减少,手机就值2000元,而如果认为财产犯罪是针对个别财产的犯罪,你的个别财产就丧失了。又如你现在在荒岛上,我把你的手机拿走了,丢给你1万元,你怎么用1万元报警、发微信?如果认为是对整体财产的犯罪,整体财产并没有减少,但如果认为是对个别财产的犯罪,个别财产的丧失就是财产损失。

通说持整体财产说,这是不合理的。国外只认为背信罪所针对的是所谓的整体财产。背信罪,是指为他人处理事务的人,以谋求自己或者第三者的利益,或者损害委托人的利益为目的,实施违背其任务的行为,给委托人造成财产上的损害的行为。例如,行为人将他人委托出售的价值300万元的房子以30万元卖出,就是一种背信。刑法中很多的罪名其实就是背信罪,如挪用公款罪、违法发放贷款罪都是背信罪,只有背信罪是对整体财产的犯罪,其他则是对个别财产的犯罪。我再举一个例子,一帮所谓的医生送医下乡,给村民进行义务体检,告诉村民:"你们都患了肝病,还很严重,但农民兄弟你们也不用着急,我们今天正好带来了治肝病的药,市场价是100元一盒,我们卖给你们农民兄弟90元一盒。"村民们一听就着急了，就把买种子、化肥的钱都拿来买治肝病的药，后来县卫生局一查，只有两三个人患有肝病。到了该买种子、化肥的季节，农民能拿这些治肝病的药去换化肥、种子吗？农民有没有损失？当然有。只要交易目的落空就有损失，所以我国的财产犯罪应该是对个别财产的犯罪。

3. 对于盗窃罪中的转移占有，应否理解为一种零和关系，即行为人转移占有之后，被害人就不再占有此财物？盗窃他人商业秘密，如可口可乐公司的秘密配方，构成盗窃罪吗？

一般是这样的，我拿走你的茶杯，意味着你丧失了对茶杯的占有，但问题是对于无形财产如商业秘密就很难说了。你掌握了商业秘密不意味着对方就丧失了，对方可能同样能够使用商业秘密，只是不再处于独占的状态，这的确是值得讨论的。传统上转移占有是对有体物而言的，但对无形财产而言就很难说。

第二问，在1997年《刑法》增设侵犯商业秘密罪之前，通说包括司法解释认为盗窃技术成果构成盗窃罪，增设侵犯商业秘密罪之后，则认为侵犯商业秘密不再构成盗窃罪。我举个例子，行为人盗窃可口可乐公司价值100万元的饮料和盗窃可口可乐秘密配方，转手将秘密配方一个亿卖掉了，对可口可乐公司而言，哪一种损失更大？显然可口可乐秘密配方被窃取的危害性更大。因此，我还是倾向于认为商业秘密也是财产，窃取商业秘密可以构成盗窃罪，因为商业秘密比有形财产的价值更大。

4. 财物是否仅限于有体物？财产性利益能否成为我国财产犯罪的对象？乘坐出租车到达目的地后胁迫司机不收车费的，构成抢劫罪吗？一开始就不打算付钱，上出租车后中途假装下去方便而溜走的，构成犯罪吗？胁迫私家车司机捎其一段路程的，构成犯罪吗？经常、多次、反复不买票偷看热门电影的，构成犯罪吗？

财物仅限于有体物是传统的观点，像电、热、冷气应该是无体物，但无体物和无形财产不是一个概念，无形财产如知识产权、虚拟财产等。财产犯罪的对象，显然不应只限于有体物。

第二问，张老师主张财产性利益可以成为财产犯罪的对象，因为刑法分则第五章叫"侵犯财产罪"，这里的财产可以包括财产性利益。国外区分了财物和财产性利益，如抢劫、诈骗和敲诈勒索罪分两项规定，一项是所谓的财物抢劫、诈骗、恐吓，二项是财产性利益的抢劫、诈骗、恐吓。但是，我们国家没有区分一项和二项，所以张老师才认为财产性利益可以成为包括盗窃罪在内的所有财产犯罪的对象。但是，现在还有人持反对观点。应该说，财产性利益是肯定可以成为财产犯罪的对象的，问题仅在于，财产性利益的范围到底有多宽。要构成夺取型财产犯罪，对象要实现转移，而财产性利益转移的认定可能是个难点。

第三问，当然构成抢劫罪，乘坐出租车就有支付出租车费的义务，迫使他人免除这种债务当然构成犯罪。如果行为人一开始就不打算付车费，然后司机找他收费的时候，他拿着刀逼迫司机放弃催讨车费，这种一开始就有非法占有的目的的，是骗还是抢？是骗，骗的是出租车运输服务，运输服务显然是一种财产性利益。之后拿刀逼迫司机免除支付车费的债务，又是一种对财产性利益的抢劫，成立包括的一罪。如果行为人一开始是想付钱的，结果下车的时候一摸口袋没钱，摸出一把尖刀来，构成什么罪？他有支付出租车费的义务，最后他获得了不支付车费这种财产性利益，属于财产性利益抢劫。行为人去餐馆吃饭也有类似的情形，不过如果行为人一开始有付钱的意思，吃完之后发现没带钱，然后悄悄地溜走，构成什么犯罪？没法定。他盗窃了财产性利益吗？财产性利益没有转移，债务还是存在的。在高速公路上有一个缺口，行为人从缺口把车开出去，偷逃过路费的，也没法定罪。对方并没有丧失这种过路费的请求权，行为人也还存在支付过路费的义务。所以，财产性利益存在一个转移占有的认定问题。冲卡逃费和从高速公路的缺口开出去偷逃费用的都没法定罪，虽然实践当中有定抢夺罪的，但这是错误的，既然是夺取型财产犯罪，就存在财产占有的转移，你获得了，对方就丧失了。

第四问，构成诈骗，骗的是运输服务。

第五问，我强迫同学们给我干活，把一堆土运到另一个地方去，能构成财产犯罪吗？不能。但如果我强迫本来就从事有偿劳务的人给我做事情，要构成财产犯罪的吧。私家车本来就不是从事有偿服务的，强迫司机提供服务，但不是有偿的，在国外可以成立强制罪，但我们国家没有，没法定罪。

第六问，反复多次实施的，数额累计也可能达到几千元，这种电影的观赏服务肯定是一种财产性利益，但问题是，你偷看了电影，电影院就有损失了吗？电影院经常只有两三个顾客也会放映电影，如果你去占了一个位置，让买票的人坐不了，然后他去退票，倒是有可能构成犯罪。但如果只是偷看，就难办了，因为不能认定电影院损失了财产性利益。所以，关于财产性利益的很多问题，还需要进一步研究。

5. 财物是否仅限于有价值之物？主观价值较大客观价值不大的财物，能否成为财产犯罪的对象？如盗窃罪类基本犯中的"数额较大"，是否限于客观价值较大？

当然要限于有价值之物。

第二问，可以成为财产犯罪的对象，因为特殊盗窃也可以是主观价值较大的财物，如儿时缺门牙的照片、中学时收到的情书。

第三问，基本犯中的数额较大，一般把它理解成客观价值较大。

6. 对于所有权人、占有人来说没有积极价值，但落入他人之手后可能被直接用于不当活动而给所有权人、占有人带来财产损失的财物，即不具有积极价值但具有消极价值的财物，如银行收回的残损的货币，能否成为财产犯罪的对象？

银行收回的残损货币，对银行来说只有消极的价值，落入他人之手可能给银行造成损失。还有啤酒厂已经兑奖的啤酒瓶盖，对啤酒厂来说也具有消极的价值。有人说偷走啤酒厂已经兑现了的啤酒瓶盖，只要不兑奖，啤酒厂就没有损失；偷走银行收回的残损货币，只要不重新兑现，银行也没有损失。但从理论上讲，这种不具有积极的价值但具有消极价值的财物，也值得保护。

7. 财产犯罪保护的是物体本身还是物体中蕴含的价值？盗窃他人的超市购物卡，消耗其中价值后还回去的，构成盗窃罪吗？窃走商品伪装退货的，构成盗窃罪吗？盗窃车牌索要少量财物，构成盗窃罪吗？窃走他人宠物狗索要赏金，构成盗窃罪吗？

保护的是物体中蕴含的价值。

第二问，构成盗窃罪，行为人消耗了其中的价值。

第三问，也构成盗窃。窃走商品就已经既遂了，然后假装退货是诈骗，属于包括的一罪。国外一般认为假装退货的也消耗了物体中的价值。

第四问，盗窃车牌之后在车前面贴一个电话号码，让被害人打电话，打电话之后让转200元到指定的账号，一般被害人都嫌重新办车牌麻烦，会乖乖地把200元打入指定账号。对此，实践当中定性有些混乱，有的定盗窃，有的定敲诈勒索，还有的定盗窃国家机关证件，张老师认为车牌本身也是财产，定盗窃。其实被害人并没有被吓住，而只是产生困惑，怕麻烦，才给行为人转钱。车牌本身是不是国家机关证件？车牌和行驶证上的号码是不是一致的？为什么能给车牌扣分，那不就是证件吗？所以车牌就是车辆的身份证，就是证件。所以，我认为盗窃车牌也构成盗窃国家机关证件罪。

第五问，张老师认为具有利用的意思，构成盗窃。

8. 财物是否仅限于动产？能够盗窃、诈骗、抢劫、侵占不动产吗？赶走房主自己入住，构成抢劫罪吗？犯罪数额如何计算？趁邻居久居国外，偷偷出租其房屋，构成犯罪吗？

财物当然不限于动产，不动产也能成为财产犯罪的对象，问题在于，不动产是否可以成为所有财产犯罪的对象？这是第一个问题。第二个问题，不动产成为财产犯罪对象的时候，犯罪数额如何计算？第三个问题，财产犯罪涉及财产的占有转移，那么不动产占有的转移该怎么认定？

第二问，盗窃、诈骗、抢劫、侵占不动产都是可能的。盗窃不动产的，如盗卖他人的房产，但是盗窃的不是房子本身，盗窃的是不动产权。因为，一般来说房子是搬不走的，所以实际上转移的不是房子，而是不动产权。诈骗不动产的，如以欺骗的手段让他人把房子过户给自己，这是完全可能的，但骗取的还是不动产权，因为房子本身没法交付、转移。抢劫不动产的，如把别人从房子里赶走，自己住进去，到底抢劫的是房子，还是使用权？是抢劫使用权。侵占不动产的，如单位购房时将不动产登记在行为人的名下，行为人将房子出卖给他人的，就构成侵占罪。

第三问，肯定是抢劫，对象是使用权，属于财产性利益。还有使用强迫的手段让房主把房子过户给自己的，抢的也是不动产权。

第四问，犯罪数额怎么计算？是按照租金计算，还是按照房子的价格计算？现在大城市任意一套房子总价就可能是几百万，抢劫几百万基本上就要判无期了，不太合理。因此，犯罪数额不是整个不动产的市场买卖价值，而是相当于租金的市场价值。但如果是强迫过户的，犯罪数额就是不动产的市场价值。

第五问，偷租别人的房子很难定性，因为没有被害人。对于承租的人来说，可能房租还会便宜点。房东是被害人吗？本来房子就是空的，会有损耗吗？不一定有损耗，因为房子需要有人住，没人住就没人气，很容易损坏。

9. 财物是否包括违禁品？盗窃毒品、淫秽物品、假币等违禁品，构成盗窃罪吗？盗窃毒品后持有，应该如何定罪？司法解释有关"盗窃违禁品，按盗窃罪处理的，不计数额，根据情节轻重量刑"的规定，有无疑问？

肯定包括违禁品。因为对违禁品的占有虽然不是合法的占有，但这种占有也是需要通过正当的法律程序如没收、追缴、销毁而恢复到应有状态的占有，所以对违禁品的占有也是值得法律保护的。

第二问，盗窃他人毒品也成立盗窃罪，只是不计数额，按照情节定罪量刑。

第三问，盗窃毒品后持有的构成盗窃罪，还要不要评价为非法持有毒品罪？

我认为持有型犯罪不是一种抽象危险犯，它只是在来源和去向难以查明的时候，根据行为人控制某种物品的现状进行评价，评价的是这种状态。所以，无论盗窃时是否知道是毒品都只能定盗窃罪，不知道是毒品而盗窃的，毒品也是财物，定盗窃罪就行了，因为来源很清楚，按照来源进行评价就可以了。这和不知道是枪支而盗窃后持有不一样，因为持枪具有抽象危险，会危害公共安全，持有毒品相较而言危害性要小很多。持有型犯罪是兜底性的、补充性的规范，是在不能查明来源和去向时，不得已根据行为人控制物品的状态进行评价的。

第四问，盗窃毒品一定是加重犯吗？盗窃罪的基本犯是数额较大，处3年以下有期徒刑、拘役或者管制，但盗窃毒品不一定就属于数额巨大或者有其他严重情节，不一定是加重犯。所以，司法解释的规定是有问题的。

10. 财物是否包括葬祭物？葬祭物系死者占有吗？盗窃古墓中财物的，如何处理？

葬祭物是财产犯罪的对象。

第二问，一般来说葬祭物由死者的亲属占有。但是，葬祭物和一般的财物有区别，所以日本刑法专门规定了盗窃葬祭物犯罪，法定刑比盗窃罪要轻得多。

第三问，属于盗窃文物。

11. 财物是否包括人的身体？强行切掉他人一块肝、一个肾，强行无偿抽取他人身上1000毫升新鲜血液，构成抢劫罪吗？拽走他人假发、拔掉他人假牙、卸掉他人假肢后卖掉，构成财产犯罪吗？

如果是可以与人体相分离而不影响人体机能的，就是财物，如假肢、假牙、假发等，但如果是拿掉别人的心脏起搏器，那肯定就是伤害了。

第二问，就是伤害。如果强行抽取他人身上1000毫升新鲜血液，顺便丢下1000元，就构成强迫卖血罪，一分钱不给的如果无罪，合理吗？那些体质差的人如果被抽1000毫升的血，很可能马上就要被送到医院去了。血液是不是财物？与人体分离的装在袋子里面的血浆肯定是财物，但是这里的情形只能评价为伤害。

第三问，构成财产犯罪。

12. 财物是否包括债权凭证？盗走欠条构成犯罪吗？假装还钱当场撕毁欠条的，构成犯罪吗？盗窃存折后取款，构成何罪？盗窃、诈骗、抢劫银行卡，构成犯罪吗？犯罪数额如何计算？

财物可以包括债权凭证。

第二问，欠条的价值是欠条这张纸的价值，还是欠条所记载的金额？行为人盗走欠条之后挨个给债务人打电话说只要还一半的钱就可以把欠条还回去了，构成什么罪？债务人是被害人吗？被害人肯定是债权人。但是，财产的金额怎么计算？欠条不过就是个证据，如果是唯一的证据，就造成相应的损失了吗？这个问题目前学界并没有解决，但在实践中发生得比较多。

第三问，是抢劫还是故意毁坏财物？如果欠条是关键证据，债权人失去欠条将意味着债权难以实现，则欠条作为债权凭证，本身值得作为财产犯罪的对象加以保护。因此，债务人盗窃、骗取、抢劫欠条后加以隐匿或者毁坏，导致被害人债权实际上难以实现的，成立盗窃、诈骗、抢劫罪，而不是故意毁坏财物罪。

第四问，如果是特殊盗窃，如多次盗窃、携带凶器盗窃、扒窃、入户盗窃存折的，本身就已经构成盗窃罪了，盗窃的对象是存折；如果盗窃后再到银行柜台去使用，又构成了诈骗，应该数罪并罚。盗窃存折的案件主要评价的行为不应是盗窃存折的行为，因为盗窃存折本身不会给被害人造成损失，使被害人遭受财产损失的是利用存折取款的行为，但通说却本末倒置地评价盗窃存折的行为。

第五问，都可能构成犯罪。银行卡本身也是财产，如果是以特殊盗窃的方式，也就是多次盗窃、入户盗窃、携带凶器盗窃、扒窃银行卡的话，本身就构成了犯罪。抢劫银行卡的也构成抢劫罪。

第六问，抢劫罪的基本犯不要求数额较大，当对象是银行卡时，通说简单粗暴地认为，抢劫银行卡之后再取款，取款的金额就是抢劫的金额，这是错误的。如果问出密码之后释放了被害人进而取款的，应当评价为对银行卡的抢劫罪，然后再判断取款的行为，在ATM机上使用的定盗窃，在银行柜台使用的或者在商场刷卡消费的叫冒用他人的信用卡。所以，将取款的金额简单地评价为抢劫的金额是错误的，只有在不释放被害人的情况下当场取款，取款的金额才能评价为抢劫的金额。

盗窃比较特殊，盗窃信用卡并使用的定盗窃罪，取款的金额要评价为盗窃的金额。诈骗则要看行为人处分的金额，行为人找被害人借1万元，被害人说："我手里没有现金，只有一张银行卡，里面有10万元，你自己去取1万元。"结果行为人把卡里面的10万元都取走了，诈骗的金额是1万元还是10万元？只有1万元，因为被害人只处分了1万元。另外的9万元，在银行柜台取款的叫冒用他人的信用卡，在ATM机上取款的叫盗窃。

13. 财物是否包括虚拟财产？虚拟财产作为财产犯罪的对象，问题何在？固话号码、手机号码、车牌号、QQ号等"靓号"是财物吗？盗窃玩家的游戏币与盗窃网络服务商的游戏币，在犯罪数额的计算上应否区别对待？

虚拟财产可以成为财产犯罪的对象，它也具有财产的三个特征：有价值、能转移、可管理。现在的年轻人都特别喜欢虚拟财产，如游戏装备。虚拟财产只要能够买卖，肯定是能满足人的需要的，也是可以交换、管理的，当然属于财产犯罪的对象。

第二问，问题在于：一是虚拟财产能够成为哪些财产犯罪的对象；二是如何认定虚拟财产的占有转移；三是虚拟财产的价值怎么计算，特别是那些可以无限复制的虚拟财产，如线上课程、游戏币。如果虚拟财产可无限复制，那么按照市场价值计算的话，数额会太大，可以考虑以情节论罪。

第三问，这些恐怕不能完全称为虚拟财产，但是它们事实上是可以交换的，有的号码拍卖的价格还很高，但是不是财物值得讨论。我认为能够交换的有价值的，就可能评价为财产。

第四问，玩家的游戏币是花钱买来的，或者是通过自己夜以继日的"劳动"升级之后获得的，它的价值是可以计算出来的，但是网络公司的游戏币是可以无限复制的，所以要区别对待。

14. 行为人将存有 10 万元的自己名义的储蓄卡送给他人后，又重新挂失补办新卡，导致他人不能使用储蓄卡的，在取出现金前，能否认定行为人盗窃了财产性利益？

存款就是一种银行债权，行为人补办了新卡就已经获得了银行债权，没有任何问题，随时可以取，此时当然能认定行为人盗窃了财产性利益。否则，向公职人员行贿，送给其一张银行卡，其没取钱受贿就没有既遂吗？当然既遂了。

15. 劳务、服务本身是否属于财产性利益？

劳务、服务如果是有偿的，当然属于一种财产性利益；如果无偿的话，就不能说是财产性利益。如果行为人用枪逼着搬运工给他搬东西，构成抢劫吗？搬运工本来就是以此为业的，强迫他搬，是可能构成抢劫的。但我是大学老师，不是以搬东西为业的，如果行为人强迫我搬一下午东西，结果我下午就没能来给大家上课，他构成抢劫罪吗？不能构成。在国外有强制罪、胁迫罪，我们国家没有，所以专门找那些不是以从事劳务为业的人让他从事劳务的，还真没法处理。

三、财产犯罪的"非法占有目的"

1. 成立取得型财产犯罪是否需要非法占有目的？非法占有目的的功能是什么？非法占有目的与盗窃故意有何区别？

理论上有所谓非法占有目的必要说与非法占有目的不要说。非法占有目的必要说又可分为有排除意思必要说、利用意思必要说、排除意思和利用意识同时需要说。认为财产犯罪需要非法占有目的，是就取得型财产犯罪而言的，取得型财产犯罪需要非法占有的目的。

第二问，非法占有目的的功能就在于区分取得罪与毁弃罪，没有非法占有目的的构成故意毁坏财物犯罪，具有非法占有目的的构成盗窃等取得罪。

第三问，张明楷老师认为非法占有目的和盗窃故意有区别，盗窃故意是明知道自己的行为会产生侵害他人财产的结果而盗窃，发生财产转移或者剥夺他人财产的结果；而非法占有目的是指排除的意思和利用的意思。不过，这种区别意义不大。

2. 是否需要同时具备排除意思与利用意思？排除意思与利用意思的功能分别是什么？

多数人认为排除意思和利用意思需要同时具备。

第二问，排除意思的功能，是区分盗窃罪和不可罚的使用盗窃。例如，偷骑别人的自行车在广场兜一圈放回原处，不具有排除的意思，或者说对他人财产利用可能性的妨碍还没有达到值得科处刑罚的程度，没有严重妨碍他人对财产的利用。但是，如果从上海人民广场偷窃了一辆自行车骑到了西藏拉萨，再还回去，什么样的自行车也经不起这么折腾。而利用意思的功能是区分取得罪和毁弃罪，故意毁坏财物没有利用的意思，取得罪有利用的意思。

3. 何谓排除的意思？如何区分不可罚的盗用、骗用与盗窃、诈骗罪？

就是排除他人对财产的利用的意思。

第二问，就看这种排除有没有严重妨害他人对财产的利用，要考虑财产本身价值的大小和排除时间的长短，以及对被害人财产利用可能性的妨害程度。如果是偷开汽车，哪怕时间很短，也值得处罚，因为价值很大。

4. 拿走他人法考辅导书待法考结束后归还，有排除的意思吗？

有。在考试前把其他同学的笔记偷走，考试完了之后再归还的，当然有排除的意思。

5. 偷开他人汽车到外地后扔掉，构成盗窃罪吗？

严重地妨碍了他人对财产的利用，构成盗窃罪。

6. 何谓利用的意思？如何区分取得罪与毁弃罪？

现在一般较宽泛地理解利用的意思，只要享用财产某种可能的用法就可以认为具有利用的意思。

第二问，区别在于有没有利用的意思。

7. 恋物癖者盗窃女性内衣，有利用的意思吗？

盗窃女性的内衣，晚上睡觉的时候放在枕头边上嗅一嗅，这也叫有利用的意思。

8. 盗窃名贵家具后劈柴取暖、盗窃上好钢材当废品卖掉、盗窃电线捆柴火，有利用的意思吗？

都有。

9. 骗他人交出跟自己同样的珍贵邮票后销毁，使自己的邮票成为世界上独一无二的邮票，有利用的意思吗？

有。

四、财产犯罪的分类及罪数

1. 财产犯罪如何分类与认定？如何处理财产犯罪之间的界限与竞合？

第一个层次，根据有无非法占有的目的区分取得罪和毁弃罪。毁弃罪的典型是故意毁坏财物罪，盗窃罪、诈骗罪等都是取得罪，它们的区别就在于有无利用的意思。第二个层次，根据是否转移占有区分为夺取罪和侵占罪。以盗窃罪和侵占罪为例，它们的区别在于财产占有归属。如果事先在行为人的占有之下，或者事先不在任何人占有之下，也就是脱离占有的，只能成为侵占罪的对象，而事先在他人的占有之下的，只能成为夺取罪的对象，构成盗窃罪等。第三个层次，根据是否违反被害人的意志，分为盗取罪和交付罪。以盗窃罪和诈骗罪为例，区别在于有无处分的行为和处分的意思，如果有就是诈骗，没有就是盗窃。在盗取罪中，如盗窃罪、抢夺罪、抢劫罪，它们之间其实是一种高低度的关系。盗窃罪和抢夺罪的区别是什么？对象是否为紧密占有的财物，是否采用了对物暴力的方式，以及有无致人死伤的可能性。盗窃罪是盗取罪的兜底性的犯罪，抢夺罪、抢劫罪、聚众哄抢罪完全符合盗窃罪的构成要件。

关于财产犯罪的竞合问题，从理论上讲，故意毁坏财物罪是整个财产犯罪的兜底性犯罪。只要满足最低的要求，侵害了他人的所有权，就符合了故意毁坏财物罪的构成要件。侵占罪是整个取得罪的兜底性犯罪，而盗窃罪是整个夺取罪的兜底性犯罪。

2. 财产犯罪的事后行为如何评价？

我建议大家忘记"不可罚的事后行为"这个概念，要叫"与罚的事后行为""共罚的事后行为"，它本身不是不可罚，它也是符合构成要件的行为，只是对前行为已经作出了包括性的评价、完全的评价。当前行为因为行为人没有达到刑事法定年龄、不具有刑事责任能力，或者证据难以查明、是亲告罪而没有告诉、超过了追诉时效等原因不再评价时，事后行为从理论上讲都是有可能单独评价的。例如，行为人在16周岁生日这一天盗窃了他人的财物，第二天继续使用或者加以毁坏的，构不构成犯罪？构成侵占罪或者故意毁坏财物罪。不能说生日过了之后盗窃所得的财物就成了行为人的东西，它至少是脱离占有物，加以毁坏的就是故意毁坏财物，加以使用的就是侵占。行为人精神不正常的时候盗窃财物，精神正常的时候加以使用，当然可以评价为侵占。亲告罪就有点复杂了，如果前面的行为缺乏告诉，后面的行为能不能追诉，这可能是一个问题。如侵占，按照张明楷老师的观点，受委托保管财物，事后谎称被盗的，构成诈骗。对此我持不同意见，行为人就算直接加以变卖，至多是侵占，诈骗比侵占罪责要重。关于追诉时效问题，前行为超过追诉时效后，能否对后一行为进行追诉也会有争议。例如，盗窃一台价值几千元的彩电一直用了六七年，或者六七年后加以毁坏的，能否以侵占罪或者故意毁坏财物罪进行追诉？这的确是个问题。所以说，事后行为并不是当然不可罚，当由于某种原因对前行为没有评价的时候，是完全可以单独评价事后行为的。

第二节　盗窃罪与侵占罪

■ 法规链接

《刑法》第264、265条 **盗窃罪**

■ 疑难问题

1. 行为人是否需要认识到盗窃对象是价值较大的财物？适用加重法定刑，是否需要行为人认识到所盗窃的对象价值巨大或者特别巨大？

需要认识到。这里还有个问题，价值微薄的财物是不是财产犯罪的对象？不是。虽然成立盗窃罪和抢劫罪对财物数额的要求不同，盗窃300元不能评价为盗窃既遂，抢300元肯定是抢劫既遂，但是价值微薄的财物不能成为财产犯罪的对象。抢劫他人的，如果被害人身上就只有几十块钱，取不取走都是未遂。

第二问，需要认识到。如果行为人没有认识到是价值巨大的财物，比如行为人是个农民，到一栋高档别墅偷东西，别墅里看起来没什么值钱的东西，就墙上有一幅画，画里的人笑得很好看，实际上是一幅名画，他想起自己家上小学的女儿正在学画画，就把画拿回家给小孩做临摹用，这要不要认定为盗窃数额特别巨大？不需要，因为他根本就不知道这个画特别值钱。

2. 是否存在盗窃数额巨大、特别巨大、严重情节、特别严重情节的未遂？

按照张老师的观点是不存在的。张老师认为这都是量刑规则，量刑规则没有未遂。但我认为还是存在盗窃数额巨大、数额特别巨大的未遂的。

3. 如何认定多次盗窃？受过行政处罚的盗窃次数能否计算在多次盗窃之内？多"次"盗窃与多"次"抢劫，应否同样把握？多次的既遂、未遂与中止如何认定处理？两次盗窃一次抢夺，能否认定为"多次盗窃"？

多次盗窃入刑应该旨在扩大盗窃罪的处罚范围，由于情节一般的盗窃未遂不会受处罚，所以多次盗窃，就是将多次的盗窃未遂作为犯罪处理。

第二问，多"次"，应包括曾经受过行政处罚的次数。

第三问，对多次盗窃的认定可以宽泛点，因为它只是入罪的条件，而多次抢劫是加重处罚的条件，所以对多次抢劫的"次"的认定要更严格一些。

第四问，"多次盗窃"里面的每次盗窃能不能包括未遂、预备和中止呢？还是要每次都既遂呢？我倾向于认为每次必须未遂，不能包括既遂、中止，更不能包括预备。如果每次都未遂，成立"多次盗窃"的，无须适用未遂犯的规定从轻、减轻处罚。行为人打算盗窃三次，盗窃两次就案发了，能不能认定为多次盗窃的未遂？不能。这里的"多次"就是张老师所说的量刑规则，只有事实上盗窃了三次以上的才能评价为"多次"。"多次盗窃"能不能包括每次都以价值微薄的财物为盗窃对象的情形？不能。必须是每次都以数额较大的财物为盗窃的目标，客观上也有盗窃数额较大财物的可能性。

第五问，可以，抢夺可以评价为盗窃。

4. 如何认定入户盗窃？应否限制入户的目的？"户"的范围如何限定？

为什么要把入户盗窃入刑？因为入户盗窃严重破坏公民住宅的安宁。如果行为人不是以盗窃的目的入户的，能不能评价为入户盗窃？比如农村办红白喜事，行为人到别人家喝喜酒，别人喝完了就走了，他却躲在人家阁楼上，等到半夜三更别人睡觉之后出来偷东西，能不能叫入户盗窃？又如行为人到公职人员家里去送钱，走的时候顺带拿走了几件东西，叫不叫入户盗窃？还有嫖客到卖淫女家里去嫖娼，或者卖淫女到嫖客家里去卖淫，走的时候顺便拐走一些东西，叫不叫入户盗窃？能不能说未得到允许的入户就可以构成入户盗窃？入户盗窃的目的要不要限制？要不要以盗窃的目的入户？我倾向于认为，可以将入户盗窃理解为户内盗窃。

第三问，户不能包括学生的宿舍，不能包括宾馆的房间，但是户也不一定要是房屋结构，比如有人在人行天桥下用硬纸板隔出了一个空间，那也是户。户是不是一定要有起码的生活设施，与外界相对隔离？现在很多年轻人都不做饭，都没有锅碗瓢盆，所以不一定要求有生活设施，只要与外界相对隔离就可以称为户。

5. 如何认定携带凶器盗窃？何谓"携带"？何谓凶器？溜门撬锁的工具，能否评价为凶器？凶器是否限于司法解释所规定的"器械"？

携带凶器盗窃是一个行为，而不能分割成两个行为，携带凶器是一种状态。

第二问，行为人在盗窃他人财物的时候随身或者身边、附近有凶器，都叫携带，所以不一定要带在身上，放在车上随时能用，或者让旁边人拿着，也都叫携带。

第三问，凶器包括性质上的凶器和用法上的凶器，性质上的凶器是指管制刀具、枪支等，用法上的凶器指的是在使用方法上可能用于杀伤他人的物品，如菜刀。首先思考一个问题，携带凶器抢夺和携带凶器盗窃中的凶器的范围是否一致呢？我认为携带凶器抢夺的，被害人往往能马上发现，凶器使用的概率非常高，所以凶器范围可以宽泛一点，可以包括砖头，砖头应该既不是用法上的凶器，也不是性质上的凶器。而在携带凶器盗窃中，凶器使用的概率非常低，所以我认为对携带凶器盗窃中的凶器的范围要进行限定。

第四问，张老师认为溜门撬锁的工具都能评价为携带凶器盗窃中的凶器。行为人带螺丝刀溜门撬锁的，甚至他身上只要有可能行凶的物品的，都叫携带凶器盗窃吗？那恐怕只有赤身裸体地盗窃才不是携带凶器盗窃了，因为领带都能勒死人。

第五问，这一规定不当限制了凶器的范围。

6. 何谓扒窃？立法目的是什么？为何限定为公共场所、公共交通工具且随身携带的财物？随身携带等于"贴身"携带吗？

扒窃入刑的根据是什么？是因为扒窃必须从兜里扒，侵犯了所谓的贴身禁忌吗？不能这么机械地理解。一般人的东西大部分是放在家里的，出门在外的时候则会带上一些生活必需品，像手机、钥匙、银行卡、少量的现金，规定扒窃其实就是为了保护人们出门在外随身携带的生活必需品的安全。

第三问，司法解释将扒窃界定为在公共场所或者公共交通工具上窃取他人随身携带的财物，是因为出门在外一般进入的是公共场所、公共交通工具。强调随身携带，是因为要保护公民出门在外随身物品的安全。

第四问，随身携带不等于"贴身"携带，随身不一定要贴身。比如同学们下课时去厕所，手机放在桌上或者放在抽屉里面，坐在旁边的人把手机拿走了，叫不叫扒窃？我认为也是扒窃。随身携带不需要财物时时处处都是贴身带着的，只要是出门在外携带的生活必需品都是扒窃的对象。

7. 四种特殊盗窃的共犯如何认定？

特殊盗窃的共犯问题，按照共犯的一般原理进行认定即可。例如，携带凶器盗窃的共犯，要认识到同伴带有凶器；要成立多次盗窃的共犯必须每次都要参与实施盗窃，仅参与一次的，不构成多次盗窃的共犯。总之，只要行为人与特殊盗窃的行为及其结果之间具有物理或者心理的因果性，就应承担特殊盗窃的共犯的责任。

8. 如何计算盗窃数额？曾因盗窃受过刑事处罚以及一年内曾因盗窃受过行政处罚的，其"数额较大"的标准可以按照通常标准的50%确定的司法解释规定，有无问题？

行为人要认识到财物的价值，但情况很复杂。例如，行为人盗窃一台电脑，转手2000元卖掉了，其实电脑里有很值钱的软件，他没有认识到，那要不要认定为盗窃数额巨大？他没有认识到，不适用加重的法定刑。如果行为人盗窃了一只LV包，价值3万元，而里面的东西只值2000元，他把2000元拿走后，把这个LV包丢掉了，那包的价值要不要计入盗窃的数额？应该要计入。如果包里面有夹层，夹层里面有夜明珠，他没有发现，这夜明珠能不能计入盗窃的数额？这恐怕不能。

第二问，有问题，因为曾经受过刑事处罚、行政处罚只是再犯罪可能性大小的因素，它们不影响对不法程度的评价，司法解释混淆了预防要素和责任要素，把预防要素当成不法要素对待了。

9. 如何认定盗窃罪的着手和既遂？盗窃价值微薄的财物，是不成立犯罪还是成立未遂？

着手一般是物色财物，但如果是盗窃仓库的话，进入仓库时已经算着手了。盗窃罪的既遂标准采"取得财物说"，只要行为人取得了财物，就是盗窃既遂。

第二问，不成立盗窃罪，而不是盗窃未遂。客观上只有价值微薄的财物，主观上也只是想盗窃价值微薄的财物，不成立犯罪。如果主观上想盗窃数额较大的财物，但事实上只有价值微薄的财物，可以成立盗窃未遂。同时，这个价值微薄的财物不管是否拿走都是盗窃未遂。例如，撬开保险柜后发现里面只有几十块钱，是否拿走这几十块钱都不影响盗窃未遂的认定。

10. "盗窃既有既遂，又有未遂，分别达到不同量刑幅度的，依照处罚较重的规定处罚；达到同一量刑幅度的，以盗窃罪既遂处罚"的司法解释，有无问题？昨天盗窃既遂，今天诈骗未遂，是从一重还是应数罪并罚？

既有既遂又未遂，我把它理解成是一个行为，是想象竞合。例如，行为人盗窃银行的保险柜，一般来说银行的保险柜里不止几千元，但在他来之前保险柜里的几十万元现金刚刚被转移走，里面就剩下 2000 元，他拿走了，这个就叫既有既遂又有未遂。行为人显然志不在这 2000 元，而是几十万元，他只有一个行为，所以是想象竞合。如果行为人今天盗窃既遂，明天盗窃未遂的，属于这种情况吗？我认为不属于，但是通说认为包括了这种情况。通说的理解存在一定问题，行为人今天盗窃既遂，明天盗窃未遂，按从一重处理，那如果他今天盗窃既遂，明天诈骗未遂的，该怎么处理？无疑要数罪并罚了。

11. 盗窃限于秘密窃取吗？

盗窃当然可以包括公开窃取。盗窃罪和抢夺罪的区别不在于秘密进行还是公开进行。还有人认为客观上是不是秘密窃取不重要，只要主观上认为是秘密窃取就可以。

12. 如何处理盗窃所谓虚拟财产的案件？

盗窃有明确价格的虚拟财产的，按照价格计算盗窃数额；盗窃经过用户加工升级后形成的虚拟财产的，按照市场价值计算盗窃数额；盗窃网络服务商的虚拟财产的，按情节量刑而不按数额量刑。

13. 如何处理上下主从关系的占有、共同占有问题？

一般认为在上下主从关系中由上位者占有，店员拿走财物的，他侵害了上位者也就是店长对财物的占有。共同占有，如两个同学合买了一台电脑，其中一个同学把电脑卖掉了，构不构成盗窃？构成盗窃。

14. 如何处理所谓"封缄物"占有的问题？

关于这个问题，有三种学说：一是所谓的委托人全部占有说，认为外包装和内容物都归委托人占有；二是受托人全部占有说，认为无论外包装还是内容物都归受托人也就是邮政工作人员占有；三是区别说，认为外包装归受托人占有，邮寄的人占有内容物，张老师就是持这种观点。如果邮政工作人员或快递员把包裹拿回家，不打开，没有侵害到其中的内容，他还是构成侵占或者职务侵占；如果他把包裹卖掉了或者取走其中的财物，侵害到了内容，他就构成盗窃。

15. 如何处理盗窃债权凭证的案件？"盗窃记名的有价支付凭证、有价证券、有价票证，已经兑现的，按照兑现部分的财物价值计算盗窃数额；没有兑现，但失主无法通过挂失、补领、补办手续等方式避免损失的，按照给失主造成的实际损失计算盗窃数额"的司法解释规定，有无疑问？

债权凭证的种类有很多。盗窃债权凭证，如盗窃存折的，关键就在于怎么利用，主要评价的不是取得债权凭证的行为本身。

第二问，这个观点是不对的。盗窃债权凭证后到银行柜台取款，取款的金额是盗窃的金额还是诈骗的金额？是诈骗的金额。但是，司法解释把取款的金额也评价为盗窃的金额了。盗窃的对象只是存折等，在柜台取款是诈骗。对于"没有兑现，但失主无法通过挂失、补领、补办手续等方式避免损失的，按照给失主造成的实际损失计算盗窃数额"，按照张老师的观点，只要行为人没有取款，即使失主无法通过挂失等方式避免损失，行为人也不构成盗窃罪，要定故意毁坏财物罪。不过，我认为盗窃之后哪怕最后丢弃了，盗窃时行为人应该还是有利用的意思的，也是有可能评价为盗窃的。

16. "盗窃油气同时构成盗窃罪与破坏易燃易爆设备罪的，依照刑法处罚较重的规定定罪处罚"的司法解释规定，有无疑问？盗割电线，以及在输油管道上打孔盗油、倒卖他人山上的树木、割下秦始皇陵兵马俑的头拿走、破坏价值昂贵的防盗门入户盗窃，是一个行为还是数个行为，是想象竞合还是数罪并罚？

按照我的观点，应该存在数个行为，而不是想象竞合。

第二问，前面讲过，盗割电线，以及在输油管道上打孔盗油的，我认为是数个行为，不是想象竞合。倒卖他人山上的树木的，也是两个行为，有两个被害人。把被害人领到别人的山上，说："这是我的林木，卖给你了，一棵树100块钱，你自己伐倒了拖走。"这里有两个被害人，对买树人来说，行为人骗取的是现金，构成诈骗；对树的所有权人而言，损失的是树，构成盗窃，应该认定为两个行为。如果行为人自己把树伐倒了之后拖去卖掉，大家肯定会认为存在两个行为，一个是盗窃或者叫盗伐林木，另一个是卖赃，构成诈骗。割下秦始皇陵兵马俑的头拿走的，构成故意损毁文物和盗窃，存在两个行为，数罪并罚。破坏价值昂贵的防盗门入户盗窃的，对防盗门而言构成故意毁坏财物，然后入户盗窃，应该数罪并罚。

还有偷共享单车的，共享单车的锁比单车还值钱，如果行为人毁坏了几十辆共享单车的锁，盗窃了几十辆共享单车，是定一罪还是定数罪？毁坏锁就是毁坏财物，他对锁没有利用的意思，然后把单车骑走的行为构成盗窃，理论上讲应该数罪并罚。

17. 拿走乘客遗忘在高铁车厢内的财物，构成何罪？拿走乘客遗忘在公共汽车、城市地铁、出租车上的财物呢？

第一问，构成侵占罪。不过，张老师认为现在乘坐高铁实行实名制，所以应成立盗窃罪。

第二问，拿走乘客遗忘在公交车、地铁上的财物，构成侵占罪。拿走乘客忘在出租车上的财物，若是乘客刚下车，司机发现后一踩油门把车开走的，构成盗窃；如果是开走一段路程后司机发现而占为己有的，构成侵占；如果是后来上车的乘客发现拿走的，构成盗窃。

18. 甲谎称乙停在路边的摩托车是自己的而卖给丙，构成何罪？

构成盗窃和诈骗，数罪并罚。

19. 《刑法》第265条的规定是注意规定还是法律拟制？

就盗窃罪的对象而言，本条属于注意规定，因为财产性利益本来就是侵犯财产罪的行为对象。就盗窃罪的行为而言，本条属于法律拟制，是将不符合盗窃行为特征的行为拟制为盗窃行为，并以盗窃罪论处。盗用他人电话，并没有使任何对象发生转移，只是应当付电话费而没有付费而已，并不符合盗窃的行为特征。

20. 17周岁的人使用真币从贴有"禁止不满18周岁的人购买烟酒"的自动贩卖机中购买烟酒的，构成盗窃罪吗？

不构成。因为不能算交易目的落空。

21. 能否认为只要多次盗窃的最后一次处于追诉期限内，就认为整个没有超过追诉时效？

有学者持这种观点。但我认为不应这样认定。

22. 多次盗窃同一对象，如多次盗窃同一辆电动车最后终于成功，属于"多次盗窃"吗？

不属于，必须每次是不同的对象。

23. 非法进入后发现是"户"仍然盗窃的，属于"入户盗窃"吗？

入户盗窃可能包括户内盗窃。这和入户抢劫不一样，入户抢劫要求进入时必须认识到是户，以抢劫的目的及暴力的方式入户。

24. 从超市扔出商品，让不相识的过路人捡走的，成立盗窃罪吗？

构成故意毁坏财物罪，因为第三人捡走和行为人本人取得很难等同评价。

25. 盗窃他人手机后使用他人微信或者支付宝在机器上购物，或者将他人微信、支付宝中的"钱"转到自己的微信、支付宝中的，构成何罪？

都是盗窃，因为诈骗必须要有受骗的自然人，比如用别人的手机向小额公司申请贷款，身份的冒用就能构成诈骗或者贷款诈骗。

这些案件其实只有两种可能，要么是盗，要么是骗，诈骗类就可能包括了贷款诈骗罪、普通诈骗罪、合同诈骗罪。要看行为有没有对应的自然人，如果没有自然人，那就是盗；如果有自然人的话，那就属于骗。如果是骗，就再考虑是属于贷款诈骗、普通诈骗还是合同诈骗等。

26. 行为人盗窃他人手机后，发现他人手机上的微信、支付宝本身没有余额，但微信、支付宝绑定了储蓄卡，于是通过他人的微信、支付宝，直接将钱转入自己的微信、支付宝的，构成何罪？若是先将他人储蓄卡里的钱转入其微信、支付宝中，然后再将其微信、支付宝中的钱转入自己的微信、支付宝呢？

有人说是信用卡诈骗，但行为人利用了他人的卡号和密码吗？没有，这还是盗窃。

第二问，将他人储蓄卡里面的钱转入其微信、支付宝，他人并没有损失，造成财产损失的是将他人微信、支付宝里的钱转入行为人自己的微信、支付宝，所以还是盗窃。

27. 行为人盗窃他人手机后，发现他人微信、支付宝里没有余额，也没有绑定储蓄卡，于是，就将被害人的储蓄卡与微信、支付宝绑定，再通过他人的微信、支付宝将钱转入自己的微信、支付宝中的，构成何罪？

将被害人的储蓄卡与微信、支付宝绑定，这个行为不是犯罪行为。只要没有自然人（受骗），那还是盗窃。

28. 行为人盗窃他人手机后，利用他人手机在商场购物付款时，由于微信或者支付宝没有余额或者余额不足，需要选择微信或支付宝绑定的银行卡支付货款时，行为人选定了其中的银行卡的，构成何罪？

能构成信用卡诈骗吗？不能。只要没有使用他人的银行卡号和密码，就不能叫冒用他人的信用卡，不能定信用卡诈骗罪。能不能说商场的职员被骗了？也没有，商场职员并不是被害人，商场职员不具有处分他人财产的权限。在三角诈骗中，被骗者一定是有处分他人财产权限的人，否则还是盗窃。

■ 法规链接

《刑法》第 270 条侵占罪

■ 疑难问题

1. 如何理解侵占罪中的"代为保管"？我国侵占罪的规定与域外刑法规定有何不同？这种不同会带来哪些解释论上的差异？《刑法》第 270 条第 2 款关于遗忘物、埋藏物的规定是注意规定吗？

在国外，侵占犯罪一般有三个罪名：第一个是脱离占有物侵占，脱离占有物就是非基于行为人的意志而失去控制，比如暂时没有任何人占有的物品，如丢失在马路上的钱包，或者偶然由行为人占有的物品，如楼上飘到行为人院子里的东西、误投到行为人家的包裹。这种侵占在日本法定刑是 1 年。第二个是委托物侵占，要求存在委托信任关系，在日本法定刑是 5 年。第三个是业务侵占，在日本法定刑是 10 年，这相当于我国的职务侵占罪。我一直都主张把我国刑法中的职务侵占罪解释为业务侵占罪。我国《刑法》第 270 条第 1 款和第 2 款法定刑没有差异，最高都是 5 年有期徒刑，所以我国不应照搬日本刑法的规定，区分所谓的脱离占有物侵占和委托物侵占。

我认为无论是委托物还是脱离占有物都属于第 270 条第 1 款中的"代为保管"

的财物。这里的"代为保管"强调的是行为人不是通过盗窃、诈骗等非法的方式取得占有的，而是基于委托保管而占有，或者它本身是脱离占有物。第 2 款规定了遗忘物和埋藏物，但是没规定漂流物，还有误投的包裹，不能认为误投的包裹叫遗忘物。日本刑法规定了"遗忘物等脱离占有物"，但我们只规定了"遗忘物和埋藏物"，没有"等"。张老师想把其他的脱离占有物都解释为遗忘物，所以"遗忘"是个表面的构成要件要素。但我认为它们就属于代为保管，如漂流物，一般人可以基于无因管理而占有，不是基于非法的方式取得占有。还有楼上飘下来的一件衣物，楼下住户有权利管理，叫无因管理，但他不能放在他家柜子里，不能穿在身上。所以，代为保管就是强调不是通过非法的方式取得占有的。

第二、三问，域外刑法对不同类型的侵占规定了不同的刑罚，如前述日本刑法中 1 年、5 年和 10 年不同法定刑，它们形成了一个罪刑的阶梯。我国《刑法》第 270 条第 1 款和第 2 款的法定刑则完全一样，所以没有必要强调第 270 条第 1 款规定的是所谓委托物侵占。

第四问，我认为第 2 款是可以删除的，有第 1 款就可以了。别人忘在马路上的钱包，你可以占有，但不能以所有权人身份进行处分。所以，第 2 款是注意规定，而且它的列举是不完全列举，因为还有其他的脱离占用物，像飘落物、漂流物、误投的包裹等。

2. 应否区分遗忘物与遗失物？如何界定遗忘物与埋藏物？误以为是遗忘物而取走的，如何处理？

遗忘物和遗失物在民法上是要区分的，但在刑法上不用区分。区分说认为，如果仔细地回忆能够想起来的，那就是遗忘物；如果怎么想也想不起来的，那就是遗失物。按照这个观点，一开始记不得的话，那就属于遗失物，对方不构成犯罪，三天之后想起来了，就变成了遗忘物，对方又构成犯罪了，这合理吗？所以，在刑法上不应区分遗忘物与遗失物。

第二问，埋藏物存在所有权人，不是抛弃物，不能叫所有权权属不明。例如，行为人买一套老房子，老房子的主人告诉他说："我家里爷爷跟我说了，墙里面可能有金元宝，但不知道在哪里，你将来如果要卖给别人或者发现了金元宝一定要告诉我。"后来行为人翻修房屋的时候果然发现了金元宝，占为己有了，这就是埋藏物，有所有权人而且很明确。埋藏物不包括所有权权属不明的财物，如果所有权权属不明，也有归行为人所有的可能性，按照存疑时有利于被告人的原则，他可能不会被定罪。所以，埋藏物必须是所有权人明确的或者说是有所有权人的，只是不在所有权人的占有之下。地震后埋在倒塌的房子下面的财物，属于埋藏物吗？按照人们的一般观念，倒塌的房子下面的财物还是归原房主占有，即便房主离开了。如果邻居拿走了，就构成盗窃，因为权属很明确。所以，所谓遗忘物、埋藏物，应该是指存在所有权人，但不在所有权人的占有之下的财物。

第三问，误以为是遗忘物而取走的，主观上有侵占的故意，但客观上实现的是盗窃的事实。有一年的法考题是这样的，在一辆农村公交车上，司机把装有几部手机的包放在车前面的铁壳子上，行为人误以为是前面的乘客遗忘的，他拿了之后就下车了。行为人误以为是遗忘物，而实际上是盗窃，司法部公布的答案是侵占。行为人主观上有侵占的故意，客观上实现的是盗窃的事实，如果认为盗窃和侵占是对立的关系，那还能成立侵占吗？构成要件没有重合的部分，还能成立轻罪的既遂吗？所以不能认为盗窃的对象是他人占有，而侵占的对象是自己占有，如果把它们理解成一种对立的关系就没法处理了。德国是通过立法来解决的，侵害他人的动产不构成盗窃、诈骗等其他犯罪的，就成立侵占罪。也就是说，侵占罪只要满足最低的要求，侵害他人的所有权和有利用的意思就可以了。所以，侵占罪是取得型财产犯罪的兜底性犯罪，只要侵害了他人的所有权，有利用的意思，不构成盗窃、诈骗等更严重的犯罪的，就满足了侵占罪的最低要求。还有之前说的游戏机房案，司法部公布的答案是盗窃，和公交车上盗窃手机的答案矛盾吗？不矛盾。游戏机房案属于评价的错误，因为即便是昨天玩游戏的人落下的，按照人们的一般观念，只要游戏机房关门了就转归店主占有了，所以是评价的错误。司法部公布的答案是没有问题的。

3. 如何理解"拒不退还"与"拒不交出"？它们与"非法占为己有"是什么关系？

通说认为，将他人的财产占为己有之后，还需要等被害人向行为人讨还的时候不退还才构成犯罪，这是没道理的。"拒不退还"与"拒不交出"根本就是多余的，它们只是说明行为人具有变占有为所有的意思的一种辅助的判断资料，如果有其他的证据表明行为人有变占有为所有的意思，即便没有所谓的"拒不退还"与"拒不交出"也已经构成犯罪了。国外甚至认为，只要行为人准备把委托保管的财物卖掉，开始寻找买家就已经既遂了，甚至购买者还构成赃物罪。也就是说，成立侵占罪既遂，不需要卖出去，只要有卖的意思了，想变占有为所有，就已经既遂了。我常举的例子是，邻居出远门委托行为人照看鸡、鸭、牛、羊之类的，邻居一出门，他今天宰只鸡，明天宰只鸭，后天宰只羊，再后天杀头牛，三个月不到都进到他的肚子里了，是不是要等到邻居回来要求他把鸡、鸭、牛、羊吐出来才构成犯罪？不是，把别人的鸡、鸭、牛、羊都杀掉吃光了，行为人的不法所有的目的已经体现出来了。

第二问，是说明有不法所有的目的的一种判断资料。

4. 侵占罪与盗窃罪等夺取罪之间是什么关系？如何区分？为何侵占罪的法定刑轻于盗窃罪？认识错误时如何处理？

一个是不转移占有，一个是转移占有。在规范性意义上，它们具有一种高低度的关系，只要侵害他人所有权，并且具有利用的意识，就满足了侵占罪的最低要求。

第二问，就看财产占有的归属。

第三问，因为侵占罪不是通过非法的方式取得占有的，而是将自己占有的财物变为自己所有，没有夺取占有，所以违法性较轻，有责性轻。

第四问，一般认为成立侵占罪的既遂。

5. 侵吞受委托保管的赃物或销赃款，以及截留贿赂款，是否成立侵占罪？

张老师对于不法原因给付是肯定诈骗，否定侵占的，他认为只能成立赃物犯罪，侵吞受委托保管的赃物或销赃款只能成立掩饰、隐瞒犯罪所得罪。截留贿赂款，张老师认为不构成侵占罪，理由都是不存在受法律保护的委托信任关系。不过，我认为成立侵占罪。

6. 银行卡名义人通过挂失取出他人存款的，如何定罪？对于"错误汇款案""错误记账案"，如何定性？

行为人把卡卖给别人使用，然后又通过挂失取款的，要看他是在 ATM 机上取款还是对人使用，分别评价为盗窃和诈骗。

第二问，对于"错误汇款案"有三种观点：第一种观点是夺取罪说，在 ATM 机上取款是盗窃，在银行柜台取款是诈骗，都属于夺取罪，夺取是相对于不转移占有的侵占罪而言的；第二种观点是侵占罪说，认为错汇的存款还是在行为人的占有之下，他是变占有为所有，他没有处分的权利，但是他以所有权人的身份进行利用处分；第三种观点是不当得利说。在德国不当得利说是一种主流观点，在日本夺取罪和侵占罪都有人主张。在我国，张老师主张夺取罪说，我主张侵占罪说。我认为，别人向你的卡上错汇的存款和楼上飘到你院子的衣物本质一样，都是占有。主张构成夺取罪，立场上存在一定问题。比如，在用邻居的身份证办银行卡的案件中，成年人带一个未成年邻居到外面打工，未成年人的单位要求他办一张银行卡发工资，他用了成年人的身份证办了一张银行卡，并把银行卡交给成年人保管，密码是他自己设的，后来成年人就用身份证挂失并取走了卡里面的钱。对此，张老师主张构成侵占，因为银行卡名义人占有存款。而我认为构成盗窃，因为名义人并不是存款的实际所有人，密码也不是成年人设置的，所以也不是存款的占有人。这跟借同学的身份证办银行卡，同学持身份证挂失取款构成盗窃、诈骗罪一样。

错误记账是银行职员操作错误，你去银行存 10 万元，结果银行职员一不小心操作到别人的账上去了。错误记账和错误汇款都是让行为人的卡上多了钱，他没有通过非法的方式夺取占有，但他还是占有了，当然他不所有，不能处分。我主张定侵占，张老师则主张定盗窃、诈骗。

张老师还有一个观点，认为在 ATM 机上取款就是盗窃了银行的现金，但如果不取现金，直接转账，银行就没有现金损失了吧。其实存款债权和存款现金现在是一体的，财富就是一个数据，把 3 万元放在自己家的箱子底下还是存在楼下的 ATM 机里面没有什么不同。所以，强调取现就是盗窃银行的现金，那如果不是取现金而是直接转账，银行没有现金损失，能说是盗窃吗？行为人没有盗取别人的存款债权，是别人把款汇到他的卡上的，这跟侵入银行系统划拨别人的存款完全不是一回事。所以，错误汇款的收款人虽然占有错汇的存款，但无权作为所有者进行利用、处分，否则成立侵占罪。

7. 如何处理所谓"财物所有权保留"的案件？

财产卖给对方了，在付清货款之前他保留了所有权，然后又把东西偷回去了，构不构成犯罪？构成盗窃罪，他人的占有还是值得保护的。但按照所有权说，则不构成犯罪。

8. 如何处理所谓不动产"二重买卖"案件？

所谓不动产"二重买卖"就是明明房子已经卖给别人了，收到别人的钱后，又把这个房子卖给第三人，并且把房子过户给他了。那谁是被害人呢？第三人花了钱，房子也过户到了他的名下，他没有损失。别人付给行为人钱，按照一般人的观念，行为人就没有房子的所有权了，他将自己占有下的财物变为自己所有的，构成侵占。如果收到别人的钱，就把房子过户给他了，然后谎称房子没卖，又卖给第三人的，构成什么罪？对第三人构成诈骗。

9. 司法解释将第 270 条第 1 款与第 2 款合并为"侵占罪"一个罪名，妥当吗？

在我国是可以的，因为它们的法定刑是一样的。

10. 侵占罪所保护的法益是什么？成立侵占罪要求行为人主观上具有非法占有目的吗？

侵占罪所保护的法益应是所有权，而不是占有权，因为本来就在其占有之下。

第二问，不是具有非法占有目的，而是具有不法所有的目的。

11. 民法上的"金钱的占有即所有"，适用于刑法上侵占罪的认定吗？如何处理所谓保管金钱的案件？

让别人保管金钱的，虽然金钱占有即所有，但如果指定了用途的话还是能构成侵占罪的。例如，某老师要到日本去访学，他给一个学生3万元，让他去换日元，结果学生拿了3万元就逃之夭夭了，如果认为金钱的占有即所有，就不构成侵占罪了，合理吗？指定用途的能构成侵占罪。又如，学生甲的父亲委托他在南京的一个大学同学乙，让他给甲保管3万元，然后每个月甲到乙那里去拿3000元，结果乙把3万元全用掉了，构不构成犯罪？如果乙家里有很多的钱，他有填补的可能性，是不构成犯罪的，因为不能证明他有变占有为所有的意思，但如果他没有填补的可能性还是要构成犯罪的。所以，不要简单地说金钱的占有即所有，不会侵害所有权，不能构成侵占。限定用途的、密封的金钱，还是不享有所有权的。

12. 行为人在加油站加满油后发现没有带钱就开车逃走的，如何处理？

行为人加油的时候有付款的意思，结果一掏口袋，没钱，一踩油门走了。把油加到他的油箱里，加油站有没有把油转移给他占有的意思？没有。但油加进油箱后即与原来的油混合而不可分离，故加的油应归行为人占有。行为人不付款逃走的，应构成侵占。

第三节　抢劫罪与抢夺罪

■ 法规链接

《刑法》第263、269条**抢劫罪**

■ 疑难问题

1. 抢劫罪的暴力包括所谓不作为的暴力吗？凡是由作为构成的犯罪，都可以由不作为构成吗？

行为人出于其他的意图压制了被害人的反抗，临时产生取财的意图，继而取走被害人的财物的，能不能成立抢劫？例如，出于其他意图导致被害人处于昏迷的状态，行为人临时起意拿走被害人身上的财物的，构不构成抢劫？不能构成。

我们不承认不作为可以构成抢劫，除非能够评价行为人实施了新的暴力、胁迫行为。虽然在被害人已经被压制反抗的状态下，行为人只要实施比较轻缓的暴力、胁迫就能够压制被害人反抗，但至少要能评价为有新的暴力、胁迫行为。如果没有的话，单纯地利用了前行为造成被害人不能反抗的状态取得财物的，不能评价为抢劫。

第二问，不能简单地认为凡是由作为构成的犯罪都可以由不作为构成。要处罚不作为，必须要能肯定不作为和作为具有等价性。按照我的观点，原则上不能处罚不作为犯罪，要严格控制不作为犯罪的处罚范围。但通说无限扩大了不作为犯罪的处罚范围，认为凡是由故意的作为构成的犯罪都可以由不作为构成。从条文来看，故意杀人一般应该是作为，所以不作为应该是例外，我前面跟大家讲过，母亲掐死自己的小孩和不给自己的小孩哺乳，具有等价性吗？小孩在河边玩耍时自己不小心落水父亲不救与父亲把小孩推下河，具有等价性吗？我认为没有，应当评价为遗弃罪，而不是不作为的故意杀人罪。

2. 抢劫罪既未遂的标准是什么？"具备劫取财物或者造成他人轻伤以上后果两者之一的，均属抢劫既遂"的司法解释规定，有无问题？

对于司法解释规定的所谓择一标准，我和张老师都是反对的，因为抢劫罪说到底还是财产犯罪，应该以财产的取得与否作为既未遂标准。很显然，司法解释没有注意到抢劫罪是财产犯罪，或者说没有注意到抢劫罪的主要法益还是财产的事实。

3. 应否及如何区分所谓加重的犯罪构成与量刑规则？抢劫罪的八种加重情形中哪些是加重的犯罪构成，哪些是量刑规则？

张明楷老师认为要区分所谓加重的犯罪构成与量刑规则。加重的犯罪构成指的是，因为行为方式、行为对象的特殊性使行为类型发生变化，形成一种新的行为类型，导致违法性增加，进而加重法定刑。加重的犯罪构成是一个独立的犯罪构成，完全可以确定为一个独立的罪名。比如说完全可以叫入户抢劫罪、抢劫金融机构罪、持枪抢劫罪等。加重的犯罪构成是有未遂的，入户抢劫、持枪抢劫、抢劫金融机构均有未遂。按照张老师的观点，情节严重、情节特别严重、情节恶劣、情节特别恶劣、首要分子、多次、违法所得数额巨大、违法所得数额特别巨大都属于所谓量刑规则，量刑规则只有达到或没达到、符合或不符合的问题，没有未遂。张老师反对所谓盗窃数额巨大、数额特别巨大的未遂，以数额巨大的财物为盗窃的目标，实际盗窃数额较大的财物，只成立盗窃罪基本犯的既遂；以数额巨大的财物为目标，仅窃得少量财物的，只成立盗窃罪的基本犯，而且是未遂，还应从轻、减刑处罚。我反对区分加重的犯罪构成与量刑规则，即加重的犯罪构成有未遂，量刑规则没有未遂的观点。我持一种折中的立场。

通说认为，只要以数额巨大的财物为目标，不管有没有接近数额巨大的财物，都要成立盗窃数额巨大财物的未遂。我是反对这种观点的。我认为盗窃、诈骗的加重犯是有未遂的，但必须要求对所意欲盗窃、诈骗的数额巨大的、特别巨大的财物已经形成了具体的、现实的、紧迫的危险。如盗窃国宝，至少要接近国宝，行为人主观想着盗窃国宝，但门都还没进去，怎么能评价为盗窃数额巨大的未遂呢？按照张老师的客观的未遂论，只要对法益形成了具体的、现实的、紧迫的危险，就构成未遂犯了。加重犯也有法益，如行为人以盗国宝为目标，国宝就在眼前了，结果一不小心踩到报警器上了，这个时候还是要成立盗窃数额巨大甚至特别巨大的未遂的，可以适用 10 年以上有期徒刑、无期徒刑，同时适用未遂犯从轻、减轻处罚的规定。

阮齐林老师曾讲过一个"碰碎国宝案"的例子，即行为人盗窃国宝的时候不小心碰碎了国宝。张老师主张将其评价为盗窃情节特别严重的未遂，即可以评价为盗窃数额特别巨大或者有其他特别严重情节的加重犯的未遂，适用加重法定刑，同时适用未遂犯从轻、减轻处罚的规定。应该说，这和张老师所主张的情节严重、情节特别严重是量刑规则没有未遂的立场存在一定的矛盾之处。国宝都差点被行为人收入囊中了，但因为行为人过于紧张导致国宝掉在地上摔碎了，如果将其评价为基本犯未遂，显然不能做到罪刑相适应。所以，盗窃、诈骗有未遂，但必须要求对数额巨大、数额特别巨大的财产对象形成了具体的、现实的、紧迫的危险。违法所得数额巨大、数额特别巨大相当于客观处罚条件，的确没有未遂。首要分子、多次也没有未遂。

第二问，按照张老师的分类，在这八种情形中，只有第四种"多次抢劫或者抢劫数额巨大的"属于量刑规则，其他规定内容都属于加重的构成要件。

4. 加重犯有无未遂与中止？何谓"部分的中止"？

有，关键在于怎么认定、处理。这里面很复杂，因为我们国家的加重犯种类太多了，我大致把它分为结果加重犯（如故意伤害致死）、数额加重犯（如数额巨大、数额特别巨大）、情节加重犯（如情节严重、情节特别严重）、手段加重犯（如持枪抢劫）、作用地位加重犯（如首要分子）、结合犯（如绑架杀人、奸淫被拐卖的妇女）。要根据每一种类型来具体分析，如抢劫杀人、抢劫致人死亡有没有未遂？首先考虑是加重犯的未遂还是基本犯的未遂，这里面有很多情况，以杀人的手段抢劫，一刀捅过去，只是把被害人捅晕了，拿着东西就走了，杀人的结果是未遂，但基本犯是既遂。所以，要看未遂的结果是加重犯的结果还是基本犯的结果。中止则要考虑到底是中止了杀人还是中止了抢劫，还是都中止了，都中止的话那么造成损害的减轻处罚，没有造成损害的免除处罚。另外，该怎么评价"造成损害"？这也是个问题。

"部分的中止"是张老师提出的一个概念，指行为人有意地中止了加重的要素，完成了基本犯罪。行为人本来打算在公共场所当众强奸妇女的，被害妇女求他不要在公园，到地下室去，然后他同意了，挟持到地下室实施了强奸，对此只能评价为强奸的基本犯。还有持枪抢劫的，在压制被害人反抗之前丢掉了枪支，以普通的手段完成了抢劫，也只能评价为抢劫的基本犯。

5. 法定刑升格条件是否需要认识到？抢劫罪加重犯中哪些要素需要认识到？

无论是基本犯还是加重犯，只要是客观要素，原则上都需要行为人主观上认识到，这就是构成要件的故意规制机能。少数情形除外，如"首要分子""多次"，不需要认识到，还有张老师提出的客观的超过要素，如丢失枪支不报罪里的造成严重后果也不需要认识到。基于此，误以为是普通物资，而实际上抢劫的是军用物资的，只能评价为抢劫罪的基本犯。没有认识到闯入的是"户"的，就不能认定为入户抢劫，只能认定为基本犯。

第二问，在抢劫罪加重犯中，需要认识到"户"，需要认识到是金融机构，需要认识到是军用物资，"多次"则不需要认识到。

6. 如何理解"入户抢劫"？"入户"抢劫等于"在户内"抢劫吗？应否对入户抢劫的目的与"户"的范围加以限制？合租一套公寓者窜到他人房间抢劫成立"入户抢劫"吗？进入开设赌场的家中抢劫成立入"户"抢劫吗？

入户抢劫不等于在户内抢劫，入户抢劫处10年以上有期徒刑、无期徒刑或者死刑，因此要严格限制入户抢劫的适用。张老师提出对入户的目的要进行限制，要以抢劫的目的，使用暴力的方式入户。行为人虽然有抢劫的目的，但是悄悄地跟在别人后面溜进去了，这不能叫入户抢劫。或者行为人虽然有抢劫的目的，但是打声招呼别人就放他进去了，也不能叫入户抢劫，必须是以抢劫的目的，以暴力的方式入户。

第四问，三居室的出租屋每人住一间，一个住户窜到另外一个住户房间去抢劫，能不能叫入户抢劫？我认为不可以。但是，一个住户窜到另外一个住户房间里去盗窃，能不能评价为入户盗窃？是可以的。入户盗窃只是3年以下刑罚，入户抢劫是10年以上刑罚，所以入户抢劫的"户"和入户盗窃的"户"的范围是不一样的。

第五问，如果进入的是家中赌场，它具有营业的性质，进入这样的场所抢劫不能叫入户抢劫，但进入这样的场所实施盗窃还是有可能评价为入户盗窃的。另外，我认为学生宿舍不能评价为户，宾馆的房间也不能评价为户，进去抢劫不能评价为入户抢劫。

7. 如何认定"在公共交通工具上抢劫"？其规范保护目的是什么？进入职工班车、校车、全班学生春游包车上抢劫，以及在凌晨三点上空无一人的夜班车上抢劫司机的财物，能成立"在公共交通工具上抢劫"吗？认为"接送职工的单位班车、接送师生的校车"也属这里的"公共交通工具"的司法解释有无疑问？

为什么要加重处罚在公共交通工具上的抢劫？是因为公共交通工具是封闭的空间吗？是因为公共交通工具是移动的吗？不是，是因为公共交通工具上人员的构成，它是一个由陌生的人临时聚集起来的群体。

第二问，关于在公共交通工具上抢劫，我和张老师在观念上有分歧。张老师认为抢劫职工班车也能评价为在公共交通工具上抢劫，我是反对的，职工班车上的乘客基本都是一个单位的，职工班车和长途大巴等公共交通工具还是不一样的。还有抢劫无人售票车的，如凌晨三点，车上就司机一个人，两个歹徒上来就抢司机，能不能评价为"在公共交通工具上抢劫"？张老师认为能，我认为不能。"在公共交通工具上抢劫"是要保护司机和售票员的人身、财产安全吗？不是的，保护的是乘客。

所以，在我看来，进入职工班车、校车、全班学生春游包车上抢劫，以及在凌晨三点上空无一人的夜班车抢劫司机的财物，都不能成立"在公共交通工具上抢劫"。有人说公交车一定要处于移动的状态，那也不一定，让司机把车停好了之后，让乘客下来排队一个个搜身也是可以成立的。行为人也不需要上到车上，拿着枪对着公共交通工具上的乘客，让他们把钱都丢下来，也是可以成立的。

第三问，按照我上面的看法，认为"接送职工的单位班车、接送师生的校车"也属这里的"公共交通工具"的司法解释是有疑问的。

8. 如何认定"抢劫银行或者其他金融机构"？为何将对象限定为"银行或者其他金融机构的经营资金、有价证券和客户的资金"？抢劫运钞车本身，能认定为"抢劫金融机构"吗？

为什么要加重处罚抢劫银行和其他金融机构？它们和一般的公司、企业相比特殊在什么地方？因为银行和其他金融机构里面有现金，有有价证券，加重处罚是为了保护国家的金融安全，所以抢劫银行或者其他金融机构是指抢劫银行或者其他金融机构的现金和有价证券。

第二问，将对象限定为"银行或者其他金融机构的经营资金、有价证券和客户的资金"，是因为它们关系到国家的金融安全。

第三问，抢劫运钞车也叫抢劫金融机构，但抢劫运钞车本身只能评价为抢劫罪的基本犯。

9. 如何认定"多次抢劫"？多次抢劫有无未遂与中止，如何处理？为何对连续抢劫不认定为"多次抢劫"，而对连续盗窃却认定为"多次盗窃"呢？

为什么要加重处罚"多次抢劫"？我认为规定"多次抢劫"是为了严厉打击抢劫犯罪，所以我不认为"多次抢劫"里面包括了未遂、中止、预备，每次必须既遂，而且每次都是以具有一定价值的财物为抢劫的对象，如果每次都以微薄的财物为抢劫对象，不能评价为"多次抢劫"。如中小学生校园霸凌，每次就是抢几块钱，就算多次也不能评价为"多次抢劫"。

第二问，这里有两个问题，第一个问题，行为人打算抢多次，抢了两次就案发了，要不要评价为多次抢劫未遂？这就是张老师所说的量刑规则，只有客观上达到多次，才能认定为多次抢劫。这种情况也不存在中止，行为人准备抢三次，抢了两次之后不干了，也没法评价为多次，这是一个层面上的未遂和中止。第二个问题，多次抢劫中的每次里面能不能包括未遂和中止？比如两次未遂一次中止，或者三次都是中止的，能不能成立"多次抢劫"？我认为每次必须既遂，不能包括未遂、中止，更不包括预备。从多次抢劫的10年以上有期徒刑、无期徒刑或者死刑的法定刑来看，可能将多次抢劫中的各次都限定为既遂为宜。也就是说，多次抢劫必须是三次以上的既遂，因为多次抢劫的法定刑比三次既遂的同种数罪并罚的处罚还要重。

第三问，是为了限制"多次抢劫"的适用。在一个地方连续抢劫路过的多人，或者在一个地方抢劫多个人的财物的，司法解释认为不能评价为多次抢劫，原因就是多次抢劫的法定刑比较高。但是，对于在一个地方盗窃多人的财物，或者一晚上盗窃多个住户的财物的，肯定要评价为多次盗窃，原因就是多次盗窃只是入罪的条件，法定刑是3年以下。所以说，法定刑越重，对构成要件的解释越严格，越要限制它的适用。

10. 如何认定"抢劫致人重伤、死亡"？有未遂、中止吗？抢劫杀人的，是应定抢劫罪还是故意杀人罪？何谓抢劫"致"人重伤、死亡？对抢劫罪的八种加重情节都能适用死刑吗？

结果加重犯分很多种，我们只承认故意加过失的结果加重犯，如故意伤害致死，以及故意加故意的结果加重犯，如抢劫杀人。我们不承认过失加过失，更不承认过失加故意的结果加重犯。另外，只有故意加故意的结果加重犯，我们才讨论加重犯有没有未遂。所以，讨论加重犯有没有未遂，首先要清楚讨论的是什么类型的加重犯，如果是过失的加重犯，就加重结果而言，当然没有未遂。抢劫过失致人死亡的，有可能未劫得财物，所以未遂的到底是基本犯的结果还是加重的结果？抢劫杀人的，加重结果可能未遂，基本犯也有可能未遂，还有可能中止。

第三问，张老师认为抢劫杀人的成立抢劫致人死亡和故意杀人罪的想象竞合，虽然它们的最高刑一样，但抢劫致人死亡有附加刑罚金，因此得出的结论是抢劫致人死亡比故意杀人罪要重，想象竞合的结果是定抢劫致人死亡。我不同意这种观点，因为《刑法》里面只有故意杀人罪是唯一的从重到轻，首选的刑种是死刑的罪名，而抢劫致人死亡是处10年以上有期徒刑、无期徒刑或者死刑。

我2007年在清华读博士的时候，就在《法律适用》上发表了一篇题为《抢劫杀人的应定故意杀人罪》的文章。将抢劫杀人定故意杀人罪有以下理由：第一，符合杀人偿命的观念。第二，可以在抢劫罪保留死刑的情况下，在事实上不适用。你们要记住一个重要的观念，别以为抢劫罪加重犯规定了死刑，就认为每一种加重情节都能判处死刑。即便抢劫罪有死刑，抢劫罪的死刑也只能适用于抢劫（故意）致人死亡，入户抢劫、多次抢劫等行为都不能判处死刑，要从解释论上限制死刑的适用。如果把抢劫杀人定故意杀人罪，可以首先在解释论上废除抢劫罪死刑的适用，为我们将来从立法上彻底废除财产犯罪的死刑"打前站"。第三，有利于抢劫杀人未遂的处理。实践当中有这样的案件，行为人抢劫出租车司机，在他身上捅了很多刀，然后把他埋在渣土地里，并把车抢走了。可能行为人杀人用的刀实在太钝了，这个司机的命大，第二天早上凉风一吹他醒过来并且自己爬出来了。如果定抢劫致人死亡的未遂处刑多少？人没有杀死，肯定是抢劫罪的基本犯了。而如果定故意杀人未遂，等待行为人的是10年以上刑罚，而且不可能是减轻的，因为被害人被捅了很多刀。所以，抢劫杀人定故意杀人罪有利于杀人未遂的处理。

第四问，这里的致人死亡是指抢劫的机会中致人死亡吗？在抢劫过程中一不小心踩死了地上的婴儿，这叫抢劫的机会中致人死亡，这能不能评价为抢劫致人死亡？不能，只能是抢劫的手段致人死亡。所以，我们主张手段说，而不是机会说。这里的"人"应该是财产犯罪的对象，要么是财产的被害人，要么是有财产保护意识的人。如果他人根本没有财产保护的意识，如行为人误以为摩托车旁边站着的是车主，上去一脚就给他踢倒，然后他的头磕在石头上磕死了，其实他不是摩托车的所有权人，而只是碰巧站在摩托车旁边，这能不能叫抢劫致人死亡？不能，因为他根本就没有保护财产的意识。

第五问，就算抢劫罪保留死刑，也只能对抢劫致人死亡的判处死刑。

11. 如何理解"冒充军警人员抢劫"？"军警人员利用自身的真实身份实施抢劫的，不认定为'冒充军警人员抢劫'，应依法从重处罚"的司法解释规定，有无问题？

如果没有冒充，而是真正的军警显示军警人员的身份的，该怎么办？如果冒充军警人员抢劫的判处10年以上刑罚，而真正的军警人员显示军警人员的身份抢劫的却只能成立基本犯，这显然不合理。张老师早些年把冒充解释为假冒、充当，对于真正的军警叫充当，他在最新的教科书里面把它叫充任。这种处罚的不协调是什么原因造成的？是因为抢劫罪的八种加重情节都是列举性的，没有兜底性的规定，过于明确就可能导致处罚漏洞。如果有其他严重情节的兜底性条款的规定，就不至于出现这种不合理的结论。

12. 何谓"持枪抢劫"？持假枪抢劫，是持枪抢劫吗？持空枪抢劫呢？持枪抢劫着手后压制被害人反抗之前丢掉枪支采用普通手段抢劫的，如何处理？

何谓持枪抢劫？是带着枪支抢劫，还是要使用枪支抢劫？要使用。开枪算作使用，拿枪支恐吓也叫持枪抢劫。但是，如果枪支在兜里，不让被害人看见的，不能叫持枪抢劫。

第二问，持假枪抢劫是持枪抢劫吗？有观点认为持枪抢劫可以包括持假枪抢劫，只要被害人感觉有一个枪支一样的东西顶着他的后脑勺，就叫持枪抢劫了。如果这样的话，不要说持假枪了，行为人持一根棍子，甚至用手指头顶着被害人的后脑，说"不许动，动我一枪崩了你"，就要构成持枪抢劫了。让被害人感觉到有枪支，就能构成持枪抢劫了？这不合理。《刑法》中只有两个地方既可以包括真实的，也可以包括伪造的，一是虚开发票犯罪，可以在伪造的发票上虚开；二是买卖国家机关公文、证件、印章罪，可以包括买卖伪造的国家机关公文、证件、印章。除此之外，应该只包括真实的，贩毒必须贩卖的是真毒品，杀人必须杀的是活人，持枪必须是持真枪。

第三问，持空枪抢劫也叫持枪抢劫，那持空枪和持假枪有什么区别？持枪至少违反了国家的枪支管理制度。

第四问，持枪抢劫着手后压制被害人反抗之前丢掉枪支采用普通手段抢劫的，就是张老师所说的"部分的中止"，行为人放弃了加重的要素，只能成立抢劫罪基本犯的既遂。

13. 误把军用物资当普通物资抢劫，或相反，如何处理？误把军用物资当作救灾物资进行抢劫呢？

误把军用物资当普通物资抢劫的，行为人对法定刑升格条件的要素没有认识，只能评价为抢劫普通物资,即抢劫罪的基本犯。还有相反的,也就是误把普通物资当军用物资抢劫的,也只能评价为抢劫普通物资,定抢劫罪的基本犯。

误把军用物资当作救灾、救济物资,或者把救灾、救济物资当作军用物资的,这属于同一构成要件内的错误,不影响抢劫罪加重犯的认定。

14. 抢劫罪与绑架罪之间的区别何在?为什么绑架罪法定刑重于抢劫罪?

抢劫罪只有两面关系,即行为人和被害人。而绑架罪一般要三面关系:人质、绑匪、关心人质安危的第三人。

要界分抢劫罪和绑架罪,需要思考为什么绑架罪的法定刑更重,其实是因为绑架行为把人质和关心人质安危的第三人相互隔离了。所以,我主张当场胁迫的,定抢劫罪,而不是张老师所说的想象竞合。有这样真实的案件,储户正在柜台取款,行为人拿了一把菜刀架在储户的脖子上,让银行职员丢出来10万元,否则就杀了储户,这是抢劫还是绑架?应该认定为抢劫。当着关心人质安危的第三人的面恐吓的危害性显然比把人质带离的危害性更小。抢劫一般是意在图财还是意在害命?一般是图财。而绑架可能既图财又害命,行为人可能会"撕票",因为不"撕票",人质之后可能会指认。

15. 抢劫罪与盗窃罪是对立关系还是竞合关系?

它们之间是竞合关系。

张老师早些年对盗窃罪的定义是,使用非暴力平和的手段,以非法占有为目的,违反被害人的意志,将其占有下的财物转移为自己或第三人占有。强调非暴力平和的手段,就会导致盗窃和抢劫之间形成对立的关系,一个是平和手段,一个是暴力的手段。但当行为人使用暴力而没有压制被害人反抗的时候,既不能定抢劫,也不能定盗窃,就出现了处罚空隙。所以,张老师后来就把盗窃罪的非暴力平和手段这个要素去掉了,只保留了盗窃罪最基本的要素,即以非法占有为目的,违反被害人的意志,将其占有下的财物转移为自己或者第三者占有。要求以非法占有为目的,是为了与毁弃罪相区分;要求违反被害人的意志,是为了和诈骗罪相区分;要求将他人占有下的财物转移为自己或者第三者占有,是为了和侵占罪相区分。这些要素足以让盗窃罪和其他犯罪区分开,不能随意地添加要素。随意添加要素的结果是让此罪和彼罪之间形成一种对立的关系,而形成对立的关系就会出现处罚漏洞。

我前面反复批判了互斥论的观点,如果认为构成要件之间是一种互相对立、排斥的关系,就会在出现认识错误、事实难以查明、共犯过剩时形成处罚漏洞,而连轻罪都不能构成的原因,居然是主观上可能有更重的责任,或者客观上实现了更重的不法。所以，不要认为传播淫秽物品牟利罪要以牟利为目的，而传播淫秽物品罪不得以牟利为目的；不要认为拐卖妇女、儿童罪要以出卖为目的，而收买被拐卖的妇女、儿童罪不得以出卖为目的；不要认为挪用公款罪要有归还的意图，而贪污罪不具有归还的意图；这些都把它们解释成了一种对立的关系。还有认为盗窃罪的对象只能是枪支以外的普通财物的，盗窃罪和盗窃枪支罪也就形成一种对立的关系了。

16. 事后抢劫的着手实行如何认定？既遂如何确定？如何认定事后抢劫的共犯？何谓承继的共犯？

事后抢劫的着手是开始盗窃时还是开始实施暴力的时候？是在开始实施暴力的时候。不能说行为人出于事后抢劫的目的，事先就想着：若被害人追赶，就使用暴力。如果根本就没有被害人，他拿着就走了，还要评价为事后抢劫的未遂吗？显然不需要。事后抢劫的着手是指开始实施暴力行为时，虽然可以认为事后抢劫的实行行为包括了盗窃，但着手却是在实施暴力的时候。入户抢劫的着手是什么时候？是入户的时候还是到里面去实施暴力的时候？是实施暴力的时候。所以，入户时没有实施暴力的，不能认定为入户抢劫的着手。

第二问，有两种观点，第一种观点是最初取得财物说，盗窃既遂了，即便最终被被害人夺回去了，也是事后抢劫的既遂，张老师就是持这种观点。第二种观点是最终取得财物说，虽然盗窃既遂了，但被被害人夺回去了，还是事后抢劫的未遂，我就是持这种观点，但是最初取得财物说是多数说。事后抢劫也是财产犯罪，就算盗窃成功了，但是又被人夺回去了，最终还是什么都没得到。抢劫犯恐怕也是不服的，如果是普通的抢劫，刚把东西拿过来就被被害人夺回去了，是既遂吗？肯定是未遂。而盗窃成功了，但马上就被被害人发现了，虽然使用了暴力，但被害人还紧追不舍，最后只好放弃，最终啥也没得到，给他定事后抢劫的既遂，他肯定不服。

第三、四问，张老师有篇文章讨论了没有参与盗窃、诈骗、抢夺行为的情况。例如，行为人盗窃之后逃跑，被被害人追赶，这时候行为人的朋友碰巧路过，于是邀请他的朋友阻止被害人的追赶，他的朋友把被害人打翻在地，行为人得以逃脱。行为人的朋友是成立盗窃罪的共犯还是抢劫罪的共犯？张老师认为成立抢劫罪的共犯。我的观点是，如果盗窃已经既遂，被害人就存在一个返还请求权，而他的朋友阻止了被害人的返还请求权这一财产性利益的实现，所以可以成立财产性利益的抢劫共犯。但如果说是盗窃未遂，行为人单纯为了避免抓捕而逃跑，他的朋友是为了避免行为人被抓而阻止被害人的追赶，不存在返还请求权的问题，我认为不成立抢劫罪的共犯，只能成立窝藏罪。张老师为什么主张在盗窃未遂的时候阻止被害人的追赶，也能成立事后抢劫的共犯呢？张老师考虑的是，在我们国家没有暴行罪，如果没把被害人打伤，那就是无罪，在日本则可能成立暴行罪。但即便是这一点我认为也不能成立，因为事后抢劫是盗窃加事后的暴力、胁迫，行为人的朋友并没有参与盗窃，按照承继共犯否定说的观点，对已经发生的行为和结果，中途的参与人不可能对此具有贡献，所以我认为不能评价为抢劫的共犯。

在这个问题上我和张老师分歧的根源还是在承继共犯的问题上。张老师认为前行为人为了抢劫打晕了被害人，压制了被害人的反抗，他的朋友即后行为人中途参与取财的，也成立抢劫的共犯，而我认为只能成立盗窃的共犯，因为后行为人对被害人被压制不能反抗状态的形成是没有贡献的，只是单纯地利用了他人不能反抗的状态，是不能评价为抢劫的。

在他人实施犯罪的中途参与进去，共同或者单独完成后面的行为，中途参与者是否要对他参与之前的行为和结果负责，这就是承继共犯的问题。承继共犯肯定说和中间说都有可能得出肯定的结论，而承继共犯否定说会得出否定的结论。我就是持承继共犯否定说立场，一个人不可能对他参与之前的行为和结果有贡献。前行为人对被害人拳打脚踢，他的朋友即后行为人中途参与进来一起揍被害人，被害人身受重伤，但不能查明这种重伤的结果是在后行为人参与之前还是参与之后发生的，如何处理？只能是前行为人承担故意伤害致人重伤的责任，后行为人成立故意伤害未遂的责任。因为如果是在后行为人参与之后造成的，前行为人也有责任，如果在后行为人参与之前重伤的结果已经形成了，那么前行为人也要承担责任，所以无论是哪一种情况，前行为人都要承担责任。而对后行为人，除非能够证明重伤的结果产生于他参与之后，否则按照存疑时有利于被告人的原则，只能推定结果产生于他参与之前。

17. 行为人盗窃、诈骗、抢夺数额较小的财物时，出于窝藏赃物等法定目的而当场使用暴力或者以暴力相威胁的，是否成立事后抢劫？

盗窃数额较小是不构成盗窃罪的，能不能转化成抢劫呢？如果行为人是以数额较大的财物为目标，也就是说盗窃未遂，是可以转化成抢劫的，但如果行为人就是以数额不大的财物为盗窃的目标，是不能转化为抢劫的。也就是说，转化抢劫中的"盗窃、诈骗、抢夺罪"是可以包括盗窃、诈骗、抢夺未遂的，但不包括一般的盗窃、诈骗、抢夺行为。

18. 行为人实施特殊的盗窃、诈骗、抢夺行为（如盗伐林木、合同诈骗、抢夺国有档案），出于窝藏赃物等法定目的而当场实施暴力或者以暴力相威胁的，是否成立事后抢劫？

可以成立事后抢劫，但在解释的时候不能说转化抢劫中的"盗窃"是指盗窃行为，而不是《刑法》第 264 条盗窃罪。应该说转化抢劫中的"盗窃"就是第 264 条的盗窃罪，同时把盗伐林木等评价为盗窃罪。

19. 已满 14 周岁不满 16 周岁的人，实施盗窃等行为，为窝藏赃物等目的而当场使用暴力或者以暴力相威胁的，应否以事后抢劫追究刑事责任？有关已满 14 周岁不满 16 周岁的人不能成立事后抢劫的司法解释有无疑问？

可以，因为抢劫罪的刑事责任年龄起点就是 14 周岁。

第二问，这个司法解释规定没有造成伤害等结果的，不构成犯罪，也就是否定了 14 周岁的人实施盗窃能够转化成抢劫，这是不对的，因为事后抢劫也是抢劫，且抢劫罪的刑事责任年龄起点就是 14 周岁。

20. 先前的犯盗窃等罪属于连续犯的情形，应当如何处理？

能够转化的那一次至少要成立盗窃未遂，如果每次都是小偷小摸，不能转化成抢劫。

21. 对无关的第三者实施暴力取得财物的，能构成抢劫罪吗？

不能。我刚才举过一个例子，第三人碰巧站在别人摩托车旁边，结果行为人上来就三拳两脚给他打倒，骑走了摩托车，这不能构成抢劫，抢劫的对象至少要是具有保护财产意识的人。

22. 杀人后取得财物的行为，要具备什么条件，属于以暴力强取财物，认定为抢劫罪？

行为人在杀人的时候要有取财的意图。如果是出于报复或者其他的意图杀死了被害人之后临时产生取财的意图，能不能成立抢劫？不能。那是成立盗窃罪还是侵占罪？如果说是盗窃罪得承认死者占有，我是持反对意见的。在被害人家里把人杀死，取走他的财物的，构成盗窃也不是因为死者占有，而是因为这个空间有其他的管理者。所以，要考虑是在荒郊野外杀死了人取走财物，还是在被害人家里杀死了人取走财物，前者只能评价为侵占罪。

23. 关于"绑架过程中又当场劫取被害人随身携带财物的，同时触犯绑架罪和抢劫罪两罪名，应择一重罪定罪处罚"司法解释的规定，有问题吗？

这其实是两个行为，绑架在控制人质时就已经既遂了，然后又使用暴力劫取人质随身携带的财物，另外构成抢劫罪，应当数罪并罚。绑架过程相当于是一条线段，而抢劫只发生在其中一个点，行为的主要部分并不重合，应该是两个行为。

判断是一个行为还是两个行为，要看行为的主要部分是否重合，如果主要部分不重合的话就应该认为是数个行为。例如，在醉酒的状态下追逐竞驶，行为的主要部分是重合的，但醉酒一段时间之后撞死人的应该是两个罪，主要部分没有重合。还有绑架之后强奸的，应该数罪并罚。绑架既遂之后，在看管人质的过程当中又轻伤人质，一罪还是数罪？当然是数罪。当然，对于绑架杀人的或者绑架故意伤害致人重伤或者死亡的，则另当别论，因为有单独规定的法定刑。但是致人轻伤的，只能数罪并罚。

24. 如果明知所抢劫的对象既有普通财物又有枪支而一并抢走的，是成立想象竞合，还是应数罪并罚？如何确定行为个数？

按照我的观点，只要认识到既有普通财物又有枪支，就应当从规范意义上认定存在数个行为，数罪并罚。通说认为是想象竞合，是从自然意义上来把握行为个数，存在一定的问题。

25. "抢劫信用卡后使用、消费的，其实际使用、消费的数额为抢劫数额"的司法解释规定，有无疑问？逼迫被害人交出信用卡并说出密码后释放被害人，然后再独自去取款或者刷卡消费的，所使用消费的金额能认定为抢劫数额吗？

第一个问题前面已经批判过了。

第二问，如果在控制被害人的情况下取款，取款的数额可以评价为抢劫数额；如果是释放被害人之后再取款，就不能评价为抢劫的数额了，只能另外评价为盗窃、信用卡诈骗等。

26. 抢劫罪与强迫交易罪之间是什么关系，对立还是竞合？"从事正常商品买卖、交易或者劳动服务的人，以暴力、胁迫手段迫使他人交出与合理价钱、费用相差不大钱物，情节严重的，以强迫交易罪定罪处罚"的司法解释规定，有无疑问？

不是对立关系，符合强迫交易的犯罪构成的同时，并不当然排除抢劫罪的成立。

第二问，司法解释规定以是否明显超出对价区分两罪，这种观点存在一定问题。抢劫罪和强迫交易罪的区别不在于是否明显超过了对价，而在于手段本身有没有压制被害人的反抗。如果压制了被害人的反抗，就算没有明显超出对价，也要成立抢劫罪，因为抢劫罪是对个别财产的犯罪，使被害人丧失了个别财产，就认为造成了财产损失。

27. 抢劫罪与寻衅滋事罪之间是对立还是竞合关系？二者的区别是否在于"行为人主观上具有逞强好胜和通过强拿硬要来填补其精神空虚等目的"？

司法解释把它理解成一种对立、排斥的关系，认为寻衅滋事是要出于寻求精神刺激、逞强耍横等流氓动机，而抢劫罪不需要。难道抢劫是要出于高尚的动机？寻衅滋事和抢劫之间是一种竞合的关系，它们之间没有明确的界限。

28. 以暴力或者暴力相威胁索取赌债、青春损失费、保护费等非法债务，构成抢劫罪吗？"行为人为索取债务，使用暴力、暴力威胁等手段的，一般不以抢劫罪定罪处罚"的司法解释规定，有无疑问？

既然是非法债务就不是法律保护的对象，当然构成抢劫罪。

第二问，要看是什么债务，索取非法债务就是抢劫。如果抢劫的对象是赌博输掉的钱，当然是抢劫，因为赢钱的赌徒对赌资的占有也是需要通过正当的法律程序恢复到应有状态的，这种占有能对抗所有人，包括输钱的人。

29. 应否将事后抢劫中暴力、胁迫的对象限定为夺回赃物的人、抓捕自己的人或者保护证据的人？

应该限定为夺回赃物的人、抓捕自己的人或者保护证据的人，如果是无关的第三人，对他实施暴力不能成立抢劫罪。

30. 以当场立即实现损毁名誉的内容进行威胁的，成立抢劫罪吗？

成立抢劫罪必须是暴力性威胁，以当场立即实现损毁名誉的内容进行威胁的，不成立抢劫罪，可能成立敲诈勒索罪。

31. 行为人先后盗窃了两次，第三次盗窃时数额没有达到较大要求，客观上也不可能盗窃数额较大的财物，行为人在第三次盗窃时为窝藏赃物、抗拒抓捕或者毁灭罪证而当场对被害人使用暴力或以暴力威胁的，能否成立事后抢劫？

不能。在转化的那一次要以数额较大的财物为目标，至少要成立盗窃未遂。行为人第三次客观上没有也不可能盗窃数额较大的财物，主观上也没打算盗窃数额较大的财物，不成立盗窃未遂，那就不能转化成抢劫。

32. "犯盗窃、诈骗、抢夺罪"，是否包括预备犯？

我倾向于认为转化型抢劫中的"犯盗窃、诈骗、抢夺罪"，应该至少要着手实行，不能包括预备、中止。前期犯罪至少是未遂，不能包括预备、中止，为什么？因为对事后抢劫处罚很重。

33. 甲持刀进入乙的办公室盗窃财物时，乙在沙发上睡觉，甲在寻找财物的过程中发现乙翻身，误以为乙发现了自己（其实乙并没有醒来），为抗拒抓捕而刺伤了乙，构成事后抢劫吗？

没有人有要抓他的意思，应该不转化。

34. 单纯尾随被害人入户后抢劫的，因门未锁而趁机溜入户内抢劫的，利用偷配的钥匙或者所谓万能钥匙入户后抢劫的，通过欺骗方式入户后抢劫的，成立入户抢劫吗？

不能成立，要有抢劫的目的而且以暴力的方式入户。

35. 入户盗窃、诈骗、抢夺后，出于窝藏赃物等目的在户外使用暴力或者以暴力相威胁的，属于入户抢劫吗？

不属于，暴力必须发生在户内，不能发生在户外。

36. 进入后才发现是"户"仍然实施抢劫的，属于入户抢劫吗？

行为人以抢劫的目的入户，但是误以为进入的是商场或者是商店，进去之后才发现是户，能不能构成入户抢劫？可以认定为入户抢劫。

37. 在公共交通工具上盗窃、诈骗、抢夺，下车后转化为事后抢劫的，属于在公共交通工具上抢劫吗？

行为人在公交车上盗窃，在他下车之后，被害人发现了，然后追下来，能不能转化成抢劫？能，那是转化成普通抢劫还是在公共交通工具上抢劫？是普通抢劫。

38. 抢劫行为引起被害人自杀的，追赶抢劫犯的被害人自己摔倒身亡的，抢劫犯离开现场后被害人不小心从阳台摔下身亡的，成立抢劫致人死亡吗？

都不能成立抢劫致人死亡。

39. 抢劫过程中误伤、误杀同伙的，成立抢劫致人重伤、死亡吗？

抢劫致人重伤、死亡中的"人"，显然不包括同伙。

40. 行为人的轻微暴力、胁迫不足以压制被害人反抗，但由于同时冒充军警人员才压制被害人反抗进而取得财物的，是成立加重抢劫还是普通抢劫？

张老师认为，对于冒充军警人员抢劫的，如果不冒充军警人员就压制不了被害人的反抗的话，只能把加重情节变更评价为基本犯。也就是说，要成立冒充军警人员的加重犯，除冒充军警人员压制反抗之外，还必须另外使用普通的手段再压制他人的反抗，比如打被害人一顿才行。实际上，行为人出示假证件或者穿着制服冒充军警人员，一般被害人会乖乖地把钱交出去。

■ 法规链接

《刑法》第267条**抢夺罪**

■ 疑难问题

1. 如何理解携带凶器抢夺中的"凶器"与"携带"？其中的"凶器"与携带凶器盗窃中的"凶器"的范围是否一致？

前面已经讲过，携带凶器抢夺中的"凶器"与携带凶器盗窃中的"凶器"范围不完全一样。"携带"并不要求时时刻刻地带在身上，只要在使用的时候能够支配就可以了。

2. 携带凶器抢夺定抢劫罪的规定，是注意规定还是法律拟制？

如果认为是注意规定，就要按照抢劫罪的构成要件来理解，不仅要携带凶器，还要使用凶器。如果把这一规定理解成法律拟制，按照客观含义来理解就可以了，即客观上带有凶器，主观上有使用的意识就可以了。如果行为人到街上买了把菜刀放在背包里，然后在路上临时起意要夺别人的财物，但他当时并未意识到背包里有菜刀，对此能不能评价为携带凶器抢夺？不能，因为他没有使用的意识。这是为了限缩处罚范围。还有所谓的职业佩戴，以前有很多走街串巷、走村串户的人，如杀猪的、做木工的、理发的，他们一般都有职业佩戴，他们在抢夺的时候可能根本就没想到身上还有杀猪刀等工具，所以不能评价为携带凶器抢夺。因此，不能说客观上带有凶器就要评价为携带凶器抢夺，一定要有使用的意识才可以。

3. 抢夺罪与抢劫罪如何界分？飞车抢夺如何处理？

抢夺一般是针对物，抢劫一般是针对人。

第二问，如果在没有规定抢夺罪的国家，对抢夺行为会怎么处理呢？不是定抢劫就是定盗窃。所谓的飞车抢夺，如果压制了被害人反抗，采取拖拽、逼、挤等形式的，就是抢劫了。

4. 抢夺罪与盗窃罪如何区分？

抢夺罪与盗窃罪的区别不在于是秘密还是公开进行，也不在于是趁人不备还是趁人有备，夺了就跑还是不跑。并非抢夺就是趁人不备，夺了就跑，盗窃其实也是趁人不备，盗了就跑。也就是说，抢夺和盗窃都可能趁人不备，夺（盗）了就跑。

二者的区别在于，第一点，抢夺的对象是他人紧密占有的财物。例如，我的包放在教室前面，我在最后一排坐着，行为人拿了我的包之后大摇大摆地走了，是夺还是盗？这时包不是我紧密占有的财物，所以是盗。第二点，抢夺是对物的暴力，它的作用力在物上，是针对物本身，不是对人的暴力。第三点，抢夺要具有致人死伤的可能性。虽然我们国家对于抢夺罪没有规定抢夺致人重伤、死亡，但是规定了严重情节，严重情节就包括了致人重伤、死亡。不过，对于盗窃，不可能规定盗窃致人死伤，因为盗窃一般来说不可能导致死伤。所以，通过紧密占有的财物、对物暴力的方式、具有致人死伤的可能性这三个方面，就可以妥妥地把盗窃罪和抢夺罪区分开了。

5. 对抢夺致人重伤、死亡的，如何评价为"其他严重情节"与"其他特别严重情节"？司法解释将"导致他人重伤"认定为"其他严重情节"，将"导致他人死亡"认定为"其他特别严重情节"，将"导致他人自杀"认定为"其他严重情节"，是否合适？

早些年，司法解释认为抢夺致人重伤、死亡的，按照想象竞合来处理。张老师就批评这种立场，认为应该把抢夺致人重伤、死亡评价为其他严重情节、其他特别严重情节。后来司法解释吸取了张老师的观点，但是这个问题并没有解决好。司法解释简单地将"导致他人重伤"认定为"其他严重情节"，将"导致他人死亡"认定为"其他特别严重情节"，将"导致他人自杀"认定为"其他严重情节"，这会造成罪刑不相适应的结果。过失致人重伤最高判3年有期徒刑，而如果抢夺的财物没有达到数额较大，根本不构成抢夺罪，仅仅因为致人重伤就评价为其他严重情节，处3年到10年有期徒刑，罪刑相适应吗？同样的，过失致人死亡处3年到7年有期徒刑，情节较轻的处3年以下有期徒刑、拘役或者管制，而如果抢夺没有达到数额较大，导致他人死亡的，要评价为其他特别严重情节，处10年以上有期徒刑、无期徒刑，罪刑相适应吗？不相适应。

应明确以下几点：第一点，致人重伤、死亡是可以评价为其他严重情节、其他特别严重情节的；第二点，把致人重伤、死亡评价为其他严重情节、其他特别严重的前提是已经构成了抢夺罪；第三点，只能在数额所对应的法定刑幅度的基础上提升一个法定刑幅度。也就是说，抢夺数额较大致人重伤的，只能提升一个幅度评价为其他严重情节，处3年到10年有期徒刑，如此罪刑大致相适应；而抢夺数额较大致人死亡的，也只能提升一个法定刑幅度，评价为其他严重情节，而不能像司法解释所规定的那样直接评价为其他特别严重情节，否则罪刑不相适应。因为抢夺数额较大的处3年以下有期徒刑、拘役或者管制，过失致人死亡的最高才判7年有期徒刑，3年加7年才10年，所以只能评价为第二档"有其他严重情节"的法定刑。如果行为人抢夺数额巨大，然后又致人重伤、死亡的，按照我刚才说的标准，提升一个法定刑幅度，评价为其他特别严重情节，是不是能做到罪刑相适应？数额巨大的法定刑是3年到10年有期徒刑，致人重伤的最高法定刑是3年有期徒刑，致人死亡的最高法定刑是7年有期徒刑，所以提升一个法定刑幅度，10年以上有期徒刑、无期徒刑。

对于将导致他人自杀评价为财产犯罪的其他严重情节，我一直持批评的态度，无论是盗、骗还是夺，财产丧失不至于导致被害人自杀。前面讲过，如果要把被害人自杀归属于行为人，张老师提出了三点要求：第一，行为人实施了符合构成要件的行为，比如侮辱、诽谤；第二，被害人的自杀和行为人的行为之间存在能让人理解的因果关系；第三，法定刑不能过重。所以，实践当中只有虐待致人死亡、暴力干涉婚姻自由致人死亡、侮辱导致被害人自杀等极少数情形能包括被害人自杀。像强奸致人死亡、抢劫致人死亡不可能包括被害人自杀，因为它们的法定刑是10年以上有期徒刑、无期徒刑或者死刑。至于组织、领导传销活动罪是否包括被害人自杀肯定会有争议，虽然组织、领导传销可能会导致被害人自杀，但我认为可以评价为非法拘禁致人死亡，我倾向于认为非法拘禁致人死亡包括被害人自杀。

6. 对于具有"曾因抢劫、抢夺或者聚众哄抢受过刑事处罚"以及"一年内曾因抢夺或者哄抢受过行政处罚"情节的，"数额较大"的标准按照通常标准的50%确定（即降低数额较大标准）的司法解释规定，有无疑问？

有一定问题，曾经受过刑事处罚是预防情节，预防情节不能反映不法的程度。司法解释混淆了这种反映再犯罪可能性大小的预防要素和反映不法程度的责任要素。例如，被害人家里被盗了2000元，是被一个没有犯罪前科的人盗了还是被一个有犯罪前科的人盗了，他都是损失了2000元，被害人的损失不会因为行为人预防犯罪的可能性大就增加了。

7. 携带凶器抢夺，为窝藏赃物、抗拒抓捕或者毁灭罪证，而当场使用凶器致人重伤、死亡的，如何处理？

有两种处理思路：第一种是把携带凶器抢夺的直接评价为抢劫；第二种是把携带凶器抢夺只评价为抢夺，将为窝藏赃物、抗拒抓捕或者毁灭罪证而当场使用暴力的评价为事后抢劫。

8. 行为人在餐厅就餐后，乘机逃走而不支付餐费的，成立抢夺或者盗窃罪吗？

不成立。对于逃餐费的，如果一开始就不打算付费，朝那里一坐，什么菜贵就点什么菜，这叫举动诈骗。如果正常吃完后一摸口袋，发现没带钱，假装送人走，是否构成犯罪，这是有争议的，有人说至少延迟履行了，对方有处分的意思。如果是从厕所后门悄悄溜走，难办。能定盗窃吗？财产性利益转移了吗？债务免除了吗？没有吧，所以说难办。但如果店员找顾客要钱的时候，他原形毕露，使用了暴力手段，那就构成了抢劫，抢劫的是财产性利益，和前面的诈骗属于包括的一罪，只定抢劫罪就行了。所以对于逃餐费问题，首先要看非法占有的目的是产生于吃饭之前还是之后，然后看事后做了什么，是悄悄溜走，谎称送人溜掉还是直接使用暴力拒绝付费。

9. 抢夺致人重伤、死亡时，要求财产法益的被害人与身体、生命法益的被害人是同一人吗？

不要求，但至少身体、生命法益的被害人要有保护他人财产的意识。抢夺了他人财物之后，正好一个人走来，行为人一转身就把他撞死了，能不能评价为抢夺致人死亡？不能。

■ **法规链接**

《刑法》第268条 聚众哄抢罪

■ **疑难问题**

1. 聚众哄抢罪的立法目的是什么？为何聚众哄抢罪的法定最高刑只有10年有期徒刑？

刑法已经规定了抢劫罪、抢夺罪、盗窃罪，为什么还规定聚众哄抢罪，而且法定最高刑只有 10 年有期徒刑？聚众哄抢就是多人的公然盗窃，既然是抢的话，被害人应该在场，否则就不叫聚众哄抢了，叫聚众哄盗。因为人多，每个人抢的东西不是很多，数额也不是很大，所以法定最高刑是 10 年有期徒刑。

2. 聚众哄抢的首要分子是仅对自己抢得的财物数额承担责任，还是应对其"招呼"的其他人所抢得的财物数额承担责任？

首要分子不仅应对自己抢得的财物数额负责，还要对其"招呼"来的其他人所抢得的财物数额承担责任。

3. 聚众哄抢罪的实行行为是什么？本罪是单行为犯还是复行为犯？

"聚众"是状语，强调聚众性，实行行为是抢。本罪是单行为犯，不是所谓的复行为犯，不是说聚众就算着手实行了。

4. 聚众哄抢个人所得数额特别巨大的，是仅以聚众哄抢罪最重判处 10 年有期徒刑，还是可以以盗窃、抢夺罪判处 10 年以上有期徒刑甚至无期徒刑？

聚众哄抢数额特别巨大的，可以以盗窃罪、抢夺罪判处 10 年以上有期徒刑或者无期徒刑。

5. 聚众哄抢过程中使用暴力压制阻止其哄抢的人的反抗，能否成立抢劫罪？聚众哄抢后为窝藏赃物、抗拒抓捕、毁灭罪证而当场使用暴力或者以暴力相威胁的，能否转化成抢劫？

聚众哄抢中，被害人加以阻止，而行为人使用暴力压制了被害人反抗的，成立抢劫罪。

第二问，能够转化成抢劫。例如，聚众哄抢之后，被害人在后面追赶，然后追到了跑在最后面的人，行为人使用暴力抗拒抓捕，构成什么罪？聚众哄抢不就是公然盗窃吗？因此属于盗窃罪，为窝藏赃物、抗拒抓捕、毁灭罪证，而当场使用暴力或者以暴力相威胁，可以定抢劫罪。

第四节　诈骗罪与敲诈勒索罪

━━━━━━━━　▪ 法规链接　━━━━━━━━

《刑法》第 266 条诈骗罪

■ 疑难问题

1. 如何评价诈骗罪中的财产损失？基于违法的劳务（如骗人毁车）、无效的请求权（如分赃）、违法的占有（如骗取赃物）、违法目的的预付款（如骗取杀人酬金），能成立诈骗罪吗？

只要导致了个别财产的丧失，就认为造成了财产损失。

第二问，如果是谎称杀人而骗取了杀人的酬金，构不构成诈骗？构成。而对于使用欺骗手段使对方免除无效的请求权的，如骗免嫖娼费，张明楷老师认为是不构成诈骗的。违法的劳务、无效的请求权因不受法律保护，所以不成立诈骗，但骗取赃物和杀人酬金的，还是成立诈骗罪。

2. 何谓欺骗行为？诈骗罪的构造是什么？能否承认"机器被骗"？

这里的欺骗行为不是日常生活意义上的欺骗，只有使对方产生处分财产认识错误的行为才叫欺骗。例如，行为人欺骗被害人说他的儿子在前面马路上被车撞了，被害人不关门就出去了，行为人趁机拿走被害人家中的财物，这属于盗窃还是诈骗？是盗窃。因为这种欺骗行为并没有导致对方产生处分财产的认识错误。

第二问，诈骗罪的构造是行为人实施欺骗行为，对方陷入认识错误或者继续维持认识错误，并基于认识错误处分或者交付财产，行为人取得财产，对方遭受财产损失。

第三问，我们不承认机器被骗，但是国内一些学者认为机器可以被骗，并且认为国外的利用计算机诈骗就是承认机器诈骗，其实国外的所谓利用计算机诈骗，规制的是财产性利益的盗窃。事实上，不让忘记了密码的真正的持卡人取款，却让知道正确密码的假持卡人取款，说明机器不存在被骗的问题，被骗的一定是自然人，这是全世界通识性的观点。

3. 如何把握处分行为与处分意思？

有严格把握处分行为与处分意思、缓和把握处分行为与处分意思两种立场。如果坚持严格认定处分行为与处分意思的话，那么诈骗的范围就窄一点，盗窃的范围就宽一些，它们之间是一种此消彼长的关系。

4. 应否区分种类认识错误与数量认识错误？

张老师的观点是，如果行为人把相机放在方便面的盒子里面，然后超市以方便面的价格结账，系种类认识错误，行为人构成盗窃；如果是把照相机盒子里的泡沫拿出来，一个盒子里装进了两部照相机，超市只以一部照相机的价格结账，系数量认识错误，行为人构成诈骗。张老师认为种类认识错误是盗窃，而我认为对超市而言根本不关心卖出了什么东西，只关心价款，把一大箱方便面拿出来，里面装上了一部等值的照相机去结账，超市有没有损失？没有。所以，我不赞成张老师所谓的种类认识错误是盗窃，数量认识错误是诈骗，我认为都是诈骗。

5. 骗他人写下欠条，成立诈骗罪既遂吗？

就财产性利益而言，已经是既遂了，但就财物而言，还是未遂。

6. 受骗者对行为人的欺骗行为产生怀疑后仍然处分财产的，能认定成立诈骗既遂吗？

也能成立，即便被害人有所怀疑，但还是被骗了。

7. "诈骗既有既遂，又有未遂，分别达到不同量刑幅度的，依照处罚较重的规定处罚；达到同一量刑幅度的，以诈骗罪既遂处罚"的规定，如何理解？有无疑问？

这跟盗窃一样，我倾向于认为只有一个行为。有个真实的案件，行为人盗卖他父亲的房屋，房款是100万元，在他收到首付30万元的时候就案发了。30万元是既遂，70万元是未遂，一审认定的是30万元既遂，二审认定的是70万元未遂，因为法定刑幅度不一样。按照张老师的观点，数额巨大、数额特别巨大没有未遂，只能按照既遂的数额选择法定刑。如果行为人多次诈骗，有的是既遂，有的是未遂，我倾向于数罪并罚。

8. 司法实践中对利用伪基站设备发送所谓诈骗短信案，简单地根据所发送短信条数认定成立诈骗罪（未遂）的做法，有无问题？

司法解释规定，5000条就要认定为其他严重情节的未遂，5万条要认定为其他特别严重情节的未遂。这一规定本身没有问题，问题在于发这种短信不一定能评价为诈骗罪的着手，有的只是预备。例如，短信的内容是通知他人获得了银行的积分，让他登录某个银行网站，实际是钓鱼网站，被害人登录这个网站输入银行卡号和密码后，行为人就从后台获取了他的银行卡信息，然后在赌博网站充值，通过充值的形式消费被害人卡中的存款。单纯地发送这种短信能不能认定为已经着手实行诈骗？不能，因为使被害人遭受财产损失的不是这种诈骗短信，而是其登录了钓鱼网站，输入了卡号和密码，被行为人掌握了银行卡的账号、密码，因此发这种短信只能叫预备。当然，如果短信的内容是："我叫张勇，我的卡号变了，以后的房租就打到这个卡号去。"张勇这个名字很常见，行为人发给1万个人可能真有一个人租了张勇的房子，然后真把房租打到这卡上去了，我认为这就是诈骗着手了，因为已经提供了银行卡号，对方可能直接把钱打到这个卡上去了。所以，应该仔细分析短信的内容能不能直接导致对方处分财产，能不能认定为已经着手实行了诈骗。

9. 如何定性赌博诈骗？如何定性所谓"偷电案"？

输赢不具有偶然性的所谓赌博，其实就是诈骗。赌博诈骗成立诈骗罪，是国外理论和实务的通识。

关于偷电，如行为人一年四季用空调，一看电费有几万度吓坏了，然后就把电表指针往回拨一下，抄表员一看以为只用了几十度电，这是偷还是骗？是诈骗，因为开始时他没有偷电的意思，是正常用电。如果行为人一开始就想偷电，用完电之后在抄表之前把电表往回拨了，这才叫偷电。所以，不能简单地说都叫偷电，正常用电之后，再把电表度数拨回去的是诈骗。

10. 将三甲医院的实名制挂号高价倒卖给需要的患者，构成诈骗罪吗（不考虑数额）？

虽然这种实名制挂号很有价值，但没有被害人，不能认为构成诈骗。

11. 行为人谎称出卖苹果手机给他人，先将真机给他人看，然后在交付时偷换成价值几百元但也可以使用的廉价手机，是否构成诈骗罪？若构成诈骗罪，在认定时，能否扣除这几百元数额？

偷偷调换的是盗窃，假装交付真机的是诈骗。

第二问，认定诈骗不应扣除成本。

12. 将便宜商品的条形码贴在贵重物品上，收银台工作人员利用机器扫码后，仅收取少量货款后交付了贵重商品，这种情况下行为人是欺骗了自然人还是欺骗了扫码机器？是构成盗窃还是诈骗？在自动结账机器上扫码结账呢？

欺骗了自然人，构成诈骗。

第三问，构成盗窃。

13. 何谓三角诈骗？三角诈骗与盗窃罪的间接正犯如何区分？

三角诈骗是指被骗者和被害人不是同一人，而在两者间的诈骗中，被骗者也是被害人。

第二问，要看有没有处分他人财产的权限和地位。有个真实的案件，行为人叫了一辆三轮车，指着别人的摩托车说是他自己的，他忘记带钥匙了，让车夫把摩托车拖到某个地方，这是盗窃还是诈骗？是盗窃，因为三轮车夫不具有处分他人财产的权限和地位。

这里再简单提一下，盗窃和诈骗的区分有所谓的阵营说和处分权限说。阵营说要看被骗者处于谁的阵营。按照阵营说，上述车夫不可能处于任何一方的阵营，所以行为人构成盗窃。处分权限说其实本质上与阵营说是一样的。按照处分权限说，车夫没有处分的权限，所以行为人是盗窃。至于"保姆西服案"（行为人上门欺骗保姆，说该家主人让他来取几件干洗的西服，保姆信以为真，将西服交给行为人），为什么是诈骗，而不是盗窃？因为一般认为保姆具有处分的权限，她是站在该家主人的阵营。德国的"车库案"可能有争议，男女以前是恋人关系，男方经常开女朋友的车出去，车库管理员也都知道他们是恋人关系，后来他们分手了，但是车库管理员不知道，还是让他把车开走了，这是盗窃还是诈骗？车库管理员处于谁的阵营，有没有处分权限？他肯定是处于女友阵营，应该有处分权限，所以说成立诈骗罪的可能性还是大一些。

14. 诈骗罪与民事欺诈是什么关系？财产犯罪与不当得利、民事侵权和刑事犯罪之间是什么关系？

诈骗罪与民事欺诈之间就像男人和人的关系，不要孜孜不倦地去区分诈骗罪与民事欺诈，诈骗也属于民事欺诈，我们只需要搞清楚诈骗罪和不构成诈骗罪的民事欺诈的关系。

第二问，财产犯罪和不当得利、民事侵权和人身犯罪之间也不是对立的关系，杀人、伤害在民法上就是侵权，财产犯罪在民法上可能就是不当得利，不能说属于不当得利的就不构成财产犯罪。许霆案发生之后，有的刑法教授就说属于不当得利，但就算是不当得利，也不妨碍评价为刑法上的财产犯罪。

15. 如何区分诈骗与侵占？擅自处分受委托保管的财物后被他人索还时谎称被盗的，是成立侵占罪还是诈骗罪？

特别简单，就是看行为人在取得财物的时候有没有非法占有的目的。例如，一开始就不打算还，以借为名，把他人的摩托车骑走的，是诈骗还是侵占？是诈骗。如果一开始没有非法占有的目的，只打算借用几天，结果发现特别好骑，就不想还了，谎称被盗的，是诈骗还是侵占？是侵占。

第二问，有学者认为构成诈骗罪，但我认为应成立侵占罪。侵占罪的法定最高刑才 5 年有期徒刑，诈骗罪可能判无期。为什么侵占罪的法定刑低？因为这种财物事先就在行为人的占有之下，或者说暂时不由任何人占有，而是脱离占有的，比如马路上遗忘的钱包，行为人没有夺取他人的占有，而且将自己占有下的财物变为自己所有，期待可能性较低。例如，行为人把受委托保管的价值几十万元的高档补品吃掉了，顶多就是侵占。其实无论是行为人谎称被盗，还是已经处分掉了，都是对自己占有下的财物以所有者的身份进行了处分，对被害人来说损失的就是委托保管的财物，所以我不认为受委托保管之后谎称被盗的评价为诈骗，而应构成侵占。

另外，行为人毁坏了受委托保管的财物的，是定侵占罪还是定故意毁坏财物罪？侵占罪的法定最高刑是 5 年有期徒刑，故意毁坏财物是 7 年有期徒刑。行为人将保管的价值几十万元的补品吃掉了，最高判 5 年有期徒刑，如果把它丢掉，能评价为故意毁坏财物罪吗？要成立故意毁坏财物罪，一定是要先夺取占有再毁坏，或者就地毁坏，它有排除的意思，而没有利用的意思。所以，故意毁坏财物不能包括事先已经占有的财物，只能是把他人占有下的财物夺取过来之后加以毁坏，或者就地毁坏。

16. 如何区分盗窃罪与诈骗罪？有无竞合的可能？

在 4S 店试车把车开走的，什么时候构成盗窃？什么时候构成诈骗？在 4S 店的试车范围内试车，然后乘机开走，是夺取了他人的占有，构成盗窃。如果行为人说："这个地方太小了，我要开到远处去试"，那就是诈骗了。区分盗窃罪与诈骗罪，从理论上讲是看对方有无处分的行为，有无处分的意思。如"卖鱼案"，行为人趁卖鱼的人不注意把他的钱包丢进一个鱼桶里，然后行为人指定要买这桶鱼，结果卖鱼的人不知道他自己的钱包也在桶里，虽然桶里的鱼只值 50 元，但他钱包里面有 5000 元现金。对卖鱼人的钱包而言，是盗还是骗？是盗，因为卖鱼的人根本就不知道他自己的钱包在桶里面，他没有处分的意思。

如果对处分行为、处分意思限制得严格一点，那么盗窃罪的范围就宽一些。在德国，财产性利益只能是诈骗罪的对象，而不是盗窃罪的对象，如果严格限定处分行为和处分意思，当对象是财产性利益的时候，认为对方没有处分行为、没有处分意思，就是盗窃，结果就是无罪。也就是说，在德国，当对象是财产性利益的时候，有没有处分的行为，有没有处分的意思，关系到罪与非罪。在我们国家，有没有处分的行为，有没有处分的意思，只关系到此罪与彼罪。所以，在我们国家没有必要严格限制处分行为、处分意思，因为财产性利益也可以是盗窃罪的对象，当对象是财产性利益的时候，不是盗就是骗，不是骗就是盗。

第二问，我认为盗窃与诈骗不仅有可能想象竞合，而且还可能法条竞合，也就是它们之间有重合的部分。例如，甲教唆乙到丙家去盗窃，结果乙到了丙家之后发现丙端坐在客厅里，这时还可能盗吗？不能，于是他就骗。如果认为盗窃与诈骗之间是对立的关系，构成要件就没有重合的部分，甲就不能成立盗窃既遂的教唆犯，这种结论可能让人难以接受。

17. 将"造成被害人自杀、精神失常"认定为诈骗罪中的"其他严重情节"与"其他特别严重情节"的司法解释规定，有无问题？对具备"曾因电信网络诈骗犯罪受过刑事处罚或者二年内曾因电信网络诈骗受过行政处罚"情节的从重处罚的司法解释规定，合理吗？

这样的司法解释还不少，我是认为存在一定问题的。

第二问，这也是预防情节，司法解释混淆了预防情节和责任情节。

18. 学生因为学生证丢失来不及补办，而使用伪造的学生证购买半价火车票的，成立诈骗罪吗？

不构成，对方没有财产损失。

19. 甲向乙出借10万元但没有让乙打欠条，到期后甲伪造欠条向法院起诉让乙归还10万元的，成立诈骗罪或者虚假诉讼罪吗？

对方有损失吗？没有。成不成立虚假诉讼罪？有没有以捏造的事实提起民事诉讼？事实并不是捏造的，虚假诉讼罪应该也不构成。因为存在真实的债权债务关系，所以诈骗罪也不构成。

20. 行为人在经过收费站时，假装掏钱付费，在收费人员提前打开栏杆时突然逃走的，成立诈骗罪吗？

很难认为对方把财产性利益转移给行为人了，或者很难说对方已经免除了行为人支付过路费的这种债务，所以这种案件很难处理。财产性利益可以成为财产犯罪的对象，但是要肯定犯罪的成立，必须要能够认定财产性利益已经转移了，而在上述情形中这一点很难认定。

21. 何谓新类型的三角诈骗？其与普通三角诈骗的区别何在？"偷换二维码案"是成立盗窃还是诈骗？

"偷换二维码案"就是把超市的二维码换成自己的二维码，然后顾客买了东西一扫，钱就进到行为人兜里去了，这就是张老师所说的新类型三角诈骗。典型的三角诈骗是被骗者具有处分被害人财产的权限和地位，使被害人遭受财产损失。对于新类型的诈骗，有两种观点：构成盗窃罪和构成诈骗罪。主张构成盗窃罪的观点认为，这就相当于在超市收银抽屉下面打了一个孔，客户付的钱就从孔中"漏"到行为人的兜里去了，所以是盗窃，我也是持这种观点。张老师认为是诈骗，但问题是谁被骗了？顾客被骗了，因为可能顾客自己扫完码就自动结账了。顾客是被骗了，但是顾客是被害人吗？表面上看顾客是被害人，但按照人们的一般观念，顾客买东西付过钱了，不可能再找他付一次钱，所以超市是实际的被害人。

也就是说，偷换二维码的行为人是诈骗犯，顾客是被骗者，商场是被害人。顾客处分的是自己的财产，但即便处分了自己的财产，承担这种后果的并不是他，而是商家。这就是新类型的三角诈骗和典型的三角诈骗的区别。在新类型的三角诈骗中，被骗者处分的是自己的财产，但事实上是使第三方遭受了财产损失。而典型的三角诈骗是处分他人的财产，使他人造成财产损失。

22. 行为人发现他人向不特定人贷款后，以不归还本息的意思向他人借款，在他人催收时告发他人实施"套路贷"犯罪的，构成犯罪吗？

构成诈骗罪和敲诈勒索罪，是包括的一罪。以告发他人的犯罪事实相威胁的，哪怕有告发权，也不影响敲诈勒索罪的成立。前面的以不归还本息的意思向他人借款的行为，应该评价为诈骗，因为行为人一开始就有非法占有的目的，所以是借款诈骗，与敲诈勒索成立包括的一罪。

23. 如何定性所谓"买短乘长案"？

行为人买的是北京到济南的车票，但是一直坐到了上海下车，这就叫"买短乘长"，这构成盗窃还是诈骗？关键是什么人作出了财产处分，是在北京进站时车站的工作人员被骗了吗？没有，行为人有权利进站。在上海出站的时候，出站口的工作人员被骗了吗？被骗了，因为如果没有买到上海的车票的话，应该补票。如果认为没有人处分财产，那么就是盗窃。日本一直有争议，他们后来通过改进验票系统解决了这个问题。按理说，如果没买济南到上海的车票，自动验票口他应该是通不过的，如果他跟在别人后面出去，那是盗窃还是诈骗？出站口站着工作人员，所以还是骗；如果出站口没有工作人员可能就是盗窃了，盗窃的是运输服务。但盗窃，也存在财产性利益转移的认定难题。

24. 盗窃后向不知情的他人销售赃物的，构成几个犯罪？

构成盗窃罪和诈骗罪，数罪并罚。刑法上不承认所谓善意取得，别人花钱买到了具有权利瑕疵的财物的，被害人随时可以行使物上追及权。

25. 伪造证件盗卖他人不动产的，如何处理？

构成盗窃，盗窃的是不动产权，不是房子本身。同时，还对买房者构成诈骗。存在两个被害人，被害的内容也不同，一个是不动产权，一个是买房的钱款，所以数罪并罚也是可能的。

26. 窃取他人所有的财物后，利用所盗窃的财物骗取财物所有者的其他财物的，如何处理？

例如，盗窃别人的宠物狗领取赏金的，盗狗的行为构成盗窃，然后骗取赏金的行为又构成诈骗。被害人既损失了狗又损失了赏金吗？狗不是回来了吗？盗窃狗时盗窃就既遂了，后来领取赏金又构成诈骗。那能不能说被害人实际上只有一个损失？是不是包括的一罪？可能会有争议。窃取他人财物是为了领取所谓的赏金，能说有利用的意思吗？所以说，构成盗窃罪也有一定的问题。

另外，如果行为人以毁坏相威胁，能否构成敲诈勒索？例如，行为人对狗主人说："你的宠物狗被我捡到了，如果你不给我赏金，我就把你的狗杀掉。"张老师认为这构成敲诈勒索。如果单纯地说不给赏金就不还狗，还不构成敲诈勒索，就是盗窃。但如果说不给钱就把狗杀掉，那就是敲诈勒索。

27. 持卡人将自己的储蓄卡交给他人使用（无电信诈骗的通谋），在他人实施电信诈骗后，通过挂失从银行柜台领取现金的，如何处理？

这就是所谓的"黑吃黑"，把卡给别人之后，持卡人通过短信能查到他卡里有钱，然后他去取款，构成什么罪？不能叫冒用信用卡，因为他是信用卡的持卡人，他只能构成普通诈骗。如果银行职员知道卡中的钱是犯罪所得，知道持卡人并不是存款的实际归属人的话，是不可能同意他挂失取款的。

28. 诈骗犯骗取他人的存款债权后，又从银行柜台或者自动取款机中取出现金的，成立诈骗罪、盗窃罪吗？

有可能构成诈骗罪和盗窃罪，因为卡中的存款根本不属于他所有。

29. 如何定性所谓"调包案件"？

处理"调包案件"要看具体的情形。例如，行为人家里要办喜事，到一个烟酒店买了100条中华牌香烟，用一个蛇皮袋装好了之后一摸口袋，说："我钱没带，我先放在这里，我回去取钱。"他其实已经调换成了另外一个蛇皮袋，里面装的是稻草，香烟已经被他拿走了。这是盗窃还是诈骗？盗窃。在他付完钱之前，店员不可能把香烟处分给他，店员没有处分的意思，所以是盗窃。

30. 能否认为有"套路"就是"套路贷"，就是诈骗？在所谓"套路贷"行为确实构成诈骗罪的情况下，能否将本金和合法利息认定为诈骗数额，能否将本金作为犯罪工具予以没收？

司法实践中存在认为有"套路"的就是诈骗的情况，还讨论所谓的"套路贷"的犯罪构成。张明楷老师发表在2020年第5期《中国刑事法杂志》上的《妥善对待维权行为 避免助长违法犯罪》一文对司法实践产生了非常大的影响，但即便如此，实践当中还存在不少案件将本来不构成犯罪的都作为诈骗罪来处理的情况，只要有套路，只要告对方"套路贷"，利息、本金最后都可以不用还。

第二问，都不可以。"套路贷"中"套路"的是非法的利息，不能把本金和合法利息认定为诈骗数额，本金也不能作为诈骗工具予以没收。

■ **法规链接**

《刑法》第274条 **敲诈勒索罪**

■ **疑难问题**

1. 如何理解敲诈勒索罪的构造？

跟诈骗罪差不多，先是行为人实施恐吓行为、敲诈勒索行为，使对方陷入恐惧的心理状态，然后对方基于恐惧心理交付财产，最后行为人获得财产，对方遭受财产损失。

2. 如何处理敲诈勒索罪与抢劫罪的关系？应否坚持两个"当场"？

关键区别在于是否压制了对方的反抗。

第二问，通说坚持两个"当场"，即在抢劫罪中，实施暴力要当场，取得财物也要当场。但是，张明楷老师和陈兴良老师认为，只要当场压制对方的反抗，即便要求他人日后交付财物也能成立抢劫罪。我赞成通说的两个"当场"。虽然《刑法修正案（八）》将敲诈勒索罪的法定最高刑由以前的10年有期徒刑提高到15年有期徒刑，但敲诈勒索罪与抢劫罪的法定刑仍然相差悬殊。为什么敲诈勒索罪比抢劫罪的法定刑要轻？因为敲诈勒索罪的危害性比抢劫罪轻得多。敲诈勒索罪虽然同抢劫罪一样，会侵害到被害人的意思决定和行动自由，但是，一方面被害人还有一定的选择自由，另一方面其手段行为不会直接严重侵害到被害人的生命与健康。因此，应当坚持传统的两个"当场"，只是应当认识到两个"当场"不是成立抢劫罪的充分条件，而是必要条件，即只有当场实施了足以压制他人反抗的暴力，或者准备当场兑现的足以压制他人反抗的暴力性胁迫，并且当场取得财物的，才能成立抢劫罪，否则仅成立敲诈勒索罪。

3. 如何处理敲诈勒索罪与绑架罪的关系？
绑架就是非法拘禁加敲诈勒索。

4. 如何处理敲诈勒索罪与诈骗罪之间的关系？
张老师的观点是，看行为人实施的是恐吓还是欺骗行为，对方是陷入恐惧心理还是陷入认识错误，对方是基于恐惧心理交付财产还是基于认识错误处分财产。如果对方既陷入了恐惧心理又陷入了认识错误，对方既基于恐惧心理交付财产又基于认识错误处分财产，则既是敲诈勒索又是诈骗，那就是想象竞合。

5. 如何区分权利行使与敲诈勒索罪的界限？以向司法机关告发他人的犯罪事实相威胁，构成敲诈勒索罪吗？以胁迫手段取得对方不法占有的自己所有的财物，是否构成敲诈勒索罪？债权人以胁迫手段实现到期债权，是否构成犯罪？以胁迫手段行使损害赔偿权，是否构罪？行为人以有关部门给予赔偿或者补偿为条件而放弃上访的，是否成立敲诈勒索罪？

看有没有索取财物的正当根据，如果有，就是权利行使，否则就是敲诈勒索罪。

第二问，利用合法行为也是可以构成敲诈勒索罪的。行为人抓到小偷以扭送司法机关相威胁，要求小偷把赃物给他的，当然构成敲诈勒索罪。

第三问，属于权利行使。国外对此有争议，国外有所谓的恐吓罪说、胁迫罪说、无罪说。我国的司法实践一般不作为犯罪来处理。

第四问，不构成犯罪。如果是合法债务，就有索取财物的正当根据。

第五问，在餐馆吃出一只苍蝇，要餐馆赔500万元，否则就诉诸媒体或者告到法院去，构不构成敲诈勒索罪？不构成，因为这是可以行使的权利，是有索取财产的正当根据的，赔偿的金额是可以商谈的。但如果苍蝇是行为人自己有意放进去的，或者他有意地带一个铁钉丢到菜里面说吃出铁钉来了，那他就是敲诈勒索。如果吃出了苍蝇，要餐馆赔500万元，否则一把火把餐馆烧掉，那也是敲诈勒索。

第六问，如果本来就有上访的诉求，就不成立；如果没有上访的诉求，以上访相威胁，就是敲诈勒索。

6. 如何定性冒充联防队员、警察抓赌、抓嫖案件？
得看对方到底是被骗到了还是被吓住了，冒充警察可能构成招摇撞骗、诈骗、敲诈勒索。

7. 如何定性所谓"碰瓷"案？

如果车主稀里糊涂的，误以为自己违章了，然后老老实实地给了钱的，就是诈骗；如果车主知道自己没有违章，只是看对方人多势众，不得不付钱，那就是敲诈勒索。

8. 对于具有"曾因敲诈勒索受过刑事处罚"与"一年内曾因敲诈勒索受过行政处罚"情节的，数额较大按照规定标准的 50% 确定的司法解释规定，有无疑问？

存在一定的问题，曾经受过刑事处罚等不是反映不法程度。

9. 以胁迫手段迫使对方借款给自己使用的，构成何罪？

如果迫使对方借款给自己是不想还利息的话，那么对于利息部分就是敲诈勒索。其实借钱本身就是一种财产性利益，胁迫手段本身就可以评价为敲诈勒索。如果本金也不想还，连本金一起是敲诈勒索。

10. 行为人以恐吓手段要求对方履行高利贷、赌债等法律不予保护的债务的，成立敲诈勒索罪吗？

当然成立敲诈勒索罪，所以张老师反对增设催收非法债务罪，既然是非法债务，就不受法律保护。

11. 能否说抢劫罪是以足以压制他人反抗程度的暴力、胁迫手段强取财物，而敲诈勒索罪只能是以没有达到足以压制他人反抗程度的暴力、胁迫取得财物？

这种理解使抢劫罪和敲诈勒索罪形成了一种对立的关系。其实只要以恐吓的手段索要财物，就构成了敲诈勒索，如果压制了对方的反抗，进而成立抢劫罪。

第五节　职务侵占罪与挪用罪

■ 法规链接

《刑法》第 271 条**职务侵占罪**

■ 疑难问题

1. "窃取"与"骗取",是否属于职务侵占罪的实行行为?

通说认为属于,但条文里面根本没有窃取与骗取的表述,不能想当然地按照贪污罪来理解。贪污罪条文明确规定了窃取与骗取,但职务侵占罪没有规定。以前有学者一方面认为它包括了窃取与骗取,另一方面又指责,公司人员窃取与骗取本单位财物的判 15 年有期徒刑,公司以外的人员窃取与骗取的定盗窃、诈骗,判无期,罪刑不相适应,这是因为他在解释上出了问题,不应该把窃取与骗取解释为职务侵占罪的实行行为。因为窃取与骗取是夺取罪,夺取对象事先不在行为人的占有支配之下。

以前职务侵占罪、侵占罪以及盗窃罪、诈骗罪之间有一个罪刑阶梯,我们能很好地说明它们之间法定刑的差异。职务侵占罪为什么要比盗窃罪、诈骗罪轻?第一,因为没有夺取他人的占有,财物本来就在行为人的占有之下,违法性要轻;第二,将自己占有下的财物变为自己所有,诱惑力很大,期待可能性较低。但是,现在同盗窃罪、诈骗罪一样,职务侵占罪的法定最高刑也是无期徒刑,有一定问题,但是司法实践当中职务侵占罪的定罪量刑标准还是高得多,数额较大和数额巨大分别要 6 万元和 100 万元,而盗窃罪、诈骗罪的数额较大和数额巨大是两三千元和 3 万元,所以还是有区别的。不管怎么说,职务侵占罪条文里面没有出现"窃取"与"骗取",就不能拍拍脑袋认为它的实行行为包括了"窃取"与"骗取"。

2. 何谓"利用职务上的便利"?如何区分所谓职务之便与工作之便?如何区分职务侵占罪与盗窃罪、诈骗罪?如何界分侵占罪、职务侵占罪与贪污罪?如何说明彼此法定刑的差异?

利用职务上的便利强调的是将自己基于业务、职务事先占有支配下的财物变为自己所有。不是说行为人拿回家要利用职务上的便利,而是强调行为的对象事先在行为人的占有支配之下。

第二问,什么叫工作之便?强调利用工作之便的人没考虑到利用职务上便利的含义,它和利用熟悉的作案环境、利用职务工作上的便利条件能区分得开吗?实际只要看这种财物事先是不是在行为人的占有支配之下就可以了。

第三问,区分职务侵占罪和盗窃罪、诈骗罪就看财产的占有归属。

第四问,侵占罪、职务侵占罪和贪污罪的主体不同。侵占是偶然受委托保管,或者是脱离占有;职务侵占是基于职务、业务,将基于职务、业务占有下的财物变为自己所有；而贪污罪相当于公务侵占，主体是国家工作人员，实行行为还包括了窃取、骗取。

第五问，侵占罪是脱离占有物侵占、委托物侵占，没有业务性在里面，而职务侵占是业务侵占，它具有持续性、反复性，所以它的背信性更强，是严重违背对职务的忠诚的。

3. 若将职务侵占罪限定于狭义的侵占，则公司领导指使单位出纳将 100 万元现金给自己私用的，如何处理？

公司领导是否可以支配单位的现金？当然是可以的，所以是职务侵占。职务侵占有两种情况：第一种是直接占有，如出纳占有；第二种是虽然不直接占有，但是对直接占有财物的人的职务行为能进行支配，如出纳要不要听公司董事长的、要不要听财务总监的。所以，职务侵占要么是直接占有，要么就是可以支配直接占有财物的人的行为。

4. 本罪中的"单位"与单位犯罪中的"单位"有无区别？一人公司、合伙企业、个体工商户是否系职务侵占罪中的"其他单位"？2008 年 6 月 17 日《最高人民法院研究室关于对通过虚假验资骗取工商营业执照的"三无"企事业能否成为职务侵占罪客体问题征求意见的复函》中关于"私营、独资等公司、企业、事业单位只有具有法人资格才属于我国刑法中所指的单位，其财产权才能成为职务侵占罪的客体。也就是说，是否具有法人资格是私营、独资等公司、企业、事业单位成为我国刑法中'单位'的关键"的答复，有无问题？

单位犯罪中的单位是犯罪主体，公司、企业、事业单位、机关、团体都是犯罪主体，而本罪中的单位是被害人，不是犯罪主体，是不一样的，不要混淆了。

第二问，是的。一人公司的股东不可能构成职务侵占罪，但一人公司的职员能构成职务侵占罪。合伙企业的工作人员可能构成职务侵占罪。对于个体工商户，如有人开个面馆雇了好几个人，专门收银的人将面款占为己有的，能不能构成职务侵占？当然能构成了。但是，个体工商户老板不存在职务侵占的问题，因为所谓单位的钱就是他的钱。

第三问，这一规定没有考虑职务侵占罪的立法目的，职务侵占罪的立法目的就是将基于职务、业务占有下的财物变为自己所有，是一种严重的背信，是业务侵占。难道不具有法人资格，单位的财产就不需要受法律保护了吗？

5. 如何处理共犯与身份的问题？

被委派到非国有公司的国家工作人员伙同公司人员共同侵占本单位财产的，如何定性？有所谓的为主职权说，看主要利用谁的职权，还有主犯决定说，看谁的作用大，还有想象竞合说、分别定罪说、实行行为说。不过，这些观点都没有抓住共犯与身份的本质。比如，主犯决定说有个很明显的问题，就是主从犯是在定罪之后量刑阶段考虑的问题，它本末倒置地先解决量刑，然后再定性，这是第一点。第二点，按照主犯的性质来定罪，如果国家工作人员是主犯，那么整个案件就要定贪污罪的共犯，如果公司人员起主要作用，整个案件就要定职务侵占罪的共犯，如此，公司人员积极一点成为主犯，结果处刑反倒会轻一点。第三点，按照主犯决定说，如果主从犯难以确定，统一地就定贪污罪的共犯，但是主从犯不能确定的应该按有利于被告人来定，所以这个观点不合理。

6. 行为人利用职务上的便利将原本可以由单位承揽的业务变为个人承揽，利用业余时间完成承揽合同获取利益的，成立职务侵占罪吗？

不能构成，职务侵占的对象必须是单位现存的财物，这只是业务而已，盈利的业务不等于现存的财物。

7. 受彩票发行机构委托，在彩票投注站代为销售福利彩票的非国家工作人员，以不交纳彩票投注金的方式擅自打印并获得彩票的，是构成挪用资金罪还是职务侵占罪？

这是江苏的一个真实案例，卖福利彩票的一个站点，行为人估计未来一段时间会出现大奖，于是他就拼命地打印福利彩票，打了价值55万元的彩票，但只中奖几千元，最后给他定了挪用资金罪。是挪用资金罪还是职务侵占罪？应该是职务侵占罪，占有的是彩票，并没有现实的55万元资金被他挪用，挪用的对象必须是已经存在的资金。中奖的是犯罪所得，要没收的，他侵占的是55万元福利彩票，中奖的钱不能计入犯罪金额。

8. 通说认为职务侵占罪需要具有非法占有目的，对吗？

不叫非法占有目的，应叫不法所有的目的，因为本来就在行为人的占有之下。

■ 法规链接

《刑法》第272条挪用资金罪

■ 疑难问题

1. 本罪名中的三种用途是按行为的客观用途判断还是按行为人的主观想法判断？或者说，是否要求行为人实际使用了资金？行为人挪出资金时原本打算用作购房首付的，但后来发现股市行情不错就用于炒股了，该怎么认定？

按照客观用途。行为人本来准备打算挪用资金炒股，挪出资金之后发现股市行情不好，就一直没用，是给他定挪用资金进行营利活动，还是挪用资金进行其他活动？应该认定为进行其他活动，按照实际用途定。

第二问，挪而未用，是否既遂？挪用资金罪的实行行为是挪还是挪加使用？是挪。挪而未用的，只要挪归个人占有就已经是既遂了。

第三问，按照实际的用途认定。

2. 应否区分挪用本单位资金"归个人使用"与"借贷给他人"？挪用公款罪罪状中没有类似的表述，是否意味着挪用公款"借贷给他人"不构成犯罪？

有人说挪用公款条文里面没有规定"借贷给他人"，因此挪用公款借贷给他人就不构成犯罪。其实借贷给他人也是归个人使用，个人使用只是强调个人支配的意思，自己亲自用或者给别人用都叫挪用资金或公款归个人使用。1997年修改《刑法》时由于未加仔细斟酌，结果挪用资金罪条文保留了"借贷给他人"而挪用公款罪没有，导致人们产生了理解偏差。

3. 挪用资金超过三个月未还是犯罪的成立条件还是既遂条件？行为人原本打算挪用资金归个人使用六个月，但使用两个半月后被单位发现而被追回的，是否成立挪用资金罪的未遂？

是犯罪成立的条件。

第二问，是成立未遂还是不成立犯罪？是不成立犯罪。

4. 行为人挪用资金后直接存入银行收取利息，属于挪用资金进行营利活动吗？行为人挪出资金用于注册，验资后立即将资金归还给单位的，是属于挪用资金归个人使用还是进行营利活动？

司法解释是这么规定的。但挪出资金存入银行，资金有风险吗？它比其他任何用途风险都要小，所以应该评价为挪用资金进行其他活动。同样的情况还有购买国库券，因为几乎没有风险。

第二问，属于进行营利活动，注册、验资也是为了进行生产经营做准备，但挪用时间很短，比如一两天就归还了，可以认为"情节显著轻微危害不大的，不认为是犯罪"。

5. 能否要求成立挪用资金罪必须具备"主观上没有非法占有目的"或者"主观上具有归还的意图"？挪用资金罪、挪用公款罪与职务侵占罪、贪污罪之间是否为对立关系？

不需要，加了这种要素就会使挪用资金和贪污、职务侵占之间形成一种对立的关系。只要挪了就构成犯罪，如果进而具有非法占有的目的，那就是职务侵占、贪污。不能查明有无归还意图时是定挪用还是定贪污、职务侵占？定挪用，只要挪出来了就是挪用，如果不打算还，有非法占有的目的，那就是职务侵占、贪污。盗用了别人的财物，但不能证明到底有没有排除的意思的，那属于盗用。所以，挪用和贪污、职务侵占之间的关系，我把它类比成一时性的盗用、骗用和盗窃罪、诈骗罪之间的关系，挪用是一时性的使用，它和贪污、职务侵占之间不是对立关系，当是否具有归还的意图难以查明的时候，至少可以认定为挪用犯罪。

6. 立法解释中"谋取个人利益"，是否仅限于谋取经济利益、不正当利益、本人的利益？

不是的，谋取个人利益就是强调为个人谋取好处。另外，司法解释在"归个人使用"问题上纠缠，如果挪给其他单位使用要强调个人名义或者个人决定以单位名义谋取个人的利益，这是不合理的。

7. 一人公司的一般工作人员能否构成挪用资金罪？一人公司的股东呢？

一人公司的一般工作人员当然能构成，但一人公司的股东不能构成。

8. 受国家机关、国有公司、企业、事业单位、人民团体委托，管理、经营国有财产的非国家工作人员，利用职务上的便利，挪用国有资金归个人使用的，是构成挪用资金罪还是挪用公款罪？

对于《刑法》第382条第2款规定受国家机关、国有公司、企业、事业单位、人民团体委托，管理、经营国有财产的人员侵吞国有财物的定贪污罪，如果把它理解成注意规定，这些人虽然不是国家干部，但他们事实上管理经营国有财产，按照职务说、职责说，就应该定贪污罪。如果坚持身份说，他们本身不是国家干部，只是因为第382条第2款的规定才成立贪污罪，因此这类人挪用国有资金的只能定挪用资金罪，不能定挪用公款罪，收受他人财物的也只能定非国家工作人员受贿罪，而不能定受贿罪。我认为要把它理解为注意规定，相应地定挪用公款罪、受贿罪。

9. 出借承兑汇票或者其他票据给他人的，构成挪用资金罪吗？

承兑汇票或者其他票据也相当于资金，有可能构成。

———— ■ 法规链接 ————

《刑法》第273条挪用特定款物罪

———— ■ 疑难问题 ————

1. 本罪的立法目的和保护的法益是什么？为何本罪的法定刑明显轻于挪用资金罪和挪用公款罪？

设立本罪旨在保护国家关于特定款物的专款（物）专用的财务纪律。本罪的挪用，是指有关单位擅自改变专用款物的用途，如将优抚资金用于本单位建楼堂馆所、职工宿舍。

第二问，本罪法定刑之所以相对较轻，就是因为仍系公款（物）公用，只是违反了专款（物）专用的财务纪律，并没有侵害单位款物的占有、使用、收益权。

2. 将特定款物挪归个人使用的，如何处理？

将特定款物挪归个人使用，就不只是侵害了专款（物）专用的财务纪律，而且侵害了单位款物的占有、使用、收益权，因而构成挪用资金罪或者挪用公款罪。

第六节　毁坏罪与拒付报酬罪

———— ■ 法规链接 ————

《刑法》第275条故意毁坏财物罪

———— ■ 疑难问题 ————

1. 如何理解"毁坏"？

有所谓物理性毁损说、效用侵害说。按照物理性毁损说，放走别人笼中的小鸟、把别人的戒指扔到大海里、在别人喜爱的餐具上面小便的，都没有物理性毁损，都无罪，而按照效用侵害说都构成犯罪。我们主张效用侵害说，甚至认为只要使他人遭受财产损失的行为都叫毁坏。

2. 如何界分故意毁坏财物罪等毁弃罪与盗窃罪等取得罪？为何故意毁坏财物罪的法定刑远低于盗窃罪？其与盗窃罪之间在规范性意义上能否重合？

关键在于有没有利用的意思。

第二问，盗窃还能追赃、退还、追缴，故意毁坏财物则"破镜难圆"，危害性更大，那为什么故意毁坏财物罪的法定刑比盗窃罪轻？因为故意毁坏财物罪的一般预防必要性小。损人不利己毕竟是少数人干的，而盗窃是损人利己，诱惑性更大，一般预防必要性更大。

第三问，能重合。只要侵害了他人的所有权，就至少可以评价为故意毁坏财物，如果进而有利用的意思，那就构成盗窃。当是否具有利用的意思难以查明的时候，只要有侵害他人所有权的意思，就构成了毁坏。所以，甲教唆乙毁坏丙的财物，而乙不忍毁坏，将财产占为己有的，甲能不能成立故意毁坏财物罪的教唆犯？是可以的。如果认为盗窃罪和故意毁坏财物罪之间是对立的关系，构成要件就没有重合的部分，就不能成立轻罪的教唆犯。

3. 将不同性质的财产混合在一起，导致不同性质的财物不可能再分开或者分开需要花费相当的劳力的行为，如将炼油厂的汽油与柴油混在一起，将学校图书馆数百万册分门别类的图书全部打乱，将被害人生产的各种颜色、型号、大小的本来装在不同袋子里的纽扣全部混在一起，成立故意毁坏财物罪吗？

如果主张形式解释论的话，会认为这些性质不同的财物总是能够通过一定方法加以分开、恢复的。但实际上，这些将不同性质的财物混合在一起的行为会导致财物的效用减少或者丧失。所以，将不同性质的财物混合在一起，导致不同性质的财物不可能再分开或者分开需要花费相当劳力的行为也成立故意毁坏财物罪。

4. 单纯的剥夺行为，即行为人没有非法占有目的，但剥夺了他人对财物的占有，如隐匿财物，构成故意毁坏财物罪吗？

当然构成。但是，在毁坏和隐匿并列规定的犯罪，如隐匿、故意销毁会计凭证、会计账簿、财务会计报告罪中，销毁就不包括隐匿了。

5. 对外观的改变，如在美术作品、艺术作品、文化作品、建筑物外墙上涂鸦，或在人行天桥上贴小广告，是否成立故意毁坏财物罪？

这些都是毁坏。还有在他人衣服上泼洒墨汁，或者弄脏他人价值几万元的西服的，是不是毁坏？当然是。使财物外观发生变化的，都可谓毁坏。

6. 改变财物的功用，如将十字路口的红绿灯侧转个方向，放倒街上单行道标志牌，将人行道上的窨井盖移开摆在边上，成立故意毁坏财物罪吗？

都成立，只要妨碍财物本来功能、效用的发挥，都叫毁坏。

7. 单纯导致他人财产性利益减少的行为，如撕毁他人的欠条，在餐馆吃饭后发现忘记带钱而悄悄溜走，驾驶汽车在高速公路的收费处跟着前面的车辆突然闯过去，或者将机动车从高速公路护栏的某个缺口处开出去，构成故意毁坏财物罪吗？

从理论上讲，单纯导致他人财产性利益减少的行为可以成立故意毁坏财物罪。撕毁他人的欠条的，对欠条本身可能是毁坏，但是对欠条所记载的这种债权有没有形成毁坏？如果是唯一的债权凭证，不排除毁坏的可能性。前面也讲过的，餐馆吃饭后发现忘记带钱而悄悄溜走的、冲卡逃费的，没法定罪。

8. 《最高人民检察院、公安部关于公安机关管辖的刑事案件立案追诉标准的规定（一）》中关于"纠集三人以上公然毁坏公私财物的"即属于"其他严重情节"而应立案的规定，合理吗？

纠集三人以上公然毁坏财物与一个人毁坏财物相比，增加违法性了吗？并没有。你家的一口锅不管是被一个人砸掉的还是被三人一起砸掉的，还不就是损失了一口锅吗？所以，这种规定存在一定的不合理之处。

9. 行为人向被害人的物品上泼洒油漆等物质，属于毁坏财物吗？

如果擦掉油漆会耗费相当多的人力、物力的话，当然是毁坏。

10. 贱卖他人财物的，成立故意毁坏财物罪吗？

我们国家没有规定背信罪，但贱卖他人财物也使他人遭受了财产损失，有可能评价为故意毁坏财物。

■ 法规链接

《刑法》第276条破坏生产经营罪

■ 疑难问题

1. "泄愤报复或者其他个人目的"是目的还是动机？这一要素对犯罪成立范围能起到限制作用吗？

是动机。其实，做什么事情没有目的呢？杀人都有目的，所以这个要素起不到限制犯罪成立范围的作用。

2. 本罪在1979年《刑法》中属于破坏社会主义经济秩序的犯罪，现行《刑法》将其归置于侵犯财产罪中，这种体系上的变化影响构成要件的解释吗？

张老师认为是有影响的，以前属于破坏经济秩序，现在是侵犯财产的一种，也就是说破坏生产经营现在是一种毁坏财产的犯罪。

3. 从理论上讲破坏生产经营罪属于毁弃罪，但立法者为何在故意毁坏财物罪之外还规定本罪呢？

破坏生产经营罪和故意毁坏财物罪的区别在什么地方？故意毁坏财物罪是毁坏财产本身，如把别人的杯子摔碎，损失的就是杯子本身。而破坏生产经营是间接性的，是通过毁坏机器设备导致别人停产停业，残害耕畜导致别人不能农用、不能耕田，进而导致工农业生产的损失。因此，二者存在一定的差异。

4. 应当根据所谓同类解释规则，将以"其他方法"破坏生产经营限定为与"毁坏机器设备、残害耕畜"相当的行为方式和对象，即限于通过毁坏机器设备、残害耕畜以外的生产资料来破坏生产经营吗？

这一问题存在分歧。在"南京反向炒信案"中，行为人大量购买竞争对手的商品，淘宝平台发现销量反常，认为是有意操纵的，就作出了罚款、下架的处罚，导致竞争对手的商品不能在店铺上销售，最后法院判处行为人构成破坏生产经营罪。对于这个案件，有很多学者反对，但我是赞成判决的。

5. 能否认为"毁坏机器设备、残害耕畜"仅适应工业和农业社会的法益保护要求，却不适应现在后工业社会、服务业为主的社会以及互联网经济时代的法益保护要求呢？换言之，应否对"其他方法"作出与时俱进的解释？

大多数学者还是认为这里的"其他方法"必须是限于毁坏机器设备和残害耕

畜等生产资料的行为。我认为，在后工业时代、互联网时代，凡是使他人遭受财产损失的，都可以评价为"其他方法"，上面讲的"反向炒信"的行为就是这种情况。张老师认为我们国家应该增设妨害业务罪，可以适用于恶意打订餐电话，恶意订宾馆、酒店的等情况，如把五星级酒店所有的餐桌都预订了，结果一个人都没去，五星级饭店当然有损失。对这种情况，我认为可以解释为其他方法的破坏生产经营罪。

■ 法规链接

《刑法》第276条之一 **拒不支付劳动报酬罪**

■ 疑难问题

1. 本罪的立法目的是什么？应否限制"劳动者"的范围？

为什么要把不履行民事债务的行为上升为刑事犯罪呢？主要是为了保护农民工这类弱势群体的权益。

第二问，对于劳动者，我认为应该限定为社会的弱势群体，如农民工。

2. "经政府有关部门责令支付仍不支付"要素的功能是什么？是构成要件要素，还是客观处罚条件？行为人没有认识到责令支付文书的存在，或者认为不应支付，是事实认识错误还是法律认识错误，阻却犯罪故意吗？司法解释规定因行为人逃匿而无法送达责令支付文书的，按照一定方式送达后即视为"经政府有关部门责令支付"，但若没有逃匿又确实没有收到责令支付文书而不支付的，成立犯罪吗？

就像恶意透支型信用卡诈骗中要求的"经发卡银行催收后仍不归还"一样，"经政府有关部门责令支付仍不支付"属于一种客观处罚条件。

第三问，属于事实认识错误，阻却犯罪故意。

第四问，不能成立犯罪。

3. 本罪规定的两种行为类型之间是什么关系？虽然逃匿但确实没有支付能力的，还构成犯罪吗？

"以转移财产、逃匿等方法逃避支付"，其实强调的也是有支付能力而不支付，如果行为人以转移财产、逃匿的方法逃避支付报酬，但他没有能力支付的，当然不构成犯罪，所以根本问题还是在于行为人有没有支付能力。有支付能力的，即便不逃匿、转移财产也能构成犯罪，而逃匿、转移了财产但没有支付能力的也不能构成犯罪，法律不强人所难。

4. 行为人不支付劳动报酬，由政府有关部门责令后仍不支付，后来经法院判决支付劳动报酬，行为人仍不执行判决、裁定的，是本罪与拒不执行判决、裁定罪的想象竞合，还是应数罪并罚？

侵害了两个法益，一个是不执行法院的判决、裁定，妨碍了司法，一个是不支付劳动报酬，侵害了劳动者的报酬权，数罪并罚是有可能的。

5. "拒不支付一名劳动者三个月以上的劳动报酬且数额在五千元至二万元以上"或者"拒不支付十名以上劳动者的劳动报酬且数额累计在三万元至十万元以上"的应予立案的司法解释规定，是否过于机械？

有没有中间的状态？这里面还有很多情形，这种规定太机械了。如果行为人拒不支付2名以上10名以下劳动者3个月以内的劳动报酬且累计数额在5000元至2万元以上的，难道不应该立案吗？

CHAPTER 5
第 五 章
妨害社会管理秩序罪

CRIMINAL LAW

第一节　扰乱公共秩序罪

■ 法规链接

《刑法》第277条**妨害公务罪、袭警罪**

■ 疑难问题

1. 以一个妨害公务罪罪名概括多种行为类型，妥当吗？

本条第1款是阻碍国家机关工作人员执行职务，第2款是阻碍人大代表执行职务，第3款是阻碍红十字会工作人员履行职责，第4款是阻碍国家安全机关、公安机关执行国家安全工作任务，未使用暴力、威胁方法的，第5款是袭警，前四款对象都不一样。如果人大代表本身就是国家机关工作人员，在履行人大代表职责的情况下，第2款的规定就是多余的。第3款属于对象特殊，红十字会工作人员根本不是国家机关工作人员。而第4款则和前面三款的构成要件完全不一样。所以，把它们确定为一个罪名是不准确的。

2. 妨害公务罪的法益是什么？本罪是抽象危险犯、具体危险犯还是实害犯？

妨害公务罪所保护的法益是依法执行的"公务"，或者说是公务的依法执行。

实践当中明显扩大了妨害公务罪的处罚范围。如果把该罪理解成抽象危险犯，那么打了公务员两耳光的，哪怕没有妨碍到公务，没有使公务难以执行，也能构成犯罪，这不合理，至少要求形成具体危险，要使国家机关工作人员的公务明显难以执行，所以该罪应该是具体危险犯。

3. 阻碍烟草公司、供电局、卫生院等单位中的工作人员执行行政执法职务，构成妨害公务罪吗？

这些单位虽然属于企业，但是也履行部分的行政管理职能，当这些单位中的工作人员在履行行政管理职能的时候，也叫依法执行职务，对其执行职务进行阻碍的，也能构成妨害公务罪。

4. 何谓"依法执行职务"？

简单地讲，所谓依法执行职务，是指在程序上和实体上都要合法。具体而言，符合以下条件的才能认为是依法执行公务：第一，国家机关工作人员所实施的行为，属于该国家机关工作人员的抽象的职务权限或一般的职务权限；第二，国家机关工作人员具有实施该职务行为的具体的职务权限；第三，国家机关工作人员的职务行为必须符合法律上的重要条件、方式与程序。

5. 对国家机关工作人员的职务行为合法性的认识错误，是事实认识错误还是法律认识错误，是否阻却故意？

是事实认识错误，阻却故意，因为以暴力、威胁方法阻碍国家机关工作人员依法执行职务明显是客观要素，行为人对客观要素的认识错误当然是事实认识错误。

6. 以什么标准判断职务行为的合法性？是以行为时还是裁判时为基准进行判断？

理论上存在客观说、主观说和折中说三种观点。客观说认为，应当由法院通过对法律法规进行解释作出客观判断。应该说，客观说具有合理性。

第二问，虽然一般来说，以行为时为基准进行判断较为合理，但对于以裁判时为基准判明的不合法行为进行阻碍的，不成立妨害公务罪。

7. 何谓"正在"依法执行职务？趁巡警上厕所时袭击的，构成本罪吗？

至少是执法人员正着手，立即、马上执行时。张老师举过一个例子，行为人交通违章，警察已经处理好了，行为人离开的时候踢了警察一脚，这算不算妨害公务？不算，因为职务已经履行完毕了。所以要求是阻碍了正在执行的职务，如果职务已经履行完毕，就不构成妨碍公务罪。

第二问，不构成。巡警上厕所时应不属于正在依法执行职务。那么，巡警碰到高中同学站在马路边上聊天，属不属于正在依法执行职务？中午休息的时候属不属于正在依法执行职务？上下班途中属不属于正在依法执行职务？恐怕都不属于。

8. 妨害公务罪与故意伤害、杀人罪之间是什么关系？如何处理妨害公务罪相关罪数问题？

妨害公务罪与故意伤害、杀人罪之间是一种竞合的关系。

第二问，关于妨害公务罪和其他犯罪的关系，刑法分则中规定得比较混乱，有的规定为加重情节，有的规定为数罪并罚。

9. "未使用暴力、威胁方法"是必须具备的真正的构成要件要素吗？使用暴力、威胁方法阻碍国家安全机关、公安机关依法执行国家安全工作任务的，如何处理？

阻碍国家安全机关执行国家安全工作任务，在行为人是否使用了暴力、威胁方法难以查明的时候，能不能定妨害公务罪？可以。所以，"未使用暴力、威胁方法"不是必须要具备的，就像"未得逞""不满""尚未造成严重后果"，都不是反映不法或者有责程度的，不是必须具备的真正的构成要件要素。

第二问，未使用暴力、威胁方法的都成立犯罪，那使用暴力、威胁方法的就更能成立犯罪了。

10. 为何单独设立袭警罪这一罪名？袭警罪保护的法益是公务还是警察的人身安全？本罪是抽象危险犯还是具体危险犯？

为什么唯独将袭警规定为单独罪名？这是因为警察在处置社会治安事件的时候，关系到人民群众的生命、财产安全，他必须果断地、迅速地对事件作出处理。如果这时袭击警察，显然妨碍了警察及时地、果断地处置重大的社会治安事件。但警察有很多警种，不是所有警察都冲在一线的。我认为袭警罪中的"警察"必须是负有维持社会治安职责的、处在维持社会治安一线的民警，不包括户籍警之类的人员。也就是说，要对袭"警"进行限制解释，其中的"警察"只限于负有维持社会治安职责的，当然抓捕罪犯的也是。所以，跑到公安局办公大楼见人就打的，我倾向于认为不评价为袭警。

第二问，袭警罪保护的法益并不是警察的人身权，而是警察维持社会治安的职责，或者说履行维护社会治安的这种公务。警察的人身没有特殊保护的必要，他们都是训练有素的人。例如，阻碍消防队员灭火的，会导致重大的公私财产的损失，构成犯罪，但如果是把正在操场上训练的消防官兵打一顿，能不能叫袭警？不能，必须是正在依法执行职务，而且执行的是维护社会治安，保护公民的人身、财产安全的公务。

第三问，本罪是具体危险犯。本罪是特别法条，妨害公务罪是普通法条，成立本罪以行为符合妨害公务罪构成要件为前提。

11. 袭击正在依法执行职务的辅警，是否构成本罪？

辅警是辅助警察执行公务的，我认为他也是袭警的对象。有人认为只有辅警和警察共同履行职责的时候，袭击辅警才能够构成袭警，辅警单独履行职责的，袭击辅警不构成袭警罪。我认为只要辅警正在履行警察的职责，行为人的行为妨碍了维护社会治安的职务的履行，就构成袭警。

12. 应否对"枪支、管制刀具、机动车"等范围的界定进行限制？这里的"枪支"是否包括"空枪、仿真手枪"？

需要对"枪支、管制刀具、机动车"进行限制。空枪、仿真手枪不会严重危及人身安全，不应属于这里的"枪支"；要认定为管制刀具，得要有一定的杀伤力；驾驶机动车撞击的，也应该要有具体的危险。

13. 袭警能不能由不作为构成？车轮不小心压着警察的脚，发现是警察后，不移开的，是否构成本罪？

袭警应该可以由不作为构成。

第二问，构成本罪，车轮压在警察的脚上，警察就无法移动，无法履行公务。

14. 单纯打砸、毁坏、抢夺民警正在使用的警用车辆、警械等警用装备的，构成袭警罪吗？

不构成袭警，袭警必须是直接袭击警察的人身，单纯地砸毁警用装备，妨碍警察执行公务的，只能构成妨害公务罪。

■ 法规链接

《刑法》第278条煽动暴力抗拒法律实施罪

■ 疑难问题

1. 何谓煽动？其与教唆区别何在？

煽动是针对不特定的对象，教唆是针对特定的对象。

2. 本罪构成要件明确吗？本罪的设立是否有违罪刑法定实质侧面的明确性要求？

本罪的构成要件不是很明确，可能导致被肆意适用，因为"煽动群众暴力抗拒国家法律、行政法规实施"的范围很广。

第二问，本罪的设立有违罪刑法定原则的明确性要求。

3. 煽动行为是否构成本罪，需要重点考察哪些方面？行为人就公共事务发表言论，或者出于正当目的发表言论，能构成犯罪吗？

煽动行为是否构成本罪，需要重点考察煽动的对象、煽动的场合，以及煽动的内容。

第二问，行为人就公共事务发表言论，或者出于正当目的发表言论的，不叫煽动群众暴力抗拒，不构成犯罪。

4. 行为人以为某项法律、行政法规的实施会损害公共利益而阻止该项法律、行政法规实施的，是事实认识错误还是法律认识错误？

张老师主张是事实认识错误。张老师在考虑是事实认识错误还是法律认识错误时，显然是在进行利益衡量，是在最大限度地保护公民的宪法性权利。所以，有时候是事实认识错误还是法律认识错误，并不是简单的一个法律问题，而是有利益、立场的考量的。如果强调个人本位，有可能更多地把它理解成事实认识错误，阻却故意；如果强调社会本位、国家本位，很可能把它理解成法律认识错误。

■ 法规链接

《刑法》第279条**招摇撞骗罪**

■ 疑难问题

1. 本罪所保护的法益是什么？何谓招摇撞骗？

本罪保护的法益是国家机关的声誉、形象。

第二问，招摇撞骗到底骗的是什么？从司法实践看，基本上是骗财。

2. 冒充已被撤销的国家机关的工作人员，足以使对方信以为真的，构成本罪吗？

也能构成招摇撞骗罪，因为它损害的是整个国家机关的声誉。

3. 本罪与诈骗罪之间是什么关系？为何本罪的法定刑轻于诈骗罪？应否将招摇撞骗罪限定为骗取数额不大的财物？

对于本罪与诈骗罪之间的关系，有人认为是法条竞合，有人认为是想象竞合。其实没那么复杂，招摇撞骗罪的危害性有妨害公务罪危害性大吗？没有，妨害公务罪的法定最高刑才3年，而招摇撞骗罪是10年，所以招摇撞骗罪的次要法益是他人的财产权，招摇撞骗不一定骗财，但骗财在数额不是特别巨大的时候，也只需要评价为招摇撞骗罪。而实践中招摇撞骗的案例基本上都是骗钱，骗美丽的爱情还是很少的，所以侵害的法益包括了财产。既然招摇撞骗罪保护的法益包括了财产，那用招摇撞骗罪一个罪名就可以全面评价法益侵害事实，不成立想象竞合。想象竞合是适用其中任何一个法条，都不能全面评价法益侵害事实。所以，只要认为招摇撞骗罪也保护财产，它与诈骗罪之间就不是想象竞合，而是法条竞合，至于是特别关系还是交叉关系，我认为不重要，只要不认为招摇撞骗罪是所谓的封闭的特权条款，从一重即可。应该说，立法者在配置法定刑的时候，是根据行为对主要法益的侵害来配置的，如果考虑到对次要法益的侵害，那么任何一个罪名的法定最高刑都可能是无期徒刑甚至是死刑。例如盗伐林木罪，立法者当然想到了林木也是财产，为什么最高刑只有15年？因为它侵害的主要法益是森林资源。而招摇撞骗罪侵害的主要法益就是国家机关的声誉，配置10年就能做到罪刑相适应。

第二问，本罪的法定刑轻于诈骗罪是因为它的主要法益是国家机关的声誉，次要法益才是财产。

第三问，张老师认为，骗取数额不大的，定招摇撞骗罪，骗取数额巨大的，它与诈骗罪之间就成了想象竞合。我认为没有必要纠缠于是法条竞合还是想象竞合，都从一重处理，也不要对"全面评价"念念不忘，是所谓的全面评价重要还是罪刑相适应重要？当然是罪刑相适应。例如，盗伐了别人漫山遍野的林木，价值达到上千万元，能为了追求所谓的全面评价，定盗伐林木罪吗？当然不能。

■ 法规链接

《刑法》第280条伪造、变造、买卖国家机关公文、证件、印章罪，盗窃、抢夺、毁灭国家机关公文、证件、印章罪，伪造公司、企业、事业单位、人民团体印章罪，伪造、变造、买卖身份证件罪

■ 疑难问题

1. 文书、印章伪造类犯罪所保护的法益是什么？我国文书、印章伪造类犯罪是否存在明显的立法疏漏？是使用伪造的文书危害性大，还是伪造文书的危害性大？

文书、印章伪造类犯罪所保护的法益是文书、印章的公共信用，或者是它的证明作用。

第二问，我国文书、印章伪造类犯罪存在明显的立法疏漏。

国外一般把文书、印章分为公文书和私文书、公印章和私印章，而我们对公司、企业、事业单位、人民团体仅规定了印章，未规定文书，难道私文书就不值得刑法保护吗？在诊断书上伪造医生的签名，这有没有危害性？你们有没有看过日本电视剧《律政英雄》？在日本，学生伪造老师的签名请假就已经构成犯罪了。

另外，国外处罚的重点并不是伪造，而是使用，但是我们国家强调的是伪造，而没有规定使用。是伪造容易查处还是使用容易查处？立法者想当然地认为伪造是源头，但伪造很难查获，而使用是明面上的，没有人敢使用的话，他伪造之后卖给谁？我们现在经常看到各种办证、刻章的小广告，因为有市场，因为使用者肆无忌惮。

第三问，伪造是抽象危险，而使用是已经现实地侵害了文书的公共信用，结论一目了然。

2. 何谓"公文""证件""印章"？应否严格区分公文与证件？"本件与原本核对无异""检验合格"等，强调的是印章还是文书？结婚证是公文还是证件？

公文表达国家机关的意思，它强调的是内容；证件强调的是人格的同一性，是证明身份的；印章也是证明身份的。必须注意的是，"印章"包括印形，即有形的图章，还有印影，也就是盖上去留下的印记。即便伪造印章的追诉时效过了，任何时候盖图章还都叫伪造，甚至伪造印章都不需要先造一个有形的东西，在电脑上都可以直接伪造印章。但现在强调伪造的是有形的图章，其实应该是什么时

候盖了伪造的印章、什么时候造出来一个印影就叫伪造。还有一个问题，盗盖了真实图章的，叫不叫伪造印章？还有管图章的人乱盖图章的，叫不叫伪造印章？都叫伪造印章，即便这种有形的东西可能是真实的，也属于伪造。

第二问，不严格区分公文和国家机关证件，问题不大，但当涉及公司、企业、事业单位的时候，区分的意义就大了，关系到罪与非罪，因为对公司、企业、事业单位而言只保护印章，不保护文书、证件。邮局的邮戳到底叫印章还是叫省略文书？邮戳是表达一定的意思，还是证明身份、主体的同一性？都有。如果认为它是省略文书的话就不构成犯罪了。它应该叫印章，因为它不仅有日期，还会显示是哪个邮局盖的。

第三问，法院里正本核对章叫不叫印章？看不出这个章是法院的，它就不是印章，属于省略文书。"检验合格"是表达一定意思、观念的，把它解释为印章恐怕是有问题的，应属于文书。

第四问，伪造结婚证能不能构成伪造国家机关公文、证件？结婚证不是证件，不是证明身份的，它是表达一定的意思，说明达到了结婚年龄，符合了结婚的条件，它应该属于公文。

3. 就伪造行为而言，公文、证件原本的复印件是否属于公文、证件？将公文的复印件进行篡改后再进行复印的行为，是否属于伪造、变造公文？

这在国外有争议，伪造有可能在原本上伪造吗？通常都是先复印原本，然后在复印件上伪造，或者在原本上添加内容之后再复印。由于复印件也会影响到文书、证件的公共信用，所以伪造公文、证件可以包括复印件。

第二问，也属于伪造、变造公文。

4. 本罪中的"印章"，是指印形还是印影？是伪造印形（图章）危害性大，还是伪造印影（印迹）危害性大？

包括印形和印影，所以就算伪造有形印章的追诉时效过了，只要盖章的时效没过，还是可以追诉的。

第二问，伪造印影的危害性更大。伪造印章只是抽象危险，但伪造印影就已经造成了对印章的公共信用的侵害。

5. 用捡到的伪造的印章盖印，是不是伪造印章？

属于伪造印章，所以伪造印章不一定需要伪造有形的图章。

6. 如何把握伪造、变造含义的相对性？是有形伪造、变造危害性大，还是无形伪造、变造危害性大？我国目前理论和实践关于伪造犯罪存在的突出问题是什么？

《刑法》中规定伪造、变造的条文很多，如果伪造和变造并列规定，或者伪造和变造是不同的条文，那么伪造不包括变造；如果只规定了伪造，那么伪造就可能包括了变造。伪造和变造的区别就在于是从无到有，还是在真实的基础上变更，是否属于实质性的变更，如果是实质性的变更，那就是伪造，非实质性的变更，就是变造。如果既规定了伪造货币罪，又规定了变造货币罪，就要讨论是伪造还是变造。从造币厂的后门口捡到一些残损的货币，然后粘贴、拼凑，是伪造货币还是变造货币？是伪造。现在身份证可能很难伪造了，以前把别人的身份证照片撕下来，贴上自己的身份证照片，是伪造还是变造？照片当然是最重要的身份信息，还有出生年月日，这应该是实质性的变更，属于伪造。如果仅规定了伪造，这个伪造肯定就是广义的，包括了变造。不仅如此，还既包括有形的，也包括无形的。有形的是没有制作权限的，街上那种办证、刻章就是没有制作权限的，都是有形的；无形的是有制作权限的，如大学里的校长办公室主任，他有给学生发毕业证的权限，他利用这种权限给他的外甥也发个毕业证，这种就是无形伪造。还有银行行长给他外甥出具一张存折，他外甥拿这个存折就可以质押贷款，这也叫无形伪造。有变更权限的人加以变更的，叫无形变造，有没有权限就决定了是有形还是无形。

第二问，无形的危害性更大，无形的从形式上看都是真实的，因而严重损害了制证单位的声誉。

第三问，我国目前理论和实践忽视了对无形伪造、变造的认定和打击。

7. 应否要求所伪造的公文、证件、印章与原本（原物）没有任何区别？没有制作权的人擅自制作非真实的国家机关印章的行为，是否成立伪造国家机关印章罪？

不要求所伪造的公文、证件、印章与原本（原物）没有任何区别，只要让人们误以为是真实的就可以了，因为通常行为人制作的会和真实的有一定的区别。

第二问，如制作"中华人民共和国内务部"印章，叫不叫伪造印章？虽然现在没有"内务部"了，但这也会损害到整个国家机关印章的公共信用，当然也属于伪造印章。所以，伪造的对象不一定要是真实存在的。

8. 成立伪造国家机关公文、证件、印章罪，行为人是否必须具备行使的目的？

条文中对此没有作出明确规定。一般认为，只要伪造的印章有可能被他人使用，就能构成犯罪，不需要加上行使的目的这一要素。

9. 伪造、变造、买卖国家机关的公文、证件、印章后，又利用该公文、证件、印章实施其他犯罪的，如何处理？

一般作为牵连犯处理，我认为也不排除数罪并罚的可能性。如果伪造之后反复使用，我认为应该对伪造印章进行单独评价。如果伪造的是公文，一次性使用，作为牵连犯处理即可，但如果伪造图章反复使用，有单独评价伪造印章罪的必要。

10. 本罪与非法经营罪之间是什么关系？

非法经营罪中也有买卖国家机关的进出口批文之类的情形，所以它和买卖国家机关公文罪有可能构成竞合关系。

11. 伪造、变造、买卖民用机动车号牌的行为，是否成立伪造、变造、买卖国家机关证件罪？

张老师认为民用车辆号牌不是国家机关的证件，因为我们只规定了买卖警用车牌构成犯罪，显然在立法者看来车牌不是国家机关证件，所以买卖民用车牌不构成买卖国家机关证件罪。

12. 买卖伪造、变造的国家机关公文、证件、印章的行为，是否成立买卖国家机关公文、证件、印章罪？

成立，因为条文规定的是"伪造、变造、买卖"国家机关公文、证件、印章，所以买卖也包括买卖伪造、变造的。之前也提过，刑法分则中只有两处既包括真实的行为也包括伪造的行为，一是买卖国家机关公文、证件、印章犯罪，二是虚开发票犯罪。

13. 保管国家机关印章的人，出具内容虚假并加盖国家机关印章的公文、证件的行为，应如何处理？

印章是真实的，但内容是虚假的，至少构成伪造国家机关公文、证件罪。另外，我认为盗盖图章也是伪造印章行为。

14. 胜诉一方出卖民事判决书的行为，构成买卖国家机关公文罪吗？

这是转让债权。虽然民事判决书是国家机关公文，但转让判决书的本质是转让债权，不能把它评价为买卖国家机关公文。

15.《刑法》第412条规定商检机构工作人员伪造检验结果的构成商检徇私舞弊罪，是否意味着非商检机构的工作人员伪造检验结果的无罪？

这里商检机构的工作人员伪造商检结果，其实规定的是一种无形伪造。而没有制作商检结果权限的人进行的是有形伪造，就只能构成《刑法》第280条的伪造国家机关公文罪了。所以，《刑法》不同条文中伪造的含义是不同的，有的条文只不过是无形伪造，如果没有权限，那就构成第280条规定的伪造国家机关公文罪了。

16. 盗窃、抢夺、毁灭国家机关公文、证件、印章罪的法益是什么？

盗窃、抢夺、毁灭国家机关公文、证件、印章罪的法益也是公文、证件、印章的公共信用。那么盗窃、抢夺、毁灭伪造的国家机关公文、证件、印章能构成犯罪吗？不能构成。买卖可以包括伪造、变造的，但是盗窃、抢夺、毁灭，尤其是毁灭伪造的国家机关公文、证件、印章，不可能构成犯罪。盗窃、抢夺、毁灭和伪造、变造、买卖还是有很大区别的，危害性明显不同，所以要区别对待。

17. 盗窃、抢夺、毁灭国家机关公文、证件的复印件或者伪造、变造的国家机关公文、证件、印章的，构成盗窃、抢夺、毁灭国家机关公文、证件、印章罪吗？

盗窃、抢夺、毁灭国家机关公文、证件的复印件或伪造、变造的国家机关公文、证件、印章，不构成盗窃、抢夺、毁灭国家机关公文、证件、印章罪。也就是说，这里盗窃、抢夺、毁灭的国家机关公文、证件、印章，应该是真实的，而且是原件，不包括复印件和伪造、变造的。

18. 盗窃、抢夺、毁灭民用机动车号牌的，如何处理？

一般认为民用机动车号牌不能评价为证件，所以盗窃、抢夺、毁灭民用机动车号牌的，应该认为构成财产犯罪。

19. 《刑法》第375条仅规定了盗窃、抢夺武装部队公文、证件、印章罪，是否意味着毁灭武装部队公文、证件、印章的，无罪？

构成毁灭国家机关公文、证件、印章，因为武装部队也属于国家机关。刑法用语的含义具有相对性，如邮寄危险物质通常可评价为运输危险物质，因为非法制造、买卖、运输、储存危险物质中没有规定邮寄，而对于枪支、弹药、爆炸物规定了非法制造、买卖、运输、邮寄、储存，所以邮寄没有必要评价为运输。

20. 盗窃、抢夺、毁灭国家机关公文、证件、印章罪是所谓选择性罪名吗？盗窃公文、抢夺证件、毁灭印章，是成立一罪还是应数罪并罚？

即便认为是选择性罪名，如果盗窃、抢夺、毁灭的是不同的公文、证件、印章，也不排除数罪并罚。而如果盗窃、毁灭的是同一份公文，当然没有必要数罪并罚。

第二问，应当实行数罪并罚。

21. 盗窃、抢夺、毁灭行为对公文、证件、印章的证明作用并不发生任何影响的，也构成本罪吗？盗窃、抢夺、毁灭当事人持有的判决书的，盗窃、抢夺、毁灭没有重要意义的公文的，构成本罪吗？

没有侵害法益的，不值得科处刑罚。盗窃之后自己持有的，不可能影响到公文、证件的公共信用。

第二问，不构成本罪。盗窃当事人持有的判决书的，是盗窃了他人的债权，不能构成盗窃国家机关公文罪。

22. 《刑法》仅规定伪造公司、企业、事业单位、人民团体印章罪，是否存在处罚漏洞而对公司、企业、事业单位、人民团体文书的公共信用保护不力？保管企业印章的人擅自盖章，构成伪造企业印章罪吗？他人盗盖呢？

存在很大的疏漏，不仅对公司、企业、事业单位、人民团体的文书没有规定，还有私人图章也没有，最大的疏漏是没有规定"使用"。

第二、三问，我认为保管企业印章的人擅自盖章的，构成伪造企业印章罪；他人盗盖的，也构成。

23. 公司、企业的股东等人在发生纠纷等情况下，为了控制公司、企业而私刻公司、企业印章的，构成犯罪吗？

照样构成犯罪。

24. 有关明知是伪造高等院校印章制作的学历、学位证明而贩卖的，以伪造事业单位印章罪的共犯论处的司法解释规定，有无疑问？

有问题。他人已经完成了伪造，行为人仅参与贩卖，既遂之后能成立共犯吗？不能成立。

25. 买卖伪造、变造的身份证件，构成买卖身份证件罪吗？

买卖身份证件也包括买卖伪造身份证件的，因为它规定的是"伪造、变造、买卖"，所以买卖的对象包括伪造、变造的身份证件。

26. 盗窃、抢夺、毁灭身份证件的，构成盗窃、抢夺、毁灭国家机关证件罪吗？

不构成。身份证件已经单列出来了，所以身份证件不再是第280条中的国家机关证件。

27. 多次、入户盗窃、携带凶器盗窃、扒窃身份证件的，构成盗窃罪吗？

构成犯罪。前面已经讲过了，特殊盗窃的对象可以包括主观价值较大、客观价值不大的财物。

■ 法规链接

《刑法》第280条之一 使用虚假身份证件、盗用身份证件罪

■ 疑难问题

1. 本罪的法益和立法目的是什么？是保护身份证件持有人的利益还是相对方的利益？

是保护证件的公共信用。

第二问，不是保护持有人的利益，有时把自己的身份证件借给别人使用也能构成犯罪，就算相对方知道行为人使用的是虚假的身份证件也能构成犯罪。本罪保护的是整个身份证件的公共信用，而不是身份证件持有人的利益，双方串通都可能构成犯罪，因为这也会损害到证件的公共信用。

2. 征得持有人同意或者与持有人串通而冒用持有人的身份证件的，有可能构成盗用身份证件罪吗？

联系到本罪保护的法益，有可能构成盗用身份证件罪。

3. 何谓"使用"？与使用假币罪中的"使用"含义一样吗？单纯携带伪造、变造的身份证件的，属于使用吗？

这里的使用是指按照证件的通常用途使用。

第二问，在签合同的时候打开密码箱，把一箱子的假币给对方看一下，再把箱子盖上，叫不叫使用假币？不叫。但使用证件就是给人看，显示了就可以了。

第三问，单纯携带伪造、变造的身份证件的，当然不能叫使用。

4. 单纯提供伪造、变造的身份证件复印件的，构成本罪吗？

构成，这也会影响到身份证件的公共信用，因为提供复印件会让人相信有原件存在。

5. 相对方明知行为人提供伪造、变造的身份证件或者盗用他人的身份证件时，仍办理相关事项的，应当如何处理？

也能构成犯罪，因为本罪保护的是证件的公共信用。

6. 使用他人的身份证在宾馆开房构成犯罪吗？在宾馆开房用于吸毒的呢？

成立本罪要求"情节严重"，使用他人的身份证在宾馆开房的，不构成犯罪，但使用他人的身份证在宾馆开房用于吸毒的，宜认定为本罪。

7. 如何理解本条第 2 款的规定？

第 2 款是注意规定。

8. 本罪是继续犯还是状态犯？

不是继续犯，使用就完成了。

■ **法规链接**

《刑法》第 280 条之二 **冒名顶替罪**

疑难问题

1. 本罪所保护的法益是什么？

本罪保护的法益是高等学历教育入学资格、公务员录用资格、就业安置待遇的公正性。

2. 本罪是继续犯吗？追诉时效如何计算？

对继续犯要进行实质的考量，应该限于侵害人身权，而且要能评价为每时每刻法益都受到同等程度的侵害，但本罪很难这么评价，所以本罪不宜作为继续犯对待。

第二问，本罪不是继续犯，追诉时效应从犯罪成立之日起算。

3. 本条第 2 款的规定是否有必要？

本条第 2 款的规定是没有必要的。符合共同犯罪的成立条件，按照共犯来处理就行了。

4. 本条第 3 款是注意规定还是特殊规定？

本条第 3 款应该属于注意规定。

5. 本罪的设计具有类型性吗？盗用、冒用他人身份参军入伍，盗用、冒用他人身份竞聘事业单位岗位的，构成犯罪吗？

不具有类型性。冒名顶替参军就没有规定进去，它不具有类型性。

第二问，没法处理。但是，冒用他人的身份取得事业单位的岗位的，有可能构成诈骗，因为竞聘成功后要领工资。

6. 得到他人同意冒用其身份被某大学录取的，构成犯罪吗？

构成犯罪，本罪保护的法益是社会法益，承诺无效。

法规链接

《刑法》第 281 条非法生产、买卖警用装备罪

■ 疑难问题

1. 人民警察车辆号牌是国家机关证件吗？盗窃、抢夺、毁灭人民警察车辆号牌的，如何处理？

人民警察车辆号牌不是国家机关证件。

第二问，盗窃、抢夺、毁灭人民警察车辆号牌的，不构成犯罪。

2. 非法生产、买卖民用车辆号牌的，构成犯罪吗？

不构成犯罪。因为非法生产、买卖警用车牌、武装部队的车辆号牌已经单列出来规定为独立的罪名了，民用车牌不是国家机关证件，非法生产、买卖民用车辆号牌的，不构成犯罪。

■ 法规链接

《刑法》第282条非法获取国家秘密罪，非法持有国家绝密、机密文件、资料、物品罪

■ 疑难问题

1. 非法获取国家秘密罪中的"收买"，限于物质性收买吗？

它和危害国家安全罪中的收买国家工作人员不一样，这里的"收买"应该理解为物质性的买卖。

2. 非法获取国家秘密是指获得国家秘密的载体，还是知悉国家秘密？取得载体但尚未知悉国家秘密的内容的，成立既遂吗？单纯打听国家秘密的行为，构成非法获取国家秘密罪吗？

非法获取国家秘密是指获得国家秘密的载体，而不是知悉国家秘密本身。例如，行为人扫了一眼国家秘密，记在脑海里的，不属于非法获取。

第二问，取得载体但尚未知悉国家秘密的内容的，构成既遂。

第三问，单纯打听国家秘密的，不构成非法获取国家秘密罪，必须是窃取、刺探、收买。打听只能评价为知悉，不构成犯罪，但对方有可能构成泄露国家秘密罪。

3. 持有型犯罪的正当化根据是什么？

我们前面反复提到过，持有型犯罪的正当化根据是在来源和去向难以查明的

时候，评价行为人非法控制某种物品的状态，所以它是一种兜底性的、补充性的规范。如果来源、去向能够查明，应该根据来源、去向进行评价。

4. 非法持有了属于国家绝密、机密的文件、资料、物品的，只有在要求其说明来源与用途而拒不说明时，才成立既遂吗？"拒不说明来源与用途"的规定，是否多余？没有这种规定的持有型犯罪，如非法持有枪支罪，在适用上会有不同吗？

有的持有型犯罪没有强调说明来源和用途，难道就不要求说明来源和用途？所有的持有型犯罪都存在这个问题，没有规定并不意味着就不要求说明来源。我倾向于只要明知道是国家绝密、机密的文件、资料、物品，持有就已经是既遂了。

第二问，我认为"拒不说明来源与用途"的规定是多余的，它只是说明行为人明知道是禁止持有的而持有。

第三问，没有这种规定的持有型犯罪，如非法持有枪支罪，在适用上不会有不同。

5. 持有属于国家绝密、机密的电子信息，构成犯罪吗？

张老师倾向于认为本罪包括电子信息，我认为值得商榷，电子信息如何持有？别人发给你一个国家秘密，你在手机上看了之后没删，就是持有了吗？

6. 以其他方法非法获取国家秘密的，构成非法获取国家秘密罪吗？

非法获取国家秘密罪仅规定了三种方式：窃取、刺探、收买，没有"等"，所以从条文的表述上看，仅限于这三种方法。其实有这三种方法也就足够了。在我看来骗取也是窃取，虽然诈骗也符合盗窃罪的构成要件，但至少可以评价为刺探；逼国家工作人员说出国家秘密或者交出国家秘密资料，也可以评价为刺探。所以，从表述上看，以其他方法非法获取国家秘密的，不构成非法获取国家秘密罪，但事实上都可以评价为窃取、刺探、收买的其中一种。

7. 行为人原本故意盗窃财物但客观上盗窃了国家秘密载体的，构成非法获取国家秘密罪吗？

不构成，非法获取国家秘密罪至少要出于获取国家秘密的目的而窃取、刺探、收买。那这里该怎么处理？国家秘密的载体本身可能也有财物的属性，可能评价为盗窃罪；发现是国家秘密后持有的，可以评价为非法持有国家绝密、机密文件、资料、物品罪。

8. 将国家绝密、机密记入大脑的，成立非法持有国家绝密、机密文件、资料、物品罪吗？将国家绝密、机密文件通过扫描等方式存入行为人持有的电脑的，构成本罪吗？行为人将属于国家绝密、机密的相关内容输入本人持有的电脑呢？

第一问，不能成立非法持有国家绝密、机密文件、资料、物品罪。

第二、三问，张老师认为通过扫描的方式存入电脑叫持有，但是内容转化成一个个字输入的就不叫持有，记在大脑里面也不叫持有。我倾向于认为成立本罪必须是持有国家绝密、机密的物品、资料的那种载体，而不是信息本身，否则知悉国家秘密的也会被认定是持有了。

9. 仅说明来源或者仅说明用途的，构成犯罪吗？

构成，只说明来源或者只说明用途，还是没有充分地说明，来源和用途都要说清楚。

10. 本罪的实行行为是什么？是作为还是不作为？还是既包括作为也包括不作为的复合行为？

本罪的实行行为是持有，是作为，不是不作为，不是复行为犯。拒不说明来源和用途，只是判断非法持有的根据或者资料，本身不是实行行为。

■ **法 规 链 接** ──

《刑法》第 283 条非法生产、销售专用间谍器材、窃听、窃照专用器材罪

■ **疑 难 问 题** ──

1. 本罪的法益和立法目的是什么？

为什么禁止非法生产、买卖专用间谍器材？是为了保护公民的隐私权还是其他？应该是为了保护公民的隐私权。

2. 购买者构成本罪共犯吗？

法条只规定了销售，按照张老师的观点，只规定销售的话，购买方应该属于片面的对向犯，一般是不处罚的。不过，我认为，没规定购买只是说不能将购买作为正犯行为来处罚，并不是说它就不能成立对方的共犯。只要他不是被害人，不是法律保护的对象，不是法益的承受者，不缺乏期待可能性，也不缺乏实质的

违法性，就不排除成立共犯的可能。立法者之所以没有像买卖枪支及收买被拐卖的妇女、儿童一样把购买同时规定为犯罪，只是因为在立法者看来，购买一般是不值得作为犯罪来处理的，但并不排除法益侵害很严重的情况下的购买行为也可能成立共犯。

3. 非法生产窃听、窃照等专用器材后又非法使用的，如何处理？

有可能是牵连犯，也有可能要数罪并罚。如果生产之后自己使用的话，有可能定一罪，但生产之后不限于自己使用的，就不排除数罪并罚。

── ■ 法规链接 ──

《刑法》第284条非法使用窃听、窃照专用器材罪

── ■ 疑难问题 ──

1. 本罪的法益和立法目的是什么？

应该也是为了保护公民的隐私权。

2. 本罪是危险犯还是实害犯？

是实害犯。

3. 非法使用窃听、窃照专用器材窃取国家秘密或他人商业秘密的，如何处理？

要看行为的主要部分是否重合，理论和实践当中有些混乱，但对于上述设问，一般会作为一罪处理。

── ■ 法规链接 ──

《刑法》第284条之一组织考试作弊罪，非法出售、提供试题、答案罪，代替考试罪

── ■ 疑难问题 ──

1. 何谓"组织"？

这里的"组织"，就是要把替考者和被替考者排除在外，只着眼于外围的组

织者。

2. 本条第 2 款规定是帮助犯的正犯化还是帮助犯的量刑规则？成立该款，是否要求他人接受作弊器材和帮助并且组织作弊？

刑法分则中这样的规定很多，如果认为是帮助犯的正犯化的话，只要提供了作弊器材或者帮助就构成犯罪了，不要求他人接受行为人提供的作弊器材，更不要求他人利用行为人提供的作弊器材作弊；如果认为是帮助犯的量刑规则，就要求他人接受所提供的作弊器材并且已经用在作弊上了。这是值得讨论的。我倾向于认为如果他人没有接受提供的器材，或接受之后没有用于作弊，不值得处罚，但肯定会有不同的观点。

3. 购买、接受试题、答案的，构成共犯吗？

有出售就有人购买，它们是对向行为。有人认为法条只规定了出售、提供，那立法者的意思是不处罚购买、接受一方的。但我认为并不排除，因为购买、接受者显然不是被害人，他也不缺乏期待可能性，特别是唆使、主动要求他人将试题、答案出售给自己的。

4. 唆使、介绍他人代替考试的，构成共犯吗？

如果是第三者唆使的，肯定构成教唆犯。介绍他人代替考试的，肯定也是共犯。

5. 被代替考试者一定构成犯罪吗？没有主动要求，单纯接受他人代替其考试的，构成代替考试罪吗？

不一定。假如被代替考试的人生病住院，他父亲找到枪手替他考试，他不知道，当然不可能成立犯罪。

第二问，构成代替考试罪。

6. 为了组织作弊而伪造、变造身份证件的，如何处理？为了代替考试而伪造、变造身份证件的，如何处理？

可能是牵连犯，也可能数罪并罚。

第二问，为了代替考试总是要伪造一个身份证，因为考试的时候要提供身份证，那是一罪还是数罪？是牵连犯吗？有类型性的牵连关系吗？这都是有争议的。

7. 有关组织考试作弊在开始之前被查获应当认定为组织考试作弊罪既遂的司法解释规定，有无疑问？

在考试前就被查获了，这是组织考试作弊既遂吗？还没开始作弊，甚至还没进考场就被查获了，就既遂了吗？我认为没有既遂。

8. "法律规定的国家考试"是否包括国务院行政法规规定的国家考试，如国务院《护士条例》规定的护士执业资格考试？

我倾向于扩大法律规定的国家考试，可以包括行政法规确定的考试。

9. 以窃取、刺探、收买方法非法获取法律规定的国家考试的试题、答案，又非法出售、提供试题的答案的，如何处理？

应该实行数罪并罚。

■ 法规链接

《刑法》第285条非法侵入计算机信息系统罪，非法获取计算机信息系统数据、非法控制计算机信息系统罪，提供侵入、非法控制计算机信息系统程序、工具罪

■ 疑难问题

1. 非法侵入计算机信息系统罪是所谓举动犯吗？既遂标准是什么？

不应承认所谓的举动犯，不能认为一举动，就既遂了。仅仅是非法侵入，未必值得作为犯罪来处理，只有侵害法益达到一定程度，才值得作为犯罪处罚，才会认定为犯罪既遂。

第二问，既遂的标准是一定程度的侵入。

2. 过失闯入国家事务等计算机信息系统而不退出的，能成立不作为的非法侵入计算机信息系统罪吗？

就像被允许进入他人住宅，经要求退出而不退出的，能叫非法侵入住宅吗？把它解释为非法侵入，应该属于类推解释。我倾向于认为不能由不作为构成，过失闯入国家事务等计算机信息系统而不退出的，不构成犯罪。

3. 非法获取计算机信息系统数据、非法控制计算机信息系统罪的法益或者立法目的是什么？

是为了保护计算机信息系统数据的安全。

4. 本条第 2 款中的"前款规定以外"是真正的构成要件要素吗？非法侵入国家事务、国防建设、尖端科学技术领域的计算机信息系统获取数据或者实施非法控制的，构成非法获取计算机信息系统数据、非法控制计算机信息系统罪吗？是一罪还是应数罪并罚？

"前款规定以外"不是真正的构成要件要素。对于国家事务、国防建设、尖端科学技术领域的计算机信息系统，侵入就构成犯罪了，但对此之外的系统，侵入之后还要获取数据或者控制计算机信息系统才构成犯罪。如果行为人侵入的是国家事务、国防建设、尖端科学技术领域的计算机信息系统，然后获取数据的，难道不构成犯罪吗？更应该构成犯罪，对这些对象是需要重点保护的，侵入就构成犯罪了。所以，不能因为有"前款规定以外"就把国家事务、国防建设、尖端科学技术领域的计算机信息系统排除在外。

第二问，是构成的。

第三问，可以认为属于牵连犯，侵入了国家事务、国防建设、尖端科学技术领域的计算机信息系统进而获取数据的，如果没有侵害新的法益的话，还是构成一罪，或者叫包括的一罪，或者叫牵连犯。

5. 非法获取计算机信息系统数据与财产犯罪、非法获取国家秘密罪、侵犯商业秘密罪等之间是什么关系？

如果认为数据具有财产属性的话，它与财产犯罪之间就是竞合关系，与非法获取国家秘密罪、侵犯商业秘密罪之间也可能是一种竞合关系。

6. 明知是他人非法控制的计算机信息系统，而对该系统的控制权加以利用的，也属于"非法控制"吗？

也属于非法控制，还有可能构成赃物犯罪。

7. 以违法所得数额作为立案和量刑标准的司法解释规定，有无疑问？

有一定的问题，违法所得数额和法益侵害程度并不是正相关的关系。

8. 何谓"专门用于"？如何把握提供侵入、非法控制计算机信息系统程序、工具罪与不可罚的中立帮助行为的界限？成立"明知他人实施侵入、非法控制计算机信息系统的违法犯罪行为而为其提供程序、工具"，要不要与"或者"前的行为类型一样，限于"专门用于"侵入、非法控制计算机信息系统的程序、工具？

"专门用于"就是所提供的这些控制计算机信息系统的程序、工具必须是专门用于非法控制他人计算机信息系统的，除此之外没有其他用途。

第二问，"专门用于"就是为了把中立的帮助行为排除在外。

第三问，也需要"专门用于"，否则还是中立帮助行为。

9. 非法获取计算机信息系统数据、非法控制计算机信息系统罪是选择性罪名吗？

如果把它确定为选择性罪名，然后认为不排除数罪并罚的可能性倒也没问题。但是，如果错误地认为它是选择性罪名，然后又错误地认为不能数罪并罚那就有问题了。行为人非法获取了计算机信息系统的数据，然后同时又控制了他人的计算机信息系统，为什么不能数罪并罚？立法者之所以作出并列规定，是因为它们通常伴随着发生，并且这两种行为的法益侵害性相当。

■ 法规链接

《刑法》第 286 条 破坏计算机信息系统罪

■ 疑难问题

1. 本罪的法益和立法目的是什么？

是保护计算机信息系统的安全。为什么要保护计算机信息系统的安全？说到底还是关系到人身、财产等的安全。

2. "两高"将存在明显差异的多种行为类型概括为破坏计算机信息系统罪一个罪名，准确吗？本条第 2 款规定的行为类型是破坏计算机信息系统吗？

本条第 1 款规定的是违反国家规定，对计算机信息系统功能进行删除、修改、增加、干扰，造成计算机信息系统不能正常运行，这的确是破坏了计算机信息系统。

第 2 款规定的是违反国家规定，对计算机信息系统中存储、处理或者传输的数据和应用程序进行删除、修改、增加的操作。这在实践当中有很多案例，如侵入交警的系统，把扣分记录删掉，这并没有破坏系统，只是删除个别数据或者获取个别数据。这种情况要定破坏计算机信息系统罪，合理吗？成立破坏计算机信息系统罪，一定要是破坏了系统本身，影响了系统的正常运行。第 2 款只是对数据和应用程序进行删除、修改、增加，并没有导致系统不能正常运行，所以应该确定为单独的罪名。

第 3 款规定的是故意制作、传播计算机病毒等破坏性程序，影响计算机系统正常运行，这确实是破坏计算机信息系统，因为它导致了系统不能正常运行。

可见，"两高"把这三种行为类型概括为一个罪名叫破坏计算机信息系统罪，的确存在一定问题。

3. 本罪何以成为"口袋罪"？

因为人们没有从破坏计算机信息系统的本质进行把握，它的本质是破坏了系统的运行，导致系统的瘫痪。实践当中把非法侵入、获取数据、删除数据或干扰数据的采集都评定为破坏计算机信息系统，导致适用范围扩大。

4. 有关针对环境质量监测系统实施干扰采样，致使监测数据严重失真的以破坏计算机信息系统罪论处的司法解释规定，以及用棉纱等物品堵塞环境监测采样设备干扰采样，致使监测数据严重失真的构成破坏计算机信息系统罪的指导性案例，有无疑问？

有疑问。把摄像头用棉布堵住并不会导致计算机信息系统瘫痪，只是让它不能获取数据而已。

5. 如何处理破坏计算机信息系统罪与非法获取计算机信息系统数据、非法控制计算机信息系统罪的关系？

一个是破坏系统，一个是进行非法控制，是有区别的，控制不一定是破坏。两者是有竞合的可能的。

━━━━━━━━━ ▪ 法规链接 ▪ ━━━━━━━━━

《刑法》第 286 条之一 拒不履行信息网络安全管理义务罪

■ 疑难问题

1. 如何把握本罪的法益与立法目的？

因为网络平台服务提供者对平台上的违法信息具有采取过滤、移除、屏蔽等技术措施的权限和能力，为了充分发挥网络平台服务提供者所具有的技术控制"专长"，责令其履行一定的信息网络安全管理义务，协助维护网络安全。

2. 本罪何以成为"僵尸化"条款？

原因有很多，如相关规定没有配套落实，构成要件不明确，对于何谓网络服务提供者、何谓行政法规所规定的信息网络安全管理业务、"监管部门"到底是哪些部门，往往不能达成一致等。

3. 本罪的责任形式是什么？

关于本罪的责任形式存在争议，有主张是故意的，也有主张是过失的。从条文表述上看，是能够改正而拒不改正，所以应该是故意。人们在罪过形式上存在争议，原因就在于罪过是对行为的态度还是对结果的态度上的认识分歧。拒不改正肯定是故意的，但对于违法信息的传播、公民的个人隐私的侵害、刑事证据的灭失等结果，行为人不一定是持希望或者放任的态度，但如果他能够改正而拒不改正，应该说他对这种后果至少是放任，所以，本罪的责任形式是故意。

4. 何谓网络服务提供者？

理论上对网络服务提供者的分类很多，现在有影响的观点是传统的分类：平台服务提供者、内容服务提供者、定位服务提供者、存储服务提供者。平台服务提供者中"平台"的概念很混乱，内容服务提供者是指各大门户网站，定位服务提供者中的"定位"是指搜索引擎、链接，存储服务提供者如服务器提供商。我认为拒不履行信息网络安全管理义务是不履行平台责任，平台有技术的优势，能够控制平台上的信息。

5. 本条第1款第1、2、3项之间是否存在冲突？

有人认为，行为人为了不让违法信息大量传播，马上就删除掉了违法信息，但删除了就可能致使刑事案件证据灭失，所以第1项和第3项有矛盾。也有人认为，行为人为了不让用户信息泄露，也有可能删除信息致使刑事案件证据灭失，所以第2项和第3项有矛盾。其实它们之间是没有矛盾的。致使违法信息大量传播的，在删除之前应该留存，平台有数据留存的义务，而对于致使用户信息泄露的，平台有保密的义务，依法有限地保存、提供刑事案件证据，并不会导致用户信息泄露，造成严重后果，所以这几项并不矛盾。

6. 如何确定"信息网络安全管理义务"的范围？

"信息网络安全管理义务"包括信息留存、信息审查、保密、删除、过滤违法信息、保留证据、协助办案、保护用户的隐私等义务，要根据行为类型来确定具体的信息网络安全管理义务。

7. 如何判断"违法信息"？

应将"违法信息"限定为侵害国家和社会公共利益的信息，不包括纯属侵害个人民事权利的如侮辱、诽谤、侵犯著作权等的信息。

8. 如何理解"同时构成其他犯罪"？

"同时构成其他犯罪"指的是在构成本罪的同时，又与信息发布者构成煽动颠覆国家政权罪及编造、故意传播虚假恐怖信息罪等的共犯，从一重处罚。它不是指本身发布信息或者提供空间，构成了编造、故意传播虚假恐怖信息罪等，又因拒不改正导致严重危害，而再认定构成拒不履行信息网络安全管理义务罪。

9. 行为人误以为信息不违法而没有采取改正措施的，属于事实认识错误还是法律认识错误，是否阻却犯罪故意的成立？

误以为不存在"责令改正"的通知的，可谓事实认识错误而阻却犯罪故意。但认识到被要求"责令改正"，只是认为"责令改正"的行政命令错误，不存在需要删除的违法信息，这是典型的法律评价错误，不应阻却犯罪故意的成立。

10. 如何认定"其他严重情节"？

"其他严重情节"应该是与致使违法信息大量传播、公民个人信息泄露、刑事案件证据灭失相当的，应该根据信息网络安全管理义务的范围来确定"其他严重情节"。

━━━━━■ 法规链接 ■━━━━━

《刑法》第 287 条之一非法利用信息网络罪

■ 疑难问题

1. 本罪的法益与立法目的是什么？本罪客观行为的核心是什么？

本罪说到底是为了把处罚犯罪的防线前移。网络具有匿名性、跨地域性、开放性、快捷传播性等特点，用传统的方式来发布信息，它传播的范围和速度是有限的，但利用网络发布信息就很容易传播，所以本罪是为了适应网络时代的要求，将处罚犯罪的防线前移，将传统犯罪的预备行为上升为实行行为，上升为正犯行为。所以很难说本罪有什么具体的保护法益，关于本罪的法益有很多争议，尚未有共识。或者可以说，本罪是为打击其他犯罪服务的，是为了防止利用信息网络来发布信息实施犯罪。

第二问，本罪客观行为的核心就是发布违法信息。

2. 是否应对"违法犯罪"进行限制解释？利用信息网络发布招嫖信息、组织视频吸毒，构成本罪吗？

张明楷老师主张把"违法犯罪"限缩解释为"犯罪"，司法解释规定的是犯罪行为或者刑法分则规定的但没有达到犯罪程度的行为，还有人认为也包括了违法信息。我持折中的观点，这里的"违法"必须是与犯罪相关联的。把它限制为犯罪信息的话，和条文的表述明显冲突。制作或者销售违禁物品、管制物品的，不一定能叫犯罪行为，但如果这些违禁物品、管制物品是与犯罪相关联的，也可以构成犯罪。

第二问，招嫖很可能会构成组织、强迫、引诱、容留、介绍卖淫罪；在网上组织视频吸毒，虽然吸毒不构成犯罪，但它也是与犯罪相关的，其中可能涉及贩毒行为。

3. 微信公众号是不是"通讯群组"？

微信公众号应该也属于"通讯群组"，因为他人可以在下面留言。

4. 本条第1款的三项之间是什么关系？如果行为人不实施第2、3项的行为，能否认定行为人以实施违法犯罪为目的设立网站、通讯群组？单纯设立网站、通讯群组不发布信息的，值得作为犯罪处理吗？如果删除第3项，能否将第3项的行为归入第2项？

我认为设立网站、通讯群组只是预备，只是为发布信息做准备，相当于预备的预备，不应该作为犯罪来处理，只有实际发布违法信息才值得作为犯罪处理。

第二问，很难认定，还没有实际发布信息，否则任何人建个微信群就有可能被抓，因为建微信群可能会被用来发布犯罪信息。

第三问，单纯地设立网站、通讯群组不发布信息的，不值得作为犯罪处理。

第四问，没有必要，虽然有人认为第3项和第2项有区别，但我认为"为实施诈骗等违法犯罪活动发布信息"的实质也是发布违法犯罪信息。

5. 本罪与帮助信息网络犯罪活动罪之间是什么关系？

一个是预备行为，一个是帮助行为，有可能发生竞合。

6. 设立组织他人吸毒等违法犯罪活动的网站、通讯群组即构成非法利用信息网络罪的司法解释规定，有无疑问？

有一定的问题，只是设立网站、通讯群组，并没有实际发布违法犯罪信息的，我认为不应该作为犯罪处理。

■ 法规链接

《刑法》第287条之二 帮助信息网络犯罪活动罪

■ 疑难问题

1. 本罪的立法目的是什么？本罪的设立是为了限制还是扩大处罚范围？实践中只要符合本罪构成要件就不再认定诈骗等罪共犯的做法，是否妥当？

为什么要设立本罪？只要不坚持极端从属性说，只要被教唆者、被帮助者实施了符合构成要件的违法行为，即便正犯没有被抓获，只要查明有犯罪事实就可以了。但是，如果坚持极端从属性说，一定要抓获正犯，还要查明正犯有没有达到刑事责任年龄、有没有刑事责任能力、有没有违法性认识可能性、有没有故意，才可以追究教唆、帮助犯的刑事责任。所以，张老师认为，立法机关增设本罪正是以传统的坚持极端从属性说的通说共犯理论为基础的。

我认为增设本罪是为了打击黑灰产业链犯罪。现在的网络犯罪往往形成了一个产业组织，专门有人提供银行卡、微信账号、支付宝等，负责跑流量、广告推广。本来网络犯罪就有匿名性、跨地域性、开放性，而且网络犯罪的正犯往往很难查获，有很多判决书里面正犯往往都是用网名来代替的。在国内提供了帮助的，有可能正犯在国外，如在国外赌博、诈骗，人也在国外，但是国内的人给他提供银行卡信息，钱汇到国内的银行卡上。还有专门为他人办营业执照，然后提供支付宝的接口的，所以它已经形成了一个产业链。增设本罪就是为了规制为他人实施网络犯罪提供这些帮助的行为。

第二问，本罪的设立是为了扩大处罚范围，即便正犯没有查获，但只要查明了犯罪事实就可以作为犯罪来处理。

第三问，只要符合本罪构成要件就不再认定诈骗等罪共犯的做法是不妥当的。

2. 本罪是帮助犯的正犯化还是帮助犯的量刑规则？成立本罪，是否要求他人已经利用信息网络着手实行了犯罪？

张明楷老师和黎宏老师主张是帮助犯的量刑规则，其他学者基本上都主张是帮助犯的正犯化，是独立的罪名。我认为这两种观点争论的焦点就在于，成立本罪是否要求他人（正犯）着手实行了犯罪。

第二问，如果坚持帮助犯的量刑规则的观点，就要求他人已经着手实行了犯罪；如果坚持帮助犯的正犯化的话，很可能认为不要求他人着手实行了犯罪，但是条文规定的是"明知他人利用信息网络实施犯罪"，因而将其解释为他人利用信息网络实施预备犯罪，是不妥当的。"明知他人利用信息网络实施犯罪"必须是他人已经着手实行了犯罪。所以，我们应抛弃所谓帮助犯的正犯化和帮助犯的量刑规则之争，只要根据"明知他人利用信息网络实施犯罪"的规定，要求他人（正犯）已经利用其所提供的帮助着手实行了犯罪，但不要求正犯实际被查获和具有责任。

3. 本罪系中立帮助行为的正犯化吗？如何把握本罪与不可罚的中立帮助行为的界限？

有人认为本罪就是中立帮助行为的正犯化，封堵了中立帮助行为的出罪通道，其实这种理解完全是错误的。因为这里面所提供的技术支持和帮助，并非日常的、业务的、中立的、非追求犯罪目的的、非针对特定对象的中立的帮助行为，而是专门服务于违法犯罪活动的，按照他人的要求量身定制的行为，如为他人制作钓鱼网站，为他人设计赌博软件、非法经营的软件，专门用于违法犯罪用途，或者已经成为犯罪有机体的一部分，甚至参与了犯罪的分赃。网络犯罪也利用了网络，但不应认为中国电信、中国移动等网络服务提供商都构成犯罪，这里所谓提供技术支持、帮助，都是违反了行业性规定的，都是深度参与了他人犯罪活动的，都是专门服务于犯罪目的的。

举个例子，申请宽带接入，必须要提供真实的身份信息，如果电信公司负责宽带接入的员工专门为他人找假身份证，为他人申请宽带接入，也就是所谓的"黑宽带"，专门用于网络诈骗，当然已经违反了行业规定。但如果行为人拿着真实的身份证来办理宽带接入，电信公司的职员给他办理了，怎么可能构成犯罪呢？网络电信诈骗不可能追究中国电信、中国移动等网络服务提供商的刑事责任。

第二问，要看是不是专门用于违法犯罪的目的，是否深度参与他人的犯罪活动。

4. 如何理解认定"明知他人利用信息网络实施犯罪"？"实施犯罪"包括犯罪预备吗？

人们总是纠缠"明知"，其实"明知"强调的是故意，过失为他人提供了技术支持的，不构成犯罪，也就是要把过失排除在外。"明知"并没有特殊的含义，一般是通过客观事实进行推定的。司法解释规定"明知"包括应当知道，这是不准确的，应当知道其实是过失。

第二问，不包括预备，实施犯罪应该是已经着手实行了犯罪。

5. 如何理解"同时构成其他犯罪"？是否需要将"其他犯罪"限定为法定刑高于本罪的犯罪？

这种规定是注意规定。

第二问，持这种观点的认为，为他人发布虚假广告提供帮助，正犯只判 2 年有期徒刑，而帮信犯可能判 3 年有期徒刑。我认为，为他人发布虚假广告提供帮助的，不可能属于情节严重，所以没必要对"其他犯罪"进行限制解释。

6. 如何把握本罪与拒不履行信息网络安全管理义务罪、非法利用信息网络罪、诈骗罪等犯罪的关系？

本罪是帮助行为、共犯责任，非法利用信息网络罪是预备行为、预备责任，拒不履行信息网络安全管理义务罪是不作为、平台责任。本罪与这些犯罪都有可能发生竞合。

7. 关于违法所得数额大以及受过行政处罚属于情节严重的司法解释规定，有无疑问？

有一定问题，违法所得数额并不能反映法益侵害程度，受过行政处罚属于预防要素。

━━━━━━━━━━━ ▇ 法规链接 ━━━━━━━━━━━

《刑法》第 288 条扰乱无线电通讯管理秩序罪

■ 疑难问题
---

1. "擅自"要素有独立的意义吗?

"擅自"是多余的,违反国家规定的就可谓擅自。

2. 对于擅自设置、使用无线电台(站)的,是否也需要"干扰无线电通讯秩序,情节严重",才成立犯罪?

"或者"前面没有"的",意味着"干扰无线电通讯秩序,情节严重"也适用于"或者"前的行为类型。

■ 法规链接

《刑法》第 289 条

■ 疑难问题
---

1. "致人伤残、死亡的"以故意伤害、杀人罪定罪处罚的规定,是注意规定还是法律拟制?

有两种观点。通说认为是注意规定,只有行为人有杀人、伤害的故意才能定故意杀人罪、故意伤害罪;如果主张法律拟制,那么不需要有伤害、杀人的故意,只需要对死伤的结果有预见的可能性就可以了。

2. "毁坏或者抢走公私财物的"依照抢劫罪定罪处罚的规定,是注意规定还是法律拟制?

"抢走"可能是抢劫,但"毁坏"无论如何不是抢劫,所以它既是注意规定又是法律拟制。

3. 毁坏或者抢走公私财物的首要分子以外的人,无罪吗?

法律拟制仅限于法律明文规定的情形,它只规定了首要分子,只对首要分子定抢劫罪。首要分子以外的人,只能根据他实施的行为所符合的具体构成要件来定性,毁坏就是故意毁坏财物罪,抢走公私财物可能是抢劫也可能是抢夺。

■ 法规链接

《刑法》第290条聚众扰乱社会秩序罪，聚众冲击国家机关罪，扰乱国家机关工作秩序罪，组织、资助非法聚集罪

■ 疑难问题

1. 多众犯的问题何在？对于未规定处罚的一般参加者，能以共犯论处吗？

多众犯的问题在于，刑法分则已经根据作用的大小区分了首要分子、积极参与者和一般参与者，有的只规定处罚首要分子，有的规定处罚首要分子和积极参与者，有的规定处罚首要分子、积极参与者和一般参与者，因此按照刑法分则的规定定罪量刑就可以了，没有规定的不能画蛇添足地认定为共犯。

第二问，不能以共犯论处。

2. 应否将聚众扰乱社会秩序罪与扰乱国家机关秩序罪的手段限定为暴力、胁迫的方式？

限定为暴力、胁迫的方式，是为了限制处罚范围。

3. 为何法条设置如此严格的构成要件？如何把握本罪与民众正当表达诉求的界限？因工厂严重污染环境，行为人聚集多人要求工厂停产的，数人在国家机关大门外以拉横幅等方式表达诉求的，构成犯罪吗？

因为如果过于扩大处罚范围，就可能影响民众正当诉求的表达。

第二问，对于群众因合理要求没有得到满足所采取的过激行为，不能认定为构成本罪。

第三问，这是正当表达诉求的方式，不构成犯罪。

4. 成立组织、资助非法聚集罪，是否要求他人已经实施了非法聚集的行为？

成立组织、资助非法聚集罪，要求他人已经实施了非法聚集的行为；他人还没有非法聚集的，资助行为不值得处罚。

5. "聚众"是实行行为吗？

聚众只是状语，强调聚众性的扰乱，只有扰乱才是实行行为，如果将聚众确定为实行行为就处罚过早了。

---■ 法规链接 ---

《刑法》第291条聚众扰乱公共场所秩序、交通秩序罪

---■ 疑难问题 ---

1. "抗拒、阻碍国家治安管理工作人员依法执行职务",是独立的第三种行为类型,还是对前两种"聚众"行为构成犯罪的进一步要求?

这里有两种观点,第一种观点认为是对前两种"聚众"行为构成犯罪的进一步要求,要求抗拒、阻碍;第二种观点是认为抗拒、阻碍是第三种行为类型,因为堵塞交通不可能阻碍治安管理工作。

2. 本罪与妨害公务罪之间是什么关系?

可能竞合,也可能数罪并罚。

3. "情节严重"是仅对第三种行为类型的要求,还是对所有行为类型的要求?

它中间没有用"或者",即便是这样,聚众扰乱车站、码头等,情节不严重的,也不值得作为犯罪来处理。所以,"情节严重"应该是对所有行为类型成立犯罪的要求,不然可能会不当扩大处罚范围。

4. 对所谓"跳楼秀""跳桥秀",应当如何处理?

行为人并非真心自杀,只是为了引起他人的注意,达到自己的其他目的,这种行为虽然客观上引起了多数人的聚集,但其他人是主动聚集的,而不是行为人聚集的,所以他没有责任,不能以本罪论处。

5. 对首要分子以外的人,能否以共犯论处?

不能,这是多众犯的问题,只处罚首要分子。

---■ 法规链接 ---

《刑法》第291条之一投放虚假危险物质罪,编造、故意传播虚假恐怖信息罪,编造、故意传播虚假信息罪

■ 疑难问题

1. "两高"关于"编造"罪名的确定，有无疑问？"编造"是实行行为吗？单纯编造不传播的，值得科处刑罚吗？

司法解释确定的罪名是编造、故意传播虚假恐怖信息罪及编造、故意传播虚假信息罪，让人感觉似乎编造就是实行行为。对于编造、故意传播虚假恐怖信息罪，张老师认为"编造"是实行行为，是指编造之后向特定的人传达。至于编造、故意传播虚假信息罪，张老师倾向于认为编造不是实行行为。而我认为编造始终不是实行行为，它强调的是所传播的信息的来源，要么是自己编造并且传播，要么是明知他人编造的而传播，强调本罪只能由故意构成。如果编造都是实行行为，那么在手机上编辑短信、编辑微信以及写日记都有可能构成犯罪，没传播也构成犯罪，这不合理。

第三问，我认为单纯编造不传播的，不值得科处刑罚。

2. 所谓"恐怖信息"，是指有关恐怖活动或者恐怖分子的信息，还是令人恐惧的信息？编造、传播即将发生地震、爆发严重传染病等虚假信息的，构成编造、故意传播虚假恐怖信息罪吗？

恐怖信息是有关恐怖活动或者恐怖分子的信息，不是所谓令人恐惧的信息。

第二问，不构成，疫情、灾情信息不属于虚假恐怖信息。

3. 在《刑法修正案（九）》增设编造、故意传播虚假信息罪后，关于"虚假恐怖信息"包括重大灾情、疫情信息，以及在信息网络上散布虚假信息属于"起哄闹事，造成公共秩序严重混乱"，依照寻衅滋事罪定罪处罚的司法解释规定，还能适用吗？在信息网络上散布虚假的险情、疫情、灾情、警情以外的虚假信息，成立寻衅滋事罪吗？

不再适用，以前是因为没有编造、故意传播虚假信息罪，而现在有了编造、故意传播虚假信息罪，那么恐怖信息就不应该包括重大险情、疫情、灾情、警情信息，散布重大险情、疫情、灾情、警情信息的，应该构成编造、故意传播虚假信息罪。

第二问，编造、故意传播虚假信息的，只限于灾情、疫情、险情、警情信息。除此之外，在网上散布谣言的，在立法者看来是不值得处罚的，所以不能以"起哄闹事，造成公共秩序严重混乱"，依照寻衅滋事罪定罪处罚。

4. 单纯使特定人员产生恐惧心理的恐吓、胁迫行为，如向公安人员宣称"如果不解决我的问题，我就炸掉公安局大楼"，构成编造、故意传播虚假恐怖信息罪吗？

不构成编造、故意传播虚假恐怖信息罪，因为炸弹没有安放，他只是吓唬特定人的，没有造成一般民众的恐慌。成立编造、故意传播虚假恐怖信息是要造成一般民众的恐慌的，而不是针对特定个人的。

5. "严重扰乱社会秩序"是表明行为的性质，还是对实害结果的要求？

既是表明行为的性质——行为人所散布的虚假信息具有严重扰乱社会秩序的性质，也是对结果的要求——要求严重扰乱社会秩序。

6. 有观点认为，法条之所以分别规定编造与传播行为，是因为在行为人编造虚假恐怖信息的场合，即使只向特定人或者少数人传达所编造的虚假恐怖信息，也有可能成立编造虚假恐怖信息罪，而故意传播虚假恐怖信息罪则要求行为人故意向不特定人或者多数人传达虚假恐怖信息，合理吗？

这种观点认为编造是向特定人传达，传播是向不特定人或多数人传达。我认为编造始终不能作为犯罪来处理，向特定人传达，特定人传播出去的，只能追究特定人故意传播虚假恐怖信息罪的刑事责任。例如，甲编造了一条虚假恐怖信息，把它发给了好友乙，结果乙转发到朋友圈里，是谁的责任？应该追究乙的责任。按照上述观点甲就构成犯罪了，甲是源头。

■ 法规链接

《刑法》第291条之二 高空抛物罪

■ 疑难问题

1.《刑法修正案（十一）》为何增设本罪？本罪所保护的法益是什么？何为"物品"？

增设本罪是为了防止扰乱公共秩序。本罪保护的是公共秩序，是人们头顶上的安全。头顶上的安全是什么？是要导致他人死伤的危险性吗？我认为倒不一定。高空抛物罪如果位于"危害公共安全罪"这一章，就会要求有砸死人、砸伤人的危险，但现在属于扰乱公共秩序罪名，我认为即便抛掷的是轻物，如未吃完的泡面，甚至高空撒尿也能构成高空抛物。所以，"物品"并不限定为要有一定的体积或者一定的重量。当然,高空抛下一张餐巾纸,还是不值得作为犯罪处理的。

2. 之前规定按照以危险方法危害公共安全罪定罪处罚的司法解释规定,是扩大解释还是类推解释?本罪增设后,该司法解释规定还能适用吗?

之前的司法解释是类推解释,因为这种行为和放火、决水、爆炸不相当,它不具有危险的不特定扩大性,它只是对象的不确定性,只是不确定会砸到谁。一般来说高空抛下一个啤酒瓶,就算扔下一个煤气坛子,也不可能砸伤很多人,所以只是对象的不确定,而对象的不确定不等于危险的不特定扩大。

第二问,不能适用。

3. 将本罪置于"危害公共安全罪"一章,还是"妨害社会管理秩序罪"一章,对其构成要件的解释和处罚范围的确定有无影响?

一个是危害公共安全,一个是妨害社会管理秩序,法益不同,当然影响对构成要件的解释和处罚范围的确定。例如,高空抛下一碗未吃完的方便面,如果本罪属于危害公共安全罪罪名,就不构成犯罪,但若属于妨害社会管理秩序罪罪名,则可能构成犯罪。

■ 法规链接

《刑法》第292条聚众斗殴罪

■ 疑难问题

1. 本罪的法益是什么?在荒无人烟的地方聚众斗殴,构成本罪吗?首要分子是否需要对自己所受的伤害承担故意伤害罪的刑事责任?

聚众斗殴是保护聚众斗殴双方的人身安全吗?不是的,它保护的是公共秩序。斗殴往往会让周围的居民产生强烈的恐惧感,所以一定是要在他人可见的地方聚众斗殴,如果在一般人不能看到、不能听到的地方聚众斗殴能不能构成犯罪?不会扰乱公共秩序,不构成本罪。

第三问,聚众斗殴致人重伤的,以故意伤害罪定罪处罚,结果只有首要分子一个人受重伤的,要不要追究首要分子故意伤害罪的责任?聚众斗殴造成重伤的以故意伤害罪定罪,这里的伤害罪是拟制的伤害罪。故意伤害罪规定的是故意伤害他人,是一般的伤害罪,要强调伤害他人,而聚众斗殴造成重伤的以故意伤害罪来定罪,只是借用了故意伤害罪的法定刑,叫拟制的伤害罪,不要求一定是他人受伤，所以只有首要分子自己受重伤的，照样要评价为故意伤害罪。我是这么认为的。

2. 何谓"众"，一人与两人斗殴，构成本罪吗？"众"包括没有达到刑事责任年龄、不具有刑事责任能力的人吗？

张老师认为一打三叫聚众斗殴，我认为一方至少要有两人，即二打二。

第二问，包括，本罪不是共同犯罪，就算是共同犯罪，也不要求主体都达到刑事责任年龄、具有刑事责任能力。但是，通说认为成立共同犯罪要求都达到刑事责任年龄，具有刑事责任能力。

3. 本罪是单行为犯还是复行为犯？"聚众"是实行行为吗？

本罪是单行为犯。

第二问，聚众只能算预备，斗殴才是实行行为。聚众其实是状语，如果认为聚众是实行行为的话，开始聚众就会认为已经着手实行了犯罪。

4. "聚众斗殴"能否分为"聚众斗"与"聚众殴"？

"聚众斗殴"可以分为"聚众斗"与"聚众殴"，前者是指各方相互攻击对方的身体，后者是指多众一方单纯攻击对方身体。如说好两方各出10个人赤手空拳打架，结果到现场之后发现对方来了五六十个人，开着一辆卡车，人人手上都拿着刀具、铁棒，而这一方就只带了20个拳头，见势不妙，拔腿就跑，另一方穷追不舍，这一方只有挨打的命，这就是"聚众殴"，也属于聚众斗殴。

5. 能认为聚众斗殴无防卫吗？

不能，是有可能实施防卫的。例如，行为人突然掏出一把尖刀，对方见势不妙，拔腿就跑，行为人在后面狂追，对方此时已经没有和他斗了，已经逃跑了，是可以实施正当防卫的。

6. 成立本罪是否要求行为人具有所谓流氓动机？

虽然本罪是从所谓流氓罪中分解出来的，但现在既然不存在流氓罪，就不应强调存在逞强耍横的所谓流氓动机。

7. 聚众斗殴致人重伤、死亡以故意伤害、杀人罪定罪处罚的规定，是注意规定还是法律拟制？

通说认为是注意规定，张老师认为是法律拟制，不要求有杀人的故意、伤害的故意。

8. 斗殴导致本方人员重伤、死亡的，应否承担故意伤害、杀人罪的刑事责任？是所有人都定故意伤害、杀人罪吗？不承担故意伤害、杀人罪刑事责任的人，如何处理？

要承担，但只追究双方的首要分子和直接加害人的责任。

第三问，只有首要分子和直接的加害人承担故意伤害罪、故意杀人罪的刑事责任。如果直接加害人难以查明，就追究首要分子故意伤害罪、故意杀人罪的刑事责任。其他人承担聚众斗殴罪的刑事责任。

9. 对于聚众斗殴的一般参加者，能以共犯论处吗？

不能，本罪只规定处罚首要分子和积极参与者。

10. 何谓"械"？非持械者，也要加重处罚吗？持而不用的，能认定为"持械聚众斗殴"吗？

"械"和"凶器"有什么不同？为什么这里叫持械不叫持凶器？为什么携带凶器抢夺用的是"凶器"，携带凶器盗窃也用的是"凶器"，而这里用的是"械"？应该说是有讲究的，因为本罪是扰乱公共秩序的犯罪，"械"是不是给人感觉很恐怖、很血腥？一般给人感觉"械"是用刀枪棍棒打得稀里哗啦，而"凶器"一般比较小。砖头能不能评价为"械"？捡起一块砖头抢夺能够评价为携带凶器抢夺，但这里的"械"要包括砖头恐怕有点问题。"械"也不一定限于金属，木棒也叫"械"。一般酒瓶子也不能叫"械"。所以，"械"的范围还是要限定的，因为要加重处罚。

第二问，能不能认为非持械者因为同伙带了械也要同时评价为持械？除非是非持械者让同伙持械。

第三问，持械是必须用械聚众斗殴还是带着械就可以了？带着不用能不能叫持械聚众斗殴？携带凶器抢夺倒是不需要使用，携带凶器盗窃也不需要使用，但它们用的是"携带"，这里用的是"持"，"持"和"携带"是一回事吗？持枪抢劫要不要用枪？当然要用枪，虽然不需要开枪，但至少要用枪威胁，显示出来就是用了，单纯地带着的不构成。背包里面有管制刀具就是持械聚众斗殴了吗？我认为只有实际使用的，才能认定为持械聚众斗殴。

11. 何谓"公共场所"？

公共场所是不特定或多数人可以进入的场所。

12. 导致多人重伤、死亡的，是成立一个故意伤害、杀人罪还是应数罪并罚？

如果认为本罪不是为了保护个人的生命健康法益，而是扰乱公共秩序犯罪的，就属于拟制的故意伤害罪、故意杀人罪，那就定一个故意伤害罪、故意杀人罪。

13. 一方与对方多人相约斗殴的，构成本罪吗？

张老师认为可以，一个人挑战多人也构成犯罪。我认为不构成，一方至少要二人以上才行。

14. 双方各自仅一人动手的，构成本罪吗？

在现场双方只有一人动手的，张老师认为构成本罪。我认为不构成。

■ 法规链接

《刑法》第 293 条 寻衅滋事罪

■ 疑难问题

1. 本罪的法益和立法目的是什么？

为什么在一系列人身、财产犯罪之外还要增设寻衅滋事罪？是因为：第一，人身、财产犯罪都有定量的要求。像伤害，要构成轻伤以上。像抢劫，虽然对数额没作限定，但是价值微薄的财物不可能成为抢劫的对象。故意毁坏财物也是如此。第二，我国还缺乏一些抽象性程度很高的罪名，像胁迫罪、强制罪。设立本罪，可以更好地保护公民的人身、财产法益，将那些挑衅公共生活准则，侵犯人的尊严但又没有达到人身、财产犯罪定量要求的行为纳入刑事处罚范畴。

2. 何谓"随意"与"任意"？能否以是否"事出有因"来判断是否随意？

随意，就是常人难以理解的，任意的程度低于随意，侧重说明行为不具有合法根据与理由。

第二问，不能以是否"事出有因"来判断是否随意，比如有人毕业很多年了，但因为当年被老师罚站过，他就把老师打了一顿，一般人能够理解吗？这也叫随意，是不合常理的。

3. 本罪与故意伤害罪、故意杀人罪、抢劫罪、敲诈勒索罪等犯罪之间是什么关系？

是一种竞合的关系，没有明确的界限，以寻衅滋事罪定罪能做到罪刑相适应的，就定寻衅滋事罪，不能做到罪刑相适应的，比如导致他人重伤的，那可以定故意伤害罪。

4. 成立本罪，是否需要具有特定目的或流氓动机？

成立本罪，不需要具有特定目的或流氓动机。

5. 对于在公共场所追逐、拦截、辱骂妇女的，是成立强制侮辱罪还是本罪？

应该成立本罪。通说和司法解释认为，在公共场所追逐、拦截妇女的，构成强制侮辱罪，而如果追逐、拦截的是男人就构成寻衅滋事罪。然而，现在有的男的也会长发披肩，本来以为是女的去追叫强制侮辱罪，追到跟前发现是男的，就又变成了寻衅滋事罪。如果追的是跨性别人士呢？那么，通说和司法解释的观点合理吗？成立强制侮辱罪需要侵害妇女的性自主权，不能说追女的叫强制侮辱罪，追男的就叫寻衅滋事罪，男人就没有性自主权了吗？

6. 信息网络是否属于"公共场所"？对在网上造谣，能否认定为"在公共场所起哄闹事，造成公共场所秩序严重混乱"而构成本罪？

有争议，张老师一直反对将信息网络解释为公共场所，但有的条文中的公共场所应该认为也包括网络空间，如侮辱国旗、国徽、国歌罪。不过，在寻衅滋事罪中的公共场所，我也倾向于认为不包括网络空间。

第二问，现在很多学者都是持反对意见的，我也认为不应该构成本罪。

7. 对本条规定的几种行为类型能否进行综合评价？

可以进行综合评价。例如，行为人随意殴打一次，没有情节严重，追逐、拦截也没有情节严重，强拿硬要也没有情节严重，但是每次都有暴力行为的，可以综合评价为其中一种，如随意殴打。

8. 行为人随意殴打家庭成员，或者基于特殊原因在私人场所殴打特定个人的，构成本罪吗？

不构成本罪。成立本罪要求扰乱社会秩序、破坏社会秩序，所以殴打家庭成员或者在私人场所殴打特定个人,没有破坏社会秩序,不构成本罪。

9. 在没有多人在场的情况下,辱骂特定个人的,构成本罪吗?

不构成本罪,本罪是破坏社会秩序的犯罪。

10. 向他人身体挥舞棍棒但没有接触到他人身体的,构成本罪吗?

挥舞棍棒但没有接触到的,不能叫殴打,追逐、拦截也不算,也难以评价为恐吓,所以不构成本罪。

11. 本罪是否为伤害罪的未遂犯?是否需要殴打行为具有造成伤害结果的危险性?

本罪不是伤害罪的未遂犯,并不要求达到伤害他人身体的程度,或者说有伤害他人身体的危险性。如果强调伤害的未遂犯的话,必须要有侵害他人健康的危险,要能评价为伤害行为。

12. 乘坐出租车后,迫使对方免除出租车费用的行为,属于"强拿硬要"吗?

属于"强拿硬要",还可能构成财产性利益的抢劫。

13. 两人在电影院看电影时因为争座位而相互斗殴的行为,属于"起哄闹事"吗?

不属于,起哄闹事行为应是具有煽动性、蔓延性、扩展性的行为。

14.《关于办理黑恶势力犯罪案件若干问题的指导意见》规定"二年内多次实施不同种类寻衅滋事行为的,应当追究刑事责任",有无疑问?

二年内多次实施不同种类寻衅滋事行为的,也是要求能评价为某一种类行为的情节严重,不能简单地认为二年内实施了多种行为就评价为犯罪,必须符合其中一种的情节严重。

■ **法规链接**

《刑法》第293条之一催收非法债务罪

■ 疑难问题

1. 本罪的立法目的是什么？

是为了维护社会秩序，维护社会的安宁。

2. 本罪的增设有无法理上的疑问？是否有违法秩序统一性原理？

张老师认为，既然催收的是非法债务，完全可以评价为抢劫罪、敲诈勒索罪，所以没有必要设立本罪。但我认为，成立抢劫罪、敲诈勒索罪的要求还比较高，一般的暴力、胁迫不一定能构成，特别是恐吓、跟踪、骚扰，不一定能达到抢劫罪、敲诈勒索罪的程度，而这又的确严重影响了他人的生活，我国又没有规定跟踪罪、骚扰罪。所以，我认为催收非法债务罪的设立还是有必要的，另外构成抢劫罪、敲诈勒索罪的可以作为想象竞合处理。

张老师认为违反了法秩序统一性原理。因为既然是非法的债务就可以构成财产犯罪，如果是催讨合法债务，根本就不构成犯罪。我们前面讲过，关于以胁迫的手段催讨合法债务有三种观点：敲诈勒索罪说、胁迫罪说、无罪说。如果把它作为犯罪来处理，就可能在民法上是合法的，在刑法上却作为犯罪来处理，而有违法秩序统一性原理。我认为本罪的增设还是符合我国国情的。

3. 本罪与故意伤害罪、非法拘禁罪、敲诈勒索罪、抢劫罪等之间是什么关系？

虽然通常是竞合，但也不排除数罪并罚的可能性。

4. 如何把握本罪与正当行使权利、合法催讨债务的界限？

就看债务本身是不是合法的。如果债务本身是合法的，只是讨债的手段不当，也只是可能构成如故意伤害罪、非法拘禁罪等其他犯罪。

5. 催收高利放贷中的本金与合法利息，构成本罪吗？

催收高利贷中的本金和合法利息不能构成本罪，高利贷的本金和合法利息还是受法律保护的。

■ 法规链接

《刑法》第294条组织、领导、参加黑社会性质组织罪，入境发展黑社会组织罪，包庇、纵容黑社会性质组织罪

■ 疑难问题
---

1. 组织、领导、参加黑社会性质组织罪有存在的必要吗？

其实刑法中有一系列的罪名，如财产犯罪、人身犯罪，用好了相关的罪名完全可以达到打击黑社会性质组织的目的，不必用一个"口袋罪名"。

2. 组织、领导、参加黑社会性质组织罪是所谓的举动犯吗？既遂标准是什么？

通说认为是举动犯，但我认为不是。

第二问，关于既遂标准，对于组织、领导的，黑社会性质组织要建立起来，对于参加的，要完成仪式，依我看，完成仪式还不够，还要干点坏事。

3. 如何把握组织、领导、参加黑社会性质组织罪与不可罚的中立帮助行为的界限？

黑社会性质组织里面专门负责做饭洗衣的，能构成共犯吗？不是的。司法实践中可能处罚的范围太广，应该把日常生活行为排除在外。

4. 适用组织、领导、参加黑社会性质组织罪如何避免重复评价？本条第4款数罪并罚的规定，是注意规定还是法律拟制？

这个罪名一直有重复评价的问题。对于参加黑社会性质组织，应该认为参加黑社会性质组织和所实施的实际犯罪活动之间是一种竞合的关系，因为排除了所实际实施的具体犯罪活动，参加的犯罪性就无从体现。对组织者、领导者勉强可以数罪并罚，因为他组织、领导了黑社会性质组织，而黑社会性质组织的成立、维系和发展，对社会就是个威胁，所以对他们而言数罪并罚是可能的，但对参加者而言是不能并罚的，应该是想象竞合，否则就是重复评价。

第二问，刑法分则中所有关于数罪并罚的规定都是注意规定，都是可以忽略的，不能说没有规定数罪并罚的就不能数罪并罚了。

5. "入境"发展黑社会组织，需要行为人物理上入境吗？利用信息网络或者电话在境内发展组织成员，构成犯罪吗？

不需要，它强调的是所发展的对象是境内的。

第二问，也能构成本罪。

6. 这里的"包庇"与包庇罪中的"包庇"是同一含义吗?"纵容"者必须限于具有查禁职责的国家机关工作人员吗?

包庇罪中的"包庇"是作假证明,这里的"包庇"范围要广,相当于庇护,不限于作假证明。

第二问,"纵容"者当然需要限于具有查禁职责的国家机关工作人员,如果没有查禁职责,何来"纵容"?

7. 从立法论上讲,包庇、纵容黑社会性质组织罪有必要设立吗?本罪构成要件明确吗?它与包庇罪、徇私枉法罪、帮助犯罪分子逃避处罚罪等犯罪之间是什么关系?

刑法有一系列的渎职罪,有一系列的妨害司法罪,实际没有必要设立本罪。

第二问,包庇、纵容内涵不清,外延不明,包庇、纵容是口语化的,因此构成要件不明确。

第三问,可能是竞合关系。

8. 能将企业本身的组织特征认定为黑社会性质组织的组织特征吗?

不可以。企业本身的组织特征与黑社会性质的组织特征不一样,不能将企业组织本身的架构认为是黑社会性质组织的架构。

9. 所谓黑社会性质组织所犯的全部罪行,是指黑社会性质组织成员所犯的全部罪行吗?

不是的,黑社会性质组织所犯的罪行是它组织、领导、策划实施的,而不是每一个成员实施的全部罪行。

■ 法规链接

《刑法》第295条 传授犯罪方法罪

■ 疑难问题

1. 从立法论上讲,本罪有存在的必要吗?

这个罪名以前甚至规定了死刑,现在最高法定刑是无期徒刑。我认为这个罪名没有存在的必要,以相关犯罪的共犯来处理就可以了。

2. 本罪与教唆犯罪之间是什么关系？
竞合的关系。

━━━━━━━━━━━━━━━━ ■ 法规链接 ━━━━━━━━━━━━━━━━

《刑法》第299条**侮辱国旗、国徽罪，侮辱国歌罪**

━━━━━━━━━━━━━━━━ ■ 疑难问题 ━━━━━━━━━━━━━━━━

1. 本罪中的"公共场合"，包括网络空间吗？
包括，在网络空间侮辱国旗、国徽、国歌是完全有可能的。

2. 本罪是所谓选择性罪名吗？
不是，既侮辱国旗又侮辱国歌的，当然可以数罪并罚。

3. 国旗、国徽是否限于物理性质的国旗、国徽？
不限于物理性质的国旗、国徽，在网络空间中的就不可能是物理性质的。

4. 这里的"侮辱"，与侮辱罪中的侮辱含义相同吗？
应该是不一样的，侮辱罪中的侮辱是侵犯人的名誉，这里是侵犯民族尊严。

5. 成立侮辱国旗、国徽罪，不要求情节严重吗？
对侮辱国旗、国徽罪也要进行实质解释，要求情节严重。

6. 行为人在非公共场合故意篡改国歌歌词、曲谱，或者以歪曲、贬损方式奏唱国歌，录音或者录像后在网络上传播的，构成犯罪吗？
当然属于在公共场合侮辱国歌，构成犯罪。

━━━━━━━━━━━━━━━━ ■ 法规链接 ━━━━━━━━━━━━━━━━

《刑法》第299条之一**侵害英雄烈士名誉、荣誉罪**

■ 疑难问题

1. 草案曾将本罪作为《刑法》第 246 条之一加以规定，定稿时将其移入"妨害社会管理秩序罪"一章，体系位置的变化是否影响构成要件的解释？

第 246 条是侮辱、诽谤罪，那是侮辱、诽谤活人的。移到"妨害社会管理秩序罪"一章，说明本罪不是侵犯公民人身权利，侵害的是社会法益、社会秩序，是民众对逝去的英雄烈士的感情。

2. 这里的"英雄烈士"，是指活着的还是去世的人？

英雄烈士应该是指已经去世的人。

3. 这里的"侮辱"，是否同于侮辱罪的中"侮辱"？是否要求公然性？

侮辱死者和侮辱活人，范围不同。

第二问，这里的"侮辱"也要求公然性。

4. 侮辱、诽谤岳飞、文天祥等古人，是否构成本罪？

不能构成本罪，一般认为本罪的行为对象是中国共产党成立以来的英雄烈士。

■ 法规链接

《刑法》第 300 条 组织、利用会道门、邪教组织、利用迷信破坏法律实施罪，组织、利用会道门、邪教组织、利用迷信致人重伤、死亡罪

■ 疑难问题

1. 本条第 1 款罪名的构成要件明确吗？是否有违罪刑法定的明确性要求？

不明确，有违罪刑法定原则的明确性要求。

2. 有关组织、利用邪教组织教唆、帮助其成员或者他人实施自杀、自残的依照故意杀人罪、故意伤害罪定罪处罚的司法解释规定，有无疑问？组织、利用邪教组织致人重伤、死亡罪的法定最高刑已经提高到无期徒刑，教唆、帮助自杀、自残的，还应依照故意杀人罪、故意伤害罪定罪处罚吗？

我认为按照法条本身处理，定组织、利用会道门、邪教组织、利用迷信致人重伤、死亡罪就可以了。对于教唆、帮助自杀，由于自杀不是符合构成要件的违

法行为，按照限制从属性说，是不构成犯罪的。

第二问，不应该评价为故意杀人罪、故意伤害罪，评价为本罪就可以了。

3. 本条第3款规定是注意规定还是法律拟制？组织、利用会道门、邪教组织、利用迷信奸淫妇女成立强奸罪，要不要违背妇女意志？

第3款规定是注意规定。构成强奸罪要违背妇女意志，要符合强奸罪构成要件，成立诈骗罪也要符合诈骗罪的构成要件。

4. 有关为了传播而持有、携带，邪教宣传品是行为人制作的，以犯罪既遂处理的司法解释规定，有无疑问？

是有一定的问题，这只是预备。

5. 有关明知他人组织、利用邪教组织实施犯罪并为其提供食宿以共同犯罪论处的司法解释规定，有无疑问？

也是有一定的问题，提供食宿实际上属于日常生活行为。

■ 法规链接

《刑法》第301条聚众淫乱罪，引诱未成年人聚众淫乱罪

■ 疑难问题

1. 聚众淫乱罪的法益是什么？成年人基于同意所秘密实施的性行为，构成犯罪吗？

本罪的法益是性行为的非公开化或公众的性感情。

第二问，成人之间进行秘密的淫乱活动，不在他人能够感知到的地方实施的，没有侵害所谓公众的性感情，没有扰乱公共秩序，不构成犯罪。所以，南京马尧海案的有罪判决是有疑问的。

2. 聚众淫乱罪的实行行为是什么？何谓"淫乱活动"？聚众观看淫秽物品，聚众讲述淫秽语言，数人在不同地点进行网上裸聊，成立聚众淫乱罪吗？

聚众是状语，实行行为应该是淫乱。

第二问，淫乱活动包括性交以外的行为。

第三问，都不能构成本罪。在网上可以构成聚众淫乱吗？不可以。

3. 首要分子、多次参加以外的人，构成共犯吗？

首要分子、多次参加以外的人，不构成共犯。

4. 聚众淫乱罪是亲手犯吗？仅召集，但不亲自参加淫乱活动的，构成犯罪吗？

本罪是亲手犯，行为人需要亲自参与淫乱活动。仅召集，但不亲自参加淫乱活动的，不构成犯罪。

5. 二人在公共场所自愿发生性行为，或者一人故意在公共场所裸露身体，构成聚众淫乱罪吗？

这属于公然猥亵，不构成聚众淫乱。

6. 引诱未成年人聚众淫乱罪侵害的是个人法益还是社会法益？被引诱的未成年人成立犯罪吗？其中的聚众淫乱活动，要求具有公然性吗？

引诱未成年人聚众淫乱罪侵害的是个人法益。

第二问，未成年人因被引诱参加聚众淫乱活动的，不构成本罪。

第三问，因为本罪保护的是个人法益，是未成年人的身心健康，所以引诱未成年人即使在秘密的状态下也构成犯罪，但成年人如果是在秘密的状态下就不构成犯罪。因此，如果引诱的是未成年人，就不要求具有公然性了。

7. 引诱未成年人观看他人从事淫乱活动的，构成犯罪吗？

"参加"不要求引诱未成年人实际从事淫乱活动，引诱未成年人观看他人从事淫乱活动的，也构成犯罪。

8. 行为人在从事聚众淫乱活动的过程中，引诱未成年人聚众淫乱的，是一罪还是应数罪并罚？

有可能数罪，因为存在两个行为且侵害了两个法益。

9. 引诱未满14周岁的幼女、男童参加聚众淫乱活动的，还能成立强奸罪、猥亵儿童罪吗？

能成立强奸罪、猥亵儿童罪。

10. 已满 16 周岁不满 18 周岁的人被引诱参加聚众淫乱活动的，构成聚众淫乱罪吗？

已满 16 周岁不满 18 周岁的人属于未成年人，是被害人，被引诱参加聚众淫乱活动，不构成聚众淫乱罪。但要注意，已满 16 周岁不满 18 周岁的人能够成为本罪主体。

■ **法规链接**

《刑法》第 302 条 盗窃、侮辱、故意毁坏尸体、尸骨、骨灰罪

■ **疑难问题**
---

1. 成立盗窃尸体罪需要非法占有目的吗？将女友尸体从太平间偷出来放在床上，躺在尸体旁睡觉的，构成犯罪吗？隐匿尸体构成本罪吗？

成立盗窃尸体罪不要求非法占有目的。

第二问，不构成犯罪，这不能叫侮辱，他没有把女友衣服剥光然后躺在她旁边，而只是陪在她旁边睡觉的，不构成侮辱尸体罪。

第三问，隐匿尸体也属于盗窃，因为本罪中的盗窃不需要非法占有的目的。

2. 本罪中的"侮辱"，等同于侮辱罪中的"侮辱"吗？需要公然性吗？

本罪中的"侮辱"不同于侮辱罪中的"侮辱"，侮辱罪中侮辱的是活人，实践中侮辱尸体一般是因为盗墓或者其他原因使尸体裸露，或者奸尸。

第二问，本罪中的"侮辱"不需要公然性。

3. 盗墓后使尸体露在墓穴外边的，构成侮辱尸体罪吗？

构成侮辱尸体罪。

4. 盗窃尸体、尸骨、骨灰的一部分的，构成犯罪吗？

构成犯罪。

5. 尸体能成为赃物犯罪的对象吗？

他人盗窃尸体之后行为人帮助在家里窝藏，能不能构成赃物犯罪？尸体也属于犯罪所得，能够成为赃物犯罪的对象。

6. 从医学院偷出用于解剖的尸体，是构成盗窃尸体罪还是盗窃罪？

同时构成盗窃尸体罪和盗窃罪，医学院用于解剖的尸体肯定是财产。

7. 以书面方式侮辱死者名誉的，构成犯罪吗？

不构成，本罪中的侮辱不能包括书面方式。

8. 误以为昏厥的妇女已经死亡而实施奸"尸"的，如何定性？

定侮辱尸体罪的既遂。有真实的案件，行为人掐晕被害人后以为对方已经死亡，实施了所谓的奸尸，但事实上对方还活着，构成过失强奸、侮辱尸体。活人在一定条件下也是可以评价为尸体的。

9. 本罪的法益是什么？

法益是活人期待自己死后不被这样对待的权利。

10. 堕胎或者流产后的死胎的全部或者一部分，能评价为本罪中的"尸体"吗？

不能评价为本罪中的"尸体"。

11. 抢夺、抢劫、诈骗、敲诈勒索尸体、尸骨、骨灰的，如何处理？

可以评价为盗窃尸体、尸骨、骨灰。

12. 杀人后碎尸的，构成本罪吗？

杀人后碎尸的，既构成故意杀人罪又构成侮辱尸体罪。不过，不能把侮辱尸体评价为杀人的情节，杀人是否应该判处死刑，只能根据杀人行为本身的情节来定，本来不应该判处死刑的，不能因为行为人杀人后碎尸所以被判处死刑了。

■ 法规链接

《刑法》第303条赌博罪、开设赌场罪、组织参与国（境）外赌博罪

■ 疑难问题

1. 赌博罪、开设赌场罪的法益是什么？

学界没有作研究，但在实践当中问题很多。本罪的法益应该是保护以自己的

劳动获得收入的经济生活方式或者叫勤劳致富的良风美俗。

2. 开设赌场，是否包括网络空间？
包括，实践中有很多在网络空间开设赌场进行赌博。

3. 有关具有国家工作人员身份实施赌博犯罪从重处罚的司法解释规定，有无疑问？
有疑问，除非行为人利用了职务上的便利，否则国家工作人员的身份不可能增加违法性、有责性。

4. 将为赌博、开设赌场提供帮助的，全部作为共犯处罚，有无疑问？
不合理，有的属于中立的帮助行为，不构成犯罪。

5. 实施赌博诈骗的，是成立诈骗罪还是赌博罪？
司法解释认为构成赌博罪，其实应该属于诈骗罪，评价为赌博罪就没有保护对方的财产。赌博的输赢是偶然的，如果输赢被一方控制那就是诈骗了。

6. 为何增设组织参与国（境）外赌博罪？有必要设立本罪吗？
我认为没必要设立本罪，在一些地方赌博是合法的。

7. 组织到赌博合法的澳门等地赌博，构成犯罪吗？《刑法》第 8 条保护管辖规定中的"但是按照犯罪地的法律不受处罚的除外"，能否适用于《刑法》第 7 条的属人管辖？
按照双重犯罪原则，犯罪地的法律也要认为是犯罪。
第二问，第 7 条属人管辖虽然没有强调双重犯罪原则，但这是有利于被告人的，所以要类推适用于第 7 条。

8. 何谓"组织"？
如介绍、指挥、策划等。

9. 如何理解"依照前款的规定处罚"？为何不单独规定法定刑？
"依照前款的规定处罚"指的就是援引前款的法定刑。从立法论上讲，这种援引法定刑的规定是没有必要的。

10. 组织到国（境）外的赌博网站赌博的，成立组织参与国（境）外赌博罪吗？

到国（境）外赌博是要人到国（境）外还是网站是国（境）外的就可以？网站是国（境）外的能叫在国（境）外赌博吗？不能吧。服务器是国（境）外的就叫国（境）外了吗？组织参与国（境）外赌博要不要到国（境）外的线下赌博，能不能包括到国（境）外的网站赌博？这是个问题。我认为必须人到国（境）外去赌博。

11. 双方以财物以外的利益进行赌事或者博戏的，属于赌博吗？

赌博必须是胜者取得财物，败者交付财物，以财物以外的利益进行赌事或者博戏的，不能叫赌博。

■ 法规链接

《刑法》第304条**故意延误投递邮件罪**

■ 疑难问题

1. 本罪的责任形式是故意还是过失？

条文里面虽然有"严重不负责任"的表述，但还得认定为故意犯罪。

2. 本罪主体是否包括快递公司（如顺丰）工作人员？

这里是邮政工作人员，不能包括快递公司工作人员。

第二节　妨害司法罪

■ 法规链接

《刑法》第305条**伪证罪**

■ 疑难问题

1. 本罪行为主体中的"证人"是否包括被害人？是否包括监察机关办理职务犯罪过程中的证人、鉴定人、记录人、翻译人？

包括被害人。虽然证人证言和被害人陈述是不同的证据种类，但刑法没有必要按照刑事诉讼法对证据的分类来解释证人。

第二问，包括。

2. 在排除非法证据和涉及自首、立功认定等场合，相关的侦查、监管、检察人员是否属于本罪中的"证人"？

也属于证人，如刑讯逼供案件中要求警察出庭作证，警察说他没有刑讯逼供，此时他也是证人，也能构成伪证罪。

3. 伪证行为限于作为的形式实施吗？单纯保持沉默拒不作证的，成立伪证罪吗？

伪证行为限于作为的形式实施，不能包括不作为。

第二问，单纯保持沉默拒不作证的，不能评价为本罪。

4. 本罪的法益是什么？

本罪的法益是刑事诉讼中证明过程的客观真实性（纯洁性）。

5. 应否将"在刑事诉讼中"扩大解释到立案前？

要扩大到立案前，因为立案前也会取证。

6. 犯罪嫌疑人、被告人教唆证人等为自己作伪证的，是否成立伪证罪的教唆犯？

从理论上讲，行为人自己虚假供述不具有期待可能性，教唆实施更不具有期待可能性，但是由于《刑法》第307条第1款妨害作证罪的规定，不排除本犯教唆成立犯罪的可能性。具体而言，如果犯罪嫌疑人、被告人采取一般的嘱托、请求、劝诱等方法阻止他人作证或者指使他人作伪证的，因为缺乏期待可能性，不以妨害作证罪论处。但是，如果犯罪嫌疑人、被告人采取暴力、威胁、贿买等方法阻止证人作证或者指使他人作伪证的，并不缺乏期待可能性，宜认定为妨害作证罪（但可以从轻处罚）。

7. 证人按照司法工作人员的要求作伪证的，成立伪证罪吗？

不成立伪证罪。

8. 诬告陷害导致他人被立案侦查，然后在刑事诉讼中故意作虚假证明，意图陷害他人的，是成立一罪还是数罪并罚？

有数罪的可能性，诬告陷害罪侵害的是人身权，而本罪是妨害了司法。

9. 如何认定伪证罪的既遂？

至少一次陈述完成。

10. 何谓"虚假"，是指违背记忆还是违背客观事实？

有所谓的主观的虚假和客观的虚假之分，比如证人在杀人现场目睹了杀人的过程，他的手表上显示的是 8 点，而其实是 9 点，他的手表慢了一个小时，他在法庭上指认看到的是 8 点杀人，虚不虚假？客观上虚假而主观上不虚假，他没有伪证的故意。但如果他看到的手表显示是 8 点，实际上是 9 点，他在法庭上故意说 9 点，虚不虚假？他有作伪证的故意，但是歪打正着符合客观事实，也不可能作为伪证罪处理。

11. 配偶、直系亲属作伪证的，成立伪证罪吗？

不具有期待可能性，不成立犯罪。

12. 犯罪嫌疑人、被告人在作虚假供述时，声称无辜的他人是同案犯的，如何处理？

应当认定为诬告陷害罪。

■ 法规链接

《刑法》第 306 条 辩护人、诉讼代理人毁灭证据、伪造证据、妨害作证罪

■ 疑难问题

1. 辩护人、诉讼代理人是什么性质的身份？成立本罪需要利用职务上的便利吗？辩护人毁灭、伪造非本案当事人的证据，构成本罪吗？辩护人教唆普通人帮助毁灭、伪造证据，普通人教唆辩护人帮助毁灭、伪造证据，或者辩护人与普通人共同帮助毁灭、伪造证据，如何定罪？

律师毁灭同一律师事务所办的案件当事人的证据的，构不构成本罪？如果认为

辩护人、诉讼代理人是违法身份，他必须利用职务上的便利，毁灭的必须是自己案件当事人的证据，否则不构成犯罪。如果认为是一种责任身份，只要具有律师身份，有第306条规定的行为，那就构成犯罪。

第二问，我倾向于认为构成本罪要利用职务上的便利，毁灭的必须是自己所承办案件的当事人的证据。

第三问，不构成本罪，构成《刑法》第307条第2款帮助毁灭、伪造证据罪。

第四问，若辩护人没有利用职务上的便利，辩护人和普通人均成立帮助毁灭、伪造证据罪；若辩护人利用了职务上的便利，则辩护人和普通人分别成立辩护人、诉讼代理人毁灭证据、伪造证据、妨害作证罪和帮助毁灭、伪造证据罪。

2. 本罪中的"毁灭、伪造证据"与"帮助当事人毁灭、伪造证据"有区别吗？何谓"帮助"？

其实说的是一个意思，都是为当事人毁灭、伪造证据。

第二问，"帮助"并非共犯意义上的帮助，既包括参与当事人的毁灭、伪造证据的行为，也包括为了当事人的利益而毁灭、伪造证据的行为，还包括唆使当事人毁灭、伪造证据的行为。

3. 隐藏证据是否属于"毁灭"证据？变造证据是否属于"伪造"证据？

隐藏证据当然属于"毁灭"证据，变造证据也属于"伪造"证据。

4. 被害人、鉴定人、翻译人属于本罪中的"证人"吗？

属于本罪中的"证人"。

5. 能否认为凡是制造立功表现的均成立本罪？

不一定，如果犯罪事实本身是存在的，不能说是伪证。

6. 行为人确信被告人无罪或者罪轻，采取不当措施使法院作出符合事实与法律的判决的，构成犯罪吗？

没有犯罪故意，不构成犯罪。

■ 法规链接

《刑法》第307条 **妨害作证罪，帮助毁灭、伪造证据罪**

■ 疑难问题

1. 妨害作证罪是否要求案件已经进入刑事诉讼程序？

在进入刑事诉讼之前，为了立案有可能先进行调查，此时有可能构成妨害作证罪。

2. 妨害作证罪的法益包括公民依法作证的权利吗？

不包括，如指使证人作伪证就没有侵害所谓的依法作证的权利。

3. 本罪中的"证人"，包括被害人、鉴定人、翻译人吗？

包括。

4. 指使根本不了解案情的人作伪证的，成立妨害作证罪吗？

成立。这里的"证人"不限于真正的证人。

5. "指使他人作伪证"，要求"以暴力、威胁、贿买等方法"吗？

也要求。"以暴力、威胁、贿买等方法"的规定，既是对阻止证人作证的行为方式的限定，也是对指使他人作伪证的行为方式的限定。

6. "指使他人作伪证"型妨害作证罪，是否可谓伪证罪教唆犯的正犯化？

"指使他人作伪证"相当于伪证罪的教唆犯，所以是教唆犯的正犯化。

7. "等方法"，是否包括唆使、嘱托、请求、引诱等方法？

就本犯而言，如果指使他人作伪证，"等方法"应限于与"暴力、威胁、贿买方法"相当的方法，不能包括一般性的唆使、嘱托、请求、引诱方法。但对于其他人而言，解释的范围可能更宽一些，包括唆使、嘱托、请求、引诱方法。

8. 本犯实施妨害作证行为的，是否成立妨害作证罪？教唆本犯作虚假供述的，成立犯罪吗？

本犯如果是以暴力、威胁、贿买等方法实施的，就构成犯罪，但如果采取一般的唆使、嘱托、请求、引诱就不构成犯罪。因为本犯自己作虚假供述不具有期待可能性，教唆是比正犯违法性更轻的行为，更不具有期待可能性，所以要求以暴力、威胁、贿买等方法。

第二问，如果本犯作虚假供述不构成伪证罪，那么教唆本犯作虚假供述的也不能构成本罪。

9. 证人因辩护人、诉讼代理人的威胁、引诱作伪证的，如何处理？普通人教唆辩护人威胁、引诱证人违背事实改变证言或者作伪证的，如何处理？

证人也可能构成伪证罪。

第二问，普通人只能成立妨害作证罪，但律师可能构成第306条规定的辩护人、诉讼代理人毁灭证据、伪造证据、妨害作证罪。

10. 共犯人阻止同案犯作供述或者指使同案犯作虚假供述的行为，是否成立妨害作证罪？同案犯之间的串供行为，构成妨害作证罪吗？

共犯人以暴力、威胁、贿买等方法阻止同案犯作供述，或者指使同案犯作虚假供述的，符合阻止他人作证、指使他人作伪证的条件，因而可能构成妨害作证罪。但采取一般的请求、利诱方法阻止同案犯作供述或者指使同案犯作虚假供述的行为，因为缺乏期待可能性，而不宜以犯罪论处。

第二问，对于同案犯之间的串供行为，因缺乏期待可能性，不宜认定为妨害作证罪。

11. 妨害作证罪的既遂标准是什么？

只有客观上阻止了证人作证或者使他人作出了伪证，才成立本罪的既遂。

12. 何谓"帮助"？帮助毁灭、伪造证据罪有哪些行为类型？

"帮助"不是共犯意义上的帮助，这里的"帮助"是为了把本犯排除在外，本犯自己毁灭、伪造证据的，不构成犯罪。

第二问，包括单独为当事人毁灭、伪造证据，本犯自己毁灭、伪造证据而给他提供帮助，和本犯共同毁灭、伪造证据，以及唆使本犯毁灭、伪造证据。

13. 毁灭、伪造自己案件的证据，构成犯罪吗？误以为是自己案件的证据，或者相反，构成帮助毁灭、伪造证据罪吗？

毁灭、伪造自己案件的证据的，不构成犯罪。

第二问，误以为是自己案件的证据而毁灭、伪造的，没有帮助毁灭、伪造证据的故意，不构成本罪。相反，误以为是他人案件的证据，而实际上是自己案件的证据，客观上不属于他人案件的证据，毁灭、伪造的也不构成犯罪。

14. 行为人毁灭、伪造自己作为被告的刑事案件的证据，该证据同时也是共犯人的证据，是否成立帮助毁灭、伪造证据罪？

如果客观上仅对（或者主要对）其他当事人起作用，或者主观上专门（或者主要）为了其他人而毁灭、伪造证据，则由于存在期待可能性，应认定为毁灭、伪造其他当事人的证据，而构成帮助毁灭、伪造证据罪。否则，不构成犯罪。

15. 本犯教唆他人帮助毁灭、伪造证据，以及他人教唆本犯毁灭、伪造证据，如何处理？

自己毁灭、伪造证据不构成犯罪，本犯教唆更缺乏期待可能性，也不构成犯罪。他人教唆本犯毁灭、伪造证据的，可以评价为帮助毁灭、伪造证据罪。

16. 经犯罪嫌疑人、被告人同意，帮助其毁灭无罪证据的行为，是否阻却违法性？

妨害了司法，也能构成犯罪。

17. 帮助民事诉讼、行政诉讼当事人毁灭、伪造证据的，构成帮助毁灭、伪造证据罪吗？

通说认为，行为人所毁灭、伪造的证据，包括刑事诉讼与其他诉讼当事人的证据，我是坚决反对的，因为它不可能比伪证罪的危害性还大，而伪证罪只限于刑事诉讼中，如果包括民事诉讼处罚范围就太广了。

18. 帮助毁灭、伪造证据罪中的证据，是否限于狭义的、已经查证属实的、作为定案根据的证据，还是包括证据资料？

不限于狭义的证据，还包括证据资料。

19. 藏匿、杀害证人的，如何处理？

毁灭证据不限于从物理上使证据消失，而是包括妨碍证据显现、使证据的证明价值减少、消失的一切行为。藏匿、杀害证人的，当然属于阻止证人作证，构成本罪。

20. 隐匿证据的行为，是否属于毁灭证据？

使证据不能被司法机关发现的行为，与使证据从物理上灭失的行为，在性质上没有任何区别。因此,隐匿证据也属于毁灭证据。

21. 变造证据是否属于伪造证据?

前面也讲过,当刑法条文没有将伪造与变造并列规定时,完全可能将变造归入伪造,所以变造证据也属于伪造证据。

22. 司法工作人员是否需要利用职权实施才能从重处罚?他人教唆司法工作人员实施的,也需要从重处罚吗?

我是持这种观点,司法工作人员需要利用职权实施才能从重处罚。

第二问,不需要从重。

23. 甲认为乙实施的杀人罪已过 20 年追诉时效不再追诉,而帮助乙毁灭了杀人的证据,但最高人民检察院认为乙必须追诉的,对甲的行为是否认定为帮助毁灭证据罪?

甲认为超过了追诉时效,没有妨碍司法的故意。

―― ■ 法规链接 ――

《刑法》第 307 条之一 虚假诉讼罪

―― ■ 疑难问题 ――

1. 本罪的法益与立法目的是什么?

是为了保护司法秩序。张老师认为,本罪的保护法益还包括他人的合法权益。

2. 本罪的实行行为是什么?是单行为犯还是复行为犯?

本罪的实行行为是提起虚假诉讼,不包括捏造。本罪是单行为犯。

3. 何谓"捏造的事实"?《最高人民法院、最高人民检察院关于办理虚假诉讼刑事案件适用法律若干问题的解释》将虚假诉讼限定为"捏造民事法律关系,虚构民事纠纷",有无疑问?

捏造的事实是要全部虚假,还是包括部分虚假?"两高"认为要全部虚假。张老师认为部分虚假也构成,我看到大量的判决书也肯定部分虚假。别人就欠了 1 万元,行为人把它篡改成 100 万元,然后起诉,这叫部分篡改,这和对方不欠钱却伪造了 1 万元欠条的，哪一个危害性更大？肯定是改成 100 万元危害性大。因此，如果认为部分篡改不构成本罪，那么危害性更大的反而不构成犯罪，这不合理。

第二问，有疑问，会导致本罪适用范围过窄。

4. 何谓提起"民事诉讼"？何谓"提起"民事诉讼？

凡是适用《民事诉讼法》的就是民事诉讼。第一审普通程序、简易程序、第二审程序、申诉、反诉、督促程序、执行仲裁裁决都是。

第二问，就是启动民事诉讼，包括原告起诉、被告反诉，申请执行仲裁裁决也叫提起。

5. 以捏造的事实提起民事诉讼与进行虚假的民事诉讼，有无不同？在民事诉讼中，单纯提供虚假证据反驳诉讼请求的，构成犯罪吗？

一个是启动民事诉讼程序，一个是虚假应诉，如明明欠钱却在法庭上说没欠钱的，只是虚假地应诉，并没有提起诉讼，但如果提出反诉，提出一个新的请求来对抗，可能就是提起民事诉讼了。虚假应诉虽不构成本罪，但可能构成（诉讼）诈骗。

第二问，不构成本罪，他并没有启动一个诉讼。

6. 如何认定本罪的既遂？

法院受理就既遂了。

7. 本罪的溯及力如何确定？

只要诉讼程序还没有结束，都可以虚假诉讼罪进行追责。例如，在提起诉讼的时候新法没有生效，但是在新法生效之后，行为人申请强制执行的，还是可以适用。

8. 本罪属于何种犯罪类型？

我认为，本罪是妨害司法秩序犯罪，是行为犯。不过，张老师认为既是行为犯又是结果犯。

9. 如何处理本罪的罪数与竞合？

本罪和诈骗罪等之间可能发生竞合。

10. 本条第 3 款是注意规定还是法律拟制？

是注意规定。

11. 如果当事人一方与法官串通通过诉讼侵犯对方财产的，如何处理？

也叫虚假诉讼，但是不能构成诈骗，因为法官没有被骗，不是三角诈骗。张老师认为法官可能构成枉法裁判罪，还可能同时构成盗窃罪。

12. 从立法论上讲，有必要将"严重侵害他人合法权益"规定为构成要件结果吗？

不需要，只要提起虚假诉讼就妨碍了司法秩序。

13. 应否区分隐瞒事实与捏造事实？隐瞒债务已经清偿的事实提起民事诉讼的，是隐瞒事实还是捏造事实？

明明债务已经偿还清了，行为人说没有还清，这到底是隐瞒还是捏造？例如，别人把钱还了，行为人没把欠条还回去，然后拿着欠条去起诉，这到底是捏造还是隐瞒？属于捏造，但又属于隐瞒，没法区分。

14. 民事诉讼法中的虚假诉讼以当事人之间的恶意串通为前提，刑法上的虚假诉讼罪也以当事人之间的恶意串通为前提吗？

刑法没有必要以恶意串通为前提，单方提起虚假诉讼的，也能构成犯罪。

15. 行为人提出的事实是真实的，但理由是虚假的，构成本罪吗？

不构成本罪。条文规定的是"以捏造的事实提起民事诉讼"，而不是"以捏造的事实理由提起民事诉讼"，事实和理由是不一样的，理由只是一种价值判断，而不是事实本身。所以，只要行为人提出的事实是真实的，即使理由是虚假的，也不可能成立本罪。

16. 行为人没有提起民事诉讼，而是作为民事被告提供虚假证据欺骗法官，导致法官作出错误判决，进而非法占有他人财产或者逃避合法债务的，如何处理？

张老师认为构成诈骗。行为人虽然没有提起诉讼，但是他通过提供虚假的证据使法官作出了有利于自己的判决，这是诈骗，法官被骗了。

17. 公司、企业等单位的工作人员（非国家工作人员）利用职务上的便利，通过虚假民事诉讼非法占有本单位财物的，如何处理？

有可能构成本罪，还可能构成职务侵占罪。

18. 甲提起虚假民事诉讼，法官乙没有受骗却作出枉法裁判，导致丙遭受财产损失的，如何处理？

法官构成枉法裁判罪，还可能构成盗窃的共犯，因为评价枉法裁判罪只是评价了对司法的妨碍，没有保护他人的财产。

19. 本条第 4 款的规定，是注意规定还是法律拟制？

应该是注意规定。

20. 行为人提起虚假的民事诉讼，致使法官枉法裁判的，行为人成立民事枉法裁判罪的教唆犯吗？

成立枉法裁判罪的教唆犯，当然还成立虚假诉讼罪。

■ 法规链接

《刑法》第 308 条 打击报复证人罪

■ 疑难问题

1. 本罪中的"证人"，是否包括被害人、鉴定人、翻译人、记录人、勘查检验人？

包括。

2. 本罪中的"证人"限于刑事案件中的证人吗？

不限于，也包括其他诉讼案件中的证人。

3. 对证人的亲属进行打击报复的，能成立本罪吗？

如果能达到对证人的打击报复的目的，也能构成犯罪。打击报复不一定要打击证人本身，打击他的亲属也可能达到打击报复的目的。

4. 本罪与故意伤害、杀人罪之间是什么关系？

竞合关系。

■ **法规链接** ---

《刑法》第 308 条之一 **泄露不应公开的案件信息罪，披露、报道不应公开的案件信息罪**

■ **疑难问题** ---

1. 披露案件审理过程中诉讼参与人的违法行为的，构成犯罪吗？

当然不构成犯罪。

2. 就不公开审理的案件而言，经当事人同意的泄露行为，是否阻却违法性？

有可能阻却违法性，不构成犯罪，但需要进行具体分析。

3. 原本属于不应当公开的信息，但行为人误以为是可以公开的信息而泄露的，构成犯罪吗？

不具有故意，不构成犯罪。

■ **法规链接** ---

《刑法》第 309 条 **扰乱法庭秩序罪**

■ **疑难问题** ---

1. 在司法工作人员或者诉讼参与人存在违法行为的情况下，行为人以不改正就告发相威胁的，属于"威胁司法工作人员或者诉讼参与人"而构成本罪吗？

不属于这里的威胁，不构成本罪。

2. 本罪与故意伤害、妨害公务、侮辱、诽谤、寻衅滋事、抢夺、故意毁坏财物等犯罪之间是什么关系？

可能形成想象竞合。

■ 法 规 链 接

《刑法》第310条**窝藏、包庇罪**

■ 疑 难 问 题

1. 何谓"犯罪的人"?

有犯罪嫌疑而可能成为立案侦查对象的,就是"犯罪的人"。

2. 同时窝藏多个犯罪的人,构成一罪还是数罪?

有人认为如果是同案犯,那就是一罪;如果窝藏的有杀人犯,有放火犯,有强奸犯,那就是数罪。应该说,如果窝藏的不是同案犯,肯定构成数罪;如果窝藏的是同案犯,由于窝藏罪所侵害的是国家的司法活动,有可能认为只构成一罪。

3. "提供隐藏处所、财物"与"帮助其逃匿"之间是什么关系?

"提供隐藏处所、财物"是一种例示性的规定,也就是除此之外还有其他的"帮助其逃匿"行为,如指示逃跑的路线,还有告知案件侦破的进程等,这都属于"帮助其逃匿"。

4. 窝藏实施了符合构成要件的不法行为但没有达到刑事法定年龄、不具有刑事责任能力的人,构成本罪吗?

也可能妨碍司法,但如果案件已经很清楚,不可能进入刑事司法程序的,还是不构成犯罪。

5. 犯罪的人教唆他人对自己实施窝藏、包庇行为时,是否成立本罪?他人教唆犯罪的人逃匿的,如何处理?

本犯教唆的,不构成犯罪。

第二问,教唆本犯应该属于帮助其逃匿,构成窝藏罪。

6. 犯罪的人窝藏、包庇共犯人的,如何处理?

要看他主要是为了自己还是为了他人。

7. 犯罪的人的近亲属对犯罪的人实施窝藏、包庇行为的,构成犯罪吗?

不具有期待可能性,不构成犯罪。

8. 犯罪嫌疑人确实无罪，行为人为使犯罪嫌疑人免受错误拘捕而窝藏或者包庇的，构成犯罪吗？

不构成犯罪。

9. 窝藏罪是继续犯吗？中途知情继续窝藏的，构成窝藏罪吗？

一种很流行的观点认为窝藏罪是继续犯，结果就是，被窝藏的人都已经超过了追诉时效，而窝藏行为的追诉时效还没开始计算。这不合理，所以我反对将窝藏罪作为继续犯对待，而是倾向于把继续犯限定为侵害人身权利的犯罪。

第二问，张老师认为构成窝藏罪，但也有反对的观点。我认为窝藏罪不是继续犯，行为人中途知情继续窝藏的，不构成窝藏罪。例如，行为人把别人的东西错拿回家了，后来知道拿错了构成盗窃吗？因为盗窃不是继续犯，行为已经结束了，此时不应认为构成盗窃。至于非法拘禁，一开始错关了人，知道之后不释放的，构不构成非法拘禁？构成，因为非法拘禁罪是继续犯。所以，不把窝藏罪看成是继续犯的话，中途知情而继续窝藏的，就很难认为构成窝藏罪。

10. 向犯罪的人归还欠款，使犯罪的人得以潜逃的，构成窝藏罪吗？

有观点认为是构成的。其实还债是日常生活行为，不构成犯罪。

11. 本条第 2 款的规定是注意规定还是法律拟制？

是注意规定。

12. 单纯的知情不举，构成犯罪吗？

不构成犯罪。

13. 包庇罪与伪证罪及帮助毁灭、伪造证据罪之间是什么关系？

一般认为，在刑事诉讼中，证人等作虚假陈述，意图隐匿罪证的，成立伪证罪；在刑事诉讼之前作假证明包庇犯罪人的，成立包庇罪。但不排除一个行为同时触犯包庇罪与伪证罪，从一重处罚即可。

14. 配偶等单纯陪同犯罪人潜逃并且在外地共同生活的，属于"帮助其逃匿"吗？

不属于。

15. 如何处理所谓"顶包"行为？

"顶包"是帮助犯罪分子逃避处罚的一种方式，是典型的包庇行为，应认定为本罪。

■ **法规链接** ■

《刑法》第311条**拒绝提供间谍犯罪、恐怖主义犯罪、极端主义犯罪证据罪**

■ **疑难问题** ■

1. "拒绝提供"应限于物证、书面材料吗？

我倾向于认为应该限于物证、书面材料，但张老师认为不限于。

2. 行为人逃匿的，构成本罪吗？

我认为不宜作为犯罪处理，拒绝提供书证、物证等的才构成犯罪。

■ **法规链接** ■

《刑法》第312条**掩饰、隐瞒犯罪所得、犯罪所得收益罪**

■ **疑难问题** ■

1. 本罪的性质或者法益是什么？本犯窝藏、转移、销售赃物，是因为缺乏违法性，还是因为缺乏有责性而不作为犯罪处理？

张老师主张以违法状态维持说为基础，同时考虑追缴权、追求权说的综合说。理由在于，刑法将赃物犯罪规定为妨害司法的犯罪，所以，赃物犯罪使犯罪所形成的违法财产状态得以维持、存续，妨碍了公安、司法机关利用赃物证明犯罪人的犯罪事实，从而妨害了刑事侦查、起诉、审判作用。另外，国家的司法作用包括追缴赃物，将其中一部分没收、一部分退还被害人。就前者而言，赃物犯罪侵害了国家的追缴权；就后者而言，赃物犯罪侵害了本犯被害人的追求权。

本犯窝藏、转移、销售赃物有没有违法性？有，也会妨碍司法，但是缺乏有责性，所以不作为犯罪处理。

2. 本罪是所谓选择性罪名吗？

讨论这个问题的意义不大。如果窝藏甲案件的赃物，又转移乙案件的赃物，当然有可能数罪并罚。

3.《刑法修正案（十一）》将"自洗钱"入罪，是否意味着本犯自己窝藏、转移、销售赃物也构成犯罪？

不是。"自洗钱"只限于破坏金融秩序，那是特殊规定，不能举一反三、"触类旁通"。

4. 本犯教唆他人帮助窝藏、转移、销售赃物，以及他人教唆、帮助本犯窝藏、转移、销售赃物，如何处理？

本犯教唆不构成犯罪，但是他人教唆本犯的可能构成本罪。

5. 教唆、帮助他人盗窃后收购赃物的，成立本罪吗？

一般是认为成立盗窃共犯，但在国外一般认为构成赃物犯罪。

6. 对于掩饰、隐瞒犯罪所得及其收益所取得的财物与财产性利益，还可以再成立掩饰、隐瞒犯罪所得、犯罪所得收益罪吗？

有可能再成立掩饰、隐瞒犯罪所得、犯罪所得收益罪。

7. 何谓犯罪所得及其产生的收益？窝藏收买的被拐卖的妇女、儿童，构成本罪吗？窝藏盗窃的尸体，构成本罪吗？

这个问题很难简单说清，比如挪用的公款不能叫犯罪所得，但盗窃的尸体是犯罪所得。

第二问，收买的被拐卖的妇女、儿童不是赃物，加以窝藏的，不构成本罪。

第三问，有可能构成，如甲为了制作标本贩卖牟利而盗窃尸体后，乙窝藏该尸体的，应认定为窝藏赃物。

8. 伪造的货币、制造的毒品、行贿所用的财物、赌资本身，属于犯罪所得吗？

不属于犯罪所得，属于组成犯罪之物，要予以没收。

9. 没有达到法定年龄、没有责任能力的人实施符合构成要件的不法行为（如盗窃）所取得的财物，能否认定为"犯罪"所得？

是可以的，只要符合构成要件，具有违法性，就属于犯罪所得，加以掩饰、隐瞒的话，还是可能会妨碍司法的。但如果行为人很确定，案件事实很清楚，不可能进入刑事司法程序的，张老师认为不构成犯罪。

10. 司法解释曾经规定，掩饰、隐瞒犯罪所得及其产生的收益价值3000元以上才立案、10万元以上即为"情节严重"，有无疑问？

例如，抢劫的300元是不是犯罪所得？加以窝藏能不能构成犯罪？因为掩饰、隐瞒犯罪所得根本就不是财产犯罪，它侵害的法益是司法，所以取决于所窝藏的对象是否构成犯罪，抢劫的300元就是犯罪所得，加以窝藏就构成犯罪了。相反，窝藏职务侵占的5万元不可能构成犯罪，窝藏集资诈骗的9万元也不可能构成犯罪。司法解释规定窝藏10万元以上即为情节严重，导致窝藏集资诈骗所得要么不构成犯罪，要么就情节严重，所以不合理。

11. 数人单独实施的普通盗窃行为均未达到数额较大标准，但收购者总共收购的数额超过盗窃罪数额较大起点的，能否认定为收购"犯罪所得"？

不能。单个人都没有达到的，不能叫犯罪所得，盗窃的500元就不叫犯罪所得，诈骗的1000元也不叫犯罪所得。当然，虽然没有达到犯罪标准，但属于盗窃未遂，如本来可以盗窃数额较大的财物，结果只盗了500元的，那也属于犯罪所得，具有犯罪的证明作用。但如果对方就是小偷小摸，专门收购小偷小摸的财物的，不构成本罪。

12. 犯罪人取得赃物后死亡的，该赃物是否为犯罪所得？

属于犯罪所得。

13. 所盗财物通过改装等与原物丧失了同一性的，本犯销售赃物后所得到的现金，以及本犯将所盗的一种货币兑换成另一种货币的，是否属于犯罪所得？

它们即使不属于犯罪所得，也属于犯罪所得所产生的收益。犯罪所得不限于直接所得，犯罪所得的转化也是犯罪所得。

14. 没有妨害司法的行为，如对国家工作人员所收受的房屋进行装修，公司技术人员对公司收购的他人盗窃的原油的质量进行鉴定的行为，构成本罪吗？

不构成，没有妨碍司法，没有妨碍证据的显现。

15. 如何认定"明知"？

明知是一种推定，根据交易的时间、地点、价格来进行推定。例如，凌晨3点偷偷摸摸地以显著低于市场的价格进行交易的，当然是明知。还有这个东西是市面上买不到的，而行为人买到了，他当然是明知的。

16. 本罪与洗钱罪及窝藏毒品、毒赃罪之间是什么关系？

本罪与洗钱罪可能是一种竞合。张老师将洗钱罪看作是破坏金融秩序的犯罪，但如果同时妨碍了司法，很可能就是一种想象竞合的关系。毒品、毒赃也可能是一种犯罪所得，所以窝藏毒品、毒赃罪和本罪之间也是竞合的关系。

17. 行为人侵吞所保管的赃物或者销赃款的，如何处理？

张老师认为只构成赃物犯罪，不构成侵占罪。不过，我认为还构成侵占罪。

18. 既遂之前参与的，成立本罪吗？

不成立本罪。是成立共犯还是成立赃物犯罪，关键就在于是在既遂之前参与还是既遂之后参与。

19. 本罪是继续犯吗？追诉时效如何计算？共犯如何认定？

有观点认为窝藏赃物属于继续犯，但我认为不是。

第二问，追诉时效应从开始窝藏时起算。

第三问，窝藏期间参与的，可能成立共犯。

20. 销赃构成诈骗罪吗？

销赃还构成诈骗罪，因为对方花钱买到的是有权利瑕疵的物品。

21. 如何追究电信诈骗取款人的刑事责任？

如果偶尔取款，仅成立赃物犯罪，但如果一直帮忙取款，双方事实上已形成一种默契，可能成立诈骗共犯。

22. 被害人在法律上没有追求权的物品，如管制刀具，可以成为本罪的对象吗？

属于犯罪所得，有证据的作用，可以成为本罪的对象。

23. 行为没有达到司法解释所要求的数额的，如盗窃 500 元、职务侵占 5 万元、集资诈骗 9 万元，是否属于犯罪所得？

不属于犯罪所得。

24. 他人通过污染环境的手段生产或者制造的物品，是否属于犯罪所得？

不属于犯罪所得。例如，造纸厂在生产过程中严重污染环境，构成污染环境罪，但知道真相并购买造纸厂生产的纸张的，不成立本罪。

25. 他人善意取得的赃物是否属于犯罪所得？乙善意取得了丙所盗窃的财物，知道全部真相的甲从乙处收购该财物的，是否成立本罪？

善意取得的赃物也妨害了物上追及权。就算承认善意取得，它也具有证据的作用，也妨害了司法，更何况刑法上不承认善意取得。

第二问，成立本罪。

26. 子女使用父亲贪污的公款购买房屋或者采用其他方式消费父亲贪污的公款的，构成本罪吗？子女消费父亲挪用的公款的，构成本罪吗？

当然构成，把别人贪污的钱款用掉了，也是掩饰、隐瞒犯罪所得，因为这个是证据。

第二问，不构成犯罪，挪用的公款本身不能叫犯罪所得。但挪用公款存入银行所得的利息，就属于犯罪产生的收益了。何谓犯罪所得及其收益？是否指犯罪所得本身产生的收益？偷了一头母牛，母牛下了几头小牛，这是犯罪所得产生的收益。那能不能是犯罪本身的收益呢？条文表述的是"明知是犯罪所得及其产生的收益"，"其产生的收益"是犯罪所得产生的收益，还是犯罪本身产生的收益？应该说都包括。

27. 本罪是妨害司法的犯罪，能否根据实施掩饰、隐瞒行为的人获利多少及掩饰、隐瞒的财产数额多少确定罪与非罪的标准？

不能，它不是财产犯罪，而是妨害司法的犯罪，所以只能根据对司法的妨害程度确定罪与非罪的标准。

28. 乙盗窃了他人价值5000元的财物，而甲仅窝藏了其中价值1000元的财物，甲构成本罪吗？

构成本罪，它也是证据，也会妨害司法。

■ 法规链接

《刑法》第313条 拒不执行判决、裁定罪

■ 疑难问题

1. 拒不执行判决、裁定的行为必须发生在什么时间？行为人在判决、裁定生效后、执行立案之前实施隐藏、转移财产等行为的，能否认定为本罪？

必须发生在应当履行裁决义务的时候。

第二问，可以。实践中大部分情况都发生在这个时间段，等法院发出执行通知之后，该转移的已经转移完了。

2. 本罪是继续犯吗？追诉时效如何计算？

很多人认为是继续犯。拒不执行判决、裁定显然不属于重罪，也不属于侵犯人身权利的犯罪，很难评价为每时每刻都受到同等程度的侵害，我不主张评价为继续犯。不能想当然地认为一直不执行就是一直在继续，时效就没开始计算。例如，行为人因为盗窃被判处罚金，他不执行罚金，盗窃本身的时效都过了，本罪时效反而一直没有计算，这肯定不合理。

3. 行为人单纯不执行刑事判决的，是否成立本罪？行为人单纯不缴纳罚金的，或者危险驾驶的行为人被外地法院判处拘役后，不主动回审判地服刑的，是否成立本罪？行为人单纯不遵守管制规定的，成立本罪吗？在管制期间逃往外地摆脱管制呢？

不成立本罪，因为成立本罪要求情节严重，所以只有当国家机关要求执行判决、裁定的内容时，行为人拒绝执行的，才应以犯罪论处。

第二问，不成立本罪。就不缴纳罚金而言，只有通知缴纳罚金而不缴纳的，才可能构成本罪。

第三问，不成立本罪。

第四问，也不能认为成立本罪。

■ 法规链接

《刑法》第314条非法处置查封、扣押、冻结的财产罪

■ 疑难问题

1. 成立本罪，是否需要行为人认识到财产已被司法机关查封、扣押、冻结？没有看到封条而转移的，构成犯罪吗？知道被查封但认为不应被查封而转移的，构成犯罪吗？

这显然是客观要素，需要认识到。

第二问，不构成犯罪。

第三问，构成犯罪，这是违法性认识错误或者叫评价的错误，只要认识到已经被查封就行了。

2. 本罪与盗窃、诈骗、故意毁坏财物罪之间是什么关系？窃取被司法机关扣押的本人财物，构成盗窃罪吗？

是竞合关系。

第二问，构成。因为财物已被扣押，按照《刑法》第91条第2款的规定，在国家机关、国有公司、企业、集体企业和人民团体管理、使用或者运输中的私人财产，以公共财产论。

3. 为何本罪的法定刑并不重？

是因为它只是妨碍了诉讼保全，它评价的法益不包括他人的财产权，立法者只是根据行为对主要法益的侵害来设置法定刑。

■ 法规链接

《刑法》第315条破坏监管秩序罪

■ 疑难问题

1. 依法被关押的罪犯，受监管人员指使，殴打、体罚虐待其他被监管人，情节严重的，是成立本罪，还是虐待被监管人罪的共犯？

成立破坏监管秩序罪没问题，如果本身还有意志自由的话，还有可能成立虐

待被监管人罪。

2. 本罪与妨害公务罪、故意伤害罪等之间是什么关系？
是竞合的关系。

■ **法规链接**

《刑法》第316条脱逃罪、劫夺被押解人员罪

■ **疑难问题**

1. 脱逃罪是继续犯吗？
有人认为是继续犯，实践当中也有作为继续犯处理的。但我倾向于认为它不是继续犯，否则会造成本犯时效早就过了，但是脱逃时效却一直没过的结果。

2. 二人共同脱逃，只有一人逃出去的，是脱逃既遂还是未遂？如何认定脱逃罪的既遂？
有人认为是未遂。但根据部分实行全部责任原则，都应该是既遂，没有逃出去的，在量刑上可以酌情考虑。
第二问，摆脱了监管机关和监管人员的实力支配（控制）时就是既遂，如果一直在追踪过程当中，不能认为是既遂。

3. 事实上无罪的人脱逃的，构成犯罪吗？虽然事实上没有犯罪，但被合理怀疑为犯罪的人，依照刑事诉讼法被关押的人脱逃的，是否成立脱逃罪？
不构成犯罪。
第二问，不成立本罪，脱逃没有期待可能性。

4. 被超期羁押的未决犯脱逃的，构成犯罪吗？
当然不构成犯罪，超期羁押是不合法的。

5. 脱逃罪能由不作为构成吗？
张老师认为可以，如请假回家探亲逾期不归的，就构成脱逃。不过，我持不同意见，一般应该否认轻罪的不作为。

6. 被劫夺的人，成立劫夺被押解人员罪共犯吗？

被劫夺的不构成共犯。那有没有可能构成脱逃罪？因为他不是被捆走的，而是镣铐被打开之后自己走的，所以还是有可能成立脱逃罪的。

7. 被关押的罪犯、被告人与犯罪嫌疑人教唆监管人员私放自己的，如何处理？

监管人员构成私放在押人员罪，行为人自己是构成私放在押人员罪的教唆犯还是构成单纯的脱逃罪？构成脱逃罪。

8. 被判处死刑立即执行以及被判处终身监禁的人脱逃的，构成脱逃罪吗？
没有期待可能性，不构成本罪。

■ 法规链接

《刑法》第317条 组织越狱罪、暴动越狱罪、聚众持械劫狱罪

■ 疑难问题

1. 组织越狱罪的实行行为究竟是"越狱"还是"组织"？行为主体是否仅限于依法被关押的人？"组织越狱"，是指有组织地集体越狱，还是组织他人越狱？"积极参加""其他参加"是指参加越狱还是参加组织？

本罪的实行行为是组织。

第二问，行为主体不限于依法被关押的人，因为狱外人也可能组织被关押的人员脱逃。

第三问，应该是组织他人越狱，不是有组织地集体越狱。

第四问，如果认为实行行为是组织的话，那是指参加组织。

2. 被组织者、被劫狱者是否为组织越狱罪的共犯？
被组织者、被劫狱者不成立本罪的共犯。

3. 劫狱的"狱"，仅限于监狱吗？
还包括看守所。

4. 依法被关押的人在组织他人越狱的同时自己越狱的，如何处理？

要成立组织越狱罪与脱逃罪，实行数罪并罚。

5. 如何认定组织越狱罪的着手与既遂？

着手是组织，既遂是越狱成功，摆脱了监管机关的实力支配。

第三节 妨害国（边）境管理罪

■ 法规链接

《刑法》第318条 组织他人偷越国（边）境罪

■ 疑难问题
---

1. 被组织人构成共犯吗？

不构成共犯。

2. 本罪既遂的标准是什么？

是被组织人已经偷越了国（边）境。

3. 本罪成立的前提是什么？组织"使用以虚假的出入境事由、隐瞒真实身份、冒用他人身份证等方式骗取的出入境证件"的人出入国（边）境的，构成本罪吗？

本罪成立的前提是被组织人构成了偷越国（边）境犯罪。

第二问，不构成，因为骗取证件出入境的不叫偷越国（边）境，组织者也不构成组织他人偷越国（边）境罪。

4. 本条第1款第3项"造成被组织人重伤"，包括故意重伤吗？故意重伤被组织人的，是应按照第2款的规定以组织他人偷越国（边）境罪的基本犯（7年以下有期徒刑），与故意伤害（重伤）罪（3年以上10年以下有期徒刑）数罪并罚，还是应评价为"造成被组织人重伤"，判处7年以上有期徒刑或者无期徒刑？

如果认为造成被组织人重伤的仅限于过失致人重伤，那么故意重伤被组织人只能评价为组织他人偷越国（边）境罪的基本犯与故意伤害致人重伤，数罪并罚，最高法定刑为17年有期徒刑。而第1款第3项"造成被组织人重伤"评价为情节加重犯则有可能判无期，所以这里的"造成"要包括故意。不要想当然地以为数罪并罚一定重，有时评价为加重犯，处罚反而更重。

5. 对于剥夺被组织人人身自由以及以暴力、威胁方法抗拒检查的，除评价为组织他人偷越国（边）境罪的加重犯外，是否还应按照第2款的规定，以组织他人偷越国（边）境罪与非法拘禁罪、妨害公务罪数罪并罚？

不可以，已经评价为加重情节了就不能再数罪并罚，否则就是重复评价。

6.《最高人民法院、最高人民检察院关于办理国（边）境管理刑事案件应用法律若干问题的解释》中关于"领导、策划、指挥他人偷越国（边）境或者在首要分子指挥下，实施拉拢、引诱、介绍他人偷越国（边）境等行为的，应当认定为刑法第三百一十八条规定的'组织他人偷越国（边）境'"的解释，对"组织"的解释是否过于宽泛？应否将本罪的"组织"限定为集团性、职业性的组织行为？

应将本罪中的"组织"限定为集团性的、职业性的组织行为，不能包括在首要分子指挥下的所谓拉拢、引诱、介绍行为。

■ 法规链接

《刑法》第319条骗取出境证件罪

■ 疑难问题

1. 本罪的法益是什么？刑法规定本罪是为了保护取得护照、签证的正当方式与程序、保证中国公民在境外不实施违法犯罪行为、维护国家声誉吗？

一般认为，本罪的法益是所谓的国（边）境管理秩序。

第二问，不是。

2. 本罪的既遂标准是什么？

取得护照、签证等出境证件。

3. 护照、签证等出境许可是控制性许可还是特殊许可？

护照、签证等出境许可属于控制性许可。

4. 被组织人的出境行为不具有偷越国（边）境的性质的，如被组织人是以劳务输出的名义骗取了签证而出境的，还成立本罪吗？

不能成立本罪。

5. 骗取出入境证件后出入境的行为，是否属于刑法上的偷越国（边）境？司法实践中，只要行为人以劳务输出、经贸往来或者其他名义，弄虚作假，骗取护照、签证等出境证件，就认定为骗取出境证件罪，甚至认定为组织他人偷越国（边）境罪，有无疑问？

不属于刑法上的偷越国（边）境。

第二问，实践中的做法存在一定问题。

6. "为组织他人偷越国（边）境使用"，是属于客观构成要件要素还是主观责任要素？

应属于主观的责任要素。

7. 应否认为，骗取出境证件罪的成立，以现实的或者可能的组织者和现实的或者可能的被组织者的行为具有偷越国（边）境的性质为前提？

是的。

■ **法规链接**

《刑法》第 320 条 提供伪造、变造的出入境证件罪，出售出入境证件罪

■ **疑难问题**

1. 提供伪造、变造的出入境证件罪与买卖国家机关证件罪之间是什么关系？

是竞合关系。

2. 误以为是真实的护照、签证，实际上是伪造、变造的而出售给他人，如何处理？误以为是伪造、变造的，实际上是真实的，又该如何处理？

都按客观来定罪。

3. 提供伪造、变造的出入境证件罪是所谓选择性罪名吗？

不是。

4. 有关出售盗窃的空白因私护照构成出售出入境证件罪的"批复"规定，有无疑问？

存在一定问题，空白因私护照不能评价为护照。

■ **法规链接**

《刑法》第321条 **运送他人偷越国（边）境罪**

■ **疑难问题**
---

1. 被运送的"他人"，构成共犯吗？

被运送的"他人"不构成本罪的共犯，单独成立偷越国（边）境罪。

2. 徒步带领他人偷越国（边）境的行为，是否属于"运送"？用自行车、电瓶车带领呢？

运送一般是使用交通工具，徒步送不算。用自行车、电瓶车、驴车、马车、独轮车等的叫不叫运送？这些都会有争议。

3. 本罪既遂的标志是什么？

要出入境。

4. 故意造成被运送人重伤的，是评价为加重犯，还是应数罪并罚？

基本犯的法定刑是5年以下有期徒刑、拘役或者管制，然后造成重伤至少包括过失，是7年以上有期徒刑。如果是故意造成重伤，数罪并罚，本罪基本犯的法定刑是5年以下有期徒刑、拘役或者管制，再加上故意伤害致人重伤处3年到10年有期徒刑。评价为加重犯与进行数罪并罚，两种处理都可以，刑期差不多。

5. 能将造成被运送人重伤、死亡以及以暴力、威胁方法抗拒检查，既评价为本条第1款第4项的"有其他特别严重情节"，又适用第2款处7年以上有期徒刑，或适用第3款数罪并罚吗？

已经评价为其他严重情节的，就不能评价为第2款、第3款情形。

■ 法规链接

《刑法》第322条偷越国（边）境罪

■ 疑难问题

1. 本罪的法益是什么？

一般认为是所谓进出国（边）境的管理秩序。

2. 对于使用以虚假的出入境事由骗取真实身份的出入境证件后出入国（边）境的，应当认定为偷越国（边）境罪吗？

不应该认定为偷越国（边）境罪。

3. 有关"在境外实施损害国家利益行为的，应当认定为偷越国（边）境'情节严重'"的司法解释规定，有无疑问？

有疑问，超出了偷越国（边）境罪构成要件评价的范畴。

4. "为参加恐怖活动组织、接受恐怖活动培训或者实施恐怖活动"，是主观责任要素，还是客观构成要件要素？仅仅因为责任加重就加重法定刑的规定，是否有违法益保护原则？以其他目的偷越国（边）境，与以参加恐怖活动组织等目的偷越国（边）境，在客观法益侵害程度上有无不同？我国刑法分则中的情节严重与加重犯，是因为客观法益侵害程度严重或加重，还是主观责任严重或加重？

是主观责任要素。

第二问，有违法益保护原则。

第三问，在客观法益侵害程度上没有什么不同。

第四问，情节严重都是指客观方面的法益侵害程度严重。

5. 走私犯罪分子偷越国（边）境的，是从一重还是应数罪并罚？

我认为规范性意义上存在两个行为，应该数罪并罚。

6. 有关"因偷越国（边）境被行政处罚后一年内又偷越国（边）境的，应当认定为情节严重"的司法解释规定，有无疑问？

有疑问，混淆了预防要素和责任要素。

7. 国家机关工作人员或者掌握国家秘密的国家工作人员偷越国（边）境叛逃的，是想象竞合还是应数罪并罚？

在规范性意义上应该认为存在数个行为，应当数罪并罚。

------- ■ 法规链接 -------

《刑法》第323条破坏界碑、界桩罪，破坏永久性测量标志罪

------- ■ 疑难问题 -------

1. 上述两罪的法益是什么？

前罪保护的法益是国（边）境管理秩序，后罪保护的是永久性测量标志的管理秩序。

2. 本条中的"国家边境"，是仅修饰"界碑、界桩"，还是同时修饰"永久性测量标志"？

这里的国家边境只修饰界碑、界桩，内河、内湖都有水文标志。

第四节　妨害文物管理罪

------- ■ 法规链接 -------

《刑法》第324条故意损毁文物罪、故意损毁名胜古迹罪、过失损毁文物罪

------- ■ 疑难问题 -------

1. "损毁"文物包括隐匿文物吗？

故意毁坏财物包括隐匿财物，损毁文物包括隐匿文物吗？不包括，它保护的是文物的完整性，隐匿的话文物还是完整的。

2. 切下多个兵马俑的头拿走，是一罪还是数罪？

是数罪，构成故意损毁文物罪和盗窃罪。

3. 损毁文物是出于故意还是过失难以确定时，能否认定为过失损毁文物罪？

是可以的，故意和过失之间是位阶的关系，只要有预见的可能性就至少可以评价为过失。

■ 法规链接

《刑法》第 325 条 非法向外国人出售、赠送珍贵文物罪

■ 疑难问题

1. "外国人"能包括外国机构和组织吗？包括港澳台地区的人或组织吗？

"外国人"应该包括外国机构和组织，不包括港澳台地区的人或组织。

2. 盗窃珍贵文物后出售、赠送给外国人的，是一罪还是数罪并罚？

数罪并罚，因为侵害的法益不一样。

■ 法规链接

《刑法》第 326 条 倒卖文物罪

■ 疑难问题

1. 如何理解"倒卖"？

倒卖文物要倒进来卖出去，没有倒而只是单纯卖的，能构成倒卖文物罪吗？单纯的卖不叫倒卖。捡到一个文物之后卖掉能不能叫倒卖？不能。倒卖要有经营性质。

2. 司法解释规定将自己所有的文物出售给他人的行为成立倒卖文物罪，为了出卖而收购、运输、储存的行为成立本罪的既遂，有无疑问？

是有一定问题的，前者是不能构成倒卖的，后者顶多是预备。

3. 将国家禁止出口的珍贵文物倒卖给外国人的，如何处理？

同时触犯本罪与非法向外国人出售珍贵文物罪，从一重论处。

4. 盗窃珍贵文物后出售的，如何处理？明知是枪支仍盗窃后出售，要数罪并罚吗？

只能定盗窃罪。

第二问，不能数罪并罚，因为它只侵害了一个法益。

5. 购买文物的，成立本罪共犯吗？

购买文物的，不成立本罪共犯。

6. 何谓以牟利为目的？需要实现吗？亏本卖掉的情况，构成本罪吗？

以牟利为目的，就是营利的目的。它不需要实现。亏本卖掉的，也构成本罪。

■ 法规链接

《刑法》第 327 条 非法出售、私赠文物藏品罪

■ 疑难问题

1. 国有参股、控股的公司，是国有还是非国有单位？

算非国有单位。

2. 如何处理本罪与私分国有资产罪、贪污罪的关系？

可能形成竞合关系。

■ 法规链接

《刑法》第 328 条 盗掘古文化遗址、古墓葬罪，盗掘古人类化石、古脊椎动物化石罪

■ 疑难问题

1. 既盗掘古文化遗址，又盗掘古墓葬的，是一罪还是应数罪并罚？

可以数罪并罚。

2. 打捞被水淹没的古文化遗址、古墓葬，以及挖掘出掩埋于其他物体中的古文化遗址、古墓葬的，构成本罪吗？

构成本罪，盗掘可以包括打捞和挖掘。

3. 盗掘必须具有秘密性吗？公开盗掘，构成本罪吗？

不需要，公开盗掘也构成犯罪。

4. 是否必须明知是古文化遗址、古墓葬？

需要明知。

5. 盗掘时盗窃或者毁损珍贵文物的，应数罪并罚吗？

不需要数罪并罚，因为盗掘有可能是破坏性的。

■ **法规链接**

《刑法》第 329 条抢夺、窃取国有档案罪，擅自出卖、转让国有档案罪

■ **疑难问题**

1. 抢劫国有档案的，如何处理？

可以评价为抢夺、窃取国有档案罪。如果国有档案具有财产性质，还可能评价为抢劫罪。

2. 抢夺、窃取国有档案罪与非法获取国家秘密罪、盗窃罪、抢夺罪之间是什么关系？

可能形成竞合关系。

3. 国家工作人员利用职务上的便利擅自出卖国有档案，将所得对价据为己有或者使第三者所有的，如何处理？

可能构成贪污罪。

4. 本条第 3 款是关于想象竞合适用原则的规定吗？何谓"同时又"？

一般认为是想象竞合适用原则的规定。所谓"同时又"，应限于一个行为。

第五节　危害公共卫生罪

■ 法规链接

《刑法》第 330 条 **妨害传染病防治罪**

■ 疑难问题

1. 本罪是具体危险犯还是实害犯？"有传播严重危险"如何判断？已经引起传播与有传播严重危险，在量刑上应否区别对待？

本罪既是具体危险犯又是实害犯。

第二问，要看是什么样的传染病，是在什么样的状况下，本身是否已经确诊，因此要在个案中进行具体的判断。

第三问，已经传播是实害，有传播严重危险只是具体危险，所以量刑上要区别对待。

2. 本罪是仅适用于客观上已感染的人，还是也可适用于虽有感染风险但实际上未感染的人？

应该限定为客观上已经感染的人。

3. 本罪的责任形式是什么？对引起传染病传播或者有传播严重危险，是否需要行为人认识到并持希望或者放任态度？这属于客观处罚条件，还是所谓客观的超过要素？

关于罪过形式有争论的主要有两块内容，一是部分经济犯罪，二是危害公共卫生罪。通说认为本罪是过失犯，或者认为既可以由故意也可以由过失构成。按照张明楷老师的观点，如果既没有"过失"这种明文的表述，也没有"造成重大责任事故""严重不负责任""玩忽职守"这种文理上的根据，就只能承认是故意犯。

第二问，如果认为本罪是故意犯的话，对这种危险和结果就要认识到，就要持希望或者放任的态度。

第三问，属于客观处罚条件。不过，张老师把它看成是客观的超过要素，认为只要有认识的可能性即可，但这跟故意犯的认定存在一定的歧义。

4. 本罪与危害公共安全罪、故意伤害罪、故意杀人罪等之间是什么关系？
是竞合关系。

5. 如果县级以上人民政府、疾病预防控制机构提出的预防、控制措施并不符合《传染病防治法》的规定，拒绝执行这种预防、控制措施的行为构成本罪吗？
当然不构成犯罪。

■ 法规链接

《刑法》第331条 **传染病菌种、毒种扩散罪**

■ 疑难问题

1. 本罪的责任形式是什么？"后果严重"是客观处罚条件，还是所谓客观的超过要素？
按照张老师的文理根据说，只能认为本罪的责任形式是故意，同时将"后果严重"看作客观的超过要素。

2. 本罪与危害公共安全罪之间是什么关系？
可能形成想象竞合。

■ 法规链接

《刑法》第332条 **妨害国境卫生检疫罪**

■ 疑难问题

1. 本罪属于何种犯罪类型？
既是实害犯，也是具体危险犯。

2. 本罪的责任形式是什么？是否需要行为人认识到"引起检疫传染病传播"并对之持希望或者放任态度？
本罪的责任形式是故意。
第二问，需要行为人认识到"引起检疫传染病传播"并持希望或者放任态度。

■ 法规链接

《刑法》第333条 非法组织卖血罪、强迫卖血罪

■ 疑难问题

1. 非法组织卖血罪与强迫卖血罪的法益是什么？二罪的法益完全相同吗？

强迫卖血罪侵害的应该是作为个人法益的身体健康，而非法组织卖血罪侵害的是作为社会法益的公众健康，所以二罪的法益并不完全相同。

2. 何谓"组织"？劝诱特定个人出卖血液的，构成非法组织卖血罪吗？强迫特定个人出卖血液的，构成强迫卖血罪吗？

这里的组织就是要把供血者、用血者排除在外。

第二问，组织是通过策划等方式使不特定人或者多人出卖血液的行为，劝诱特定个人出卖血液的，不构成非法组织卖血罪。

第三问，强迫卖血罪就是侵害个人法益的犯罪，成立强迫卖血罪不以强迫多人为条件，强迫特定个人出卖血液的，也能构成强迫卖血罪。

3. 被组织的"他人"构成非法组织卖血罪的共犯吗？

不构成。

4. 无偿地强行抽取他人500毫升血液，如何处理？

因为是无偿的，所以不构成强迫卖血罪；也不能构成抢劫罪，因为强抽的时候血液没有与人体分离，还不是财产。如果导致伤害，有可能构成故意伤害罪。

5. 本条第2款"对他人造成伤害的"，依照故意伤害罪定罪处罚的规定，是注意规定还是法律拟制？

是法律拟制，不要求有伤害的故意。

6. "对他人造成伤害"中，"他人"包括输入血液者吗？"伤害"包括轻伤吗？强迫卖血造成伤害的，以故意伤害罪定罪，能判处低于强迫卖血罪的法定最低刑5年有期徒刑吗？定故意伤害罪，能同时适用本罪规定的罚金刑吗？

"他人"不包括输入血液者，只限于卖血者。强迫卖血后供应不符合国家规定

标准的血液，导致输入血液者身体伤害的，成立非法供应血液罪的结果加重犯或者故意伤害等罪。

第二问，"伤害"不包括轻伤。对组织卖血、强迫卖血造成伤害的以故意伤害罪论处，这一立法的本意是要严厉打击这种行为，结果以故意伤害轻伤的处罚反而轻，从而有违立法本意，所以这里的伤害不能包括轻伤。

第三问，不能，因为强迫卖血罪中，没有造成伤害的都要处5年以上有期徒刑了，造成了伤害致人重伤的如果反而判5年以下，就违背了立法者的本意。这是其一。其二，根据所谓的轻罪的封锁作用，从重处罚的结果不能判处低于轻罪的最低刑，所以不能判处低于5年的刑期。

第四问，定故意伤害罪，能同时判处罚金，也就是被排除的法条的附加刑仍然可以得到适用。

7. 组织艾滋病患者、乙肝患者等出卖血液，并将血液提供给他人的，如何处理？

有可能构成故意伤害罪。

8. 组织卖血、强迫卖血造成死亡的，如何处理？

本条只规定了造成伤害的，没规定造成死亡的，所以应与过失致人死亡罪想象竞合。

■ 法规链接

《刑法》第334条非法采集、供应血液、制作、供应血液制品罪，采集、供应血液、制作、供应血液制品事故罪

■ 疑难问题

1. 非法采集、供应血液、制作、供应血液制品罪是具体危险犯吗？司法解释规定，采集、供应的血液、血液制品含有艾滋病病毒、乙型肝炎病毒、丙型肝炎病毒、梅毒螺旋体等病原微生物的，或者将含有上述病原微生物的血液用于制作血液制品的，应予立案追诉，是否说明本罪是抽象危险犯？

张老师把它看成是具体危险犯，我认为它是准抽象危险犯，只要采供的血液有可能危害公众健康就行了，并不需要采供血液的行为本身形成具体的、现实的、紧迫的危险。司法解释的规定其实是为了限制处罚范围。

2. 非法组织或者强迫他人出卖血液后,非法供应血液或者制作、供应血液制品,不符合国家规定的标准,足以危害人体健康的,是应从一重还是数罪并罚?

非法组织卖血,又制供血液或者血液制品的,可以作为包括的一罪处理。由于强迫卖血罪侵害的是个人法益,所以强迫卖血后又制供血液或者血液制品的,应数罪并罚。

3. "两高"将本条第2款的罪名确定为采集、供应血液、制作、供应血液制品"事故"罪,是否意味着本罪的责任形式为过失?

罪名确定不准确,因为条文里面并没有过失犯的文理根据,只能认为本罪的责任形式是故意。

4. "经国家主管部门批准"是必须具备的客观构成要件要素吗?误以为自己具有采集、供应血液、血液制品的资格而采集、供应血液、血液制品的,如何处理?

"经国家主管部门批准"不是必须具备的客观构成要件要素,只是表面的构成要件要素。

第二问,成立采集、供应血液、制作、供应血液制品事故罪。

5. 实施非法采集、供应血液、制作、供应血液制品同时触犯故意杀人、故意伤害罪的,如何处理?上述两罪与故意伤害罪、故意杀人罪、过失致人死亡罪、危害公共安全罪之间是什么关系?

都可能形成竞合,从一重。

■ 法规链接

《刑法》第334条之一非法采集人类遗传资源、走私人类遗传资源材料罪

■ 疑难问题

1. 本罪的立法目的和法益是什么?
是为了保护公众健康。

2. 本罪的实行行为是什么？既遂标准是什么？
本罪的实行行为是采集、运送、邮寄、携带。
第二问，既遂标准是完成采集和出境。

3. 本罪的增设是否过于超前？
本罪立法过于超前。

4. 本罪是抽象危险犯、具体危险犯还是实害犯？
本罪是抽象危险犯。

5. 在国内互联网上发布我国人类遗传资源信息，能认定为运送、携带"出境"吗？
很难评价为运送、携带出境。

6. 如何判断"危害公众健康或者社会公共利益"？
只能根据具体案情进行判断。

■ 法规链接

《刑法》第335条 医疗事故罪

■ 疑难问题

1. 何谓"医务人员"？
医务人员是取得了医师资格并取得了执业资格的人员。

2. 如何把握医疗事故罪与医疗意外事件的界限？
看行为人对事故的发生有没有过错，有没有造成严重后果。

3. 本罪与过失致人死亡罪之间是什么关系？医疗事故致多人死亡的，能否以过失致人死亡罪定罪处罚？
医疗事故罪的法定最高刑仅为3年有期徒刑，如果一次医疗事故导致大量的人死亡，能不能以过失致人死亡罪判7年有期徒刑？曾经有一个案例，在一个很大的医疗仪器里面同时躺着 8 个人治疗，行为人操作不当导致 8 个人触电身亡，后果很严重，能不能以过失致人死亡罪判处行为人 7 年有期徒刑？过失致人死亡罪中不是有"本法另有规定的，依照规定"吗？如果理解成依照处罚更重的进行处罚，那么医疗事故罪就适用于医疗事故导致一般的后果，不包括导致特别严重的后果。所以，我认为医疗事故导致极其严重的后果的，是有可能构成过失致人死亡罪的。也有人将医疗事故罪与过失致人死亡罪之间直接看成是想象竞合关系，从一重处罚。

■ 法规链接

《刑法》第 336 条非法行医罪、非法进行节育手术罪

■ 疑难问题

1. 何谓"未取得医生执业资格的人"？是仅指未取得执业医师资格，还是既包括未取得执业医师资格，也包括取得了执业医师资格但没有取得执业证书？有关只要行为人取得了医师资格，即使没有取得执业许可，也不可能构成非法行医罪的司法解释规定，有无疑问？

第一、二问，未取得医生执业资格包括两种，第一种是没取得医师资格，第二种是没取得执业证。其实超出执业资格范围的，也是非法行医。

第三问，2008 年 4 月 28 日通过的《最高人民法院关于审理非法行医刑事案件具体应用法律若干问题的解释》第 1 条阐释了"未取得医生执业资格的人非法行医"的五种情形，其中包括"个人未取得《医疗机构执业许可证》开办医疗机构的"。2016 年 12 月 12 日修正该解释时，将这一情形删除了，这意味着只要行为人取得了医师资格，即使没有取得执业许可，也不可能构成非法行医罪。这是有问题的，只取得医师资格但没有取得执业证书的人行医，同样会危害公共卫生、侵犯医疗管理秩序。

2. 骗取医生执业资格的人行医，构成非法行医罪吗？医生执业许可是控制性许可还是特殊许可？司法解释规定以非法手段取得医师资格从事医疗活动的，属于"未取得医生执业资格的人非法行医"，有无疑问？

不构成非法行医罪，构成医疗事故罪，毕竟是有证行医。

第二问，应该把它理解成控制性许可，只要取得了资格都不叫未取得资格。特殊许可强调本身是有危险性的或者是有害的，如罂粟种植许可证，它是有危险性的，骗取了这种许可证，进而种植罂粟的，照样构成非法种植毒品原植物罪。控制许可是为了控制资源，是政府出于管理的需要。

第三问，是有疑问的。

3. 没有取得医生执业资格的人确实医治了很多疑难杂症，但同时也导致个别患者死亡的，能构成非法行医罪吗？

也能成立非法行医罪。

4. 牙科医生为患者做阑尾炎手术，导致患者死亡的，是构成医疗事故罪还是非法行医罪？

构成非法行医罪。

5. 非法行医罪可谓消极身份犯，具有医生执业资格的人教唆、帮助没有取得医生执业资格的人非法行医，如何处理？取得医生执业资格的人雇请未取得医生执业资格的人和自己共同行医的，如何处理？

有可能构成非法行医的教唆犯。

第二问，雇请对非法行医也有贡献，所以应该成立非法行医罪的共犯。

6. 非法行医罪是典型的职业犯、集合犯，持续非法行医的，是认定一罪还是数罪？

本罪属于职业犯，刑法所规定的构成要件包括了行为人反复从事非法行医的行为，因此，不管非法行医的时间多长，也只能认定为一罪。

7. 行为人只是针对特定的个人从事医疗、预防、保健等活动，导致患者死伤的，能成立非法行医罪吗？

不能成立非法行医罪，非法行医罪是危害公共卫生的犯罪，只是针对特定的个人从事医疗、预防、保健等活动的，不可能危害公共卫生。

8. 被害人的承诺能阻却非法行医的违法性吗？

不能阻却，本罪保护的是公众健康，是社会法益。

9. 非法行医行为同时触犯生产、销售、提供劣药、假药犯罪及诈骗犯罪的，如何处理？

一般属于想象竞合，从一重处罚。但是，如果行为人不仅将假药、劣药出售给求医者，而且将假药、劣药出售、提供给不特定的他人的，则同时构成非法行医罪与生产、销售、提供假药罪或者生产、销售、提供劣药罪,实行数罪并罚。

10. 非法进行节育手术罪的法益是什么?国家生育政策放开后,本罪还有存在的必要吗?

以前是控制人口,现在则是鼓励人口生育,所以现在国家生育放开后本罪就没有存在的必要了。

11. 成立非法行医罪要求以营利为目的吗?未取得医生执业资格的人免费为他人行医,情节严重的,构成本罪吗?

成立本罪不需要以营利为目的。

第二问,未取得医生执业资格的人免费为他人行医,情节严重的,也能构成本罪。

■ **法规链接**

《刑法》第 336 条之一**非法植入基因编辑、克隆胚胎罪**

■ **疑难问题**

1. 本罪的立法目的和法益是什么?

保护人类基因的安全和人类尊严。

2. 本罪的设立是否脱离现实?

属于不当的超前立法。

3. "基因编辑"是修饰"克隆的人类胚胎"吗?

是将基因编辑植入人体,还是将基因编辑的人类胚胎植入人体?应该是将基因编辑的人类胚胎植入人体。

4. 将基因编辑、克隆的动物胚胎植入动物体内的,构成犯罪吗?

不构成犯罪。

■ **法规链接**

《刑法》第 337 条**妨害动植物防疫、检疫罪**

■ 疑难问题
---

1. 本罪的责任形式是什么？

本罪的责任形式是故意。

2. 本罪是危险犯还是实害犯？

本罪既是实害犯，也是具体危险犯。

第六节　破坏环境资源保护罪

■ 法 规 链 接

《刑法》第338条 污染环境罪

■ 疑 难 问 题

1.《刑法修正案（十一）》对本条有哪些修改？为什么修改？

1997年《刑法》把土地、水体、大气等环境要素写在条文里面，《刑法修正案（八）》去掉了。同时，《刑法修正案（八）》把"其他危险废物"改成了"其他有害物质"，范围扩大了。1997年《刑法》规定的是"造成重大环境污染事故，致使公私财产遭受重大损失或者人员伤亡的严重后果的"，《刑法修正案（八）》修改为"严重污染环境的"，这是最重要的修改。以前的加重情节规定的"后果特别严重"，其法定最高刑只有7年有期徒刑，而《刑法修正案（十一）》进行了修改，把"后果特别严重"修改成了"情节严重"。保留了第二档法定刑，但增加了第三档的法定刑，并且明确了第三档法定刑的适用条件，这是把司法解释中成熟的规定纳入《刑法》条文，在特定的地区、以特定的方式排放等就是司法解释的内容。法定刑修改为7年以上有期徒刑，加大了对环境污染犯罪的处罚力度。

2. 本罪保护的法益是什么？

按照生态中心主义，本罪的保护法益就是环境；按照人类中心主义，本罪的保护法益是人类的生命、身体、健康。另外还有折中的观点。无论是生态中心主义还是人类中心主义，都认为环境本身就是法益，虽然看不见摸不着，但能够感受到,如雾霾。

3. 如何理解"严重污染环境"?

关于污染环境罪所有的争议都是围绕"严重污染环境"的理解展开的,罪过形式、犯罪类型,还有既未遂的标准等,都与对"严重污染环境"的理解有关。应该说,"严重污染环境"既包括行为给环境本身造成严重污染,也包括因为污染环境而给人的生命、身体、健康造成严重危险以及实害的情形。

4. 本罪是具体危险犯、抽象危险犯、准抽象危险犯、行为犯、结果犯还是实害犯?

各种观点都有。我认为是准抽象危险犯,本罪中规定"严重污染环境"是为了限制处罚范围,就像非法制造、买卖、运输、储存危险物质罪,要求危害公共安全也是为了限制处罚范围;非法采集、供应血液、制作、供应血液制品罪规定的"足以危害人体健康的",也是为了限制处罚范围。我把它们都看成是准抽象危险犯,就是实施一定的行为,但是实施这种行为本身不能像盗窃枪支一样认为就具有公共危险了,需要进行一定的具体判断。"严重污染环境"就是为了把没有超出环境自我净化能力的排污行为排除在外。应该说,任何工厂排污对环境多少都有损害,但如果没有超出环境自我净化的能力,就不宜作为犯罪处理。比如,向长江丢进去四五百克的砒霜没事,但丢进去一吨的砒霜是不是就超出了长江的净化能力?

5. 本罪的责任形式是什么?

以前规定的是重大环境污染事故罪,一般认为其责任形式是过失。现在改为环境污染罪,要求"严重污染环境",理论上有各种观点,有故意说、过失说、复合罪过说,还有我提出的模糊罪过说,即至少有过失。张老师认为以前规定了"重大环境污染事故",因为有文理上的根据,所以是过失,现在没有了,按照《刑法》第15条中"过失犯罪,法律有规定的才负刑事责任"的规定,只能是故意。但是,通说还是认为它是过失。如果认为它是由过失构成的话,那就不能成立共犯。但是,我翻看大量的判决书后发现,基本上都不对责任形式进行交待和回应,不管是故意还是过失,该处罚的照样处罚。这些法定犯的法定刑不是很重,对故意犯、过失犯而言非难可能性也没有明显差异。我倾向于认为,对于法定刑不重的法定犯,没有必要严格区分故意和过失,这就是我的模糊罪过说,即至少有过失。

6. 如何认定本罪的既遂、未遂与中止？

从理论上讲，本罪是有未遂和中止的，如行为人把废物、废渣倾倒在岩石上，刚倾倒完就看到有人来了，他赶紧跑掉了。倾倒完才几分钟，根本就没有渗透到地底下去，是既遂吗？不是。所以还得要对法益的侵害程度进行实质判断，如果倒了很容易渗透到土壤或者水里，当然一倒就既遂了。

7. 本罪的追诉时效如何计算？

对基本犯而言，倾倒就成立犯罪了，就要开始起算追诉时效了。对加重犯而言，以前是"后果特别严重"，现在修改成了"情节严重"，如果认为"情节严重"还是以前的"后果特别严重"，要造成实际的重大环境污染事故的话，考虑到基本犯和加重犯时效起算是不一样的，加重犯要求造成特别严重后果，所以它的追诉时效就要从重大环境污染事故的形成开始算起。而污染环境的重要特点是具有长期性、渐进性、潜伏性，污染环境的恶果可能在几十年之后才显现出来，所以才有人认为要增设污染环境罪的最长追诉时效20年。我认为没有必要，只要认为基本犯和加重犯可以适用不同的追诉时效的起算标准就可以了。可以把基本犯理解成行为犯、抽象危险犯之类的，然后把加重犯理解成实害犯，造成了实害才开始计算追诉时效。

8. 在直接责任人员的认定中如何贯彻中立帮助行为的理念？

实践当中有些混乱，有把小型电镀厂的所有工人都抓了的，我认为只要追究投资者、老板、管理者的责任就可以了，工人只是专门负责生产、排污的，只是分工的不同，他们对犯罪事实、犯罪过程没有支配权，不应该处罚他们。大型工厂也是如此，不能说从事生产的工人没有责任，从事倾倒废物的工人就有责任，只是分工不同而已，他们也是奉命行事，所以没有必要处罚这些一线工人。

9. 何谓"排放""倾倒""处置"？应否将"处置"限定为"将固体废物焚烧和用其他改变固体废物的物理、化学、生物特性的方法，达到减少已产生的固体废物数量、缩小固体废物体积、减少或者消除其危险成分的活动，或者将固体废物最终置于符合环境保护规定要求的填埋场的活动"？未采取相应防范措施将没有利用价值的危险废物长期贮存、搁置，放任危险废物或者其有毒有害成分大量扬散、流失、泄露、挥发，污染环境的，属于非法"处置"吗？

排放，向水里、向空中排放都可以；倾倒，向土壤、向水里倾倒都可以；处置是处理、放置，不一定要按照物理、化学的方法，把危险废物堆在空旷的地方，如堆在空旷的工厂院子里面，让它随意挥发、渗透，也叫处置。

10. "立案标准"认为违法所得30万元以上的应予追诉，有无疑问？"立案标准"认为二年内曾经受过二次以上行政处罚又实施的应予追诉，有无疑问？

违法所得不一定反映法益侵害程度。

第二问，受过行政处罚属于预防要素，不能反映违法程度。

11. 如何理解本条第2款"同时"构成其他犯罪？

应限定于一个行为，竞合时从一重处理。

12. 如何区分本罪与投放危险物质罪？

其实特别简单，对象的性质不同，一个是毒物，一个是污染物。

13. 对不同业主共同排污的案件应当如何处理？

各自成立污染环境罪。

14. 将不合格排放设备租给他人使用，严重污染环境的，应当如何处理？

出租设备的人不应该构成犯罪，除非他隐瞒了设备的缺陷。买设备的人误以为这个设备是合格的，那有可能构成间接正犯；如果对方是明知的还使用这种不合格的设备，应该自我答责。

15. 对厂内集水池与厂外排污口的鉴定结论不同时，应当如何处理？

在场内污水不达标，但在场外排污口达标。

16. 私设暗管排放废物是仅限于行为人私自设置暗管排放废物（如中途接管、分流直排、暗设阀门、伺机偷排、私改设计、不合理设置溢流口等），还是包括利用已有的暗管违法排放废物？

包括利用已有的暗管。

17. 明知对方没有处理危险废物的资质与能力，仍将危险废物交给对方处理的，如何处理？

构成本罪共犯。

18. 对于因疏于管理发生污染物泄漏，即过失排污导致环境严重污染的情形，应当如何处理？

我认为是过失，张老师则认为这种情形看起来是过失，但还是应该把它解释成故意。我觉得有疑问，以前作为重大环境污染事故罪处理的案件，现在说是故意犯，合理吗？例如，排污管道平时没什么大问题，但是年久失修，遇到极端天气，如突降暴雨，水管爆裂，污水四溢，我认为就是过失，但张老师认为这也是故意。我认为不应否认有过失的情形，不能说以前过失犯都构成犯罪，现在只能是故意才能构成。

■ 法规链接

《刑法》第339条非法处置进口的固体废物罪、擅自进口固体废物罪

■ 疑难问题

1. 非法处置"进口"的固体废物罪的罪名准确吗？某外国公司将一船固体废物倾倒于中国领海内的，构成本罪吗？

罪名不太准确，"进境"不同于"进口"。

第二问，也能构成本罪。

2. 擅自进口固体废物罪的责任形式是什么？

按照张老师的文理根据说是过失。不过，文理根据说只是学理上的观点，也是可以挑战的。对过失犯是不是要进行实质的判断？这的确值得研究。

■ 法规链接

《刑法》第340条非法捕捞水产品罪

■ 疑难问题

1. 对"禁渔区""禁渔期"的认识错误，如根本不知道有所谓"禁渔区""禁渔期"的，是事实认识错误还是法律认识错误？事实认识错误与法律认识错误如何区分？

是事实认识错误。

第二问，由于在我国"故意"是实质的故意概念，事实认识错误与法律认识错误区别的关键要看是否影响对行为有害性的判断，这也是一种实质的判断。

2. 用网眼很小的网在长江中撒网，同时捞上来大量小鱼小虾和长江鲟等珍稀鱼类，是一罪还是数罪？如何确定行为个数？

当然是数罪。

第二问，之前也讲过，应从规范性意义上把握行为个数。

3. 本罪与盗窃罪、危害公共安全罪之间是什么关系？

是想象竞合关系，从一重罪处罚。

— ■ 法规链接 —

《刑法》第341条**危害珍贵、濒危野生动物罪，非法狩猎罪，非法猎捕、收购、运输、出售陆生野生动物罪**

— ■ 疑难问题 —

1. "两高"之前将本条第1款的罪名确定为"非法猎捕、杀害珍贵、濒危野生动物罪"与"非法收购、运输、出售珍贵、濒危野生动物、珍贵、濒危野生动物制品罪"，现在修改为"危害珍贵、濒危野生动物罪"，能够认为以前是选择性罪名而现在不是了吗？选择性罪名与数罪并罚有关系吗？

不能这样认为。

第二问，是否为选择性罪名跟是否数罪并罚没有关系。

2. 人工驯养繁殖的动物是否属于危害珍贵、濒危野生动物罪的对象？

人工驯养繁殖的动物，如鹦鹉，不应属于危害珍贵、濒危野生动物罪的对象。

3. 上述犯罪与危害公共安全罪、盗窃罪、故意毁坏财物罪之间是什么关系？

可能形成竞合关系。

4. "杀害"必须杀死吗？砍掉东北虎的四肢是危害珍贵、濒危野生动物罪的既遂还是未遂？

我认为不必杀死。

第二问，是既遂。

5. 动物园管理者未经林业主管部门批准，将发情的公老虎送往外地交配；居民搬家时运输祖传的野生动物制品；将收藏的象牙制品带到新加坡拍卖，拍卖不成又带回南京的，构成犯罪吗？

都没有侵害法益，不构成犯罪。

6. 司法解释认为以营利为目的的加工利用行为属于出售，是否有类推解释之嫌？

属于类推解释。

7. 对于非法猎捕、杀害珍贵、濒危野生动物或收购珍贵、濒危野生动物及其制品，又走私的，或者先走私入境，后实施杀害行为的，是应定一罪还是数罪并罚？

因为侵害了新的法益，应当数罪并罚。

8. 本条第1款中的"及其"，是"或者"还是"并且"的意思？

是"或者"的意思。

9. 是否需要认识"禁猎区"与"禁猎期"？对"禁猎区"与"禁猎期"的认识错误是事实认识错误还是法律认识错误？根本不知道有所谓"禁猎区"与"禁猎期"而狩猎的，如何处理？

需要认识到。

第二问，是事实认识错误，阻却犯罪故意。

第三问，是放任，作为故意处理。

10. 在森林挖陷阱或布下天网，同时捕获普通野生动物和珍贵、濒危野生动物的，是成立一罪还是应数罪并罚？

应数罪并罚。

11. 增设本条第3款罪名的立法目的是什么？

是为了保护公众健康。

12. 应否限制"陆生野生动物"的范围？野兔、野鸡等也在禁止之列吗？

应限制解释"陆生野生动物"。对于人们长期食用的动物，不宜纳入本罪的对象。

13. "以食用为目的"要素的功能是什么？成立非法猎捕、收购、运输、出售陆生野生动物罪，是否需要证明已经食用？

属于主观的超过要素。

第二问，不需要证明已经食用。

14. 行为人捡到已经死亡的重点保护野生动物后制成标本，进而运输该标本的，是否成立危害珍贵、濒危野生动物罪？

没有侵害法益，不宜作为犯罪处理。

15. 本条第3款中的"第一款规定以外"，是必须具备的客观要素，还是表面要素或者界限要素？行为人确实误将珍贵、濒危野生动物当作并非国家重点保护的野外环境自然生长繁殖的陆生野生动物，而实施非法猎捕、收购、运输、出售行为的，如何处理？

不是必须具备的客观构成要件，只是表面的构成要件要素，是分界的要素。

第二问，只能按照第3款的罪名处理。

■ 法规链接

《刑法》第342条非法占用农用地罪

■ 疑难问题

1. 何谓"占用"？在农用地上堆放东西，是否属于"占用"？

所谓"占用"，就是没有按照农用用途使用。

第二问，在农用地上堆放东西的，属于占用。

2. 本罪是否为继续犯？追诉时效如何计算？

一直占用是继续犯吗？在农田上建房子，法益每时每刻都受到同等程度的侵害吗？那为什么偷别人的彩电一直占着不是继续犯呢？我倾向于不把本罪作为继续犯对待。

第二问，追诉时效应该从开始占用之日起计算。

3. 在林地种植农作物的，构成本罪吗？
改变用途的，都叫占用。

4. 行为人违反土地管理法规，在农用地上建厂房，后来该农用地正常变更为建设用地的，如何处理？
之前也是非法占用。

5. 行为人在建设用地上建厂房后，该土地依法变更为农用地，有关机关要求行为人拆除厂房，但行为人拒不拆除，继续占用土地的，如何处理？
不构成本罪，本罪不能由不作为构成。

━━━━━━━━━━ ▌ 法规链接 ━━━━━━━━━━

《刑法》第 342 条之一**破坏自然保护地罪**

━━━━━━━━━━ ▌ 疑难问题 ━━━━━━━━━━

1. 本罪的立法目的是什么？
是为了保护生态资源。

2. 如何认定"造成严重后果或者有其他恶劣情节"？"其他恶劣情节"包括动机卑鄙、主观恶性深等主观要素吗？
要看破坏的程度。
第二问，不应包括主观要素。

3. 如何理解"同时构成其他犯罪"？
就是竞合时从一重处理。

━━━━━━━━━━ ▌ 法规链接 ━━━━━━━━━━

《刑法》第 343 条**非法采矿罪、破坏性采矿罪**

■ 疑难问题

1.《刑法修正案（八）》修改非法采矿罪条文时删除了原先规定"违反矿产资源法的规定，未取得采矿许可证擅自采矿的"中最后的"的"，是否意味着"未取得采矿许可证擅自采矿以及擅自进入国家规划矿区、对国民经济具有重要价值的矿区和他人矿区范围采矿"，也需要"情节严重"才成立犯罪？这两种行为类型与"擅自开采国家规定实行保护性开采的特定矿种"行为类型的法益侵害性相同吗？刑法分则条文中"或者"前面的"的"的功能是什么？

从条文表述看，也需要情节严重。

第二问，应进行补正解释，"或者"前面应该有"的"，不应要求情节严重。

第三问，"或者"前面的"的"是罪状表述完结的标志。

2. 如何在确定直接责任人员的范围时贯彻中立帮助行为的理念？

没有支配犯罪事实的人员实施的行为不宜作为犯罪处理。

3. 司法解释规定"非法开采的矿产品价值，根据销赃数额认定"，有无疑问？

销赃数额不能反映法益侵害程度，这种规定有违法益保护原则。

4. 非法采矿罪与盗窃罪之间是什么关系？破坏性采矿罪与故意毁坏财物罪之间是什么关系？

都是竞合关系。

5. 行为人虽未取得采矿许可证，但地方政府要求或者同意行为人采矿并缴纳相关费用的，构成本罪吗？

没有违法性认识的可能性，不构成本罪。

6. 非法采矿、破坏性采矿造成重大伤亡事故的，如何处理？

应当数罪并罚。

7. 非法采矿、破坏性采矿同时非法排放、倾倒、处置有害物质严重污染环境的，如何处理？

应当数罪并罚。

■ 法规链接

《刑法》第 344 条 危害国家重点保护植物罪

■ 疑难问题

1. "两高"将原来确定的罪名"非法采伐、毁坏国家重点保护植物罪"与"非法收购、运输、加工、出售国家重点保护植物、国家重点保护植物制品罪"修改为"危害国家重点保护植物罪",是否意味着原来属于选择性罪名不能数罪并罚,而现在不属于选择性罪名可以数罪并罚?

以前既采伐了又加工、运输、收购的,有可能数罪并罚,现在确定为一个罪名就不并罚了吗?是否并罚跟确定为一个罪名还是数个罪名有关系?没有关系。之前多次讲过,选择性罪名和是否并罚没有关系。

2. 本罪与盗伐林木罪、滥伐林木罪、盗窃罪之间是什么关系?为何本罪的法定最高刑轻于盗伐林木罪与盗窃罪?

可能形成竞合关系。

第二问,因为没有侵害所有权。

3. 未办理采伐许可证擅自采伐已经枯死、病死的古树,收购、运输、加工、出售自然死亡的珍贵树木、植物,出售祖传的红木家具,构成本罪吗?

没有侵害法益,不构成犯罪。

4. 单纯移植珍贵树木的行为,属于非法采伐吗?

若移植可能导致死亡,还是有可能评价为非法采伐。

5. 非法采伐、毁坏、收购、运输、加工、出售人工培育的植物(古树名木除外),构成本罪吗?

没有侵害法益,不构成本罪。

6. 本条规定中的"及其",是"或者"还是"并且"的意思?

是"或者"的意思。

7. 如何理解和认定"采伐"行为？截冠和断根行为是否属于采伐行为？

"采伐"就是对植物采取可能妨碍其正常生长的措施。

第二问，都属于采伐行为。

■ **法规链接**

《刑法》第344条之一 **非法引进、释放、丢弃外来入侵物种罪**

■ **疑难问题**

1. 本罪的立法目的和法益是什么？

外来物种之所以可怕，是因为没有天敌，会野蛮生长，如"红火蚁""加拿大一枝黄花"等都是如此。现在外来物种很多，本来生物之间是相互制约的，结果有一个不受制约的，就会造成生态破坏，因此增设本罪还是很有必要的。

2. 如何理解"引进""释放""丢弃"？

就是非法带入境内。

3. "情节严重"如何认定？

要根据物种对生态可能破坏的程度、数量、地点等进行综合判断。

4. 如何认定"违反国家规定"？

是指违反国家法律和行政法规的规定。

5. 本罪的责任形式是什么？

故意。

■ **法规链接**

《刑法》第345条 **盗伐林木罪，滥伐林木罪，非法收购、运输盗伐、滥伐的林木罪**

■ 疑难问题

1. 为何盗伐林木罪的法定刑高于滥伐林木罪？司法解释规定，"超过林木采伐许可证规定的数量采伐他人所有的森林或者其他林木的，以滥伐林木罪定罪处罚"，有无疑问？

因为盗伐林木侵害了他人的所有权，而滥伐林木是滥伐自己的林木，未办理采伐许可证而采伐，破坏了森林资源。

第二问，应该定盗伐林木罪。

2. 盗伐林木罪与盗窃罪之间是什么关系？盗伐林木的数量没有达到盗伐林木罪的定罪标准但达到盗窃罪定罪标准的，能否以盗窃罪定罪处罚？盗伐价值特别巨大的林木，能否以盗窃罪定罪最重判处无期徒刑？盗伐林木时被人发现，为窝藏赃物使用暴力，能否转化成抢劫？

我认为是特别关系的法条竞合，因为它的对象比较特殊。张老师认为是想象竞合。他认为交叉关系的法条结合都是想象竞合，而特别关系若超出了特别法法定刑所能评价的程度，就超出了所谓不法的包容性程度，又变成想象竞合了。如保险诈骗罪与诈骗罪，数额不是特别巨大的，判 15 年有期徒刑能做到罪刑相适应，它们之间是特别关系的法条竞合，但保险诈骗数额特别巨大，超出了 15 年有期徒刑所能评价的程度时，它们就又变成想象竞合关系了。不过，赞成这种观点的人不多。还有人批评我的"大竞合论"，实际有太多的问题很多人都没有研究。我认为盗伐林木罪与盗窃罪之间就是法条竞合，盗伐林木对象特殊，活着的树木是特别的要素。如果盗伐的林木价值不是特别巨大，没有必要多此一举地认为既构成盗伐林木罪，又构成盗窃罪。

第二问，当然可以。盗伐林木要达到 2 立方米才能定罪处罚，没达到 2 立方米，说明对盗伐林木罪所保护的主要法益——森林资源的侵害没有达到值得科处刑罚的程度，但它对次要法益的侵害达到了盗窃罪的标准，当然可以定盗窃罪。

第三问，盗伐价值特别巨大的林木，可以以盗窃罪定罪最重判处无期徒刑。

第四问，盗伐林木时被人发现，为窝藏赃物使用暴力，也可以转化成抢劫。

3. 盗伐林木也需要以非法占有为目的吗？出于报复目的砍倒他人成片的林木而不取走的，是成立盗伐林木罪还是故意毁坏财物罪？

盗伐林木不需要以非法占有为目的。因为盗窃罪之所以要求以非法占有为目的是为了与故意毁坏财物罪相区分，但盗伐林木罪没有一个与之相区分的毁坏林木罪。

出于报复的目的，出于修路或者其他的目的，把树木伐倒了，没有利用的意思，定故意毁坏财物罪的话就没有评价对森林资源的侵害，只能评价为盗伐林木罪，所以不要求以非法占有为目的。

4. 盗伐林木罪的既遂标准是什么？

盗伐林木罪的既遂标准是伐倒而不是取走，伐倒就可以了。

5. 把买树人领到被害人的山上，让买树人伐倒运走的，如何处理？

构成盗窃（或盗伐林木）和诈骗，张老师认为是想象竞合，我认为是数罪并罚。规范意义上就是两个行为，把人领到别人山上伐倒林木并让他运走，和他自己伐倒之后再运去卖没什么区别。

6. 有"批复"规定，滥伐属于自己所有的林木构成滥伐林木罪，所滥伐的林木不再是个人合法财产，而应当作为违法所得的财物予以追缴，有无疑问？滥伐自己所有的枯死、病死树木的，构成滥伐林木罪吗？

滥伐的林木是行为人自己的，怎么能叫违法所得要予以追缴呢？

第二问，不构成，枯死的树木不再具有生态功能，因此没有侵害法益。

7. 非法收购、运输盗伐、滥伐的林木罪与掩饰、隐瞒犯罪所得、犯罪所得收益罪之间是什么关系？

是竞合关系。

第七节 走私、贩卖、运输、制造毒品罪

■ 法规链接

《刑法》第347条走私、贩卖、运输、制造毒品罪

■ 疑难问题

1. 毒品犯罪所保护的法益是什么？吸食毒品的人明知毒品对自己有害仍购买，阻却贩卖毒品行为的违法性吗？

通说认为毒品犯罪所保护的法益是所谓的毒品管理制度，这太简单化了。我

认为，毒品犯罪保护的法益是公众健康。将毒品管理制度视为毒品犯罪的保护法益不仅不能说明购买毒品为什么不构成犯罪、吸毒为什么不构成犯罪，也不能说明贩卖毒品罪和非法种植毒品原植物罪之间的法定刑的差异，只有从危害公众健康的角度才能说明法定刑的差异，一个是造成了实害，一个是抽象危险。

第二问，不阻却，因为它就不是保护个人法益的犯罪。

2. 贩卖毒品罪的实行行为是什么？"立案标准"规定，本条中的"贩卖"，是指明知是毒品而非法销售或者以贩卖为目的而非法收买毒品的行为，妥当吗？

贩卖毒品罪的实行行为是卖。

第二问，不妥当，收买、购买只是预备，同时构成非法持有毒品罪。

3. 购买毒品者成立贩卖毒品罪的共犯吗？我国刑法为什么没有将吸毒的人购买毒品的行为规定为犯罪？

如果是自己吸食的，不构成共犯，但如果是代购的，我主张构成贩卖毒品罪的共犯。张老师认为代购也是有偿转让，本身就是贩卖毒品罪的正犯。

第二问，因为吸毒者也是法律保护的对象，他们是受害人。

4. 如何评价所谓"诱惑侦查""陷阱教唆""犯意引诱""双套引诱"？

要看是引起了他人的犯意，还是只是给他人犯罪提供了机会。如果他人本身就是犯罪分子，引诱他只是给他提供了机会，不构成教唆犯。如果他本来不想贩毒了，高价引诱他的，可能成立教唆犯。

5. 如何评价所谓代购毒品行为的性质？代购后蹭吸的，成立贩卖毒品罪吗？

张老师认为代购不管牟利与否，都是有偿地转让毒品，就是贩卖。我认为代购毒品的行为客观上促进了他人的贩毒行为，行为人主观上也明知他人在贩毒，所以应成立贩卖毒品罪的共犯。

第二问，代购后蹭吸的没有牟利的目的，司法解释认为不构成贩毒，但张老师认为代购后蹭吸也是有偿地转让毒品，也是正犯。

6. 如何评价所谓居间介绍行为的性质？

当然是贩卖毒品罪的共犯。

7. 如何评价"互易毒品"行为的性质？用毒品换枪、用毒品抵债等行为构成贩卖毒品罪吗？

张老师认为，吸毒者相互交换毒品的，不构成贩卖毒品；贩毒者相互交换毒品，如用此种毒品交换彼种毒品的，是贩卖毒品。我认为，吸毒者相互交换毒品也构成贩毒，它也是一种有偿地转让毒品。

第二问，用毒品换枪怎么评价？肯定构成贩毒，还构成买枪，对方则构成买卖枪支，买毒品不构成犯罪。用毒品抵债，也是有偿转让毒品，就是贩卖。用毒品付嫖资或者行贿呢？好像不是买卖关系。用毒品赌博的，用毒品充赌资的，能不能叫贩毒？这也可以进一步讨论。

8. 如何认定本罪的既遂？

按张老师的观点，走私毒品的，既遂方面，如果是通过船运，船要靠港；如果是通过飞机走私，飞机要着陆；如果是通过陆路，则要进出境。贩卖的既遂应该是卖出，而不是贩进来就既遂了。运输的既遂是要离开原来的场所，只要转移到一定的地方就可以了，不需要到达目的地，但刚刚启动或准备启动，还没有移动的，不能叫既遂，至少要离开了或者要移动了一定的距离。制造毒品的，要制造出毒品才是既遂。

9. 如何认定共同运输毒品？

相互掩饰、掩护的，才是共同运输。单纯地知道对方在跟自己一起运输毒品，各运各的，没有相互掩护的，不能认定为共同运输毒品。

10. 本罪是所谓选择性罪名吗？针对不同种毒品实施不同行为，有没有数罪并罚的可能？走私海洛因进境贩卖，应该数罪并罚吗？走私枪支、淫秽物品进境贩卖的，是一罪还是数罪并罚？

一般认为是选择性罪名。

第二问，从理论上讲是可以的，只是毒品可以折算。

第三问，一般不数罪并罚。走私之后贩卖定走私、贩卖毒品。

第四问，理论上讲走私枪支是可以数罪并罚的，因为走私侵害的是所谓的进出口管理秩序，然后贩卖枪支是危害公共安全。走私淫秽物品进境贩卖，也应数罪并罚。

11. 我国刑法没有分别规定输入毒品与输出毒品的法定刑，司法机关在量刑时对输入与输出两种行为应否区别对待？

在日本是区分了输入和输出的。输入毒品的危害性大，输出毒品的危害性相对较小，所以在量刑上要区别对待。

12. 如何限制运输毒品罪的处罚范围？为了自己吸食而从外地购买毒品后带回居住地的，以及帮助吸毒者从外地代购毒品后带回吸毒者所在地的，构成运输毒品罪吗？

运输毒品必须是与走私、制造、贩卖毒品相关联，不是带着毒品移动就叫运输毒品。为自己吸毒，从外边买了毒品之后长途携带的，不能叫运输毒品。不能认为在交通工具上查获的就叫运输毒品，除非能证明与走私、制造、贩卖毒品相关联，因为运输是与走私、制造、贩卖并列规定的，法定最高刑是死刑。

第二问，都不能叫运输毒品。

13. 2015年最高人民法院公布的《全国法院毒品犯罪审判工作座谈会纪要》指出："吸毒者在运输毒品过程中被查获，没有证据证明是为了实施贩卖毒品等其他犯罪，毒品数量达到较大以上的，以运输毒品罪定罪处罚"；"行为人为吸毒者代购毒品，在运输过程中被查获，没有证据证明托购者、代购者是为了实施贩卖毒品等其他犯罪，毒品数量达到较大以上的，对托购者、代购者以运输毒品罪的共犯论处"，妥当吗？

是有问题的。不能证明与走私、制造、贩卖毒品相关联的，都不能认定为运输毒品。

14. 制造毒品可谓典型的抽象危险犯，对于制造毒品后未及销售或者销售很少即案发的，能够判处死刑吗？行为人制造了2900克的氯胺酮，仅销售30克即案发的，能以制造、贩卖2900克毒品氯胺酮判处死刑吗？

制造毒品只是抽象危险犯，制造了3000克毒品和贩卖了3000克毒品能一样吗？就问题中提到的案件来说，行为人制造了2900多克氯胺酮，如果制造后全卖出去了，判处死刑是有可能的，但是只卖了30克，判处死刑合理吗？虽然制造和贩卖并列规定，但制造只产生抽象危险。

15. 2008年最高人民法院公布的《全国部分法院审理毒品犯罪案件工作座谈会纪要》认为,"去除其他非毒品物质"不属于制造毒品的行为,合理吗?分装毒品,是否属于制造毒品?

"去除其他非毒品物质"属于制造毒品的行为,分装毒品也属于制造毒品。

16. 以加工、提炼制毒物品制造毒品为目的,购买麻黄碱类复方制剂,或者运输、携带、寄递麻黄碱类复方制剂进出境,是成立制造毒品罪的未遂还是预备?

购买当然只是预备。运输、携带、寄递也只是制造毒品罪的预备。

17. 明知不是毒品而欺骗他人说是毒品让其贩卖的,如何处理?理论通说与司法实践均认为,误将假毒品当作毒品贩卖的成立贩卖毒品罪的未遂,妥当吗?

是诈骗,对方是他利用的工具。他人不构成犯罪。
第二问,不妥当。应属于不能犯,不构成犯罪。

18. 对毒品种类的认识错误阻却责任吗?
不阻却责任。

19. 成立贩卖毒品罪,要求以营利为目的吗?为了吸食而买进大量毒品,戒毒后低价将剩余毒品出卖的,构成贩卖毒品罪吗?

不要求以营利为目的。
第二问,贩卖毒品罪不要求以营利为目的,亏本出售也构成犯罪。

20. 饭店老板为吸引回头客而在菜中添加罂粟壳的,如何处理?
构成欺骗他人吸毒罪和生产、销售有毒、有害食品罪的想象竞合。

21.《刑法》第29条规定"教唆不满十八周岁的人犯罪的,应当从重处罚",第347条规定教唆未成年人走私、贩卖、运输、制造毒品的,从重处罚,这是否意味着教唆不满18周岁的人走私、贩卖、运输、制造毒品的犯罪分子具有两个从重处罚的情节?

不是的,只有一个从重处罚的情节。

22. 贩卖毒品的行为人主动交代"上家"的，是否构成立功？

构成立功。如果是交代自己贩卖毒品的事实，叫自首。行为人没有义务交代"上家"，所以交代"上家"是立功。

23. 司法解释规定，盗窃、抢夺、抢劫毒品的不计犯罪数额，根据情节轻重予以定罪量刑，以及盗窃、抢夺、抢劫毒品后又实施其他毒品犯罪的，对盗窃罪、抢夺罪、抢劫罪和所犯的具体毒品犯罪分别定罪，依法数罪并罚，有无疑问？

有一定的问题。首先，因为盗窃罪的基本犯要求数额较大，而且盗窃毒品的不一定就能达到加重犯的情节严重的程度，而加重犯要求数额巨大或者具有其他严重情节，所以只能认定数额。这里的数额也可以解释为包括了数量，或者说必须承认毒品是有价值的。

其次，盗窃毒品之后持有要不要数罪并罚？有人认为，不知道是毒品而盗窃之后持有的，实行数罪并罚，或者在盗窃其他财物的时候，同时盗得毒品后持有的，实行数罪并罚。如果明知道是毒品而盗窃，盗窃之后持有不并罚。这种观点合理吗？我认为不管是哪一种都不能并罚，都只能定盗窃罪。因为毒品的来源很清楚，是盗窃来的，根据来源进行评价就可以了。我始终认为持有型犯罪是在来源和去向难以查明的时候才能适用，来源和去向很清楚的，应该根据来源和去向进行评价。

24. 本条第3、4款中的"不满"是必须具备的客观构成要件要素吗？

"不满"是多余的，都是分界的要素，不是必须具备的。

25. 本条第7款多次实施的毒品数量累计计算的规定，是注意规定还是法律拟制？

是注意规定，但事实上大家把它看成是注意规定，不管有没有累计计算的明文规定，都累计计算了。

26. 司法解释规定，国家工作人员走私、贩卖、运输、制造毒品的，应当认定为"情节严重"，有无疑问？应否要求国家工作人员利用职务上的便利实施？

我认为有一定问题，国家工作人员除非利用了职务上的便利，因此增加了违法性，否则不应从重处罚。

第二问，如果要从重处罚，就必须要求利用了职务上的便利。

27. 将毒品作为有偿服务（包括卖淫等性服务）的对价交付给对方的，构成贩卖毒品罪吗？

用毒品换淫秽物品就叫有偿，淫秽物品能交换，那性服务也能交换，也是有偿的，而只要是有偿的，那就是贩卖，不管这种交换是否受法律保护。当然对此会有反对的观点。

28. 居间介绍与代购之争，有意义吗？

其实没有意义。在我看来，只要明知道他人在贩毒而促进了他人贩毒行为的，就构成贩卖毒品罪的共犯，吸毒者购买毒品除外。

■ 法规链接

《刑法》第 348 条非法持有毒品罪

■ 疑难问题

1. 持有型犯罪的正当性根据是什么？非法持有毒品罪的法定刑是否偏重？

是在来源和去向不能查明的时候，根据行为人控制某种物品的现状或者状态进行评价，它只是改变了证明的事项，不是所谓的举证责任倒置，是由证明来源和去向变为证明持有物品的现状。

第二问，我认为非法持有毒品罪的法定刑偏重。非法持有毒品罪的法定最高刑达到了无期徒刑，我认为控制在 7 年以下有期徒刑是比较合适的，非法持有枪支罪法定最高刑也才 7 年有期徒刑，持有假币罪数额特别巨大的也只是处 10 年以上有期徒刑。

2. 非法持有毒品罪存在预备与未遂吗？

理论上有，但事实上是不会处罚的。

3. 如何区分运输毒品罪与非法持有毒品罪？

运输毒品是与走私、制造、贩卖毒品并列规定的，所以一定要证明与走私、制造、贩卖有关联，不能简单地认为带着毒品移动就是运输毒品。

4. 如何认定共同持有？将毒品委托给第三者保管时，谁持有毒品？

不能说空间的共同占有者就是共同持有毒品者，除非他有贡献。室友在宿舍里放一包毒品，你知道了，但你不移动它能构成共同持有吗？不构成。还有夫妻之间也是的，老公拿回来一包毒品放在箱子底下，只有妻子给他转移到更隐蔽的地方，才可能构成共同持有。

第二问，属于共同持有。

5. 非法持有毒品罪是继续犯吗？如何处理追诉时效、溯及力问题？

我认为不是继续犯。我们在考虑追诉时效的时候，一定要和相关的即成犯、状态犯进行比较，贩卖毒品罪就属于即成犯。

第二问，追诉时效应从持有之日起算，而不是从结束持有状态之日起算。持有期间，法律发生变更的，不能适用新法。

6. 如何认定非法持有毒品罪的自首？

主动把毒品交上去的，也算是非法持有毒品罪的自首。

7. 如何处理持有型犯罪的既判力问题？

如果行为人关于毒品来源进行了如实交代，但因为当时不能查明，如行为人本来是有持有毒品的资格的，但后来因为某种原因，这种资格很难证明，还是给他定了非法持有毒品罪，后来查明行为人关于毒品来源的交代是真实的，我认为应该撤销原判决。我认为所有的持有型犯罪在查明来源和去向之后，都应该撤销原判决。

8. 应否将吸毒者排除在本罪主体之外？对于吸毒者与非吸毒者，在入罪和量刑标准上应否区别对待？

我认为应该将吸毒者排除在本罪主体之外。司法解释没有区分吸毒者和非吸毒者，行为人为了自己吸食购买毒品，毒品的来源和去向都很清楚，应该根据来源进行评价，为了自己吸毒购买不构成犯罪。否则，每次购买很少量的吸毒者不大可能构成非法持有毒品罪，因为会很快吸完，然后再去买，但一次买了几百克海洛因慢慢吸的，就可能构成非法持有毒品罪，要判无期。这合理吗？

第二问，至少对于吸毒者与非吸毒者，在入罪和量刑标准上应当区别对待。

9. 误将头痛粉当作毒品持有的，构成本罪未遂吗？成立本罪，是否要求行为人明知是毒品？

不构成，没有毒品存在怎么可能成立未遂？未遂是要对法益造成具体的危险的。

第二问，当然需要。不管有没有强调明知，只要是故意犯罪，都要认识到客观要素的性质。

10. 购毒者接收贩毒者通过物流寄递方式交付的毒品，以及代收者明知是物流寄递的毒品而代收的，如何处理？

都只能构成非法持有毒品。如果正准备收的时候，警察出现了，应该构成非法持有毒品罪未遂。实践当中，我们对毒品犯罪的打击较为严厉，如别人给甲寄了东西，甲不知道是毒品，打开之后才发现是毒品，马上就被查获的，有可能会给他定贩毒的共犯，这值得我们反思。

11. 订购了数量较大的毒品，已经支付了对价，但还没有接收毒品的，是否成立本罪的未遂？

我认为不成立。还没收到能认为已经着手了吗？订购不能说就是着手。认为到快递站去领的时候开始着手，倒还说得过去。不过在实践中，这种情况是有可能作为未遂来处理的。

12. 有关国家工作人员非法持有毒品的应当认定为"情节严重"的司法解释规定，有无疑问？

我认为是有疑问的，看不出国家工作人员持有毒品比普通人持有毒品危害性更大。

13. 认定"情节严重"，是否以达到本条前面规定的数量标准为前提？

认定"情节严重"，至少要达到前面规定的数量以上。

■ **法规链接**

《刑法》第 349 条**包庇毒品犯罪分子罪，窝藏、转移、隐瞒毒品、毒赃罪**

■ 疑难问题

1. 如何区分窝藏、转移毒品罪与运输、非法持有毒品罪？

运输毒品必须证明与走私、制造、贩卖相关联，不能说带着毒品移动就是运输毒品。那窝藏什么时候是毒品的共犯？窝藏是不是要毒品犯罪已经既遂了？窝藏、包庇都应该是毒品犯罪既遂之后才成立的，在既遂之前，可能成立贩卖、运输、走私、制造毒品等罪共犯。窝藏、转移毒品最高刑只有10年有期徒刑，持有毒品是无期徒刑，两者是不是竞合的关系？持有毒品不管是什么意图持有，只要非法控制毒品就构成了非法持有毒品。所以，我认为窝藏毒品和非法持有毒品之间是竞合的关系，但实践当中往往会定窝藏毒品罪。

2. 窝藏、转移、隐瞒毒品、毒赃罪对象包括毒品犯罪所得财物转换后的收益吗？对于窝藏、转移、隐瞒上述收益的行为，如何处理？

应该不包括，条文上规定的是毒品犯罪所得的财物，只限于犯罪所得的，不包括产生的犯罪收益，收益只能评价为掩饰、隐瞒犯罪所得收益罪。

3. 包庇走私、贩卖、运输、制造毒品的行为人的近亲属，或者为其窝藏、转移、隐瞒毒品或者毒品犯罪所得的财物，构成犯罪吗？

缺乏期待可能性，不构成犯罪。

4. 包庇毒品犯罪分子罪与包庇罪，窝藏罪，掩饰、隐瞒犯罪所得罪以及洗钱罪之间是什么关系？本罪中的"包庇"与包庇罪中的"包庇"的含义相同吗？能否认为本罪中的"包庇"，除作假证明外，还包括窝藏罪，帮助毁灭、伪造证据罪，妨害作证罪，以及伪证罪的内容？认为帮助隐藏、转移或者毁灭证据的应以包庇毒品犯罪分子罪立案追诉的"立案标准"规定，有无疑问？

与包庇罪，窝藏罪，掩饰、隐瞒犯罪所得罪以及洗钱罪之间是竞合关系。

第二、三问，本罪中的"包庇"与包庇罪中的"包庇"的含义不同，我倾向于区别对待，不限于作假证明一种情形。

第四问，司法解释的规定没有疑问。

5. 包庇毒品犯罪分子罪的对象是否仅限于实施走私、贩卖、运输、制造毒品罪的犯罪分子，还是本节所有的毒品犯罪分子？

本罪的对象很明确，就是指犯《刑法》第347条规定的走私、贩卖、运输、制造毒品罪的犯罪分子，不是本节所有的毒品犯罪分子。

6. 包庇毒品犯罪分子罪中的"犯罪分子"包括未达到刑事法定年龄、不具有刑事责任能力的人吗？不满 16 周岁的人走私、运输、制造毒品的，为其窝藏、转移、隐瞒毒品或者犯罪所得的财物的，成立窝藏、转移、隐瞒毒品、毒赃罪吗？

他也妨害司法，而且本罪所保护的主要法益还是公众健康，所以应该包括。

第二问，不满 16 周岁的人走私、运输、制造毒品的，也属于贩毒行为，为其窝藏、转移、隐瞒毒品或者犯罪所得的财物的，也能成立本罪。

7. 本条第 1 款后面的"犯罪分子"，是指前面的"犯罪分子"吗？
范围应该一样。

8. 应否将本条第 2 款中的"国家机关工作人员"限定为负有查禁违法犯罪活动职责的人员？
显然应限于负有查禁违法犯罪活动职责的人员。

9. 本条第 3 款的规定是注意规定还是法律拟制？
是注意规定。

10. 包庇多名犯罪分子的，是一罪还是数罪？
如果认为侵害的是社会法益，包庇的是同案犯，还是有可能认为仅成立一罪的。

■ **法规链接** ---

《刑法》第 350 条非法生产、买卖、运输制毒物品、走私制毒物品罪

■ **疑难问题** ---

1. 本条第 2 款是注意规定还是法律拟制？
是注意规定。

2. 明知他人制造毒品而为其生产、买卖、运输制毒物品的，是成立制造毒品罪的预备还是未遂，同时成立本罪的既遂还是未遂，是想象竞合还是数罪并罚？

明知他人制造毒品而为其生产、买卖、运输制毒物品的，只是制造毒品罪的预备，同时成立本罪的既遂，二者是想象竞合。

3. 有关国家工作人员非法生产、买卖、运输制毒物品、走私制毒物品的应当认定为"情节较重"的司法解释规定，有无疑问？

有一定疑问。除非利用了职务上的便利，因此增加了违法性，才能认定为"情节严重"。

■ 法规链接

《刑法》第351条 非法种植毒品原植物罪

■ 疑难问题

1. 有关非法种植罂粟200平方米、大麻2000平方米以上，尚未出苗的，应当认定为本罪的"数量较大"的司法解释规定，是否有违罪刑法定原则？

这是有问题的，不能认为尚未出苗的是毒品原植物。

2. "不满三千株"，是必须具备的客观构成要件要素吗？当只能证明非法种植罂粟达到500株以上，但是否满3000株在证据上存在疑问时，如何处理？

"不满三千株"是表面的构成要件要素，只要满了500株，就能适用相应的法定刑。

3. 有观点认为"经公安机关处理后又种植的"，也包括被依法追究过刑事责任，又再次种植毒品原植物的，合理吗？

不合理，涉嫌重复评价。

4. 有观点认为，只有抗拒国家机关依法实施的铲除行为，才能认定为本罪，合理吗？

不合理。这种观点会导致本罪的成立以行为构成妨害公务罪为前提，会不当缩小处罚范围。同时，基层组织可能为了贯彻实施禁毒法律、法规或者按照国家机关的安排而实施强制铲除行为。

5. 单纯的不作为、不配合、不协作的，能否认定为抗拒铲除？

为强制铲除设置障碍的，也属于抗拒铲除，但单纯的不作为、不配合、不协作的，不能认定为抗拒铲除。

6. 本罪的既遂标准是什么？

至少要求长出了幼苗。

7. 非法种植毒品原植物后，利用自己种植的原植物制造毒品的，如何处理？

不实行数罪并罚，作为包括的一罪处理。

■ **法规链接**

《刑法》第352条非法买卖、运输、携带、持有毒品原植物种子、幼苗罪

■ **疑难问题**

1. 如何区分非法种植毒品原植物罪与非法持有毒品原植物种子、幼苗罪？

两罪对象不同。可以作为包括的一罪处理。

2. 本罪是继续犯吗？追诉时效如何认定？

不宜认为本罪是继续犯，其追诉时效应从持有之日起计算。

■ **法规链接**

《刑法》第353条引诱、教唆、欺骗他人吸毒罪，强迫他人吸毒罪

■ **疑难问题**

1. "他人"构成上述两罪的共犯吗？

不构成共犯。

2. 教唆他人吸毒罪是否为教唆犯的正犯化？

是教唆犯的正犯化。

3. 成立上述两罪是否要求他人已经实施吸毒行为？上述两罪的既遂标准是什么？

成立上述两罪要求他人已经实施吸毒行为，既遂标志就是他人已经吸食、注射毒品。

4. 欺骗他人吸毒罪、强迫他人吸毒罪是侵害个人法益还是社会法益的犯罪？

都是侵害个人法益的犯罪。

5. 强迫他人吸毒罪与故意伤害、杀人罪之间是什么关系？

是想象竞合关系。

6. 引诱、教唆、欺骗、强迫多人吸毒的，是一罪还是数罪？

应当实行数罪并罚。

7. 有关国家工作人员引诱、教唆、欺骗他人吸食、注射毒品的应当认定为"情节严重"的司法解释规定，有无疑问？

有疑问，难道国家工作人员教唆吸毒，别人会更容易相信吗？

■ **法规链接**

《刑法》第354条 容留他人吸毒罪

■ **疑难问题**

1. 应否对本罪的适用进行目的性限缩？房东放任房客在出租屋里吸毒，酒吧服务员不阻止客人在酒吧房间里吸毒，主人放任客人在自己家里吸毒，出租车司机不制止乘客在车上吸毒的，构成本罪吗？

我主张对本罪进行限制解释，把容留吸毒限定为在酒店、宾馆、舞厅这些大型的营业性场所，而不包括私密空间，否则就不协调。房客在房间里伪造货币，房东不阻止的，不可能构成犯罪。有人在公交车上扒窃，司机不阻止也不可能成立共犯，强奸的话另当别论，因为在行驶过程当中有可能使被害人无法跳车，从而起到促进作用。也就是说，在他人支配的空间中，行为人实施了扒窃、伪造货币等犯罪，空间的管理者都不可能构成犯罪，况且吸毒本身都不足犯罪行为，这是其一。其二，把房屋出租给别人了，房东还是空间的管理者吗？不是。所以，房东放任房客在出租屋里吸毒的，不构成本罪。

张老师认为他人在酒吧、舞厅包厢里面吸毒，服务员并没有阻止的义务，其不阻止客人吸毒的，不构成本罪，但是场所的管理者有阻止的义务，如果管理者允许客人在场所内吸毒的，就构成本罪。我认为客人在主人家里吸毒的，主人也没有阻止的义务，所以主人放任客人在自己家里吸毒的，也不构成本罪。出租车司机的义务是保证运输的安全，并没有阻止他人在出租车内犯罪的义务，所以我认为出租车司机不制止乘客在车上吸毒的，也不应该评价为构成本罪。

2. 吸毒者唆使他人为自己提供吸毒场所的，成立本罪的教唆犯吗？

不成立本罪的教唆犯。

3. 何谓"容留"？本罪是作为犯还是不作为犯？司法实践中对于行为人将身份证借给吸毒者，由吸毒者在宾馆开房后在房间里吸毒的，认定构成容留他人吸毒罪，有疑问吗？

容留是提供场所，提供是主动的，而不是容许他人在这些场所里吸毒，容许是被动的。不过，容留这种行为本身是作为还是不作为，还是很难说清楚的。

第三问，是有疑问的。因为身份证件不等于宾馆房间，利用身份证件支配宾馆房间还需要一定的程序与对价，所以，不能将提供身份证件的行为直接评价为提供场所的行为。

4. 二人以上共同居住在同一房屋时共同居住者之间构成容留他人吸毒罪吗？

不构成容留他人吸毒罪。

■ 法规链接

《刑法》第355条非法提供麻醉药品、精神药品罪

■ 疑难问题

1. 吸毒者毒瘾发作时如不提供必要毒品会导致伤亡的情况下，对其提供必要毒品的，构成本罪吗？

属于紧急避险，不构成犯罪。

2. 向走私、贩卖毒品的犯罪分子提供毒品的，是成立走私、贩卖毒品罪的预备、未遂还是既遂？

属于预备。

■ 法规链接

《刑法》第 355 条之一 妨害兴奋剂管理罪

■ 疑难问题

1. 本罪的立法目的和法益是什么？

是保护体育竞技的公平公正。

2. 服用兴奋剂的运动员构成犯罪吗？是否只有服用兴奋剂的运动员实际参加了比赛，才成立犯罪。

服用兴奋剂的运动员不构成犯罪。

第二问，是的，只有服用兴奋剂的运动员实际参加了比赛，才成立犯罪。

3. 本条第 2 款规定的是独立罪名吗？

应确定为独立的罪名。

4. 本罪的实行行为是什么？本罪的既遂标准是什么？

本罪的实行行为是引诱、教唆、欺骗、提供、组织、强迫。

第二问，既遂标准是运动员参与比赛。

■ 法规链接

《刑法》第 356、357 条

— ■ 疑难问题 —

1. 成立毒品再犯的条件是什么？对于不满18周岁的人能否适用毒品再犯条款的规定从重处罚？

成立毒品再犯的条件比累犯的条件更低，在任何时候犯了毒品犯罪都能进行评价，也没有判处有期徒刑的要求。

第二问，为了保护未成年人，对未成年人不能适用累犯，那么也不应适用再犯规定。

2. 毒品的数量一律不以纯度计算吗？

涉及判处死刑的，还是应考虑毒品的纯度。

3. 2000年最高人民法院公布的《全国法院审理毒品犯罪案件工作座谈会纪要》指出，"对依法同时构成再犯和累犯的被告人，今后一律适用刑法第三百五十六条规定的再犯条款从重处罚，不再援引刑法关于累犯的条款"，2008年最高人民法院公布的《全国部分法院审理毒品犯罪案件工作座谈会纪要》指出，"对同时构成累犯和毒品再犯的被告人，应当同时引用刑法关于累犯和毒品再犯的条款从重处罚"，有无疑问？

有疑问，如果既是毒品再犯又是毒品累犯，能不能不引用累犯的条款只引用再犯条款？必须引用累犯的条款，因为不引用的话可以适用缓刑，可以假释。我们规定毒品再犯是为了严厉打击毒品犯罪。构成累犯的一定要适用累犯的条款，只有不符合累犯条件的，才需要适用毒品再犯的条款。

第八节　组织、强迫、引诱、容留、介绍卖淫罪

— ■ 法规链接 —

《刑法》第358条 组织卖淫罪、强迫卖淫罪、协助组织卖淫罪

— ■ 疑难问题 —

1. 何谓"卖淫"？与特定的人发生性关系并有金钱给付的情形，属于"卖淫"吗？在包养情妇的场合，能说包养者是嫖客吗？

卖淫是指以营利为目的，满足不特定对方（不限于异性）的性欲的行为。那

么，卖淫除了性交之外是不是还包括其他的行为？如女性使用乳房触碰或者用手触摸对方的生殖器之类的能不能叫卖淫？应该说不能。

第二问，与特定的人发生性关系并有金钱给付的，不能叫卖淫，卖淫的对象必须是不特定的。

第三问，不能说包养情妇是卖淫嫖娼。

2. 组织他人被特定人"包养"的，成立组织卖淫罪吗？

不能叫组织卖淫。

3. 强迫他人向某一特定的人有偿提供性服务的，构成强迫卖淫罪吗？

这不能叫卖淫，卖淫的对象必须是不特定的。

4. 强迫妇女仅与自己发生性交，并支付性行为对价的，成立强迫卖淫罪吗？

不成立强迫卖淫罪，构成强奸。

5. 组织、强迫卖淫罪的既遂标准是什么？

要求他人实施了卖淫行为。

6. 成立组织、强迫卖淫罪，要求以营利为目的吗？

条文里面没有规定，不应要求以营利为目的。

7. 强迫卖淫罪所保护的法益是个人法益还是社会法益？

是个人法益。

8. 何谓"组织"？被组织的他人成立共犯吗？组织、强迫男性卖淫的，构成组织、强迫卖淫罪吗？

如介绍、召集、安排，都属于"组织"。

第二问，被组织的他人不成立共犯。

第三问，组织、强迫他人卖淫当然包括组织、强迫男性卖淫。

9. 组织 A、B、C 卖淫，同时强迫 D、E、F 卖淫，是成立一罪，还是应数罪并罚？

应该数罪并罚。

10. 组织、强迫成年人"卖淫",与组织、强迫未成年人"卖淫",含义或者范围相同吗?

成年人和未成年人要区别对待,组织成年人卖淫的范围可能窄一些。

11. 组织他人单纯为异性手淫,成立组织卖淫罪吗?组织幼女实施上述行为呢?

组织他人单纯为异性手淫的,不成立组织卖淫罪。

第二问,组织幼女实施可能就构成了。

12. 为什么强迫卖淫罪的法定刑重于普通强奸罪?

因为强迫他人卖淫是强迫他人向不特定的人卖淫,所以法定刑重于普通强奸罪。

13. 如果嫖客事先知道女方是被迫的还去嫖宿,嫖客的行为是否可以认定为强奸罪?

能成立强奸罪。

14. 强迫卖淫罪与强奸罪、强制猥亵罪之间是什么关系?

是竞合的关系。

15. 强奸、强制猥亵后迫使他人卖淫的,如何处理?

有可能数罪并罚,也可能作为牵连犯来处理。

16. 表面上是强迫他人卖淫,实际上是以胁迫手段实施强奸的,如何处理?

应该定强奸罪。

17. 组织、强迫幼女、幼童卖淫的,仅成立组织、强迫卖淫罪吗?组织、强迫幼女卖淫,导致幼女重伤、死亡的,是否可能成立强奸致人重伤、死亡?

有可能构成强奸罪和猥亵儿童罪,因为幼女、儿童没有性承诺能力。

第二问,既然可能构成强奸,当然可能构成强奸致人重伤、死亡了。

18. 强迫成年妇女卖淫，导致成年妇女重伤、死亡的，可能成立强奸致人重伤、死亡吗？

如果认为强迫成年妇女卖淫可能构成强奸罪的话，当然有可能构成强奸致人重伤、死亡，其实强迫卖淫罪和强奸罪通常都会竞合。

19. 为组织卖淫的人招募、运送人员的行为成立犯罪，是否以客观上存在已经组织、正在组织或者将要组织卖淫的人为前提？协助组织卖淫罪是帮助犯的正犯化还是帮助犯的量刑规则？

为组织卖淫的人招募、运送人员的行为成立犯罪，以客观上存在已经组织、正在组织或者将要组织卖淫的人为前提。

第二问，张老师认为，本罪属于帮助犯的相对正犯化，是否依赖于正犯着手实行犯罪，不能一概而论。对于为组织卖淫的人招募、运送人员的行为，其是否成立协助组织卖淫罪，一方面取决于正犯是否实施了组织卖淫的行为，另一方面在正犯没有实施组织卖淫行为时，取决于协助行为本身是否严重侵害了社会管理秩序，也就是需要独立判断招募、运送行为是否值得科处刑罚。对于其他协助行为，张老师认为，虽然也可谓帮助犯的正犯化，但主要是量刑规则。

20. 如何把握协助组织卖淫罪与不可罚的中立帮助行为的界限？

例如，在具有经营执照的会所担任保洁员等，从事一般服务性、劳务性工作，仅领取正常薪酬，且没有充当保镖、打手、管账人等协助组织卖淫行为的，不宜认定为协助组织卖淫罪。

21. 协助组织卖淫罪的既遂标准是什么？

要求被协助者已经组织卖淫了。

22. 如何处理协助组织卖淫罪与组织卖淫罪的关系？

组织卖淫的帮助犯都以协助组织卖淫罪处理。

23. 本条第2、3款的规定适用于协助组织卖淫罪吗？

不适用于协助组织卖淫罪。

■ 法规链接

《刑法》第359条 引诱、容留、介绍卖淫罪，引诱幼女卖淫罪

■ 疑难问题

1. 引诱甲、容留乙、介绍丙卖淫，是一罪还是数罪？
应该分别定罪，实行数罪并罚。

2. 容留、介绍幼女卖淫的，成立何罪？如何区分引诱与介绍？
容留、介绍幼女卖淫的，可能构成强奸罪共犯。
第二问，介绍是他人本身就有卖淫的意图。

3. 引诱幼女卖淫罪侵害的是个人法益还是社会法益？
侵害的是个人法益。

4. 引诱幼女卖淫罪与强奸罪、猥亵儿童罪之间是什么关系？
是竞合关系。

5. 引诱成年妇女"卖淫"，与引诱幼女"卖淫"，含义或者范围一致吗？
两者应当有区别。

6. 引诱、容留、介绍卖淫罪中的"他人"，成立共犯吗？
不构成共犯。

7. 引诱、容留、介绍卖淫罪是否属于共犯的正犯化？
属于共犯的正犯化，因为卖淫本身不构成犯罪，如果没有本罪的规定就不能处罚。

8. 本条规定的两罪的既遂标准是什么？
要求实施了卖淫。

9. 单纯向意欲嫖娼者介绍卖淫场所，而与卖淫者没有任何联络的，成立介绍卖淫罪吗？

不成立介绍卖淫罪。

10. 介绍女子被他人"包养"的，成立介绍卖淫罪吗？

不构成介绍卖淫罪。

11. 何谓"容留"？应否对容留卖淫罪的适用进行目的性限缩？

跟容留吸毒一样，不是容许他人在自己支配的场所卖淫，而是提供他人卖淫的场所。

第二问，也要对容留卖淫罪的适用进行目的性限缩，因为卖淫不构成犯罪，容留也不应作为犯罪来处理。

12. 房东容忍房客在出租屋卖淫、出租车司机容忍乘客在车上卖淫、提供场所让特定嫖客与上门提供性服务的卖淫人员从事性行为、丈夫以自己的名义租房后与妻子共住而让妻子在租房内卖淫、二人合租一间房屋时其中一人从事卖淫活动的，成立容留卖淫罪吗？

房东容忍房客在出租屋卖淫，肯定不构成犯罪；出租车司机容忍乘客在车上卖淫，实践当中是处理的，但对此我是反对的；提供场所让特定嫖客与上门提供性服务的卖淫人员从事性行为，这叫提供场所；丈夫以自己的名义租房后与妻子共住而让妻子在租房内卖淫的，不能叫提供场所；二人合租一间房屋时其中一人从事卖淫活动的，另一方不构成容留卖淫，容留卖淫要强调行为人是空间的单独支配者。

13. 如何处理引诱、容留、介绍卖淫罪与组织卖淫罪、协助组织卖淫罪之间的关系？

如为组织卖淫者招揽卖淫人员，或者将卖淫人员介绍给组织卖淫者的，构成介绍卖淫罪与协助组织卖淫罪的想象竞合。

14. 引诱幼女卖淫，同时又容留、介绍其卖淫的，如何处理？

应分别认定为引诱幼女卖淫罪与容留、介绍卖淫罪，实行数罪并罚。

15. 以物质引诱幼女与行为人或者其他特定人性交的，构成引诱幼女卖淫罪吗？

应认定为强奸罪。

16. 误以为引诱的是幼女实际上不是的，如何处理？

不是幼女的，当然不能构成引诱幼女卖淫罪。

17. 司法解释规定引诱5人以上卖淫的应当认定为"情节严重"，这里的"5人"是否包括5人次？

引诱一名妇女卖淫了5次是不是5人以上？不是，5人以上应该是引诱5个不同的人。

■ 法规链接

《刑法》第360条传播性病罪

■ 疑难问题

1. "传播性病罪"的罪名确定妥当吗？本罪是抽象危险犯、具体危险犯，还是侵害犯（实害犯）？

有问题。传播性病罪罪名给人的感觉可能是实害犯，而实际上本罪是抽象危险犯，即便采取了安全措施也能构成犯罪。如果双方都有同样的性病还构成犯罪吗？也能构成，同样的性病，病情程度也可能不一样。

2. 认识到自己患有性病，但认为不严重而卖淫嫖娼的，构成犯罪吗？没有认识到自己患有严重性病，构成犯罪吗？

那是评价的问题，只要认识到自己患有性病就构成犯罪了。

第二问，没有认识到自己患有严重性病的，当然不构成犯罪。

3. 本罪中的"卖淫"，与组织、强迫、引诱、容留、介绍卖淫罪中的"卖淫"含义或者范围一样吗？

不一样。这里的卖淫一定是有可能导致性病传播的危险性的卖淫，而卖淫方式很广，有的卖淫方式不一定会导致性病的传播。也就是说，要作出相对性的解释，因为传播性病罪是为了防止性病的传播，而不一定所有的卖淫方式都有可能导致性病的传播。

4. 本罪与故意伤害罪之间是什么关系？

有可能形成竞合，如明知道自己患有艾滋病，而与他人发生性关系的，构成伤害。不构成杀人，因为染上艾滋病不一定就会立即死亡。

■ **法规链接**

《刑法》第362条

■ **疑难问题**

第362条的规定是注意规定还是法律拟制？

既是注意规定，又是法律拟制。卖淫、嫖娼的不一定都是犯罪分子，是犯罪分子的时候就是注意规定，只是一般违法活动的时候就是法律拟制。

第九节 制作、贩卖、传播淫秽物品罪

■ **法规链接**

《刑法》第363条制作、复制、出版、贩卖、传播淫秽物品牟利罪，为他人提供书号出版淫秽书刊罪

■ **疑难问题**

1. 制作淫秽音像制品、出版淫秽图书，是一罪还是应数罪并罚？

如果制作、复制、出版的是不同的淫秽物品，当然有可能数罪并罚。

2. 制作、复制、出版、贩卖、传播淫秽物品牟利罪是所谓的片面对向犯吗？片面对向犯不处罚的根据是什么？

本罪是典型的片面对向犯，购买者不成立犯罪。

第二问，片面对向犯不处罚的根据在于，被害人是法律保护的对象，或者是缺乏期待可能性，或者是缺乏实质的违法性。购买淫秽物品是用于自我欣赏，不

具有扩散的危险性，没有值得科处刑罚的实质的违法性，所以不值得处罚。

3. 制作、复制、出版之间如何区分？贩卖与传播之间如何区分？仅制作、复制，不贩卖、传播的，构成犯罪吗？

复制也可能是制作，出版也可以是制作。

第二问，贩卖和传播之间很难区分。

第三问，仅制作、复制，不贩卖、传播的，仅具有抽象性危险，不值得科处刑罚。

4. 淫秽物品的实质属性是什么？认为淫秽电子信息和淫秽语音信息属于淫秽"物品"的司法解释规定，是否属于类推解释？

淫秽物品的实质属性是无端挑起人们的性欲和损害普通人的性行为的非公开化的观念。

"物品"能不能包括电子信息？司法解释认为可以，但这实际上属于类推解释。日本到现在都只承认电脑和硬盘是物品，不承认电子信息。

5. 如何界分淫秽物品与科学艺术作品？有些作品既有淫秽性描写，又具有科学与艺术价值时，应如何对待？

不能简单地看淫秽内容的比重，要看关于淫秽部分的描写是否服务于这个作品本身的需要。

第二问，张老师认为，要在把握淫秽物品的实质属性的前提下，坚持整体性、客观性与关联性的判断原则，要看性的描写在作品中的比重，内容是否露骨、详细，淫秽性的描写是否必要等。

6. 本罪可以由不作为构成吗？"深圳快播案"的判决有无疑问？

有的学者认为传播淫秽物品牟利罪不应该由不作为构成。我认为有道理。

"深圳快播案"就是不作为，小网站在快播系统上传了淫秽物品，系统不删除、屏蔽就是不作为。我认为本罪不能由不作为构成，该判决有疑问。

7. 以牟利、传播为目的从境外走私淫秽物品后在境内贩卖、传播的，是定一罪还是数罪并罚？

应该数罪并罚。

8. 有关明知是淫秽网站，为其提供互联网接入等服务，以传播淫秽物品牟利罪定罪处罚的司法解释规定，是所谓"共犯正犯化"解释吗？司法解释有权作出"共犯正犯化"规定吗？

这有可能属于中立帮助行为。

第二问，司法解释没有权力作出所谓共犯正犯化的解释，只有立法者才有权作出。

9. 有关明知他人实施制作、复制、出版、贩卖、传播淫秽电子信息犯罪而为其提供互联网接入等帮助以共同犯罪论处的司法解释规定，是否有违中立帮助行为原理？

是的，这样的解释可能有违中立帮助行为原理。

10. "对于携带、藏匿淫秽 VCD 的行为，不能简单地视为'传播'，而应注意广泛搜集证据，根据主客观相统一的原则，来判断是否为'传播'行为"的"批复"规定，有无疑问？

有疑问。携带、藏匿不能叫传播。传播和贩卖之间的区别在于，贩卖是有偿的，而传播未必牟利。

11. 认为为他人提供书号出版淫秽书刊罪的责任形式为过失，有无疑问？

有疑问。本罪的责任形式是过失没有文理上的根据，是不是过失犯要进行实质的判断。

12. 能否认为为他人提供书号出版淫秽书刊罪是帮助犯的正犯化规定？

如果认为该罪责任形式是过失的话，当然不是帮助犯的正犯化。

───── ■ 法规链接 ─────

《刑法》第 364 条**传播淫秽物品罪、组织播放淫秽音像制品罪**

───── ■ 疑难问题 ─────

1. 传播淫秽物品罪中的"传播"与传播淫秽物品牟利罪中的"传播"含义相同吗？不以牟利为目的，制作、复制、出版、贩卖淫秽物品，构成犯罪吗？

含义应该不同。导致淫秽物品扩散的，都可谓本罪中的"传播"。

第二问，可能构成本罪。

2. 能认为"成立传播淫秽物品罪，不得以牟利为目的"吗？是否具有牟利目的难以查明的，如何处理？

这样理解会使传播淫秽物品罪与传播淫秽物品牟利罪两罪构成要件形成对立关系，进而造成处罚漏洞。

第二问，成立传播淫秽物品罪。

3. 微信群主没有制止、删除群成员所发布的淫秽视频、图片等淫秽物品的，构成犯罪吗？群成员在微信群发布淫秽视频的，构成犯罪吗？微信群成员较少呢？

对于这种情形，不宜认定为本罪。

第二问，群成员在微信群发布淫秽视频的，可能成立本罪。

第三问，如果微信群成员较少，对发布行为也不宜认定为本罪。

4. 观众构成组织播放淫秽音像制品罪的共犯吗？

不构成。

5. 以牟利为目的，组织播放淫秽音像制品，以及以牟利为目的制作、复制淫秽的电影、录像等音像制品后组织播放的，仅成立组织播放淫秽音像制品罪吗？

不是的，还成立制作、复制、传播淫秽物品牟利罪。

■ 法规链接

《刑法》第365条 组织淫秽表演罪

■ 疑难问题

1. 本罪没有规定"组织他人进行淫秽表演"，能否在解释本条时加上"他人"呢？组织者本人直接进行淫秽表演的，成立本罪吗？

应该是组织他人。组织者本人直接进行淫秽表演的，不成立本罪。

2. 被组织淫秽表演者，成立本罪的共犯吗？

不成立本罪的共犯。

3. 组织人与动物一起进行淫秽表演，或者组织动物进行淫秽表演，构成犯罪吗？

组织人与动物一起进行淫秽表演的，构成犯罪。组织动物进行淫秽表演的，不构成犯罪。

4. 一人与数人在网络上裸聊的，以及在网络上向特定的数人表演淫秽动作的，成立本罪吗？有偿提供裸聊服务的，成立传播淫秽物品牟利罪吗？

不成立本罪。

第二问，有偿提供裸聊服务也不能叫传播淫秽物品。但是也很奇怪，上传几张静态的淫秽图片，都会被算作淫秽物品，进行动态的表演反而不属于淫秽物品。

5. 在他人从事淫秽表演时，单纯引诱、动员、唆使多人观看淫秽表演，以及在动物自行交配时，引诱、动员、唆使多人观看的，成立本罪吗？

前者不能叫组织，后者不能叫淫秽表演，都不成立本罪。

6. 本罪可以由不作为构成吗？

本罪不能由不作为构成。

CHAPTER 6
第 六 章
贪污贿赂罪

CRIMINAL LAW

第一节 贪 污 犯 罪

▪ 法 规 链 接

《刑法》第382、383条**贪污罪**

▪ 疑 难 问 题

1. 贪污罪与受贿罪所保护的法益是什么？二罪的罪质相同吗？所谓"积极退赃"，对于二罪量刑评价的意义一样吗？

贪污罪所保护的法益是公共财产权，贪污罪的本质是财产犯罪。在1979年《刑法》中贪污罪是侵犯财产的犯罪，受贿罪在"渎职罪"一章。为进一步完善贪污贿赂犯罪的立法，立法机关曾以授权立法的形式委托最高人民检察院起草《反贪污贿赂法》。1997年修订《刑法》的时候，将1988年全国人大常委会制定的《关于惩治贪污罪贿赂罪的补充规定》和《反贪污贿赂法》合并修改后作为《刑法》中单独的一章。但即便这样，大家也应该明白贪污和受贿的罪质是存在明显差异的，一个是财产犯罪，是侵犯财产的，一个是渎职犯罪，是亵渎职务的，这是完全不同的，但是理论和实践中经常混同。

第三问，不一样。在贪污罪中，贪污的财物是要返还被害单位的，积极退赃是积极地挽回损失，降低了违法性，但在受贿罪中，行贿人是被害人吗？除非因被勒索而给予国家工作人员以财物，没有谋取不正当利益的，才是被害人，除此之外不是被害人。贿赂的财物是要上缴国库的，对受贿而言，所谓积极退赃（向当事人），就是毁灭证据，根本没有因此降低违法性与有责性，所以二者完全不一样。问题的根源还是在于受贿罪和贪污罪共用了一个处罚条款。很早就有学者提出来，对受贿罪应该单独规定一个处罚条款，因为罪质不一样。我也是持这种观点。

2. 何谓"国家工作人员"？是应坚持"身份论"还是"职责论"？贪污罪中"从事公务"的本质是什么？应否区分所谓公务与劳务？

不同条文里面的国家工作人员的含义是不一样的，贪污罪和挪用公款罪是财产犯罪，所以这里的国家工作人员强调的是对公共财产的主管和管理，强调一种对财物的占有和支配。其中，管理是直接占有，而主管是对直接占有公共财物的人的职务行为进行支配。例如，总经理、董事长虽然不占有公司的一钱一物，但可以指挥会计、出纳，甚至可以指挥财务总监，所以叫主管。而会计、出纳是直接占有财物的，叫管理。受贿罪中的国家工作人员强调在承办公共事务中所具有的权力，所以是不一样的。不能认为每个条文中的国家工作人员的范围都一样，村主任、村委书记固然可以成为贪污罪、受贿罪、挪用公款罪甚至渎职罪的主体，但在我看来不能成为巨额财产来源不明罪的主体。巨额财产来源不明罪中也有国家工作人员，但我认为这里的国家工作人员应该限于具有国家干部的真实身份的。

第二问，按照"身份论"，要求行为人本人是干部，就是要填干部履历表的；按照"职责论"，就算没填干部履历表，不是干部，只要实际履行的是国家工作人员的职责，做的是国家工作人员做的事就可以了。有很多司法解释持"职责论"立场，但也有司法解释的立场在"身份论"与"职责论"之间摇摆不定。按照"职责论"，工人编制的工商所所长、合同制的民警、临时看管犯人的监狱里面的狱医实际履行的都是国家工作人员的职责，还有村主任、村委书记，受乡政府委托发放救济款的，实际履行的都是国家工作人员的职责，行使的是行政管理职权，都要认定为国家工作人员。应该说，"职责论"更合理一些，而不应按照身份进行认定。

第三问，贪污罪中"从事公务"的本质是对公共财产的主管和管理，强调的是对公共财产的占有和支配。

第四问，不应该区分公务和劳务。有人认为会计从事的是公务，出纳从事的是劳务，医院的收费员从事的是劳务，财务室的会计从事的是公务，公交车的售票员从事的是劳务而不是公务，合理吗？医院的收费员是不是管理着公共财产？当然是。售票员有没有现实地经手公共财产？当然是经手。所以，与公务相对应的不是劳务，而是私务，即私人事务。区分公务与劳务的观点，是没有了解公务的本质，没有了解贪污罪的本质。贪污罪的本质是将主管、管理下的公共财产占为己有，是强调对公共财产的占有、支配。

3. 第382条第2款是注意规定还是法律拟制？这类人员收受贿赂、挪用国有资金的，是成立受贿罪、挪用公款罪，还是非国家工作人员受贿罪、挪用资金罪？

受委托管理、经营国有财产的人员，如承包、租赁、聘用，其本身不是国家工作人员，但是承包、租赁、受聘经营管理的是国有财产，那么定贪污罪的规定是注意规定还是法律拟制呢？也就是说，如果没有第382条第2款的规定能不能定贪污罪？按照"职责论"，就可以定贪污罪，因为他就是在现实地经营管理着国有财产，他收受贿赂的，就应该定受贿罪，而不是非国家工作人员受贿罪；挪用了国有资金的，应该定挪用公款罪，而不是挪用资金罪。

如果认为第382条第2款是注意规定的话，没有这条规定也应该这么处理，所以这些人收受贿赂就应该定受贿罪，挪用国有资金应该定挪用公款罪。如果认为它是法律拟制，那么这些人收受贿赂就应该定非国家工作人员受贿罪，挪用国有资金应该定挪用资金罪。通说把它看成法律拟制，就是"血统论""身份论"的立场，把它看成注意规定则是"职务论""职责论"的立场。

4. 有司法解释规定"经国家出资企业中负有管理、监督国有资产职责的组织批准或者研究决定，代表其在国有控股、参股公司及其分支机构中从事组织、领导、监督、经营、管理工作的人员，应当认定为国家工作人员"，当这一规定适用于国有控股公司、国有参股公司时，如何认定国家工作人员？

这一规定存在"偷换概念"问题，国家出资企业不等于国有企业。国有控股公司、参股公司的财产还是国有财产吗？国家只是享有股权，而不是国有财产所有权，甚至只需要达到百分之二三十就可以控股了，能说整个就是国有财产吗？显然不能。哪些是国家工作人员？高管、总经理、董事长？其实国有财产和非国有财产应该适用同样的标准，我们只需要规定渎职罪就可以了，然后把贪污罪和职务侵占罪、受贿罪和非国家工作人员受贿罪、挪用公款罪与挪用资金罪合并，更何况现在职务侵占罪法定刑已经提高到无期徒刑了。

5. 如何理解第 382 条第 3 款"伙同贪污的，以共犯论处"的规定？如何处理所谓公司、企业或者其他单位的人员与国家工作人员共同非法占有本单位财物案件的定性问题？司法解释所持的"主犯决定说"立场，有无疑问？

有人认为没有规定"伙同受贿的，以共犯论处"，因此伙同受贿的就不再成立受贿罪的共犯。其实 1988 年全国人大常委会制定的《关于惩治贪污罪贿赂罪的补充规定》中既规定了伙同贪污也规定了伙同受贿，但是 1997 年修订《刑法》的时候，偏偏只保留了"伙同贪污的，以共犯论处"。因此，有学者撰文说伙同受贿的不再以共犯论处，国家工作人员家属伙同国家工作人员收受财物的不再成立受贿罪共犯，这个理解对不对？当然不对。按照共同犯罪的原理，有共同受贿的故意，非身份者完全可以构成身份犯的共犯，这个规定就是注意规定，甚至我认为这里的"以共犯论处"，倒不一定是以贪污罪的共犯论处，也可能构成职务侵占罪的共犯。

第二问，国家工作人员和非国家工作人员共同侵占本单位财产的，到底是贪污罪的共犯还是职务侵占罪的共犯？还有国家工作人员伙同非国家工作人员共同收受贿赂的，到底是成立受贿罪的共犯还是非国家工作人员受贿罪的共犯？我们的共犯与身份主要围绕此问题展开，有所谓的为主职权说、实行行为决定说、主犯决定说、分别定罪说，还有张明楷老师所主张的想象竞合说。学说不同，定性也不同。

第三问，主犯决定说是司法解释所持的立场，但主犯决定说的问题很严重。首先，因为主从犯是在定性之后量刑阶段才考虑的问题，而按照主犯决定说，上来就看主从犯，先量刑再定性，属于本末倒置。其次，如果非国家工作人员再"努力"一点，他成了主犯，那就成了职务侵占罪，处罚还轻一点，否则就要按照贪污罪的共犯来处理。这不合理。张老师的想象竞合说也没有解决共犯与身份的问题。对于共犯与身份的问题，国外都是讨论这种身份的性质是什么，是违法身份还是责任身份，违法身份连带起作用，责任身份个别起作用。国内有的学者专门研究共犯与身份，但是问题还没解决。日本、德国的讨论也很热闹，但也没有很好地解决。

6. 在《刑法修正案（九）》通过之后，司法解释是不是将贪污、受贿、职务侵占等罪的定罪数额起点确定得太高了？当下的刑事司法，是否应严格限制适用贪污罪中"利用职务上的便利"窃取、骗取公共财物的成立范围？

司法解释把贪污、受贿、职务侵占等罪的定罪数额起点确定得太高了。《刑法修正案（九）》去掉以前的 5000 元的规定，使用"数额较大""其他较重情节"

等模糊表述，而司法解释把它确定为3万元，不到3万元但在1万元以上的具有一定情节的也可以，但是盗窃还是2000元，诈骗还是3000元，据此，公务员要窃取、骗取两三万元才构成犯罪，而非公务员窃取、骗取两三千元就要构成犯罪了，这明显不协调。

第二问，张老师就是持这种观点。因为把贪污罪的定罪数额起点确定得太高，就导致和盗窃罪、诈骗罪不协调，所以张老师努力地把贪污罪中的窃取、骗取解释掉。对于谎报差旅费的，张老师认为就是诈骗，然后贪污罪中的窃取只限于侵占共同占有的财物。例如，两个人保管保险柜，一人掌管钥匙，一人掌管密码，就是共同占有，侵害共同占有下的财物就是盗窃。张老师把窃取限于共同占有，是不是范围很小了？通说认为谎报差旅费是典型的贪污罪中的骗取，而张老师认为是诈骗，所以事实上也把贪污罪中的骗取解释掉了，这样贪污罪就保留了狭义的侵吞，那立案标准高一点，问题也不大。因为狭义的侵吞就是侵占，职务侵占罪的法定刑与盗窃罪、诈骗罪的法定刑相当，所以把贪污罪解释为狭义的侵吞，立案标准高一点还是可以接受的。

7. 何谓贪污罪中的"利用职务上的便利"？"'利用职务上的便利'是指利用职务上主管、管理、经手公共财物的权力及方便条件"的解释中的"经手"的表述，准确吗？将所谓利用职务上主管、管理、经手公共财物的"方便条件"作为利用职务上的便利贪污的一种表现形式，妥当吗？应否将贪污罪中"利用职务上的便利"限定在主管、管理公共财物的职务范围之内，以及将贪污罪的对象限定为行为人事先可以支配、管理的财物？有观点指出"某机关领导干部没有出差却谎称自己出差开会，将子女外出旅游的收据向本单位报销差旅费，应以贪污论处"，正确吗？

"利用职务上的便利"强调对公共财产的主管和管理，强调对公共财产的占有和支配。

第二问，"经手"的表述不准确。流水线上的工人有没有经手流水线上的产品？经手了，但他并不占有、支配，一般来说只有车间主任才占有。所以，"经手"有可能只是占有的辅助者。

第三问，提出"方便条件"之说的，可能并不了解贪污罪的本质。贪污罪的本质是将自己基于国家工作人员的身份而占有、支配的公共财物变为自己所有，强调的是对公共财物的占有和支配。条文明明规定的是利用职务上的便利，哪来的"方便条件"？

第四问，应当限制。所谓贪污罪中的"利用职务上的便利"，实质上就是强调公共财物事先在行为人的主管、管理之下，行为人有支配权。张老师认为管理是直接占有，而主管是对直接占有公共财物的人的职务行为进行支配，是支配、调度权。

第五问，通说认为这属于贪污罪中的骗取，张老师认为这就是普通诈骗。

8. 何谓"侵吞""窃取""骗取""其他手段"？人们所称的"监守自盗"，是"窃取"吗？骗取自己事先并不占有或主管、管理的公共财物，能成立贪污罪吗？

"侵吞"是将自己事先占有、支配下的财物变为自己所有。关于"窃取"，张老师把它限定为侵害共同占有下的财物。"骗取"基本上没有存在的空间了。至于"其他手段"，有人认为在国内外公务交往活动中收受的礼物不上交的，属于其他手段。不过，收到外国友人送的名表后占为己有的，应该属于侵吞。还有人认为将个人的债务转变成单位的债务的，属于其他手段，但这其实也应该是侵吞。目前还找不到使用其他手段的典型例子。

第二问，"监守自盗"应该属于侵吞。例如，仓库保管员把东西拿回家当然是侵吞。

第三问，应该成立诈骗，贪污罪的对象一定是事先占有的或者说主管、管理的，是能够支配的财物。

9. 第 183 条第 2 款关于国有保险公司工作人员和国有保险公司委派到非国有保险公司从事公务的人员编造保险事故骗取保险金的以贪污罪论处的规定，是注意规定还是法律拟制？

张老师倾向于认为是法律拟制，所骗取的财物事先并不在行为人的占有、支配之下，是因为本条的规定才得以贪污罪论处。如果要限制"骗取"的成立范围，就把它看成法律拟制；如果不限制，就可以把它看成是注意规定。

10. 如何确定通过职务行为套取补偿款的行为性质？有些地方在征地补偿时，村委会人员帮助农民虚报青苗数、住房面积，在相关报表上签字确认，使农民多得补偿款的，将村委会人员认定为贪污罪，妥当吗？国家工作人员索取或者收受贿赂后利用职务之便为他人骗取补偿款提供帮助的，是成立一罪还是应数罪并罚？

实践当中定性有些混乱，比如有村主任套取了国务院财政部的资金，只要他利用了职务，就可以定贪污罪，而不论财物事先是否在他的主管、管理之下。一个村主任能占有财政部的资金？应该是诈骗的共犯。贪污的对象只能是行为人所主管、管理的财物,或者说事先占有、支配下的财物。

第二问,应该是诈骗罪共犯。

第三问,一方面,为他人骗取补偿款提供帮助的成立诈骗罪共犯;另一方面,索取或者收受贿赂的还构成受贿罪,当然他也可能构成滥用职权罪。应该是诈骗罪共犯,另外还构成滥用职权罪和受贿罪,滥用职权罪与诈骗罪共犯想象竞合,最终以诈骗罪共犯和受贿罪数罪并罚。实践当中有一个误区,只要是国家工作人员实施的,就想到职务犯罪,而国家工作人员实施的不一定是职务犯罪。

11. 贪污罪中的"非法占有目的"包括使第三者占有吗?

贪污罪中的"非法占有目的"包括自己占有和使第三者占有。

12. 对于司法实践中普通公民与具有处分权限的国家机关工作人员通谋非法获取补偿款的案件,司法机关大多对普通公民认定为诈骗罪,同时对国家机关工作人员认定为滥用职权罪,妥当吗?

对于这里的犯罪行为,是普通公民贡献大,还是国家机关工作人员贡献大?普通公民诈骗法定最高刑是无期徒刑,而滥用职权罪法定最高刑仅为 7 年有期徒刑。其实这里国家机关工作人员起了关键作用,对于国家机关工作人员应当认定为贪污罪和滥用职权罪的想象竞合。

13. 贪污罪与滥用职权罪之间是什么关系?

贪污罪和滥用职权罪不是对立的关系,贪污本身就是滥用职权,滥用管理公共财物的职权。

14. 如何正确处理贪污罪与职务侵占罪、盗窃罪、诈骗罪之间的关系?能将贪污罪的构造简单理解为"国家工作人员身份+盗窃、骗取"吗?能否认为贪污罪中的窃取、骗取,与盗窃罪、诈骗罪中的窃取、骗取不是一个意思,从而完全将利用职务便利的窃取、骗取行为排除在贪污罪之外?普遍认为贪污罪与职务侵占罪只是主体不同与行为对象不同,其他方面完全相同,对吗?

贪污罪和职务侵占罪的主体身份不同,对象不同。对于贪污罪和盗窃罪、诈骗罪,如果不限制解释窃取和骗取的话,它们之间就是竞合关系;如果限制解释的话,那么它们之间就没有关系了。如果按照传统的观点,国家工作人员利用职务上的便利窃取了公共财物,没有达到贪污罪的立案标准,但是超过了盗窃罪的立案标准,就可以定盗窃罪,国家工作人员没有什么特殊的。就像盗伐林木,没有达到盗伐林木的立案标准，但超过了盗窃罪的立案标准的，当然可以定盗窃罪。

第二问，不能将贪污罪的构造简单理解为"国家工作人员身份+盗窃、骗取"，只要非法占有的财物不是行为人所主管、管理的财物，就不能构成贪污罪。

第三问，张老师就是持这个观点。

第四问，不妥当，职务侵占罪条文里面没有窃取、骗取的表述。

15. 如何认定贪污罪的既遂？

取得了财物或者控制了财物。

16. 可能存在下级国家机关工作人员、非国家工作人员贪污上级政府（如财政部）的公共财物，此单位的国家工作人员贪污彼单位的公共财物的现象吗？

理论上不存在，但实践中有这么认定的。如拆迁，一个单位负责拆迁，另外一个单位给补偿款。负责拆迁的单位一般不可能占有另外一个单位的钱，因而只能构成共同诈骗。

17. 在共同贪污中，贪污数额泛指整个共同犯罪的数额吗？

在共同贪污中，贪污数额不是泛指整个共同犯罪的数额，只能是行为人参与的数额。

18. "对多次贪污未经处理的，按照累计贪污数额处罚"的规定，是注意规定还是法律拟制？

事实上大家都把它看成是注意规定了，但细究起来，也不是没有问题。

19. 贪污后将赃款赃物用于本单位公务支出或者社会捐赠的，影响贪污罪的认定吗？

不影响，只在量刑时可以酌情从轻。

20. 《最高人民法院、最高人民检察院关于办理贪污贿赂刑事案件适用法律若干问题的解释》（下称《贪贿案件解释》）将受过党纪或行政处分、刑事追究、赃款赃物用于非法活动、拒不交代赃款赃物去向、拒不配合追缴工作、造成恶劣影响等认定为严重情节，有无疑问？

是有一定问题的。受过党纪或行政处分、刑事追究，这属于反映再犯罪可能性大小的预防要素，预防要素与预防情节应该是在根据责任情节确定了刑罚的上限之后再酌情考虑的因素。对于赃款赃物用于非法活动的，难道指望行为人将赃款赃物用于合法活动吗？用于非法活动的，只要根据他实施的非法活动性质定罪即可，非法活动会因此增加贪污行为的不法性吗？不会的。对于拒不交代赃款赃物去向的，这不具有期待可能性，不交代也是人之常情。对于拒不配合追缴工作的，如果他配合，那是态度好，不配合也属正常。对于造成恶劣影响的，正因为贪污受贿的影响很大，所以配置的法定刑重，而且恶劣影响与否具有一定的偶然性、模糊性。

21. 第383条贪污罪处罚规定将"数额较大"与"其他较重情节"并列规定，可是《贪贿案件解释》却要求成立"其他较重情节"，也要以一定数额为前提，这是否有违罪刑法定原则？

从理论上讲是有违罪刑法定原则的。我认为对于贪污罪而言，具有其他较重情节也要求达到一定数额是有道理的，因为贪污罪就是侵犯财产的犯罪。但对于受贿罪就有问题了，就算数额很小，甚至他没有获利，但渎职性很严重，也可能评价为具有其他较重情节，因为受贿罪本来就不是侵犯财产的犯罪。所以，贪污罪中的情节和受贿罪中的情节对定罪量刑的意义是不一样的。

22. 《贪贿案件解释》第3条第2款规定，贪污数额150万元以上不满300万元，具有"其他特别严重情节"的，依法判处10年以上有期徒刑、无期徒刑或者死刑，有无疑问？

有一定疑问。司法解释规定300万元以上才算数额特别巨大，而《刑法》第383条规定贪污罪适用死刑的条件是"数额特别巨大，并使国家和人民利益遭受特别重大损失"。

■ 法规链接

《刑法》第384条挪用公款罪

■ 疑难问题

1. 本罪是否仅限于将单位实际管理、控制的公款转移到单位之外？

挪用的对象必须是单位现存的、实际管理控制的、已经存在的公款，即将由单位占有、支配下的公款转移到自己的占有、支配之下。这里举一个例子，单位的业务员去收应收款，收款后不交给单位，自己先用的，是不是挪用公款？这个属于比较典型的挪用。因为他收完款应该交单位，即便这个款项没有实际放在单位账上，也属于单位的钱。如果把这种情形排除在挪用公款罪之外，这个罪几乎就没有成立的余地了。

2. 本罪的三种用途是按行为的客观用途判断还是按行为人的主观想法判断？行为人挪出公款时原本打算用作购房首付，但后来发现股市行情不错就用于炒股了，该怎么认定？

行为人本来想挪用公款炒股，挪了之后发现股市行情不好，然后先放着或者改为其他的用途，是按照他挪出公款时的主观想法来定罪，还是按照实际的用途来定罪？要按照实际用途来定。同样挪出了5万元，进行非法活动、营利活动和其他活动的违法性是有差异的。挪用公款之所以要区分三种用途，确立不同的犯罪成立条件，是因为人们一般认为用途的不同会导致公款丧失的风险不同。进行非法活动有可能被没收，进行营利活动有可能亏本，进行其他活动风险最小。不管怎样，还是应当按照行为实际的用途、客观的用途来评价。

第二问，应该评价为营利活动，评价为营利活动就不要求三个月未还了。"进行非法活动"既没有数额的要求，也没有挪用时间的要求，但事实上也是要求达到3万元。"进行营利活动"有数额的要求，要达到5万元，但没有挪用时间的要求，挪出就构成犯罪了。进行其他活动的，既有数额的要求，要求达到5万元，也有挪用时间的要求，要三个月未还。3万元、5万元数额是司法解释确定的。

3. 挪用公款超过三个月未还是犯罪的成立条件还是既遂条件？行为人原本打算挪用公款归个人使用六个月，但使用两个半月后被单位发现而被追回的，是否成立挪用公款罪的未遂？

挪用公款超过三个月未还是犯罪成立的条件。实害犯的实害结果都是犯罪成立的条件，不是既遂的条件，要严格区分既遂的条件和成立的条件。

第二问，不成立，要挪用三个月才成立犯罪，它是犯罪成立的条件。

4. 挪用公款后存入银行，或者购买国库券，属于挪用公款进行营利活动吗？行为人挪出公款用于注册、验资后立即将公款归还给单位的，是属于挪用公款进行其他活动还是营利活动？因为挪用公款减少了单位的确定利益或者收益时，能将利益或者收益计入挪用公款的数额吗？

为什么营利活动相对于其他活动没有时间的要求，入罪的门槛更低呢？因为营利活动有风险。存入银行有风险吗?购买国库券有风险吗?一般认为银行是不会倒闭的,所以这里应该评价为进行其他活动。

第二问,有一个真实的案件,行为人挪了100万元,验资一天就还回去了,但最后判得很重。我认为应进行实质的判断,为了公司、企业的验资,肯定是为了营利,虽然是营利活动,但是时间很短,而且验资的风险也不大,没有实质的违法性,所以应属于情节显著轻微,危害不大,不认为是犯罪。

第三问,挪用公款存入银行,利息能算挪用公款的数额吗?不能,只能算违法所得。挪用公款的数额,只能是本金的数额。

5. 能否要求成立挪用公款罪必须具备"主观上没有非法占有目的"或者"主观上具有归还的意图"?挪用公款罪与贪污罪之间是否为对立关系?

不能要求成立挪用公款罪必须具备"主观上没有非法占有目的"或者"主观上具有归还的意图"。

贪污具有非法占有的目的,而挪用公款不具有非法占有的目的,或者挪用公款具有归还的意图,能不能这样来区分贪污罪和挪用公款罪?不能,这会使挪用公款罪和贪污罪形成一种对立、排斥的关系。当出现事实不能查明的时候,既不能成立重罪,也不能成立轻罪,就会形成处罚漏洞。比如,如果要求挪用公款不具有非法占有的目的,当挪出公款行为人是否具有非法占有的目的、是否具有归还的意图难以查明的时候,能不能评价为挪用公款罪?不能,因为不能证明他不具有非法占有的目的,不能证明他有归还的意图,同时也不能给他定贪污罪,因为不能证明他有非法占有的目的。

6. 立法解释中"谋取个人利益",是否仅限于谋取经济利益、不正当利益、本人的利益?

谋取个人利益强调的是为个人考虑,为个人打算,不一定是要谋取经济利益、不正当利益。我是不赞同关于挪用公款归个人使用的立法解释的。全国人大常委会作出的立法解释指出,"挪用公款归个人使用"有三种情况,第一种是挪用公款归本人、亲友或者其他自然人使用,这种情况使用者是人;第二种是以个人名义将公款归其他单位使用,强调个人名义,虽然使用者是单位;第三种是个人决定以单位名义将公款挪用给其他单位使用,谋取个人利益。第384条条文中的"挪用公款归个人使用"是什么含义?它强调的是个人支配,本来在单位的占有、支配之下,现在把它置于个人的控制、支配之下,至于说实际的使用人是个人还是单位重要吗?有没有法人资格,是国有单位还是非国有单位重要吗?不重要。挪用公款归个人使用就是强调个人的支配,不是强调使用者是自然人。挪了之后是挪给自己使用，或是挪给亲友使用、挪给其他单位使用，对单位公款的侵害有没有什么不同？没有。

7. 国家工作人员个人决定以单位名义将公款供其他单位使用，谋取个人利益的表现是索取或者收受其他单位的财物，同时构成受贿罪时，是否实行数罪并罚？

受贿又渎职的要数罪并罚，挪用公款之后，实际使用公款的行为构成犯罪的也是数罪并罚。挪用公款个人获取好处就是收受贿赂的，理论上讲也应该数罪并罚，因为挪用公款侵害的是对公款的占有、使用和收益，而收受贿赂侵害的是职务行为的不可收买性。

8. 本罪的法益是什么？本罪的实行行为是"挪"，还是"挪+用"，是单行为犯还是复行为犯？明知他人使用公款进行犯罪活动，而挪用公款给他人使用的，能否实行数罪并罚？"挪而未用"，是成立挪用公款罪的既遂还是未遂？

挪用公款罪侵害公款的占有、使用和收益权。

第二问，挪出来就既遂了，实行行为不是挪并且使用。如果认为是"挪+用"的话，就会存在两个问题：第一个问题，挪出来还没有使用，那就是未遂；第二个问题，使用行为本身构成犯罪的，还不能数罪并罚，因为挪用公款一个构成要件就能评价了，就像以杀人的方式抢劫的，不能以杀人罪和抢劫罪数罪并罚一样。所以，本罪应该是单行为犯，实行行为只有"挪"。

第三问，挪用公款给他人贩毒，除了成立挪用公款罪之外，是不是还成立贩毒的共犯？这要看情况，如果按照贩毒分子的要求直接把钱打到对方的账上，就只有一个行为，不能数罪并罚；如果先挪到自己的账上，然后再转给对方，就有两个行为了。张老师持这种观点，但是从规范性意义上看还值得进一步讨论。

第四问，"挪而未用"也是既遂，本罪的实行行为是挪，完成了挪就是既遂了。那既遂了到底应该评价为哪一种用途呢？因为不能排除进行其他活动，所以"挪而未用"只能评价为进行其他活动。

9. 如何认定共犯？司法解释关于共犯成立范围的规定是否为特殊、封闭性的规定？单纯要求挪用公款，成立本罪的共犯吗？本罪是片面的对向犯吗？

司法解释规定，参与共谋、指使、策划的成立共犯。共谋、指使、策划，其实只是列举，不能认为不符合共谋、指使、策划的，就不成立共犯。只要符合共同犯罪的成立条件的，都应该作为共犯来处理，这是第一点。第二点，挪和用是不是对向的关系？有人认为是对向犯，只处罚挪不处罚用。按照立法者的意思说，只处罚一方，不处罚另一方。也有人认为挪用公款罪并不是严格意义上的对向犯，因为挪了也不一定用。如果把它理解成对向犯，又坚持立法者的意思说，很可能认为使用者不成立共犯，但有什么理由把使用者排除在共犯之外呢？他不是法律保护的对象，也不缺乏期待可能性。张老师的观点是，若单纯要求他人挪出公款给自己使用，是不构成共犯的，但如果积极唆使促成挪用公款的，就可能成立共犯。其实这里面的界限很微妙。张老师认为，要求他人向自己违法发放贷款的不成立共犯，理由就是银行的资金本来就是用来发放贷款的，或者说申请贷款是正当的要求。但是，要求别人挪用公款归自己使用的，就不是正当的要求，公款不可能是用来挪用的，所以一般是有可能作为共犯来处理的。也就是说，单纯接受挪出的公款不成立挪用公款罪的共犯，除此之外都有可能成立共犯。所以，司法解释关于挪用公款罪共犯的规定，只是列举。有谁会主动把钱挪给别人使用而甘冒风险？通常都是别人主动要求将公款挪出来归自己使用的，当然属于促成了他人挪用公款的行为，应当成立共犯。

第二问，不是的。所有的司法解释都只是列举性的规定，都不可能是封闭性的，都只是例示性的。不能因为司法解释规定了几种情形就得出"司法解释规定之外的就不符合"的结论。

第三问，"要求"有可能就是教唆，只有单纯接受、使用不成立共犯。

第四问，是否片面对向犯有争议，但不管是不是片面对向犯，都是为了解决使用公款的一方能不能成立共犯的问题。

10. 挪用公款罪是状态犯还是继续犯？追诉时效与溯及力如何处理？

挪用公款罪是状态犯。司法解释规定挪用公款的追诉时效从挪出之日起开始计算，而不是从还款之日起算。为什么司法解释专门对挪用公款罪的追诉时效问题作出规定？因为人们有可能会误以为挪用公款要从还款之日起开始计算追诉时效，如果这样计算就会和贪污罪不协调，贪污罪侵占公款就已经既遂了，而挪用公款行为人还想还的，一直没还，时效就一直不开始计算，那还不如一开始就具有非法占有的目的。所以，司法解释才强调挪用公款的追诉时效应从挪出之日起算。

第二问，追诉时效应该从挪出之日起计算。在溯及力上，不能适用新法。

11. 挪用公款罪未规定单位犯罪是否为立法疏漏？

有学者认为，本罪没有规定单位犯罪是立法疏漏。如果单位一致决定把公款挪给某个人或者某个单位使用，还叫挪用公款吗？它体现了单位的意志，而挪用公款本身就是违背了单位的意志。如果没有违背单位的意志，怎么能构成犯罪？

所以，立法者没有规定本罪可以由单位构成，根本不是立法疏漏。

12. 挪用公款罪的三种类型如何认定？如何进行转换、综合性评价？

非法活动一般是赌博、走私、贩毒等，营利活动一般是炒股等，其他活动如购买自住房等。

第二问，如果每一种行为类型都没有达到立案标准，如挪出公款5万元，其中2万元用于赌博、1万元用于炒股、2万元用于娶媳妇，该怎么评价？如果都超过三个月未还的确构成犯罪，但如果炒股的1万元、赌博的2万元三个月之内归还了，还能把它评价为挪用公款5万元吗？不行。所以，高度行为评价为低度行为的前提是必须符合低度行为成立犯罪的要求，没有超出低度行为用语可能的含义范围。不能简单地进行当然解释，轻行为能构成，重行为更能构成，重行为必须没有超出轻行为的用语可能的含义范围。将挪用公款进行非法活动、进行营利活动评价为其他活动的时候，必须符合其他活动成立犯罪的要求，要超过三个月未还。非法活动是不是一定能评价为营利活动？不能。雇凶杀人能评价为营利活动吗？不能。非法活动不一定具有营利性质，所以不能想当然地认为重行为一定可以评价为轻行为。

13. 司法解释中关于挪新还旧，即"多次挪用公款，并以后次挪用的公款归还前次挪用的公款，挪用公款数额以案发时未还的实际数额认定"的规定，是否合理？以挪用的公款归还，是刑法意义上的归还（退还）吗？

如果前面挪用公款已经成立犯罪了，就算还了，能一笔勾销吗？挪出公款5万元超过了三个月，三个月之后又挪出了10万元，还了前面的5万元，按照司法解释就只挪用公款5万元了，前面的5万元难道不算数了吗？用张老师的话说，所谓"挪新还旧"并不是刑法意义上的归还，归还必须是用自己的钱归还，用本单位的钱还，并不是真正意义上的归还，只要前面的行为成立犯罪，就算还了也不影响前面的犯罪成立的评价。

14. 如何理解"挪用公款数额巨大不退还"中的"不退还"？数额较大不退还与数额特别巨大不退还的，如何处理？挪用公款数额特别巨大但已退还的，如何处理？没有偿还能力而挪用的，是成立挪用公款罪还是贪污罪？司法实践中存在对挪用公款数额特别巨大的，适用"十年以上有期徒刑或者无期徒刑"的做法，妥当吗？

"挪用公款数额巨大不退还"中的"不退还"是主观上不想还还是客观上不能还？一般认为是客观上不能还，如果是主观上不想还的就是贪污了。这是通说的观点,但这是有一定问题的。行为人除非想进监狱,否则肯定说他是想还的。因为如果是主观上不想还的话就是贪污,贪污罪的法定最高刑是死刑。我认为"不退还"是指客观上没有退还,而不管主观上想不想还。

第二问,"挪用公款数额巨大不退还"规定了独立的法定刑,那么挪用公款数额较大不退还怎么办?只能评价为挪用公款情节严重。那挪用公款数额特别巨大不退还呢?还是只能算是挪用公款数额巨大不退还。一般认为,如果数额特别巨大不退还,是客观上不能还,不是主观上不想还,也只能适用数额巨大不退还的法定刑,不是贪污。

第三问,有人认为挪用公款数额巨大不退还都要处10年以上有期徒刑或者无期徒刑,那挪用公款数额特别巨大已经退还的,也要适用挪用公款数额巨大不退还,这种观点不对,因为已经退还了。"挪用公款数额巨大不退还"不只要求数额巨大,还要求不退还,挪用公款数额特别巨大已退还的,就不符合挪用公款数额巨大不退还的条件了。

第四问,没有偿还能力而挪用的就是贪污。挪用公款之后,从用途来看,基本上不可能归还的就是贪污,不要看口供,要看他实际上是如何支配公款的。

第五问,不妥当。即使挪用公款数额特别巨大,但如果已经退还,就不能适用挪用公款数额巨大不退还的法定刑。

15. 如何处理挪用公款向贪污的转化?是否限于"携款潜逃""平账""截留收入不入账"以及"能而不还"的情形?挪用公款后恣意挥霍的,是成立挪用公款还是贪污?对于携带挪用的公款潜逃的,能否以挪用公款罪与贪污罪数罪并罚?

司法实践中,对于开始想还后来不想还而携款潜逃的,作为贪污罪处理,就是所谓挪用公款向贪污的转化。

第二问,这几种也只是列举,这是其一。其二,这只是判断有没有非法占有目的的一种资料,也不能绝对。就像前面讲的合同诈骗,正常收取预付款或者货物之后,产生了不履行合同的意思,携款携物潜逃的,能评价他有非法占有的目的吗?能给他定合同诈骗罪吗?不能。贪污罪要不要一开始就具有非法占有的目的?能不能在取得款物之后才产生非法占有的目的?大家不都认为行为与责任要同时存在吗?为什么对挪用公款例外?张老师也认为行为和责任必须同时存在,必须一开始就出于非法占有的目的取得款物。我们不承认所谓的事中的故意、事中的非法占有目的,也不承认所谓的事后的故意、事后的非法占有目的,为什么挪用公款就可以?

第三问,在我看来,挪用公款后恣意挥霍的,就是贪污。

第四问，行为人挪了300万元，用了200万元，然后带着剩下的100万元跑了，能不能认为挪用公款200万元与贪污100万元数罪并罚？还是只评价为挪用公款300万元？理论上讲应该数罪并罚，但数罪并罚有时比评价为挪用公款300万元处罚还要轻。这样的案件，除非行为人一开始就具有非法占有目的，否则我倾向于定挪用公款罪。这个问题值得讨论。

16. 何谓挪用公款罪的"利用职务上的便利"？

挪用公款罪中"利用职务上的便利"强调的是公款事先在行为人的占有、支配之下，他对公款有处分的权限。

17. 何谓挪用公款"归个人使用"？挪用的本质是什么？

挪用公款"归个人使用"是强调违背了单位的意志将公款置于个人的支配之下，而不是强调使用的人是个人、自然人，把公款藏在家里不用也侵害了单位对公款的占有、使用和收益。

第二问，挪用的本质就是将公款置于个人的支配之下。

18. 司法实践中，关于挪用公款归还个人欠款，根据产生欠款的原因，分别认定属于挪用公款的何种情形的做法，合理吗？

挪用公款归还个人欠款，如果欠款的原因是赌博，就是非法活动，如果是炒股欠下的，就是营利活动，如果是娶媳妇欠下的，那就是其他活动，这样认定有道理吗？欠款已经形成了，不管是由哪种原因产生的欠款，导致公款丧失的风险是一样的。

19. "超过三个月未还"是强调未还，还是强调挪用时间超过三个月？

强调的不是未还，而是实际使用时间超过了三个月。

20. 应否承认不作为方式的挪用公款罪？国家工作人员未收回单位的应收款的，构成挪用公款罪吗？国家工作人员出差前预支了一笔公款，出差回来后超过三个月还没有报销的，构成挪用公款罪吗？

例如，行为人因为出差提前支取了一部分钱，出差回来后应该及时将钱款交到单位而不交的，能不能叫挪用公款？不能叫挪用公款。我们不承认不作为的挪用公款。

第二问，应该不构成。如果他收了之后不交给单位，就可能是挪用公款；他不收，这个钱都不存在，不构成挪用公款。

第三问，不构成挪用公款罪。

21. 对于共同挪用公款，部分共犯人退还全部公款的，能否认为所有共犯人已经退还？

应该是可以的，因为退还了就已经挽回了单位的损失。

■ **法规链接** ---

《刑法》第 395 条巨额财产来源不明罪、隐瞒境外存款罪

■ **疑难问题** ---

1. 能否认为作为上述两罪主体的"国家工作人员"，不包括依照法律从事公务的人员？村主任、村支书等，能成为巨额财产来源不明罪与隐瞒境外存款罪的主体吗？

国家工作人员包括国家机关中从事公务的人员，国有公司、企业、事业单位、人民团体中从事公务的人员，国家机关、国有公司、企业、事业单位委派到非国有公司、企业、事业单位、社会团体从事公务的人员，以及其他依照法律从事公务的人员。问题就在于，依照法律从事公务的人员能不能成为巨额财产来源不明罪的犯罪主体？我认为不能。例如，大学教授也有可能构成贪污、受贿，但是大学教授能构成巨额财产来源不明罪吗？不能构成。

第二问，我认为这里的国家工作人员应该是地地道道的国家干部，村主任和村支书本身不是国家干部，他只是依照法律从事公务，偶尔受委托行使行政管理职权。这个时候不用考虑职务的廉洁性，村主任、村支书不是纯粹的干部，对村主任的要求和对乡镇长的要求应该一样吗？村主任、村支书等，不能成为巨额财产来源不明罪与隐瞒境外存款罪的主体，两罪的主体应该是纯粹的国家工作人员，不包括依照法律从事公务的人员。

2. 何谓"财产""支出"明显超过合法收入？

实践当中的认定存在一定的混乱，财产支出是财产加支出，但是一些判决书里面只列举了行为人的财产，而不列出支出情况。同时，对财产的认定也存在一定的问题，20 年前行为人贪污了 50 万元，买了一套学区房，现在学区房涨到了 500 万元，他的财产算 50 万元还是 500 万元？当然不能算 500 万元，只能算当初的财产，升值的或者增值的是不能计算在内的。如果按照现在算就有麻烦了，如行为人在 20 年前用贪污的 10 万元买了一套组合家具，20 年之后这套家具成了一堆"破铜烂铁"，那么财产是 20 年前买组合家具的价值还是现在"破铜烂铁"的

价值？应该还是 20 年前组合家具的价值。所以，不管是升值的还是贬值的，都应该按照当初的财产价值计算。

3. "可以责令"是什么意思？

"可以责令"是必须责令。

4. 巨额财产来源不明罪的实行行为是持有、拥有来源不明的巨额财产，是作为，还是拒不说明来源的不作为，又或者包括了作为与不作为的复合行为？本罪罪名准确吗？若将罪名确定为"拒不说明巨额财产来源罪"，是否更为准确？如果确实由于时间长等原因不能说明来源的，能以本罪论处吗？

实务工作者一般主张巨额财产来源不明罪的实行行为是持有，通说的观点不明朗，张老师主张不作为，还有一种观点认为是复合行为。我主张本罪的实行行为是持有，是拥有来源不明的巨额财产。确定作为还是不作为的意义何在？张老师有一个观点，退休之后就不能再追究巨额财产来源不明罪的刑事责任了，因为他这时候已经不是国家干部了。而我主张实行行为是持有、拥有，只要一直拥有来源不明的财产，就可以追究，我认为这就是一种持有型犯罪。枪支、假币是违禁品，对国家工作人员而言来源不明的巨额财产就是"违禁品"，就相当于对国家工作人员有特殊的要求。而不作为说的最大问题在于，不作为犯罪前提条件是不仅要有作为的义务，还要有作为的可能性。国家工作人员一定能说明它的来源吗？有时可能真记不清楚每一笔款项的来源，所以不能说明来源有时也很正常，当没有作为的可能性，没有清楚说明来源的可能性的时候，就不能认定为不作为犯罪。

第二、三问，按照张老师的不作为犯说，罪名应该是"拒不说明巨额财产来源罪"。

第四问，确实由于时间长等原因不能说明来源的，按照不作为犯说就不能以本罪论处了。

5. 成立巨额财产来源不明罪的两个基本要素是什么？

有来源不明的巨额财产，并且又不能说明来源。

6. 夫妻双方均为国家工作人员时，是否均有说明的义务？是仅认定其中一方成立巨额财产来源不明罪，还是认定双方均成立本罪？来源不明的财产数额如何认定？

夫妻双方都是国家工作人员的，均有说明的义务。

第二、三问，问题在于来源不明的巨额财产数额怎么计算。假如家里有 1000 万元不能说明来源的财产，是两个人都要对这 1000 万元负责，还是每人只对 500

万元负责?这个问题很难办。如果夫妻双方都在收钱,各收各的,但都往家里放,很难说是共犯。按照不作为说,他们共同不作为了吗?不作为是有可能成立共犯的。不过,并没有解决双方都不说明的时候数额如何计算问题。

7. "不能说明来源"包括哪些情形?《刑法修正案(七)》将原来的"不能说明其来源是合法的"修改为现在的"不能说明来源",带来何种解释难题?行为人拥有巨额财产,本人说明了其非法来源,司法机关不能排除其非法来源的可能性,经查证后又不能达到相关犯罪的证明标准的,如国家工作人员说明巨额财产来源于某人行贿但不能查实,如何处理?

第一种,行为人说了,但是经查证证明他是瞎说的;第二种,行为人说了,但是没法查清;第三种,行为人根本就不说;第四种,行为人根本就说不清楚。

第二问,以前规定的是"不能说明其来源是合法的"。行为人说:"我的钱是一个包工头送我的,但这个包工头现在找不着了。"送给他的,属于行贿,但是找不到行贿人是不能定受贿罪的,而他又不能说明来源是合法的,按照以前的规定是能定罪的。按照现在的规定"不能说明来源"就很难定罪,行为人是说了来源的。所以,张老师认为,如果来源是一般的违法活动,如国家工作人员经商,那么就适用"不能说明来源";如果行为人说的来源可能是犯罪的,如是贪污、受贿的,那就要把它解释回"不能说明其来源是合法的"。所以,《刑法修正案(七)》修改后存在一定的问题。

第三问,我认为只要有这种可能性,就不能定罪,行为人并没有自证其罪的义务。

8. 巨额财产来源不明罪的责任形式是什么?本罪是否为所谓的严格责任,或者举证责任倒置?

本罪的责任形式是故意。

第二问,本罪不是所谓的严格责任,也不是所谓的举证责任倒置,只是改变了证明事项,由证明贪污、受贿变为证明拥有来源不明的巨额财产。举证责任不可能倒置,谁主张谁举证,控方承担举证责任,这是绝对的,公民没有自证其罪的义务。

9. 国家工作人员说明来源因不能查实而被以巨额财产来源不明罪判决,后来查实的,应否撤销原判决,即应否维持既判力?

例如,行为人交代他这个钱是受贿所得,当时没有查证,定了巨额财产来源不明罪,后来查明他关于钱的来源的交代是真实的,要不要撤销原判决?对此有不同观点,张老师认为不需要,我认为要撤销,南京大学法学院的孙国祥教授一直研究职务犯罪，他也主张撤销。行为人没有自证其罪的义务，他当时说了这个钱是别人送给他的，只是没有找到行贿人，给他定巨额财产来源不明罪就是有问题的，当然要撤销原判决。

10. 巨额财产来源不明罪是继续犯吗？追诉时效如何计算？

如果认为本罪实行行为是拥有来源不明的巨额财产，那有可能认为是继续犯；如果认为本罪是不作为犯，那不可能是继续犯。但通说认为不作为犯基本上都是继续犯。不作为犯有没有可能不是继续犯？当然可能，如不作为杀人。

第二问，按照不作为犯说，追诉时效从应当说明来源而不能说明来源的时候才开始计算。我认为应该从行为人退休、辞职，不再拥有国家工作人员身份的时候开始计算追诉时效。巨额财产来源不明罪的法定最高刑是10年有期徒刑，追诉时效是15年，行为人退休了20年之后才被查获，还能不能追究？他退休20年之后，还追究他的巨额财产来源不明罪的责任，合理吗？按照不作为犯说，退休之后就不能追究了，因为不是国家干部了。

11. 隐瞒境外存款罪的立法目的或者法益是什么？

隐瞒境外存款罪的保护法益也是国家工作人员的廉洁性，并不是为了保护财产法益。

12. 存放在金融机构之外的金钱，以及存放在境外银行保险箱的金条等实物，是否属于隐瞒境外存款罪中的存款？

都不属于隐瞒境外存款罪中的存款。

13. 如果隐瞒的境外存款数额巨大，不能说明来源的，是成立隐瞒境外存款罪还是巨额财产来源不明罪？是一罪还是应数罪并罚？

实质上仅侵害一个法益，应成立包括的一罪。

14. 如果查明所隐瞒的境外存款为贪污、受贿所得，是一罪还是数罪并罚？

应该是数罪，但如果考虑到期待可能性就可能难以数罪并罚，因为不能指望行为人贪污、受贿后都将钱款存在国内的银行或者存在境外银行之后向组织汇报，这相当于隐匿证据。

■ 法规链接

《刑法》第396条私分国有资产罪、私分罚没财物罪

■ 疑难问题

1. 何谓"单位名义""集体私分"？

"单位名义"是指经过集体研究决定的。只要不是分给单位的少数人的，是分给多数人的，或者分配是有根据的，都叫集体私分，否则就是共同贪污了。

2. 为何上述两罪的法定刑要比贪污罪的轻得多？如何与贪污罪进行区分？分配是否公开、账目是否作假、国有资产是否属于截留形成等，是区别于贪污罪的要素吗？

因为不是分给个人，不是个人贪污，某种意义上说也是"为公"。

第二问，看分配的对象、分配的标准。

第三问，这只是判断的一种资料，不能绝对。

第二节 贿赂犯罪

■ 法规链接

《刑法》第385、386、388条受贿罪

■ 疑难问题

1. 受贿罪所保护的法益是什么？有关受贿罪法益争论的焦点何在？贿赂的本质是什么？

关于受贿罪的保护法益，有两种观点：一种是职务行为的公正性说、纯洁性说。按照这种观点，收受贿赂之后没有违背职务，办了该办的事，就不构成犯罪。还有一种观点是职务行为的不可收买性说，也叫职务行为的无不正当报酬性说、职务行为的无对价性说。按照这种观点，不管为他人谋取利益是否正当都构成犯罪，权力不能被收买，国家工作人员已经领取了薪酬，就不能在薪酬之外再获取不正当的报酬。

第二问，有关受贿罪法益争论的焦点在于：必须说明对过去的职务行为的不正当报酬构成受贿罪，对公正的职务行为的不正当报酬也构成受贿罪，以及斡旋受贿的行为构成犯罪。

第三问，贿赂的本质就是权钱交易，即权力和财物的交换。

2. 受贿罪的成立是否以国家工作人员为他人谋取利益为前提？"为他人谋取利益"，是主观要素还是客观要素？该要素的功能是什么？或者说旨在强调什么？"为他人谋取利益"中的"他人"，是否限于行贿人？所谓许诺为他人谋取利益，旨在强调什么？

从条文表述上看，收受贿赂要求为他人谋取利益，但事实上"为他人谋取利益"可以不予考虑、适用。

"为他人谋取利益"是主观要素还是客观要素？如果是主观要素，就是为了为他人谋取利益；客观要素有新客观要素说和旧客观要素说。现在通说主张新客观要素说，认为为他人谋取利益，包括已经为他人谋取了利益、正在为他人谋取利益、打算为他人谋取利益、明知道他人有请托事项而收受他人财物或者承诺为他人谋取利益，但是如果是默示就有问题了，对方把钱给你，你就单纯收钱，什么也不说，什么都没有做，还叫有行为吗？这是有问题的。

第三、四问，"为他人谋取利益"其实和"利用职务上的便利"一样，都是为了说明所收受的财物和职务行为之间具有对价性，说明贿赂的职务关联性。"利用职务上的便利"和"为他人谋取利益"就是为了区分贿赂和正常的社会交往中的赠与或者叫馈赠。

第五问，不一定限于行贿人，送钱的人和得利的人不一定是同一个人。

第六问，为了强调所收受的财物具有贿赂的性质，也强调职务关联性，不是一般性的馈赠。

3. 受贿罪的成立是否以国家工作人员违反职责为前提？

不需要，办了该办的事，没有违背职责的，也照样构成犯罪。

4. 国家工作人员索取或者收受财物，但通过正当的职务行为为他人谋取合法利益的，是否成立受贿罪？

成立受贿罪，不管谋取利益正当与否，都成立犯罪。相反行为人一开始就不打算为他人办事，别人主动送上来的，怎么处理？仍然构成犯罪，但条文不是写的"为他人谋取利益"吗？有人提出要增设单纯的收受礼金罪，但礼金范围太小了，国外收受财物就构成犯罪了。现在条文里面非要强调"为他人谋取利益"，这使得对那些只收钱不办事的人似乎没法给他定罪。当然，司法实践中，一般只要收钱就定罪了。

5. 受贿罪是否必须与国家工作人员的职务行为具有关联性？受贿罪中的"利用职务上的便利"究竟是什么含义？能否要求国家工作人员同时利用职务上的便利接收财物和为他人谋取利益？其与贪污罪、挪用公款罪中的"利用职务上的便利"的含义是否相同？能否认为在收受贿赂的情况下，利用职务上的便利不是构成要件要素？

受贿罪必须与国家工作人员的职务行为具有关联性。"利用职务上的便利"和"为他人谋取利益"都旨在强调所收受的财物和职务行为之间具有关联性，即贿赂的职务关联性。

第二问，收钱要利用职务上的便利吗？不需要。我在很多场合讲过，收钱国家工作人员可以收，他的家属也可以收。索取贿赂要不要利用职务上的便利？也不需要，行为人家里养只鹦鹉就可以帮他要钱了，只要有人到他家去，鹦鹉就开始说："要钱，要钱，不给钱不办事。"可不可以？这充分说明，利用职务上的便利跟收钱是没有关系的，利用职务上的便利就是强调所收受的财物和职务行为之间存在对价关系。

第三问，不需要。

第四问，不一样。贪污罪和挪用公款罪中的"利用职务上的便利"强调所贪污的公共财物和挪用的公款事先是在行为人的占有、支配之下，而受贿罪中的"利用职务上的便利"强调的是利用其承办公共事务的职权，利用权势谋取利益、收受财物，强调的是手中有权力，然后和别人进行利益交换。

第五问，不能这么说。利用职务上的便利就是强调所收受的财物是职务行为的对价，或者说基于职务、身份而收受财物。

6. 国家工作人员在经济往来中收受回扣、手续费成立受贿罪，需要利用职务上的便利及为他人谋取利益吗？

当然需要，这也叫受贿，受贿就要符合受贿罪的构成要件。在经济往来中收受贿赂危害性相对小一点，成立犯罪更需要利用职务上的便利及为他人谋取利益了。

7. 国家工作人员在实施职务行为后，索取或者收受相应对价的（所谓事后受财），是否成立受贿罪？国家工作人员在其离退休或者离职后收受请托人财物的，能构成受贿罪吗？

张老师认为可以构成，这里的财物也是先前的职务行为的对价，而且事后受财关联性更明显。但我认为是有问题的，办事的时候并没有关于事后收受财物的约定，如果收受财物的时候还是国家工作人员的身份，倒是可以的，因为具有国家工作人员身份，人们会对他将来的职务行为的公正履行产生动摇，但是如果已经不是国家工作人员了，已经辞职了、退休了，我认为就不能定了。

第二问，司法解释也规定，事先有约定或者退休前后连续收受的，构成受贿罪。若事先没有约定，也没有在退休前后连续收受的，能否定罪，司法解释没有规定。我认为司法解释的立场还是较为稳妥的。

8. 受贿罪的既遂标准是什么？

收到了财物为既遂。如果别人给行为人一张银行卡但没告诉密码，等把事情办好了才告诉他密码，是既遂还是未遂？他不能支配，所以应该是未遂。给行为人送了一套房子，是期房，房子还没建好，是既遂还是未遂？我认为是未遂。当然，如果把期房理解成债权，认为财产性利益已经既遂，也不是不可能。

9. 国家工作人员违背职责为行贿人谋取不正当利益，因而触犯刑法其他条文的，是成立一罪还是数罪？

受贿渎职的，都认为应该数罪并罚，但如果把为他人谋取利益的行为理解成受贿罪的实行行为、理解成受贿罪的客观要素的话，就不能数罪并罚。也就是说，如果把为他人谋取利益理解成受贿罪的客观要素，然后又单独评价了为他人谋取利益的渎职行为，这是有问题的。就像如果把勒索财物评价为绑架罪行为的一部分的话，那么勒索财物就不能另外评价为敲诈勒索罪。

10. 受贿行为可以是不作为吗？

行贿人在国家工作人员家沙发下面塞进去一张银行卡，或者在他家的沙发垫子下面塞了一根金条，多年之后他搬家的时候才发现，但发现之后也没退回去，能叫收受财物吗？发现之后他也没有移动，或者他在家里打扫卫生的时候，翻沙发才看见有金条，他还是原样放着，有受贿行为吗？为什么实践当中都定了受贿呢？啥都没做，是不作为吗？应当有上缴的义务，是吗？如果可以由不作为构成，他收受的行为已经完成了，但这不是刑法意义上的收受，他都不知道。我想说的是，大家一方面都认为受贿罪不能由不作为构成，另一方面事实上处罚了不作为的受贿犯罪。我认为是有问题的，是不应构成犯罪的。

11. 受贿罪与贪污罪共用一个处罚条款，合理吗？"积极退赃"，尤其是将赃物退给行贿人，能说明违法性、有责性减轻，还是特殊预防必要性降低？

受贿罪与贪污罪共用一个处罚条款，当然不合理。我们前面讲过，贪污罪是侵犯财产的犯罪，受贿罪是亵渎职务的犯罪，两罪的性质完全不同，这已经是学界达成共识的，但刑法还是规定受贿的按照贪污罪的处罚条款处理。

第二问，都不能说明。设置法定刑的时候，要考虑三点，即违法性、有责性、预防犯罪的必要性。为什么故意毁坏财物罪的违法性比盗窃罪的更重一些，但法定刑更轻？因为预防犯罪的必要性小，有多少人会去毁坏他人财物？损人不利己。所以，入罪要考虑违法性、有责性和预防犯罪的必要性，当然准确地讲这里是一般预防的必要性，因为在立法的时候不可能考虑特殊预防的必要性。同时，出罪也要从这三方面考虑。这种积极退赃既不能反映受贿行为违法性的降低，没有降低受贿行为的有责性，也没有降低一般预防的必要性、特殊预防的必要性，甚至积极退赃还属于毁灭证据，说明它的特殊预防必要性更大。

12. 停薪留职的国家工作人员可以成为受贿罪主体吗？村民委员会等基层组织人员能成为受贿罪主体吗？

如果还有职权，停薪留职的国家工作人员也可以成为受贿罪的主体。

第二问，村民委员会等基层组织人员不仅可以成为受贿罪的主体，还可以成为渎职罪的主体，因为他是受乡镇政府委托，可以履行部分的行政管理职权。

13. 外科手术医生收受病人家属红包，构成受贿罪吗？中小学老师收受学生家长财物，构成受贿罪吗？大学教授作为专家参加国家社科项目评审，收受课题申请人财物的，构成受贿罪吗？

外科手术医生收受病人家属红包的，不构成受贿罪，因为动手术不是职务行为，而是技术行为。有的人不清楚为什么医生拿医药代表的钱是受贿，医院负责医药采购的可以构成受贿，而普通的医生拿病人家属的钱却不构成受贿；为什么大学里负责教材等物品采购、招生的老师可能构成受贿，但是中小学老师和大学老师如果收受学生家长的红包不构成受贿。其实，教师教书、医生动手术，都凭的是技术，不是职务行为，没有职权，也谈不上是承办公共事务。所以，我认为司法解释的规定还是比较准确的。

第三问，当然构成受贿罪，还有博士招生中博导拿了学生家长的好处的，也可以构成受贿。

14. 何谓受贿罪中的财物？接受性贿赂，构成受贿罪吗？

财物可以包括财产性利益。

第二问，不能简单地讲性贿赂不是贿赂，如果是国家工作人员嫖娼，行为人为他买单，当然构成贿赂了，但如果是女性主动把自己"奉送"上去，不能叫性贿赂。

15. 指使请托人向第三者提供贿赂，构成受贿罪吗？近亲属、关系密切的人以外的第三人，必须是与国家工作人员存在共同利益关系吗？国家工作人员要求请托人将钱款汇给"希望工程"，构成受贿罪吗？

第三人和国家工作人员一定要有特殊的关系，向第三人提供贿赂也等同于向国家工作人员提供贿赂，要么他们有共同的利益关系，要么第三人掌握了国家工作人员的隐私。总之，向第三者提供贿赂，也是满足国家工作人员要求的手段。

第二问，不一定。司法解释限定为具有共同利益关系，张老师认为如果掌握了国家工作人员的隐私，向第三人提供贿赂也能满足国家工作人员的要求。

第三问，我认为很难构成，交给"希望工程"能等同于国家工作人员自己受贿吗？他与"希望工程"有共同的利益关系吗？这很难说。行为人到别人家里把他家的东西往外扔，扔出去就被人捡走了，是盗窃还是毁坏？非法占有包括自己占有和使第三人占有，但一定要第三者占有能够等同于自己占有，如果第三人跟自己没有关系就是毁坏了，没有利用的意思了。

16. 如何把握受贿罪与接受正当馈赠、取得合理报酬、正当借贷、合理接受投资的界限？

这几种还是比较容易区分的。就馈赠来说，农村里有人生病，亲戚朋友来看望，一般可能只送两三百元。但如果是某个官员躺在医院里，可能有人会拿两三万元甚至二三十万元看望，这是正当馈赠吗？肯定不是。对于取得合理报酬，也是很容易与受贿罪相区分开的。对于正当借贷，如果没有借钱的理由，借的时候也根本不打算还，还叫正当借贷吗？对于合理接受投资，根本就不出资或出资之后回馈多到不正常，甚至亏本了都还可以分红的，这还能叫合理接受投资吗？所以，受贿罪与接受正当馈赠等的界限还是比较清楚的。

17. 斡旋受贿与普通受贿的成立条件有何不同？斡旋受贿的保护法益是什么？斡旋受贿的本质是什么？斡旋受贿的实行行为和既遂标准有无特殊之处？国家工作人员未转达请托事项，成立犯罪既遂吗？

斡旋受贿是利用其他国家工作人员的职务行为，而且一定要谋取不正当利益，而普通受贿是利用自己的职务行为为他人谋取利益，且谋取正当利益也能构成犯罪。

第二问，一般认为斡旋受贿的保护法益还是职务行为的不可收买性，但是收买的到底是斡旋者的职务还是被斡旋者的职务？应该是既利用本人的职权或者地位形成的便利条件，也利用他人的职务。

第三问，斡旋受贿的本质，就是利用自己的职权或者地位形成的便利条件斡旋其他国家工作人员，通过其他国家工作人员的职务行为，为他人谋取利益，然后自己收受财物。

第四问，斡旋受贿的实行行为还是收受贿赂。普通受贿收了钱就既遂了，但斡旋受贿因为不是利用自己的职务行为，要斡旋其他国家工作人员，我认为要实施了斡旋行为才既遂，因为收买的不是国家工作人员本身的职务行为，而是通过其他国家工作人员的职务行为为他人谋取利益。这个问题理论上并没有展开讨论，通常还是认为收到钱就既遂了。

第五问，一般认为是成立的，但我认为是有问题的，未转达请托事项甚至可以认为法益还没有受到侵害。

18. 何谓"利用本人职权或者地位形成的便利条件"？

就是利用自己职务上的影响力，斡旋其他国家工作人员的职务行为，为行贿人谋取利益。如果没有职务上的关联制约关系，很难评价为利用本人职权或者地位形成的便利条件。"本人职权或者地位形成的便利条件"能解释得多宽，是不是只要彼此是国家工作人员就可以了？这个是很值得讨论的。

19. 以国家工作人员的立场实施的斡旋行为主要有哪些情形？

以国家工作人员的立场实施的斡旋行为主要有：一是有威信的情形；二是有公务关联的情形；三是有"面子"的情形。

20. 国家工作人员利用本人职务上主管、负责、承办某项公共事务的职权，利用职务上有隶属、制约关系的其他国家工作人员的职权，以及担任单位领导职务的国家工作人员通过不属于自己主管的下级部门的国家工作人员的职务为他人谋取利益的，是成立斡旋受贿还是普通受贿？

只能是普通受贿。实践中有些判决书对此未作仔细区分，但其实区分的意义很大，斡旋受贿必须是为了谋取不正当利益，成立犯罪的门槛相对较高。

21. 国家工作人员甲接受他人委托后，让国家工作人员乙要求国家工作人员丙为请托人谋取不正当利益的，属于斡旋受贿吗？

再斡旋，也属于斡旋受贿。

22. 即将转职的国家工作人员就自己主管的事项接受请托后，向新任职的国家工作人员实施斡旋行为的，成立斡旋受贿吗？

也能成立斡旋受贿。

23. 《最高人民法院、最高人民检察院关于办理受贿刑事案件适用法律若干问题的意见》（以下简称《办理受贿案件意见》）第9条第1款关于"国家工作人员收受请托人财物后及时退还或者上交的，不是受贿"的规定的宗旨和精神是什么？能否为及时与否确定一个明确的期限或者期间？如何把握及时退还或者上交与《办理受贿案件意见》第9条第2款的关系？第1款与第2款是完全的封闭性规定还是列举性规定？

强调没有受贿的故意。所以，不用讨论什么时候叫"及时"，如果别人送你一盒"茶叶"，你没有发现里面有金条，哪怕过了三个月，甚至过了两年，发现以后马上就上交的，也叫"及时"；别人送你"茶叶"，你当天就知道里面是金条，你过了三天上交，也不能叫"及时"。

第二问，不能。"及时"不是一个单纯的时间概念。"及时退还或者上交"只是判断国家工作人员有无受贿故意的资料。

第三问，《办理受贿案件意见》第9条第2款规定，国家工作人员受贿后，因自身或者与其受贿有关联的人、事被查处，为掩饰犯罪而退还或者上交的，不影响认定受贿罪。这是列举的构成受贿的情形，也是不完全的，还包括其他一些情形。第2款与第1款不是完全对立的关系，完全可能存在既不符合第1款也不符合第2款的情形。

第四问，它们是列举性的规定，就是强调没有受贿的故意，就要及时退还、上交；如果有受贿的故意，那就构成犯罪了。

24. 客观上收受财物，主观上没有受贿故意的情形主要表现为哪些？

没有发现或者收到之后马上要出差、出国的，如你在安检口，别人把2万元美金往你包里一塞，但你马上要走了，你只能回国之后再还、再上交。

25. 不构成受贿罪的退还行为，可能构成帮助毁灭证据罪吗？在应当没收的情况下行为人秘密退回给对方的，能否减轻或者免除处罚？

理论上讲有可能构成帮助毁灭、伪造证据罪。别人送了你钱，你应该把这钱上交，结果你马上就还给行贿人了，你不构成受贿罪但别人也构成行贿罪，行贿罪所贿赂的财物是不是重要的证据？但话说回来，按中国的世故人情，别人送的钱你不接受，直接退给别人也很正常。

第二问，不能减轻或者免除处罚。

26. 如何把握受贿罪与贪污罪之间的界限与竞合？

收受他人好处之后，高价采购，低价销售，既是受贿，也是贪污，那么到底应该定贪污罪还是定受贿罪？是贪污罪的危害性大还是受贿罪的危害性大？我认为受贿罪的危害性更大，若是同样的数额，应定受贿罪。但是，从保护被害人的角度来看，我倾向于定贪污罪，这样能够最大限度地挽回被害人的损失。受贿的财物要上缴国库，贪污的财物则要返还被害单位，所以从保护被害人的角度，评价为贪污罪更合理一点。刑法是为人服务的，当然要保护个人利益。单位也是由个人构成的，所以有具体被害人的应尽量评价为有具体被害人的犯罪。看起来上述观点可能是矛盾的。但这只是看问题的角度不同。或者可以这样处理，既然是想象竞合，有所谓的明示机能，即所触犯的贪污罪和受贿罪在判决书中应一并宣告，可以按照受贿罪定罪量刑，同时赃物按照贪污罪处理，返还被害单位。

27. 国家工作人员利用职务上的便利向请托人勒索财物的，应当如何处理？竞合时是优先考虑定受贿罪还是敲诈勒索罪？赃物是应追缴后上缴国库还是退还被害人？

既是敲诈勒索又是受贿。

第二问，优先考虑定敲诈勒索罪，财物追缴后应当返还被害人。

第三问，就算认为是想象竞合，也应当将赃物返还被害人。

28. 如何处理受贿罪与诈骗罪的关系？国家工作人员就其职务范围内的事项作出为他人谋取利益的虚假承诺的，如何处理？国家工作人员就其职务范围外的事项作出虚假承诺的，如何定性？竞合时，是定受贿罪还是诈骗罪？赃物是上缴国库还是退还被害人？

要看行为人本身有没有权力办事，如果他办得了，还是受贿；如果他根本办不了，他就是诈骗。

第二问，如果是职务范围内的，还是应构成受贿，因为侵害了职务行为的不可收买性。

第三问，应该是诈骗。

第四问，如果有被害人，我倾向于定诈骗，这样所诈骗的财产才能返还被害人。

第五问，有被害人的，要尽量退还被害人。

29. 如何认定受贿罪的既遂？在索取贿赂的情况下，是否要求取得财物才既遂？司法实践中，对于利用职务上的便利索要贿赂，而没有现实取得贿赂的行为，一般都没有认定为受贿罪，或者仅认定为受贿未遂，妥当吗？

收到财物就既遂。

第二问，在索取贿赂的情况下索取了就既遂了，就已经侵害了职务行为的不可收买性。国外关于受贿罪规定的是要求、约定、收受，要求就既遂了，约定就既遂了，收受当然更是既遂了。索取贿赂相当于要求，由国家工作人员先提出的，就是索取贿赂；如果是行贿人先提出的，对于国家工作人员而言就是收受贿赂。

第三问，不妥当。确定既未遂的标准应该是法益是否受到侵害。法益受到侵害才既遂，法益没有受到侵害为未遂，因为犯罪的本质就是侵害法益，刑法的目的就是保护法益，所以要从法益是否受到侵害来认定既未遂。当然，既未遂也是一种规范性的评价，有时也要判断值不值得评价为既遂，即它也是一种价值判断。

30. 受贿罪的加重犯有未遂吗？误以为收到的是价值连城的名画，实则赝品的，成立受贿罪加重犯的未遂适用加重法定刑吗？

本来可以贪污数额特别巨大的财物，因为意志以外的原因没有得逞的，有可能成立未遂。通说就是持这种观点，我也是赞成的，但张老师可能把它看成是量刑规则。但是对于受贿，比如以为收到的是价值300万元的名画，结果却是一幅普通的赝品，就值3万元，是成立受贿数额特别巨大的未遂还是成立受贿罪基本犯既遂？我的观点是，受贿罪不是财产犯罪，数额巨大、数额特别巨大相当于客观的处罚条件，不能认为以为收到了数额特别巨大的财物，就对受贿罪所保护的法益——职务行为的不可收买性，形成了具体、现实、紧迫的危险。其实，受贿罪的法益侵害程度跟所收受财物的价值大小没有直接关系，法益侵害取决于背职的程度、亵渎职务的程度。有的人收到一点点钱，但为他人谋取利益很不正当，或者对国家利益损害很严重；有的人收了很多的钱，他办了该办的事。所以，受贿罪的法益侵害程度跟收钱多少是没有关系的，我倾向于把受贿罪的数额巨大、特别巨大看成是客观处罚条件，没有未遂的问题。事实上收到的就是数额较大的财物，那就是数额较大的既遂，基本犯的既遂，不是行为人主观上以为收到的是数额特别巨大的财物，就成了受贿数额特别巨大的未遂，这跟贪污罪不一样。当然，要不要行为人认识到收到的是数额巨大、数额特别巨大的财物，的确是个问题。例如，行贿人轻描淡写地说："这是我逛夜市的时候淘到的，不值钱，您就收下摆在家里玩玩。"行为人因此以为就是不值钱的，但其实非常值钱，要不要给他定受贿数额特别巨大？受贿罪不是财产犯罪，我倾向于只要事实上收到的是数额特别巨大的财物，就要评价为数额特别巨大或者至少该给他评价为有其他特别严重情节。不是财产犯罪，就不需要认识到财产的价值。这是我个人的一点看法。

31. 国家工作人员收受贿赂后，向对方回赠财物的，能从受贿数额中扣除吗？

不能从受贿数额中扣除。

32. 如何认定受贿罪的共犯？如何认定受贿罪的罪数？

国家工作人员的家属当然可以成为受贿罪的共犯，有共同的故意、共同的行为。

第二问，受贿渎职的，实行数罪并罚。

33. 如何计算受贿数额？对于"退还"后再索取或者收受的，受贿数额如何计算？收受20万元后，因担心被查处而悉数退还，风声过后又索回的，受贿数额是20万元还是40万元？

如果是同一个请托事项，就算20万元。但是，如果有不同的请托事项，或者他人一直有求于你，那可能就是40万元了。

34. 《最高人民法院、最高人民检察院关于办理贪污贿赂刑事案件适用法律若干问题的解释》（以下简称《办理贪贿案件解释》）规定，具有较重情节，还要求受贿1万元以上，才构成受贿罪，是否违反《刑法》的规定？

这是有问题的。受贿罪条文明明规定的是数额较大或者有其他严重情节，却还要求数额1万元以上。受贿罪不是财产犯罪，为什么要求达到一定数额？哪怕只收了500元，为他人谋取了不正当利益，我认为也有可能作为犯罪来处理。

━━━━━━━━━━━━━━━ ■ 法 规 链 接 ━━━━━━━━━━━━━━━

《刑法》第387条**单位受贿罪**

━━━━━━━━━━━━━━━ ■ 疑 难 问 题 ━━━━━━━━━━━━━━━

1. 如何区分单位受贿罪与普通受贿罪？

看最终受益的是单位还是个人。

2. 成立本罪，需要所收受的财物具有职务关联性吗？

当然需要，所有贿赂犯罪中的贿赂都要求具有职务的关联性。

3. 在经济往来中收受回扣、手续费的，需要为他人谋取利益吗？

也需要为他人谋取利益，只要是受贿。

■ 法规链接

《刑法》第388条之一利用影响力受贿罪

■ 疑难问题

1. 为何增设本罪？本罪的立法目的是什么？

增设本罪就是为了避免出现处罚漏洞，处罚与国家工作人员关系密切的人。不能证明国家工作人员知情，有受贿的共同故意时，可以单独追究家属的责任，这就是本罪的立法目的。如果国家工作人员知情，那就成立受贿罪的共犯。

2. 何谓"近亲属"与"关系密切的人"？"与国家工作人员关系密切的人"，等于"与国家工作人员关系好的人"吗？

如有血缘关系的亲属、同学、战友等，能够影响到国家工作人员职务行为的，就叫关系密切。

第二问，关系密切不等于关系好，掌握了国家工作人员的隐私的，也能控制国家工作人员。

3. 利用影响力受贿罪与普通受贿罪的成立条件有何不同？法益是否相同？

普通受贿罪是利用自己的职务行为为他人谋取利益，而利用影响力受贿罪是利用自己对国家工作人员的影响，然后通过国家工作人员的职务行为为他人谋取不正当利益。

第二问，法益是相同的。利用影响力受贿罪的保护法益还是职务行为的不可收买性。

4. 本罪的实行行为和既遂标准是什么？收受财物后未转达请托事项，成立本罪的既遂吗？国家工作人员尚未许诺为请托人谋取不正当利益，成立本罪吗？

有一个案例，丈夫是发电厂的供销科长，专门管煤炭采购。煤老板就天天陪这位科长的妻子逛街、吃饭、买东西，但妻子始终没有转达请托的事项，能不能成立利用影响力受贿罪的既遂？都没有转达请托事项，怎么就侵害了职务行为的不可收买性呢？职务行为与财物之间的对价关系怎么能建立起来？我认为，成立利用影响力受贿罪的既遂，必须是已经转达了请托事项，即已经实施了斡旋行为。

第三问，国家工作人员尚未许诺办事，应该说还没有侵害法益，还不构成本罪。

5. 本罪是实害犯还是危险犯？

本罪是实害犯。只有国家工作人员已经实际上通过职务行为为他人谋取了不正当利益，才侵害了法益，才值得科处刑罚。

6. 国家工作人员知情并许诺为请托人谋取不正当利益的，国家工作人员成立何罪？收受贿赂的人，成立何罪？

如果知情，是知道收了好处，那就是受贿罪的共犯了；如果知情，是只知道有请托事项，不知道收了钱，还是不构成犯罪。

第二问，收受贿赂的人既构成利用影响力受贿罪，也构成受贿罪的共犯。

■ **法 规 链 接**

《刑法》第 389、390 条 **行贿罪**

■ **疑 难 问 题**

1. 给予国家工作人员一盒普通的茶叶，也成立行贿罪吗？

条文里面对于财物性质和数额并没有作出明确规定，要对它进行实质的解释，一般认为给予一盒普通的茶叶不构成行贿罪。

2. "为谋取不正当利益"是主观要素还是客观要素？应否对"为谋取不正当利益"作限制解释？

"为谋取不正当利益"应该属于主观要素。

第二问，"为谋取不正当利益"这个要素的规定合不合理？为什么我国一定要规定此内容？因为实践中，有时正当的事情需要通过不正当的手段才能办成。本来就不应该这样规定，所以不应再进行限制解释。

3. 《刑法》第 389 条第 2 款的规定是注意规定还是法律拟制？适用本款规定，是否要求"为谋取不正当利益"？

是注意规定。

第二问，适用第 389 条第 2 款的规定，要求"为谋取不正当利益"。

4. 能否将"因被勒索"限制解释为"严重的勒索"？

对行为人有利的不应作限制解释，对行为人不利的可以作限制解释。

5. 具有事后索回财物意思的，成立行贿罪吗？

打算先送，回头再要回来的，能不能构成行贿罪？构成。

6. 客观上属于正当利益，而行为人误以为是不正当利益的，成立行贿罪吗？

客观上是正当利益的，不构成行贿罪。

7. "为谋取不正当利益"限于为行贿人本人谋取不正当利益吗？

不限于为行贿人本人谋取不正当利益，还可以包括为其他人。

8. 行贿罪与受贿罪可谓对向犯，一定同时成立吗？

不一定，行贿罪要谋取不正当利益，若行为人为了谋取正当利益送钱，不构成行贿罪，但收钱的人构成受贿罪。

9. 行为人事先通过国家工作人员的职务行为获取了不正当利益，后来被国家工作人员勒索并给予国家工作人员以财物的，成立行贿罪吗？

先获得不正当利益，后来被勒索给予财物的，也能构成行贿罪。

10. 如何认定行贿罪的既遂与未遂？在检察机关、监察委控制下向国家工作人员交付财物的，成立行贿罪既遂吗？

要看财物有没有送出去，而不是不正当利益获取与否。

第二问，是未遂，甚至是不能犯。

11. 如何认定行贿罪的共犯？

应根据共犯原理，看是否存在共同的行为和共同的故意。

12. 如何认定行贿罪的罪数？就未经许可而构成犯罪的行政犯而言，行贿人通过行贿取得许可后从事相应行为的，能另外认定为犯罪吗？

行贿谋取不正当利益，不正当利益本身构成犯罪的，还可能数罪并罚。例如，因犯送钱之后，狱警私放的，囚犯构成行贿罪之外，还能构成脱逃罪。

第二问，通过行贿取得行医资格的，能不能构成非法行医罪？不能构成，因为他有行医资格。

13. 《刑法修正案（九）》修改了受贿罪的主刑与附加刑，却只修改了行贿罪的附加刑，于是出现了行贿罪的前两档法定刑高于受贿罪的现象，这是否意味着为对行贿与受贿同等处罚的"并重论"提供了法律依据？在对应的受贿罪属于基本犯的情况下，对行贿罪的基本犯能判处高于受贿罪基本犯的3年有期徒刑吗？

不能这么认为，行贿罪的危害性肯定是小于受贿罪的。

第二问，同样的情节，行贿罪判处的刑罚不应该高于受贿罪。

14. 《刑法》第390条规定，行贿罪加重犯适用的条件是"因行贿谋取不正当利益，情节严重的，或者使国家利益遭受重大损失"与"情节特别严重的，或者使国家利益遭受特别重大损失"。《办理贪贿案件解释》规定，行贿数额100万元以上的属于"情节严重"，行贿数额500万元以上的属于"情节特别严重"。上述司法解释规定是否有违罪刑法定原则？应否认为第三档的"情节特别严重"是指"因行贿谋取不正当利益"的情节特别严重？

单纯的行贿数额大，就是"因行贿谋取不正当利益，情节严重的，或者使国家利益遭受重大损失"吗？这类情节严重，是指谋取了重大的不正当利益，是获取的不正当利益本身情节严重，行贿数额大并不意味着获取的不正当利益严重。司法解释的规定有违罪刑法定原则。

第二问，第三档的"情节特别严重"也是指"因行贿谋取不正当利益"的情节特别严重。

15. 《刑法修正案（九）》收紧了对"行贿人在被追诉前主动交待行贿行为"的从宽处罚规定，这种修改是否属于刑事政策上的重大失误？应否对《刑法》第390条第2款的适用条件采取宽和态度、进行扩大解释，从而尽可能避免刑事立法失误可能造成的不利后果？

刑法原本的规定是要使行贿者和受贿者之间形成一定的"囚徒困境"，相互不信任，但是现在的规定可能让他们觉得彼此利益纠结在一起。

第二问，如果是有利于被告人的，应该尽量进行扩大解释。

16. 《最高人民法院、最高人民检察院关于办理行贿刑事案件具体应用法律若干问题的解释》将《刑法》第390条第2款中的"被追诉前"，限定为"检察机关对行贿人的行贿行为刑事立案前"，合理吗？

有问题，"追诉"和"立案"不是一个概念，这种解释是不利于行为人的。

17. 应否将《刑法》第390条第2款中的"主动交待行贿行为"作出与自首相同的理解？应否将该款中的"犯罪较轻"理解为宽于普通自首中的"犯罪较轻"？

按照自首来理解的话，这种规定就没有意义了。

第二问，应该，这是有利于行为人的。

18. 应否对《刑法》第390条第2款中的"重大案件"与《刑法》第68条重大立功的规定作出相同的解释或者要求？

不需要，就是因为不构成重大立功所以才设置了这个条件，这是对行为人有利的。

19. 《刑法》第389条第3款的规定，能否类推适用于对非国家工作人员行贿罪、单位行贿罪、对单位行贿罪等行贿犯罪？

这都是有利于行为人的，所以可以扩大到其他的行贿犯罪。

━━━━━━━━━━━━ ■ 法规链接 ━━━━━━━━━━━━

《刑法》第390条之一 对有影响力的人行贿罪

▪ 疑难问题

1. 本罪与利用影响力受贿罪之间是什么关系？

是对向关系。

2. 本罪与行贿罪区别何在？

对象不一样，行贿罪的对象是国家工作人员，而本罪对象是与国家工作人员关系密切的人。

3. 应否像行贿罪一样，将"情节严重"与"情节特别严重"限定为"因行贿谋取不正当利益，情节严重"？

这种限定是有道理的，因为这种行贿比普通行贿罪要轻，而普通行贿罪尚且要求"因行贿谋取不正当利益，情节严重"。

4. 如果行贿人知道特定关系人与国家工作人员构成受贿共犯事实，还仅成立本罪吗？

如果行贿人知道了，那么他就不能构成本罪，而是构成普通行贿罪了。

▪ 法规链接

《刑法》第391条 对单位行贿罪

▪ 疑难问题

1. 在经济往来中给予回扣、手续费，也要求"为谋取不正当利益"吗？

也要求"为谋取不正当利益"。只要是行贿犯罪，都要求为谋取不正当利益。

2. 本罪与单位受贿罪是什么关系？

单位受贿罪中受贿的主体是单位，而本罪行贿的对象是单位，两罪是一种对向关系。

3. 本罪罪名准确吗？

不够准确，本罪中行贿的对象都是国有性质的，但"单位"范围很广，不限于国有性质，所以本罪罪名应该是"对国有单位行贿罪"。

■ 法规链接

《刑法》第 392 条 **介绍贿赂罪**

■ 疑难问题

1. 本罪有存在的必要吗？

张老师认为本罪名可以通过解释的方法不予考虑、适用，因为介绍贿赂罪和行贿、受贿的共犯很难界分。

2. 向非国家工作人员介绍贿赂或者向单位介绍贿赂，是否无罪？

介绍贿赂是在行贿人（自然人）和国家工作人员之间介绍，如果是向非国家工作人员介绍，或者是向单位介绍的，难道无罪吗？可以成立行贿罪、受贿罪的共犯。

3. 介绍贿赂罪与受贿罪、行贿罪的共犯如何区分？如何处理行贿、受贿的帮助行为与介绍贿赂罪的关系？

很难区分。有观点认为，站在行贿的一方就是行贿罪的共犯，站在受贿的一方就是受贿罪的共犯，站在双方的立场上就是介绍贿赂罪。是站在双方的立场危害性大还是站在一方的立场危害性大？站在双方立场更容易促成贿赂的完成。所以说这种观点没有道理。

第二问，对于帮助行贿或帮助受贿的行为，不应当认定为介绍贿赂。如果一行为同时触犯行贿罪的帮助犯、受贿罪的帮助犯与介绍贿赂罪，应当从一重罪论处。

4. 能否认为，既然法律上难以区分介绍贿赂罪与行贿罪、受贿罪的共犯，那么就必须朝有利于被告人的方向进行解释，即凡是可能成立介绍贿赂罪的，均不得认定为行贿罪、受贿罪的共犯？

不可以。"存疑时有利于被告"原则只与事实的认定有关，而不适用于法律解释。不能因为难以从法律上区分介绍贿赂罪与行贿罪、受贿罪的共犯，就一概以轻罪论处。

■ 法规链接

《刑法》第 393 条 **单位行贿罪**

■ 疑难问题
---

1. 我国贿赂犯罪体系完备吗？有处罚漏洞吗？

我国贿赂犯罪体系是完备的，没有处罚漏洞，但还存在构成要件设置不合理和法定刑不协调问题。

2. 单位行贿罪与行贿罪的法定刑相差较大，如何区分二罪？何谓"单位"？

看受益的是单位还是个人。

第二问，对单位行贿罪的对象是国家机关、国有公司、企业、事业单位、人民团体，但这里的"单位"应该不限于国有单位。本罪中关于"单位"的解释空间很大，个体户叫不叫单位？合伙企业叫不叫单位？这些都可以思考。

3. 本罪中的"为谋取不正当利益"，限于为本单位谋取利益吗？能否包括为其他个人、单位谋取不正当利益？

既然是单位行贿，当然要为本单位谋取不正当利益，若为个人或者其他单位谋取不正当利益，就是个人行贿了。

4. 单位违规给予回扣、手续费，也要求"为谋取不正当利益"吗？

也要求，只要是行贿都要求为谋取不正当利益。

5. 因行贿取得的不正当利益，仅限于违法所得吗？本条后段规定是注意规定还是法律拟制，是封闭性规定还是列举性规定？

因行贿取得的不正当利益，不一定限于违法所得。

第二问，应该是注意规定、列举性规定。

6. 私营企业负责人为了给企业谋取不正当利益而将自己的财物作为贿赂交给国家工作人员的，是成立本罪还是行贿罪？股份公司的负责人实施上述行为的，是否有所不同？

只要是为了给企业谋取不正当利益，还是叫单位行贿罪。

第二问，只要是为了企业，就是单位行贿罪。要看是为了谁，而不是看贿赂的钱的来源。

CHAPTER 7 第七章 渎职罪

第一节 渎职罪

第一节 滥用职权、玩忽职守罪

■ 法规链接

《刑法》第 397 条滥用职权罪、玩忽职守罪

■ 疑难问题

1. 渎职罪所保护的法益是什么？

是国家机关公务的合法、公正、有效执行。

2. 我国滥用职权罪与国外滥用职权罪所保护的法益有何不同？

国外的滥用职权罪是保护个人法益，保护个人的人身、财产权，而我国的滥用职权罪保护的是国家法益。

3. 确定国家机关工作人员是应坚持"身份论""血统论"，还是"职责论""职务论"？

司法解释倾向于"职责论""职务论"，如工人编制的工商所所长、合同制的民警、临时受委托看管犯人的狱医，都能构成渎职犯罪。就看行为人实际上履行的是否为国家机关工作人员的职责，行使的是否为国家机关工作人员的职权。

4. 渎职罪因果关系的认定有何特殊性？能否按照通常的标准认定渎职罪的因果关系与结果归属？

如果按照相当因果关系说进行认定，那么渎职罪的认定范围就会很窄，所以它相对于一般的因果关系而言比较"缓和"，但是实践当中似乎又很宽松。有一个真实的案件，某乡镇法律服务所的干部在村里调解邻里纠纷的时候，没有注意到一方突然回家并喝农药死了，然后死者亲属说该干部也有责任，在调解的时候没有把人看好，最后他被定罪了。因果关系的认定虽然可以相对缓和一点，就是在客观归责的认定上不需要那么严格，但也不能如此宽松。

第二问，不能按照通常标准来认定渎职罪的因果关系与结果归属。

5. 徇私舞弊是否属于构成要件要素？徇私、舞弊是主观要素，还是客观的构成要件要素？如何理解徇私的外延？

对于徇私舞弊，不能简单地说是不是构成要件要素，要看具体的条文。徇私一般是一种动机，徇私这种要素的功能是把政策水平不高、业务能力不强的人的行为排除在外。法律规定有时是有争议的，有一定的自由裁量空间，但不能有徇私的动机。至于舞弊，如果另外有具体行为的规定，舞弊就是同位语；若没有另外的客观行为的规定，舞弊就是实行行为，就是客观行为。所以要看具体条文的表述。

第二问，徇私一般是动机，舞弊一般是客观要素。

第三问，徇私不一定是徇私情，徇小集体的利益、徇本单位的利益、徇本地方的利益，都叫徇私。

6. 2003年11月13日最高人民法院印发的《全国法院审理经济犯罪案件工作座谈会纪要》认为"国家机关工作人员为了本单位的利益，实施滥用职权、玩忽职守行为，构成犯罪的，依照第三百九十七条第一款的规定定罪处罚"，有无疑问？为什么有的渎职罪条文将徇私规定为犯罪要素？

为了本单位利益也叫徇私。

第二问，是为了把对于具有裁量性质的事务，因为政策水平不高、业务能力不强导致的渎职排除在犯罪之外。

7. 司法解释认为"国家机关工作人员滥用职权或者玩忽职守，因不具备徇私舞弊等情形，不符合刑法分则第九章第三百九十八条至第四百一十九条的规定，但依法构成第三百九十七条规定的犯罪的，以滥用职权罪或者玩忽职守罪定罪处罚"，这是否违反了《刑法》第397条中的"本法另有规定的，依照规定"的规定？

司法解释想表达的是，主体或者行为方式等不符合具体的渎职罪的条件，但只要是国家机关工作人员渎职的就可以定第397条滥用职权罪或玩忽职守罪。例如，林业主管部门的人员并非违法发放林木采伐许可证，而是滥用职权导致森林遭受严重破坏的，应认定为滥用职权罪。关于第397条"本法另有规定的，依照规定"的规定，国内有学者认为，就是属于另有规定的行为类型，比如集资诈骗9万元就属于另有规定，集资诈骗9万元未达到立案标准，不构成集资诈骗罪，也不能构成诈骗罪；盗伐林木没达到2立方米的，哪怕林木的价值超过了盗窃罪的定罪量刑标准2000元，也不能评价为盗窃罪，这就是通说的立场。其实第397条中的"本法另有规定的，依照规定"，是指行为符合另有规定时，才依照另有规定定罪处罚；行为不符合另有规定的，不能直接得出不构成犯罪的结论。

8. 同时符合普通渎职罪与特殊渎职罪构成要件的，应否从一重处罚？能否认为法定刑轻于普通渎职罪的特殊渎职罪，属于封闭的特权条款？

如果从一重的话，很多人认为"本法另有规定的，依照规定"的规定就相当于取消了。我倾向于是可以从一重的，但也不是没有疑问。如果从一重的话，那么法定刑轻于普通渎职罪的特殊渎职罪规定就相当于是虚置了。招收公务员、学生徇私舞弊罪的法定最高刑也才3年有期徒刑，还有违法发放林木采伐许可证罪的法定最高刑也是3年有期徒刑，如果都从一重了，这些条文就没有适用的余地了。

第二问，如果认为只能按照特殊渎职罪处理，那就相当于封闭的特权条款。伪造、变造、买卖身份证件的就不能定伪造、变造、买卖国家机关证件罪判10年有期徒刑，就相当于封闭的特权条款。

9. 有的特殊渎职罪仅规定了故意或者过失构成的情形，过失或者故意为之的，能否以玩忽职守罪或者滥用职权罪定罪处罚？

如招收公务员、学生徇私舞弊罪是故意犯罪，如果过失为之，能不能定玩忽职守罪？对于如环境监管失职罪、传染病防治失职罪等过失犯罪，故意为之的能不能定滥用职权罪？徇私舞弊招收公务员、学生最高判3年有期徒刑，如果没有徇私舞弊，是过失的，以玩忽职守罪判 7 年有期徒刑，合理吗？但有的失职造成的都构成犯罪，故意实施的反而不构成犯罪？应该构成，故意的可以定滥用职权罪。所以，这个问题还是值得讨论的。

10. 渎职罪的追诉期限如何计算？

应从犯罪成立之日起算。如滥用职权罪、玩忽职守罪，不造成重大损失，犯罪不成立，所以应从造成重大损失之日起计算追诉期限。

11. 渎职罪"重大损失"的认定，是应坚持经济的损害还是法律的损害的观点？

应坚持经济的损害的观点，即便存在债权，但如果债权很难实现，从经济的观点看也是造成了损害。

12. 滥用职权主要有哪些情形？

一是超越职权，擅自决定或处理没有具体决定、处理权限的事项；二是玩弄职权，随心所欲地对事项作出决定或者处理；三是故意不履行应当履行的职责，或者说任意放弃职责；四是以权谋私、假公济私，不正确地履行职责。

13. 滥用职权罪与玩忽职守罪的责任形式是什么？

一般认为滥用职权罪的责任形式是故意，玩忽职守罪的责任形式是过失，但也有观点认为既可以故意也可以过失。争论责任形式其实意义不大，因为立案标准都统一了，要造成经济损失 30 万元以上。

14. 如何区分滥用职权罪与玩忽职守罪？滥用职权行为是否可以评价为玩忽职守行为？国家机关工作人员一次滥用职权造成经济损失 10 万元、一次玩忽职守造成经济损失 20 万元，能以玩忽职守罪立案吗？

一般认为二者的责任形式不同，前者是故意，后者是过失。

第二问，滥用职权行为可以评价为玩忽职守行为，故意可以评价为过失，高度行为可以评价为低度行为。

第三问，能以玩忽职守罪立案。

15. 如何区分玩忽职守罪与一般玩忽职守行为？

就看有没有造成重大损失。

16. "重大损失"是否为客观的超过要素？这个要素的功能是什么？

张老师一方面认为滥用职权罪是故意犯罪，另一方面又认为"重大损失"是客观的超过要素，不需要行为人现实地认识到，不需要行为人持希望或放任的态度，只要有认识的可能性即可。按理说，对于客观要素，行为人主观上都需要认识到，如果是故意的话，还需要持希望或者放任态度，但是张老师严格地区分了故意和过失，所以只好创造出"客观的超过要素"这个概念，但赞成者不多。我认为，就算是希望或者放任造成重大损失，以滥用职权罪判 7 年有期徒刑，也能做到罪刑相适应。比如警察接警后故意不出警，导致报警的人被奸杀，我认为判 7 年有期徒刑也是可以的，因为有强奸、杀人犯对奸杀的结果负责，他只是没有阻止而已。

第二问，"重大损失"相当于"情节严重"，是否达到"重大损失"而值得科处刑罚，只能在个案中进行具体判断。有时只需要行为进行到一定程度（相当于行为犯），有时需要物质性损失达到一定程度（相当于实害犯），有时则需要社会影响恶劣这种非物质性损害达到一定程度。也就是说，根本没有必要为判断是否达到"重大损失"的程度而苦恼，只需参照特殊渎职罪的成立条件，即行为、后果、损失、情节（狭义）等因素进行综合判断即可。

17. 如何处理滥用职权罪与贪污罪、受贿罪、故意伤害罪、故意杀人罪、侵犯财产罪等之间的关系？能否认为凡是所谓利用职务上的便利实施的行为，都只能构成职务犯罪？

它们之间可能是竞合的关系。

第二问，所谓利用职务上的便利实施的行为，不一定就只构成职务犯罪或者就一定构成职务犯罪。也就是说，不能说与职务有关，或者是公职人员实施的，就是职务犯罪。

18. 警察接警后故意不及时出警，导致报警妇女被杀害，警察构成杀人罪共犯吗？警察逮捕正在哺乳期的妇女，明知其家中有婴儿无人喂养而置之不理，最后导致婴儿饿死的，成立故意杀人罪吗？

故意不履行职责的，我认为只要评价为滥用职权罪就可以了。

第二问，成立故意杀人罪。

19. 很多条文和司法解释规定，国家（机关）工作人员实施的应从重处罚，当行为人所实施的犯罪与其职务无关，或者说没有利用职务上的便利时，也应从重处罚吗？

我持反对意见，一定要与职务有关，要利用职务上的便利，才可以从重处罚。事实上，国家机关工作人员也只是一个普通的职业而已。

20. 应否将"情节特别严重"限定为"致使公共财产、国家和人民利益遭受特别重大损失"？

从法条前后逻辑来看，应该将"情节特别严重"限定为"致使公共财产、国家和人民利益遭受特别重大损失"。

21. 如何正确处理玩忽职守罪与丢失枪支不报罪的关系？

在我看来，丢枪有过错，就是玩忽职守，再不报告就是丢失枪支不报，到底是数罪并罚还是包括的一罪，这是可以讨论的。我倾向于数罪并罚，因为侵害了不同的法益。

22. 适用本条第2款，是否也需要致使公共财产、国家和人民利益遭受重大损失？

当然也需要致使公共财产、国家和人民利益遭受重大损失。

第二节　特殊渎职罪

■ **法规链接**

《刑法》第398条**故意泄露国家秘密罪、过失泄露国家秘密罪**

■ **疑难问题**
---

1. 故意泄露国家秘密罪是片面对向犯，对方成立本罪的共犯吗？单纯请求国家机关工作人员向自己提供国家秘密载体的，成立本罪的教唆犯吗？

向他人打听国家秘密能不能构成故意泄露国家秘密罪的共犯？不能，但是对方可能构成故意泄露国家秘密罪。

第二问,单纯请求国家机关工作人员向自己提供国家秘密载体的,不成立本罪的教唆犯,但有可能构成非法获取国家秘密罪。

2. 行为人故意泄露机密1件、过失泄露机密2件的,能以过失泄露国家秘密罪立案吗?行为人故意泄露机密1件、秘密2件的,能以故意泄露国家秘密罪立案吗?

都是可以的,故意可以评价为过失,机密也可以评价为秘密。高度要素可以评价为低度要素,在绝密、机密、秘密中,绝密可以评价为机密、秘密,机密可以评价为秘密。

■ 法规链接

《刑法》第399条徇私枉法罪,民事、行政枉法裁判罪,执行判决、裁定失职罪,执行判决、裁定滥用职权罪

■ 疑难问题

1. 为什么在徇私枉法罪与民事、行政枉法裁判罪罪状中强调"徇私枉法""徇情枉法""明知"与"故意"?过失造成错诉、漏诉、错判的,是无罪还是成立玩忽职守罪?有观点认为,既然刑法规定了执行判决、裁定失职罪,那么根据当然解释的原理,对于失职导致无罪的人受追诉或者有罪的人未被追诉的,也应以玩忽职守罪论处,对吗?

因为司法具有裁量性、技术性,不徇私、不徇情、不明知、不故意的话,没必要作为犯罪来处理。

第二问,条文只规定了徇私枉法是故意的,如果是过失的能不能构成玩忽职守?应该不构成。

第三问,因为执行判决、裁定基本上没有什么裁量性,没有技术含量,所以失职的构成犯罪,而侦查、起诉、裁判活动具有裁量性、复杂性,需要一定的专业技术水平,所以只有故意为之的才构成犯罪,过失为之的,不应作为犯罪处理。

2. 要求司法工作人员包庇自己不受追诉,进行刑事、民事、行政枉法裁判的,成立徇私枉法罪及民事、行政枉法裁判罪的共犯吗?要求司法工作人员为自己执行判决、裁定滥用职权的,成立执行判决、裁定滥用职权罪的共犯吗?

不成立徇私枉法罪及民事、行政枉法裁判罪的共犯。

第二问，可能成立教唆犯，但有争议。

3. 徇私枉法罪中的"包庇"与包庇罪中的"包庇"含义和范围一样吗？本罪与包庇罪之间如何区分？

包庇罪中的"包庇"只限于作假证明，徇私枉法罪中的"包庇"应该不限于作假证明。

第二问，司法工作人员利用具体的职务权限，使有罪的人不受追诉或者使重罪轻判的，成立徇私枉法罪。行为人所实施的包庇行为与其具体的职务权限无关的，成立包庇罪。

4. "有罪的人"是指经过人民法院判决有罪的人吗？

只要是有犯罪嫌疑、可能成为立案侦查对象的人就是这里的"有罪的人"，不需要已经被法院宣判有罪。

5. 监察机关中负责办理职务犯罪案件的人员，可以成为徇私枉法罪的主体吗？

可以成为徇私枉法罪的主体。

6. 侦查、起诉人员采取伪造、隐匿、毁灭证据或者其他隐瞒事实、违反法律的手段，故意使罪重的人受较轻的追诉，或者使罪轻的人受较重的追诉，导致无过错的法官将重罪定为轻罪或者将轻罪定为重罪的，应当如何处理？

按照张老师的观点，是能够成立徇私枉法罪的间接正犯的。

7. 明知是无罪的人或不应当判处死刑的人而判处死刑立即执行的，如何处理？

有可能构成故意杀人罪，与徇私枉法罪想象竞合，从一重罪处罚。

8. 徇私枉法罪与妨害作证罪之间是什么关系？

徇私枉法罪与妨害作证罪有可能形成竞合关系，如司法工作人员为了使无罪的人受追诉，或者为了使有罪的人不受追诉，或者为了枉法裁判，阻止证人作证或者指使他人作伪证的，属于想象竞合，从一重罪处罚。

9. 徇私枉法罪与司法工作人员实施的帮助毁灭、伪造证据罪之间是什么关系？

司法工作人员完全可能以毁灭、伪造证据的方式实施枉法行为，两者是竞合关系。

10. 本条第 4 款是注意规定还是法律拟制？先枉法后收受贿赂或者枉法后索取贿赂的，以及索取贿赂后枉法的，适用本款规定从一重，还是应数罪并罚？

本条第 4 款规定的行为叫贪赃枉法，本来应该数罪并罚，现在从一重，所以它是一种拟制性的规定。

第二问，如果是先枉法后收受贿赂，或者先枉法再索取贿赂的，还是要数罪并罚。索取贿赂后再枉法的，也要数罪并罚。因为第 4 款规定不尽合理，将原本应该数罪并罚的拟制为一罪，从一重处罚，对此应限制性适用，要严格按照法条的规定，先收钱后枉法的，才适用这一规定，而先枉法后收钱，以及先索取贿赂再枉法的，不适用这一规定。

11. 枉法调解的，构成民事、行政枉法裁判罪吗？

调解不叫裁判，所以枉法调解的，不构成民事、行政枉法裁判罪。

12. 枉法裁判的标准是什么？

关于枉法裁判的标准，理论上有主观说、客观说与职务义务说之争。客观说认为，违反实体法或者程序法作出裁判的，都是枉法裁判。应该说，客观说具有合理性。

■ 法规链接 ───────

《刑法》第 399 条之一 枉法仲裁罪

■ 疑难问题 ───────

1. 本罪的主体是国家机关工作人员吗？

其实枉法仲裁罪从严格意义上讲不是渎职罪，因为仲裁员不是国家机关工作人员。

2. 要求他人为自己作枉法仲裁的，成立本罪的共犯吗？

我认为是可以的，可能成立教唆犯。

── ■ 法规链接 ──

《刑法》第 400 条私放在押人员罪、失职致使在押人员脱逃罪

── ■ 疑难问题 ──

1. 被私放的在押人员构成私放在押人员罪的共犯吗？

不构成。要求他人私放自己的，成立脱逃罪。

2. 私放在押人员罪可以由不作为构成吗？

在押人员脱逃时，司法工作人员故意不制止、不追捕的，构不构成本罪？张老师认为可以，但我认为有问题。在押人员跑掉了他不追，这叫私放吗？

3. 监察员可以构成上述两罪吗？

监察员有留置的权力，他当然能构成上述两罪。

4. 私放在押人员罪是继续犯还是状态犯？追诉期限如何计算？

本罪是状态犯。

第二问，追诉期限一般从私放之日起计算。

── ■ 法规链接 ──

《刑法》第 401 条徇私舞弊减刑、假释、暂予监外执行罪

── ■ 疑难问题 ──

1. 要求司法工作人员为自己违规办理减刑、假释、暂予监外执行，成立本罪的共犯吗？

不成立共犯。

2. 过失为之的，是无罪还是成立玩忽职守罪？

本罪规定的是故意犯罪，那过失为之的能不能构成玩忽职守罪？应该可以。

3. "舞弊"有独立的意义吗？"徇私"要素的功能是什么？

"舞弊"没有独立的意义，违规办理减刑、假释就叫舞弊。

第二问，"徇私"强调的是动机，旨在将政策水平不高、法律能力不足的人的行为排除在犯罪之外。

4. 本罪的既遂标准是什么？

罪犯实际地被减刑、假释等。

■ 法规链接

《刑法》第402条徇私舞弊不移交刑事案件罪

■ 疑难问题

1. "徇私"要素的功能是什么？"舞弊"有独立的意义吗？

跟前面一样，"徇私"强调的是动机。

第二问，"舞弊"没有独立的意义。

2. 要求行政执法人员不移送自己的案件的，成立本罪的共犯吗？

不具有期待可能性，不构成犯罪。

3. 过失为之的，是无罪还是成立玩忽职守罪？

无罪，因为不值得科处刑罚。

4. 本罪是继续犯还是状态犯？追诉时效如何计算？

把它作为状态犯处理更为合理。

第二问，追诉时效从犯罪成立之日起算。

5. 本罪与徇私枉法罪之间是什么关系？

本罪的主体是行政执法人员，而徇私枉法罪的主体是司法工作人员，所以要注意公安机关工作人员的性质：如果他们是对犯罪负有侦查职责的人，则是司法工作人员，他们包庇犯罪嫌疑人，使其不受追诉的，成立徇私枉法罪；如果他们是负责行政执法的人，则是行政执法人员，他们徇私舞弊不将案件移交，仅作为行政违法处理的，就构成徇私舞弊不移交刑事案件罪。对于负有行政执法与刑事侦查双重职责的人员，应视其在履行何种职责的过程中不将案件作为犯罪处理而得出不同的结论。此外，司法工作人员采取将应当移交司法机关追究刑事责任的不移交以外的其他手段使有罪的人不受追诉的，不可能成立本罪，但可能成立徇私枉法罪。

■ **法规链接**

《刑法》第403条滥用管理公司、证券职权罪

■ **疑难问题**

1. 本罪与滥用职权罪是法条竞合关系，同时构成时可以从一重处罚吗？
这有争议，一般认为只能以本罪论处。

2. 过失为之的，是无罪还是成立玩忽职守罪？过失为之的以玩忽职守罪最重判处7年有期徒刑（徇私舞弊时最重判处10年有期徒刑），故意为之的以本罪最重判处5年有期徒刑，是否不协调？
过失为之的，不宜作为犯罪处理。
第二问，显然是不协调的。

3. "徇私舞弊"要素有没有独立的意义？
"徇私"是动机，"舞弊"没有独立的意义。

■ **法规链接**

《刑法》第404条徇私舞弊不征、少征税款罪

■ **疑难问题**

1. 纳税人构成本罪的共犯吗？
纳税人不构成本罪，构成逃税罪。

2. 税务机关工作人员与纳税人相勾结不征、少征税款的,是成立本罪还是逃税等罪的共犯?

同时成立本罪和逃税等罪的共犯,属于想象竞合。

3. "徇私舞弊"要素有独立的意义吗?

"徇私"是动机,"舞弊"没有独立的意义。

4. 过失不征、少征税款的,是无罪还是成立玩忽职守罪?

是无罪。

■ **法规链接**

《刑法》第405条徇私舞弊发售发票、抵扣税款、出口退税罪,违法提供出口退税证罪

■ **疑难问题**

1. 纳税人成立上述两罪共犯吗?

纳税人不构成本罪,但构成税收犯罪。

2. 国家机关工作人员与纳税人相勾结实施上述行为的,是成立上述两罪还是逃税等罪的共犯?

同时成立上述两罪和逃税等罪的共犯,属于想象竞合。

3. 过失实施上述行为的,是无罪还是成立玩忽职守罪?

过失实施上述行为的,不构成犯罪。

4. "徇私舞弊"要素有独立的意义吗?

"徇私"是动机,"舞弊"是实行行为。

5. 上述两罪是危险犯还是实害犯?既遂的标准是什么?

本罪是实害犯。

第二问,造成重大损失为既遂。

6. 犯上述两罪同时触犯徇私舞弊不征、少征税款罪的，是一罪还是数罪并罚？
成立包括的一罪。

━━━━━━━━━━━━ ■ 法规链接 ━━━━━━━━━━━━

《刑法》第406条 国家机关工作人员签订、履行合同失职被骗罪

━━━━━━━━━━━━ ■ 疑难问题 ━━━━━━━━━━━━

1. 故意实施的，构成何罪？
故意实施的，构成贪污罪或者故意毁坏财物罪。

2. 成立本罪的前提必须是对方的诈骗事实已被法院判决确认吗？
不必要，只要查明诈骗事实即可。

━━━━━━━━━━━━ ■ 法规链接 ━━━━━━━━━━━━

《刑法》第407条 违法发放林木采伐许可证罪

━━━━━━━━━━━━ ■ 疑难问题 ━━━━━━━━━━━━

1. 要求林业主管部门的工作人员违法为其发放林木采伐许可证的，是成立本罪的共犯，还是滥伐林木罪？
不构成犯罪。

2. 过失为之的，是无罪还是成立玩忽职守罪？
可能构成玩忽职守罪。

3. 有"批复"指出，林业主管部门工作人员以其他方式滥用职权或者玩忽职守，致使森林遭受严重破坏的，以滥用职权罪或者玩忽职守罪追究刑事责任。同时，立案标准规定，林业主管部门工作人员之外的国家机关工作人员，违反森林法的规定，滥用职权或者玩忽职守，致使森林遭受严重破坏的，按照滥用职权罪或者玩忽职守罪追究刑事责任，问题是滥用职权罪、玩忽职守罪的法定刑比本罪的法定刑高得多，这样处理是否导致不协调？
这样处理的确可能导致处罚不协调。

■ 法规链接

《刑法》第408条 **环境监管失职罪**

■ 疑难问题

1. 故意为之的，如何处理？

故意为之的，构成滥用职权罪，或者污染环境罪的共犯。

2. 本罪与玩忽职守罪是竞合关系吗？

一般认为本罪与玩忽职守罪是特别关系。

■ 法规链接

《刑法》第408条之一 **食品、药品监管渎职罪**

■ 疑难问题

1. 本罪的责任形式是故意还是过失？认定本罪应否严格区分故意与过失？

本罪包括故意的滥用职权与过失的玩忽职守两种行为类型与责任形式。

第二问，认定本罪，没有必要严格区分故意和过失。

2. 对于"其他严重情节"，应否限于与"造成严重后果""重大损失"相当的实害结果？本罪是否为实害犯？

"其他严重情节"应该限于与"造成严重后果""重大损失"相当的实害结果。

第二问，应该认为本罪是实害犯。

3. 本罪与徇私舞弊不移交刑事案件罪之间是什么关系？

由于"依法应当移交司法机关追究刑事责任不移交"被明确规定为本罪的行为类型，而且本罪的法定刑高于徇私舞弊不移交刑事案件罪，所以对于这种行为不必认定为想象竞合，应直接按本罪论处。

■ 法规链接

《刑法》第 409 条 传染病防治失职罪

■ 疑难问题

1. 故意为之的，如何处理？

故意为之的，构成滥用职权罪。

2. 本罪与玩忽职守罪之间存在竞合关系，竞合时是否可以从一重处罚？本罪是封闭的特权条款吗？

本罪与玩忽职守罪是特别关系，原则上以本罪论处。

第二问，可以认为本罪是封闭的特权条款。

■ 法规链接

《刑法》第 410 条 非法批准征收、征用、占用土地罪，非法低价出让国有土地使用权罪

■ 疑难问题

1. 过失为之的，是无罪还是成立玩忽职守罪？

过失为之的，不构成犯罪。

2. "徇私舞弊"要素有独立的意义吗？

"徇私"是动机，"舞弊"没有独立的意义。

3. 应否将"情节严重"限定为"致使国家或者集体利益遭受重大损失"，即将本罪限定为实害犯？

应该将"情节严重"限定为"致使国家或者集体利益遭受重大损失"，即将本罪限定为实害犯。

■ 法规链接

《刑法》第 411 条 放纵走私罪

■ 疑难问题

1. 被放纵的走私犯，是成立本罪共犯还是走私罪？

被放纵的走私犯不成立本罪的共犯，成立走私犯罪。

2. 海关工作人员与走私分子通谋，在放纵走私过程中以积极的行为配合走私分子逃避海关监管，或者在放纵走私之后分得赃款的，是成立本罪还是走私罪的共犯？

同时成立本罪和走私罪的共犯。

3. "徇私舞弊"要素有独立的意义吗？

"徇私"是动机，"舞弊"没有独立的意义。

4. 过失为之的，是无罪还是成立玩忽职守罪？

过失为之的，不构成犯罪。

5. 如果徇私舞弊不将案件移交司法机关追究刑事责任，但按海关相关法律作出处理的，还成立本罪吗？

同时构成本罪和徇私舞弊不移交刑事案件罪。

6. 作为司法工作人员的海关工作人员发现他人行为构成走私罪，但故意使其不受刑事追诉的，是成立本罪还是徇私枉法罪？

同时成立本罪与徇私枉法罪。

■ 法规链接

《刑法》第412条 **商检徇私舞弊罪、商检失职罪**

■ 疑难问题

1. 这里的"伪造"是否包括有形伪造和变造？非国家商检部门、商检机构的工作人员伪造检验结果的，如何处理？

这里的"伪造"，仅限于无形伪造。

第二问，非国家商检部门、商检机构的工作人员伪造检验结果的，构成伪造国家机关公文罪。

2. "徇私舞弊"要素有独立的意义吗?
"徇私"是动机,"舞弊"没有独立的意义。

3. 商检失职罪与玩忽职守罪是竞合关系,竞合时应从一重处罚吗?
商检失职罪与玩忽职守罪是特别关系,原则上以本罪论处。

4. 商检徇私舞弊罪是行为犯、危险犯还是结果犯、实害犯?应否将基本犯的成立限定为造成实害结果的情形?
商检徇私舞弊罪是行为犯。
第二问,不应该将基本犯的成立限定为造成实害结果的情形。

───────── ■ 法规链接 ─────────
《刑法》第413条 **动植物检疫徇私舞弊罪、动植物检疫失职罪**

───────── ■ 疑难问题 ─────────

1. 动植物检疫徇私舞弊罪中的"伪造"包括有形伪造吗?非动植物检疫机关的检疫人员伪造检疫结果的,如何处理?
这里的"伪造",仅指无形伪造。
第二问,非动植物检疫机关的检疫人员伪造检疫结果的,构成伪造国家机关公文罪。

2. 动植物检疫失职罪与玩忽职守罪之间是什么关系?
是特别关系。

3. 应将上述两罪的主体限定为国家机关工作人员吗?
不应将上述两罪的主体限定为国家机关工作人员。

───────── ■ 法规链接 ─────────
《刑法》第414条 **放纵制售伪劣商品犯罪行为罪**

■ 疑难问题

1. 被放纵者成立本罪共犯吗？
被放纵者不构成本罪共犯，但成立生产、销售伪劣商品犯罪。

2. 国家机关工作人员与制售伪劣商品的犯罪分子相勾结的，是成立本罪还是生产、销售伪劣商品罪的共犯？
同时构成本罪和生产、销售伪劣商品罪的共犯。

3. 过失为之的，成立玩忽职守罪吗？
过失为之的，不构成玩忽职守罪。

4. 本罪与滥用职权罪之间存在竞合，同时构成时从一重处罚吗？
本罪与滥用职权罪之间是特别关系，原则上以本罪论处。

5. "徇私舞弊"要素有独立的意义吗？
"徇私"是动机，"舞弊"没有独立的意义。

6. 应否将"情节严重"限定为造成重大损失的实害结果的情形？
应将"情节严重"限定为造成重大损失的实害结果的情形。

■ 法规链接

《刑法》第415条 办理偷越国（边）境人员出入境证件罪、放行偷越国（边）境人员罪

■ 疑难问题

1. 偷越国（边）境人员构成办理偷越国（边）境人员出入境证件罪的共犯吗？
偷越国（边）境人员不构成本罪共犯，单独成立偷越国（边）境罪。

2. 过失为之的，如何处理？
过失为之的，不构成犯罪。

3. 放行持有有效护照、签证的人进出境的，成立放行偷越国（边）境人员罪吗？

不构成放行偷越国（边）境人员罪。

── ■ 法规链接 ──

《刑法》第 416 条**不解救被拐卖、绑架妇女、儿童罪，阻碍解救被拐卖、绑架妇女、儿童罪**

── ■ 疑难问题 ──

1. 本条中的"绑架"，是仅指《刑法》第 240 条第 1 款第 5 项的绑架（拐卖妇女、儿童的一种情形），还是包括《刑法》第 239 条规定的绑架（绑架罪）？

本条中的"绑架"仅指拐卖妇女、儿童罪中的绑架。如果认为包括第 239 条规定的绑架，就会造成不协调：在妇女、儿童被绑架时不解救的，成立本罪；在成年男性被绑架时不解救的，成立其他犯罪或者无罪。

2. 本条中的"被拐卖的妇女、儿童"，是仅指被拐卖但还没有出卖的妇女、儿童，还是包括拐卖过程中以及拐卖后被他人收买的妇女、儿童？

都包括，因为已被收买的妇女、儿童也有解救的必要，而且已被出卖的妇女、儿童也属于被拐卖的妇女、儿童。

3. 在拐卖妇女、儿童的行为已经既遂但仍然处于持续过程中，负有解救职责的国家机关工作人员，在何种情形下成立拐卖妇女、儿童罪的共犯？

国家机关工作人员与拐卖妇女、儿童的犯罪分子通谋，为其拐卖妇女、儿童提供各种便利条件的，成立拐卖妇女、儿童罪的共犯。

4. 不解救被非法拘禁、绑架的人的，如何处理？

不解救被非法拘禁、绑架的人的，视行为性质与责任形式，以其他犯罪（滥用职权罪、玩忽职守罪）论处。

5. 不解救被拐卖、绑架的妇女、儿童罪与滥用职权罪之间是什么关系？本罪是封闭的特权条款吗？

不解救被拐卖、绑架的妇女、儿童罪与滥用职权罪之间是特别关系。

第二问，可以认为本罪是封闭的特权条款。

■ 法规链接

《刑法》第417条帮助犯罪分子逃避处罚罪

■ 疑难问题

1. 犯罪分子构成本罪的共犯吗？

犯罪分子不构成本罪的共犯。

2. 看守所负责管教的民警给在押人员传递纸条的，构成本罪吗？

本罪主体要求是负有查禁犯罪活动职责的国家机关工作人员，看守所负责管教的民警给在押人员传递纸条的，不构成本罪。

3. "犯罪分子"是否限于已经被人民法院判处刑罚的犯罪分子？

"犯罪分子"不限于已经被人民法院判处刑罚的犯罪分子，也包括有证据证明确实实施了犯罪行为的人。

4. "通风报信、提供便利"，是对客观行为的限制性规定，还是对客观行为的例示性规定？以"通风报信、提供便利"以外的方法，帮助犯罪分子逃避处罚的，构成本罪吗？这里的"帮助"是共犯意义上的帮助吗？

"通风报信、提供便利"，是对客观行为的例示性规定。

第二问，还是构成本罪。

第三问，不是，应理解为旨在使犯罪分子逃避处罚所实施的实行行为，包括单独实施和与犯罪分子共同实施。

5. 本罪与窝藏罪，包庇罪，帮助毁灭、伪造证据罪，徇私枉法罪，以及徇私舞弊不移交刑事案件罪等之间是什么关系？

是竞合关系。

6. 成立本罪，是否必须利用职务便利？提供与国家机关工作人员职责无关的便利，构成本罪吗？

成立本罪，必须利用职务便利。也就是说，帮助犯罪分子逃避处罚的行为，应与行为主体的职责相关联。

第二问，不构成本罪，只能认定为窝藏、包庇罪。

── ■ 法规链接 ──

《刑法》第418条招收公务员、学生徇私舞弊罪

── ■ 疑难问题 ──

1. 学校的教师和领导能成立本罪吗？

学校的教师和领导不属于国家机关工作人员，不能成为本罪的犯罪主体。

2. 被招收的公务员和学生成立本罪的共犯吗？

不成立本罪的共犯。

3. 过失为之的，是无罪还是成立玩忽职守罪？

过失为之的，是无罪。

4. 本罪与滥用职权罪之间是竞合关系，应从一重处罚吗？本罪是封闭的特权条款吗？

本罪与滥用职权罪之间是特别关系，原则上以本罪论处。

第二问，本罪是封闭的特权条款。

5. "徇私舞弊"要素有独立的意义吗？

"徇私"是动机，"舞弊"具有独立的意义。

── ■ 法规链接 ──

《刑法》第419条失职造成珍贵文物损毁、流失罪

■ 疑难问题

1. 故意为之的，如何处理？

故意为之的，构成滥用职权罪。

2. 本罪与玩忽职守罪之间是竞合关系，应从一重处罚吗？本罪是否为封闭的特权条款？

本罪与玩忽职守罪之间是特别关系，原则上以本罪论处。

第二问，本罪是封闭的特权条款。

后 记
AFTERWORD
CRIMINAL LAW

2017年6月,我从南京师范大学法学院转到东南大学法学院任职。之后,基本上每年都会给全院刑法专业方向的研二学生讲授"刑法分则解释原理"选修课程。一个偶然的机会,通过朋友的引荐,我与北京大学出版社的徐音编辑结识,她向我表达了与我合作出版刑法图书的想法。

现在市面上的刑法书,要么是理论性极强的有关客观归责、不作为、因果关系、故意、过失、正当防卫、紧急避险、被害人承诺、共犯、罪数之类受众面小的专业书籍,要么是实务人士编写的实操性很强但缺乏理论深度的法律文件资料汇编等,还有一些是理论人士撰写的有关环境犯罪、知识产权犯罪、金融犯罪、税收犯罪、公司犯罪、毒品犯罪、妨害司法犯罪之类的刑法分则研究书籍,内容多涉及概念、特征、主体、客体、主观方面、客观方面、此罪与彼罪的区别等方面的探讨,但学术理论水平有参差且应用性不强。

就刑法分则课而言,有的刑法老师由于把重心放在对刑法总论的研究上,关注德日刑法理论研究成果和判例经验,无暇甚至不屑于研究中国刑法分则具体罪名的适用问题、总结中国司法判例经验,擅于进行资料性的抽象理论研究,给法科生讲课时习惯于围绕交通肇事、杀人、放火、强奸、抢劫、盗窃、诈骗、贪污、受贿等常用传统罪名进行分析,对于大多数法定犯和部分自然犯罪名,在讲授时则往往"一笔带过",对解决实务问题作用有限。

在我看来,写进刑法分则的每一个罪名,都是悬在人们头上的"达摩克利斯之剑"。张明楷老师说:"刑法学并不是一个智力游戏,它背后是沉甸甸的社会责任。"如果我们不研究关系生杀予夺、关乎我们每一个人命运的刑法分则,《宪法》第33条所确定的"国家尊重和保障人权"就可能变成一句空话。解释好刑法分则，给法科生上好刑法分则课，是每一位刑法老师的责任！

十几年来，我一直致力于刑法分则的研究，出版了四部专著，发表了一百多篇论文，对刑法分则罪名解释有一些心得，讲授刑法分则课积累了一定经验。恰好徐音编辑约我写书，我便决定对我正在给研究生讲授的刑法分则课进行全程录音录像，以视频和文字形式同时出版。

为了实时录制这门课程，摄像师敖汝杰先生先后十余次不辞辛劳地到东南大学九龙湖校区纪忠楼 YF301 教室进行录音录像，录制时长达 49 个小时。我的博士生龚珊珊同学帮忙将讲课录音转换整理成文字，我修改后，交由我的博士生孙翔宇同学（当时是研三学生）进行校对润色完善，之后我再进行修改定稿。我衷心感谢他们三位的辛勤付出！最后，我还要特别感谢湖南鑫昊成律师事务所的慷慨赞助！

受课程时限影响，本书没有将刑法分则中的每一个罪名都讲解到。另外，在写作过程中难免会有一些错漏之处，恳请读者批评指正。

陈洪兵

2022 年 10 月 27 日